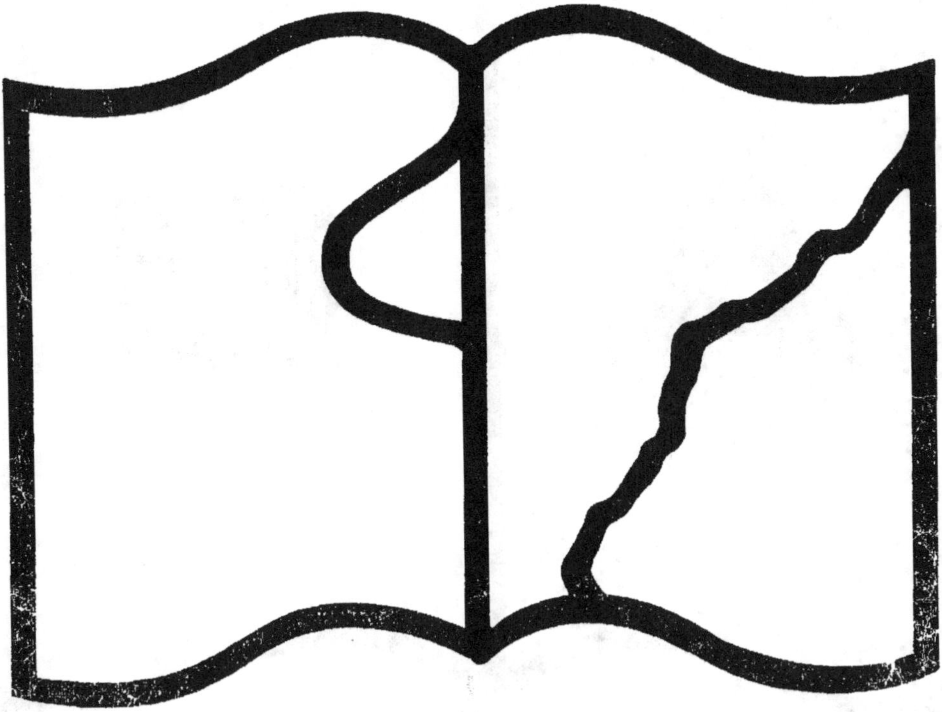

Texte détérioré — reliure défectueuse

NF Z 43-120-11

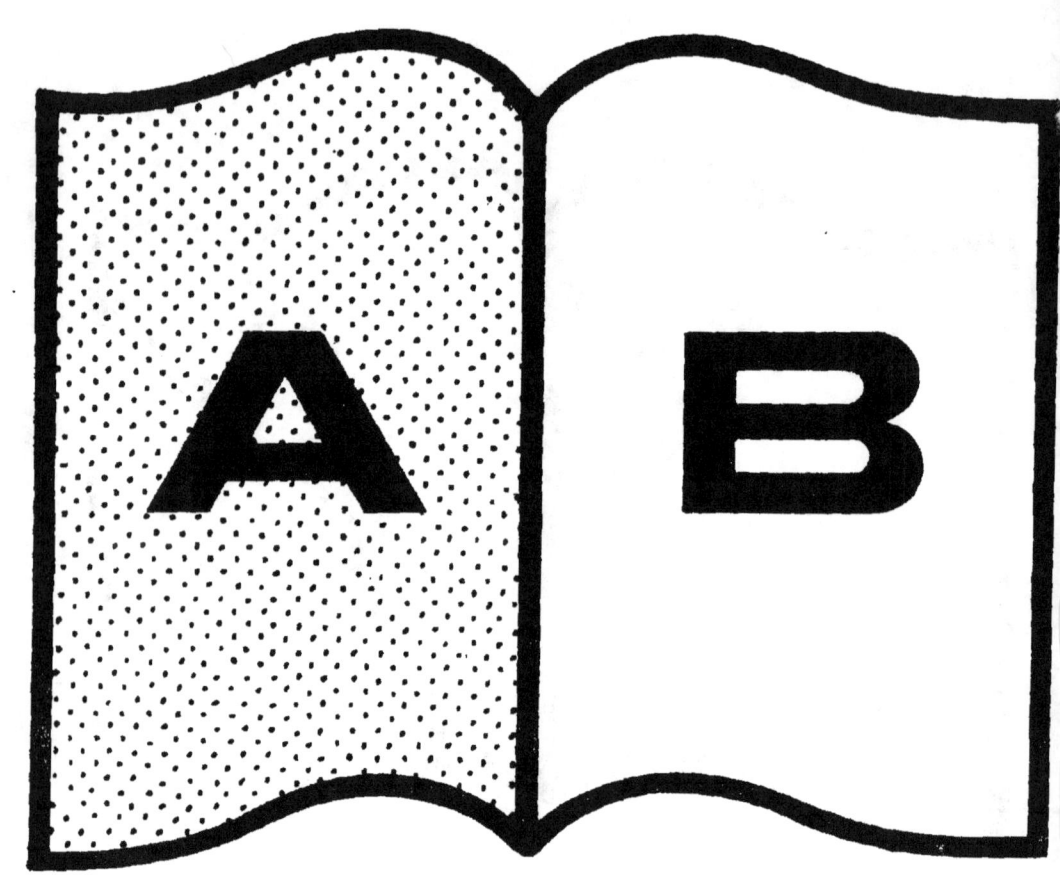

Contraste insuffisant

NF Z 43-120-14

BARON TANNEGUY DE WOGAN

MANUEL

DES

GENS DE LETTRES

LE JOURNAL — LE LIVRE — LE THÉATRE

Librairie de Paris

FIRMIN-DIDOT ET Cⁱᵉ, IMPRIMEURS-ÉDITEURS

Rue Jacob, 56, Paris

Tous droits réservés.

MANUEL
DES
GENS DE LETTRES

AUTRES OUVRAGES DU MÊME AUTEUR :

Voyages du Canoë en papier le " Qui-vive ". (Ouvrage honoré d'une souscription du Ministère de l'Instruction publique.) — HACHETTE et Cie, Éditeurs.

Manuel de l'Homme de Mer. (Ouvrage honoré d'une souscription du Ministère de la Marine.) — MAY et MOTTEROZ, Éditeurs.

An Epitome of Yachting, ouvrage en langue anglaise.

Le Bien-être et le Pauvre. Réformes politiques, sociales et alimentaires, 2e édition. — ROY, éditeur.

Conseils aux Parents et aux Instituteurs sur la manière d'élever et d'instruire les enfants. (1er prix du Concours de la Société libre pour le développement de l'Instruction et l'Éducation populaires.)

La Vie à Bon Marché. — PLON, Éditeur.

Comment un sou devint 20.000 francs. De l'importance des Bagatelles. — PLON, NOURRIT et Cie, Éditeurs.

Le Moyen de vivre pour dix sous par jour à l'aide du végétarisme. 9e édition. — DENTU, Éditeur.

TYPOGRAPHIE FIRMIN-DIDOT ET Cie. — MESNIL (EURE).

BARON TANNEGUY DE WOGAN

MANUEL
DES
GENS DE LETTRES

LE JOURNAL — LE LIVRE — LE THÉATRE

Librairie de Paris

FIRMIN-DIDOT ET CIE, IMPRIMEURS-ÉDITEURS

Rue Jacob, 56, Paris

Tous droits réservés.

PREMIÈRE PARTIE

LE JOURNAL

MANUEL

DES

GENS DE LETTRES

AVANT-PROPOS

But de l'ouvrage. — La littérature, l'instrument de notre suprématie intellectuelle, le métier par excellence, est sans manuel technique. — Place aux jeunes. — La génération montante. — Ses travers et imperfections. — Sa formule. — Nécessité de la technique.

Parmi ceux que leur jeune ambition a poussés vers une carrière intellectuelle, avec ou sans succès, qui oubliera jamais ses premiers efforts et ses brillantes espérances, et aussi, dans la carrière des lettres surtout, ses amers désappointements?

Dans l'âge mûr, quand on jette un coup d'œil en arrière sur le chemin aride qu'on a parcouru, on s'aperçoit que, si on avait tendu à son but par des voies différentes de celles qu'on a suivies, si on y avait marché d'un pas autre et sur la foi d'un guide sûr, on y serait arrivé plus aisément et plus rapidement. C'est l'éternelle histoire de l'expérience qui, en tout et pour tout, pousse toujours trop lente et trop tardive sur un terrain désormais épuisé.

Ces dures leçons de l'expérience et leur cortège de regrets inutiles, n'est-il pas de permis de les prévenir, de les épargner en partie à ceux qui viennent après nous? C'est là le but du manuel que nous entreprenons ici. Nos conseils, tirés de notre expérience et, dans certains cas aussi, empruntés à celle d'autres plus autorisés, tendent, en leur enseignant surtout la technique du métier, à faciliter aux jeunes gens les premiers pas et aussi à leur éviter les embûches, dans une carrière âpre qui n'en est que trop semée. Trop heureux et amplement récompensé de notre tâche nous estimerions-nous, si quelques-uns de ces enseignements ou avertissements pouvaient écarter, ne fût-ce même qu'une seule pierre d'achoppement qui barrerait le chemin d'un de nos cadets! Nous avons en vue plus particulièrement les hommes de lettres, c'est-à-dire cette classe d'écrivains qui, par le livre, sous forme de poésie et, aujourd'hui surtout, de roman, par le théâtre, par le journal, s'adressent à la généralité des lecteurs. Mais il va sans dire que nous parlons aussi aux écrivains plus spéciaux de la Science, de l'Histoire, de la Philosophie, de la Législation, de l'Art, etc..., en général, à quiconque tient une plume afin de traiter des sujets qui relèvent moins de l'imagination que du raisonnement et qui satisfont aux besoins éternels de l'intelligence et de la curiosité humaines.

Certains des renseignements, même matériels et techniques, que nous avons essayé de grouper, et qu'on ne trouverait qu'épars soit en plusieurs ouvrages, soit dans les journaux ou dans les revues, qu'on ne pourrait toujours avoir sous la main, seront utiles à tout homme de profession libérale, tenu plus ou moins, par obligation de métier, à rédiger et à faire imprimer certains travaux, tels que discours, rapports, mémoires, etc.

Comment se peut-il faire que, à l'époque où nous vivons, si tard, prêts que nous sommes à tourner les premières pages du vingtième siècle, notre littérature, ce soleil de la France, n'ait pas encore son manuel technique? Ceux, en effet, qui voudraient disputer à notre pays d'autres suprématies, celle de l'influence commerciale, par exemple, ne peuvent nier cette suprématie incontestable qui nous resterait, celle de la littérature.

La vérité sur l'état actuel du prestige intellectuel de la

France, la voici, dite tout dernièrement par M. Marcel Prévost. Il y a cent cinquante millions d'unités humaines de langue anglaise, environ quatre-vingts millions de langue allemande, plus de cent millions de langue russe, plus de cinquante millions d'Espagnols, et seuls quarante millions d'êtres humains parlent filialement la langue française! Et ce petit peuple que nous sommes devenus par l'accroissement des autres autour de nous est encore le fournisseur littéraire du monde entier. De Capetown à Tromsoë, de Lisbonne à Yokohama, du Klondyke à la Terre de Feu, l'in-douze jaune imprimé en France va porter sans bruit aux limites de la terre habitée le nom et la pensée de Paris.

Or, la littérature, sous quelque forme qu'elle se présente, est une profession, et la technique pratique de toute profession peut être enseignée, même avec avantage, je crois, ainsi que je l'explique plus loin. Étrange, en vérité! Roret et plusieurs écrivains se sont déjà occupés d'autres métiers, tels que bouchers, selliers, plâtriers, etc. Ces professions, quelque utiles qu'elles puissent être à la prospérité d'une nation, concourent, à un degré moindre, on en conviendra, à l'établissement de notre supériorité, de notre prépondérance sur d'autres pays. Pourtant nos journalistes, nos romanciers, nos poètes, nos auteurs dramatiques de l'avenir, attendent encore un guide pratique, notre littérature attend encore son manuel!

C'est pour les jeunes que j'écris! Oui, c'est aux jeunes écrivains de l'avenir que s'adresse ce livre, auquel pendant si longtemps, pendant des années, j'ai travaillé avec tant de plaisir, ces notes, écrites pour moi seul en premier lieu, et qui par le travail que leur recherche a souvent nécessité, m'ont aidé dans certains cas à oublier si facilement des choses... tristes... Je le répète, c'est pour la génération montante que je vide mon encrier, que je noircis ce papier, le dernier, peut-être, que je noircirai jamais ; c'est pour tous ces jeunes gens ayant une valeur quelconque, naturelle ou acquise, qui, en ce moment, pensent à se jeter ou à se placer de sang-froid dans la presse, ou à s'y réfugier par colère, ambition ou désespoir, pour tous les instruits, tous les actifs, tous ceux, toutes celles à qui le nouvel état social dit : Travaille et tu pourras prétendre à tout, et qui, à vingt ans, ne peuvent prétendre à rien. Car c'est bien triste à dire, encore plus à écrire, on n'arrive pas toujours par le travail seul. Je m'adresse à ceux ou celles enfin, qui, avec trois diplômes, n'ont devant eux que deux alternatives : se tuer ou accepter des places de domestiques ; à toutes les forces vives, à toutes les intelligences, à tout ce qui a cette chose vivante, vibrante et généreuse : du cœur; cet amour, cet orgueil : la passion de l'indépendance et du juste.

Place aux jeunes, gardiens qui défendez les barrières, les places fortes de la République des lettres! Oui, place, à vos côtés, pour ces jeunes que je vous envoie! Garde à vous! Attention à la garde montante.

Pourquoi leur refuseriez-vous place près de vous?

Marceau n'était-il pas général à vingt-quatre ans? Ney et Lannes ne le furent-ils pas, l'un à vingt-six ans, l'autre à vingt-huit ans? Et tant d'autres que je pourrais citer! Bonaparte qui, avec sa campagne d'Italie, étonnait le monde à trente ans!

Exceptions! Génie! me répondrez-vous? Exceptions! Ils sont légion, plus loin vous en aurez la preuve. Génie! Considérez la cohorte de lieutenants du grand homme, ces artisans, ces garçons d'écurie, ces manœuvres, ces illettrés qui surent si vite devenir autour de Lui d'invincibles capitaines, des maréchaux de France! Y avait-il génie là? Non, à ces jeunes on a fourni l'occasion et ils en ont profité. La veille, ils s'ignoraient, le lendemain ils étaient illustres.

Quand la République osera-t-elle enfin prendre des ministres de vingt-huit ans? — Il n'y a pas d'hommes! vous préparez-vous à objecter? — Qu'en pouvez-vous savoir si vous n'en faites pas l'essai?

Cependant, cet essai, il est temps que vous le fassiez sérieusement. En effet, autour de nous, chez nous, ne voyez-vous pas que tout se transforme, que tout craque et se disloque? Le mariage, la famille, les systèmes d'éducation, la femme essayant d'être homme, les enfants apprenant à se suicider et y réussissant souvent, l'ancien Monde placé entre deux alternatives, une tuerie générale ou la paix éternelle, et par-dessus le tout l'immense tribu des opprimés, le marteau prêt à frapper!

Le monde civilisé tout entier, du reste, n'est-il pas en ce moment la proie d'un profond malaise ? Ce malaise est général, universel. L'étude de l'histoire nous montre que le genre humain a été, certes, plus malheureux qu'aujourd'hui, mais à aucune autre époque a-t-il été plus généralement mécontent de sa destinée ? Les peuples, ainsi que je le disais tout à l'heure, n'attendent qu'un signal pour s'entr'égorger, et il n'est pas de pays où les diverses classes ne se soient déclaré la guerre, pas d'individu qui se dise satisfait de la situation qu'il occupe dans la communauté. Le mécontentement est la grande maladie de cette fin de siècle, et les femmes ne sont pas moins aigries que les hommes, contre les injustices réelles ou imaginaires de leur sort.

Ce tableau, qui n'est pas exagéré, est sombre et n'indique rien d'excellent pour un avenir prochain. Quant à un autre avenir, un avenir plus lointain que j'entrevois vaguement, comme perdu dans des nuages d'années, c'est autre chose ; il sera peut-être plus heureux, celui-là. . . . .

De meilleurs temps sont proches, oui, croyez-moi, de meilleurs temps ! Il se peut que nous ne vivions pas assez longtemps pour les voir, nous, ces temps meilleurs, mais nos enfants les verront certainement. Possible que la dynamite, les obus à la mélinite, aident à leur aplanir la route, mais la pensée est une alliée plus puissante : c'est elle, oui c'est elle qui gagnera la bataille.

Alors la plume remplacera le sabre, ce sera le droit qui sera maître, non la force, ce sera le mérite continu et non le pouvoir usurpé qui gouverneront l'humanité, et la patrie grande et forte relèvera plus haut sa tête encore humiliée ; la loi, la justice, régneront souveraines dans leur inviolable majesté, et la liberté, la vraie liberté, fleurira sur les derniers débris d'institutions iniques. La guerre, alors, sera considérée par tous comme une monstrueuse injustice. Les nations ne se querelleront plus afin de prouver quelle est la plus grande ; on n'égorgera plus d'hommes pour le plus grand souci de la gloire ! La famille du pauvre ne sera plus sa misère ! Chaque enfant qui naîtra sera un aide de plus, donnant plus de force au bras paternel ! On ne les verra plus, pauvres petits êtres, peiner sur ou sous la terre, on les laissera s'ébattre aux champs jusqu'à ce que le corps et l'esprit soient devenus assez forts. Chacun saura non seulement lire et écrire, mais aussi compter. Le peuple sera heureux, il aimera au lieu de haïr. Le bon temps est proche, croyez-moi, miséreux et infortunés de tous genres, je le vois là-bas. Oh! que chaque homme, chaque femme aide à lui aplanir la route, l'aide la plus infime, donnée à son heure, rendra l'impulsion plus forte!

Soyez donc prêts pour les énormes changements depuis longtemps déjà marqués au baromètre social.

Pour le présent, et en ce qui est de la littérature, notre principal sujet, ne continuez pas à vivre uniquement de vous-mêmes. Des places, en effet, vieillards, peuvent vous être réservées dans le nouvel état de choses, dans le nouveau gouvernement. On peut s'arranger de façon qu'il y ait emploi pour tous, vieux et jeunes, grands et petits.

Encore une fois, place à la génération montante; devant elle mettez les crosses en l'air, anciens, et apportez-lui ou, du moins, laissez-lui prendre les clés de la citadelle, mais à une condition, c'est que ces jeunes seront, d'une façon générale, un peu moins lents à l'enthousiasme, moins prompts au dénigrement, un peu moins sévères en tout, un peu moins tourmentés par la volonté d'être ultra-originaux, d'inventer du nouveau qui n'est souvent que de l'impossible, en taquinant un peu moins les vocabulaires d'anatomie et de chimie et surtout ce précieux *Dictionnaire de l'analogie* de Boissière, en cessant de porter sur les anciens, — devant qui je veux bien continuer à plaider leur cause, — sur les écrivains de l'heure, des jugements, au moins téméraires, dans le genre de ceux-ci, que je lisais ces temps derniers, dans un de nos journaux bien renseignés.

« Loti ne sait pas son métier d'écrivain...

« Maupassant n'était qu'un Paul de Kock... Bourget n'est
« guidé que par la crainte de déplaire... Zola, n'étant ni psy-
« chologue ni styliste raffiné, n'est plus qu'un gros industriel...
« Alphonse Daudet : exportation. Ernest Daudet, un peu plus
« de talent que son frère! » Et que ces jeunes, — dernière recommandation, — s'arrangent de façon à trouver, au plus vite, enfin, une formule précise, déjà depuis trop longtemps attendue.

Quoi que vous fassiez, jeunes, souvenez-vous pourtant qu'une œuvre, quelle qu'elle soit, ne peut être belle, ne peut être durable que si elle possède un caractère d'utilité immédiate, dotant l'humanité d'enseignements, d'énergies, de connaissances plus étendues. On l'a dit avant moi : « Le Beau, sans but, n'existe pas. » Avant d'être l'Art, l'Art doit être humain, bon, juste et pitoyable; il n'a qu'une source d'inspiration : l'amour, que chaque journée doit élargir.

D'une façon générale, méditez les excellents conseils que donnait il y a quelque temps M. Lavisse à ses disciples chéris et habituels, les étudiants. « Jeunes gens, disait-il dans le discours si intéressant qu'il a prononcé lors de l'inauguration des bâtiments nouveaux de l'Université, loin de faire, ainsi que l'ont fait nos pères, de nos codes, un Évangile, faites entrer enfin dans nos codes quelque chose de l'Évangile; allez vers l'équité, vers la pitié et la charité, plus justes que la justice, et débarrassez-vous à la fois de l'égoïsme du pharisien et de l'individualisme du dilettante. L'égoïsme, c'est le péril social; le dilettantisme, c'est le danger intellectuel. Si les vrais révolutionnaires sont ceux qui préparent les révolutions et les font inéluctables, les vrais révolutionnaires d'aujourd'hui sont les égoïstes et les dilettantes. Soyez agissants, luttez, avec la belle abnégation et l'enthousiasme qui sont dans les âmes de vingt ans, pour le triomphe de l'équité; n'ignorez rien des douceurs et de l'utilité de l'altruisme; faites dominer la politique par la philosophie, fécondez-la par la morale; ayez enfin, selon le mot admirable de Gambetta, la tête aristocratique et les entrailles populaires...

« Mais cela avec la calme modération des générations qui connaissent bien leur tâche, dont le devoir est défini et le but déjà visible. Tempérez ces ardeurs et restez raisonnables en servant la raison... Le danger de la génération d'aujourd'hui, c'est l'indifférence ou l'exagération. Ce sont là les Charybde et les Scylla des âmes... La violence n'est que la caricature de la force, la révolte n'est pas le progrès, l'hystérie est la négation de l'amour qui ne vaut que par la liberté. Nous sommes enfin à cette heure grave, où notre société, si vieille qu'elle soit, ayant rompu toute entrave, au moins dans le monde de la pensée, est semblable à l'enfant qui n'a plus ses lisières. La peur ou la hâte c'est la chute. »

1.

A l'heure qu'il est, les jeunes, je suis tout prêt à en convenir, ont fait quelques progrès, au théâtre tout au moins, et ils ont certes grand mérite à ce succès si tardif, obtenu à force de ténacité et d'efforts concentrés. N'a-t-on pas joué avec succès, dans ces derniers temps, *Les Tenailles* de P. Hervieu, *Le Maître* et *La Mer* de Jean Julien, *Une journée parlementaire* de Maurice Barrès, *Amants* de Maurice Donnay, *Blanchette* de Brieux, *Les Résignés* de H. Céard, *L'École des veufs* de Ancey, et tant d'autres œuvres de jeunes dont les sujets quoique, en général, anciens, n'en sont pas moins, de par leur retour, après tant de convenu, aux situations simples et aux sentiments primordiaux, une remarquable nouveautés?

Mais aussi quel mal ils ont eu, ces jeunes, à faire accepter leur conception du théâtre, si différente de celle qui prévalait depuis tantôt quarante ans? N'avaient-ils pas raison pourtant, puisque le public, notre maître, les a accueillis avec faveur? Pourquoi n'ont-ils pas réussi plus tôt? C'est à la critique qu'ils le doivent surtout. La plupart des critiques, pendant trop longtemps, avaient affecté de ne pas les voir ou, du moins, de les mal voir. Au lieu de les avertir, la critique affichait d'approuver surtout leurs erreurs et leurs excès. Elle les suivait mais elle ne les guidait pas, et c'est sans mentors et comme en tâtonnant que les jeunes du théâtre ont dû trouver leur voie et se faire admettre et applaudir. Ce que les jeunes viennent d'obtenir en dépit de nous-mêmes au théâtre, on devrait le leur permettre davantage dans le Journal et dans le Livre.

Oui, en dépit de leurs travers et des découragements qu'ils causent parfois à leurs amis les plus dévoués, faisons-leur meilleur accueil à ces jeunes, montrons-nous plus généreux pour eux.

Combien justes ces quelques lignes de M. Ph. de Grandlieu, que *le Figaro*, — cet excellent éducateur littéraire, le meilleur maître peut-être de notre presse tout entière, fidèle à la devise de son fondateur, M. de Villemessant : *Laissez venir à moi les Jeunes*, — a publiées il y a quelque temps! Comme elles viennent à point me donner l'appui, l'approbation que je cherchais, ajouter un poids précieux à mes arguments et prêter leur éloquence à ma prière humble et désintéressée!

« On ne se sert pas assez des jeunes; par crainte de leur fougue et de leur exubérance, on paralyse trop les dons brillants de la virilité. C'est ainsi que nous alternons indéfiniment entre des vieilles barbes et que nous nous morfondons derrière des états-majors fatigués et caducs.

« Pourquoi laisser un officier s'atrophier vingt-cinq ans dans les grades inférieurs, et ne faire des généraux qu'avec des crânes dénudés et des ventres alourdis?

« Ils ont l'expérience, dira-t-on. — Soit! Mais s'ils n'ont plus l'activité physique et l'évolution rapide que réclament la campagne et le champ de bataille, à quoi pourra servir toute leur valeur en chambre?

« Nous laissons trop s'engourdir les capacités dans les postes secondaires; nous ne faisons pas suffisamment appel aux jeunes énergies, aux jeunes ambitions ; nous ne renouvelons pas assez le personnel de la politique et des affaires. J'en parle d'une façon bien désintéressée avec ma barbe grise et l'observation n'en paraîtra que plus sincère.

« Les hommes se haussent plus vite qu'on ne croit au niveau des situations où on les élève, et beaucoup s'y montrent même supérieurs à la fortune qui les y a portés. C'est à nous de venir en aide aux intelligences et aux caractères, en les mettant de bonne heure aux prises avec l'action et la responsabilité.

« Qui se fût avisé, sans l'événement, que le grand La Rochejaquelein (Monsieur Henri, comme l'appelaient les gars de Vendée), tué à vingt-deux ans dans le Bocage, était un génie militaire hors ligne ; et que Montalembert, appelé à vingt et un ans par héritage à la Chambre des Pairs, allait s'y révéler du premier coup l'un des premiers orateurs du siècle?

« De même le barreau faisait éclater à vingt-quatre ans la parole de Berryer dont Royer-Collard allait dire avec admiration : « C'est une puissance. »

« Et sous le soleil levant d'Algérie, il a fallu le spectacle inattendu de la smala d'Abd-el-Kader, développant ses tentes, ses troupeaux et ses douze mille combattants dans la plaine, pour faire aussitôt germer dans la tête d'un général de vingt-deux ans le projet audacieux de fondre sur cette masse avec six cents cavaliers pour la culbuter d'un choc et la faire prisonnière.

« Croit-on que si, à la place du jeune duc d'Aumale s'éveillant à la gloire, on avait eu un général grisonnant et épaissi, la smala d'Abd-el-Kader eût été prise ce jour-là?

« Allez donc sans crainte aux jeunes ; ils vous étonneront souvent par leur sagesse comme par leurs ressources : ils vous rendront cent pour cent de la confiance que vous leur aurez témoignée. — Une de nos assemblées, sous la seconde République, a osé faire M. Buffet ministre à trente et un ans et M. de Falloux ministre à trente-cinq : s'en est-on mal trouvé? Mgr Dupanloup répétait : « Si j'en étais le maître, je ne ferais « que des évêques de trente-cinq ans », au lieu de choisir, en effet, comme on le fait presque toujours, des prêtres blanchis dans le ministère, vertueux et excellents sans doute, mais au terme de leur carrière, et n'ayant plus ni l'activité ni le temps nécessaires aux grandes œuvres.

« Voyez ce qui s'est passé pour l'Exposition universelle. Ce sont de jeunes ingénieurs qui ont stupéfié le monde en jetant audacieusement dans l'espace ces gigantesques arcatures de fer qui semblent défier toutes les lois de la statique ; et presque partout où éclate ainsi une innovation hardie, une œuvre à sensation, c'est d'un jeune qu'elle émane ; c'est d'un inconnu, perdu la veille dans la foule, le lendemain célèbre.

« Oh! les jeunes, au lieu de les dédaigner, de les décourager, de les étouffer, poussons-les, au contraire, en leur cédant la place que nous ne pouvons plus tenir utilement. Nous avons été une génération stérile qui n'a su rien fonder, ni la Monarchie qui s'offrait presque toute faite, ni la République toujours chancelante et précaire. Appelons à l'œuvre de nouveaux ouvriers, plus jeunes, plus entreprenants, qui seront peut-être plus habiles ou plus heureux. »

La jeunesse, admettons-le avec Ph. de Grandlieu, car on ne peut le nier, c'est l'initiative noble, l'élan généreux, l'impétuosité et l'audace superbes qui accomplissent les prodiges. Mais la jeunesse a encore d'autres avantages. Les idées d'éducation d'une autre époque, en effet, n'ont pas déteint sur elle. Ils sont sans souvenirs, sans rancunes, les jeunes, et pendant que nous nous morfondons dans le passé, dans la vieillerie seule, nous, eux ne pensent qu'au présent, qui ne vaut pas grand'chose, et ils rêvent à l'inconnu, ils rêvent à l'avenir!!!

Une fois de plus, et pour nous résumer, rendons plus faciles les débuts littéraires de nos cadets, et cela, dès que nous les verrons parler un peu moins durement des atrocités de ce siècle de luxure et d'argent, de la *muflerie contemporaine*, prêcher un peu moins haut dans leurs écrits le retour à la mysticité, avant de s'aller réfugier aux « sommets de l'art ». En somme, ils sont intéressants puisqu'ils semblent vouloir s'opposer à toute la marche en avant de ce siècle, niant la vieille tradition qui jusqu'à ce jour avait donné raison aux œuvres mâles et optimistes. Suivons-les, aidons-les, guidons-les, si surtout nous reconnaissons qu'ils sont sincères.

Entre temps, que pensent-ils de la nécessité de la technique dans le journal, le livre ou le théâtre, ces hardis novateurs, ces jeunes dont je viens de défendre ici la cause peut-être ingrate? Rien, pas grand'chose de bon, qui sait? L'art ne s'enseigne pas, diront-ils peut-être, mais à tort certainement.

C'est que, en général, ceux-là seuls qui vivent habituellement dans les coulisses de la littérature savent combien l'inaptitude technique, combinée avec cette obstination qui résulte de l'ignorance et de la routine, en fait de travail littéraire pratique, a causé de déboires, même chez des écrivains en renom. Qu'ils veuillent bien réfléchir, consulter leurs souvenirs, ils ne me contrediront pas. Et voilà donc tout au moins une cause d'insuccès que nous pouvons écarter à l'avenir. En cet ouvrage, je l'ai dit, j'ai l'intention de m'employer de mon mieux à combattre toutes ces causes de non-réussite, l'une après l'autre, d'où qu'elles viennent, tous ces moulins à vent, d'où qu'ils tournent. C'est d'un donquichottisme raisonnable, et il me semble que si on veut bien se donner la peine de considérer le but à atteindre, on ne peut que me souhaiter bonne chance, m'aider, au besoin, en poussant nos grands écrivains, qui seront nos meilleurs professeurs, à entrer dans la voie que j'ai tracée, moi chétif. En agissant ainsi on mettra le vingtième siècle à même, sinon de terminer ce Manuel volumineux, mais que je sens si incomplet encore, du moins de parachever l'enseignement commencé, de façon à faire de cet enseignement le croquis du monument élevé à la Littérature française que je rêve depuis si longtemps. L'édifice, en effet, est grandiose et son achèvement usera, certes, plus d'un architecte.

Bon T. DE WOGAN.

Yacht *Gryselle*, Puerto Petra, Ile de Majorque,
20 février 1897.

CHAPITRE I

Le Jupiter moderne. — Action et puissance du journalisme. — N'est pas journaliste qui veut. — La tribune de la presse et celle du Parlement. — Katkoff. — Les chefs de parti et la presse. — Nécessité pour les chefs d'entrer dans l'arène du journal.

L'éloquence des chiffres, représentée par la statistique, nous révèle, qu'à Paris seulement, paraissent 2.327 journaux et revues, sans compter les morts-nés, et 3.493 en province.

D'après la même statistique, le nombre des journaux publiés dans tous les pays du monde serait de 41.000 dont 24,000 paraissent en Europe, ce qui, à raison d'un milliard d'habitants sur la terre, fait à peu près un journal pour 28.000 individus.

Dans ces conditions serait-il possible de nier la royauté souveraine du journal, l'universalité de sa domination?

Il ne serait pas sans intérêt de comparer l'état de la presse avec la situation de l'enseignement primaire dans chaque pays : on constaterait, sans doute, entre le nombre des journaux et celui des illettrés, une étroite corrélation; la démonstration a besoin d'être faite, mais nous ne la ferons pas, nous, ne pouvant nous accorder ces digressions.

Dans la transformation démocratique du monde, la presse est devenue la première des puissances modernes. A toute heure, cette force, qui travaille si sûrement à l'expansion de la société de demain, est l'écho vibrant des idées, des besoins, des aspirations tourmentées de la masse humaine. Sur tous les points du globe des millions de lecteurs écoutent avidement sa voix, se pénètrent de ses admirations ou de ses haines, et forment derrière elle une armée irrésistible. Les officiers de cette armée sont, pour la plupart, remarquables.

Cette situation est réelle. Il n'y a pas dans la presse, comme le croient tant d'ignorants, que de simples fabricants de nouvelles diverses et d'articles bâclés, menés par des spéculateurs sans scrupules. De nobles caractères l'ennoblissent, la vraie presse est chose des plus honorables.

Nous n'en sommes plus au préjugé d'autrefois, alors qu'entrer dans le journalisme était considéré comme une sorte de déchéance. Nous n'en sommes plus à l'époque où le Desgenais des *Filles de Marbre*, rencontrant un ancien ami qui hésitait à le qualifier, lui disait : « Oh ! journaliste, va, lâche le mot ! » Depuis quarante ans le journalisme a pris une importance extraordinaire ; il a fourni des écrivains fameux, et la valeur d'hommes tels que Girardin, Veuillot, Carrel, Bertin, Nefftzer, etc., a fait créer un mot nouveau pour désigner les maîtres de cette langue de l'actualité et de la polémique. Ce titre donné aux grands s'étend peu à peu, relevant encore le nom de journaliste : on n'en rougit plus, on voit des hommes éminents s'en honorer. M. Jules Simon aime à s'appeler un « vieux journaliste ». Un ambassadeur de haute noblesse ne disait-il pas récemment : « Nous autres journalistes » ?

Aussi bien, quel grand écrivain, quelle personnalité éminente, mêlée aux affaires publiques, n'a pas été journaliste en ce siècle ? Chateaubriand, de Broglie, Royer-Collard, Salvandy, Guizot, Thiers, Mignet, Taine, Prévost-Paradol, quels noms célèbres, pour ne citer que les morts ! Et ce journaliste qui écrivait sous Napoléon III les brochures dont s'occupait toute l'Europe ? Sacy et About siégeaient, surtout grâce à ce titre, à l'Académie française ; John Lemoine n'en présentait pas d'autre. C'est encore le journalisme triomphant qui dans ces dernières années est entré avec M. Hervé sous la coupole. Le temps est passé où l'Académie refusait d'ouvrir ses portes à Paul de Saint-Victor. Mais il y a une raison, comme toujours : le journaliste n'est devenu personnel que depuis une trentaine d'années. L'impersonnalité était d'abord très stricte dans la presse française ; on ignorait les noms des rédacteurs ; très peu d'articles étaient signés, usage qui a persisté dans les journaux anglais. L'œuvre de la presse était une œuvre collective, anonyme, et les personnalités faisaient abnégation d'elles-mêmes pour ce travail ingrat de maître d'école des esprits.

En ces temps-là le journalisme était fermé, on y restait, on n'en sortait pas, il ne menait à rien autre qu'à la rédaction des articles. Aujourd'hui c'est tout le contraire, il mène à tout, et en général, — malheureusement, — on n'entre dans cette carrière qu'avec le secret espoir d'en sortir plus tard. Beaucoup cependant y sont restés et lui ont consacré leur vie entière, dédaignant de saisir de hasardeuses occasions de fortune. Il y en a qui, après vingt ans de travail, d'efforts, de notoriété, de vie militante, brûlant les forces du cerveau, se sont vus relégués au second plan, au troisième, au dernier, et ont gagné péniblement le pain de la vieillesse. Souvent ils ont acquis plus de talent, de savoir, de science politique et gouvernementale, que bien des ministres et des ambassadeurs.

Ils n'en ont pas eu le profit, mais le journalisme en garde l'honneur. A lui aussi on peut appliquer le mot de Montalembert. Dans son discours de réception à l'Académie, il s'excusait auprès de ses ancêtres, maréchaux et rudes capitaines de la vieille France, d'avoir un peu dégénéré en ne maniant que la plume. — « Rassurez-vous, Monsieur, lui répondit le directeur d'alors, la plume dans vos mains est une épée. »

Cette faculté d'attaque et de défense, cette arme, cette responsabilité ont ennobli le journaliste. Ne l'est pas qui veut. En nos temps où le journal est devenu la force première, l'organe impulseur de l'opinion, il est aussi très souvent le défenseur des justes causes, et ce serait une folie de mépriser l'instrument capable d'assurer le triomphe du bien et la réparation du mal. Le journalisme est bien une arme pour se battre; cette arme a deux tranchants, elle peut guérir, elle peut blesser; elle est en un mot telle que nous; elle est une force humaine. On ne peut la supprimer ni se passer d'elle; il faut absolument s'appliquer à la manœuvre du terrible engin; c'est elle qui doit gagner toutes les batailles. Un exemple nous montrera ce que peut la force collective de la presse. Le fait s'est passé à Vienne. Le député Schœnerer ayant demandé qu'on interdît aux journalistes l'entrée de la salle des Pas-Perdus, le président approuva la mesure. En réponse à cette provocation, la presse viennoise déclara qu'elle cesserait d'assister aux séances de la Chambre et d'en insérer le compte rendu. Tenue avec la plus digne fermeté, cette résolution mit le Reichsrath en quarantaine. Le président dut capituler; il écrivit au syndicat des journaux en leur annonçant qu'il avait censuré le député Schœnerer, que le bureau de la Chambre regrettait ce malentendu et faisait droit aux justes réclamations de la presse. Cet exemple est une manifestation décisive de la puissance de la presse, qui, même sous la monarchie austro-hongroise, a établi sa suprématie sur le corps le plus important de l'État. On en citerait beaucoup d'autres. La tribune de la presse vaut-elle moins que celle du Parlement? Est-elle plus discréditée? Non, certes; car il y a encore des journaux qui n'admettraient pas dans leurs colonnes ce que le président de la Chambre est parfois obligé de tolérer. Chaque journal est indépendant, la dignité des feuilles honnêtes et loyales envers le public comme envers leur parti ne peut être confondue avec la vilenie de certaine presse scandaleuse, exploitée par des mercantis sans conscience. La plume n'est pas moins noble que la parole : John Lemoine peut donner la main à Berryer.

Mais l'action du publiciste est bien plus puissante que celle de l'orateur. Qui ne se rappelle la terrible influence de Marat, celle de Camille Desmoulins, celle d'Émile de Girardin? En Russie, Katkoff, modèle d'activité et de persévérance, a fait entrer, à force de travail et de persuasion, dans l'esprit de ses concitoyens encore ignorants, les idées et les vérités qui préparent les semences de l'avenir. Il n'a pas été ministre, ni dignitaire de l'empire; il n'a fait partie d'aucune assemblée, il n'a jamais exercé de fonction officielle. Mais il est parvenu à faire tressaillir l'âme de 80 millions d'hommes, il a été le prophète, l'agitateur et l'initiateur. Dans l'immense Russie, l'ascendant de cet homme, qui a préparé, jeté les bases de la double alliance, le rendait maître de l'opinion publique. Il était, de fait, le premier personnage de l'empire après le Tsar.

Ce que Katkoff a fait en Russie, les hommes politiques qui s'imposent par l'éclat de leur talent et de leurs services pourraient le faire en d'autres pays, s'ils voulaient, contrairement à ce qu'ils font d'une façon générale, se résoudre à saisir directement l'opinion de leurs idées et de leurs conseils. Pourquoi nos chefs de partis, oubliant les vieux préjugés, ne prennent-ils pas une part plus personnelle aux luttes quotidiennes, en se servant résolument des armes de leur temps, en s'exposant sur la brèche?

Pourquoi les chefs de partis, les généraux de l'opinion, au lieu de laisser, ainsi qu'ils le font généralement, à des plumes secondaires le soin de guerroyer pour leur cause, ne viennent-ils pas, dans le journal même, combattre au premier rang, à leur place enfin, doublant ainsi la puissance et la portée des armes dont ils disposent? Ne faut-il pas maintenant parler aux foules? Nous n'en sommes plus au suffrage restreint, où il suffisait de persuader une élite; le suffrage universel veut de terribles efforts; il s'agit de conquérir les multitudes. Pour cela, il faut se montrer, il faut que partout, et au loin, retentisse la voix du chef.

Pas plus que dans la loi militaire, la substitution n'est ici possible : le général est là, à cheval, et les soldats le voient, l'acclament, marchent en avant. Sa présence seule peut les faire monter à l'assaut; sans lui, ce serait la déroute.

Il est nécessaire que les chefs soient là pour diriger la bataille, pour désigner le poste stratégique d'où l'artillerie tonnera sur l'ennemi. Ce sont eux qui doivent mettre eux-mêmes le feu aux pièces. Contradiction singulière! Ils monteront sans hésiter à la tribune pour défendre leur foi, leurs idées, leurs espérances, pour un ordre du jour, pour une simple motion; et ils se contentent d'inspirer de loin, et, sans quelquefois les jamais visiter, les journaux qui les représentent. Ce n'est pas le général qui conduit les combattants, ce sont des subalternes, des sergents, des caporaux.

Est-ce simplement la force du raisonnement, la supériorité des vues et du style qui, seuls, peuvent donner un pouvoir, un poids si grand, à l'article d'un chef de parti? Il ne faut pas s'y tromper : ce qui agit sur la masse des lecteurs, c'est surtout le nom. La valeur des idées est peu de chose pour la multitude : le nom domine tout. La preuve en est facile; voyez ce que sont payés les articles qui portent une signature célèbre :

M. Gladstone, en Angleterre, a reçu pour une seule étude critique 250 livres, soit 6.250 francs. L'illustre *Old Man* a certes un très grand talent, mais ce n'est pas la beauté de sa prose, c'est son nom qu'on a payé.

Que Rochefort arrête demain ses articles, et vous me donnerez des nouvelles de l'*Intransigeant*. « Je veux des premiers ténors ! » disait Villemessant, qui s'y connaissait et savait si bien attirer et fixer à son journal les plumes alertes et originales.

C'est donc le nom qui triomphe, et les chefs politiques se diminuent en se faisant suppléer. Les grands avocats, les grands médecins, les grands acteurs agissent tous personnellement ; comme Pierre Petit, ils opèrent eux-mêmes. C'est Potain, c'est Lancereaux qu'on veut à son chevet, et ils viennent, ils n'envoient pas un interne. C'est Berryer, c'est Jules Favre et non un stagiaire que l'on réclame pour défendre son patrimoine ou son honneur ; c'est Lacordaire, c'est Ravignan, et non un vicaire de passage que l'on veut entendre en chaire. Partout il en est de même. Annoncez des doublures sur l'affiche de l'Opéra, et vous verrez la recette !

C'est pourtant, je le répète, ce que font généralement les chefs politiques. En province, même routine. Les hommes qui visent à la députation remettent les intérêts de leur parti à un rédacteur étranger à leur département, lui allouant à cet effet une indemnité médiocre, et ils s'étonnent ensuite de ne pas se gagner l'esprit des populations. Quelle différence dans les résultats déjà, quand, — ce qui n'est pas encore suffisant, — c'est un homme considérable de la province, un homme connu, qu'ils ont choisi pour prendre la défense de leurs intérêts électoraux !

Cette excuse de modestie ou de fausse dignité qui empêchaient autrefois les politiques éminents de lutter eux-mêmes dans la presse n'existe plus aujourd'hui. Les discours devant un auditoire choisi, trié sur le volet, sont insuffisants. Il faut que les chefs parlent dans le journal, toutes les semaines, tous les jours, à des milliers d'électeurs. Les temps sont changés. Avec les chemins de fer, les télégraphes, le téléphone et les vertigineuses machines à imprimer, le monde entier est maintenant à l'action : l'avenir appartiendra aux actifs ; il est inutile d'insister sur une vérité aussi évidente.

CHAPITRE II

Le temple et ses desservants. — La rue du Croissant, boulevard du journalisme français. — La rédaction à vol d'oiseau. — Visiteurs-fléaux. - Fonctions. — Besognes différentes. — Le vrai journaliste. — Le directeur. — L'administrateur. — L'articlier politique. — Le chroniqueur. — Le reporter.

Cette feuille de papier plié, qui, chaque jour, vient étaler devant nos yeux les moindres bruits de la vie universelle, d'où vient-elle, par qui a-t-elle été fabriquée, à l'aide de quels moyens a-t-elle pu trouver ou apprendre ce qu'elle contient, et à quelle organisation doit-elle son existence, son influence, son succès? Beaucoup l'ignorent; on sait que le journal a été imprimé par des typographes, que des gens de lettres ont dû recevoir et écrire pour le public ces informations et ces articles; on accepte, souvent sans trop comprendre.

On ne voit que le résultat; on aperçoit peu la puissante machine et seulement par ses dehors.

Très rares sont les Parisiens qui ont visité ces sombres officines où se fabriquent des instruments d'action et de lumière plus puissants que la parole. Elles siègent au quartier Montmartre, surtout rue du Croissant. La rue du Croissant, courte, étroite, avec des rentrants de maisons et de mauvais trottoirs, est le vrai centre, le boulevard du journalisme. Presque toutes les maisons sont des imprimeries et des administrations de journaux. Tout le jour, des camions y charroient d'énormes cylindres : le papier qui sera noirci durant la semaine; c'est un mouvement fiévreux d'allées, de venues, de wagonnets roulant sur des rails et disparaissant dans les cours intérieures.

Vers 3 ou 4 heures de l'après-midi, l'heure du journal, les

camelots et les porteurs arrivent et remplissent la rue. Ils sont là des centaines, assis, stationnant, criant. Ils attendent le numéro du jour; dès qu'ils l'ont reçu, ils partent tous en courant, à pied autrefois, souvent à bicyclette aujourd'hui, annonçant à pleine voix le journal jusqu'aux extrémités de Paris.

Cela, presque tout le monde le connaît. Mais c'est la nuit qu'il faut entrer dans ces usines formidables, la nuit, quand les engins à noircir le papier agitent leurs grands bras, quand tournent ou s'abattent les pièces des machines, avec ce grand coup sec incessant qui donne le frisson, comme le bruit du couteau tombant sur la tête du condamné; la nuit, quand les courroies de transmission volent en grinçant vers le plafond où des solives d'un brun fauve apparaissent, effritées, rongées, comme la coque d'un navire après un long voyage ou les ruines d'une maison incendiée.

Au milieu de ce cadre les *typos*, penchés sur leurs établis crasseux, maniant vivement les lettres de plomb qui lentement les empoisonnent, leurs dos arrondis sous la lampe, en une attitude frileuse de phtisiques.

A droite, un gigantesque moteur dégorgeant vers la rue d'immondes détritus, des eaux enfiévrées, chaudes, qu'on prendrait pour la sueur de ceux qui travaillent ou le ruisseau fétide vomi par un hôpital.

La fournaise, au fond, flamboie derrière les ténèbres, comme la bouche d'un volcan. Elle projette à peine sur l'entrée glissante et l'escalier tortueux de cet Érèbe une lumière blême qui éclaire un seul côté des visages et semble les couper en deux : lueur fantastique à travers laquelle on voit des journalistes qui se dirigent vers leurs bureaux. A cette heure, ils ont la tête enfouie dans le col de leur houppelande. Ils arrivent, un à un, silencieux, avec un air de conspirateurs. Parfois ils ne sont pas seuls : on entend s'arrêter une voiture, un *typo* accourt pour ouvrir la portière : une jeune femme étincelante de diamants, qui ne sont pas toujours des Bluze, enveloppée de fourrures, reste assise sur les coussins, pendant qu'un monsieur cravaté de blanc, serré dans son habit, fait craquer ses souliers vernis en montant l'escalier. C'est un *échotier* qui reconduit mademoiselle après le théâtre; il est venu vite rectifier quelque épithète dans l'article d'éloges et de réclame qu'il a fait à son intention et tout au long duquel il célèbre son jeu dans la nouvelle pièce et ses admirables toilettes. Il va très vite, il est pressé. Un journaliste est toujours pressé.

Un journal, riche ou pauvre, à peu d'exceptions près, est toujours installé dans une affreuse maison aux murs sales, aux escaliers malpropres et dont la cour d'entrée, — quand il y a une cour, — semble le vestibule d'un magasin de charbonnier. Il y a cependant un journal en Amérique, je crois, qui possède un hôtel de dix-huit étages.

La maison, fût-elle neuve au moment où le journal s'y installe, aura l'air vieille de cent ans au bout de six mois.

C'est que souvent le journal a son imprimerie chez lui, et rien ne vaut une imprimerie pour faire d'une maison blanche une maison noire.

La maison est divisée en deux parties, — d'un côté l'administration, de l'autre la rédaction.

L'administration de certains journaux est un petit ministère : 40 employés depuis le caissier jusqu'aux garçons de bureau. — Je ne parle ni des plieuses, ni des porteurs, ni des compositeurs.

La rédaction se compose de cinq ou six salles : le cabinet où se tiennent les garçons de bureau, la salle d'attente, le cabinet du rédacteur en chef, deux ou trois cabinets pour les rédacteurs, et la salle de rédaction, la seule où souvent l'on ne rédige pas.

Quelques journaux ont une salle dite bibliothèque. Je n'y ai jamais vu de livres et je défie qui que ce soit d'en avoir aperçu un seul; mais il y a un bibliothécaire.

On assure qu'il est très difficile, qu'il est même impossible d'arriver jusqu'au Président de la République quand on n'est pas muni d'une lettre d'audience. Il est encore plus impossible, si l'on n'a pas le mot de passe, de pénétrer dans le bureau de rédaction d'un journal.

Chaque jour, à toute heure, un garçon vient dire à tel ou tel rédacteur : « Une personne est là qui vous demande. » Et chaque jour, à toute heure, le rédacteur répond au garçon de bureau : « Dites que je n'y suis pas. » Si le garçon de bureau revient pour dire que l'affaire est pressée et d'une haute importance : « Dites que je suis à la campagne et que je reviendrai dans six mois. »

Si la porte n'était pas hermétiquement close, on serait accablé par les importuns.

Celui-ci est un pauvre diable qui a besoin de 20 francs pour aller en Amérique. — Celui-là vient de trouver la quadrature du cercle, celui-là a découvert le moyen de faire du pain avec du plâtre et de la brioche avec de la sciure de bois; cet autre a eu des malheurs domestiques, et il sollicite l'insertion d'une lettre de malédictions contre le beau sexe.

Je n'en finirais pas s'il me fallait faire l'énumération de tous les gens qui, pour un oui ou pour un non, vont frapper à la porte du journal et s'étonnent qu'elle ne soit pas toute grande ouverte.

J'ai vu, dans l'espace de deux ou trois mois, une quarantaine d'individus défiler, l'un après l'autre, dans le bureau du même journal, avec une mécanique destinée à refréner la vitesse d'un train de chemin de fer.

J'ai vu passer trois ou quatre cents compteurs également mécaniques. J'ai vu mieux que cela : un poisson volant, triomphalement apporté pour être soumis à l'examen de gens qui n'entendaient rien à l'aérostation.

Je ne parle pas de la foule des petits inventeurs, — parmi lesquels je me rappelle un certain fabricant de ratières perfectionnées, — tous avides de publicité et stupéfaits quand on ne suspendait pas le tirage du numéro sous presse pour annoncer au monde et à la banlieue que M. X. venait de découvrir le mouvement perpétuel, ou M. Z. une nouvelle poudre insecticide.

Mais il y a bien d'autres importuns :

Le jeune homme naïf qui a pondu un article et qui voudrait le voir éclore dès le lendemain matin;

La femme de lettres grosse.... d'une nouvelle ou d'un roman. Celle-ci est tenace, elle s'installe dans l'antichambre avec l'intention bien arrêtée de mettre son roman sur la gorge du premier rédacteur qui entrera ou sortira;

Le poëte fossile, avec quelque tragédie ou poëme épique en vingt-quatre chants sous le bras. Quand on a bien discuté avec lui, quand on lui a prouvé par toutes sortes de bonnes raisons qu'un journal ne peut insérer un poëme de douze mille vers, il répond tranquillement : « Eh bien, prenez-le pour rien, je n'exige aucune rétribution. » Il faut appeler le garçon à la rescousse pour le mettre dehors;

L'homme d'affaires équivoques qui vient offrir 500 francs si l'on veut glorifier dans un article littéraire, et sans que cela exhale un parfum de réclame, les dents osanores d'un banquiste.

Il importe aussi de ne pas oublier l'homme piqué de la tarentule de la correspondance, et qui demande l'insertion d'une lettre dont l'objet roule sur le balayage des rues, le mauvais état du macadam, la détestable qualité du pavage, l'insuffisance de l'égout collecteur ou la rudesse des sergents de ville. Le correspondant de ce genre est un pilier de l'antichambre. C'est souvent un industriel qui n'écrit, à propos de n'importe quoi, que pour pouvoir donner, — sans bourse délier, — son nom et son adresse.

Faisant partie de la ruche que j'ai commencé à décrire, il y a des journalistes qui travaillent chez eux, il y a des journalistes qui travaillent au bureau de rédaction, et il y en a d'autres, enfin, qui travaillent, pour ainsi dire, un pied chez eux et l'autre au journal.

C'est que les besognes sont fort diverses. En effet, ainsi que nous le dit le *Dictionnaire des professions,* — qui n'a qu'un tort dans sa définition si complète, celui de prétendre que le journalisme n'est pas une profession, — un journal a pour tâche de s'informer de ce qui se passe, de ce qui se dit, de ce qui s'écrit, d'en rendre compte, d'indiquer, de résumer, de donner son opinion. Événements du jour, questions politiques, économiques, administratives, juridiques, militaires, découvertes scientifiques ou géographiques, ouvrages littéraires, pièces de théâtre, critique d'art, chroniques, faits divers, etc., etc..., le journal connaît tout, annonce tout, s'occupe de tout.

Avec des matières aussi variées, nécessairement la manière de les traiter varie. Il est aisé de comprendre que les collaborateurs qui nous tiennent au courant du mouvement des sciences ou des expositions artistiques, ceux qui écrivent le feuilleton du lundi et jugent une comédie nouvelle, ceux qui exposent les questions spéciales concernant l'armée, la marine, le droit des gens, ou tout autre sujet souvent sans actualité immédiate, enfin et surtout ceux qui fournissent le roman du rez-de-chaussée, peuvent travailler chez eux et y composer leurs articles avec tout le soin et la réflexion nécessaires. Ils ne seraient nulle part aussi bien pour leur travail.

« Le vrai journaliste, le journaliste proprement dit, est celui qui doit être toujours sur la brèche, la plume à la main, prêt à saisir au passage l'événement, la question imprévue qui surgit. Une nouvelle importante arrive le soir : il faut que, le lendemain matin, elle se publie avec les commentaires et les éclaircissements dont le lecteur a besoin. Les rédacteurs de ces prompts articles ont ceci de commun qu'ils doivent lire tous les journaux, savoir chercher les informations auprès des gens ou dans les endroits où on peut les trouver, et venir tous les jours au journal. Là, ils échangent leurs idées, ils s'entr'aident. Ceux qui font les articles importants travaillent, comme je l'ai dit, en partie chez eux, en partie dans la salle de rédaction; l'urgence dans l'élaboration du journal décide tout. »

Dans des bureaux séparés, le Directeur, songeant à la question d'Orient ou à toute autre, et l'Administrateur, faisant peut-être le compte du papier employé durant la semaine. Dans un cabinet à part, le rédacteur du *Premier Paris* qui résume les nouvelles du jour, en les commentant avec le plus de brièveté possible.

Un peu plus loin travaille le chroniqueur. Il est allé la veille au soir à la grande séance d'hypnotisme donnée par les frères Z., il fait part de ses impressions, s'étudiant à les écrire sur ce ton humoristique qui lui est particulier.

A côté sont assis ceux qui rédigent les entrefilets, soutiennent la polémique avec d'autres journaux.

Çà et là, quelquefois à la même table, ceux qui traduisent les feuilles étrangères et en font des extraits; ceux qui condensent en vingt lignes les longues séances hebdomadaires des académies ou d'autres sociétés; ceux qui font la menue besogne, ciseaux en main, découpant des *fenêtres*, des faits-divers et des nouvelles dans les journaux de Paris et des départements; tous ces différents rédacteurs, nous les étudierons plus loin, chacun à son tour.

Quelqu'un entre rapidement : c'est le rédacteur chargé du compte rendu des séances à la Chambre ou au Sénat. Si le journal paraît le matin, il arrive après-dîner, se jette sur une chaise, et griffonne une page ; sa plume court, il analyse les discours, louant les orateurs de son parti, raillant et écourtant les adversaires ; dès que la page est finie, elle est enlevée et un gamin la porte humide encore aux *typos* de l'imprimerie.

Le rédacteur qu'on voit le moins, au bureau du journal aussi bien que chez lui, c'est le *reporter*, — mot anglais que l'Académie a eu tort d'adopter au lieu de le franciser en disant *reporteur* tout simplement, comme l'auraient plus sagement fait nos pères. Celui-là est presque insaisissable, toujours en l'air, courant sus aux nouvelles comme s'il chassait le papillon.

Le secrétaire de la rédaction va et vient. Outre les solliciteurs, les gens qui accourent soumettre des manuscrits ou qui attendent une réponse, il a la responsabilité de l'aspect du journal. C'est lui qui fixe à chaque article sa place dans le journal, s'appliquant, ce faisant, à donner aux pages de chaque numéro l'arrangement d'où dépend sa physionomie et son effet sur l'œil.

Autrefois un journal avait généralement à sa tête un Rédacteur en chef, qui avait pour mission d'écrire les principaux articles et de diriger l'impulsion de ses collaborateurs, et un administrateur chargé de veiller aux intérêts matériels. Mais aujourd'hui l'importance du côté administratif a fait remplacer ces personnages par ce qu'on appelle un *directeur* ; c'est d'ordinaire un gros actionnaire qui dirige, surveille, accepte ou refuse, mais qui, en général, ne fait pas d'articles.

CHAPITRE III

La vocation de journaliste. — La femme journaliste et la femme de lettres. — Les Pourquoi, les Parce que et les Comment du journalisme. — Le mal d'écrire. — Sociétés d'exploitation littéraire : *l'Apollon Rimaquois*. — Le journalisme du boulevard. — L'art de percer. — Autres moyens de parvenir. — Rémunération.

Donc, jeune homme, jeune homme pour lequel j'ai écrit ce livre, vous avez, me dites-vous, la grande vocation des lettres, et, pour me démontrer combien elle est irrésistible, vous ajoutez que, après un stage dans une position qui était pourtant lucrative, vous n'avez pu, — dominé que vous êtes par l'idéal de l'écritoire, — vous résigner à passer définitivement sous la porte basse de l'industrie. Porte basse! une porte qui s'ouvre à deux battants sur le grand chemin de la considération et de la fortune! Ah! jeune homme, cette porte basse est, pourtant, une très grande porte. Elle est l'arc de triomphe du dix-neuvième siècle.

Puisque je suis autorisé à vous parler sans réticences, je vous ferai d'ailleurs observer que la raison alléguée comme preuve à l'appui de votre vocation irrésistible est médiocre.

L'antipathie pour une profession, en effet, n'implique pas l'aptitude à une autre. On peut être réfractaire au négoce de la mercerie ou des épices et peu propre au commerce de la ligne imprimée. Il ne suffit pas, en un mot, d'avoir passé, — sans y séjourner, — par la principauté des affaires, pour avoir d'emblée droit de cité dans la république des lettres. Aussi que de débutants, que de littérateurs, anciens merciers, etc., déjà publiés, dont on a lu un premier ouvrage, végètent en ce moment dans quelque administration où on leur prend le meilleur de leur sang, infortunés esclaves, qui ne peuvent continuer leur labeur qu'après la journée de fatigue et d'ennui, le soir, la nuit, la nuit jusqu'au matin. On a parlé d'eux une fois; les revues bibliographiques les ont loués; entre lettrés on leur accordait même un peu de talent, et puis, tout d'un coup, personne n'a plus fait attention à eux; ils restent humbles et ignorés dans un coin.

On a beau dire que les forts arrivent vite, que les vraies valeurs humaines sont insubmersibles : Sardou a enseigné longtemps la philosophie chrétienne et Zola a été commis de librairie. Donc, faites-vous peintre, de préférence, puisqu'il en est temps encore, faites-vous musicien, et alors vous jouirez d'avantages, de bourses, par exemple, qui vous permettront de travailler avec plus de liberté et avec moins de souci; vous aurez là des aides qu'il ne faut point espérer ici. Enfin, et, pour en finir, admettons que vous ayez toutes les qualités requises. Vous brûlez du feu sacré, c'est convenu; il ne vous reste plus qu'à aller grossir les rangs du bataillon élu et à emboîter le pas. Entrez donc et prenez place, — s'il reste une place.

Les rangs en effet sont serrés; quels que soient le talent et la bonne volonté, on ne trouve pas facilement à se caser en ce temps où l'on se bouscule sur tous les chemins. L'avenue du journalisme surtout est encombrée.

Avant de vous lancer éperdûment dans la carrière, n'oubliez pas d'ailleurs que l'esprit passe vite. S'il est au monde quelque chose de variable, d'insaisissable, de fugitif, c'est l'esprit. Il se renouvelle, comme les modes, à chaque changement de saison.

La littérature a son Longchamps aussi bien que les élégants et les tailleurs.

Hier, le style portait un habit de soie, un gilet brodé et des manchettes en dentelles; ce matin, il a une cravate noire et un habit de cheval.

Cet écrivain que vous voyez passer sur sa phrase prétentieuse, vieille haquenée qui a déjà fait cent fois le tour de l'hippodrome, est un beau d'avant-hier et une aile-de-pigeon d'aujourd'hui.

Cet autre, qui s'acharne à aiguiser une épigramme émoussée

et qui a fait une reprise à ce vieux costume qu'il portait si gaillardement l'année dernière, aile-de-pigeon.

Il en est des écrivains comme des femmes qui n'ont jamais que vingt-neuf ans.

Le temps a beau, de son aile impitoyable, fustiger leur jeunesse et leur beauté; elles empruntent de la jeunesse au parfumeur et des attraits à la couturière.

Combien n'en voyons-nous pas se promener sur le mail de ces ci-devant jeunes hommes, avec leur esprit cosmétiqué, leurs périodes vermillonnées et leur style en queue de morue?

Ils ont eu leur quart d'heure d'élégance et d'éclat, il a été question d'eux pendant toute une matinée et ils ne sont pas contents, les ingrats!

De toutes les professions dites libérales, il n'en est pas une, une seule, entendez-vous? qui soit plus rude, plus décevante que la profession littéraire! Sur mille qui combattent la plume à la main, un seul arrive, je ne dis pas à la gloire, mais à la réputation, ce fantôme de la gloire.

Les autres effeuilleront en pure perte les fleurs de leur esprit; ils suivront, mornes et résignés, le cortège de tous les triomphateurs, et ils disparaîtront un jour, sans qu'on s'inquiète de leur absence, sans qu'un ami inconnu se souvienne de leurs premiers vers ou de leur dernier article.

Et pourtant que de forces éparpillées! Que de travaux accomplis par ces obscurs soldats de l'intelligence!

Dans les quinze ou vingt ans consacrés au métier, que de souffrances endurées! Condamnés au labeur improvisé, ils auront dépensé en menue monnaie leur part du trésor intellectuel.

Tristes jusqu'à la mort, ils auront été contraints de mettre des paillettes à leur style, des rubans roses à leur plume, pour se présenter devant leur souverain maître, le public, dans la mise la plus coquette de leur talent.

Ils auront ressenti, à de certains moments, les souffrances de ces pauvres comédiennes dont l'enfant est mort le matin et qui, le soir, sèchent leurs larmes, mettent du rouge sur leur pâleur, et viennent, le sourire aux lèvres, la poitrine brisée, faire rire quinze cents spectateurs.

Ah! ne croyez pas ces joyeux commis-voyageurs et ces non moins joyeux vaudevillistes, quand ils font passer sous vos yeux cette vie littéraire de convention, pleine de bruit, pleine d'éclat, pleine d'actrices, de soupers et de fêtes.

Tout écrivain sérieux travaille au moins huit heures par jour, et je ne compte pour rien cet autre travail qui consiste à se tenir au courant de tout ce qui se fait, de tout ce qui se publie, à savoir quel est l'esprit de ce matin, à deviner quelle sera la mode de ce soir.

Et quand il sortira pour prendre l'air, pour se promener comme tout le monde, le journaliste, il galopera encore sur l'hippogriffe imaginaire, car la passion des lettres, si malheureuse qu'elle soit, est une maladie, une folie, si l'on veut, qui ne laisse ni repos ni trêve.

Si vous me demandez, après cela, pourquoi ces indociles esprits aiment mieux rouler cet éternel rocher de Sisyphe que s'asseoir tranquillement dans un comptoir ou dans les bureaux d'un ministère, je vous répondrai que c'est probablement parce qu'ils feraient des employés détestables et des commerçants impossibles.

Ils ont endossé la tunique dévorante du Centaure, ils ne l'arracheront qu'avec leur chair. Ils ne peuvent être que ce qu'ils sont. C'est leur malheur, mais c'est aussi quelquefois leur gloire.

Qui voit dans un article commandé ce que nous ne verrons jamais, nous, pauvres hommes, le potin un peu croustillant et la couleur exacte de la traîne chez une princesse du sang?

La femme journaliste!

Qui sait le mieux tendre un piège à l'ennemi prussien ou socialiste dans un mémoire budgétaire et fastidieux?

Encore elle, la femme de lettres!

Qui nous donnera pour la chronique ou pour le roman de mœurs le détail minuscule, atomique, faisant un grand artiste, quelquefois, d'un Méridional incohérent? Qui enfin, alors que nous sommes à court de copie pour les faits-divers, fera le mieux tomber, la tête en avant dans la mort, un pauvre diable de suicidé?

Et la femme de lettres amoureuse, inéluctable bipède! Qu'importe, je vous le demande, que le bas soit un tantinet bleu pourvu que la jambe soit fine, rose et blanche, et potelée? Adorables femmes journalistes!!

Mais restons sérieux, si nous le pouvons. En somme, ce titre de femme de lettres dont elles s'affublent, les charmantes créatures, peut-il nous blesser tant que cela? Celles qui s'en servent encore sont des *extra-jeunes* ou des provinciales ou... inutile n'est-ce pas de se livrer à une nomenclature sans intérêt? Un peu ridicule, voilà tout, ce titre, surtout sur une lettre, qu'en pensez-vous? Vous voyez-vous condamnée à recevoir des lettres ainsi adressées : Mme ou Mlle X... femme de lettres.

Ce titre, d'ailleurs, « homme de lettres », est-il beaucoup plus heureux, lui-même, et le verriez-vous d'un œil satisfait sur une missive adressée à Zola ou à Daudet?

Il n'y a guère que les fonctions qui se mettent, et cela, lorsqu'on a du temps à perdre ou du respect à étaler.

Suivant une petite statistique que nous donne la *Revue des Revues* en son numéro de février 1893, le nombre des femmes de lettres, en France, s'élèverait à 2.133. Dans ce nombre 1.211 écrivent des romans ou des livres pour la jeunesse, 217 des ouvrages de pédagogie, et 280 se livrent à la poésie. Les autres cumulent.

Sur les 2.133, 1.219 font partie de la Société des gens de lettres, et 32 seulement de la Société des auteurs dramatiques.

Quant au chiffre de celles qui écrivent dans les journaux, il est de 237; mais, sur ce chiffre, il faut en retrancher au moins 230, qui n'écrivent que dans les journaux de modes ou des articles de modes dans les grands journaux; il nous reste donc, au plus, sept ou huit confrères réels.

Enfin, sur les 2.133 noircisseuses de papier aux bas bleus, combien ont du talent? Si on vous le demande, répondez sans hésiter : toutes, toutes! C'est le seul moyen de ne pas vous faire arracher les yeux.

Mais que dirait aujourd'hui Molière s'il revenait parmi nous? Oh! un pendant aux *Femmes savantes*, quel chef-d'œuvre ce pourrait être!

Que dirait également Barbey d'Aurevilly? Ce n'est plus un

seul volume qui lui suffirait pour épuiser sur tous ces bas-bleus le carquois de son âpre ironie!

A ce propos, quelle est l'origine de cette étrange qualification de *bas-bleu*, appliquée aux femmes écrivains? On a posé jusqu'à trois fois la question dans l'*Intermédiaire des chercheurs et des curieux*.

Voici une des explications que nous trouvons dans le numéro du 30 novembre 1893 de ce recueil.

A l'époque où lady Montagu réunissait dans son salon les hommes de lettres les plus distingués de la Grande-Bretagne, un étranger dont j'ignore le nom, tout récemment arrivé à Londres, refusa, dit-on, de lui être présenté immédiatement, en s'excusant de ce qu'il était encore en habit de voyage. Lady Montagu, instruite de ce refus, aurait répondu qu'il faisait beaucoup trop de cérémonies, et que chez elle on pouvait se présenter même en *bas bleus*.

L'art de tenir intelligemment une plume, les hommes le permettent avec difficulté aux femmes. Selon moi, ils ont tort. Je considère que leur accorder la seule supériorité de la beauté, ce n'est pas tout à fait suffisant? non, ce n'est pas suffisant, George Sand!

Si votre vocation, vos moyens, vous poussent à noircir du papier, eh! mon Dieu! faites-le, voilà notre avis à nous, mais n'en parlez pas trop, cachez-vous-en un peu, comme d'une faute. Vivez comme une bonne petite bourgeoise, ou comme une simple mondaine, selon votre fortune; qu'on vous trouve raccommodant vos bas, ou, en le faisant faire, occupée de tapisserie, mais qu'on ne vous trouve pas, Seigneur, *pondant de la copie* et entourée de *journalisticules* qui vous parlent de vos œuvres, les hommes sérieux ne tarderaient pas à vous prendre en grippe à moins que vous ne soyez jolie et qu'ils espèrent un délassement agréable en votre compagnie. Notez, du reste, que parmi celles qui ont un réel talent, aucunes ne sont supportées ou appréciées, qui n'ont pas effacé le côté littéraire de leur existence par autre chose.

Ce n'est pas juste, évidemment, mais qui est-ce qui est juste ici-bas?

Mme Ackermann, cet admirable poète, écrivait, il y a deux ans, à l'âge de soixante-douze ans, en racontant succinctement sa vie : « Mon mari ne se douta jamais qu'il avait épousé une ex-muse. D'abord, je n'avais plus le temps de faire des vers, etc., etc., et puis je tenais avant tout à son estime et à sa considération, or une femme qui fait des vers est toujours ridicule... »

Il y aurait peut-être un curieux chapitre à écrire sur ce sujet : Les Pourquoi, les Parce que et les Comment de la carrière du journaliste.

Le journalisme est malheureusement le refuge de bien des désillusionnés, de bien des éclopés, tranchons le mot, de bien des ratés...! On devient journaliste :

« Parce qu'on a manqué sa thèse ;

« Parce que le Préfet de la Seine a pris un arrêté qui défend à ses employés d'écrire dans les journaux ;

« Parce qu'on est une épave du professorat ou de la magistrature ;

« Parce qu'on est homme d'État en retraite ;

« Parce qu'on aime Mlle Z. ;

« Parce qu'on a lu l'*Apollon Rimaquois* ;

« Parce qu'on est divorcée, et qu'on s'en moque ;

« Parce qu'il n'y a plus de places dans les téléphones ;

« Parce qu'on veut soumettre à ses contemporains sur le droit des femmes des idées justes ;

« Parce qu'on aime M. X., journaliste ;

« Parce qu'on croit qu'il n'y a pas déjà, et sans y ajouter le beau sexe, assez d'hommes atteints de *scribomanie*. »

On devient journaliste, nous dit M. Dubief, dans son ouvrage *Le Journalisme :*

« Parce qu'on désire se voir imprimé ;

« Parce qu'on connaît des journalistes et qu'on veut les imiter ;

« Parce qu'on est déjà avocat, ou professeur, et qu'il est bon d'avoir une corde de plus à son arc ;

« Parce que, dans les différentes formes de la vie littéraire, le journalisme, somme toute, est une des plus lucratives ;

« Parce qu'on a le goût de la politique ;

« Parce qu'on veut soumettre à ses contemporains les idées qu'on croit justes et utiles.

« Et comment devient-on journaliste ?

« Comment ? Question de circonstances plus encore que de mérite.

« Il n'y a ni études professionnelles à faire, ni diplômes à gagner, ni examens à subir.

« On devient journaliste :

« En fondant soi-même un journal; ce moyen n'est pas à la portée de toutes les bourses ;

« En jetant un article dans la boîte d'un journal. Ce fut, dit-on, le cas de Charles Dickens, et c'est le cas de quelques autres. Ne pas trop se fier à ce moyen-là ;

« En se faisant recommander au directeur en chef d'un journal par des gens de lettres ou des personnages influents. C'est le moyen le plus usité, il est loin de réussir toujours. Le journalisme, je l'ai dit, est une carrière encombrée. Il est parfois plus difficile d'y entrer, même avec du talent, que dans telle administration publique. »

Je suis certain que lorsque j'aurai indiqué tous les obstacles, les embûches qui attendent au coin des bois de la littérature l'homme atteint de scribomanie et qui veut se vouer à la carrière des lettres, beaucoup se sentiront découragés, et mieux vaut, certes, qu'il en soit ainsi, car ces gens-là n'eussent jamais réussi dans cette grande et noble profession. Cet amoncellement de difficultés et d'obstacles, ainsi placé au début de mon livre, aura pour résultat de nous débarrasser de bonne heure, au moins d'une partie de ces illuminés que l'on rencontre chaque jour, de ces pauvres diables atteints de cette terrible maladie, la démangeaison d'écrire, l'*écrivaillerie,* selon Montaigne.

Nous avons entendu parler d'un tailleur, honnête, patient, actif, laborieux, qui n'aurait peut-être jamais acheté de journaux si sa femme n'eût été une fanatique du feuilleton. Il a un fils, cet homme, un fils, qui possède un style de facture et additionne, s'il n'est pas trop long, un bordereau sans se tromper; entre temps, il coud des culottes. Cette semaine, son père nous a fait une confidence : il va mettre son fils dans la littérature. Il nous a parlé de cela d'un ton résolu; c'est une décision sans réplique. Comme nous nous étonnions, lui demandant si son héritier choisissait cette belle branche avec l'intention de faire autre chose que de se pendre, il se planta devant nous :

— Dame, écoutez donc, il va avoir dix-neuf ans, je n'ai pas de fortune, il a manqué son certificat d'études, il n'a pas réussi comme commis; il ne mord pas au métier de son père. Il ne veut pas faire un tailleur, il faut pourtant qu'il travaille; je vais en faire un journaliste...

Il disait cela naturellement, c'était sa logique à lui. Son fils ne pouvant arriver à joindre proprement deux morceaux de drap ensemble, eh bien, ma foi, on lui ferait mettre bout à bout des idées. On ne pouvait pas en faire un culottier, on en ferait un écrivain.

Nous objectâmes timidement qu'une autre profession conviendrait peut-être mieux à ses aptitudes. Le bonhomme nous interrompit :

— Oui, Messieurs, mais une autre profession exigerait un apprentissage, et il est trop vieux, à présent, mon fils, pour faire un apprenti.

C'est ça, on choisissait une profession qui ne demande pas d'apprentissage, et qui mène son monde à la fortune.

Nous avons vu le fils, notre futur confrère. Il est lauréat d'une académie de province, son vert laurier l'a dégoûté du passe-carreau. Il a refusé de grimper à l'établi depuis le jour où il a grimpé au Parnasse à deux sous la ligne. Son front couronné, — couronnement qui lui est revenu à 36 francs 90, — a enfanté déjà plusieurs chroniques parues dans des journaux de province, un drame en cinq actes, — parbleu! Il m'a avoué que le journalisme ne serait pour lui qu'un pis-aller : ce qui lui « irait », ce serait de faire de l'opéra genre Meyerbeer. Il ne connaît pas la musique, mais il l'apprendrait.

Ce pauvre tailleur raté n'est pas une exception; ils sont une légion portant un monde à l'étroit dans leur cerveau.

En effet, il y en a plus qu'on ne croit de ces pauvres diables qui sont atteints du terrible mal, de cette maladie qui ne pardonne pas : *le mal d'écrire*. Dénués parfois de toute instruction, ignorant la langue, ils ne cherchent même pas à l'apprendre, et, pleins de mépris pour tous auteurs, ils n'admettent de parfait que ce qu'ils élucubrent eux-mêmes en style quelquefois barbare. Dédaigneux devant les succès des autres, ils sont persuadés qu'eux seuls sont méritants. Moi, moi, et c'est assez. Quelques-uns, surtout ceux qui se mêlent d'aligner des vers, vivent des scories de nos grands poètes, ou de celles de poètes d'un ordre secondaire, infatigablement, du matin au soir noircissent du papier de vers de mirliton, et... trouvent pourtant le moyen de publier leurs œuvres. Mais, me direz-vous, où donc se font-ils éditer ? Comment réussissent-ils, ces malins, à trouver le moyen de voir ces merveilles en beaux caractères d'imprimerie sur papier de luxe, avec tout le prestige que vient ajouter l'impression à l'œuvre écrite ? Comment réussissent-ils, ces veinards, à obtenir cette publicité, des lecteurs, cette admiration dont le besoin maladif les ronge ?

Oh ! c'est bien simple, et je ne vous ferai pas languir. Des sociétés d'exploitation, — il n'y pas d'autre mot, — se sont formées pour tirer parti de cette vanité, pour capturer cette proie vraiment trop facile. En province et ailleurs, on a organisé à cet effet des concours poétiques qui vous donnnent la gloire pour vingt-cinq louis. Voici ce que nous apprend M. Léo d'Orfer, dans un article très curieux, publié il y a quelques années dans *le Zig-zag :* « Oh ! les horribles officines ! on ne les compte plus. Chaque jour on en voit pousser une nouvelle. Cela s'appelle *L'Abeille poétique de Condournac, La Cithare, La Harpe Éolienne, La Jeune Muse, L'Apollon Ribéraquois, Le Réveil du Midi, La Revue poétique du Nord, L'Aube littéraire, L'Étoile Ruthénoise* ou *Narbonnaise :* que sais-je encore ? Un tas de titres plus risibles, plus idiots les uns que les autres. »

Le procédé, je l'ai dit, est simple : un matin, vous recevez *L'Apollon Ribéraquois*. A côté de votre nom, sur la bande, on a ajouté la qualification d' « homme de lettres » ; en dessous suivent plusieurs lignes de titres honorifiques que vous décernent les aigrefins de la feuille, — une vraie feuille de laurier : — « Membre d'honneur et officier d'honneur de diverses

Académies littéraires et poétiques, collaborateur des principales Revues de province et de l'étranger. »

Vous faites sauter la bande maudite : le titre de la feuille s'étale pompeusement en tête de la première page. En vedette, les noms des directeurs, des rédacteurs en chef, des secrétaires de la rédaction, des administrateurs, des caissiers. Puis la liste des principaux collaborateurs. Vous retrouvez votre nom là encore. Vous ouvrez : à la deuxième page sont les programmes des concours...

C'est là qu'est le clou, le grand moyen, l'amorce infaillible : on vous demande des nouvelles, des chroniques, des causeries, des poésies, des drames, des romans : on décernera des médailles et des prix variés, généralement des objets d'art. Toutes les œuvres couronnées seront publiées dans *L'Apollon Ribéraquois* et dans un volume collectif qu'on tirera à plusieurs milliers d'exemplaires, répandus ensuite dans le monde entier.

Quelle tentation pour le rimailleur de petite ville qui a là tout prêts 7 ou 8.000 vers soigneusement copiés, ne demandant qu'à s'écouler hors de la boîte, 7 ou 8.000 vers inconnus, inédits, et magnifiques, cela va sans dire, sûrs de la victoire au concours...

Mais voici le revers de la médaille, je copie textuellement : « Conditions du Concours : être abonné pour un an au moins à *L'Apollon Ribéraquois* (12 francs); souscrire à cinq exemplaires au moins du volume collectif *Lyres et Lumières* (6 francs l'exemplaire), et adresser en mandat-poste, avec les souscriptions ci-dessus, *quinze centimes* par ligne envoyée, en comprenant dans le nombre les titre, sous-titre, épigraphe, dédicace et signature. »

Et il y a des gens qui souscrivent! Oui, il y en a. Les spéculateurs sont gens connaissant leur affaire, ils savent ce qu'ils font. A côté du concours, aux conditions peut-être un peu onéreuses, même pour les plus exaltés, n'y a-t-il pas le programme de *L'Apollon Ribéraquois*, programme alléchant, captivant et qui se chargera de détraquer ces pauvres cervelles, et cela en un clin d'œil. Oyez plutôt et jugez :

« La province est plus forte que la capitale, puisque la

province c'est le corps et les veines qui apportent le sang à Paris, qui est le cœur! Si nous gardions le sang pour nous, et si nous faisions un cœur dans chaque veine? »

Sublime? n'est-il pas vrai? Continuons :

« Il est de par nos villes et campagnes des poètes incompris, des écrivains inédits qui ont dans leur âme et dans leurs cartons des trésors de poésie et de littérature. Nous croyons qu'il est aussi des poètes qui s'ignorent eux-mêmes. Nous serons le flambeau qui éclairera les uns, et la voix qui dira aux autres : Chante!

« Combien y en a-t-il qui sont morts ignorés et qui eussent été Hugo, Lamartine et Musset, si nous fussions arrivés plus tôt! »

Avais-je raison de dire que l'amorce alléchante était infaillible? Les voyez-vous d'ici mordant tous ensemble à l'hameçon si bien appâté? C'est qu'aujourd'hui tout le monde veut être poète, tout le monde veut être journaliste. C'est une sorte de névrose, d'épidémie qui sévit sur la jeunesse. Qu'arrive-t-il? les plus audacieux quittent leur village, et s'en vont courir la bohème, se louant aux feuilles à un sou la ligne. Les plus adroits parviennent parfois à faire de passables reporters, faute de pouvoir s'envoler plus haut. Les rêveurs restent aux champs, dévorés par le ver rongeur, mais heureux tout de même de ce qu'ils ont écrit et de pouvoir se relire le soir, souvent.

Quel tressaillement pour ces faibles cervelles, quand *L'Apollon Ribéraquois* leur arrive, par une après-midi lente qu'ils ont passée à reviser leurs chapelets de rimes mortes! Ce qu'a apporté le facteur, c'est la notoriété, la gloire, la vie! Imprimés dans ce journal qui va courir le monde, on les lira, on les admirera, ils auront un nom tout comme Musset. Un éditeur, sans doute, fera bientôt le voyage dans le seul but de leur demander la permission de lancer leurs œuvres. Que font-ils, les plus jeunes, ceux qui n'ont pas de bourse à eux? Ils s'en vont supplier la mère, qui tirera de quelque recoin un peu de son épargne personnelle : elle le donne avec joie, cet or qui doit faire un homme célèbre de son fils. Les vieux garçons font une large brèche à leurs économies, et ceux qui sont mariés prennent sur l'ordinaire du ménage : pauvres moutons tondus!!

L'Apollon Ribéraquois, quelques jours après, publiera un de leurs sonnets ; ils auront une mention honorable aux concours ; on la leur enverra sur un très beau diplôme qu'ils feront encadrer ; le directeur leur écrira de sa bonne plume d'oie.... ou de vautour, une lettre de félicitations, les sacrant grands hommes. Le jour où une Académie de l'étranger leur enverra, à titre d'échange avec *L'Apollon*, un diplôme de membre d'honneur, ils seront heureux à en mourir de joie.

Ah ! la terre manque de bras ! ce n'est pas étonnant. Devenus poètes, tous ces fils de paysans robustes ont renoncé les vils travaux de la campagne : leurs mains qui ont tenu la harpe ou la plume ne sauraient, cela se comprend, s'abaisser à pousser la charrue. Aussi que de moissons s'égrenant sur pied ils auraient pu rentrer dans les granges, contents comme leurs pères de ce seul poétique tableau : trouver le soir, après avoir remisé la charrette, les enfants jouant dans la cuisine et la femme apportant la bonne soupe qu'aujourd'hui ils ne savent plus gagner !

Le mal est grave : après en avoir ri, on peut s'en attrister. C'est un véritable fléau, et on est en droit de s'étonner qu'il soit permis à certains journalistes spéculateurs de continuer à exciter ainsi à la folie tant d'esprits faibles. N'est-ce pas, en somme, une sorte d'assassinat de la raison ? Que devrions-nous faire, nous ? Ceci, fermer ces bureaux et ces imprimeries malfaisantes comme on ferme certains cabarets borgnes. La liberté de la presse n'a rien à voir à cette mesure de propreté, d'hygiène. Personne, au reste, ne lit ces recueils, pas même souvent ces illuminés. *L'Apollon Ribéraquois* et toutes les feuilles de ces sociétés sont ainsi, elles vivent de la naïveté de leurs abonnés. Il y en a des douzaines en France, sans compter Paris. Chacune publie un millier de vers par semaine, soulevant comme une poussière une foule incalculable de pseudo-poètes et de baroques poésies. Tous se croient supérieurs à Baudelaire, à Leconte de Lisle, à Hugo. Enivrés de gloire, ils se font une tête mérovingienne, comme les chevelus de 1830, et affectent de boire de l'absinthe, afin de se donner un air pâle, un air fatal. Ils auraient certainement mieux fait de prendre un marteau ou une truelle et de devenir de bons ouvriers, au lieu de se pavaner, inutiles, parasites, incapables de tout travail sérieux. Beaucoup de ces pinceurs de lyre ont fini déplorablement.

Il serait de notre devoir, il me semble, d'empêcher au plus tôt ce crime peu connu qui consiste à faire, du nord au sud et de l'est à l'ouest de la France, du petit paysan blond et joyeux, un déclassé qui s'exténue à écrire de méchants vers et de mauvais articles, au lieu d'être resté ce qu'il était autrefois, un campagnard exubérant et fort, heureux dans sa vieille maison grise de village!

Avant d'aller plus loin, je crois devoir encore m'adresser une fois de plus au bon jeune homme de province, à cette bonne jeune femme, à ce jeune, à quelque sexe qu'il appartienne, piqué de la mouche littéraire! je voudrais leur dire quelques mots concernant le journalisme du boulevard.

Le boulevard! ouvrez le premier guide venu, vous y lirez, à propos de ce boulevard, une description clichée qui sert à tous les guides depuis que le boulevard existe : un fleuve de robes et d'habits, le coup d'œil le plus merveilleux, la promenade féerique, un monde à part dans le monde. Les nouvelles y heurtent les bons mots, les calembours s'accrochent aux raisonnements; l'agora des Grecs, le forum des Latins, la place publique universelle, une Babel horizontale qui toucherait le ciel, si l'on pouvait transformer sa longueur en hauteur. Voilà le boulevard. Mais ce n'est pas celui-là qui vous attire, c'est l'autre : le boulevard du feuilleton, de la petite presse, où naît le matin le mot du soir, où se pétrit l'esprit des vingt-quatre heures. Vu de loin, dans la pénombre départementale, il apparaît comme un endroit magique. « C'est là qu'il faut nous rendre ! » Mignon égarée sous le ciel gris du Nord regrette les citronniers de la patrie, et vous, jeune athlète frotté d'huile, cédant à la fascination du mirage, vous redites, en songeant au boulevard, le refrain de la nostalgique bohémienne.

Ah! le boulevard! Allez-y donc ou n'y allez pas, mais que Dieu vous préserve d'y rester et d'y avoir le pied marin!

Après trois mois de séjour, vous-mêmes ne vous reconnaîtriez plus. Où est cette belle candeur, fin duvet de l'âme? où cette fière indignation? où cette admiration débordante? Qu'avez-vous fait de ces plantes délicates apportées du beau jardin de l'étude solitaire? Hélas! elles ont été flétries, séchées, dispersées à tous les horizons par le vent qui souffle sous ces latitudes dévorantes.

Il y a là un simoun qui brise, broie, écrase, et fait de tout arbre vert du bois mort. Ce simoun, c'est l'ironie, la moquerie, le dédain des idées, des hommes et des choses, en un mot, dans le français du boulevard, la *blague*.

Nul n'y échappe. Au collège, les anciens *briment* les nouveaux. Ceux-ci souffrent, mais l'année suivante, ils brimeront à leur tour; il en est de même à l'école du boulevard : qui a été brimé brimera; aujourd'hui blagué, demain blagueur.

La grande maladie de la France, c'est la peur du ridicule. Prêter le flanc à la causticité du voisin, quoi de plus redoutable? A tout prix, il faut échapper aux atteintes du fléau. On subit tel costume, on endosse tel paradoxe. Sur ce point, le journalisme boulevardier est deux fois français.

Se montrer tel qu'on est, avec ses croyances, ses admirations, ses colères, ses passions... nous prenez-vous pour M. Prudhomme? Et là-dessus, le brave garçon de la veille adopte une pose, se colle un masque sur le visage, le masque gouailleur, et il n'est plus ridicule, il ressemble à tous les autres.

Dans toute cette foule ironique, je ne vois pas un homme, mais des personnages qui arpentent la scène en récitant un rôle, et c'est toujours le même rôle.

On pourrait être soi, aisément, sans efforts; on se contorsionne pour être tout le monde.

Le boulevard est donc l'école de la littérature à la mode du moment. C'est de là qu'on s'envole sur de petites cimes. On y fait, le matin, des mots, qui, le soir, seront allongés en articles. Quand les littératures sont à bout d'idées, elles font des mots, comme on fait de la photographie quand on a échoué dans la peinture.

Le mot est le grand seigneur d'aujourd'hui; on le fête, on le promène de salon en salon, et je vous citerais tel journal où, quand il se présente en fraîche toilette, on le reçoit, ce mot, avec tous les honneurs dus à l'idée.

Ne cherchez pas autre chose dans ce jardin d'Académus, où

les fruits sont chauffés à blanc par je ne sais quel soleil électrique qui dénude les crânes. Le boulevard, c'est l'improvisation, le laisser-aller, l'insouci des idées et du style, les paradoxes déboutonnés, toutes les beautés du diable, sans compter le torticolis.

Au bout de dix jours de noviciat, vous sauriez peut-être aiguiser une phrase, manipuler un mot et trousser un article, mais bientôt il ne vous resterait rien du trésor de votre jeunesse : la foi, l'enthousiasme, l'amour, la vertu.

Je viens d'écrire le mot vertu, je ne le biffe pas. Ne disais-je pas tout à l'heure qu'il faut savoir braver le ridicule?

On a reproché, avec raison, au Romantisme d'avoir fait trop bon marché de l'idée au profit de la forme, d'avoir été l'école de l'arabesque, de l'ogive, du trèfle, de la floriture. La comparaison de la rose, qui est belle et n'est pas utile, du lis qui brille et ne file pas, est encore présente à toutes les mémoires. Mais comparaison n'est pas raison, et les défaillances de la plupart des maîtres et des disciples ont démontré, une fois de plus, que l'adoption d'un principe, — même en littérature, — doit, selon ce qu'il est, fortifier ou abâtardir les caractères.

Que serait-ce, aujourd'hui, où les artistes ont si souvent fait place aux aligneurs de phrase, aux pêcheurs à la ligne?

L'empire, on le dirait, est aux phraseurs, à ceux qui parlent d'eux, se congratulent, se vantent et font leur toilette en public.

Il ne suffit pas toujours d'avoir du talent pour réussir promptement dans la presse, aussi il arrive quelquefois que le débutant qui veut *percer*, percer quand même, n'attend pas l'occasion : il cherche à la faire naître. En effet, il est de toute nécessité qu'au plus tôt on parle de lui, on le nomme, on le remarque. La publication d'un article à sensation n'est pas un mauvais moyen, mais le bruit ainsi fait n'est pas toujours suffisant. L'apprenti littéraire emploie donc d'autres *trucs*. Le truc le plus en usage, c'est le duel. Afin de percer plus vite on se fait percer la peau ou bien encore on la perce à un adversaire, ce qui doit être préférable. On cherche querelle à un journaliste connu, à un romancier arrivé, à un homme politique en vue. C'est un bien triste et bien petit moyen, et je ne sais, en vérité, comment cela se fait, mais il produit encore son effet, paraît-il. Cela vous pose.

Ajoutons que ces duels sont rarement dangereux. Grâce à la nouvelle leçon de terrain, généralement adoptée aujourd'hui, le duel n'a guère plus d'importance qu'une partie de piquet. Au commandement « Allez! » prononcé par le témoin choisi pour diriger le combat, les adversaires commencent par s'éloigner rapidement l'un de l'autre. Ils vont, mais dans l'autre sens. Après un arrêt de défiance, les yeux plongés dans les yeux, le plus fougueux des combattants avance de quelques centimètres, et chacun d'eux essaye de piquer la main à l'autre. A chaque tentative, l'agresseur fait un bond en arrière. Enfin une main est piquée, tout est fini.

La piqûre à la main, c'est tout simplement la suppression du duel. Le moindre petit vaisseau capillaire qu'on atteint donnera une goutte de sang. Le sang a coulé, cela suffit, c'est le but de la rencontre, le blessé a mal au doigt, les médecins déclarent alors qu'il est en état d'infériorité et que les chances sont inégales; on met fin à cette horrible lutte, et les deux parties regagnent leurs fiacres. Ah! en vérité, nous sommes loin des temps où, le feutre rejeté en arrière et plume au vent, les adversaires, serrés de près, croisaient le fer et mettaient leur gloire à ne pas reculer. Rompre ce n'est pas fuir, nous le savons, mais rompre comme on le fait souvent, c'est une course à pied. L'affaire d'honneur devient une affaire de jarrets.

Quelquefois, — très rarement, — le duel a une fin tragique. Hélas, j'en sais quelque chose. C'est presque toujours un maladroit qui a tué sans le vouloir. Nous comprenons que devant certaines morts douloureuses l'opinion publique s'émeuve. Ces cas malheureux, autant que la frivolité des rencontres ordinaires sur le terrain, nous feraient admettre sans objection l'adoption d'une loi contre le duel. Il est certain que cette loi n'aurait aucune influence sur les duels de haine où l'homme seul est juge de sa conduite, dans ces cas d'outrages publics, de trahisons intimes qui atteignent son honneur. Pas plus d'influence que les lois de décapitation de Louis XIII contre les duellistes, malgré les fameux supplices de nobles en 1627. Mais nous n'avons pas à traiter de ces vengeances privées ; nous croyons que dans la presse ce genre de pose cesserait vite, si une loi interdisait sévèrement la publicité de ces défis quelquefois comiques.

Si le jeune journaliste passe pour fort à l'épée, il n'aura pas besoin du duel pour arriver à la notoriété et se tailler une réputation. On a vu des hommes réputés grands tireurs obtenir dans la presse des postes très enviés, simplement à cause de leur adresse à l'épée ou au pistolet. C'est encore le moyen d'avoir partout ce que l'on veut.

Si le débutant est fort tireur, il devra par principe s'abstenir de tout duel. Il aura plus grand avantage à se montrer doux et conciliant avec ses confrères. On lui saura gré d'observer, comme tous les forts de l'épée à Paris, la règle de neutralité et d'abstention : l'épée n'étant plus que défensive et ne menaçant personne.

L'homme qui, pour se distraire, distribuait autrefois des coups d'épée, a cessé d'être à la mode et répugne à nos mœurs. Les violents sont toujours écartés, et l'on fait le vide autour d'eux.

Pour faire parler de soi et *percer* d'un coup, il y a un autre moyen, bien meilleur que le duel et même que l'article à sensation, c'est la brochure d'à-propos, tombant au milieu de quelque grand incident politique ou littéraire. Le bruit ainsi fait a été souvent énorme, et l'auteur s'est trouvé classé d'un seul coup.

Nous prendrons pour exemple la brochure signée *Pipe-en-Bois*, immense succès d'un débutant qui railla dans ce pamphlet, en 1865, le fameux drame des frères Goncourt, *Henriette Maréchal*.

A la première représentation, il y avait eu un scandale extraordinaire, un vacarme sans nom, autour du théâtre, et le grand meneur en cette affaire n'était autre que le fameux bohême Pipe-en-Bois.

Ce Pipe-en-Bois était extrêmement populaire au Quartier Latin et sur le boulevard. Type macabre : on appelait sa tête « un marron sculpté sur un col de cigogne ; » il avait « un torse de girafe sur des jambes de héron » et « des membres de gorille, des mains de croupier, des cheveux roux plantés comme des pointes de baïonnettes sur un crâne en pain de sucre ; le nez d'Hyacinthe, l'œil atone, la lèvre lippue, une figure de parchemin jaunâtre et cadavéreux. Ce bohème original avait un ascendant irrésistible sur les jeunes de la rive gauche : c'était le roi des brasseries, l'agitateur des étudiants, le promoteur des boucans les plus célèbres (1). Celui qu'il venait d'organiser contre *Henriette Maréchal* était absolument extraordinaire.

Le lendemain de la deuxième représentation, le débutant en question dînait chez Nadar en compagnie de quelques artistes. Naturellement on causa du *chahut* qui avait accueilli la première ; tout à coup Nadar dit au débutant : — Voyons, tu cherches, dis-tu, une occasion de faire parler de toi, eh bien, prends donc le nom de Pipe-en-Bois, qui a déjà servi à tant de rapins, et fais une brochure sur *Henriette Maréchal*, signée *Pipe-en-Bois*. Tu es sûr d'un tapage énorme.

L'idée frappa tout le monde. Le novice et Nadar coururent à la *Librairie Centrale*, qui était alors au boulevard des Italiens. L'éditeur, Julien Lemer, accepta immédiatement, sous condition de livrer le manuscrit le lendemain matin. On fit telle diligence que le pamphlet parut en même temps que la pièce sous le titre de : *Ce que je pense d'Henriette Maréchal et du théâtre de mon temps*, par PIPE-EN-BOIS. Pipe-en-Bois ! à ce nom tonitruant, connu, dont pouffait de rire tout le monde, on se précipita sur la brochure : en une semaine on en vendit 7.000 exemplaires à 15 centimes, succès prodigieux pour ce temps-là. On crut que c'était le grand bohème qui avait réellement écrit le pamphlet, la curiosité qui l'entourait partout décida seule de la grosse vente. L'auteur avait su saisir l'à-propos.

Il arrive parfois à des hommes de valeur et de tact de conquérir du premier coup une place dans le journalisme et quelquefois la première. On pourrait citer, à l'appui de ce fait,

---

(1) Il s'appelait Georges Cavalié ; grand ami de Gambetta, il eut une position officielle pendant la guerre, à Tours, où il recevait à son bureau, entre deux bocks, des personnages considérables. Il entra enfin chez Cail, où il disparut de la scène parisienne. Il était ingénieur breveté ; il se rangea.

l'exemple de Castil-Blaze, la manière dont il entra au *Journal des Débats*. L'histoire, en effet, vaut la peine d'être contée, en ce sens qu'elle nous montre à quel point il est quelquefois facile de réussir tout de suite avec du talent et du savoir-faire.

« Un matin, un très jeune homme se présente chez M. Bertin, directeur des *Débats* et, sans autre préambule, l'entreprend sur une réforme radicale dont le besoin se fait sentir dans son journal. Critiquer le *Journal des Débats* à la barbe de Bertin l'aîné, il faut remonter le cours des âges pour comprendre ce qu'une pareille audace avait d'insolite de la part d'un nouveau venu. M. Bertin se contenta de sourire :

« — Fort bien, dit-il ; ainsi, Monsieur, le *Journal des Débats* ne vous plaît point ?

« — Je l'estime, au contraire, le premier journal du monde, voilà pourquoi je souhaiterais qu'il fût complet.

« — Et, selon vous, que lui manque-t-il pour être complet ?

« — Un feuilleton.

« — Je vous comprends ; nous n'avons plus Geoffroy et vous voulez remplacer Duvicquet.

« — Je ne veux remplacer personne ; je veux créer, fonder un art nouveau, la critique musicale, et comme j'ai besoin d'une tribune d'où l'on m'entende de partout, j'ai choisi le *Journal des Débats*.

« Le vieux Bertin était un de ces maîtres journalistes dont la race s'est continuée depuis dans Buloz, Girardin et Villemessant, un de ces hommes toujours sur le qui-vive, difficiles au vulgaire, souvent brutaux, mais que toute force vraie peut aborder et manier impunément. Vous connaissez le portrait d'Ingres : solidement campé en avant dans son fauteuil, ses deux larges mains ouvertes sur ses cuisses, M. Bertin laissait le visiteur dérouler son plan ; narquois d'abord et presque dur, il s'humanisait peu à peu, encourageait maintenant d'un œil paterne celui que son premier regard n'avait pas eu le don d'intimider.

Il laissa ainsi Castil-Blaze développer son programme, et quand le jeune homme eut fini :

« — A merveille, Monsieur, vous avez une idée et je ne

demande pas mieux que de vous aider à réussir. Seulement je vous préviens que chez nous il faut savoir écrire : c'est de tradition. Essayez, je vous donne trois mois.

« Huit jours après paraissait au *Journal des Débats* le premier feuilleton signé XXX, et le trimestre était loin d'être écoulé, que déjà le Tout Paris musical ne jurait que par la parole de Castil-Blaze. » (*Figaro*.)

A ses débuts, pour placer sa copie, Monselet eut l'ingénieuse idée d'écrire la circulaire suivante : « Monsieur, littérateur peu connu et dénué de protections, je vous prie de vouloir bien être assez aimable pour m'envoyer une lettre de recommandation auprès de vous-même. » Il adressa cette circulaire à Arsène Houssaye, alors directeur de *L'Artiste*, et à Louis Desnoyers, rédacteur au *Siècle*. Ils eurent, l'un et l'autre, l'esprit de lui répondre. Et c'est ainsi qu'il obtint leur estime, leur patronage et le reste.

Terminons par quelques notes sur la rémunération.

La presse frivole, quand elle a un grand tirage ou qu'elle espère y arriver, paie plus cher ses rédacteurs que la presse sérieuse : elle finit par ne plus payer du tout dès que ce tirage devient médiocre.

A tous les points de vue, en effet, les extrêmes se touchent dans le journalisme : il y a une presse parfaitement honorable à côté de la presse qui spécule sur le scandale et trouve le succès en satisfaisant aux plus malsaines curiosités. La même différence existe entre les rédacteurs : pour les uns, le journalisme est un métier, ils vendent leur plume au plus offrant. Mais il y a encore des esprits élevés et fiers qui cherchent à se rendre utiles à leur pays, qui ont des convictions sincères et considèrent comme une tribune le journal où ils exposent les plus grands problèmes de l'humanité.

Si malheureusement on cite des journalistes d'une moralité équivoque, il est juste de reconnaître qu'on peut saluer dans la presse les écrivains les plus honnêtes et les plus sincères, dévoués à leur opinion jusqu'au sacrifice, ennemis de toute vénalité.

Le prix des articles varie extrêmement. Les prix payés sont-ils de nature à procurer d'une façon générale l'aisance à l'ouvrier? Voyez ce que nous dit à ce propos M. Dubief dans son excellent ouvrage *Le Journalisme,* un des plus intéressants, certes, dans cette instructive bibliothèque des *Merveilles* que publie la maison Hachette.

« Si le journal donne à vivre aux afficheurs, aux photographes, aux épiciers, aux marchands de primes, aux cochers, aux carrossiers, aux vélocipédistes, fait-il subsister aussi les journalistes? Sans doute; consultez les listes du Bureau de Bienfaisance : vous n'y trouverez guère de gens de lettres.

« Quant à dire qu'ils vivent richement, ou sur quel pied ils vivent, c'est autre chose. Il y a peu de gagne-pain qui offrent moins de certitude, qui soient soumis à tant de circonstances extérieures, à tant de chances bonnes ou mauvaises. Le *Dictionnaire des professions,* d'Édouard Charton, dans un article remarquable du regretté Eugène Yung, va même jusqu'à nier que le fait d'écrire dans les journaux constitue une profession : l'auteur voulait dire qu'il n'y a pas dans le journalisme de règles pour le recrutement et l'avancement, et qu'un homme de talent peut se trouver sans emploi.

« Que le journal où vous écrivez, où vous réussissez, vienne à disparaître, pour rien au monde, si vous avez le respect de votre plume, vous ne voudriez écrire dans un journal d'opinion contraire. Mais les journaux de votre opinion peuvent être rares, ils peuvent être dans la gêne, ou très encombrés : vous pouvez enfin, très innocemment, par le seul fait de jalousies littéraires, vous y être fait des ennemis qui vous en rendront l'accès difficile. Voilà qui restreint singulièrement le champ d'action. Ou encore, vous n'êtes propre qu'à une seule besogne. Or il n'y a pour aucune spécialité de prix établi. Tout dépend de la prospérité du journal. Le même article, payé cent francs au *Figaro,* eût valu un louis ailleurs. Les facultés productives de l'écrivain ne sont pas moins variables. Aujourd'hui que la politique passe au second plan, et que les chroniques parisiennes tiennent le haut du pavé, il devient plus loisible d'écrire à la fois dans plusieurs journaux. Tel journaliste, qui a le travail extrêmement facile ou peu de souci de sa renommée, collaborera à cinq ou six feuilles de Paris ou de province et y gagnera 60 à 100.000 francs par an.

Tel autre, moins sollicité par les directeurs, ou qui écrit moins facilement, ou qui aime, selon de vieux préceptes, à remettre l'ouvrage sur le métier, ne saura collaborer qu'à un seul journal, et se fera à peine 6 à 8.000 francs. Vous pourriez vous tromper en concluant de là qu'il a moins de talent.

« Donnons pourtant quelques indications générales.

« Il y a pour les journalistes trois modes de rémunération : à l'année ; au mois ; à l'article ou à la ligne.

« Sont payés au mois ou à l'année le rédacteur en chef, le secrétaire de la rédaction, le bulletinier politique, le fait-diversier, le rédacteur des nouvelles étrangères, le critique du théâtre, le rédacteur financier,... tous ceux enfin dont la collaboration a un certain caractère de régularité.

« Combien un rédacteur en chef peut-il être payé ?

« Cela dépend des ressources du journal, c'est-à-dire du nombre des abonnés. Quelquefois 12.000 francs, quelquefois 50.000. En Angleterre, le rédacteur en chef (*editor*) a des appointements princiers, mais il a en même temps une responsabilité écrasante. De même dans les grands journaux américains.

« Combien le secrétaire de la rédaction ? De 6.000 à 12.000 francs, et quelquefois plus.

« Combien le bulletinier politique ? De 300 à 600 francs par mois.

« Combien l'articlier politique ? 6.000, 10.000, 20.000 francs par an.

« Combien sont payés les correspondants de journaux anglais ? Presque aussi cher que les *editors*. Le correspondant d'un célèbre journal de Londres gagne, dit-on, 80.000 francs par an. Il écrit son article de minuit à deux heures du matin, aux bureaux du télégraphe. A trois heures, on l'imprime ; à sept heures du matin, le journal est mis en vente à Londres. Le *Times* dépense pour ses seules correspondances étrangères 750 ou 800.000 francs, sans compter les dépêches !

« Sont payés à l'article les collaborateurs intermittents, qui ont un nom dans la presse et dont la prose est plus ou moins appelée à faire sensation. Rien de plus variable, on l'a déjà dit plus haut, que le prix d'un article de journal.

« Sont payés à la ligne (1) (de 10 à 25 centimes) : les échotiers de passage, les auteurs de « variétés », d'articles bibliographiques, etc., etc... et aussi surtout les auteurs de romans-feuilletons. Mais pour ces derniers, la ligne a des faveurs spéciales : ils en obtiennent aisément jusqu'à 75 centimes, 1 franc, et même davantage. »

Le prix des articles, on le voit par ce qui précède, varie extrêmement. Dans certains journaux on n'est pas payé ou on ne l'est guère : quelques rares journalistes reçoivent 30.000 ou 40.000 francs par an. La rémunération dépend du genre de travail. Les rédacteurs attitrés, dont la besogne est quotidienne, peuvent arriver assez vite à un traitement de 200 francs par mois, et plus tard à 3.000 4.000 6.000 francs par an. D'autres sont payés à la ligne, dont le prix oscille entre 15 et 25 centimes, chiffre qui n'est guère dépassé. Les auteurs d'articles de *Variétés* qui se publient en troisième page et occupent trois ou quatre colonnes touchent environ 100 francs par article, quelquefois plus dans les bons journaux, moins dans ceux qui ne sont pas aussi prospères.

Les journalistes de réputation ont des appointements annuels très variables, généralement assez élevés quand ils peuvent les exiger, sachant que leur nom et leur talent assurent le succès du journal. Le critique dramatique peut recevoir 6.000 et 8.000 francs. Mais la plupart des rédacteurs sont payés à la ligne ou à l'article, et leurs émoluments dépendent de la fertilité de leur esprit et de la facilité de leur plume.

---

(1) En Angleterre, les *penny-a-liners* (les deux sous la ligne).

CHAPITRE IV

Le poteau d'affichage. — Les frais du culte. — Le bulletin financier. — Vénalité d'une certaine presse. — Les fonds secrets. — Conseils de discipline et tribunaux d'honneur. — Choix à faire.

Il y a cinquante ans, pour quiconque avait vu fonctionner de près cette intelligente machine, le journal était l'œuvre par excellence.

Il lui fallait, à cette bête féroce, dont l'appétit augmente en proportion de la pâture qu'on lui jette, des travailleurs rompus aux fatigues, des esprits prompts, clairvoyants, laborieux, soldats toujours sur la brèche, des hommes qui donnaient leur vie et leur sang à cette tâche sans fin, mythologiquement figurée par le tonneau des Danaïdes.

Une fois lancée, la locomotive allait à toute vapeur, jetant au vent la fumée de ses inspirations, de ses enthousiasmes, de ses colères.

Les temps sont changés.

Sous la Restauration, — cette belle époque de la presse, — le journal était un drapeau et le journaliste un soldat, le soldat d'une idée.

En 1828, *Le Globe,* qui n'avait que 1.800 souscripteurs, exerçait une influence plus considérable que tel journal d'aujourd'hui qui a 50.000 abonnés.

Malherbe vint, je veux dire M. de Girardin, et il entreprit l'œuvre de ce qu'il appela la jeune presse.

Il avait calculé combien la page d'annonces devait rapporter au bout de l'année quand le journal aurait atteint un certain chiffre d'abonnements. Ce jour-là, fut fondée la presse mercantile, le journal d'actionnaires, la propriété qui rapporte des dividendes, et le drapeau de l'idée fit place au poteau d'affichage.

L'actionnaire a tué le journal politique. En voulez-vous une preuve ?

Le lendemain du 2 décembre, la rédaction de certain journal était disposée à ne pas tenir compte des ordres expédiés du ministère de l'intérieur et à protester contre le coup d'État. Il s'agissait d'affirmer le droit en face de la force triomphante, au risque de sauter en l'air comme *Le Vengeur*. L'actionnaire accourt effaré, suivi du commissaire de police qui met les scellés sur les presses. La Caisse était sauvée !

Aujourd'hui, les journaux politiques se divisent en deux nuances, ceux qui ont un traité d'annonces, qui varie entre 300 et 500.000 francs par an, et ceux qui aspirent à avoir ce traité. Les premiers vivent bien, les seconds vivotent, et le plus souvent ils meurent de faim.

Mais il existe d'autres journaux. Ceux-là on peut les lire sans fatigue, comme on regarde un ballet ; pas de politique, d'économie sociale, pas de discussion. Aucun sujet de grande ou de moyenne importance ne peut se glisser dans ces feuilles légères.

Là l'homme d'État du jour est avantageusement remplacé par Mlle *** et la vente du dernier mobilier de l'une ou de l'autre de ces dames y occupe toute la place de la question ministérielle.

Cela n'exige aucune tension d'esprit, cela ne provoque aucune réflexion, cela pourrait se lire les yeux fermés.

Une littérature facile à digérer, même en voyage.

Cela coûte quelquefois aussi peu qu'un sou... mais c'est cher, et le moment n'est pas éloigné où, par le progrès qui court, ça ne coûtera rien.

Il y a quelques années, un industriel très connu donnait une pendule à chaque abonné d'une feuille qu'il venait de fonder.

Il s'agirait tout simplement de retourner la combinaison de cet homme de génie, et de donner un journal à ceux qui achèteraient une pendule.

Cette combinaison universalisée produirait des résultats superbes. Il suffirait de s'entendre avec le fruitier, le boulanger, le boucher, le charcutier, le charbonnier, qui distribueraient la denrée intellectuelle par-dessus le marché.

Livrer à la publicité une idée aussi féconde, au lieu de l'exploiter à son profit, c'est faire le sacrifice volontaire de deux ou trois millions, au bas mot. Dieu merci! je ne suis pas de ces gens qui y regardent de si près.

Encore un peu de temps, et nous aurons le comptoir Bonnard de la pensée!

Mais trêve de plaisanteries, car le sujet s'attriste à mesure que court ma plume, et, tout à l'heure, nous broierons du noir. En effet, nous voilà arrivés aux vérités les plus redoutables : nous ne dissimulerons rien, car nous voulons que ce sujet soit traité à fond, loyalement, sans faiblesse et sans parti pris. Nous avons loué le côté brillant, puissant, merveilleux de la presse : nous n'hésiterons pas maintenant à parler de ses plaies, qui sont publiques, qui pourraient la déshonorer. Il est de notre devoir de faire toucher du doigt ces plaies au journalisme de l'avenir, aux jeunes.

Sur l'autre face du côté brillant que voyons-nous? l'escalier de service, les portes basses, l'or qui vient, offert par des mains malpropres, les manœuvres cyniques de la spéculation. Tout en flétrissant ces compromissions indignes, il faut être juste et ne pas s'abuser ni confondre les responsabilités : le journalisme vrai n'y est pour rien; les principaux rédacteurs n'y trempent presque jamais, ils s'indignent au contraire d'avoir à subir cette honteuse promiscuité. Non, il ne s'agit ici que d'examiner, en toute conscience, l'action des conseils d'administration besogneux et les théories sans scrupule des manieurs d'affaires.

A chaque complice nous donnerons sa part. A la législation d'abord, qui, par sa façon d'établir les textes, a fourni tant de moyens de les tourner. L'organisation économique de notre pays n'a-t-elle pas laissé, en effet, toute facilité aux exploiteurs en grand? faussement interprétés, les textes de nos codes ont été les vraies causes d'un état psychologique nouveau, une sorte de *canaillerie* insolente, une faculté d'échapper à la constatation matérielle, et de se jouer de la loi publiquement, devant tous, en établissant sur elle l'ignoble suprématie de l'argent.

Nous avons accepté cela encore, nous autres Français, habitués que nous sommes, depuis Napoléon, à tout endurer, passifs comme les soldats que nous sommes. Nous voyons le mal : que faisons-nous pour l'endiguer? Rien! Et cependant il est partout. Voyons son action dans le journalisme.

L'immense publicité du journal lui assure son existence : le produit de sa quatrième page est son profit indispensable, le meilleur, mais le journal est vulnérable aussi par là. Il est sans cesse tenté par certaines offres, on lui propose, pour son silence, pour une insertion, toutes sortes de bénéfices. Ces annonces de la quatrième page, qui font vivre presque toutes nos feuilles périodiques, sont le premier résultat, très honorable, de cette situation du journal. Mais comment s'arrêter quand tout vient pousser à cette vente facilement véreuse? On a continué par des faire-part de mariage, par de petits articles nécrologiques, et on a payé ces avis comme on aurait payé les annonces. Puis on a payé plus cher, quand on a voulu les faire passer en troisième page. Et le journal a offert la seconde, augmentant le prix, puis la première, pure spéculation cette fois, où l'*écho* en quinze lignes coûte jusqu'à 300 francs.

Le journal n'est pas plus coupable en cela, après tout, que l'Église même, qui met à si haut prix la satisfaction de l'orgueil des riches. Elles sont chères les cérémonies nuptiales ou funèbres qui se célèbrent dans la haute nef des cathédrales, au son des grandes orgues aux cent voix, avec une somptuosité magnifique. La vanité et l'étalage du faste y ont leur compte et ne s'en plaignent pas : le prix fait partie du luxe.

Le journal pouvait-il s'arrêter? S'il n'avait admis que les propositions qui l'aidaient à vivre, n'aurait-il pas été un miracle surprenant? L'abus était trop facile, souvent trop nécessaire. En le condamnant, il faut avoir le jugement éclairé et comprendre l'invincible pente où le poussait la nécessité de s'accroître. Le journal, du reste, je l'ai dit ailleurs, a une partie commerciale : il faut acheter le papier, payer les typographes, il y a des traites à solder, toute une comptabilité de négociants et le marchandage y entre forcément avec l'avide recherche de l'argent. Peu à peu on y vient : c'est une offre et une demande; c'est un commerce : donnez tant et je vous insère ce que vous voudrez.

Les directeurs de journaux, il faut bien qu'on le sache, ont des charges terribles à satisfaire et des obligations immédiates. Ils sont souvent dans une crise à l'état aigu. Les opérations commerciales ordinaires peuvent difficilement être comparées à celles du journal.

Aussi a-t-on commencé par assister à des spéculations drôlettes, oh! pas bien méchantes celles-là! C'était le début. Une rixe a lieu, on en fait une grande querelle, on pique le plus possible la curiosité badaude, les gens accourent voir le champ de bataille et..... les limonadiers et les restaurateurs du quartier font des recettes de semaine franco-russe. Neuf fois sur dix, on peut jurer que quelque reporter microscopique a dû circuler par là et obtenir d'eux un bon prix en faveur du journal qui a fait tout ce tapage si profitable. D'autres fois c'est alors plus direct : un assassinat a été commis, le journal en fait un événement énorme, en remplit ses colonnes, une gravure immense et grossière qui représente la maison du crime, nous montre les devantures et les enseignes des commerçants voisins. On peut être sûr qu'ils ont dû payer, ces commerçants, l'étalage de cette enseigne tirée à 20.000 exemplaires, et qu'on a su aussi leur démontrer l'utilité grande pour eux d'une réclame aussi naturelle, et des profits produits par la curiosité des gens accourus pour voir.

Nous ne nous étendrons pas sur ces détails : rappelons simplement le bruit qui se fit autour du restaurant Véry, l'énorme réclame que lui apporta l'arrestation de l'anarchiste Ravachol, et le profit qu'en tira ce cabaret, jusqu'à l'explosion qui le détruisit.

Cet argent de la publicité ainsi pratiquée commence à n'être pas très noble, mais enfin, comme je le disais tout à l'heure, il n'a encore rien de répréhensible. Mais on va plus loin : on fait payer à celui qu'on loue l'article que la nécessité de l'actualité même aurait dû faire écrire au journal. M. Alexandre Dumas fils n'a jamais rien donné pour qu'on le proclame le premier du théâtre contemporain; mais ce négociant ou cet inventeur qui a besoin de la presse, qui a des fonds, des commanditaires, des intérêts enfin, est très souvent obligé de délier sa bourse pour obtenir cent lignes de définition, et pourtant c'est du nouveau qu'il a apporté là, c'est-à-dire le grand besoin du journal, une invention utile dont on aurait parlé peut-être pour la première fois.

Allons plus loin encore. Nous avons sous les yeux le récit d'un rédacteur de province, qui peut servir d'exemple pour mille cas semblables. Le directeur lui commande un article sur l'exposition d'un fabricant au concours régional. L'article fait très facilement, le journaliste ayant trouvé supérieurs les produits qu'il avait à louer, le directeur trouve l'article fort bien, mais lui dit : « J'ai changé d'idée. Nous laisserons de côté les produits de ce monsieur : il s'agit de parler de l'exposition de M. X... il vient de nous apporter une annonce de 3.000 francs. Le rédacteur protesta vivement, mais il fallut céder, sa place le faisant vivre. Il refit son article au profit de M. X... et il crut l'affaire terminée. Point du tout. Le directeur le rappela bientôt : le premier négociant ayant apporté, pendant la refonte du texte, un traité de 3.000 francs d'annonces, il fallait à présent des louanges pour tous les deux, et cela sans en blesser aucun. L'article fut incolore, insignifiant, mais il valut 5.500 francs au directeur et 500 à celui qui avait fait trois fois le travail.

Ces actes répréhensibles de la presse remontent du reste à des temps reculés; nous avons un document de 1844 sur la question des sucres, déjà presque aussi embrouillée qu'aujourd'hui. C'est la lettre d'un directeur de journal, sollicité de soutenir l'intérêt des colonies : « Désolé, mon cher Monsieur, de ne pouvoir vous être agréable, mais nous avons vendu ce matin même notre question des sucres, et... vous comprenez... un journaliste honnête n'a que sa parole. »

Oui, ceci est vrai : la parole, une fois achetée, le journal la garde loyalement.

Il est toujours le résultat de cet agiotage universel où nous vivons, ce besoin d'argent qui est le nerf de toute affaire, par conséquent le nerf du journalisme. Il semble augmenter tous les jours. Beaucoup de journaux sont obérés, en proie à des créanciers tenaces, qui pèsent sur eux et les enchaînent par les compromissions les plus désastreuses. Que font alors les journaux? ils se retournent contre d'autres sociétés et arrachent le plus qu'ils peuvent à ceux qui sont contraints de demander leur publicité. Ce sont des marchandages sourds, effrénés, menaçants. Aucune société financière ne peut se fonder sans qu'une multitude de journaux interviennent et lui imposent les conditions de leur appui (1). C'est le couteau sur la gorge, le passage et la liberté payés aux bandits, maîtres du grand chemin.

Allons plus loin : cette pression mercantile du journal s'ingénie de plus en plus, elle s'étend à tout maintenant. Elle serre étroitement les maisons de commerce à leur naissance; elle agit sur l'industrie comme sur les expositions de peinture, elle pèse sur l'artiste débutant, sur les directeurs de théâtre, sur les drames et les comédies même, sur les volumes qui paraissent. Le mérite ici, bien souvent on n'en a cure; le rédacteur n'écrira que si l'administration est satisfaite, si les places qu'on voulait ont été données, si l'auteur a bien rempli les obligations qu'il ne doit pas ignorer.

Nous sommes au bout : nous voici au *chantage*. Des exemples fameux ne permettent pas de nier que cette ignominie se commet dans la presse, malgré l'horreur qu'elle inspire à l'immense majorité de ceux qui y écrivent. On a été jusqu'à dire qu'à deux cents louis par colonne, il y a des journaux qui consentiraient à insérer un article accusant ou désignant quelqu'un comme coupable d'avoir assassiné son père. Ce comble est la dernière expression du mépris soulevé par certains actes odieux qui se sont passés dans la presse.

Nous ne descendrons pas jusqu'à ceux-là, qui sont des exceptions nauséabondes. Mais qui a oublié la démission, en 1884, de la rédaction entière d'un journal connu, riche, ayant un tirage considérable et une influence de premier ordre sur le parti républicain? Nous ne le nommerons pas, bien que le scandale ait été public; les rédacteurs qui l'ont quitté ont dénoncé les

---

(1) Certains journaux ne paraissent qu'à l'époque des émissions : justifiant, on ne sait comment, un gros tirage, ils obtiennent une subvention et cessent aussitôt d'exister. Ils ressusciteront à l'emprunt prochain pour se gorger encore une fois.

faits, à haute et certes bien intelligible voix, avec un mépris éloquent qui a soulevé tous les cœurs, accusant l'administration d'avoir vendu ses principes pour de l'argent et refusant de se vendre eux-mêmes. Un seul méfait de ce genre qui devient éclatant, dont la vérité est attestée, signée par toute une rédaction d'honnêtes gens, en dit plus sur ce que nous ignorons, que les dénigrements les plus passionnés.

Pour en terminer avec le chantage, nous nous contenterons de rappeler la tumultueuse affaire des *Seize* : on a prétendu qu'il n'y avait eu que de la diffamation, mais la question d'argent y est trop évidente. Sous forme de chroniques transparentes où toutes les personnes visées pouvaient aisément être reconnues, ils avaient dénoncé certains débordements secrets, vrais ou faux, plusieurs même criminels, de certaines grandes dames. Qu'il y ait eu menace, intention de faire *chanter*, il est difficile d'en douter un instant. Le bruit fut énorme, les journaux les plus compromis dans l'aventure insultèrent les coupables avec la plus féroce indignation. Il y eut des convocations de groupes, toutes sortes de petits syndicats ou d'associations minuscules, dont les membres protestèrent avec hauteur, affirmant qu'aucun des leurs n'avait pris part à cette honteuse spéculation. Et il fut entendu que la Presse n'y était pour rien. Cependant les articles avaient bel et bien été écrits, et tous les barbouilleurs de prose, dans le journalisme, si ouvert, ne font pas partie de ces syndicats... Aujourd'hui, de pareils résultats et des déclarations aussi solennelles ne feraient-ils pas hausser les épaules, après les grands procès de chantage qui ont amené des condamnations de journalistes, en février 1895.

La cause, la première cause de ces abus, c'est la transformation que le capitalisme a fait subir à l'administration de la presse. Beaucoup de journaux sont maintenant la propriété de sociétés anonymes. L'immoralité de l'anonymat dirigeant le journal, la facilité qu'il offre pour éviter la responsabilité des plus basses spéculations n'ont pas besoin d'être prouvées. Elle s'étend, cette immoralité, jusqu'au public, et de bons bourgeois qui ne toucheraient pas sans répulsion une rente inavouable, encaissent avec sérénité les dividendes résultant d'opérations anonymes, sans se demander de quelle source fangeuse ils peuvent quelquefois provenir. Ils ne tiennent pas à le savoir. Leur nom n'est pas engagé. Ils laissent faire, ils acceptent, en se lavant ou non les mains, l'argent corrompu.

Après toutes ces preuves trop connues, on ne peut plus se fier à aucun renseignement financier. La Chronique financière, qui peut y croire encore? Il y a sur ce terrain trop de tranchées et de chemins couverts; trop de subventions que le comptable ne pourrait écrire sous aucune rubrique honnête; trop de profits inexplicables...

Et les fonds secrets! Le ministre de l'Intérieur dispose, chaque année, d'une somme de seize cent mille francs dont il n'a point à rendre compte. C'est sa part des *fonds secrets*, qu'il distribue à son gré et dont on ne peut connaître l'emploi.

Nous n'avons à nous occuper ici que de ce qui regarde la Presse. C'est dans ses caisses que passe presque tout l'argent du ministre, réparti de la plus étrange façon. Les journaux sans clientèle, ceux qui n'ont pas de lecteurs et qu'on n'achète pas, le gouvernement les achète, et c'est grâce à lui qu'ils continuent de végéter. A quoi servent ces subventions? A soutenir un ami, à sauver un document détourné, à écarter une diffamation ou une dénonciation à la tribune.

Les paiements sont presque publics. Les stipendiés viennent aux guichets du ministère, en face de l'Élysée où préside un honnête homme. L'imprimeur même y va toucher ses factures au nom du journaliste directeur, et la paye a lieu cyniquement le premier du mois. Les trois quarts de ces journaux sont sans lecteurs et l'on peut presque dire qu'ils ne paraissent pas. Mais ils se soutiennent, ils vivotent. Les fonds secrets sont une sorte de Légion d'honneur.... à rebours : les inscrits sont rarement effacés à la suite d'un changement ministériel.

Nous n'essayons pas de comprendre l'ineptie et l'inutilité d'un pareil système. On l'a déjà dévoilé, trop de gens en vivent sans se dissimuler, fanfarons de leur parasitisme, fiers d'être *reptiles*. Serait-ce parce que souvent le ministre en a besoin? En effet, ils sont prêts à tout pour conserver leur pension, ils accompliront sans broncher les besognes les plus viles, et l'on cite des ministres qui leur serraient la main et les emmenaient avec eux dans leurs voyages officiels pour de mystérieux services. Plusieurs de ces ruffians de la plume sont décorés et portent la rosette. On en a démasqué quelques-uns dans les derniers procès de chantage et de trahison. Sbires de la politique, spadassins rompus à tous les assassinats que peut commettre la plume, ils intimident certaines personnalités qui pourraient nuire au cabinet. Ils ne se cachent pas, ils s'étalent dans les vestibules du ministère, ils y sont puissants, et les huissiers les connaissent et les saluent.

Nous les avons mis à part. Est-ce la presse, cela? Nous n'insisterons pas. Nous avons voulu les montrer du doigt aux débutants, en leur disant très sérieusement : Prenez garde!

Il est bon que ces horreurs dernières ainsi que ces manœuvres déloyales du capitalisme soient mieux connues. Le public devrait protester, et nous espérons que les rédacteurs, qui travaillent dans le seul but de gagner avec leur plume une vie honorable, finiront par s'entendre. Ils s'uniront pour former la digue indestructible qui doit arrêter l'inondation dont nous sommes menacés, barrer ces flots montants de fange qui salissent le journalisme. Ils comprendront que sans eux il n'y a plus de presse, et que les bandits anonymes ont besoin de leur plume pour se dissimuler derrière leurs noms en vedette, afin d'exploiter la publicité, qui dépend avant tout de la rédaction; ils les feront capituler, ces fournisseurs d'argent, en refusant d'être pour eux les fournisseurs du talent si nécessaire à leurs tripotages; ils se mettront en grève aussi, et pas comme les petits, les pâles ouvriers du Nord qui subissent le joug de meneurs ambitieux mais ignorants; non, ils sauront ce qu'ils veulent, et de cette élite intelligente sortira, quand ils le voudront, la réforme inévitable, la réforme qui rendra à la presse toute sa dignité, son indépendance, son honneur.

Nous ignorons quels moyens on trouvera pour sauvegarder la réputation de ces rédacteurs qui veulent rester honnêtes et les affranchir des compromissions; pour frapper ceux qui manqueront à la parole donnée, à la solidarité morale qu'on pourrait établir. Nous croyons que la Presse arrivera à se créer cette morale nécessaire. Elle ne touchera plus à la considération et à l'argent d'autrui; elle protestera contre le capitalisme qui l'achetait et la forçait à tout signer. Elle ne voudra plus avoir aux mains d'autres taches que celles de l'encre. Créez un conseil de discipline impassible, un tribunal d'honneur qui juge, sépare les brebis galeuses et assure la confiance générale à tous les membres d'un corps honnête; formez une coalition des journaux pour échapper à la pression du capital. Que le remède adopté soit celui-là ou un autre, nous n'avons de préférence marquée pour aucun. Mais il n'en est pas moins certain que des mesures de répression s'imposent, et que les journaux vraiment indépendants, respectés, hors de toute ingérence des spéculateurs, ne resteront pas si rares : les autres tôt ou tard sentiront le besoin, le grand intérêt qu'ils ont à les imiter.

Nous voilà au bout presque de l'ingrate tâche. Nous avons tout indiqué plutôt que tout dit. Il ne nous a point paru indispensable, en effet, de détailler des faits si connus, souvent exagérés. Nous avons essayé d'être juste et de déterminer la vraie part de la presse, du public, de nos mœurs si peu scrupuleuses et du capitalisme, du mammonisme triomphant. Nous n'avons point à dissimuler les défaillances de la presse, parce que la presse est une force très grande, notre écho et presque nous-mêmes, elle reproduit nos qualités et nos défauts. La presse est un monde; en France, la presse, c'est Paris, comme lui elle a ses vices et comme lui ses grandeurs.

Jeunes gens dans l'intérêt desquels je n'ai pas cru devoir hésiter à traiter un sujet ingrat, souvenez-vous avant d'entrer dans la carrière que la tentation y est facile, toute-puissante.

D'une part le bon bois, le bois sec et franc, qui brûle joyeusement dans l'âtre et de sa flamme généreuse éclaire la nuit et réchauffe l'hiver; de l'autre, le mauvais bois, le bois humide et douteux, qui ne répand que de la fumée et je ne sais quelle bave impure qui ressemble au venin. Il y a l'écrivain loyal, qui fait de sa parole un enseignement, de sa vie un exemple, et, comme un bon soldat, combat et meurt sous son drapeau. Il y a l'autre, l'aventurier de plume. Celui-là écrit au hasard de la journée, sous la dictée de ses passions. Il a pour dieu l'Argent, et pour muse l'Envie. Le premier de tous les arts devient entre ses mains le dernier des métiers. Arrière-bâtard de ces insulteurs publics de l'ancienne Rome, il poursuit d'une égale clameur le triomphateur sur son char et le lutteur qui succombe dans l'arène. Pour se consoler de son obscurité, il aime à éclabousser la gloire; il se venge de son abjection en écrasant l'héroïsme tombé. Pourvoyeur attitré des curiosités dépravées, il tient boutique de diffamation, et, sur la voie publique même, il débite le scandale à tant le numéro. Aimez-vous la médisance? en voici. Préférez-vous la calomnie? en voilà. Le talent de l'artiste, la fortune du financier, la généreuse utopie du rêveur, l'honneur des hommes, la pudeur des femmes, tout sert d'aliment, tout sert de proie aux appétits dévorants de sa cupidité. Rachetez-vous, Messieurs et Mesdames : il faut payer tribut, sous peine de mort. Embusqué derrière les colonnes d'un feuilleton, notre homme guette les réputations au passage; et, la plume au poing, le chapeau tendu, il crie au voyageur effaré : La bourse ou la vie, s'il vous plaît !

Jeunes gens, je le répète, il y a journaliste et journaliste. Choisissez. Que voulez-vous être?

CHAPITRE V

La littérature lubrique, sa vulgarisation par le journal et les illustrations. — Défense d'afficher. — Les suppléments illustrés. — La statistique du crime et de la jeunesse. — La réalité et la vérité. — L'étude voulue du sale et de l'obscène. — Le moyen d'éviter l'action du journal. — La liberté de la pudeur. — La censure. — Un nouveau blocus à établir. — Le pot-bouille en littérature et en journalisme — Voies et moyens pour tromper la faim. — Le pot-bouille et les jeunes du théâtre (1).

« La presse a vulgarisé la connaissance du vice; elle a rendu familières aux esprits toutes les immoralités; non seulement elle a fait connaître en détail les infamies et les passions criminelles des scélérats condamnés devant les tribunaux, mais elle a publié les romans les plus dévoilés, elle affiche les illustrations les plus suggestives; dans la rue, sur les trottoirs, derrière les vitrines des marchands, elle est l'inévitable excitatrice de la mauvaise curiosité. Elle est donc la grande éducatrice du mal, la proxénète de nos enfants, la corruptrice de nos jeunes filles. »

Ces lignes, d'une terrible sévérité, empruntées à un de nos meilleurs écrivains, sont malheureusement l'exacte expression de la pensée générale : les honnêtes gens, tous ceux qui aiment la bonté et la simplicité des cœurs chastement élevés et la pureté de la famille, ceux qui croient à ces principes de morale qui sont la base de toutes les nations civilisées, ceux-là pensent unanimement ce que nous venons de répéter. La certitude que ces âmes droites ont raison, nous encouragera

---

(1) Ce chapitre a été écrit et imprimé avant que soit venue à la Chambre et au Sénat la discussion de la loi Béranger.

une fois de plus à dire toute la vérité, quelque désagréable à dire qu'elle puisse être.

Nous vivons à une époque de pessimisme, de doute et de surmenage du cerveau, où les jeunes générations ne croient plus à aucune autorité philosophique, scientifique ou religieuse. Ce sont des jeunes gens qui aujourd'hui commettent les crimes, et la corruption, à la fois naïve et raffinée de ces imberbes, est si extraordinaire qu'elle semble une aberration cérébrale, une névrose, tout aussi maligne dans ses effets que la névrose littéraire. C'est le principal argument des criminalistes qui voient souvent dans les assassins non pas des coupables mais des malades. Abadie ne s'est-il pas vanté d'avoir tué pour se rendre célèbre? Érostrate ne brûle plus un temple, il joue du *surin* dans nos faubourgs. Une société organisée qui voit s'accroître d'année en année ces cas de folie du mal, peut-elle rester les bras croisés devant les causes premières de ces dépravations? N'est-ce pas son devoir de chercher à se rendre compte des origines, à empêcher ceux qui ne sont pas élevés dans la fange des derniers bas-fonds d'arriver à connaître malgré eux par la lecture des journaux qui maintenant se faufilent partout, ce qui se fait de pire, ce qui s'écrit de plus sale? Permettra-t-elle que les yeux ignorants continuent à être enseignés au vice par la vue des images qu'ils aperçoivent en passant dans la rue?

Ici il ne s'agit certes pas des blasés qui ne croient à aucune vertu non plus que des fanfarons du cynisme. Nous parlons des honnêtes gens qui voudraient élever d'honnêtes filles et transmettre à leurs fils les traditions de bonne éducation et de droiture sur lesquelles se fonde l'honneur de la vie. La liberté et la vérité dans l'art sérieux, nous ne les attaquons pas ; mais nous protestons contre la liberté de publier dans le journal les pages ignobles que l'on y trouve parfois. Nous protestons surtout contre le droit qu'on donne à la presse de pouvoir lancer ou reproduire l'ouvrage empoisonné qui paraîtra librement en volume. Le livre, lui, est fermé, il faut qu'il entre dans la famille, il faut qu'on l'ouvre : on peut l'arrêter; mais l'ordure du journal passera avec un paquet, enveloppant un achat de bazar, une paire de gants,

4.

et l'immonde *supplément* de certaines feuilles pénétrera dans la maison sans qu'on l'ait aperçu à la porte : le danger est tout autre et la diffusion du journal répand terriblement la corruption.

N'insistons pas. Qui ne connaît ces suppléments illustrés de certains journaux qui, en reproduisant, pour allumer les lecteurs, les romans et les nouvelles les plus lubriques, s'en vont achever chez le peuple l'œuvre malfaisante du milieu, l'œuvre de l'alcool, de la promiscuité de l'atelier, justifier les vices encore un peu hésitants qui se cachent comme on dissimule une mauvaise habitude de saoulerie, et donnent un exemple à tous ces jeunes mêlés ensemble, un exemple pris de *la haute*, un enhardissement à tout.

On dit que cette lecture n'y fait rien, et qu'il en a été toujours ainsi. Erreur. Les jeunes gens, je viens de le dire, commettent aujourd'hui bien plus de crimes; autrefois les statistiques nous démontrent que le cas était rare. Il faut bien qu'il y ait un triste progrès en ce sens, et on le comprend, l'intoxication n'a jamais été considérée comme une règle d'hygiène. En suivant ce système, on se demande ce que seront les jeunes gens de 1950.

Mais voici le pire : c'est la femme qui lit. Sur cent romans, quatre-vingts sont achetés pour elle. C'est elle, surtout, qui lit le feuilleton : elle s'ennuie, elle cherche à se distraire. Le mari ou le frère n'y mettent pas la même ardeur, et ils peuvent l'oublier, ce feuilleton : elle s'y attache, elle l'attend et ne le manque point. C'est à elle, dans sa famille, mariée ou jeune fille, que vient toujours aboutir l'ordure imprimée qui la corrompt ou qui l'habitue à ne plus compter sur aucune moralité; elle perd toute croyance en l'honnêteté des autres, elle hausse les épaules devant les sentiments vrais et purs, elle voit dans tous les hommes des brutes immondes et devient complètement indifférente au mal, même sans le commettre.

Le moyen d'éviter l'action du journal ? Ne l'achetez pas, dira-t-on, surveillez ce qui se glisse chez vous. Pure plaisanterie ! En sortant de chez lui avec sa famille, comment fera le brave homme qui voudrait éviter la vue des images où s'étale la vie obscène? La plupart des marchands de journaux n'exhibent-t-ils pas à leur devanture ces tableaux où s'étale le rire, l'exhibition du vice, toujours le même déshabillé devant les mêmes habits corrects, les mêmes bas noirs depuis dix ans, les mêmes jambes. C'est la prostitution dévoilée, affichée, cynique. En allant à l'école, l'enfant s'arrête pour regarder ces curieuses scènes qu'il doit comprendre bien plus vite que nous ne croyons. Singulière hygiène morale! Comme tout favorise en ce siècle le goût à la simplicité et à la bonne existence loyale de nos anciens bourgeois sévères! Nos grand'mères se seraient signées d'horreur en passant devant ces turpitudes avec leurs petites filles. L'irritation est générale et cependant, il en est ici comme d'autres plaies françaises, personne n'y fait rien, personne ne s'occupe du remède, personne encore n'a osé s'armer du fer rouge. On laisse la publicité prodigieuse de la presse vulgariser le vice, le décrire, le dessiner, l'exhiber, l'insinuer par force sous tous les yeux.

Nous ne perdrons point notre temps à flétrir ceux qui écrivent et publient ces choses et spéculent sur la plus basse curiosité. L'art n'a rien à y voir. Ces articles, ces nouvelles immorales n'ont aucune valeur; elles ne peuvent durer : elles ne sont pas nées viables; clinquant étincelant, misérables pierres fausses, elles pâliront toujours devant la pure lumière du vrai. Rien de plus facile que ce genre léger, cette outrance sans sincérité, cette *étude* voulue du sale et de l'obscène, et Chateaubriand a bien raison : la littérature honnête exige bien plus de talent et d'effort. Encore une fois nous ne condamnons pas certaines œuvres qui déchirent le voile dans un but purement artistique, pour faire voir d'un trait toute la gravité ou toute la honte d'une souillure. Le livre, en effet, n'est pas imposé à toutes les mains, il coûte gros pour le peuple. Non, laissons sans blâme l'œuvre de bonne foi, sérieusement écrite, où le détail scabreux est admis, accordé à la nécessité de l'action, du moment surtout qu'il n'a point pour but d'allécher le lecteur par des tableaux équivoques. En effet, on peut parler de beaucoup d'ordures avec une décence française qui ne détonnerait pas dans le plus rigide salon.

Les faiseurs de nouvelles *raides* n'ont pas besoin de nous dire qu'ils veulent la réalité. C'est inutile. La réalité est souvent ignoble, nous la voyons dans la vie et nous l'évitons avec soin : ce que nous demandons qu'on nous fasse voir, c'est *la vérité* et *la beauté,* c'est-à-dire l'homme *tel qu'il devrait être;* nous demandons qu'on nous épargne l'obsession de certaines réalités, trop tristes, trop dangereuses, trop répugnantes. Nous revendiquons le droit de n'être pas forcés d'en supporter le spectacle malgré nous.

La liberté de la pudeur, voilà ce que nous exigeons. Nous ne pouvons rien contre l'entrée furtive du journal dans la maison honnête; nous tâcherons de veiller et de l'écarter le plus possible. La lubricité littéraire, je viens de le dire, commence à lasser tout le monde, nous espérons qu'on finira par trouver le moyen de l'empêcher de sévir comme aujourd'hui. C'est toujours la même histoire, les mêmes types, la même gravure, et l'on est fatigué de ce rabâchage déshonnête qui dure depuis tantôt dix ans.

Nous protestons surtout contre l'exhibition des livres obscènes, contre la facilité qu'on laisse de feuilleter aux étalages des vendeurs publics les ouvrages pornographiques à gravures soi-disant médicales que nos enfants peuvent rencontrer en cherchant avec nous Jules Verne et les beaux livres des éditions Hetzel et Didot. Nous répugnons à cette promiscuité du bien et du mal. Nous détestons l'exposition publique des dessins qui apprennent les désordres et les vices.

La censure, non, ce n'est pas à elle que nous nous adresserons, nous n'attendons rien d'elle, et nous connaissons trop bien l'inanité des lois d'exception pour implorer de la législature des articles nouveaux dans le Code. Nous ne nous contenterions pas de mots et de textes vains.

Nous exhortons simplement ceux qui se révoltent à défendre individuellement la pudeur publique. Le journal a beau être plus puissant que chacun de nous pris en particulier, il y a une puissance plus forte que la sienne, c'est celle de tout le monde. En effet, nous pouvons le frapper dans sa publicité même, et cela impunément, sûrement. Ce n'est pas aux administrateurs de journaux, à la presse qu'il faut s'adresser pour demander cette réforme, — cette dernière pense, elle doit penser comme nous, au fond elle vaut mieux que ce qu'on l'oblige à écrire ; — ni à l'administration, qui est presque tout entière à la merci de l'argent et dans les serres du capitalisme. Non, le moyen que je propose est plus facile, il dépend de nous et il est infaillible. Unissons-nous, ou encore mieux, agissons tout seuls et excitons les autres à nous imiter. Au marchand qui nous vend le journal faisons connaître avec fermeté que nous n'achèterons plus chez lui si les sales gravures des suppléments et des journaux lubriques continuent à s'étaler dans sa vitrine. Deux, trois, cinq acheteurs suffiront pour intimider la femme qui vous sert et qui d'ailleurs vend très peu de ces ordures. Elles ne s'emploient, c'est connu, qu'à achalander et elles seront vite supprimées si elles arrivent à contrarier la vente. Des chefs de bonne volonté contribueront à ce mouvement : la presse honnête y applaudira (1), car elle exècre les procédés de la presse proxénète, et elle aidera sûrement à se former une union, une association sérieuse qui aurait pour objet la liberté des yeux. Si le marchand est maître de sa vitrine et libre de vendre ce qu'il veut, le père de famille aussi doit être libre de pouvoir sortir et se promener sur les trottoirs dont il paie l'entretien, sans être obligé de subir des spectacles et des gravures qui souilleraient la vue de ses enfants. Les trottoirs, je le répète, sont à ceux qui les ont créés surtout et qui payent l'entretien des voies publiques ; la rue n'est pas seulement à ceux qui l'habitent. Les boueurs de la municipalité enlèvent les ordures dès le matin. Nous entendons que les plus malfaisantes ne restent pas dans les boutiques. Au marchand qui voudra dire avec insolence : « Je suis le maître de ma devanture, » il faudrait répondre : « Nous sommes maîtres de la rue. » La police qui dresserait une contravention à ce marchand s'il conservait devant sa porte des tinettes malpropres, lui octroie la permis-

---

(1) La presse anglaise a déjà donné cet exemple. Du temps des rois Georges, la licence des journaux était excessive : ils inséraient les anecdotes et les diffamations les plus scandaleuses sur la vie privée des lords et même de la famille royale, la caricature était souvent obscène. Mais la presse de notre siècle a renoncé à cette répugnante publicité.

sion d'exhiber d'autres saletés. Il faut agir à sa place et faire le blocus autour de ces boutiquiers seulement. A la liberté de l'étalage opposons la liberté de la pudeur.

Nous croyons qu'il serait facile de former une ligue sérieuse pour nous débarrasser de ces abus. Je crois même qu'il en existe déjà une, mais sur d'autres bases. Il est inutile de réunir ou d'enrégimenter ceux qui nous approuvent. De simples circulaires peuvent suffire, distribuées à la main, qui préviendraient les intéressés. Les femmes seront avec nous et il y aura bientôt assez d'adhérents pour que les petits marchands de journaux, intimidés, replient prudemment le dessin scandaleux. Le mouvement s'accroîtra. On s'en emparera, je le répète, dans les journaux honnêtes, nombreux encore, Dieu merci ! L'exemple fera son effet et, comme sur cette défense de l'honnêteté, les braves gens sont tous d'accord, aucune question de parti ne viendra les diviser : le républicain et le monarchiste ont le même intérêt à protéger les mœurs de leurs femmes et de leurs enfants et ils tiennent autant l'un que l'autre à les éloigner du rêve malsain.

Qu'on ne nous dise pas que le Français a le goût du sel et des épices, et qu'autrefois ce que nous voulons enrayer a produit même des chefs-d'œuvre. Les conteurs gras se prétendent en vain fils de Rabelais. Lamartine appelait *pourceau*, dans l'écœurement de sa sublime délicatesse, ce bouffon de génie qui s'est permis tant de grossièretés. Rabelais appartenait à une autre époque, très païenne, très mal élevée, où l'on adorait surtout les plaisanteries de carrefours et les gros mots. Il s'est servi d'un langage grossier, obscène, qui ne choquait pas les coutumes de son époque, pour envelopper de grandes et de profondes vérités. De son temps le style diplomatique lui-même n'était-il pas rempli de phrases sales? Les dépêches des ambassadeurs de François Ier à leur maître ont frappé d'étonnement les savants qui les ont étudiées. Le *Décaméron* était lu dans les salons, les dames l'imitaient et Marguerite de Valois n'évitait pas certaines audaces. Disons que cet appel au passé serait une excuse très mal choisie, car le siècle suivant fit triompher la bienséance dans la littérature, et nous n'avons certes rien perdu à ne plus trouver dans

Corneille ni dans Pascal les licences brutales, peut-être nécessaires alors, du grand rieur tourangeau. Avait-il si grand tort, La Bruyère, disant de Rabelais, lu alors surtout par ceux qui comprenaient le moins son vrai mérite : « C'est le charme de la canaille! » N'est-il pas beau malgré sa polissonnerie et non à cause d'elle? Ses gravelures et son cynisme n'ont été que le reflet de son époque, une sorte de dragée pour appâter les désœuvrés et se faire lire le plus possible. Voltaire, dans *Candide* et plusieurs de ses opuscules, s'est aussi servi de ce procédé. L'œuvre est supérieure, on l'admire, on rit de la plaisanterie trop épicée et on hausse les épaules : mais c'est Voltaire, c'est Rabelais ; et seraient-ils lus aujourd'hui, ces auteurs, sans leur prodigieux talent? Nous avons parlé de Rabelais parce que son exemple est celui qu'on est le plus tenté de citer. Rabelais fit jadis la besogne de nos journalistes. Il a été bonhomme avec les simples, insinuant avec le lecteur, il a séduit la confiance, il a su renseigner à propos de rien sur mille choses intéressantes, il a instruit, il a étonné, il a raillé, il a amusé enfin tous nos aïeux. Les vieux gentilshommes le lisaient en levant les bras et en poussant de joyeux éclats de rire dans la bibliothèque de leur donjon, loin de Paris, devant la forêt où ils allaient courre le cerf. Le soir, ils contaient les exploits de Pantagruel à la châtelaine qui ne lisait pas, comme nous leur contons aujourd'hui les puffismes américains, les calembours de l'opérette et les potins du boulevard.

Rabelais fut encyclopédique, il parla de tout et pour tous, il fut novateur et vulgarisateur. Il nous a appris notre langue, notre style, notre rythme, on pourrait presque dire les mots. Certes il a été souvent très grossier, mais on pouvait se dispenser d'ouvrir ses volumes.

Nous demandons la liberté de nos yeux comme en 1545. Écrive qui voudra comme Rabelais, et surtout aussi bien, mais si c'est ignoble et repoussant, qu'on ne nous mette pas le texte sous les doigts et qu'on n'accroche pas les yeux de nos enfants avec des gravures de mauvais lieux. Du temps de Rabelais l'imprimerie ni l'affichage n'avaient fait les progrès aujourd'hui réalisés.

En conclusion, nous aimerions à voir nos futurs chroniqueurs, nos futurs romanciers, prendre modèle sur Ignotus du *Figaro*, par exemple, et sur ceux qui lui ressemblent, — sur Ignotus, qui, dans ses descriptions moralistes et économiques du Paris contemporain, a parlé de toutes les ordures, mais a su se créer un contrôle particulier et certain, effaçant, sans hésiter, tout ce qu'il ne pouvait pas dire dans un salon de femmes du monde, quand les petites filles sont couchées.

Le jeune écrivain se trompe, quand il croit que l'art obscène est l'art qui émeut par excellence. Malheureusement il faut à l'artiste décent un plus grand talent. Il se passe ici ce qui a lieu de nos jours pour l'écrivain catholique. Le clair-obscur est magique, mais il n'appartient qu'aux rares peintres puissants!

C'est des informations, des renseignements plus que des imaginations qu'il nous faut; ce sont des statistiques, des chiffres, des faits et non des gaudrioles, qui séduisent le public.

Par des équivoques et des lubricités, si ingénieuses soient-elles, on n'enchante plus l'élite, pas même le commun des lecteurs. Je ne fais aucune difficulté de concéder, si vous le voulez, que le Français a toujours quelque goût pour le sel et les épices. Mais cet instinct national est contrarié par la coutume de maintenant qui veut autre chose.

Aujourd'hui, en effet, le goût est un peu attristé et nous glissons plutôt vers le rigorisme.

A quoi bon alors être sale?

Donc, pour le présent immédiat, quant à la liberté des yeux, n'acceptons aucune raison, aucun prétexte, aucune défaite. Pas de discussion : le moyen est sûr. Je le répète: bloquons le petit débitant de journaux, refusons d'acheter les publications chez lui s'il continue à coller à ses vitres des dessins licencieux. En très peu de temps nous gagnerons la bataille, même à Paris. Et nous aurons obtenu la plus belle et la plus délicate des libertés, la liberté de la pudeur, la propreté du mur!

Le *pot-bouille*, dont nous allons maintenant dire quelques mots qui me semblent à leur place, en cette fin de chapitre, vu qu'il est souvent, lui aussi, entaché d'immoralité, le pot-bouille, c'est cette chose, cette peinture au très reluisant verni que nous pouvons voir exécuté de temps en temps par nos peintres, au galop, sans soin, à la diable, d'une façon toute conventionnelle enfin, dans le seul but de faire passer cette.... œuvre, de l'atelier à la boutique du brocanteur, pour être échangée là contre espèces sonnantes, souvent avant même qu'elle ait eu le temps de sécher complètement. Quoique les tableautins ainsi produits ne soient que de l'art inférieur, du... bas-art, ces œuvres n'en sont pas moins beaucoup plus dignes d'estime que d'autres peintures fabriquées à l'aune pour l'exportation ou pour l'hôtel des ventes de la rue Drouot où on nous les sert, au plus offrant, sous la dénomination connue de « Tableaux de maîtres, cadres or fin ». En effet, même dans ce genre de « pot-bouille », l'artiste porte encore à son travail un certain intérêt, laissant souvent de-ci de-là l'exécution consciencieuse s'y glisser, même parfois prendre le dessus. En ce qui est du « pot-bouille » populaire, sa composition répond toujours à un arrangement absolument de convention, stéréotypé, invariable : horizon, deuxième et premier plans agrémentés d'une gamme hurlante de jaune pourpre éclatant et d'émeraude. Couchers de soleil, paysage et marine, voilà ce qui se rencontre le plus fréquemment, ce dernier genre surtout, pour cette excellente raison qu'une perspective économique et une étendue de vagues mortes bleues ou vertes, cela se peut peindre avec une rapidité quelquefois vertigineuse. Le bateau pimpant qui, généralement, forme le centre de la toile, s'il demande beaucoup de couleur, ne réclame que très peu de dessin. Le tableau tout entier, un *pot-bouilliste* accompli le peut brosser sans même qu'il ait besoin de modèle.

A quelques centimes près il sait ce que cette... chose doit lui rapporter, et son art s'élève là presque à la hauteur du niveau de l'encadreur.

Dans la littérature et le journalisme, en ces métiers où les cimes sont pour la vocation artistique si pleines d'attrait et dont on voit les adeptes serrer la main du sculpteur ou celle du peintre en de si affectueuses étreintes, débordantes d'une véritable catholicité de compréhension, cette tentation mauvaise de se livrer, à l'occasion, au pot-bouille, couve aussi, elle existe chez le constructeur de mots, l'annonceur de nouvelles.

La seule chose qu'on pourrait dire à l'avantage de ces derniers, c'est que l'idée du « pot-bouille » leur vient par suite de suggestions plus subtiles et par des gradations peut-être moins marquées, plus douces, que ce n'est généralement le cas pour l'artiste peintre. La forme littéraire et la puissance dans le choix des expressions, don de la nature pour quelques-uns, valent gros, en effet, quand elles doivent être consacrées à la corvée de la composition d'une réclame, industrielle ou autre, d'une histoire à sensation et à clé, d'une inscription tombale ou encore à la confection de vers pour cartes de Noël, ou du jour de l'an, poésies toutes garanties renfermer, bien entendu, l'immense variété de sentiment nécessaire et indispensable au public qui les achète.

Si on pouvait savoir la vérité vraie, on apprendrait que le nombre de ceux qui, sous le manteau, se livrent au « pot-bouille » est aussi grand chez les écrivains et les publicistes jeunes que chez les jeunes peintres. C'est un réel dommage, vu que, à chaque « truc » qu'ils apprennent, à chaque tour de main nouveau correspond la perte d'une portion de leur fonds de sage simplicité, de noble enthousiasme et d'élévation de sentiments.

Comment tout cela finira-t-il? De telle façon que ces jeunes, devenus vieux, se trouveront souvent, au déclin de leur vie, mêlés aux mendiants, alors que ceux, qui, en art et en littérature, auront su mépriser le « pot-bouille », seront devenus les protégés, les invités de l'Univers; le monde à la même époque sera en train de déverser sur eux le meilleur de sa pensée, de son estime et de sa bourse.

C'est ici justement que se pose tout le sérieux du problème. Par quels moyens le jeune écrivain arrivera-t-il à vivre, à tromper la faim, jusqu'au moment où l'œuvre dans laquelle il a placé ses espérances d'avenir sera enfin venue à l'impression? D'où lui viendront le vivre et le couvert, j'irai plus loin même, et je dirai d'où viendront ses plumes et son encre si, pendant le temps passé au travail et dans l'enfantement de son idéal, il n'a pas eu recours au « pot-bouille »? N'est-il pas indispensable qu'il y ait dans ce cas, ici ou là, un pot-bouille quelconque, un vase culinaire avec quelque chose dedans et du feu dessous? Et c'est pour ce « pot-bouille » que seront élucubrés tant de de romans noirs à 10 centimes la ligne ou de poésie gazeuse, du genre que je décrivais tout à l'heure au sujet de la peinture, — du genre à tant l'aune ou le mètre?

A mon avis, on pourrait faire mieux. Revenons à l'artiste peintre, il nous servira d'exemple.

Ainsi que l'admettent tous les artistes, le croquis c'est une étude rapide d'après nature. Le fini et l'élaboration en sont absents, ainsi que, pour ne citer qu'un exemple, ils le sont du présent manuel. En fait de paysage, le croquis c'est la saisie de quelque fugitif effet de nuage, de forêt, d'orage, d'eau calme ou agitée; en fait de personnages, c'est un éclair d'émotion ou quelque expression profonde et tourmentée. La condition première du croquis, c'est sa ressemblance avec le sujet copié, le travail enthousiaste, l'absorption de l'artiste dans son travail. Cela coûte certainement : rien, en effet, n'anéantira plus vite la vitalité chez l'homme; mais grande aussi est la récompense : la main, l'œil, le cœur, l'âme, ensemble exercés, s'efforcent, de concert, à rendre sur la toile ces merveilleuses touches de clairs et d'ombres, tons, dominantes et effets. Tandis que la peinture par l'artiste du consciencieux et réfléchi « pot-bouille » abaisse le niveau de ses facultés et tend à diminuer chez lui la puissance de l'imagination, la peinture du « croquis », loin d'être une gêne, un obstacle à son perfectionnement, peut devenir, au contraire, une aide puissante. Il en est de même en littérature et en journalisme. Des « croquis » légers et cependant vrais, enseignants, qui ne demandent, en somme, que peu de temps et de travail quoique, il en faut convenir, beaucoup de sentiment et de sérieux, seront pour leur auteur produits plus vendables que ne le seraient tous les pot-bouille de tous les scribes en location de la chrétienté.

Quelles qualités le récit devra-t-il posséder? Il est nécessaire que dans ce récit se sente la touche naturelle, qu'il s'y trouve un peu aussi de cette conversation, de ce dialogue qui sait émouvoir et attirer le lecteur, et dans cette étude il faudra encore que l'on puisse entrevoir la force, de façon à convaincre le public de la manière loyale dont l'écrivain sérieux sait s'acquitter de la tâche qu'il a jugé à propos d'entreprendre.

Qu'il fasse donc un croquis littéraire, un croquis de mots, il le peindra léger, rapide et énergique, l'animant de l'esprit *extérieur*, et non pas d'un esprit semblable à celui d'un réclusionnaire, ou d'un prisonnier. De cette façon, mais de cette façon-là seule, il sera à même de concentrer enfin les excitantes émotions dégagées d'un nombre infini d'études et de croquis, en un travail plus important, développant un cours d'idées distinctes et universelles, ainsi et enfin il produira vraiment une œuvre qui, de droit, occupera dans la littérature ou le journal une place égale, certes, à la place occupée dans l'art par les ouvrages les plus fameux du peintre de talent.

La vérité est toujours bonne à reconnaître. Disons donc, avant de conclure ces quelques lignes sur le pot-bouille, qu'en matière de théâtre, du moins, les jeunes, dans beaucoup de cas, sont en train de se laver du reproche de *pot-bouillisme* qui leur a été fait en ces temps derniers. Ils avaient commencé par la même erreur que les romanciers naturalistes, qui croyaient non seulement pouvoir courir deux lièvres à la fois, mais tirer deux paires de pantoufles de la même peau, deux moutures du même sac, et ils s'éparpillaient à travers toutes les besognes du journalisme, etc. C'est qu'il fallait vivre et, pendant longtemps, le théâtre n'a pas nourri son homme. Du jour où ils ont pu tirer de leurs pièces un profit légitime, ils ont restreint leur polygraphie. A cette heure, j'en conviens avec joie et même avec une certaine fierté pour eux, ceux qui ont trouvé le succès au théâtre ne font plus guère que du théâtre.

CHAPITRE VI

La fondation d'un journal. — Un journal, une revue à soi. — Le titre. — Expériences de l'auteur. — Concurrence difficile. — Les ressources de la province. — Edison, directeur de journal à douze ans. — Le *Times*. — Lancinements du lancement d'un nouveau journal.

Jeune homme, jeune écrivain, acheteur ou simplement lecteur de mon livre, vous avez lu ou pas lu les chapitres précédents, — admettons un instant, et pour mon amour-propre d'auteur, que vous ayez lu le tout, — vous avez assisté au défilé de ces obstacles, de ces vilaines choses, de ces plaies qui à mesure se sont ouvertes en mes têtes de chapitres et sous mon scalpel. Ces difficultés, ces vilaines blessures auraient dû suinter sur vous et sur votre enthousiasme un peu de découragement, un certain dégoût même, mais démonté, découragé vous ne l'êtes pas, ému outre mesure vous ne l'êtes pas non plus. Vous êtes jeune, en effet, plein de confiance vous êtes, parce que vous ne connaissez de la vie que ce qu'on en peut voir à travers le trou d'une plume d'acier bien neuve; dégoûté??? vous êtes de votre siècle, n'est-il pas vrai? Les seules difficultés dans l'approche de la place forte vous effraieraient peut-être un tantinet, mais il se trouve justement que vous n'êtes pas sans fortune, sans argent, puis, une fois de plus, c'est entendu, n'avez-vous pas la vocation? Pourtant, un peu rebuté déjà par les refus des quelques directeurs de journaux auxquels il vous est arrivé de faire des offres de prose ou de vers, vous êtes à vous demander, oh! ne le niez pas, vous êtes là tout songeur, vous demandant si ces difficultés du début, ces chevaux de frise des années d'attente, vous ne pourriez pas les tourner d'un seul coup, à l'aide d'une charge à fond bien combinée, vous êtes en train de vous demander, votre carnet de chèques ou votre escarcelle à la main si, comme tant d'autres, ma foi, *et que vous valez bien*, n'est-ce pas? vous ne pourriez pas, vous aussi, vous asseoir comme cela, tout de suite, au banquet, prendre part à ses joies? La table est-elle donc si pleine que vous ne puissiez, en jouant des coudes et... du porte-monnaie, vous tailler une place, une toute petite place, et voir votre nom figurer parmi les convives, vous vous demandez si vous ne pourriez pas, vous aussi, avoir votre journal à vous, un quotidien à Paris par exemple?... Oh combien plus facile et combien beau! Ou encore, un simple hebdomadaire, vous vous contenterez bien de cela pour commencer, ou une revue, une revue à vous, une revue dont vous seriez le seul maître, une revue, un journal quelconque à vous, dans lequel on pourrait tout écrire. Par exemple, que X... est dénué de tout talent, le prouver, oh combien facilement! ou bien encore quelle somme dépense l'éditeur Y... pour vendre à 6.000 exemplaires les romans de Z...

Un peu de patience, que diable, et permettez-moi une toute petite question avant de jeter ainsi sur la table à écrire votre lourde escarcelle, avec un bruit qui m'a fait presque tressauter.

Possédez-vous au fond de ladite escarcelle, et ne devant rien ou peu de chose à personne, la bagatelle d'un million? ou plutôt de plusieurs millions? C'est que vous ne ferez rien à moins en fait de quotidien, à l'époque où nous vivons.

La fondation d'un journal exige un gros capital. Il faut que le canard puisse attendre, quelquefois longtemps, la prospérité. Beaucoup de journaux, sachez-le, ne vivent que des sacrifices du parti qu'ils soutiennent. Quand on arrive à un grand tirage, les annonces, — c'est vrai, — affluent; on les fait payer cher; les bénéfices sont souvent considérables et couvrent tous les frais. Mais ce grand tirage il faut d'abord l'obtenir et... mais attendez un peu. Les journaux qui n'ont d'autre écoulement que la vente sur la voie publique ou chez les marchands, ont une fortune sans cesse variable, tandis que ceux qui visent presque uniquement à avoir des abonnés croissent lentement, mais gardent ce qu'ils ont acquis.

Avec de l'argent, beaucoup d'argent, fonder un journal

n'offre presque aucune difficulté. Que faut-il en effet pour la partie matérielle? Un peu de mémoire, beaucoup d'aplomb et de *bagout*, une paire de ciseaux et un pot à colle; des compositeurs, quelques rames de papier à l'imprimerie, des vendeurs et des crieurs.

Mais faire réussir un journal, diable! voilà qui est autrement malaisé! Il faut s'y connaître, il faut beaucoup s'y connaître, il faut avoir fait un long apprentissage et de nombreuses *écoles*, avant que vous soit venu le sens de la divination du goût des lecteurs, et ce tact de leur donner la pâture intellectuelle qu'ils aiment et pas autre chose.

Au journal, il faut d'abord un titre. « Qu'y a-t-il dans un nom? » a demandé Shakespeare. — Tout, répondrait la presse au poète qui a jeté sans réponse tant d'interrogations sublimes.

Oui, le nom est tout. Sans un bon titre point de salut! C'est lui qui vient étonner agréablement notre oreille et nous fait souvent acheter le premier numéro. Un bon titre, c'est aussi rare qu'un bon ténor à l'Opéra.

Un des moins mauvais que je connaisse parmi ceux qui existent, c'est *Le Journal*, titre simple, sans prétention, qui renferme tout... et le reste. Que l'on me pardonne si j'en parle avec une grande prédilection, car ce titre, c'est moi qui l'ai trouvé le premier et l'ai déposé, le premier aussi, en avril 1884 : l'oubli de certaines formalités administratives, oubli du dépôt d'un nouvel exemplaire tous les ans, m'a fait perdre, paraît-il, le droit de m'en servir quand d'autres plus tard vinrent le prendre. J'ai gardé les preuves de cette priorité; la consolation est maigre, enfin c'est toujours cela.

Malgré la beauté du titre, la grande difficulté c'est toujours l'argent : à celui qui veut fonder un journal, je ne saurais trop le répéter, il faut d'abord un premier capital personnel et suffisant, et même un second à écorner après, en cas d'accident, il faut, il faut ... je n'en finirais pas.

La fondation d'un journal politique quotidien, avec les frais de toutes sortes qui peuvent préparer le succès, exige, je l'ai déjà dit, un capital d'un million de francs au moins. Trois ou quatre cent mille francs pourraient suffire pour un journal hebdomadaire.

Certes, je ne vous conseillerai pas, si vous possédez ce million ou ces quatre cent mille francs, de les lancer dans une entreprise aussi hasardeuse, car moi qui vous parle, j'y ai été pris.

En 1882 je consacrai plusieurs billets de mille à la fondation du *Qui-Vive?* journal hebdomadaire, qui devint au bout de quelques semaines *L'Étendard,* organe de l'union des races latines, et, il y a si longtemps! de je ne sais plus quoi encore.

Ce journal, au reste, — de si drôles de canards se traînaient à travers Paris à cette époque, — n'était peut-être pas plus mal rédigé que beaucoup d'autres de la même portée. Je me donnais certainement beaucoup de mal. J'agissais en homme qui croit que c'est arrivé. Entre autres choses j'avais inventé, je m'en souviens encore, des primes neuves et vraiment abracadabrantes, et *Le Gil-Blas*, il ne le niera pas, me fit l'honneur d'en citer quelques-unes et d'en rire tout haut. Entre autres primes extraordinaires, j'offrais, je crois, un chien de race à tout abonné d'un an. Un chien de race et un abonnement pour sept francs! C'est que j'avais découvert une mine, une vraie mine, un endroit où je pouvais avoir les chiens pour rien. Vous avez deviné... la fourrière. A cette époque, j'étais encore jeune, très jeune.

J'avais aussi trouvé des innovations que même des jaloux ont bien voulu qualifier d'ingénieuses : la liste des articles à lire dans les autres journaux, attention flatteuse de *L'Étendard* pour ses confrères; un tableau des époques de départ et d'arrivée des paquebots, et enfin une colonne d'échanges (1) si biscornus qu'un autre journal mondain s'est amusé à en reproduire des extraits.

---

(1) Il existe en Angleterre un journal appelé *Exchange and Mart,* hebdomadaire, qui publie exclusivement des échanges. Le sens économique de ces insulaires admet parfaitement qu'au lieu de dépenser de l'argent pour acheter un objet que l'on désire, on puisse offrir en *échange* un autre objet dont on veut se débarrasser. Ainsi on ne dépense rien, beaucoup moins en tout cas. Le journal sert d'intermédiaire, et les lecteurs y envoient leurs propositions, presque toutes bizarres et comiques. Quelqu'un demande un violon, à échanger contre un perroquet, une jarretière pour un pince-nez, un réveil-matin pour une laisse de chien. Beaucoup de gens s'en servent avec profit et avantage. Le journal touche le prix de l'annonce et un tant pour cent sur la valeur des objets.

Je m'étais rendu acquéreur d'un petit matériel d'imprimerie suffisant aux besoins d'une feuille hebdomadaire ; j'imprimais tous les autres journaux que je pouvais dénicher, et j'espérais, à l'aide de ces profits, couvrir les frais du mien à ses débuts. L'idée, vous en conviendrez, était assez pratique, et j'aurais peut-être réussi à la longue, mais le malheur voulut que j'oubliai de prévoir que des gens qui me devaient beaucoup pour frais d'impression ne me payeraient pas. Vous devez voir d'ici la fin. Je ne tardai pas à voir, moi, la fin de mes billets de mille et je fus encore heureux de pouvoir passer la main, en donnant pour rien mon *Étendard* à quelqu'un qui voulut bien se charger de son entretien.

Plus fortuné que des centaines d'autres canards de la même couvée, *L'Étendard* vit ou du moins vivait encore, il y a peu de temps, je crois, il est devenu quotidien. Sous les auspices de M. Raqueni j'ai salué son agrandissement, qui ne m'a point rendu mes billets bleus.

C'était là, du reste, mon second échec. Un peu avant de fonder *L'Étendard*, j'avais lancé *L'Hebdomadaire*, feuille d'un genre entièrement nouveau, reproduisant tous les faits principaux de la semaine, 1.200 nouvelles diverses pour un sou, et je rêvais même de donner bientôt ledit journal pour rien, comptant, bien entendu, me rattraper sur les annonces qui ne pouvaient manquer d'affluer. J'eus ce tort de mettre en sous-titre, — oubliant à quel point, en France, peut tuer le ridicule : — *Organe des gens pressés*. Le journal mourut au bout de très peu de temps, de je ne sais vraiment quelle vilaine infirmité ou maladie, d'un sous-titre rentré, nul doute.

N'essayez jamais de fonder un journal, même avec de l'argent, à moins que vous ne possédiez des années et des années d'expérience.

Parfois on voit des journaux se fonder dirigés par des jeunes gens sans ressources, qui n'ont même pu être reçus à la rédaction d'un journal et bien souvent à cause de cela même. C'est à croire qu'il y a quelque part un trésor caché, tant la spéculation apparaîtrait stupide. Tous les jours sont lancées des feuilles d'opinion diverse dont les titres, criés sur les boulevards, nous affolent le tympan. La corporation des vendeurs manque de ténors, mais en revanche elle abonde en barytons enroués et laryngorrhagiques. Ces journaux se multiplient mais ne croissent pas ; ils ne répondent qu'à un besoin, celui du rédacteur en chef, souvent homme politique. Mais un homme politique intelligent qui veut s'ouvrir une voie et conquérir par la tribune de la presse le poste qu'il convoite, fût-ce le plus infime des portefeuilles ministériels, cet homme préférera toujours l'influence d'un journal connu, sérieux, agissant sur un certain nombre d'abonnés.

Sont-ils complètement inutiles aux progrès, ces premiers et uniques numéros, quelquefois suivis d'un second, de centaines de journaux morts-nés que nous ignorons ? Il faut avouer que non. Ce premier numéro a une publicité particulière, souvent il est envoyé en Amérique, en Angleterre, en Allemagne, en Russie, en Autriche. Il en arrive un exemplaire à Téhéran, on en a trouvé à Canton, à Madagascar. Un voyageur n'a-t-il pas rencontré sur les hauts plateaux de l'Afrique du sud un colon qui renouvelait encore son abonnement au *Moustique*, journal qui a cessé de paraître depuis vingt ans au moins ! Ce bon planteur s'imaginait que c'était son gouvernement qui arrêtait *Le Moustique* à la frontière ; il souhaite encore qu'une révolution lui rende son journal favori.

Ces journaux seraient-ils comme les pollens emportés par le vent, qui tombent sur la surface des îles nouvelles sorties de la mer et la couvrent peu à peu d'une végétation magnifique ?

Lisez ici, ou mieux encore lisez-le d'une façon beaucoup plus complète dans son ouvrage si instructif, *Le Journalisme*, lisez ces quelques lignes extraites de ce que dit M. Dubief, au sujet de la fondation d'un journal :

« En théorie, tout citoyen majeur a le droit de fonder un journal : il ne faut pour cela que déposer un titre au parquet. En fait, ce droit a un autre nom : le droit de se ruiner.

« Pourquoi ? continue M. Dubief, parce que là comme partout la concurrence est de plus en plus grande, parce que le talent littéraire des rédacteurs ne suffit pas toujours à assurer le succès, parce que, de plus en plus, le public est friand, non pas de beaux commentaires, de passes d'armes d'opinion ou d'esprit, mais de nouvelles, d'informations à outrance, rapides, ultra-rapides, de reportages électriques et téléphoniques, archi-téléphoniques et archi-électriques, qui coûtent un argent fou. Nous l'avons déjà dit : Le journal est une industrie; place aux ingénieurs et aux reporters.

« Ce n'est pas ici le lieu de philosopher, prenons les choses telles qu'elles sont et tâchons de les traduire en chiffres.

« Pour mieux nous rendre compte du chemin parcouru, allons des plus petits aux plus grands.

« Il y a encore, en province, bon nombre de feuilles qui vivent sur un pied très modeste. Dans chaque petite sous-préfecture, par exemple, on en compte deux ou trois. Le plus souvent elles ont été fondées, il y a dix ans, vingt ans, trente ans, par un brave homme d'imprimeur. De la politique, au fond, il avait peu souci; mais il a dû se discipliner, s'enrégimenter dans un parti ou dans une coterie. Il tire à 1.000, 1.500, 2.000 exemplaires, une fois ou deux la semaine; il n'a pas besoin, pour cela, d'un gros matériel : une machine en blanc, parfois à retiration, mue à bras ou par un moteur, est plus que suffisante. Les « amis » s'empressent autour de lui, procurent de l'eau au moulin; s'il est gouvernemental, il a les annonces officielles; s'il est dans l'opposition, il fait appel aux avoués, aux huissiers, aux notaires de son parti; le journal amène des clients à l'imprimerie, l'imprimerie des abonnés au journal. Prix de l'abonnement : de 10 à 12 francs; avec les annonces locales et le petit contingent (mal rétribué du reste) envoyé par l'Agence Havas ou autres annonciers parisiens, on peut se tirer d'affaire honorablement.

« La rédaction est vite faite et coûte peu. Pour la politique, quelques coups de ciseaux dans les feuilles parisiennes du même bord. Pour les nouvelles locales, les notes du lieutenant de gendarmerie plus ou moins arrangées, ou celles de quelques correspondants.

« Transportons-nous maintenant dans une préfecture de moyenne importance (40.000 habitants). Le journal est à 10 centimes; il paraît tous les jours, sauf le dimanche; il tire à 3.500, 4.000, 5.000 exemplaires. Pour cela, il faut déjà une machine à retiration et un moteur mécanique, vapeur ou gaz. Comptez comme capital social une cinquantaine de mille francs. Parfois, c'est un homme politique, député ou candidat, qui en a fait l'avance. Le plus souvent, on a émis des actions de 500, ou de 100, ou de 50 francs, et on les a placées dans un groupe d'amis ; si parmi les actionnaires quelques-uns habitent la campagne, ils seront des correspondants *de nouvelles* tout désignés. Pour la ville il faut un nouvelliste attitré, un secrétaire de la rédaction, un rédacteur en chef, deux ou trois employés d'administration. L'Agence Havas envoie de Paris 10, 15, 20.000 francs d'annonces ; on fait sur place, avec la clientèle des commerçants et celle des officiers ministériels, le double, le triple. Prix de l'abonnement : 28 ou 30 francs. On vit encore d'une façon décente. Les membres du conseil d'administration ou de direction peuvent être gens d'un esprit sectaire, enfermés dans des préjugés de coteries, comprenant la politique comme les Capulet et les Montaigu ; ce sont quelquefois des gens passionnés, mais toujours de braves gens : la maison est une maison de verre, qui ne craint aucun regard.

« Parfois, dans un chef-lieu de même importance, c'est le journal à un sou qui règne. Les dépenses sont au moins égales, et les recettes moindres. D'abord, il faut paraître tous les jours, sans exception. Puis, très peu d'abonnés ; moins de place pour les annonces. D'où il résulte que pour joindre les deux bouts, le journal à un sou est obligé de tirer au moins à 7 ou 8.000 exemplaires, ce qui exige, non plus une machine à retiration, mais deux ou trois, et un plus grand nombre d'employés.

« Dans les très grandes villes, comme Lyon, Bordeaux, Toulouse, Marseille, Lille, tous les chiffres précédents doivent être triplés, quintuplés, décuplés. Un journal à deux sous, par exemple, s'y tire à 20 ou 30.000 exemplaires, un journal à un sou, de 50.000 à 500.000. Il faut plusieurs machines à retiration, voire des rotatives et un moteur en conséquence. Il faut, pour la rédaction et l'administration, le même personnel que dans certains journaux de Paris. Il y a, en plus, des frais de dépêches considérables.

« La plupart de ces journaux louent au gouvernement un fil télégraphique spécial. Ils ont à Paris un, deux, trois correspondants. Ils demandent des articles politiques ou des chroniques aux écrivains les plus en vue de la presse parisienne. Ils publient des suppléments. Tout cela exige, pour chacun, un budget de plusieurs centaines de mille francs, parfois de plusieurs millions. Si c'est le public qui y fournit, si le journal est prisé par les lecteurs et les annonciers, tant mieux! il fera de beaux bénéfices. Sinon, quel que soit le talent de ses rédacteurs, il aura grand'peine à vivre.

« Enfin arrivons à Paris. Laissons de côté bon nombre de journaux auxquels on peut appliquer ce que nous venons de dire des journaux de Lyon ou de Lille, de Marseille, de Toulouse ou même d'Albi, et passons à ceux qui ont plus de réputation, de succès.

« Il y a, d'une part, les grands journaux, d'autre part, les petits.

« Nous prendrons comme type des premiers *Le Figaro* et *Le Matin*.

« Voici un aperçu des frais :

« *Le Figaro* dépense, bon an mal an, rien que pour la composition. . . . . près de 200 000 francs.

Imprimerie, clichage, papier.	1 700 000
Service de bandes	37 310
Frais de poste.	350 000
Rédaction.	750 000
Administration (employés, plieuses, porteurs).	300 000
Dépenses diverses ou extraordinaires. . . .	600 000

« Ajoutez 40.000 francs pour l'intérêt des obligations, vous avez un budget de dépenses de 4 millions!

« Il faut tirer tous les jours, entre 3 et 6 heures du matin, de 70.000 à 100.000 exemplaires et quelquefois 200 ou 300.000. Les presses, alors, vont un train effréné.

« Le caissier a entre les mains un maniement de fonds qui peut atteindre jusqu'à 700 ou 800.000 francs en certains mois.

« Passons maintenant aux journaux à un sou, et à celui qui les domine tous par l'importance des chiffres, *Le Petit Journal*.

« Petit, il ne l'est que par son format, déjà agrandi en ces derniers temps; mais, par son organisation et la puissance de son outillage, il compte parmi les plus grands du monde entier ; par le tirage, il est hors de pair.

« Voici les chiffres du dernier excercice :

Papier (200 000 kil. par semaine) . . fr.	2 957 456 »
Rédaction et informations.	705 175, 33
Composition, clichage, tirage	1 787 969, 75
Transport et frais de poste	2 213 933, 62
Gravures et dessins	111 374, 43
Administration, service de départ, inspecteurs, porteurs, plieuses, indemnités aux correspondants, etc.	1 031 478, 43
Frais de publicité.	698 462, 37
Frais généraux.	797 774, 13
Total..	10 303 624, 06

Frais d'un grand journal américain :

Rédaction et littérature.... ...	220 000	dollars
Nouvelles locales..................	290 000	—
Illustrations.....................	180 000	—
Correspondants...................	125 000	—
Télégraphe.......................	66 000	—
Câble...........................	24 000	—
Machines........................	410 500	—
Papier..........................	717 000	—
Loyer, éclairage, encre, etc........	219 000	—
Total............	2.251 500	

« Luttez donc contre de tels colosses !

« Aux frais généraux de rédaction, d'impression, de papier, de dépêches, etc., etc., au fonds de roulement qu'ils exigent, s'ajoute aujourd'hui un luxe de plus en plus nécessaire : avoir une maison à soi. »

Sait-on qu'Edison, le grand électricien, était, à l'âge de douze ans, directeur-fondateur journaliste du grand *Railroad Trunk Herald?* A lui seul il formait la rédaction tout entière de ce journal à titre sonore. C'était lui qui l'imprimait aussi tout seul.

Le Figaro, à l'arrivée à Paris, il y a quelques années, du célèbre inventeur américain, a publié sous la signature B. Durat l'article d'où je tire les extraits suivants, qui serviront à montrer ce que peut faire la persévérance en matière de journalisme, même chez un enfant.

« Edison songeait, jour et nuit, au moyen à employer pour se procurer la somme utile à l'achat du matériel nécessaire à l'étude sérieuse de sa chère électricité.

« Une nuit, une idée ingénieuse traversa sa tête d'enfant :

« — Je me ferai rédacteur en chef d'un grand journal ! s'écria-t-il.

« Vous qui connaissez la vie en Europe, vous pensez que, pour occuper cette position, il faut avoir une certaine situation dans le monde, disposer d'un nombre assez grand de collaborateurs, être appuyé par un fort parti politique et surtout une somme considérable, afin de pouvoir faire face aux frais d'un grand journal quotidien. Enfin, vous croyez qu'il faudrait autant de rouages et même plus que pour la fabrication d'une montre, car s'il manque dans une montre un seul rouage, le mouvement ne fonctionnera plus.

« Le petit Edison trouva la solution de son problème : à lui seul, il fit son journal, sans argent et sans collaborateurs !

« Il adressa une lettre au président de l'Association syndicale des Informations télégraphiques, le priant de lui communiquer les conditions pour obtenir tous les renseignements politiques, statistiques, commerciaux et également les événements surpassant les faits ordinaires, aux différentes stations d'un train de New-York à Chicago. Le petit Edison se réserve le droit de communiquer tous les jours ces instructions.

« Peu après, Thomas Edison a son contrat en poche. Il se rend alors chez le directeur général de la ligne de New-York-Chicago-Détroit, et demande la permission de caser, dans un fourgon, une petite presse d'imprimeur.

« Le directeur, très intrigué, demande à notre ami :

« — A quoi cela doit-il servir ?

« — Je n'ai pas d'argent pour étudier, répond Edison, je vais en faire en publiant, sur un train en marche, un journal ; je le rédigerai moi-même, je le composerai, et je le vendrai !

« Le directeur du chemin de fer trouva l'idée originale ; il regarda longtemps le studieux enfant et lui accorda la permission.

« Mais le petit Edison est toujours là ; il ne fait pas mine de vouloir s'en aller.

« — Que désirez-vous encore, mon enfant?

« — Je suis reconnaissant de votre permission, Monsieur, mais vous savez que chaque journal vit de ses abonnés. Ne me ferez-vous pas l'honneur de devenir mon premier abonné?

« Le directeur rit aux éclats, et le petit Edison a son affaire dans le sac, et, en plus, un cadeau de son premier abonné.

« Edison se croyait plus riche que Rothschild lorsqu'il quitta le bureau du directeur.

« Il ne faut pas vous figurer que le journal de notre Edison était une publication dans le genre du *Times* ou du *Figaro* : c'était une modeste feuille d'un petit format. Elle se vendait cependant plus vite que les plus grands journaux de la capitale. Cela n'est pas surprenant : Edison trouvait, à chaque station, de nouvelles informations télégraphiques de l'Association de la presse de New-York et devançait, à l'âge de douze ans, comme informations, les puissantes feuilles de la capitale, et il imprimait, au besoin, plusieurs éditions par jour.

« Le petit Edison ne se donnait pas du tout la peine de faire le manuscrit de son journal; il était depuis longtemps écrit dans son cerveau. Il composait de mémoire et passait ensuite à la presse.

« Le célèbre savant m'a montré, sur ma demande, le premier numéro du journal qu'il a édité à l'âge de douze ans.

« Voyant que je désirais ardemment conserver cette si originale publication, il m'en a fait cadeau. Je la conserve comme une relique, souvenir de mon pèlerinage à Menlo-Park.

« Edison trouvait le moyen de gagner de l'argent sans faire de grandes dépenses : il n'avait pas de collaborateurs, pas de loyer, pas d'impression à payer. Donc, sans les frais considérables d'administration ou d'expédition, puisque c'était lui-même qui vendait son journal, l'enfant avait trouvé la solution d'un problème que personne n'aurait pu résoudre.

« Comme le journal du petit Edison n'existe plus nulle part, je vais vous communiquer un numéro de cette publication (œuvre ingénieuse d'une imagination d'enfant précoce), que je vais vous traduire en français.

« La première colonne du journal *The Grand Railroad Trunk* (*La grande Valise du chemin de fer*) est ainsi conçue :

« STATION RIDGEWAY.

« Un train *journalier* part tous les jours de Port-Huron ou Saint-Clair. Prix du billet, 75 cents. Un autre train va tous les jours de cette station à Utica-Roméo.

« Rose et Hurrell, propriétaires de la ligne.

« Nouvelle voie ferrée : Opposition, communiquant tous les jours entre Ridgeway et Burkes-Cor. Armand et Roméo. Départ tous les jours à l'arrivée du train de Détroit à Memphis.

« A. Quick, propriétaire.

« S.-A. FRINK, CAMIONNEUR.

« M. Frink est un des plus prudents camionneurs des États-Unis.

« (Suit le chiffre de Thomas Edison : Ed).

« Dans les magasins de l'entrepôt de la gare de Baltimore, j'ai vu, en allant à la rencontre d'un ami, quatre cents paniers de fleurs et cent cinquante cochons attendant leur embarquement pour Portland.

« NAISSANCES.

« Au buffet de Détroit-Jonction du Grand Trunk-Railroad, la femme d'un nommé A. Little a accouché d'une jolie fille.

« Nous allons agrandir notre journal dans quelques semaines.

« Dans quelques semaines, le nom de chacun de nos abonnés sera imprimé dans notre journal.

« Raison, justice et bienveillance n'ont jamais eu assez de force sur la terre pour influencer les conseillers des hommes.

« GRANDE AFFAIRE.

« Pour réparation des voitures et chars, s'adresser à M. V. Milliards, à New-Baltimore. Tous les ordres sont exécutés. Réparations spécialement soignées.

« Et ainsi de suite tout le long de cet étrange journal que je regrette de ne pouvoir reproduire en entier.

. . . .

« Cela vous donne quelque idée du travail de cet enfant de douze ans, enfant qui se trouvait jour et nuit dans un fourgon en marche, pour rédiger son journal, lequel doit lui procurer les moyens d'étudier !

« A ce moment, Edison faisait également les premiers essais de télégraphier au train roulant en employant pour cette expérience le courant d'induction.

« Voilà le travail d'un rédacteur âgé de douze ans, qui passait bientôt son examen pour entrer comme employé de première classe dans le ministère des télégraphes. »

Nous terminerons par la reproduction, d'après une traduction parue au *Figaro*, de l'article de la revue *The Nineteenth Century* qui raconte l'histoire du *Times*, le roi des journaux anglais. Certes, il n'y en a pas de plus glorieux pour la presse, et le journalisme peut être fier de cette magnifique création.

« Ce journal parut d'abord, pendant trois ans, sous le nom de *Daily Universal Register;* le 940e numéro annonça qu'il changeait ce titre pour celui de *The Times*, en 1788.

« A cette époque, un journal contenait quelques nouvelles politiques, plus ou moins authentiques, plusieurs paragraphes de nouvelles diverses, beaucoup de mauvais vers et quelques annonces.

« M. John Walter, le fondateur du *Times*, naquit en 1738 ; à dix-sept ans, il perdit son père, négociant en charbons, continua son commerce, s'enrichit rapidement et devint membre du Lloyd. En 1782, une flotte marchande, dans laquelle il avait de gros intérêts engagés, fut capturée par une escadre française : il perdit 2 millions.

« Cette même année, il fit la connaissance d'Henry Johnson, compositeur d'imprimerie, qui croyait avoir fait une découverte précieuse. Tous deux achetèrent un brevet pour l'impression par *logotypes*, c'est-à-dire par mots tout préparés, au lieu de lettres. M. Walter prit le local où John Bill avait fondé la *London Gazette*, en 1666, sur l'emplacement de l'ancien monastère des Pénitents Noirs. Le *Times* n'a jamais déménagé. Walter, plein d'enthousiasme et de persévérance, travailla avec acharnement, pour apprendre son nouveau métier; le résultat ne répondit pas à ses espérances, les « logotypes » prenaient trop de place et exigeaient trop de corrections; il fallut revenir aux caractères séparés.

« Le premier numéro du *Times* consistait en une feuille in-folio, dont la moitié environ était remplie par les annonces.

« Dans ce numéro se trouvaient, en une demi-colonne, cinq paragraphes de nouvelles étrangères, datées de Varsovie, Francfort, Constantinople, Paris et Rotterdam. Puis venaient les nouvelles de Londres, deux notices théâtrales sur *Hamlet* et *Henri IV*, de Shakespeare, et enfin les racontars plus ou moins scandaleux, que la presse quotidienne de Londres a bannis depuis.

« Le journal annonçait que, décidé à ne subir l'influence d'aucun parti ni le contrôle du pouvoir, il se préoccuperait uniquement de l'intérêt public. Le succès ne vint pas rapidement. En décembre 1789, Horace Walpole écrivait à la comtesse d'Ossory : « Avez-vous lu la belle pièce de vers de M. Cam-
« bridge, intitulée : *La Marche de la Liberté!* Ils ont paru mer-
« credi dernier, dans un journal appelé *Le Times*. »

« La rapidité des informations du *Times* était déjà extraordinaire pour cette époque : en 1788, on peut lire dans ses numéros des nouvelles étrangères de Rotterdam et de Paris paraissant le 1ᵉʳ août, en date du 25 juillet.

« M. Walter s'aperçut vite que la situation de directeur d'un journal avait son côté dangereux. En 1788, il fut condamné à 150 livres (3.750 fr.) d'amende, pour libelle contre lord Loughborough. En 1789, ce fut plus grave; il s'agissait des ducs d'York, de Gloucester et de Cumberland.

« Il avait osé dire que leur joie *apparente* du rétablissement de S. M. Georges III n'était pas *sincère*. Il fut condamné à payer 50 livres (1.250 fr.), à passer une heure au pilori de Charing-Cross, douze mois dans la prison de Newgate et à fournir caution pour sa bonne conduite, pendant sept ans, après sa sortie de prison ! C'était dur, mais ce ne fut pas tout. Pendant qu'il subissait sa peine, deux nouvelles accusations furent portées contre lui. Le prince de Galles et le duc d'York se plaignirent de ce qu'il avait représenté leur conduite comme méritant le juste mécontentement du Roi ; le duc de Clarence de ce qu'il l'avait accusé d'être rentré en Angleterre sans l'autorisation de l'amirauté, ou de son officier supérieur. Cette fois, l'amende fut de 200 livres (5.000 fr.), et l'on ajouta une seconde année de prison, à la première! Il ne faisait pas bon toucher à la famille royale, dans ce temps-là! M. Walter fut libéré au bout de seize mois, à la demande du prince de Galles. Heureusement ces condamnations pour libelle n'avaient rien d'infamant.

« Néanmoins, M. Walter faillit se décourager ; mais son fils le soutint, devint son associé et le remplaça en 1803. Il avait vingt-sept ans, une éducation universitaire brillante et une seconde éducation spéciale, en vue de la carrière qu'il entreprenait. Avec lui commença la prospérité du *Times* ; il le prit faible, menacé ; il le laissa le plus prospère et le plus puissant des journaux.

« Très intelligent, hardi, loyal, il réorganisa son état-major, s'efforça d'accélérer les procédés de publicité, de se procurer des informations rapides et sûres, abolit la réclame théâtrale payée et chercha les moyens d'assurer l'ascendant moral du journal.

« Un tirage de 4.000 passait alors pour très considérable. On avait crié au miracle lorsque Coleridge avait fait monter à 7.000 celui du *Morning-Post*. Chaque journal monopolisait un genre d'annonces. John Walter II (cette famille est une véritable dynastie) résolut de les attirer toutes.

« Jaloux de son indépendance, il montrait, dans le numéro du 11 février 1811, à quelles épreuves elle l'exposait. Il avait critiqué la conduite de lord Melville, l'un des membres du second ministère Pitt. Pour ce fait, on enleva à son père la situation d'imprimeur des douanes, qu'il occupait depuis dix-huit ans et le *Times* perdit toutes les annonces officielles. Le public attendait avec impatience des nouvelles de la guerre. M. Walter prenait des mesures pour en recevoir le plus promptement possible. C'était d'autant plus difficile, que les communications directes avec le continent se trouvaient interrompues. Le gouvernement frustra ses efforts par les mesures les plus illégales. Les employés des postes eurent ordre d'arrêter au passage tous les paquets de journaux qui lui seraient adressés. Il se plaignit. On lui répondit que s'il voulait accepter ces paquets comme *des faveurs* et *prouver* sa *reconnaissance*, il les recevrait exactement ; il refusa. On revint à la charge ; il refusa de nouveau. Alors, il résolut d'avoir un agent à lui et il créa le « Special Correspondant ».

« Henry Crabb Robinson fut le premier de ces hommes distingués, aussi connus dans le monde que les rédacteurs ordinaires du *Times* le sont peu ; on a pu l'égaler, on ne l'a pas surpassé. Il revenait d'Allemagne, après un long séjour, pendant lequel il s'était lié avec les hommes les plus éminents, Gœthe et Schiller entre autres, lorsqu'on lui offrit ce poste de correspondant. Il se fixa à Altona, jusqu'au traité de Tilsitt.

« Le journal, qui, au début, était au bas de l'échelle et tirait à *mille* exemplaires, prenait déjà un développement rapide, lorsqu'en 1810 une grève faillit tout compromettre. L'énergie de M. Walter le sauva. Prévenu le samedi, il rassembla quelques apprentis et ouvriers sans ouvrage, resta debout pendant trente-six heures et, le lundi matin, le *Times* parut comme à l'ordinaire. La lutte dura plusieurs mois, non sans danger ; il en sortit triomphant. Aussi actif qu'énergique, il faisait face à tout, même aux embarras les plus imprévus.

« Certain jour, en 1823, un exprès apporta de Paris le discours que le roi Louis-Philippe venait de prononcer aux Chambres. M. Walter, presque seul dans son bureau, envoya chercher des compositeurs et, en les attendant, se mit à traduire le discours, à le composer, avec l'aide d'un seul ouvrier, de sorte que tout était prêt pour l'impression lorsque les autres arrivèrent, et à une heure, paraissait la seconde édition du journal.

« On conçoit qu'un homme de cette trempe devait être à l'affût de toutes les découvertes, de tous les progrès. Le 29 novembre 1814, il entrait dans ses bureaux, à 10 heures du matin, tenant en main des feuilles tout humides et déclarait aux imprimeurs stupéfaits que le *Times* venait d'être imprimé *à la vapeur !* que s'ils avaient recours à la violence, la force armée était prête à les contenir, que si, au contraire, ils restaient calmes, leurs gages leurs seraient payés, jusqu'au jour où ils trouveraient du travail.

« La machine Kœnig tirait 1.100 exemplaires à l'heure. Aujourd'hui on en tire 15.000 ! Le papier imprimé chaque jour au *Times* pèse dix tonnes (10.000 kilos) et aurait en se déroulant 160 milles, autrement dit 212 kilomètres de long ! Sur chaque bobine de la machine Mac-Donald et Calverley (dite Walter) le papier enroulé a une longueur de cinq kilomètres ; en une demi-heure ce papier devient journal.

« Très admirée à l'exposition de Philadelphie en 1876, cette machine a été adoptée par le *New York Times*, comme la plus parfaite connue en ce genre ; inventée par le plus puissant journal du Vieux Monde, elle est la mieux adaptée aux besoins du plus influent journal du Monde, Nouveau ! La presse américaine Hœ coûtait 125.000 francs ; la presse Walter, très supérieure, n'en coûte que 75.000.

« Entre autres progrès introduits par M. Walter, est la machine-compositeur, qui réalise une énorme économie.

« Pour composer à la main huit pages de la feuille d'annonces, il en coûterait 1.090 francs ; les frais de la même composition, par la machine, ne se montent qu'à 367 fr. 50.

« Ce procédé n'a pu être adopté par les autres journaux ; l'Union des imprimeurs s'y est opposée. Mais depuis 1810, le *Times* a résolu d'être maître chez lui et ne craint aucune *Trade-Union*. Faisant allusion, le 11 février 1842, à la Société des pensions pour les imprimeurs, il disait : « Personne chez nous ne « fait partie de cette société ; il n'est pas un de nos employés qui « ne soit suffisamment rétribué pour s'assurer, s'il se conduit « bien, contre les accidents de la vie et l'inaction de la vieillesse ».

« M. Walter II mourut en 1847, à soixante-douze ans ; sa grande réputation l'avait fait entrer à la Chambre des Communes, d'abord comme représentant du comté de Berk, puis de Nottingham. Il laissait une fortune considérable, outre des terres, sa part dans le *Times*, la part du lion, et le local du journal. Son fils, M. Walter III, à l'âge de vingt-six ans, hérita de tout, y compris une énorme responsabilité qui néanmoins ne lui parut pas trop lourde. Ce fut sous son administration que l'outillage prit un développement prodigieux.

« Trois hommes de cette supériorité dans la même famille ! C'est à faire envie aux royautés ! »

Vous le voyez, lancer un journal nouveau, oh ! rien de plus facile, rien de plus simple, à condition de savoir cheminer à travers un lacis inextricable de démarches, de marches et de contremarches qui, souvent, n'ont rien de commun avec la ligne droite, ce plus court chemin d'un point à un autre ! Commencé et achevé généralement sans illusion aucune, votre travail se trouve, dès le commencement, hérissé par un tas d'obstacles soudains, imprévus, un amas grouillant de petites misères auprès desquelles danser sur un sol jonché de tessons de bouteille semblerait un divertissement. Je viens d'y passer, pour la cinquième fois, moi qui vous écris, et j'en boite encore. *Courrier d'Asnières*, *Étendard*, *Hebdomadaire*, *Qui-vive*, qu'êtes-vous devenus, chers souvenirs, aimables péchés de prime jeunesse ? Seuls d'entre vous *L'Étendard* fleurit encore et *Le Siècle Nouveau* n'est pas encore né !

Ce premier numéro, que l'indifférent parcourt en dix minutes, qu'on lit en une heure, cela ne paraît pas un instrument de torture bien terrible, n'est-ce pas ? Cela suffit, pourtant, pour que six semaines durant, on ait la sensation d'être plongé dans l'eau bouillante pendant toute la journée et qu'on soit en proie à l'insomnie toute la nuit.

Il semble, pour l'homme qui lance un nouveau journal, qu'un ouvrier surnaturel s'acharne contre son œuvre du matin au soir et du soir au matin, s'étudiant à lui jeter des bâtons dans les jambes, et ce qui est pis, c'est qu'il est impossible la plupart du temps au malheureux lanceur de journal de découvrir quelle est la main qui jette ces bâtons, qui à chaque instant crée des obstacles dans l'organisation des bureaux, la fourniture du papier, l'installation des machines à imprimer, la rédaction, tout, tout sans exception. Le cri spontané, le gémissement perpétuel du malheureux fondateur est : Le diable s'en mêle pour sûr ! et quand, à force de crier, il est devenu aphone, il lui reste la consolation de pouvoir rêver patiemment au repos qu'il aura enfin... quand il sera dans la tombe. Toutes ces misères et d'autres encore, il les faut supporter, mais combien, combien nombreuses elles sont, petites et grandes !

CHAPITRE VII

Le présent et l'avenir de la presse. — L'art de faire un journal se transforme tous les dix ans. — Achat et vente de produits littéraires, gros et détail. — A l'Agence Havas. — Pénurie d'idées neuves. — Ce que l'on peut obtenir rien qu'en changeant la forme des journaux. — Le journal breveté. — 87 éditions par jour. — 160.000 exemplaires à l'heure. — Les nouvelles locales de la ville de Paris. — Utilité de la démocratisation de l'annonce. — Une douzaine de principes généraux. — Le journal idéal. — Le salon directorial. — Pour l'expansion coloniale. — Le publiciste, porte-parole des silencieux. — Parallèle entre le livre et le journal.

L'art de faire un journal se transforme tous les dix ans, a déjà dit le directeur d'un grand et puissant journal américain. Cette parole n'a été que trop justifiée par les événements. Depuis 1885 une révolution s'est opérée dans la presse, mais les plus chauds partisans de la civilisation, du progrès et du nouveau sont forcés d'avouer que les innovations que certains de nos journaux ont cru devoir importer d'Amérique sont loin de constituer un progrès.

A l'instar de la presse américaine, on a commencé de donner, dans le journal, aux faits les plus insignifiants l'importance la plus démesurée. Des faits dont aucun journal n'aurait cru utile de parler, il y a dix ans, à cause de leur extrême banalité, occupent aujourd'hui dans les colonnes de certains de nos quotidiens une place première, considérable. Tel accident de voiture, qu'autrefois on n'aurait même pas mentionné ou qu'on eût raconté en trois lignes, fournit aujourd'hui un article tout entier. Remarquez quelle importance démesurée prend le moindre fait. Des centaines de journaux publient à la fois cet article ; ils le commentent, l'amplifient. Et pendant une semaine souvent, il n'est pas question d'autre chose : ce sont chaque matin de nouveaux détails : les colonnes s'emplissent, chaque feuille tâche de pousser au tirage, s'évertuant à satisfaire davantage la curiosité de ses lecteurs. Le procédé que l'on emploie d'habitude pour grossir l'importance d'une nouvelle se réduit à des artifices typographiques, et il suffit de multiplier titres, sous-titres, alinéas et passages en gros caractères pour que quelques infiltrations d'eau, venues de la rivière voisine, à travers les murs lézardés d'une cave, prennent les proportions d'une inondation, et qu'une brouette renversée devienne une catastrophe comparable à un déraillement de chemin de fer. Une armée de reporters se tient en faction dans les gares, s'embusque jusque dans les corridors d'hôtel ou se faufile dans les clubs à la mode, et à défaut de personnages célèbres, interroge à outrance, avec rage, de malheureux excursionnistes à peine connus de l'agence Cook. Le même système de grossissement est appliqué aux dépêches, et de partout arrivent des télégrammes qui transforment le plus vulgaire fait-divers en un drame tout hérissé d'émouvantes péripéties. Quel est le fauteur de ces niaiseries ainsi produites et qui sont si nuisibles à l'ordre et à la marche du journal? est-ce le journal? est-ce le public qui le lui demande? Ils s'enfièvrent mutuellement, voilà ce qui reste de plus clair. On pourrait peut-être faire mieux.

Nous voici en 1897. Dix ans se sont écoulés depuis la dernière transformation ; nous sommes en retard d'un an et il serait peut-être temps, pour obéir à la règle, de songer à quelque chose de nouveau, surtout s'il y a réel progrès à l'adopter. Ce n'est que temps en vérité. En attendant que le perfectionnement désiré et si désirable ait été trouvé chez nous-mêmes, ce qui pourrait bien arriver, ou encore, en attendant que la lumière à ce sujet nous soit venue du Nord... ou de l'Ouest, voyons ce qui en ce moment se passe en Amérique.

Autrefois, c'était de la capitale du brouillard que venait la lumière, maintenant il est entendu que c'est de la patrie d'Édison qu'elle doit luire.

Que voyons-nous donc en ce moment en Amérique, ce pays du neuf? Les journaux de Boston, de Philadelphie, de

Washington et de Baltimore, non contents de leurs 34 pages de supplément (dont la moitié, oyez, — administrateurs de journaux, — est affectée aux annonces), de leurs trains spéciaux, de leurs bateaux à vapeur et, dans certains cas, de services spéciaux d'estafettes, se sont syndiqués pour publier simultanément les mêmes articles dans leurs suppléments. C'est ici que le génie commercial des Américains apparaît dans toute sa splendeur et son originalité.

Ils en sont arrivés à faire de la production littéraire une marchandise comme une autre, qui s'achète en gros et se revend au détail. Les écrivains désireux de placer des romans, des correspondances, des nouvelles, des études scientifiques, des travaux sur les sujets les plus variés, les apportent à de grandes maisons qui font ce genre de commerce et tiennent des assortiments complets d'articles à la disposition des journaux des villes secondaires des États-Unis.

Il va de soi que les propriétaires de ces journaux doivent prendre l'engagement de ne pas publier avant telle ou telle date les articles fournis de la sorte, afin de laisser au directeur de l'agence le temps de revendre la même marchandise à d'autres acheteurs. Grâce à cette combinaison, les mêmes matières paraissent simultanément dans les suppléments du dimanche d'une dizaine ou d'une vingtaine de feuilles de second ordre. Cet ingénieux système ne permet pas, sans doute, à la presse des villes de moyenne importance de rivaliser avec les grandes publications mensuelles, telles que le *North American Review*, le *Forum*, l'*Atlantic Monthly*, le *Century* et le *Harper's Magazine*, mais il n'en a pas moins fait déjà un certain tort aux grands journaux de New-York.

L'Agence Havas, cet organe de publicité si puissant, qui trouve déjà le moyen d'expédier tous les soirs à ses abonnés un cliché de six colonnes des dernières nouvelles du jour jusqu'à 6 h. $\frac{1}{2}$, le compte rendu complet de la Chambre et du Sénat et qui en fait autant pour les feuilletons, pourrait peut-être, quoique avec un horizon moindre devant elle, se créer de nouveaux débouchés, à l'aide de cette nouvelle importation.

Quelque étrange que cela puisse paraître, mon opinion est

qu'à Paris il y a place pour au moins trois ou quatre journaux en plus de ceux qui y vivent ou y végètent actuellement. Je pourrais en dire autant de chacun de nos chefs-lieux de départements, tout au moins de chacune de nos provinces, le Lyonnais, le Bordelais, l'Angoumois, etc., etc. On peut lancer, je le répète, à Paris ou par province, avec toutes chances de succès, basé sur le principe breveté que je vais exposer tout à l'heure, un journal gratuit, un journal à un sou et un autre à 10 ou 15 centimes et d'autres encore, peut-être. Une chose des plus remarquables, dans le développement de notre civilisation, c'est l'immobilité que l'on peut constater dans certaines catégories de journaux. La population de la capitale s'augmente tous les jours, si, en revanche, celle des départements diminue; les écoles se multiplient; on crée de nouvelles revues; chaque mois presque, on invente un hebdomadaire nouveau ou soi-disant tel, et, malgré toute cette activité déployée pour faire face aux besoins intellectuels et *progressistes* de notre époque, si avide de neuf, personne, pourtant, depuis un certain nombre d'années, n'a tenté de fonder un journal nouveau. Par journal nouveau, j'entends, bien entendu, un journal portant l'estampille du progrès et non le stigmate de la routine dans laquelle agonise à l'heure qu'il est, notre presse presque tout entière. Le défunt *Quotidien illustré*, ce *Daily Graphic* français, fondé en ces dernières années, seul, pourrait faire exception à la règle.

En somme, il est peut-être exagéré d'affirmer qu'aucun journal nouveau n'a été fondé dans ces dernières années, puisque plusieurs nouvelles feuilles, consacrées à de nouveaux sports, à de nouveaux jeux de Bourse, etc., ont été non seulement créées, mais même ont trouvé le moyen d'assurer leur existence. Ce sont des exceptions, sans aucun doute, mais elles ne font que confirmer la règle. Ces organes spéciaux sont-ils dignes de recevoir le nom de journaux? En dépit de l'état stationnaire, bientôt rétrograde, hélas! de notre population, il doit y avoir actuellement, sans exagérer, au moins vingt fois plus de gens en France sachant lire qu'à l'époque, par exemple, où fut fondée la vénérable *Gazette de France*? Non seulement la population parisienne a considérablement augmenté, mais la proportion de personnes ayant reçu une certaine instruction s'est au moins décuplée, et les lois éducatrices ont, pour ainsi dire, fait surgir un nouveau public de lecteurs, très ami du progrès et, je pourrais ajouter aussi, de l'extrême bon marché.

Ce n'est pas tout. Pendant les vingt dernières années, on a enfin découvert que les femmes peuvent s'intéresser, au cours de leur lecture du journal, à autre chose qu'aux naissances, aux mariages, aux décès et au feuilleton. Nous nous trouvons donc placés devant l'étrange phénomène suivant : une nombreuse population de lecteurs, au moins trois fois plus considérable qu'elle ne l'était jadis, cherchant, réclamant du neuf et pas de quotidien nouveau à lui mettre sous la dent, sauf peut-être ce *Quotidien illustré*, déjà trépassé après une trop courte existence.

Me soutiendra-t-on, pour ne citer qu'un seul exemple, que la forme présente de nos journaux, leur contexture, leur mise en pages sont bien en accord avec les goûts, les besoins de l'époque? Non sans doute, le moule de la presse est fendu, usé, et à tout prix il faut du neuf, de l'inédit.

Nous discuterons maintenant les chances de succès que pourraient avoir les différents genres de journaux dont je préconisais tout à l'heure la publication. L'un d'eux, vous le connaissez déjà, c'est le journal ordinaire, l'autre sera le journal idéal, ou du moins, ce que nous pourrions, peut-être avec quelque droit, considérer comme tel.

Commençons par le journal qui n'est pas idéal.

Je l'ai déjà dit, il faudra faire nouveau. Ce nouveau, un nouveau qui ne serait pas de l'impossible et aurait un caractère de vraie utilité, n'est peut-être pas si difficile à trouver qu'on le pourrait croire. Voyons ce que de simples perfectionnements dans la forme, le pliage et la fermeture des journaux pourraient déjà nous donner.

Nous trouverons peut-être dans ces changements, tout infimes qu'ils soient, le moyen de lutter victorieusement, d'une part contre les conséquences du *marbre*, ce fléau du publiciste, et de l'autre, — sans parler de nouvelles ressources d'information complète et rapide, — contre les résultats de la corruption exercée sur l'esprit des jeunes par ces comptes rendus des tribunaux, des cours d'assises que publie la presse, et dont, à ce jour, elle n'a pu se débarrasser.

Obtenons seulement ce petit résultat, et nous aurons rendu ainsi un véritable service et à la presse en général, à ses lecteurs, à ses lectrices, et au jeune âge.

Notre nouveau journal, donc, sera muni d'allonges ou volets (voir fig. 1 et 2) qui, cela va sans dire, différeront totalement des suppléments collés ou autres qui existent actuellement. Ces volets pourront être, la dimension de la première feuille restant invariable, une simple continuation par le haut, par le côté ou par le bas, de la 2ᵉ feuille, ou de toute autre feuille. Le journal sera ainsi rendu susceptible d'être augmenté dans sa surface, et cela, sans changement dans le format de la 1ʳᵉ feuille, d'un quart, d'une demie, de trois quarts de feuille, d'un ou deux centimètres au besoin.

A quoi cela servira-t-il, allez-vous me dire?

Cette facilité d'augmentation de format pour la 2ᵉ feuille permettra : 1° de répondre à un surcroît de matière intéressante à imprimer.

Ces matières, avec les moyens actuellement en usage, on est obligé, ou bien de ne pas les publier ou tout au moins de les remettre à une date ultérieure, parce que, la place manquant dans le numéro du jour, on se refuse, naturellement pour un léger excédent, à ajouter aux frais de la composition du numéro ceux de l'addition d'une feuille imprimée tout entière. On augmentera dans ce but, et seulement de la proportion exacte que l'on voudra, petite ou grande, d'un centimètre au besoin, la surface de certaines feuilles, sans être obligé d'augmenter aussi, de ce fait, comme à présent, celles de toutes les autres feuilles du journal. Le *marbre* et ses désastreux effets se trouveront supprimés.

2° Un journal de la capitale aussi bien qu'un organe régional pourront soutenir la concurrence que leur font sur ce point les feuilles locales, trouvant ainsi un excellent moyen, à l'aide de ces allonges imprimées ou simplement collées en cours de route dans des wagons-ateliers spéciaux, ou encore, à mesure que par les moyens ordinaires ils arrivent dans les

Fig. 1.

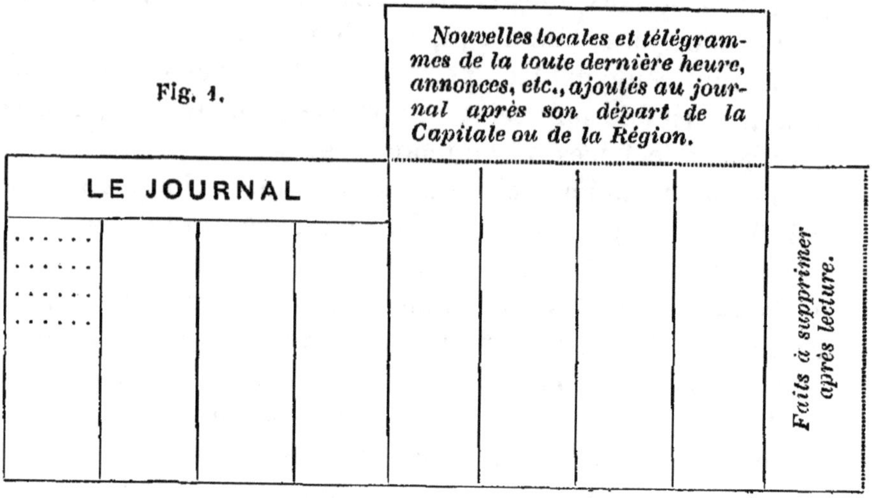

LE JOURNAL

Nouvelles locales et télégrammes de la toute dernière heure, annonces, etc., ajoutés au journal après son départ de la Capitale ou de la Région.

Faits à supprimer après lecture.

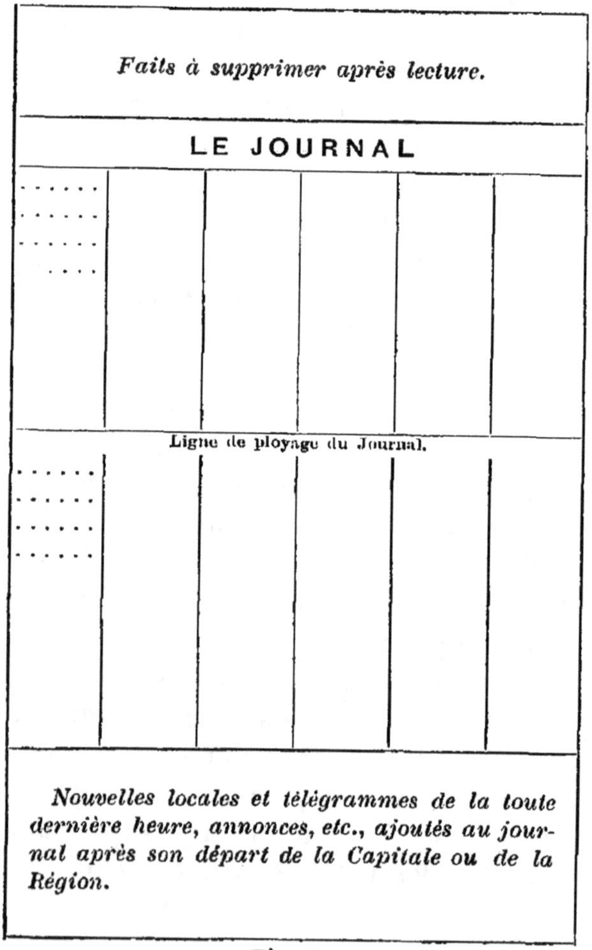

Faits à supprimer après lecture.

LE JOURNAL

Ligne de ployage du Journal.

Nouvelles locales et télégrammes de la toute dernière heure, annonces, etc., ajoutés au journal après son départ de la Capitale ou de la Région.

Fig. 2.

localités les plus importantes, d'être complétés dans des imprimeries succursales avec les nouvelles de l'endroit, les tout derniers télégrammes de la capitale, et aussi, au besoin, avec des annonces prises sur place, imprimées d'avance dans ces allonges, et cela, jusqu'à la dernière heure, celle de la distribution aux abonnés ou aux acheteurs au numéro.

De cette façon le journal de la capitale pourra se garantir une avance marquée sur ses confrères régionaux ou locaux, qui, eux, se trouveront immobilisés dès qu'aura commencé le tirage du numéro du jour.

Enfin : 3° pour répondre au désir si général, si souvent exprimé et si accentué qui existe dans les familles, de ne pas voir les femmes, les jeunes filles, les enfants exposés, ainsi qu'ils le sont, à la corruption exercée sur leur esprit par les comptes rendus des tribunaux, des cours d'assises, etc., etc., etc., on pourra, dans la composition du journal, placer ces parties essentielles d'une feuille complète et bien informée et qui intéresseront toujours certains lecteurs, dans une ou deux de ces allonges ou volets. Munis de perforations *ad hoc*, ces volets seront facilement détachables du journal. De cette façon, ces allonges ou volets et leur contenu pourront être expurgés par le père ou par la mère de famille, après lecture, sans que la feuille porte aucune lacération, aucune trace de coupure, ou dans son aspect intérieur ou extérieur aucune trace visible de la suppression de cette littérature des plus dangereuses mais souvent pleine de tentations pour la jeunesse.

Me suis-je suffisamment expliqué? Je me résume. Ce nouveau genre de journal, on le voit, diffère déjà de ceux qui existent en ce sens qu'il peut être augmenté, selon les besoins, d'une, de deux, ou de plusieurs allonges, de quelque dimension que l'on puisse désirer, d'une façon générale : 1° d'une allonge qu'il aura emportée à son départ de la capitale, à lui adhérente et qui renfermera ces faits d'une nature dangereuse que le lecteur, père de famille, pourra supprimer après lecture, si bon lui semble.

2° D'une deuxième allonge, laquelle, composée et imprimée d'avance dans une ville quelconque, et renfermant des nouvelles régionales ou locales, des annonces recueillies sur place, des télégrammes de Paris de la toute dernière heure, ne lui sera ajoutée qu'à l'arrivée du journal dans une région déterminée ou au besoin, en cours de route, dans des wagons-ateliers spéciaux et pourra constituer, chaque fois que cette opération aura eu lieu, une édition nouvelle.

Ces allonges, est-il nécessaire de le répéter, ne ressembleront en rien aux suppléments collés dans la marge intérieure du journal dont on fait actuellement usage et qui nous forcent, — que cela soit nécessaire ou non, — à donner à ce supplément le format entier du journal, ou encore à des encartages d'une feuille volante qui, ne tardant pas à se perdre, sont, à cause de cela, sans valeur pour la publicité.

La bande d'adresse en ce moment employée, par sa nature fragile et ses ruptures fréquentes, cause de la non-arrivée à destination de nombreux journaux confiés à la poste, pourrait être supprimée : une nouvelle fermeture, obtenue, entre autres moyens, à l'aide de la machine à piquer qui constituerait une économie de temps et d'argent, et qu'on pourrait combiner avec un nouveau mode de pliage, permettrait, tout en donnant satisfaction aux règlements de la poste :

1° De rendre invisible, si l'on veut, le titre du journal expédié à l'abonné ;

2° D'empêcher qui que ce soit, domestiques concierges ou autres, de lire le journal avant la personne à qui il est adressé, sans laisser des traces visibles et irréparables de l'indiscrétion commise ;

3° De faire payer beaucoup plus cher une partie des annonces qui se trouveront sur la dernière page du journal, à cause de la place privilégiée au point de vue de la publicité qu'elles occuperont autour de l'adresse de l'abonné ;

4° D'empêcher que le vendeur de journaux, ainsi que cela se pratique partout, puisse vendre et revendre ou donner en location à plusieurs personnes, les unes après les autres et sans leur assentiment, sans leur complicité, le même exemplaire d'un journal quelconque, procédés qui constituent une grande perte pour l'industrie de la presse et sont souvent une cause de contagion.

L'adresse de l'abonné pourra être placée aussi sur la première page, en marge du titre du journal. Contenue dans un réservoir faisant partie de la machine à piquer, une nouvelle adresse se trouvera appliquée et collée automatiquement chaque fois qu'une nouvelle fermeture aura été opérée.

Laissant de côté, pour l'instant, cette fermeture nouvelle, à la portée de tous journaux, revues et publications, sans exceptions, je considère que dans une seule et même capitale, dans une seule et même ville importante, trois genres de journaux différents pourraient innover, avec avantage, les autres petits perfectionnements que je décrivais tout à l'heure, et cela sans se nuire l'un à l'autre, par suite des différentes catégories de lecteurs auxquels ils s'adressent : le journal à 10 ou à 15 centimes le numéro, le journal à 5 centimes, le journal gratuit, le journal hebdomadaire, sans parler, bien entendu, des journaux d'opinions diverses qui sont légion, etc., etc.

Le journal qui adoptera ce système de volet, pourra, je crois, se lancer *économiquement* avec 6 ou 8 éditions par jour. Plus tard, lorsqu'il aura fait sa trouée, il pourrait avoir 15, 30, 60, 87 éditions au besoin, autant qu'il y a de chefs-lieux en France. Il pourrait peut-être, dans l'avenir, se payer 12 ou 15 éditions de plus, une par capitale ou ville importante de l'Europe ; mais arrêtons-nous dans cette voie qui nous conduirait à l'exagération, si ce n'est pas fait déjà.

Un autre avantage important qu'aurait un de ces changements de forme, avantage sur lequel il n'est pas besoin d'insister, c'est celui de permettre de tirer, à l'heure, double quantité d'exemplaires. La machine qui auparavant tirait 60 ou 80.000 pourra tirer à 120 ou à 160.000 !

Actuellement, tous les journaux sans exception, même ces Léviathans, *Le Times*, *Le New-York Herald*, sont immobilisés, inertes, vides de nouvelles, depuis le moment où ils quittent les bureaux ou les presses, prêts à être expédiés, jusqu'au moment où ils sont vendus ; souvent cette inertie dure douze, quatorze heures. Le nouveau journal, lui, continuera de s'enrichir, même en route, des nouvelles et télégrammes de la dernière heure. A mesure qu'il arrivera dans certains centres que leur importance, leur rayonnement lui aura fait choisir, et qui sont naturellement nos plus grandes villes de province, on lui ajoutera des allonges pleines des récits des derniers événements, composées et tirées d'avance, entremêlées, même, d'annonces recueillies dans ces centres, et dont le produit couvrira amplement les frais supplémentaires amenés par l'adoption de ce système, en attendant que l'affluence des abonnés, des lecteurs, se soit chargée de ce soin.

On peut, je crois, avancer sans crainte, qu'un journal gratuit ou autre, publié à Paris, qui aurait la même circulation en proportion de la population de la capitale que celle qu'ont chez eux certains journaux de province, de nous connus, serait une opération plus que profitable. Mais la création de cette feuille s'est heurtée jusqu'à ce jour à une difficulté très grande : le manque de place. En effet, plus la population à laquelle vous vous adressez par le journal est nombreuse, plus les nouvelles locales dont vous devrez remplir vos colonnes le seront aussi, et, sans nouvelles locales, est-il besoin de l'ajouter, aucun journal, en dehors de Paris, ne saurait vivre. Mais Paris est si grand et les nouvelles locales s'y accumulent à un tel point qu'il n'y en a pour ainsi dire pas. Aussi, pas un de nos journaux de Paris ne s'aventurerait à publier les nouvelles locales complètes de la capitale, non pas même *Le Temps*. Les journaux du matin de Lyon ou de Marseille consacrent, quelquefois, une page entière au compte rendu d'une réunion de la municipalité d'une population qui n'atteint même pas le cinquième de celle de Paris. Il en résulte que l'établissement, dans la capitale, avec les ressources que nous possédons, d'un quotidien sur les mêmes bases qu'un quotidien régional ou local, ne pourrait que conduire à de graves erreurs. La presse de province vit de la nouvelle locale. Le quotidien de Paris en serait étouffé, noyé jusqu'à mourir, s'il tentait de suivre la même voie, même de loin. Mon système d'allonges permettra peut-être de faire mieux à l'avenir.

Une autre difficulté qu'aura à combattre la nouvelle feuille, si elle est gratuite, c'est la haine, l'antagonisme inévitable que s'attirera chez les vendeurs de journaux et tutti quanti, ce journal qui ne rapporte rien ou peu s'en faut.

Ces marchands, comme tous autres d'ailleurs, préfèrent avoir quatre sous en vendant quinze journaux à cinq centimes, que de ne rien gagner, ou à peu près, avec quinze journaux gratuits. Il ne leur est presque pas plus difficile de vendre une feuille à cinq centimes que d'en distribuer une autre qui ne coûte rien ou presque rien; or, si substitution il y a, du coup c'est 50, 60, 90 % de perte dans les bénéfices. On peut donc conclure d'avance qu'un nouveau journal, s'il est gratuit, devra compter sérieusement avec l'opposition latente des vendeurs de journaux, depuis les gros marchands de la rue du Croissant et autres lieux jusqu'au simple camelot.

Or, si ce journal tient à réussir quand même, la condition première pour arriver à ce bienheureux résultat, sera de prendre des mesures spéciales pour assurer sa distribution. C'est là, nul doute, une des grosses difficultés qui se présentent au début, surtout quand on en a tant d'autres à surmonter. Si, en effet, c'est un journal à cinq ou à dix centimes que vous lancez, vous avez à votre portée tous les moyens de distribution. Si c'est une feuille gratuite, il vous faudra non seulement créer votre journal, mais aussi les moyens de le faire parvenir aux lecteurs. Je vous proposerais bien un nouveau moyen d'obtenir ce résultat, mais je vous demande à le garder pour moi.

Les conditions dans lesquelles un journal du matin, gratuit ou autre, doit être établi de manière à rapporter une publicité rémunératrice, — c'est-à-dire à donner une circulation minima de 300.000 exemplaires par jour, — ne sont cependant pas bien difficiles à établir. Avant tout, il s'agira de tâcher de faire ce qui n'a pas encore été réalisé en France. Il faudra démocratiser sérieusement l'annonce. En Amérique, un journal bon marché, un journal gratuit, peut compter sur des annonces. En France, il ne le peut que difficilement. Il en est ainsi actuellement, à part une ou deux grosses exceptions trop connues pour les citer. En ce bon pays de France, celui qui fait usage de l'annonce, c'est surtout le capitaliste qui s'adresse à une élite riche et restreinte. C'est précisément pour cela que, chez nous, c'est un journal du matin à tirage moyen malgré son importance et à cause, sans doute, de son prix élevé, qui, chaque jour a le plus d'annonces. A quoi bon annoncer dans ce journal bon marché, entendez-vous dire souvent? « Il n'y a pas un seul de ses lecteurs qui ait dans la poche, même une pièce suisse assise, à dépenser pour l'achat que vous lui mettez à grands frais sous les yeux. Et pourtant, chaque artisan, chaque ouvrier, chaque petit employé, peut, par l'intermédiaire de ce journal, devenir le client de cet annoncier ou de celui-là. C'est une chose que depuis longtemps on a découverte en Amérique, mais en France c'est encore à trouver. Chez nous, le commerçant qui fournit aux besoins du travailleur, généralement, fait peu ou pas de publicité. Il ne sait pas encore qu'il y a une fortune à gagner dans l'exploitation de ce seul filon. Quand cette grande vérité sera devenue évidente, nous aurons des journaux gratuits et à en *revendre*. Car il ne faut pas oublier que « pas d'annonces, pas de journal » est aussi vrai que « pas d'argent, pas de Suisse », fût-il assis ! et même plus vrai encore.

Supposons donc que nous avons organisé la distribution de notre quotidien et démocratisé notre page d'annonces, quel genre de feuille devra être notre nouveau journal ?

Je ne pense pas que personne, de prime abord tout au moins, voulant nous aider dans la solution du problème, songerait à proposer l'établissement d'un journal gratuit qui serait d'un format supérieur à celui de *L'Intransigeant*? La première décision importante à prendre porterait sur le choix des rubriques que devra contenir le sommaire, et, après avoir décidé l'exclusion de tout vulgaire remplissage, il nous resterait encore un grand nombre de questions à résoudre, à savoir, si oui ou non il serait possible de refuser, dès le début, l'hospitalité de nos colonnes à certains sujets, tels que les Courses, la Bourse, le compte rendu des Tribunaux, celui des séances des Chambres et autres choses semblables. Il y aurait aussi à traiter, il ne faut pas l'oublier, au profit de cette feuille moderne, la question des dessins, celle des articles de fonds, celle de la correspondance étrangère, etc., etc. Il est évident que ces éléments, bons ou mauvais, ne peuvent tous entrer dans un même numéro de journal. La solution pratique serait de trouver ce que l'on pourra, sans inconvénients, laisser de côté. Quiconque publie un journal du genre dont il est ici question, doit régler ces choses par lui-même ; mais si la tâche venait à lui sembler trop lourde, il pourrait se laisser guider, je crois, par certains principes généraux très simples, que nous allons très sommairement établir ainsi que suit :

1° Laissez de côté tout ce qui n'est pas intéressant ou du moins assez important pour être intéressant. Appliquez tous vos soins à la recherche des nouvelles. Elles intéressent, en France, un public de plus en plus nombreux. Les gens n'achètent plus les journaux pour connaître l'opinion du rédacteur en chef ou de l'écrivain politique sur telle ou telle question particulière, dans le but de s'instruire ou de recevoir des conseils, mais bien pour être tenus au courant des événements. Efforcez-vous donc de donner des informations rapides et complètes en plus grand nombre possible.

2° Ne manquez pas de parler de tout ce qui vous aurait frappé la mémoire, en lisant une autre feuille, au point de vous vous en souvenir parfaitement dix minutes après avoir mis cette feuille de côté.

3° Faites un sommaire aussi complet et alerte que possible, des nouvelles du jour. Que cette rubrique, et contrairement à ce qui se fait généralement en France, soit le trait caractéristique, invariable, de votre journal.

4° N'oubliez pas que tous les journaux qui ont réussi dans ces dernières années ont dû le plus gros de leur succès à ce fait que, d'une façon générale, ils n'ont jamais hésité à donner la préférence à une histoire intéressante, vieille d'une semaine, sur des nouvelles dont la seule importance était leur actualité et le fait d'avoir été télégraphiées le jour même par fil spécial.

5° Sachez intéresser la femme et aussi les enfants. Au point de vue de la publicité, la femme et même l'enfant sont un précieux appoint. Les quotidiens ordinaires touchent rarement le côté domestique de la vie.

6° Publiez tous les deux jours quelque courte et palpitante nouvelle, et si c'est possible, une ballade, ou un poème sur un sujet d'actualité.

7° Ayez tous les jours, en tête de votre journal ou ailleurs, sur un fait d'actualité, un article qui puisse être comparé avantageusement avec les meilleurs articles du *Temps* et de quelques autres rares journaux.

8° Ne publiez pas de dessin, dans le seul et unique but de dire que votre journal est illustré, mais ne négligez jamais, pourtant, de vous servir de la gravure quand elle peut éclairer votre texte.

9° Consacrez à l'économie sociale ou à la rectification d'abus criants l'espace que vous auriez peut-être assigné à la chronique financière ou aux potins de ces « dames ».

10° Supprimez, aussi souvent que vous le pourrez faire, la chronique rabâcheuse et remplacez-la.... avantageusement, par des articles documentés, s'alimentant à toutes les sources des connaissances humaines, faisant l'historique *désintéressé* de toutes les nouvelles inventions et conceptions ayant rapport à la science, à l'art et à l'industrie.

11° Ne laissez jamais passer une innovation, un progrès quelconque dans le journalisme, sans l'étudier et l'appliquer de suite à votre feuille, pour peu qu'il y ait utilité pratique à l'adopter. Ne soyez pas routinier.

12° Faites enfin de votre journal une tribune ouverte en permanence à toute théorie neuve, à tout effort sincère ayant pour mobile une pensée généreuse, ayant pour but un progrès humain.

Il serait aisé d'écrire un traité basé sur cette douzaine de principes.

En résumé, soyez vivant, alerte ; sympathisez avec tout ce qui vit ; n'excluez rien, excepté peut-être ce qui est gangrené à fond.

Attaquez ce qui est injuste, mais laissez entrevoir votre foi positive, palpable et évidente derrière vos critiques négatives.

Jusqu'ici, les journaux quotidiens, en général, ont traité les questions économiques et financières un peu comme un aveugle les couleurs, c'est-à-dire avec une compétence fortement contestable, encore mise en relief par une sollicitude trop évidente pour certains intérêts particuliers.

Un nouveau quotidien qui suivrait réellement la grande politique féconde des intérêts généraux, et non la politique bornée et stérile de cochers et de personnes ; une feuille qui aurait une rédaction vraiment compétente et autorisée dans toutes les matières industrielles, commerciales, agricoles, économiques et financières qui alimentent et vivifient l'activité humaine et, pacifiquement, accroissent la prospérité et la grandeur d'un pays, — ce journal manque encore quoi qu'on en dise, dans la presse française; il fait défaut aux intérêts généraux.

Je crois qu'il est impossible de nier qu'un journal gratuit ou à un sou, ou à deux sous, contenant six pages, basé sur les principes que j'ai établis plus haut, agrémenté d'un sommaire bien fait des nouvelles du jour, d'un article de fond bien écrit, d'une nouvelle intéressante et pas trop longue, etc., devrait obtenir un succès marqué. Ce journal ne prendra peut-être la place d'aucun autre journal, y compris celle de certains lourds, — lourds à déplacer, — quotidiens que nous connaissons. Ils continueraient sans doute d'exister comme par le passé, les pesants concurrents, mais ce journal nouveau aurait de grandes chances de se créer un public à part, en éveillant de nouvelles couches de lecteurs, amis du neuf, amis de l'information vraiment complète et rapide et ennemis de l'immoralité. C'est sur ces bases que j'essayerai de fonder, peut-être à une date prochaine, le *Siècle Nouveau*.

Nous parlerons maintenant du journal idéal. Il y a place, largement place aussi pour ce journal. Mais je n'ai pas la prétention, en ce moment du moins, de démontrer que ce journal pourrait être considéré comme un placement avantageux pour un capitaliste ami des dividendes. Il se pourrait qu'il fasse de l'argent, ce quotidien. Mais le capital qui servira à sa création devra provenir d'une source autre que la spéculation, que le désir de produire du dix pour cent.

Je sais que, pour l'homme pratique ordinaire, celui qui se vante à tout propos de ne pas voir en affaires plus loin que le bout de son pauvre nez, il peut y avoir quelque chose de vraiment fantastique dans l'assertion suivante, que cependant je n'éprouve aucune hésitation à émettre. Vienne seulement le moment favorable pour un nouvel essai de journalisme, et il sera souscrit comme par enchantement le million qu'on aura demandé, dans le but, à l'aide de bases au moins matérielles, de montrer à la Presse quel genre de direction et d'enseignement elle est capable de créer et la façon dont elle pourrait aider l'humanité à mieux atteindre le but qu'elle s'est proposé.

Mais pour ceux qui laissent la foi et non la vue diriger leurs pas, ceux pour qui les choses invisibles sont plus réelles que les choses visibles, il n'y a rien d'impossible ni d'improbable en un pareil rêve.

L'argent est bien la moindre difficulté. Il y a dans le monde des centaines, sinon des milliers de gens qui sont tout à fait capables de fournir les fonds nécessaires à l'entreprise rêvée, et quand les temps propices seront venus, je le repète, ces souscripteurs ne feront pas défaut.

Je vois d'ici beaucoup de mes lecteurs hausser les épaules devant cette assertion osée, mais ils ne réfléchissent pas combien, comparativement, sont rares à notre époque les débouchés qui s'offrent à l'infortuné millionnaire pour le placement de son argent. Naguère ces malheureux employaient leurs capitaux à bâtir des cathédrales; aujourd'hui, aux États-Unis, par exemple, ils fondent des universités et des collèges, mais y a-t-il au monde université plus enseignante, plus démocratique qu'un journal de premier ordre? Le journal, c'est la vivante encyclopédie de chaque jour et ses rédacteurs sont les professeurs et les conférenciers de la grande école de la société moderne!

Il y aura toujours, certes, des journaux établis et menés sur des bases mercantiles par des hommes qui débiteront la nouvelle, l'écho, comme d'autres vendent... de l'engrais, et de façon toujours à ce que le vendeur, seul, fasse fortune. Mais nous approchons à grands pas de l'époque où les hommes seront d'avis qu'il est aussi absurde de considérer un journal comme une spéculation que de considérer, à l'heure qu'il est, sous cet aspect, un collège ou une église. Dans un siècle où, encore à ce jour, on peut trouver des centaines et des milliers d'êtres disposés à élever ces majestueux et inutiles monceaux de maçonnerie, improprement appelés églises, sous lesquels il est à peine possible d'entendre le prédicateur, et qui restent vides six jours par semaine sur sept, on ne chicanera pas, certes, sur la somme à fournir pour la création d'un agent aussi puissant d'éducation, d'inspiration et de direction pour les 36 millions d'habitants de la France.

Le journal subventionné à l'aide de dons volontaires est, certes, une adjonction aussi indispensable à la civilisation que le serait une université, une église subventionnée. Et ce n'est pas seulement pour la création de journaux que les dons volontaire, les subventions afflueront. Des chaires pour l'enseignement du journalisme et d'autres arts pourront aussi être fondées, subventionnées par des personnes qui s'intéressent au progrès de certaines branches de l'activité humaine.

Il n'y aurait dans le fait rien d'extraordinaire et même de rare : ce serait seulement une extension du principe déjà reconnu dans sa forme la plus primitive à travers les colonnes d'annonces de nos journaux. Ici, le droit pour la personne qui paie de faire imprimer ce qui lui plaît n'est-il pas à peu près absolu?

Celui qui subventionnerait une agence de presse n'exercerait pas un droit absolu. Ce droit serait limité, bien entendu, par la nécessité de rendre intéressantes les communications, les correspondances envoyées. Prenons, à titre d'exemple, le cas de quelque Allemand libéral qui s'enticherait du désir de faire la lumière sur certains côtés nébuleux de l'administration allemande. S'il pouvait, même à l'heure actuelle, offrir de rembourser toutes les dépenses d'un correspondant spécial dont n'importe quel journal, on en conviendra, serait heureux d'insérer les lettres, l'affaire surtout n'entraînant ni risque ni dépense, cette combinaison ne pourrait-elle être mise à exécution? En vérité, il suffirait pour cela du versement par cet Allemand d'une subvention d'une cinquantaine de mille francs peut-être à l'agence de presse allemande. Cet argent serait appliqué à l'entretien d'un ou plusieurs correspondants spéciaux en Allemagne. Appuyés par tout un bataillon de correspondants particuliers, ces correspondants spéciaux seraient sous les ordres du directeur de journal, qui, en retour, pour cette contribution annuelle aux dépenses générales de la feuille, se chargerait de publier à l'occasion soit des dépêches, soit, toutes les semaines, une lettre d'Allemagne, — opération soumise, bien entendu, à sa seule appréciation quant à l'opportunité de la publication, ou à sa valeur au point de vue de l'intérêt général des lecteurs.

Prenons un autre exemple : la traite des blanches. Cette traite se pratique toujours, mais en secret, on le sait. On ne peut en dévoiler les turpitudes cachées et traquer les trafiquants qu'avec difficulté et en dépensant des sommes considérables, sans parler des dangers nombreux que l'on court dans l'opération. Aucun journal, certes, ne se soucierait d'entreprendre, à ses risques et périls, pareille campagne ; un philanthrope pourtant pourrait, lui, dans ce but, créer une tribune pour exposer la chose au pilori de l'opinion publique, et l'œuvre, irréalisable par d'autres, s'accomplirait alors toute seule.

On pourrait nous faire cette objection que ce projet aurait chance de ne pas réussir par ce fait que le journal qui sait faire des dépenses dans le but de se procurer de la copie intéressante, tire presque toujours de l'opération des bénéfices importants, et que le seul résultat de la subvention serait de remplir le journal d'une matière quelquefois sans intérêt et qui ne produirait aucun résultat appréciable. Mais tel n'est pas le cas. Tout homme un peu versé dans le journalisme sait qu'il existe des facilités presque illimitées pour se procurer de la bonne copie, copie que l'on ne peut obtenir actuellement, d'une façon générale, par suite justement du manque d'argent pour la bien payer. Ce serait une excellente spéculation que de l'insérer, mais en ne la payant pas ou en la payant fort peu. Si on pouvait acheter cette copie au prix ordinaire, on s'en emparerait avec empressement, mais quand elle revient à 3.000 francs par colonne, le directeur s'en passe, non sans regrets. Telle est cette difficulté justement que la subvention permet de surmonter. Le même principe peut être appliqué à toutes sortes de sujets : philanthropie, politique, sciences, sport, etc., il n'y a pas de branche de l'activité humaine qui ne puisse avoir sa chaire en association avec le journal. Il y aurait là, certes, un moyen nouveau d'utiliser la richesse. Le directeur aurait le droit de refuser telles subventions qui lui seraient offertes dans certaines conditions, et sa volonté, quant aux détails de leur application, resterait suprême. Mais le principe d'accepter certaines subventions en échange de la promesse d'affecter une certaine partie du journal à une matière quelconque intéressante et traitant des sujets spéciaux, en est un qui présente des avantages si évidents et en même temps si nombreux que j'ai tout lieu de croire qu'on le verra appliqué d'une façon générale avant qu'il ne soit longtemps.

J'ai déjà tant dit au sujet des principes essentiels de ce journal idéal, que j'éprouve quelque hésitation à répéter une fois de plus ce que j'ai déjà affirmé au sujet de la nécessité absolue, pour le directeur du journal, de se trouver en relation avec quiconque occupe une situation élevée dans le monde, soit personnellement, soit par l'intermédiaire d'auxiliaires et de correspondants qui se sacrifieraient, au besoin, pour sa cause, comme nos grands ordres religieux se sacrifient souvent pour l'Église. Il y a cependant quelques développements à donner à cette idée capitale, développements qui seront peut-être dignes d'attention. L'un d'eux a trait au côté social du journalisme.

Le journal idéal de l'avenir ne devra pas rester caché dans l'ombre de la rue du Croissant. Ses bureaux, situés aussi près que possible du centre même de la capitale, devront tendre à devenir un des grands centres de réunion mondaine. Le côté social du journalisme n'a, à l'heure qu'il est, presque pas été utilisé. Çà et là, un essai isolé et capricieux a été tenté pour établir une fonction sociale, mais tous ces essais, à l'exception peut-être de ceux qu'a faits le *Figaro*, n'ont eu que peu de succès. Mais dès le jour où le directeur d'un important quotidien parisien aura compris quelle puissance et quelles facilités lui donne sa situation, il faudra qu'il ait dans son salon et dans ses réceptions la régularité d'un président de la Chambre ou d'un premier ministre. Il se place donc devant le directeur de ce nouveau journal l'occasion sans précédente de créer à Paris un nouveau centre vital dont l'influence se fera sentir dans toutes les parties du monde où se parle la langue française.

Le salon directorial, dans lequel il y aura, chaque jour, réception, serait le seul endroit où, sans distinction de rang ni de condition, de parti ni de pays, on aurait toujours la certitude de trouver un cordial accueil, pourvu qu'on ait déjà accompli quelque chose pour l'avancement du pays ou qu'on puisse contribuer à la mise à exécution d'une idée nouvelle et utile. Ici, par exemple, tout colon de retour dans la mère patrie se ferait présenter à son arrivée, et aucun chargé d'affaires, ambassadeur ou gouverneur, dont le nom tient une place en France et au dehors, n'aurait l'idée de partir pour rejoindre son poste sans s'être mis en relation avec ceux qui, de ce nouvel observatoire, suivront ses faits et gestes. Ce serait une cour sans étiquette, un club sans gardénias, un salon sans frivolités. Quiconque y passera un moment, de 4 à 6 heures, sera certain de trouver les meilleurs livres, les gravures les plus nouvelles, les photographies les plus récentes, ainsi que les derniers télégrammes dans les salles de réception du journal, où viendraient également toutes les personnes qui auront des informations à faire connaître ou des idées à communiquer. Ce serait, en un mot, une grande Bourse de la Presse, une société littéraire, politique, etc.

Il est une autre fonction que l'administration d'un semblable journal peut remplir, et qui serait d'une importance considérable pour le pays. Actuellement, le nombre de colonistes qui traversent les mers pour passer quelque temps dans la mère patrie augmente, chaque année, dans des proportions assez considérables. La plupart de ces colonistes y viennent pour la première fois. Par suite du manque de dispositions convenables pour assurer à ces colons un abri et un accueil, ils s'en retournent souvent, amèrement désappointés. Quand le colon a des parents ou des amis personnels chez qui il peut aller, le cas est différent : alors la visite au foyer des ancêtres est une véritable source de joies. Mais, ainsi qu'il arrive souvent, lorsque les liens personnels ont disparu, et que la seule attache qui le retient est le traditionnel et national intérêt pour l'ancien berceau de sa race, le colon n'emporte souvent de sa visite qu'une amère désillusion. Il n'y a aucune organisation permettant de recevoir convenablement ces visiteurs ; il n'y a aucun moyen permettant de renouer les liens brisés et de retenir le Tonkinois ou l'Africain, par des relations avec de nouveaux amis et connaissances. Et comment obtenir ce résultat ? C'est difficile, c'est même impossible, à moins que ceux qui ont quelque souci de la puissance de leur race ne prennent autant de soin pour recevoir dignement le colon, qu'en prennent, par exemple, de l'autre côté du détroit, les Méthodistes ou les Anabaptistes, quand ils reçoivent quelque jeune compatriote de retour au pays. En Angleterre, on verra des milliers de femmes et d'hommes qui, pour l'amour seul de l'Église ou de la religion, n'hésiteront pas à offrir leur hospitalité à des gens qui leur sont complètement étrangers et inconnus, mais qui se sont présentés à eux avec une lettre d'introduction du ministre de leur religion?

Serait-il absolument impossible de rencontrer en France des personnes qui en feraient autant pour l'amour de la France et dans l'intérêt de son expansion coloniale?

La difficulté primordiale est de trouver un centre commun où le colon et son hôte pourraient entrer en relation. Ce centre peut être créé dans les bureaux d'un journal tel que celui que nous décrivons ici. Les correspondants de ce journal seraient tenus de faire connaître à la direction les noms et qualités des colons en partance pour la mère patrie et auxquels ils délivreraient, sur demande, des lettres de recommandation. Ainsi accrédité, le colon, à son arrivée, serait mis en contact avec des familles ayant des relations et des intérêts dans la colonie qu'il vient de quitter, et qui le recevraient amicalement. Ceci fait, tout le reste serait facile, des relations semblables tendant toujours à s'étendre naturellement. Seul le premier pas coûte.

Les devoirs d'hospitalité envers les étrangers ne sont guère remplis, non plus, en dehors du cercle des sociétés religieuses et des amitiés personnelles. Ces obligations devraient être étendues et généralisées. Un homme de haute situation, un Parisien de marque pourrait, sans aucun doute, assumer le devoir d'agir comme centre de communication entre ceux des enfants de la France qui sont de retour et les Français qui seraient heureux de leur offrir l'hospitalité. Mais aucun haut personnage n'aurait les avantages de situation et d'information que posséderait le directeur de ce journal nouveau. Ce dernier pourrait faire davantage que lui. Non seulement il aurait ses réceptions, mais encore des correspondants dans toutes les parties du monde, un organe à sa disposition, lui permettant de maintenir constamment en évidence et hors d'oubli l'existence du centre social et ces bureaux où il serait plus simple et plus naturel pour le coloniste de se rendre que dans aucune résidence privée. Le haut personnage dont nous parlions qui désirerait jouer semblable rôle pourrait le faire avec beaucoup plus d'efficacité s'il agissait de concert avec le journal.

Le journal idéal aurait des agences administratives dirigées par des personnes compétentes et correspondant à chacune des fractions du gouvernement du pays. De même qu'un Président du Conseil a ses différents ministres autour de lui, le directeur du nouveau journal aurait son cabinet, surveillant soigneusement le Pouvoir Exécutif, un ministère dont les membres ne seraient pas changés à chaque oscillation du balancier des partis, mais qui, au contraire, se fortifierait constamment à l'aide d'expériences accumulées, tout en se tenant à l'écart des pièges du formalisme. Aussi bien informés que les employés officiels permanents, ceux qui feraient partie de ce ministère auraient beaucoup plus d'influence, par cette raison que, mieux à même d'attirer l'attention publique que ne le saurait faire un secrétaire d'État ordinaire, ils constitueraient une puissance qui pourrait devenir le régulateur de notre administration.

En dehors de ces fonctions, il resterait au journal le devoir de débarrasser le pays de beaucoup de maux que seul il peut attaquer avec chance de victoire. Il y a toutes sortes d'abus, d'exactions qui périssent simplement parce qu'ils sont obligés de voir leur caractère réel révélé par le miroir de la Presse ; d'autres disparaîtront, comme les oiseaux de nuit fuient devant le soleil levant. Répandre la lumière, c'est bannir les ténèbres et tous les monstres qu'elles récèlent. Il n'est rien dans tous les mythes de la Grèce ou de tout autre peuple, il n'est rien dans les romans de l'ancienne chevalerie, il n'est rien dans l'imagination poétique de Spencer qui puisse être mis en parallèle avec les exploits que pourrait accomplir la Presse. Si le roi Arthur ressuscité reconstituait aujourd'hui l'ordre de la *Table Ronde*, ce n'est pas le glaive d'Excalibur qu'il saisirait, mais bien la plume d'un directeur de journal, de journal comme nous l'entendons.

Jamais, à aucune autre époque, il n'y a eu un besoin plus grand d'assembler ces nouveaux chevaliers de la plume pour accomplir la mission de nettoyer le monde. A l'intérieur et à l'extérieur, l'univers déborde d'injustices qui attendent un vengeur, de bastilles d'iniquités dans lesquelles des captifs désespérés soupirent après la mort et d'oppresseurs, petits et grands, dont le châtiment peut être poursuivi par la presse seule. Nous sommes encore si loin, si loin de ce bel idéal, que la simple tentative pour accomplir ce qui ne serait qu'un strict devoir est souvent considérée, dans certains milieux, comme entachée d'une arrogance sans précédent, et même punie comme un crime contre l'État.

Il y a encore une autre mission, qui, parmi les nombreux devoirs du publiciste, peut être considérée comme la plus importante et la plus belle de toutes, c'est celle d'agir comme le porte-parole des silencieux. Dans le magnifique passage de *l'Homme qui rit* de V. Hugo qui a été pris, pendant quelques mois, comme devise par un petit journal étranger publié « pour les serviteurs de l'homme », l'idéal du journaliste, — se faire le prophète du pauvre, — était ainsi tracé :

« Le peuple est silencieux; je serai l'avocat de ce silence. Je parlerai pour les muets; je parlerai aux grands des petits; je parlerai du faible aux forts. Je parlerai pour tous ceux qui en silence se désespèrent. Je trouverai une voix pour interpréter leurs balbutiements; j'interpréterai les grondements, les murmures, les tumultes de la foule, les plaintes mal articulées et tous les cris de bêtes que, par ignorance et autre souffrance, l'homme est obligé de faire retentir. Je serai la parole du peuple. Je serai la bouche sanglante que l'on a débarrassée du bâillon. Je dirai tout. »

Ce rôle de tribun du bas peuple est naturel au publiciste, parce qu'étant l'homme qui connaît, voit et entend tout, il doit se sentir plus vivement remué par la réalité des souffrances du pauvre. Il est l'arbitre placé entre les extrêmes sociaux; de sa main droite il touche le Pouvoir, de sa main gauche il serre la main du pauvre et du misérable. C'est lui qui est le gardien de la conscience du roi *Démos*, et malheur, malheur à lui s'il vient à négliger son devoir principal envers le faible, l'abandonné et ceux qui sont sans appui.

Un grand journal circulant dans toutes les contrées de

langue française, avec des correspondants dans chaque ville, avec des affiliés et des associés dans chaque village, lu comme les hommes lisaient, jadis, la Bible, non pour passer le temps mais dans le but de découvrir la volonté de Dieu et d'apprendre notre devoir envers les hommes, un journal dont la rédaction et les lecteurs seraient unis par la même foi, et prêts à faire un travail commun afin d'établir une aide commune, ferait plus pour purifier et élever la vie publique, que n'importe quelle autre institution que l'ingéniosité de l'homme pourrait créer. Il serait à la fois un éducateur et un inspirateur, et qui peut dire, si surtout il considère attentivement les aspirations et les besoins de la race française, que le temps de son avènement n'est pas pleinement venu?

L'idéal actuel du journalisme, dans l'Ancien Monde, et surtout en France, semble se concentrer autour de l'article de fond alertement écrit. Celui du journalisme du Nouveau Monde semble être de plus en plus l'insertion du plus grand nombre possible de nouvelles en un espace donné. Quel effet exercera le journalisme sur la civilisation future ? Le journal, en Amérique, s'est dévelopé en feuille à nouvelles, en proportion de la progression de la lecture et de l'extension du suffrage universel. Il se peut que les journaux soient, dans la plupart des cas, de la mauvaise littérature, mais ils n'en sont pas moins de la littérature. L'ascendant qu'ont pris les journaux et qu'ils continuent d'augmenter chaque jour, en tant que lecture courante et favorite de la majeure partie de la population dans les pays les plus civilisés, est un des faits les plus marquants de l'époque actuelle. Il n'est pas exagéré de dire que le journalisme exerce en ce moment, et a exercé, pendant les dernières cinquante années, plus d'influence sur l'esprit et la morale du peuple que n'en ont exercé la chaire ou le livre pendant cinq cents ans. Nos journaux sont actuellement en train de former le monde social et politique du vingtième siècle. Les nouvelles générations que nous envoie par millions l'ouverture récente de très nombreuses écoles, puisent leurs goûts et leurs opinions dans le journal, et il serait difficile de prévoir ce que ce mouvement pourra bien produire dans cent ans d'ici.

Un particularité frappante du journalisme, c'est que, parmi ceux qui lisent beaucoup le journal, peu lisent autre chose. Et cependant aucune lecture n'est plus préjudiciable à l'habitude de l'attention soutenue que celle-là. Une des attractions de ce genre de lecture, pour la personne qui n'a reçu que peu ou pas d'entraînement mental, c'est qu'elle ne fixe jamais l'esprit sur un sujet quelconque pendant plus de trois ou quatre minutes à la fois et que chaque sujet vient présenter un changement de scène complet. Il en résulte que le nombre des lecteurs du livre diminue graduellement et d'une manière continue chez toutes les nations civilisées. L'influence immédiate du livre sur la politique et sur la société diminue aussi proportionnellement. Les idées de l'auteur du livre ont à passer par le crible du journal avant de pouvoir exercer leur effet sur l'esprit populaire.

En même temps que cette scission, cette ligne de démarcation entre celui qui lit les journaux et celui qui lit les livres, on voit le lecteur du livre se laisser envahir peu à peu par un mépris complet et profond pour l'homme qui, ne lisant que les journaux, puise dans cette lecture ses opinions et ses idées. Il en est de même en tous pays civilisés. Pénétrez dans une réunion quelconque de personnes instruites et d'un esprit cultivé, que ce soit en Amérique, en France, en Angleterre ou en Allemagne, et vous verrez avec quel dédain on semble y traiter cette nourriture intellectuelle que fournissent les journaux à la majorité de la population. L'autorité du journal y sera traitée de plaisanterie et le mot journalisme considéré comme synonyme de futilité, d'ignorance et de bévue. Mais cette hostilité entre ces deux agents qui exercent de si puissants effets sur l'esprit populaire et dirigent la conduite des peuples, mérite cependant toute notre attention. Leur réconciliation, c'est-à-dire la transformation de la presse en un meilleur véhicule pour la propagation dans les masses des plus hautes pensées et des connaissances les plus exactes du temps présent, est peut-être un des plus sérieux problèmes que le siècle nouveau aura à résoudre.

CHAPITRE VIII

Technique générale du journalisme. — Définition du journalisme. — Un art nouveau. — Importance de la technique pratique. — La technique du journalisme inculquée à l'aide du livre. — Les arts ne s'enseignent pas!!! — L'entrefilet, base de tout travail en journalisme. — Le détail technique. — Utilité des encyclopédies. — Conseils généraux à un débutant. — Ce que l'on ne doit jamais répondre à un directeur de journal. — Un mot à rayer du vocabulaire du journalisme. — Qualités indispensables au journalisme. — Avoir le cœur bien placé. — La meilleure épreuve de la capacité du publiciste.

Un bon journaliste, c'est plus rare, plus difficile à former qu'un professeur, un diplomate, un savant. Il lui faut, en effet, une telle réunion d'aptitudes, de qualités, quelquefois absolument contradictoires, s'il veut devenir le guide d'une opinion, un second Katkoff, le serviteur d'une cause, un Armand Carrel ! Il lui faut l'indépendance et l'esprit de sacrifice, il lui faut savoir rester dans le rang et n'obéir qu'à sa conscience, « aimer le drapeau, non la livrée », comme l'a dit un écrivain russe dont nous regrettons de ne pas avoir le nom présent à la mémoire. Son *art* est un art nouveau, moderne, dont on n'a jamais donné ni l'histoire ni les règles.

Dans les pages qui vont suivre nous essaierons d'enseigner, autant que la chose est possible, à ceux qui désirent débuter dans le journalisme, les connaissances seulement, qui, selon nous, sont absolument indispensables aux débutants. Quant au reste, cela dépend, bien entendu, de l'effort individuel, de la persévérance et des aptitudes que sauront montrer les jeunes ; cela dépendra encore des qualités morales qu'ils peuvent posséder, — les qualités morales au surplus, seront des aides indispensables au succès en tous métiers ou professions, toutes choses qu'aucun livre ou professeur, qu'aucune école ou collège ne pourraient enseigner. Nous n'en pourrons faire davantage non plus, que nous traitions du livre ou du théâtre, nous en faisons ici, une fois pour toutes, l'avertissement et l'aveu.

Il n'y a pas de doute que, contrairement à ce que l'on semble croire généralement, ce qu'on pourrait appeler la *technique du journalisme* peut être inculquée par l'intermédiaire du livre, et que, beaucoup de ces leçons qui sont le produit de l'expérience accumulée peuvent être, ainsi que nous allons essayer de le faire, condensées en quelques pages utiles ou, en tout cas, pleines du désir de l'être.

De cette façon il sera peut-être possible d'épargner au débutant beaucoup de ces efforts et de ce temps que nous voyons si souvent gaspillés en pure perte, en le plaçant, armé, presque de pied en cap, sur le seuil de la porte si bien défendue qu'il désire franchir.

La connaissance de la technique pratique est, on le reconnaîtra, chose indispensable à ceux qui veulent réussir dans le métier de journaliste. Plus tôt ces connaissances auront été acquises, mieux cela vaudra, et, dans la plupart des cas, la différence que l'on pourra constater entre ceux qui débutent suffisamment outillés et équipés de tout ce que l'expérience a pu récolter dans le passé et ceux qui se trouvent forcés d'apprendre, à mesure, ces choses indispensables, doit, en vérité, être très grande et peut même devenir, dans bien des cas, un sérieux obstacle au succès.

On ne peut nier, par exemple, qu'il n'y ait beaucoup de choses que le débutant peut apprendre avec fruit avant de se risquer à approcher ces directeurs de journaux, ces éditeurs qui défendent les barrières de la république des lettres. Plus le débutant sera renseigné, plus grande sera sa chance d'obtenir rapidement un emploi et de s'assurer, ce qui est si important, un heureux début, un bon départ dans la carrière.

Certainement, on trouvera des livres qui enseignent l'art de la composition et donnent même de larges aperçus sur la vie littéraire, mais ce qu'il faut surtout au commençant, ce sont des ouvrages qui, à l'aide des leçons qu'ils lui inculqueront, le mettent à même d'apprendre la façon dont doit être fait le travail qu'on lui demandera au début, et lui enseignent aussi comment il faut qu'il s'y prenne pour que ce travail soit bien exécuté. Ce sont ces ouvrages que nous ne possédons pas encore. C'est du travail pratique et non du travail théorique que l'on demande au jeune journaliste, et pourtant, combien n'en voit-on pas de ces aspirants de la presse essayer de forcer la porte d'un journal alors que, souvent, ils ne possèdent pas la moindre idée du genre de travail qu'on attend d'eux! Ils ressemblent, en ceci, à ce pseudo-reporter d'une de nos feuilles parisiennes qui, venant de sténographier un long discours, demanda innocemment, quand le directeur du journal lui enjoignit de supprimer du moitié la discours en question, quelle moitié il devait réduire, ce qui, cela se comprend, eut pour résultat de le faire renvoyer au plus vite à son village natal et à ses moutons.

Ce qui est vrai pour l'aspirant journaliste l'est également pour celui qui veut faire recevoir des livres ou des pièces de théâtre. Une insistance aussi longue est-elle, après tout, si nécessaire? Ceux qui vivent habituellement dans les coulisses de la presse ne savent-ils pas combien l'inaptitude technique, combinée avec cette obstination qui résulte de l'ignorance, de la routine, en fait de travail littéraire pratique, a déjà causé de déboires, même chez des écrivains en renom?

Le journalisme, en effet, est un art comme un autre, tout autant, presque, qu'aucun autre, et je suis désolé de me voir obligé de m'inscrire en faux contre cette assertion d'un homme de génie comme Eugène Delacroix, assertion répétée en ces temps derniers par l'excellent peintre J.-F. Raffaëlli dans sa lettre de la *Nouvelle Revue*, adressée à ses amis d'Amérique : « *Les arts ne s'enseignent pas. — On sait son métier tout de suite ou on ne le sait jamais.* » Je demande qu'il me soit une fois de plus permis d'affirmer que *tout art s'enseigne, que tout art peut être enseigné jusqu'à un certain point*, non pas à n'importe qui, mais certainement à tout *sujet qui montre des dispositions pour cet art*.

En ce qui est du journalisme, appliquez donc, comme exemple, au jeune nouvellement entré dans la carrière, cette assertion : « Les arts ne s'enseignent pas ; on sait son métier tout de suite, ou on ne le sait jamais », et considérez le résultat obtenu ! Faites mieux, regardez un peu autour de vous dans le clan des jeunes, et voyez ce qui s'y passe. Je continue de citer M. Raffaëlli : « Le tempérament de l'artiste qui a quelque chose à dire l'emporte et l'oblige à trouver quand même et rapidement le moyen de dire ce qu'il a un besoin impérieux de dire. » Encore une fois, appliquez donc cela à cet art du journalisme. Je continue de citer. Lorsqu'on dit : « Cet artiste avait une âme délicate, mais il manqua de métier et ne sut s'exprimer », cela revient simplement à dire, assure M. Raffaëlli : « Il avait une âme délicate, mais vague et sans désir défini, car autrement cet artiste aurait sûrement trouvé le moyen de s'exprimer ». Eh bien, moi, sauf mon respect pour les mânes de Delacroix et n'en déplaise à M. Raffaëlli, moi qui ne suis ni peintre, ni sculpteur, ni musicien, ni même homme de lettres ou si peu, ni journaliste, et peut-être me direz-vous, à cause de cela même, je prétends que si l'artiste, quel qu'il soit, qui avait une âme délicate, n'a pas su s'exprimer, n'a pas su bégayer son début, c'est que l'infortuné ne connaissait pas la technique de son métier, cette technique pratique, indispensable à ceux qui veulent le succès en tout métier, art ou profession.

Et ce que je dis de l'art du journalisme, on peut le répéter aussi bien pour les artistes du livre, que pour ceux du théâtre, de la sculpture, de la musique.

« Lorsqu'on a quelque chose à dire, on en trouve subitement le moyen, » telle sera ma dernière citation dans l'ingénieux mais osé article de M.-J. F. Raffaëlli.

Appliquez donc cela aux arts du journal, du livre et du théâtre, et considérez au moment de l'offre « le rictus sur la physionomie de ceux qui représentent ce qu'on est convenu d'appeler la demande, éditeurs, directeurs de journaux et de théâtres » !

M. J.-F. Raffaëlli, il le dit lui-même, a eu l'énorme satisfaction, je ne veux pas dire la chance, de voir la première toile peinte par lui acceptée au Salon, alors qu'il n'avait jamais, avant cet essai, manié le pinceau.

Aurait-il sur sa palette, au bout de son pinceau si sobre et si fin, quelques exemples de plus à nous fournir?

Je considère la théorie de M. J.-F. Raffaëlli comme dangereuse pour les étudiants de son art.

Pour laisser enfin tranquille M. J.-F. Raffaëlli et sa « théorie » et en revenir à notre sujet principal, n'a-t-on pas eu souvent déjà l'occasion de voir de jeunes rédacteurs perdre tout espoir d'avancement, et continuer à végéter dans la même place inférieure, en dépit quelquefois de leur talent d'écrivain, à cause de quelque incapacité technique? N'ai-je pas vu moi-même, il n'y a pas bien longtemps, un directeur de revue, forcé de quitter le fauteuil directorial, pendant un voyage qu'il allait faire à l'étranger, écarter par des silences et des détours ses meilleurs rédacteurs qui s'offraient pour le remplacer pendant son absence, et, à leur immense stupéfaction, installer comme directeur intérimaire de cette revue un tout jeune écrivain? Pourquoi? Parce que ce jeune, le directeur le savait, était habile à disposer la mise en pages, à combiner un sommaire intéressant, à retoucher et à couper dans la copie des collaborateurs et savait remplir très adroitement les vides, quand il s'en présentait. Ce n'était là, évidemment, que des connaissances purement techniques, mais la possession de ces seules connaissances mit le jeune écrivain à même de remplacer le directeur absent et lui gagna sa confiance. Ce jeune homme occupe en ce moment dans le monde des lettres une grande situation.

Il ne faut donc pas, quelque talent que l'on puisse avoir, se fier uniquement à son talent. Le journalisme, quoi qu'on dise, est un métier; l'intelligence et l'éducation littéraire ou artistique n'y suffisent pas, non plus que dans certaines professions artistiques. La conception et la vision profonde de l'œuvre imaginée laisseraient le peintre impuissant, s'il n'avait acquis d'abord l'habileté des doigts, si le peintre enfin, avant de peindre, n'avait pas commencé par apprendre l'art de combiner et de mélanger les couleurs.

L'*entrefilet*, l'humble entrefilet, est la base de tout travail dans le journalisme. Les journaux d'autrefois n'étaient, du reste, qu'une longue succession d'entrefilets. Le débutant devra s'exercer à écrire des entrefilets de cinq, dix, quinze ou vingt lignes. Il est de toute nécessité qu'il apprenne aussi à réduire couramment un long article quelconque, en un petit nombre de lignes, et cela, au pied levé, sur de brèves indications; il est bon qu'il sache résumer au besoin en un paragraphe lilliputien toute une longue colonne.

L'écrivain même le plus original, le plus talenté, ne rendra pas à son journal les services que l'on est en droit d'attendre de lui, s'il ne peut condescendre à s'occuper du détail technique, s'il ne sait mesurer le nombre exact de lignes qu'il sied d'écrire sur tel ou tel sujet, dans telles ou telles conditions, s'il ne sait observer, du premier coup d'œil, les conditions particulières de la question à traiter, le ton du journal dans lequel cette question devra être discutée, enfin s'il ne sait pas se rendre compte, à mesure qu'il écrit, de l'effet qu'aura sur l'œil l'article imprimé.

Qu'on n'oublie pas qu'il est de par la presse beaucoup de petits travaux, en somme pas trop mal rétribués, que l'on peut obtenir assez facilement, et pour lesquels il y a quelquefois demande presque constante. Ce sont là travaux que considéreraient, sans nul doute, comme une véritable déchéance certains qui, avec plus ou moins de droit, se croient déjà des publicistes de génie; mais cela n'empêche que ces petits ouvrages, exécutés consciencieusement, n'en sont pas moins suffisants pour faire bouillir le pot-au-feu du débutant et peuvent même, dans la suite, ainsi que c'est souvent arrivé déjà, amener des travaux beaucoup plus importants.

Il y a à notre époque demande générale pour des articles qui, en réalité, ne sont guère que des entrefilets un peu étendus sur toute une variété de personnes, de choses, ou de pays : décès, duels, élections, etc., etc.

S. E. M. Chichkine, par exemple, vient d'être nommé ministre de Sa Majesté l'empereur Nicolas II. C'est cet homme de talent qui dirigera à l'avenir l'incomparable, la sage et noble politique de la Russie. Ceux qui au lendemain de la nomination de Chichkine ont envoyé une biographie exacte et une analyse rapide, fidèle et bien informée de la carrière du célèbre diplomate, ont dû certainement être reproduits dans le journal qui a reçu leur copie. Nous citons cet exemple-là seulement; mais il y a des centaines d'occasions à saisir, sur la série entière des événements qui passent chaque année.

Bien entendu, dans ce genre de sport littéraire qui consiste à arriver bien renseigné et en même temps bon premier, les livres les plus utiles à consulter, pour peu qu'il y ait doute ou ignorance sur certains détails, ce sont les encyclopédies et les dictionnaires spéciaux. Nul, quelque bien renseigné qu'il se croie, n'a le droit de se confier entièrement à sa mémoire : il est prudent de contrôler toujours ce qu'on avance, les dates surtout, les noms propres et la géographie. L'habitude de se servir des encyclopédies est d'ailleurs excellente; elle nous fait trouver des sujets d'articles ; un renseignement qu'on y cherche vous en amène très souvent un autre plus curieux, plus intéressant encore; les allusions aussi deviennent plus faciles, quand on parcourt sans cesse tant de résumés historiques, où se trouvent condensés les meilleurs traits des personnages. On y prend des notes, des fiches; on est à même ainsi de glaner une foule de renseignements, qui passent presque inaperçus dans les livres, mais qu'on arrive souvent à mettre bien en valeur au journal. Il faut certainement beaucoup de jugement et de flair, beaucoup de lecture, pour savoir ce qui a été trop redit, et aussi une solide base d'instruction, qui détourne de l'erreur et ne permette pas de copier, par exemple, un *erratum* grossier.

Le journaliste qui veut arriver doit avoir la mémoire bien armée de mots. Pas de pauvreté de langage. Le débutant affligé de cette anémie littéraire n'a rien à attendre de la presse, qui veut l'agitation continuelle du kaléidoscope. La variété du vocabulaire est une condition indispensable. Les rédacteurs soigneux éviteront cependant l'emploi de ces archaïsmes et de ces mots recherchés ou prétentieux que l'on voit flotter, brillants comme du clinquant, à travers les lignes de certains outranciers. En définitive, c'est le français pur et vrai des grands auteurs qui fournira le plus riche écrin de perles fines; locutions quelquefois d'une grâce et d'un tact admirables; verbes vivants qui nous saisissent, comme le : « j'étouffais de silence » de Saint-Simon, et qui donnent l'exemple de tant de phrases où l'on *voit;* substantifs imprévus, parce qu'ils sont surtout naturels; nuances infinies du sens et toujours claires; rythme de l'harmonie qui caresse l'oreille, et dont les étrangers n'ont jamais pu saisir le charme si pénétrant!

Lisez les chefs-d'œuvre de la littérature française. Il n'est pas indispensable que vous les possédiez à fond, mais une forte étude de nos classiques est nécessaire à tous ceux qui s'efforcent d'écrire convenablement.

Après s'être ainsi préparé, le débutant devra consulter sérieusement ses aptitudes. Qu'il examine bien le caractère et les besoins probables de chacun des journaux auxquels il a l'intention d'envoyer sa prose. Qu'il n'oublie pas qu'un novice est apte à envoyer des inutilités dont s'abstiendrait le publiciste d'expérience, ou des articles sur certains sujets importants que l'homme de métier sait réservés à l'état-major même du journal. Surtout qu'il sache au début mettre au besoin son orgueil dans sa poche. Il débute, son nom est inconnu, il doit se rappeler que tous commencements sont, en général, mal rétribués, et la plupart du temps très difficiles. Ses débuts humbles et lents seront sa force : il arrive souvent, en effet, que des jeunes, montés trop tôt à de hautes positions, n'ont pu s'y maintenir, et sont descendus jusqu'aux derniers rangs, devenus des ratés à cause justement de ce premier succès trop rapide.

Le journalisme exige un travail fait à la vapeur, et qui semble quelquefois à l'inexpérimenté plein de contradiction et confus. Il s'y perd, commet des erreurs, ne trouve pas le ton, ne tarde pas à recevoir des reproches et il est forcé de rendre la plume. C'est qu'il entre dans la presse, comme dans toutes les professions, beaucoup d'ardents, pleins de bonne volonté, certes, mais foncièrement incapables; ils se sont trompés de voie, ces jeunes, ils n'étaient pas nés pour le journal, ils ne s'étaient préparés par aucun entraînement, ils n'avaient pas perçu la nécessité des détails rudimentaires, ils ignoraient profondément tous les dessous du métier.

Les débutants généralement ne possèdent que très peu de données sur le travail que l'on attend d'eux.

Il faut donc, en première ligne, leur conseiller de bien comprendre ce qu'ils font et ce qu'on leur demande de faire. C'est un axiome aujourd'hui dans la presse que la rédaction rapidement faite est la meilleure. Le publiciste expérimenté, lui, connaît son travail; d'avance il sait ce qu'il doit dire. Pourquoi perdre du temps en le mettant sur le papier? Aussi facilement que le bureaucrate couche un rapport en phrases convenues qu'il sait par cœur, le journaliste entraîné racontera un fait, décrira une cérémonie, parlera des débats législatifs ou du socialisme d'État. Pas de ratures, comme le novice qui hésite, pas de surcharges, pas de répétitions pour vouloir perfectionner quand même et être plus incisif. C'est le nouveau qui a le style confus, tandis que le rédacteur qui possède la technique du sujet donné court d'une plume alerte et sans broncher à travers ses feuillets dont les épreuves elles-mêmes lui arrivent sous une forme déjà correcte. Évidemment le fini et la vélocité du travail dans le cas présent sont dus aussi un peu à des années d'expérience et au sens de la perception immédiate acquise par l'auteur, qui voit d'avance la manière de traiter la question, l'habitude lui dictant les mots.

Le monde du journalisme est le plus démocratique de tous, c'est une vraie république. Un garçon de bureau y peut devenir directeur de journal, s'il sait montrer peu à peu qu'il possède les capacités nécessaires. Tout jeune homme qui sait écrire et dont la prose a été reçue une ou deux fois et imprimée, peut être sûr d'arriver, s'il persévère, s'il sait attendre et ne laisse pas échapper les bonnes occasions. Que de publicistes connus, payés aujourd'hui très cher, ont commencé par toucher cent sous pour quelque entrefilet qu'on leur avait fait l'honneur grand de recevoir!

Pour réussir à faire partie d'une rédaction, il faut, je le répète, tâcher de présenter, sous une forme satisfaisante, ce que l'on aura jugé intéressant et surtout bien adapté au caractère du journal choisi. Il faut l'écrire en français soigné, naturel, sans rhétorique, familier ou un peu raffiné, si c'est là le genre de la feuille, mais en tous cas clair et vivant. Il y a beaucoup de chances que cet article soit reçu, si le ton plaît à celui qui aura à le juger. On peut l'acquérir assez facilement ce ton du journal; cela donne un peu de mal au début, mais on y arrive ; il est bon aussi d'apprendre à saisir immédiatement le côté saillant et vulgarisable d'une question.

Surtout, — et nous n'insisterons pas, la gravité de la remarque est évidente, — surtout, savoir se borner, ne pas envoyer des articles trop longs.

Il semblerait, d'après ce que nous venons de dire, que le métier de journaliste est facile. Que l'on se détrompe ; ce n'est que par un énorme travail que l'on peut arriver à une situation élevée, quel que soit le genre ou le mérite littéraire de l'écrivain. D'autre part, il n'y a rien qu'on ne puisse arriver à bien faire avec de l'esprit, de l'industrie et de la persévérance. Le journaliste qui réussit est toujours un homme de mouvement. Mentalement infatigable, il ne dort pas, et son flair lui fait deviner même ce qui est indéchiffrable. Non seulement il sera toujours *prest*, mais il saura immédiatement ce qu'il a à dire sur l'événement le plus inattendu, tout comme le général, surpris par une attaque imprévue, sait donner sans hésiter des ordres inverses. La persévérance rend tout possible ; le journaliste ne peut s'amuser alors qu'il devrait être à son travail, car s'il s'interrompait, il y aurait bientôt divorce entre lui et son emploi. Le journaliste qui s'arrête un seul instant est un homme perdu.

L'aspirant journaliste qui veut arriver, doit s'entraîner d'abord, s'accoutumer ensuite à être toujours prêt à lancer du bout de sa plume une information exacte et claire sur un sujet quelconque, en vingt lignes aussi bien qu'en plusieurs colonnes. Il s'exercera sans cesse à acquérir ce sens de l'opportunité qui caractérise le vrai journaliste, la promptitude à saisir l'actualité, à ne pas manquer l'occasion d'être lu. Flexible, il saura se plier à tous les sujets ; il montrera que toutes les questions lui sont familières : théologie, marine, art militaire, police, littérature, philosophie. Il aura des données ou tout simplement des fiches qui lui serviront de guides et lui permettront de traiter n'importe quel sujet savamment et sans erreur. Artiste, architecte, homme de science, statisticien, critique, il sera un Protée moderne aux phases multiples, aussi insaisissable que l'autre Protée, parce qu'il aura derrière lui l'invisible et formidable pouvoir des encyclopédies dans lesquelles il parviendra à trouver de suite ce qu'il peut ignorer ; débordant d'information générale, outillé par tout ce qu'il a écrit déjà, il sortira alors de sa plume infatigable des expositions lumineuses, dont les phrases simples et droites vulgariseront les théories du jour, politiques, sociales, industrielles ou artistiques.

De cette façon il lui deviendra possible d'écrire sans préparation aucune un article spécial où l'on verra qu'il a lu Auguste Comte et que le modèle du positiviste était Confucius. Il fera presque croire qu'il est versé dans les œuvres d'Aristote et de Platon, de saint Augustin et de Pascal, ou dans celles d'Herbert Spencer. Il aura l'air d'avoir beaucoup consulté le Talmud et le Koran, et d'avoir pénétré même dans les subtilités des Réalistes et des Nominalistes du Moyen Age. Au fond, il saura sans doute à peine qui est le « Vénérable Bède ». Grâce à son expérience indienne du sentier de la guerre et des embûches dissimulées dans les livres, il sera à même de citer exactement Jean Duns Scott, mais il ne faudrait pas cependant trop le tenir dans un coin de café, car on risquerait de le troubler entre Jean Duns Scott et le vieux Jean Scott, s'il n'a d'autre science que celle fournie par son Encyclopédie habituelle. Ce procédé, en effet, lui suffit pour rendre brillant son article et on ne lui demande presque rien de plus.

Journaliste pratique, il possédera sérieusement les principes généraux de la physique ; il connaîtra l'agriculture, les industries les plus importantes, la théorie du commerce. Il sera au courant de la politique coloniale, il sera même un peu financier, se risquant de temps en temps jusqu'à rendre compte des vicissitudes du bi-métallisme. La société, le monde avec ses codes mystérieux sont la spécialité d'un chroniqueur particulier ; mais le journaliste qui veut faire son chemin rencontrera, sans pouvoir l'éviter, l'occasion d'en parler, d'y faire allusion. Il s'arrangera pour ne pas détonner dans ce milieu quelquefois si exclusif.

Que le débutant ne dise jamais à un directeur de journal : « Je ne sais pas ce nom, j'ignore ce fait, je ne puis faire cet entrefilet. » Avant de répondre non à ce qu'on lui propose, il acceptera et courra de suite aux informations. Dans presque tous les cas, il finira par trouver ce qu'il cherche, et s'il ne réussit pas ou même s'il laisse se glisser une erreur dans sa copie, on lui saura gré de sa bonne volonté et on l'excusera... à moitié.

La grande, la première aptitude du journaliste, c'est l'assimilation immédiate d'un sujet donné, la faculté de le comprendre, de s'en emparer, de le faire sien. Sûr de lui, celui qui se sent cette puissance sait qu'il peut écrire sur les plus difficiles questions, dans n'importe quel journal, tout en se maintenant à la hauteur de la tâche imposée.

Le mot *impossible* devra être effacé du vocabulaire journaliste. En effet, ce qu'il ne connaît pas, le rédacteur sait où le trouver. Les sources inépuisables ce sont les nombreux ouvrages de références que possède notre bibliographie française que tout le monde connaît et qu'il est par conséquent inutile d'énumérer.

Je suppose, jeune ambitieux, que vous n'avez pas l'intention de vous contenter d'être un simple piqueur d'entrefilets ou un reporter de troisième ordre, mais que votre désir c'est d'arriver à écrire des articles de fond, de tête, à modeler et guider l'opinion publique, etc., etc. La première chose que dans ce cas il vous faudra demander, c'est : Si je dois enseigner, qu'enseignerai-je ? Quelle est ma mission ? Qu'ai-je à dire qui vaille la peine d'être dit ? Bien entendu, il n'est pas indispensable que vous apparteniez à quelque croyance ou à quelque opinion définie. Il se peut que votre mission ne soit pas très clairement indiquée. Une indignation passionnée, brûlante contre le mal, une dévotion fervente et persévérante pour tout ce qui est juste et vrai, un amour enthousiaste de la liberté ou une compréhension intense de l'immense complexité de la vie, n'importe lequel de ces sujets est apte à fournir une raison, une excuse plausible pour tout homme qui veut devenir journaliste. Il faut pourtant qu'il ait foi en une chose ou une autre; et plus il peut avoir foi en des choses variées, plus il a de chance de réussir dans le journalisme, plus de joie il tirera de son labeur, et plus il aura chance aussi d'intéresser ses lecteurs et de leur être utile. L'homme qui n'est pas intéressé dans le mouvement du drame vital n'intéressera pas ses lecteurs. S'il est ennuyé ou apathique, il répandra l'ennui et ses lecteurs oublieront son nom. Mais l'homme qui, jusqu'au bout des doigts, vibre d'un intérêt inépuisable pour chacune des faces de la vie humaine parviendra à intéresser ses lecteurs, cet homme-là ne sera jamais pris au dépourvu, il aura toujours quelque chose de nouveau à dire, parce qu'il éprouve toujours des sensations nouvelles à la suite de nouveaux et incessants contacts avec les actualités et les réalités de la vie. La raison qui fait qu'un homme ne s'intéresse pas à une chose, est simple, c'est qu'il ne la comprend pas; comprendre une chose, c'est y trouver de l'intérêt, la comprendre parfaitement, c'est l'aimer. Il est possible d'intéresser à n'importe quoi, aussi bien à la science et à l'héraldique qu'aux derniers cours de la bourse ou aux cotes du Grand Prix de Paris, si surtout vous savez pénétrer au cœur des choses, et comprendre ce qu'elles signifient réellement dans la vie quotidienne de l'humanité.

Donc la première qualification du publiciste, si c'est un vrai publiciste qu'il veut être, c'est d'avoir du cœur et d'avoir ce cœur bien placé. L'homme qui ne sent rien peut être un excellent garçon dans un fumoir, mais il est déplacé dans la salle de rédaction. Le journaliste est l'œil du peuple, et comme rien au monde n'est plus vrai que le vieux dicton : « Le cœur voit plus loin que la tête, » il est pour lui plus important de vibrer non seulement aux idées, mais aussi aux émotions que d'être un puits de science. Les hommes à l'esprit puissant sont rares, et lorsqu'on les rencontre, on constate dans leurs procédés mentaux une certaine ossification qui les rend trop encombrants pour le journalisme, métier qui demande surtout une grande activité d'esprit et une aptitude, une habileté à pouvoir coordonner instantanément toutes sortes d'idées. Je dirai donc à quiconque veut devenir bon journaliste : Soyez sympathisant, évitez, comme vous éviteriez la peste, l'ombre même du cynisme et de l'indifférence. Considérez l'indifférence sur un sujet quelconque comme une preuve d'ignorance, et par conséquent d'incompétence. Tâtez la vie en autant de points différents que vous pourrez l'atteindre, et touchez-la de façon à en recevoir et à en retenir les impressions les meilleures. Si vous ne ressentez pas fortement d'une façon générale, vos écrits manqueront de chaleur, et si vos sympathies sont mortes et qu'un nuage flotte sur votre compréhension, vous deviendrez un ennui et une abomination dont la copie n'aura qu'un refuge possible : le panier à papiers. Le premier devoir du journaliste, en effet, c'est d'être vivant, et celui qui ne sait pas ressentir ne sait pas dire. Mais supposons que vous soyez doué d'une sensibilité vive. Alors, je le répète, apprenez le métier, apprenez le maniement de vos outils. La première chose vous demandera, pour l'apprendre, votre vie tout entière. Si le journaliste parfait doit tout savoir, — ce qui est peut-être trop demander même à la perfection, — il devrait savoir tout au moins où trouver les gens et les livres qui savent tout. Puis, ainsi que je viens de le dire, il devrait apprendre à se servir des magnifiques outils qu'il va avoir dans les mains. Le premier de ces outils, c'est l'aptitude à dire clairement, exactement ce qu'il a à dire et pas autre chose. Évitez les longues phrases, encombrantes, filandreuses, dans lesquelles pourrait venir s'embrouiller l'esprit du lecteur. Comme exercice, après que vous avez écrit un article, imaginez que vous avez à en télégraphier le résumé. Le procédé de la transformation du style, diffus peut-être, de l'essai, en la prose condensée, laconique, nerveuse du télégramme fera ressortir le sens de votre écrit avec une clarté bien plus vive.

Faire accepter un de vos articles par un journal quelconque équivaut à prendre le train. Si vous n'êtes pas là à temps, il aurait mieux valu que vous n'y soyez pas du tout. Quand vous rentrez à la maison raconter à votre famille ce que vous avez lu dans les journaux, ce que vous mentionnez généralement, en premier lieu, ce sont ces sujets justement qui aiguisent le plus l'appétit directorial. Mais aucun directeur de journal ne songe à vous demander de la copie comme si elle devait être tirée de vos viscères, à l'exemple de l'araignée qui tisse sa toile hors de son abdomen. Ce qu'il veut, le directeur du journal, ce sont des faits nouveaux, touchant l'actualité du moment, de nouveaux rayons de lumière, que ces rayons viennent des livres les plus anciens ou du numéro de journal le plus récent et qui lui serviront à illustrer le sujet en discussion. Dans tous les cas, ce que vous devrez vous efforcer de donner au directeur du journal, c'est ce qu'il ne peut pas savoir, lui, mais ce qu'il désire que vous sachiez, vous, juste au moment où l'actualité en fait une nécessité. Persévérez. Le panier à papiers est la meilleure épreuve de la capacité d'un publiciste. Avant de vous voir imprimé, il vous faudra franchir cet abîme, et le *marbre* aussi. Quand enfin vous serez arrivé à vous faire imprimer, continuez ainsi jusqu'à ce que vous ayez trouvé quelqu'un qui veuille bien vous payer votre copie. C'est la seule école de journalisme que je connaisse. C'est celle où ont gagné leurs grades, après y avoir appris leur métier, la plupart des journalistes qui aujourd'hui occupent les premières places.

Encore quelques mots et j'ai terminé.

Une pépite d'or, sachez-le, ne cause pas plus de plaisir au mineur qui la rencontre, que la découverte par un directeur de journal d'une étoile nouvelle dans le firmament de la presse. Défaites-vous de l'idée fatale que quelqu'un vous ouvrira la porte et vous introduira à l'intérieur de la citadelle du journalisme.

Il vous faut forcer la porte vous-même ; ne cessez pas d'y frapper et même d'y carillonner, vous tenant prêt tout le temps à soutenir l'examen le plus minutieux quant à la validité de votre billet d'entrée.

CHAPITRE IX

Le directeur. — L'administrateur. — Types différents. — Le secret du succès pour un journal. — Importance de la publicité. — Le Rédacteur en chef. — Qualités et aptitudes nécessaires. — L'astre veut des satellites. — Impersonnalité du journal. — Le rôle du rédacteur en chef. — Directeurs et rédacteurs en chef modèles. — Le rédacteur du premier-Paris. — Son procédé. — N'est pas tartinier qui veut. — Ce que l'on aurait le droit de demander. — Composition d'un article de tête. — Premiers-Paris. — Le secrétaire de la rédaction et ses fonctions. — Règles de conduite pour ses aides. — Qualités d'une bonne mise en pages. — Un desideratum.

Le directeur et l'administrateur. — La fondation d'un journal étant toujours, à peu d'exceptions près, une entreprise commerciale avant tout, il est nécessaire qu'à côté du rédacteur en chef il y ait un homme qui, doué d'aptitudes industrielles et administratives, surveille surtout l'opération matérielle, s'occupe de l'achat du papier, des encres d'imprimerie, des machines, du soin de défendre les intérêts du journal, lorsque se présente un traité d'annonces important, qui recrute l'état-major de la rédaction, qui traite avec les partis politiques. On l'appelle le directeur.

Un personnage que le directeur : souvent député, quelquefois sénateur. Dans ce dernier cas, sa grandeur l'attachant au rivage, il prend... un faux nez et fait signer ses manifestes par le secrétaire de la rédaction.

Le directeur sénateur, quand il lui arrive d'écrire, se recommande par la majesté de son style. Jamais une plaisanterie ne se glisse sous sa plume d'homme d'État. S'il parle d'un ministre, il dit « l'éloquent X. ou l'illustre M., » toujours une épithète flatteuse. Il a d'ailleurs tout un trésor d'épithètes. Nul plus que lui n'abuse de la fameuse formule : « Nous tenons d'une source certaine ».

Nous avons aussi le directeur banquier et le directeur entrepreneur de fournitures. Celui-là fait son journal au point de vue d'un emprunt, celui-ci le taille au point de vue d'une commande gouvernementale. Le journal n'en va pas mieux, mais la fourniture abonde.

Quelquefois, c'est le directeur qui choisit lui-même ses collaborateurs, quelquefois, c'est le rédacteur en chef.

Le directeur est quelquefois aussi en même temps rédacteur en chef. Le cas est rare.

Quoi qu'il en soit, un journal se divise toujours en deux parties bien distinctes : Rédaction, direction du moteur intellectuel sous la surveillance « le plus souvent » du rédacteur en chef, et Administration ou direction des opérations matérielles, sous la surveillance du directeur, quelquefois d'un administrateur.

D'où dépend le secret du succès pour un journal?

Il n'est pas seulement dans le talent de ses rédacteurs, il est dans le talent du directeur ou des administrateurs, dans leur habileté à plaire au public, à ne donner à cet ogre que la pâtée qu'il préfère, à tôt prévoir ses goûts ou ses dégoûts, à soigner par des menus savoureux les renouvellements d'abonnés, à inventer des primes imprévues, à allécher de plus en plus les acheteurs au numéro. Plus on tirera, et plus aussi afflueront les courtiers de la publicité, plus on verra monter le chiffre des annonces. C'est là, en effet, que se trouve la clé de l'énigme. Les journaux, quand ils vivent, vivent de leur quatrième page, quelquefois aussi de leur troisième, quelquefois encore de la seconde. Quand ils commenceront à vivre des trois pages réunies et que la première page aura été bien entamée par l'annonce, ils tomberont à plat. Mais peut-être auront-ils le flair et le bon goût de s'arrêter à temps. Espérons-le pour eux et pour nous-mêmes.

Il est presque inutile de dire, à l'époque actuelle, surtout, qu'aucun journal ne pourrait vivre sans annonces. Les plus aristocratiques journaux du monde entier peuvent se vanter avec raison de leurs brillants articles de tête, de la profusion de leurs nouvelles si bien choisies et de leur complète liberté d'action vis-à-vis de toute influence, et si par hasard leur prétention à une indépendance complète n'était pas complètement justifiée, nous devrions en chercher les causes surtout dans des exigences de partis ou de classe. Malgré cela, l'annonce c'est la vie, la colonne vertébrale du journalisme, si je puis ainsi m'exprimer, et le journal qui ne sera pas fort de ce côté, sera faible partout ailleurs. On peut dire qu'il n'y a pas, en France, du moins, un seul journal qui pourrait continuer à vivre si le revenu produit par la vente au numéro et les abonnements n'était pas considérablement augmenté par celui que lui donne sa publicité. Il en est d'autant plus ainsi en ces jours de feuilles à bon marché et en même temps à grande surface où le coût de production de chaque numéro est à lui seul supérieur au prix de vente.

A ce propos, disons, en passant, que l'on devrait encourager la publication en première page des petites annonces anglaises et même leur donner la préférence sur toutes autres pour cette raison que plus nombreux seront les annonciers, plus nombreux auront chance d'être les lecteurs. Par des annonces nombreuses et variées on parvient à intéresser des lecteurs nombreux et variés eux aussi, cherchant, qui un emploi, qui un domestique, qui un acheteur. L'annonce agit et réagit. Elle attire le lecteur, elle encourage et favorise la circulation, et la circulation à son tour, attire l'annonce. La philosophie tout entière de la direction intelligente du journal, au point de vue de la publicité, est, je crois, renfermée dans ces quelques mots.

En attendant, monsieur le directeur est un mortel fortuné, un très fortuné mortel. Tout le monde l'encense, lui fait fête. Il a tous les plaisirs sous la main : loges de spectacles, billets de faveur, invitations. Il est de toutes les *premières* dramatiques ou politiques; une solennité à laquelle il n'assiste pas n'est pas une solennité.

Il a un petit lever comme les souverains de l'ancien régime. C'est souvent de son lit, ayant à ses côtés ses collaborateurs, qu'il délibère sur ce qu'il dira le soir à l'Europe.

En une demi-heure la séance est expédiée, le sort du monde est réglé. Le directeur passera au bureau dans la journée ou dans la soirée pour constater si l'exécution répond à la convention.

Le rédacteur en chef. — A notre époque, le rédacteur en chef n'a plus la prédominance qu'il a eue autrefois. Son prestige, néanmoins, sa situation sont encore considérables. C'est lui qui prend, même aux yeux des directeurs, la responsabilité du moteur plus ou moins intellectuel qu'il dirige. Il accepte ou refuse, il annule ou remet, corrige ou rejette tous articles. C'est à lui qu'échoit la tâche de donner à chaque numéro du journal le ton qu'il doit avoir. Quelquefois il est forcé de se livrer à des *flirts* suivis avec des personnages politiques des plus rebelles à ce passe-temps américain. C'est lui qui les reçoit quand ils veulent bien lui faire visite, c'est lui qui les visite surtout. Parfois, c'est un écrivain consommé et de grande valeur. Parfois, il est tout bonnement un homme de simple bon sens, habile à voir, habile à pressentir les caprices du lecteur, prompt à lui donner satisfaction.

Le rédacteur en chef est souvent de toute la rédaction celui qui n'écrit jamais. Le tact est la première qualité nécessaire à son emploi : si à cela il sait joindre un jugement sûr et des aptitudes de contrôle rapide qui lui permettent de résoudre instantanément les problèmes même les plus complexes, il n'en remplira que mieux son office. Dans les journaux qui paraissent le matin, le rédacteur en chef ne se montre guère avant six heures du soir, quelquefois il vient plus tard même, mais jusque bien après minuit il est soumis à un travail vraiment pénible, traversé de continuels tiraillements. Le plus dur, sans doute, c'est cette obligation où il est de fixer, on pourrait dire de photographier dans son esprit toutes les opinions du moment, à mesure qu'elles se présentent, à l'intérieur et à l'étranger. Il doit ensuite écrire ou du moins veiller à ce que les articles auxquels elles peuvent donner naissance soient toujours écrits dans le ton et selon la politique du journal.

C'est lui qui indique aux rédacteurs de l'article de tête ce qu'ils sont tenus d'exprimer. C'est lui qui s'acquitte généralement de la lourde corvée qu'on appelle la correspondance. Son temps est en vérité à un tel point pris par la surveillance du travail des autres, qu'il n'a presque jamais le loisir de rédiger lui-même, et son action littéraire se borne généralement à l'émondage et à l'arrangement des articles dont il reçoit sans cesse les épreuves.

L'art du rédacteur en chef est un art consommé et qu'aucun livre n'enseigne. Comme la première condition de l'existence du journal est la constance loyale dans sa ligne politique, le rédacteur en chef a pour mission de veiller à tout article, à toute allusion, à toute ligne qui pourrait compromettre le caractère d'invariabilité de la feuille qu'il dirige. Il use de *trucs* très adroits : supposons, par exemple, qu'on lui ait envoyé un article, et que, la main forcée pour l'admettre, il s'aperçoive ensuite que les tendances de l'auteur peuvent engager le journal dans une voie qui n'est pas la sienne, vite il transformera l'article en question en lettre adressée à M. le Directeur. A chaque instant surviennent ces nécessités de modifications, et celle que nous venons de citer indiquera suffisamment les devoirs qu'impose le métier de rédacteur en chef, certes un des plus difficiles dans le journalisme.

J'ai dit tout à l'heure que généralement le rédacteur en chef n'écrivait pas. Il y a cependant des rédacteurs en chef qui écrivent. Le meilleur, selon moi, est celui qui n'écrit pas. Tout écrivain, en effet, a ses faiblesses. Le moindre, quand on a l'omnipotence ou à peu près, est de ne pouvoir supporter à côté de soi un écrivain supérieur par le talent, ou qui tout simplement contrebalance soit la gloire littéraire, soit l'influence politique de son chef de file. L'astre veut des satellites.

É. de Girardin n'a jamais pu faire long ménage avec une individualité indépendante ou originale. Il a été tour à tour quitté par Nefftzer, Peyrat, Duvernois et bien d'autres. Peyrat à *La Presse* disait : « Je suis dans un garni » et le jour même où il put se mettre dans ses meubles, il n'hésita pas; il alla s'installer à *L'Avenir National* alors que Nefftzer déménageait au *Temps.*

Le caractère du journal est l'impersonnalité. Le journal est avant tout et surtout une œuvre collective; c'est par de mutuelles concessions que chaque collaborateur peut, sans troubler l'accord, exécuter sa partie dans le concert quotidien.

Le rôle du rédacteur en chef est donc celui de chef d'orchestre. Il dirige et ne devrait jouer d'aucun instrument, il est le centre d'une chaîne dont chacun de ses collaborateurs est un anneau.

Bertin l'aîné, de Villemessant, ont été des rédacteurs en chef, des directeurs modèles. On pourrait en citer d'autres. Bertin l'aîné recherchait les talents naissants, les appelait à lui, les complétait et, chaque matin, il distribuait la tâche à chacun, excitant celui-ci, retenant celui-là. Il menait son journal d'une main légère, comme ces habiles automédons qui conduisent, en se jouant, un équipage de six chevaux. Sous sa direction, j'allais dire sous son règne, le *Journal des Débats* fut le premier journal de France.

Villemessant, le fondateur du *Figaro,* cet autre grand chercheur d'hommes, était avant tout, par-dessus tout, l'homme de son journal. Après les tâtonnements du début, des bordées tirées çà et là, un peu au hasard, dans l'existence, une fois la voie trouvée, il s'est fixé et a filé droit comme une flèche. Son journal, à partir de ce moment, devint sa vie. L'homme et l'œuvre se ressemblent. D'une activité étonnante, vivant, remuant, déplaçant une quantité d'air énorme, sobre avec cela, comme on l'était jadis, ne craignant ni le bruit, ni les coups, ni les aventures, toujours prêt à jeter les préjugés par-dessus bord, Villemessant était bien le capitaine qu'il fallait pour commander ce hardi corsaire, qui, vingt ans durant, sous pavillon du roy semé de fleurs de lis, a fait la course un peu pour son compte.

Qu'importe un rédacteur à Villemessant! Celui-ci parti, un autre se retrouve, et le dernier venu est toujours le meilleur. Selon lui, tout homme a *son article dans le ventre*, il ne s'agit que de le faire sortir. Monselet avait brodé là-dessus une ravissante légende : Villemessant rencontre un ramoneur dans la rue ; il l'amène au *Figaro*, le débarbouille, l'assied devant du papier et lui dit : « Écris! » Le ramoneur écrit, et l'article se trouve charmant. C'est ainsi que le Tout-Paris, illustre ou obscur, qui tient une plume, a traversé *Le Figaro*. C'est ainsi que de braves garçons, — voyant se renouveler en leur faveur l'histoire du quatrain de Saint-Aulaire, — ont eu, pour une heureuse trouvaille de quinze lignes, leur quart d'heure de célébrité. Après, le miracle ne se renouvelant plus, on les déclarait vidés, et vidés par Villemessant. J'ai connu un Paris empli ainsi de gens vidés. Époque de candeur où l'on était vidé pour quinze lignes! (Alphonse DAUDET, extrait du *Figaro*.)

Edmond About est de ceux que l'on pourrait encore citer comme modèle. Lisez cet extrait de la jolie préface où M. Joseph Reinach nous dit ce qu'était, dans son journal, le fondateur du *XIXe Siècle*, — préface parue dans *Le Figaro* du 14 mai 1892.

« Les témoins oculaires peuvent seuls dire quel directeur de journal il a été. Un très puissant journaliste peut être un détestable rédacteur en chef, About était le modèle des directeurs. Même pendant la période où il se prodiguait le plus, les lecteurs du *XIXe Siècle*, qui étaient très vite devenus légion, ne trouvaient jamais qu'About écrivît assez souvent : ni la judicieuse bonhomie de Sarcey, ni la fine dialectique de Bigot ou de Schnerb, ni l'escrime serrée de Liébert ne remplaçaient les pages où la plume rapide et souple d'About résumait les polémiques en quelques traits et semait les démonstrations de saillies éblouissantes.

« L'esprit d'About était cependant à toutes les pages du journal.

« Bien avant l'heure où arrivaient les rédacteurs ordinaires, il était installé dans son cabinet, lisant les journaux, dépouillant une correspondance qui était une conversation avec tous ceux qui, d'un bout à l'autre de la France, savaient qu'une injustice n'était jamais dénoncée inutilement au *XIXe Siècle* : universitaires persécutés, petits fonctionnaires traqués pour leurs opinions, plaideurs renvoyés de Ponce à Caïphe, instituteurs en proie aux vengeances froides des sacristies l'avaient pour défenseur naturel.

« La liste des collaborateurs réguliers du journal serait déjà longue; celle de ses collaborateurs anonymes, qui ne furent pas les moins utiles à sa fortune, remplirait un petit « Bottin ».

« La publicité est le premier châtiment de l'abus de pouvoir ou de la sottise : About ne la leur refusait jamais, soit qu'il prît lui-même en main la cause de la victime, soit qu'il la passât à Sarcey dont le robuste appétit dévorait presque tous les jours un curé à déjeuner et soupait de quelques magistrats...

« Bientôt arrivaient les rédacteurs attitrés, en quête d'un sujet d'article ou d'entrefilet, sans inquiétude d'ailleurs, sachant par qui le rabat avait été préparé.

« About ne dictait jamais la matière d'un article, mais il *causait* tout le journal.

« Et quelle causerie que la sienne, toujours en haleine, toujours pleine de faits, d'informations, d'anecdotes, débordante de mots d'esprit! Des miettes qu'il semait sans y prendre garde, sur le bord de la route, dix pauvres journalistes auraient fait fortune tous les soirs.

« Paul Lafargue revenait de la Chambre, Emmanuel Arène du Sénat, Ducuing du Palais : il se faisait raconter la séance ou l'audience, et d'une interruption au bon endroit, donnait la note juste, nette et précise.

« Puis le soir, à l'heure tardive de la correction des épreuves, il était encore là, revoyant le journal tout entier de l'œil du maître, et, la plume à la main, redressant une épithète, égayant une période, ajoutant une saillie.

« *Le fait-diversier* s'écriait le lendemain : « Ai-je assez d'es-« prit! » mais Sarcey, s'il lui arrivait de se relire, disait aussitôt : « Edmond a encore passé par là. »

« C'était une famille, la plus bienveillante et la plus cordiale qu'il se puisse imaginer; j'y ai passé le temps d'écrire le compte rendu d'un Salon; mais cela suffit : à travers toutes les petites misères de la politique, j'y suis resté de cœur jusqu'au dernier jour. »

Les *Débats* sont la plus haute incarnation de l'ancien journalisme, de même que *Le Figaro* est la personnification la plus achevée du nouveau, et on pourrait signaler plus d'une ressemblance curieuse entre leurs fondateurs, Bertin et Villemessant. Tous deux possédés de leur type et de leur idéal; tous deux donnant l'idée physique et morale de la puissance, tous deux également attentifs, de jour et de nuit, à la perfection de détail et d'ensemble de leur œuvre. Bertin disait : Je ne fais mon journal que pour une élite, pour cinq cents personnes en Europe; et Villemessant, une heure avant d'expirer murmurait à ses successeurs cette recommandation suprême : « Faites chaque soir le journal comme si je devais le lire le lendemain matin ».

Quel soin présidait à la confection des *Débats !* Les deux Bertin y veillaient sans relâche, et en sortant, la nuit, d'un théâtre ou d'un salon, ils ne regagnaient jamais leur domicile, quelque heure qu'il fût, avant de passer au journal pour en reviser les épreuves jusqu'à la dernière ligne.

Villemessant, lui aussi, avait, comme Bertin, l'amour de son journal; lui aussi en ciselait chaque nouvelle à la main, chaque ligne, chaque mot, avec une préoccupation d'artiste, qui l'absorbait jusque dans son sommeil, car il en rêvait.

Nous ne rappellerons pas l'histoire des *Débats* sous la Restauration, sous la Monarchie de Juillet, ni sous le second Empire, elle est connue et se résume dans la pléiade éclatante de ses 600 collaborateurs qui, de Benjamin Constant à Weiss, de Villemain à Jules Simon, de Chateaubriand à Eugène de Vogüé, de Prévost-Paradol à Jules Lemaître, en passant par Lamartine, Sainte-Beuve, Nisard, Saint-Marc Girardin, Balzac et George Sand, constitue le livre d'or de notre histoire littéraire.

« En province, où le personnel est plus limité, souvent réduit à presque rien, la personnalité du rédacteur en chef a forcément plus de relief qu'à Paris. Outre l'activité, la prestesse à écrire, il lui faut des qualités de stratégiste; il est souvent un faiseur d'élections, un « Warwick » de conseillers municipaux, de députés ou de sénateurs. Quelles que puissent être la souplesse de son talent, son application à traiter des sujets nouveaux, le journal prend, bon gré, mal gré, la couleur de son esprit. A Paris, il faut surtout être *divers*. C'est au rédacteur en chef à résoudre le problème ». (DUBIEF, *Le Journalisme.*)

Pour conclure, le traitement du rédacteur en chef varie

entre 15 et 40.000 francs. Quelques journaux lui donnent la voiture à deux chevaux, par-dessus le marché. Rien ne pose un journal dans l'estime de l'abonné, venu au bureau pour faire une réclamation, comme un rédacteur en chef qui peut dire à l'un des garçons : « Faites avancer ma voiture. »

Le rédacteur du Premier-Paris. — L'articlier politique, encore un personnage important. Le Premier-Paris, une de ses besognes, est le filet de bœuf à la jardinière du journal. Le rédacteur du Premier-Paris, nommé aussi article de tête ou article de fond, est choisi généralement dans la catégorie des rédacteurs qui se donnent ou sont connus comme aptes à traiter, à fournir un article sur n'importe quel sujet, au pied levé.

« L'articlier politique partage avec le rédacteur en chef la spécialité des articles de fond. Il peut avoir plus de talent, plus de célébrité. On ne craint pas même, au besoin, qu'il ait des opinions un peu différentes. Il attire ainsi ou retient des acheteurs à lui, une clientèle voisine de celle qui fréquente le journal. Honni soit qui mal y pense ! Il n'y a pas là qu'un calcul matériel. Les lecteurs fidèles d'un journal peuvent devenir à l'occasion des électeurs : il ne faut pas l'oublier. » (DUBIEF, *Le Journalisme.*)

Son procédé, en matière politique surtout, consiste presque entièrement à ne rien avancer de trop positif, à exprimer ses conclusions en mots qui laissent derrière eux des *distinguo*, des retraites et des portes ouvertes qui lui permettront de revenir plus tard sur le même sujet. En effet, se montrer trop défini ne ferait pas toujours l'affaire du journal. Le rédacteur de ces articles, où se trouve résumé l'événement du jour, signale d'ordinaire les faits avec une raillerie modérée et des haussements d'épaule de sceptique et il en dit plus par son glissement poli que s'il disait tout en face.

Une observation que j'ai souvent entendu faire au sujet de l'influence de la presse, est celle-ci : tandis que les journaux ont immensément développé leur champ d'action et leur influence par le simple récit des événements, leurs articles de tête exercent généralement une influence moindre qu'autrefois.

L'assertion n'est pas tout à fait sans fondement. Lorsque les journaux étaient rares, ne comportaient qu'un développement restreint et que le public ne recevait pas un dixième de l'information qu'on lui sert maintenant tous les matins, sur les événements politiques et autres, ce public était presque entièrement à la merci des petites coteries rivales du journalisme. Ces coteries ne lui présentaient que la quantité stricte de nouvelles qu'il leur plaisait octroyer, et accompagnée toujours d'opinions toutes faites, mâchées d'avance. Ce n'est donc pas la faute de nos grands journaux et de leurs directeurs s'ils ne dominent ni ne guident plus l'opinion publique comme on le pouvait faire autrefois. Malgré qu'en ces derniers temps le nombre des lecteurs de journaux ait augmenté plus encore que le nombre des journaux, ces lecteurs, en effet, qu'ils soient ou plus ou moins intelligents que leurs aînés, ont maintenant à leur disposition des sources d'information beaucoup plus étendues. Le seul fait que les colonnes de nouvelles sont beaucoup plus remplies, que ces informations sont plus sûres et plus variées qu'autrefois, a pour résultat de diminuer l'autorité de notre Premier-Paris. Le public est maintenant en mesure de faire des déductions par lui-même au sujet d'un débat parlementaire, d'un procès, de la conduite d'une expédition coloniale, du pour et du contre d'une grève ou d'un événement quelconque concernant les intérêts du pays, cela, à l'aide seul du compte rendu publié par le journal sans et être obligé d'avoir recours à l'article de tête pour son instruction. D'une façon générale, il n'est pas exagéré de dire que ce que nous cherchons dans l'article de fond, c'est, plutôt qu'un enseignement dogmatique, d'y voir confirmées, amplifiées ou corrigées nos opinions, nos appréciations personnelles. S'il se trouve que le chroniqueur n'est pas l'écho de nos idées ou n'expose pas l'événement comme nous voudrions le lui voir exposer, si son verdict diffère du nôtre, en un mot, nous sommes plus enclins à passer sentence et à condamner qu'à nous laisser convertir.

Le chroniqueur politique n'en guide pas moins souvent ses lecteurs ou du moins beaucoup d'entre eux, et cela avec succès, soit dans les régions de la haute politique, soit dans des sphères de moindre importance. Il serait facile encore de fournir des preuves nombreuses, et cela même dans l'histoire récente du journalisme, de la valeur de certains articles politiques et de leur influence sur l'opinion publique. Mais la puissance du chroniqueur politique, à l'heure actuelle, se manifeste peut-être encore mieux par le talent, le tact, l'adresse ou l'honnêteté dont il sait faire preuve dans le maniement de questions secondaires, que par sa façon de traiter des sujets d'un ordre élevé. Il y a toujours dans la vie courante deux ou trois sujets d'intérêt primordial et sur lesquels l'opinion publique est assez solidement formée, étayée, ou assez complètement divisée par l'esprit de parti, pour que le chroniqueur politique ne puisse rarement faire autre chose que de confirmer et de renforcer les opinions du lecteur. A côté de cela, il y a cependant des douzaines, que dis-je, des centaines de sujets d'une importance plus ou moins grande pour la communauté, quoique la communauté ne voie pas toujours cette importance, et sur lesquels des journalistes de talent pourront essayer et même réussir à créer une opinion. C'est ainsi qu'ils peuvent paver, pour certaines lois nouvelles, le chemin de leur promulgation ou encore hâter la venue de certaines réformes sociales qui ne sont pas du ressort des Chambres. C'est un signe des temps bien remarquable que chaque journal aujourd'hui semble attacher une importance de plus en plus grande à de semblables sujets et que souvent, si le journal se conforme à la coutume antique et solennelle de publier deux ou trois articles de fond par jour, et consacre le premier à quelque sujet ayant une importance urgente, ce sera justement le second ou le troisième article, d'apparence moins importante, ceux enfin qui traiteront de quelque question en dehors, qui seront injustement le plus lus et auront pour le journal les résultats les plus profitables.

Une autre tendance du jour qui ajoute souvent beaucoup de variété à la lecture du journal, c'est celle qui consiste en un mélange fréquent de littérature gaie et de littérature grave. Le journaliste qui sait à propos varier l'impulsion donnée à un ballon bien dirigé a la chance de vivre assez longtemps pour voir qu'en agissant ainsi il a amené d'importantes innovations.

Le journal quotidien qui produirait deux ou trois articles par semaine sur une question à l'ordre du jour, une question de vraie actualité; mais qui consacrerait le reste de ses articles de tête, pendant le cours de la semaine, à des entrefilets alertes, variés, sur d'autres questions valant la peine d'être étudiées et élucidées, serait un journal idéal.

Un Premier-Paris bien fait n'est pas chose si facile à écrire que le croient généralement les jeunes.

N'est pas tartinier qui veut! Oh que non!

Nous venons de le voir, il faut, non pas tout savoir, mais pouvoir parler de tout, à heure fixe, en deux temps et trois mouvements.

Le tartinier possède toutes les questions politiques, économiques, sociales, théologiques. Il fait ou défait les empires, rétablit la Pologne, reconstitue l'Orient, retient ou pousse les peuples, transperce celui-ci, écrase celui-là et est toujours prêt à expectorer 300 lignes sans respirer. Partout où il se trouve il écrit : il écrit sur le bord d'une table, sur son chapeau, sur son genou, sur ses manchettes; et jamais d'hésitation, la plume court, s'élance, vole, sans que le cerveau ait l'air de prendre la moindre part au mouvement mécanique.

Demandez-lui de vous expliquer de vive voix la question qu'il va traiter tout à l'heure, plume en main, souvent il hésitera, balbutiera, restera court peut-être, mais s'il a devant lui une demi-rame de papier blanc, d'un trait il la noircira, et cela presque sans ratures. Homme étonnant, toute son intelligence semble être au bout de ses doigts!

Ce qu'on a le droit de demander, de recommander au tartinier, mais ce que l'on obtient bien difficilement d'une façon générale, c'est le choix des mots et la propriété des termes. Sa plume, souvent lancée à la diable, s'en va au petit bonheur de l'expression. Comme certains avocats, il a des métaphores impossibles : les *bases* du *lien* social, par exemple.

Il fait souvent aussi un abus par trop considérable de tropes défraîchis : le vaisseau de l'État, le char de l'État, l'hydre de l'anarchie, le palladium de nos libertés. Il ne recule pas devant « le Capitole voisin de la roche Tarpéienne » et, si, par hasard, il rencontre les *Fourches Caudines,* il ne se dérangera pas du tout pour ne pas y faire passer son lecteur.

C'est une race qui se perd.

Aujourd'hui il est de toute nécessité, si l'on veut durer, de faire la toilette à son style et d'émonder ses articles de toutes les chevilles, je pourrais dire aussi bien les « chenilles », de la rhétorique.

C'est le rédacteur du Premier-Paris qui a pour mission de bien mettre en relief les incidents de la politique intérieure ou extérieure. Il explique aux lecteurs la vraie signification de certains télégrammes diplomatiquement obscurs.

Un article de tête devrait, il me semble, se composer de trois parties qui formeraient trois paragraphes. Le premier, exposant la question d'une manière incisive et aussi attrayante que possible ; le second discutant les arguments pour ou contre ; le troisième conclurait. Il est généralement préférable, je le répète, de ne pas donner à la fin la solution définitive, et de ménager les moyens de pouvoir développer plus tard ce même sujet.

Beaucoup de nos Premiers-Paris les mieux tournés sont absolument du type *composite*. Il y a quelque temps, dans un journal qu'il n'est pas utile de nommer, on avait chargé trois rédacteurs différents d'écrire chacun un article de tête *soigné* sur un sujet donné. Lorsque furent fournies les épreuves des trois articles, un nouvel article fut confectionné à l'aide des meilleurs passages extraits des trois autres. Ce n'était là qu'une expérience, car il serait vraiment coûteux de fabriquer ainsi tous nos Premiers-Paris.

Au débutant nous recommanderions, dès qu'il aura un peu acquis la pratique de son métier, de cultiver l'allusion : elle ajoute aux articles une saveur spéciale qui plaît généralement à toutes les catégories de lecteurs.

Ayez soin de rappeler aussi souvent que possible, à ces lecteurs, les choses agréables qu'ils ont déjà lues, et vous ne tarderez pas à vous faire beaucoup d'amis.

En attendant que vous ayez acquis cette expérience, qui, seule, peut donner la confiance, ne craignez pas d'avoir recours pour vos commencements d'articles à l'expédient connu : la relation d'une courte anecdote, une allusion historique ou quelque chose dans ce genre. Ainsi, supposant, bien entendu, que la citation est bien en harmonie avec le sujet, un début dans ce genre : « Brantôme raconte... » ou : « C'est Boccace, si je ne me trompe... » ou encore : « Voltaire, avec son esprit caustique, assure... » Il y a des milliers d'entrées en matière de ce genre, qui sont là prêtes à vous sortir de l'embarras d'un début. Ne vous faites donc pas faute d'en user. Souvenez-vous, si cela peut être pour vous une consolation, que, le début de votre article exécuté, c'est comme si la moitié de l'article entier se trouvait déjà écrite, imprimée, payée.

Le secrétaire de la rédaction. — Le secrétaire de la rédaction naquit lorsque le second Empire édicta la signature obligatoire. Le jour où la loi parut, on trouva moyen de l'éluder en partie en créant le secrétaire.

Ainsi, aux *Débats* M. Guizot se nomma David, et au *Constitutionnel* M. Rouher s'appela Boniface.

Créé de rien, comme Dieu créa le monde, l'institution s'est maintenue, mais modifiée.

Quoi qu'il en soit, la caractéristique du secrétaire à l'origine fut de n'écrire pas, mais de signer les articles.

A l'époque actuelle, le secrétaire de rédaction est le bras droit du rédacteur en chef, c'est l'homme le plus occupé du journal. C'est l'activité faite homme. C'est à lui qu'est échu le soin de s'assurer que l'arrangement du numéro qui va paraître est convenablement disposé pour le tirage, et que les desiderata de son chef immédiat ont été respectés et mis à exécution. Ses fonctions, je le répète, sont toutes importantes. C'est lui qui remplacera un rédacteur quelconque empêché, voire même le rédacteur en chef. C'est lui encore qui règle le sommaire. Quelquefois il écrit aussi les articles de tête, en partie ou entièrement. Il a, suivant les besoins du journal, un ou plusieurs aides, généralement jeunes journalistes. Leur tâche, d'ordinaire, consiste à réduire les rapports, à condenser des articles, à présenter des statistiques sous une forme familière. Ils accomplissent toute une variété de travaux de ce genre.

L'essentiel pour bien s'acquitter de ces différents travaux, c'est d'être prompt, exact et consciencieux, c'est-à-dire ne pas se laisser aller, quelque envie qu'on en puisse avoir, à essayer d'échapper, par la suppression de parties quelquefois intéressantes pour le lecteur, au labeur souvent pénible que demande la recherche du sens exact dans un long paragraphe. Il faut au contraire macérer consciencieusement et triturer le tout avec soin, afin d'en tirer, pour me servir d'une expression un peu triviale, de *bonnes bouchées* de français.

Le secrétaire de la rédaction a encore sa part, une large part, dans la corvée de la correspondance, ayant à lire les lettres qui arrivent de partout, lecture souvent très peu agréable et de difficile réponse. C'est à lui, en revanche, que sont adressés les billets de théâtre et de concert, les entrées aux conférences ou aux différentes réunions politiques, sociales, scientifiques, qui remplissent la journée parisienne. Il a à s'acquitter d'une multiplicité de tâches, et cela sans perdre un instant.

C'est surtout dans le métier de secrétaire de la rédaction, qu'il ne faut jamais se risquer à remettre au lendemain ce qui aurait pu être fait le jour même. Manquez à cette règle capitale et tout ne sera bientôt autour de vous que désordre et confusion.

La *mise en pages* est le terme qu'on emploie pour désigner l'arrangement en pages et en colonnes des différentes parties du journal. Variété dans l'unité, fantaisie dans la régularité, art de flatter l'œil tout en conduisant le lecteur dans une route semblable : telles sont bien, ainsi que le dit M. Dubief dans son son ouvrage *Le Journalisme,* les qualités d'une bonne mise en pages, et je me plais à le répéter après lui. Ce n'est pas une affaire aussi terrible que se le figurent souvent certains débutants nerveux. Il suffit de bien préparer la copie selon les idées générales du rédacteur en chef, et les typos, le metteur, généralement un homme expérimenté, se chargent ensuite de presque tout le travail pénible; on s'y met assez vite.

Les différents articles, chroniques, nouvelles, annonces, réclames, qui constituent le journal, sont placés, une fois composés en caractères métalliques, dans des plateaux construits de façon à renfermer une colonne, d'après le format du journal. Ces plateaux ont des rebords qui empêchent les caractères de glisser, de tomber. Le chef d'atelier, le metteur ou son représentant, fournissent ensuite un rapport sur les quantités de colonnes disponibles pour ce numéro du jour. Si elles sont jugées insuffisantes pour remplir le journal, on ajoute de la copie, c'est-à-dire dix, cent lignes de texte ou plus; si au contraire il y a trop de matière, on enlève une partie de la composition typographique, on la supprime ou on la remet au lendemain, on la renvoie au *marbre*, un des fléaux du journalisme. Le rapport est généralement fourni de la façon suivante :

Article de tête..........................	2 col. 1/2
Chroniques.............................	1 col. 1/4
Tribunaux..............................	2 col.
Faits-divers............................	1 col. 1/2
Échos.................................	1 col. 1/4
Critique musicale et théâtrale............	1/2 col.
Bibliographie...........................	1/4 de col.
Bourse................................	1 col. 1/2
Chambre..............................	3 col. 1/4
Sénat.................................	2 col.
Annonces..............................	3 col.
	19 colonnes.

Limite : 18 colonnes; excédent : 1 colonne

Le secrétaire de la rédaction indique au chef d'atelier quelle est la matière à retrancher ou à ajouter et il lui fait connaître, en marquant d'un chiffre les divers articles, l'ordre qu'ils doivent suivre dans la feuille.

Il devra surtout s'assurer que son journal ne renferme pas deux versions d'un même fait. Régulièrement, la copie tout entière devrait passer entre les mains d'un seul et même vérificateur, qui contrôlerait et prendrait note de tout. Ce système n'est pas, en général, assez rigoureusement appliqué, et le secrétaire a besoin souvent d'une mémoire prodigieuse pour exécuter son travail, qui devient ainsi très compliqué.

A lui, enfin, appartient le soin de veiller jalousement sur les corrections dites d'*auteur* : il doit s'opposer, autant que possible, aux additions faites après coup à l'article déjà composé. C'est dans la *copie*, c'est-à-dire dans le texte manuscrit de l'article, que chaque rédacteur devra faire ses corrections. Le secrétaire a souvent le plus grand mal à les empêcher de modifier les phrases et d'ajouter des mots, des lignes entières sur les épreuves. Cette façon de faire, quand elle est tolérée, aboutit le plus souvent à du temps perdu et à l'impression de grosses erreurs.

Les *typos* et les correcteurs d'atelier, race endurante et patiente, aident beaucoup, par leurs connaissances techniques, l'action vigilante du secrétaire. Ils sont généralement obligeants, bons garçons et intelligents, les typos, et le débutant les trouvera presque toujours prêts à l'aider, s'il ne « la fait pas à la pose » et s'il ne prend pas de grands airs avec eux.

Toujours à la peine, rarement à l'honneur, le secrétaire de la rédaction est la cheville ouvrière de cette machine compliquée qui s'appelle un Journal.

CHAPITRE X

Le reportage. — Talents, qualités et aptitudes nécessaires aux différents reporters. — Insuffisance du reportage actuel. — Causes de cet état de choses, modèles à étudier. — Le reportage de l'avenir. — Ce qu'il devra être. — Le *ceci tuera cela* du reportage. — Le reportage criminel. — Ses avantages et ses inconvénients. — Le devoir du rédacteur des tribunaux. — Redites au sujet de l'influence de la presse sur la criminalité. — Institution d'un Conseil de la presse. — Deux portraits.

Importation anglaise. Plusieurs trouvent en ce métier des appointements de ténors. Ce sont du reste des ténors. Il y a des reporters de toutes sortes, entre autres le *reporter interviewer*, importation américaine, celle-là.

Ce rédacteur que l'on trouve si rarement à la rédaction, toujours sur piste, courant, humant l'air à l'affût de la nouvelle, comment le définir, comment le présenter? Pour le mieux portraiturer, où aller le trouver en ce moment? Il pénètre dans les coins les plus secrets, il tourne ou surmonte tous les obstacles, aborde les plus hauts personnages, suit les ministres en voyage, les armées en manœuvre, même en campagne, héroïque souvent par simple curiosité, et quelquefois sournois, inventant les faits-divers quand il n'en a pas à se mettre sous la dent. Quel homme, quel homme!

Le reportage et la confection de l'entrefilet sont la base de tout journalisme pratique. Il n'arrive que trop souvent que la sténographie, une sténographie souvent, à la vérité, d'un caractère peu avancé, constitue tout l'équipement du jeune candidat reporter. La sténographie est donc ici un *sine qua non*, on ne saurait l'apprendre de trop bonne heure. L'aspirant reporter devra joindre à ce talent certaines qualités : il sera sérieux, fort, honnête, actif, et il aura, — ne riez pas, — bon caractère. Il aura de plus le sens de l'ouïe très développé et la compréhension rapide. Nous sommes tous sujets aux erreurs. Le reporter peut, comme tout le monde, se tromper, mais s'il le fait, ce doit être par *omission* et non par *commission*. Souvent il lui arrivera de se voir obligé de condenser en dix lignes un discours qui aura duré 20 minutes. Le reporter qui n'est pas maître dans l'art de la condensation est un journaliste inutile, du moins pour le reportage.

Le reportage judiciaire, lui, n'est généralement pas aussi difficile; on a plus de temps à sa disposition, le juge dont on suit les paroles prenant d'ordinaire ses notes à l'aide de l'écriture ordinaire.

Le reporter ou rédacteur des Chambres ou celui du Conseil municipal devra être un expert en sténographie et, de plus, il lui faudra posséder un fonds sérieux d'instruction générale; il connaîtra l'histoire, la politique et aussi l'économie politique, à l'état rudimentaire tout au moins, il ne sera pas mauvais qu'il soit aussi un peu linguiste. Le travail du reporter, on le voit, est varié, ardu, plein de responsabilités, mais ce n'en est pas moins une excellente école et un moyen d'acheminement vers les postes plus élevés du journalisme. D'excellents modèles à étudier, ce sont les articles de Pierre Giffard, de Charles Chincholle et Jules Huret, etc...

Le reporter le plus important d'un journal, celui que les Anglais appellent le correspondant spécial, sera avant tout doué d'une vigoureuse constitution qui le rende propre à supporter les plus grandes fatigues. Surtout pas de nerfs : rien ne doit l'émouvoir ni pouvoir exciter ses larmes ou son horreur. N'est-il pas destiné, en effet, à voir, à observer jusqu'au détail qui fait frémir, et à noter sans faiblesse les catastrophes les plus douloureuses? Il visite les hôpitaux, cause avec les estropiés et les victimes d'un accident de chemin de fer, assiste au transport des mineurs calcinés, au moment même où ils sont retirés de la terrible fosse. A ce rédacteur qui écrit souvent au milieu de l'épouvante, il faut un sang-froid imperturbable, et c'est seulement lorsqu'il aura atteint ce degré d'endurcissement qu'il pourra loyalement gagner l'argent qu'on lui paye, et s'acquitter en conscience de la tâche acceptée. Il manquerait à son devoir s'il ne contrôlait pas tout par lui-même : il est donc de toute nécessité qu'il vérifie soigneusement les renseignements avant d'en faire usage, surtout quand ils lui sont fournis de seconde main. Le reporter spécial doit être l'énergie et la vivacité mêmes. Envoyé en un endroit quelconque, il en profitera, son travail fini, pour prendre note des choses intéressantes de la localité. Ces notes, il les classera en fiches, pour pouvoir s'en servir à l'occasion. En effet, ne peuvent-elles pas devenir la base d'autres articles qu'il écrira, quand il y aura un chômage dans les assassinats et les sinistres?

Quant à son style, il sera surtout vif, rapide et coloré. Il devra trancher sur la sécheresse du reportage ordinaire.

De temps en temps, j'en conviens, il peut arriver qu'un homme ou même une femme a quelque chose de vraiment important à dire, que cet homme et cette femme n'ont ou pas le temps ou manquent des aptitudes littéraires pour l'écrire et le publier sans l'aide de l'interviewer. Certaines sages observations sur la politique, quelques intéressants résultats d'expérience personnelle seraient perdus pour le monde, si la personne en question était dans l'obligation d'écrire à ce sujet une lettre aux journaux, avec ce risque de voir son article disparaître dans le panier à papier directorial.

En pareils cas l'interviewer devient un intermédiaire des plus utiles. Au cours de quelques minutes de conversation, crayon et carnet en main, il peut devenir l'interprète de ces faits ou de ces opinions, et s'il est habile, l'interviewer a tôt fait de construire sur ces maigres données un article intéressant. De cette façon, on ne le saurait contester, le reporter peut rendre de réels services. Mais malgré cela l'institution n'est pas sans défauts, et on a beaucoup de reproches à lui adresser.

Cette course folle à l'information, cette rage que les journaux ont aujourd'hui de se devancer l'un l'autre, et qui est une des plaies du journalisme, est cause que la besogne du reportage ne vaut, généralement parlant, que par l'ouvrier. Aussi, souvent, que de bêtises et de mensonges lancés à la pelle dans la circulation! Qu'importe souvent la logique et la vérité, pourvu que le numéro du matin ait sa nouvelle à sensation! Les reporters contrôlent à peine, sont parfois les derniers à croire ce qu'ils écrivent. Ils se moquent du tiers et du quart, leur unique souci est d'apporter leur copie et de toucher leur mois. C'est cette indifférence qui gâte la besogne; peu d'entre eux aiment leur métier, et de là viennent sûrement la banalité et la confusion dont la presse déborde. On sent des employés pressés de quitter le bureau, bâclant le travail, n'y mettant rien de leur enthousiasme ni de leur foi.

Qu'est-ce que l'interview la plupart du temps? Il faut avoir passé par l'épreuve, avoir causé sans méfiance et avoir retrouvé, le lendemain matin, ses paroles imprimées, pour connaître le désastre d'un mot mis hors de sa place. C'est cela, et c'est tout le contraire. On parle nègre, toute logique a disparu, la phrase qui suit semble démentir celle qui précède. Réclamer, impossible! on en sortirait plus ridicule. Le mieux est de tout endosser sans une plainte.

Il ne suffit pas, en reportage, d'être un œil qui voit et une une oreille qui écoute, il s'agit d'être encore un esprit qui apprécie et qui juge. Il faut savoir ne pas tout reproduire en reproduisant le nécessaire, l'indispensable, et surtout en déduisant la logique de l'ensemble. Le milieu posé, la scène s'établit, le récit se déroule, les diverses parties marchent à une conclusion. Il faut dominer son sujet.

Jusqu'à présent on s'est contenté pour le reportage de prendre ce qu'on a trouvé : des jeunes gens actifs, intelligents, des courtiers qui savent survenir à point, voir, noter d'un trait au crayon. Mais au vingtième siècle, on devine très bien que les journalistes français devront être à la fois écrivains, écrivains dans la force du terme et reporters. Ils ne croiront plus déchoir, ni déshonorer leurs grades universitaires ou leur renom de lettrés en prenant le rapide de Cherbourg pour visiter un paquebot rouleur destiné à amener une révolution dans les transports maritimes. On ne dissertera plus, on expliquera, on rendra compte, le doigt sur l'objet nouveau, sur le nouveau miracle industriel ou autre dont on annonce aux lecteurs la venue. Le journaliste pontifiant d'hier se serait refusé à ce dérangement inutile : le besoin d'exactitude forcera ses successeurs à être toujours et toujours en mouvement.

Le rédacteur de 1950 ira à Cherbourg ; il descendra consciencieusement au fond de la mer, dans un bateau sous-marin, il se renseignera auprès des ingénieurs compétents et décrira le fonctionnement du nouveau navire. Le lendemain *Le Temps* ou *Les Débats* publieront son article étudié, et personne ne jugera indigne d'un écrivain français ce travail bien fait, littéraire, donnant la sensation de la chose vue et la conception nette et vulgarisée d'une grande découverte. On trouvera bien fade, à côté du renseignement instructif qu'on vient de lire, les « Causeries » apprêtées et toutes pareilles l'une à l'autre de l'époque d'Alphonse Karr ou de Villemot.

« Si je dirigeais un journal en 1900, a dit M. Pierre Giffard, le célèbre reporter, j'irais chercher mes reporters à la sortie de l'École Normale. Et ils ne croiraient plus déchoir parce que je les prierai d'aller étudier un fait sur place avant d'en parler. Ce sera la nouvelle forme du journalisme, le journalisme vécu. Le public est déjà de cet avis. On ne peut plus lui imposer les vieilles tartines platoniques et prudhommesques. Il ne les regarderait seulement pas. Il tourne la page, il va aux nouvelles, aux informations, aux rapides articles d'actualité. »

« Le journaliste doit s'y attendre : à mesure que le journal sera mieux renseigné, le rédacteur devra acquérir des connaissances plus étendues. Il sera forcé de traiter de plus de choses, de savoir de tout un peu, d'apprendre beaucoup et très vite à l'occasion. Il aura besoin de fiches, de notes, de toutes sortes de ressources pratiques pour trouver immédiatement les renseignements qu'il lui faut. Il sera un de ces mécaniciens de métiers nouveaux qui font à eux seuls la besogne de plusieurs tisseurs de l'ancien système. Il sera tenu d'avoir des qualités de critique, de reporter, d'artiste, d'homme politique. Il devra beaucoup savoir pour tout écrire. On ne dira plus dans vingt ans sur les nouvelles publiées dans les journaux ce que des railleurs ont pu écrire de notre temps, surtout à cause des reporters inférieurs, recrutés au hasard : qu'en matière de journalisme une nouvelle vraie et une nouvelle fausse se valent ; que généralement une nouvelle n'est qu'à moitié vraie, et qu'on travaille dans un tel brouillard que les démentis ne sont pas plus réels que les affirmations. »

« Nous croyons que le reportage, loin d'abaisser le niveau du journalisme, comme on l'a craint, l'élèvera au contraire, quand le besoin de reporters habiles et instruits aura modifié leur mode de recrutement. Notre époque commence à voir justement cette transition: la transformation du personnel écrivant, la formation du journalisme nouveau. Il s'organise, il grandit, il suit de plus en plus près la marche naturelle de la société moderne, sa modification subit la même loi que l'évolution du monde. »

Ce journalisme nouveau, terme employé pour la première fois par l'écrivain anglais, Mathew Arnold, dans le numéro de mai 1887 du *Nineteenth Century*, qu'est-il en somme? C'est le journal à informations, le journal à nouvelles, celui de l'avenir, en attendant l'autre.

Ce qui a discrédité nos premiers reporters, je le repète, c'est l'imitation de leurs confrères d'Amérique et surtout l'abus de l'interview. Il est si facile de s'entourer des données nécessaires à la mise en œuvre d'un bon article, sans dire d'où elles viennent! A quoi bon ces entrevues, ces conversations, ces réponses, qui mettent en présence Orgon ou Argante avec quelque petit intrigant de comédie qui vient les sonder?

Le reporter se donne un rôle, c'est lui qui interroge; dans son compte rendu il a l'air de guetter, de sourire supérieurement, de noter, de pénétrer, comme un juge d'instruction. Qu'avons-nous à faire des questions sournoises d'un reporter et de son attitude devant M. Renan ou M. de Broglie? C'est la souris se jouant du chat, et on finit par hausser les épaules avec ennui. Presque toujours, c'est l'interviewé qui proteste avec le plus de colère : « il a tout travesti, c'est un cabotin, je n'ai pas dit cela, » on rit; mais on est fatigué de ces entrevues, l'impossibilité de croire à l'entière bonne foi du récit empêche de s'y intéresser. L'interview n'est admissible que dans un cas très grave, à la suite d'un grand événement, elle devient alors une déposition publique, intéressante, nécessaire; mais sans cette condition, elle n'est qu'une duperie pour le lecteur.

C'est quelquefois une tâche redoutable, d'ailleurs, d'écrire une interview sérieuse. Il s'agit de faire parler un homme considérable; le reporter, presque forcément, lui prête son style à lui; être exact est bien difficile; la phrase dite n'est jamais la phrase écrite, il y manque l'intonation de la voix, le soulignement et la valeur donnés aux mots, aux nuances insaisissables de la parole; le glissement, l'effacement, l'atténuation par un sourire... L'interviewé se reconnaît bien rarement dans l'article. Le public ne saisit pas toujours le vrai sens de l'entretien.

Puis parfois l'interviewé se fâche et le malheureux rédacteur ne peut même pas livrer à la postérité le fruit de ses veilles et de ses transes. En Amérique il n'est pas rare qu'un homme, ennuyé par un journaliste ou soi-disant tel, lui allonge un coup de poing. Personne ne s'en émeut là-bas et l'interviewer moins que personne. Ce sont des mœurs nationales. (Dubief.)

Dernièrement il y eut mort d'homme ainsi que le raconte un peu plus loin le même auteur. C'est un boxeur qu'on interviewait. Il voulut éconduire le reporter; le reporter insista, le boxeur lui asséna sur la tête un coup qui l'étendit raide : mort au champ d'honneur.

Ce journalisme nouveau, ce reportage accommodé au goût du jour, que devra-t-il être surtout?

Il sera *descriptif*. Je veux dire par là que le récit de ce qui a pu être dit, le compte rendu tout sec d'un événement quelconque, en un endroit donné, ne suffira plus. Il faudra de la vie et de la couleur sur ce récit; le style ordinaire du reportage actuel laissera froid; et si le rédacteur n'a pu envelopper la narration de ce qu'il a vu d'un charme descriptif réel, il échouera et devra céder la place à un autre mieux doué par la nature et plus habile. Au reporter désireux de réussir à l'avenir un fonds sérieux d'information générale, je le répète, sera indispensable. Il devra posséder non seulement la littérature moderne, mais aussi la littérature ancienne. C'est celui qui aura, des livres, du pays, des choses, des hommes, des femmes, et des enfants, la connaissance la plus intime et la plus complète, qui aura alors la meilleure chance de réussite.

Aucun homme ne saurait deviner quelle sera la nouvelle

incarnation de l'aspirant journaliste de l'avenir qui, à l'heure qu'il est, nous le savons, est déjà prêt presque au sacrifice de son existence elle-même, du moment que, par ce moyen, il peut gratifier son journal de quelque chose d'absolument extraordinaire, saisissant et nouveau.

Pour revenir à mon sujet, le reportage, ayez soin d'apporter un peu de fantaisie dans votre travail, un peu de fantaisie originale. L'information ne vous servant que de guide, quittez, si vous le pouvez, ce point de départ, et promenez-vous en observateur à travers la vie, jusqu'à ce que vous y ayez trouvé un quart de colonne au moins qui fleure le poète ou le philosophe. Il suffira que déjà vous ayez comme base la sécurité d'un document exact. Tantôt, sans doute, ce sera un portrait à peindre, tantôt un livre à juger, tantôt un souvenir à évoquer. Et alors, alors seulement, vous pourrez, et on pourra plus tard vous relire.

L'avenir, que nous réserve-t-il ou plutôt que ne nous réserve-t-il pas!

M. Dubief dans son ouvrage *Le Journalisme* n'est pas des plus rassurants.

« Comme les typographes, dit-il, ont eu leur art modifié par le mécanisme, l'industrie des reporters sera bouleversée par les sciences nouvelles. Après les pataches, la locomotive; après le gaz, l'arc voltaïque. Les journaux à dépêches ne seront plus que de l'antiquaille. Place aux phonographes, place aux téléphones!

« Déjà le téléphone rend mille services. Le rédacteur en chef, dans sa ville, s'en sert pour recevoir les renseignements ou donner des ordres, pour causer avec ses collaborateurs ou, dans les Chambres, avec députés et sénateurs. Déjà aussi l'agence Havas et l'agence Dalziel envoient aux journaux de Reims, de Rouen, du Havre, des correspondances téléphoniques. Bientôt, ce sera de Paris à Bordeaux, de Marseille à Birmingham. La Seine, le Danube, le Gange causeront de voisin à voisin. Y a-t-il une pièce à succès, une séance de la Chambre à grand orchestre? Un journal de Lille, ou peut-être des Colonies, convoquera ses lecteurs dans un local *ad hoc*, et, comme on donne aujourd'hui à l'Élysée des auditions d'opéra, leur donnera ainsi en prime des représentations extraordinaires.

« Déjà même (est-ce bien réel?) on annonce qu'Edison a repris, en l'agrandissant, une idée déjà essayée en France, l'idée du *journal parlé*. Les sourds, hélas! y auront peut-être des objections, mais les aveugles diront des chants de grâce.

« Chaque abonné, mis par un fil en communication avec son journal, n'aura plus qu'à tourner une boucle d'acier et à écouter. Non seulement il aura ainsi les dernières nouvelles recueillies, mais il entendra, avec ou sans commentaires, le sermon du prédicateur, l'opéra nouveau, le discours du ministre; il saura même, à point nommé, où ont éclaté les applaudissements ou les murmures. Impossible à l'orateur de retoucher la sténographie, ou au critique influent de trop vanter ou de trop dénigrer le jeu des artistes.

« Déjà aussi on parle d'enseigner par le *téléphonographe* la musique, la déclamation, les langues vivantes. Les peuples se parleront l'un à l'autre avec leur pur accent — tant qu'il y aura des accents. On téléphonera de Paris à Tunis, de Madrid à Calcutta, de Londres à Tokio, de Pékin à Cayenne, de Rome au Dahomey. Les antipodes se tiendront par la main. Il y aura partout des téléphones, comme il y a partout des tramways et des balayeurs. Les conducteurs de trains, les capitaines de navires se parleront d'un bout à l'autre de l'océan ou de la terre ferme, et profiteront de l'occasion pour renseigner leur journal sur le prochain orage. D'autres voyageurs, du haut de leurs ballons dirigeables, noteront, photographieront tout ce qui se passe sur la terre ou dans les airs, et en feront part à leurs amis et connaissances.

« Un épervier invisible de conduits électriques enserrera le globe. Par eux, de partout, les nouvelles afflueront au cabinet du journaliste, comme par autant de filets nerveux; d'autres filets nerveux les transmettront au même instant chez tous les abonnés ou les emmagasineront dans leur phonographe. Puis, qui sait! nos neveux ayant trouvé enfin l'art de *voir à distance*, l'image, les gestes, le jeu des acteurs, des orateurs, des personnages célèbres suivront la même voie qui aura transmis leurs actes ou leurs paroles. Moyennant l'abonnement le plus minime, le citoyen du vingtième siècle pourra évoquer devant lui, à volonté, un diorama vivant de l'Univers et être sans cesse en communion avec tout le genre humain. Aucun propriétaire de notre temps ne sait aussi bien ce qui se passe dans ses terres.

« Alors ce sera si beau, le journalisme se sera si bien perfectionné, qu'il n'y aura plus de journalisme. Il aura cessé d'être la langue indispensable. Le *ceci tuera cela* du poète aura trouvé une application de plus. Le Livre, d'après lui, a sapé le Monument; le Journal a supplanté le Livre; le Téléphone et le Phonographe supplanteront le Journal. »

A côté des vrais reporters, hommes sérieux, qui occupent dans la presse une situation méritée, il faut signaler certains intrus malfaisants. Ces nouveaux venus, camelots du fait-divers, passent leur temps à courir de journal en journal, à colporter des *canards*. Bavards, encombrants, souvent sans tenue, sans réserve, sans discrétion, ils envahissent les bureaux de renseignements ouverts à la presse, si bien qu'on est obligé de les fermer à tout le monde. Les journalistes sérieux eux-mêmes, malgré tous leurs efforts, ne peuvent échapper à leur contact.

On sera forcé de rééditer pour les porteurs de faits-divers, si cela continue, ce qu'on a fait pour l'information. En effet il y a vingt ans, on traquait les reporters politiques comme des bêtes nuisibles. Depuis, ils se sont modifiés, organisés, et maintenant ils sont reçus partout, ils ont leurs grandes entrées à la Chambre et dans les Ministères; en enrégimentant, en disciplinant le flot des fournisseurs de nouvelles et de faits divers, on arrivera peut-être à utiliser ces documents qui arrivent généralement sales, mal enveloppés et pleins de taches : on évitera toute promiscuité avec la véritable rédaction, et si quelque personnalité intelligente surgit dans ce flot, on ne manquera pas de s'en servir, de la mettre en lumière et en valeur.

Le reportage criminel. — Une des grosses questions que soulève le reportage est celle du reportage criminel, dont les informations précèdent souvent dans le journal celles que la police essaye de rassembler chez le juge d'instruction. Les détails sur les crimes, l'importance donnée au scélérat, l'utilité ou le danger de ces révélations publiques ont provoqué des polémiques sans fin.

On craint que le reportage criminel n'excite la mauvaise curiosité de l'homme pour le mal. Le grand public, en effet, se compose de plusieurs fractions qui ne s'intéressent pas toutes aux mêmes genres d'articles. Il y en a qu'ennuie la critique d'art, d'autres sautent le compte rendu musical, le sport, la bourse, le théâtre; d'autres, enfin, toute discussion parlementaire ou administrative,... sauf en cas de séance scandaleuse à la Chambre. Mais tous sont pris par la gazette des tribunaux. Le lecteur qui aurait passé, sans le lire, sur le portrait d'un académicien célèbre ou d'un grand poète défunt, lira avec passion et sans perdre une ligne le portrait d'un Vacher ou d'un Pranzini. Il ne faut pas se le dissimuler, le reportage criminel s'adresse à la masse du public.

Le reportage criminel est le plus attaqué de tous les genres de reportage. On l'accuse surtout d'empêcher l'action de la justice poursuivant les criminels. La multitude aime à savoir les détails des enquêtes de police, et c'est avec passion qu'elle suit les agents en campagne. Jaume et Rossignol, têtes du personnel de la sûreté vers 1890, étaient certes aussi célèbres que Got et Sarah Bernhardt. La chasse à l'homme, dont les péripéties se succèdent à chaque numéro, donne au lecteur une autre attente et un intérêt autrement poignant que les incidents des feuilletons. Le journaliste le sait, et il s'en sert pour passionner ses lecteurs et doubler son tirage. Quel mal fait-il, et qui peut le rendre responsable de satisfaire la curiosité naturelle des gens?

Le Français, nous le savons, lit son journal, même quand il le trouve ennuyeux : comment ne s'attachera-t-il pas à la recherche d'un mystère souvent aussi difficile à éclaircir qu'un conte d'Edgard Poë? Et quel est le journal qui pourrait se refuser à profiter, pour sa légitime publicité, de cette émotion générale?

Il est impossible d'admettre comme sérieuse la réclamation de certaines personnalités littéraires contre cette façon de complaire au goût du public. On accuse les reporters de fausser les esprits en les tournant, et sans le vouloir, contre un innocent, qui peut succomber devant le jury, composé de ces lecteurs crédules; on les accuse encore d'entraver l'action de la justice, en apprenant à tout le monde les mesures de police prises contre l'assassin présumé, qui les lit aussi, et qui, averti ainsi, peut préparer les moyens de se dérober à jamais.

Nous croyons que, dans le premier cas, le devoir du reporter est d'exposer les faits et les renseignements qui lui parviennent, sans parti pris, et en ayant soin de ne point charger d'avance celui que le tribunal seul peut convaincre de crime. Beaucoup ont la prudence d'agir ainsi, par jugement droit, modération naturelle ou habileté de métier qui laisse un doute pour mieux surexciter l'attention.

Il reste le très grand inconvénient d'être lu par le criminel qui peut échapper à ces mesures puisqu'il les connaît. Cet inconvénient ne se peut nier, mais il ne faut pas oublier que cette indiscrétion offre aussi de très grands avantages. D'abord, le criminel peut croire qu'on cherche à le duper, et que tous ces détails viennent de la police, afin de mieux le convaincre en le surprenant au milieu des précautions qu'il prendra. Mais il faut bien convenir que l'enquête des reporters est très utile, surtout parce que l'homme du peuple a la langue méfiante avec les agents; il a horreur des tribunaux, des interrogatoires devant le juge où il est exposé à perdre des journées entières; au reporter il dira tout. En effet, il n'a pas peur de ce monsieur qui n'a qu'un crayon et un carnet. Les reporters sont jeunes, actifs, ils savent faire parler, et souvent ils comprennent l'argot.

Ils ont même d'autres manières de délier la langue des muets. Où l'agent dépense dix sous, le reporter n'hésitera pas à dépenser dix francs.

Aussi est-il juste de dire que, là encore, l'intervention de la presse a du bon. Elle peut servir, c'est vrai, assez rarement, au meurtrier qui se cache, mais de quelle utilité elle est à la police, qui y trouve des informations, des indices, des réponses que l'agent le plus roué n'obtiendrait certainement pas de certains peureux entêtés! Au fond, si la préfecture se plaint, c'est peut-être le fait de cette jalousie invincible de l'administration, qui aimerait mieux ? qui sait, ne rien trouver que de devoir une capture à l'odieuse ingérence de la presse !

Pour toutes ces raisons, la suppresssion du reportage criminel semblerait impossible. Il serait certes plus facile, et peut-être plus utile, de supprimer les députés et les sénateurs. Les reporters ont beau être renseignés à faux et déroutés par la police, ils savent trop bien chasser, ils trouvent ; ils complètent l'œuvre de la Sûreté. Leurs services et leurs révélations ont influé sur les masses, et c'est grâce à eux que la répression des malfaiteurs est devenue plus active, que les peines appliquées aux assassins relégués ont cessé d'être une dérision. C'est l'action de ce reportage qui a indigné le public contre les fâcheuses indulgences de M. Grévy qui, cédant à ce sentiment, laissa, vers la fin, exécuter quelques-uns des scélérats qu'il graciait autrefois. Dès lors, le voyage à *la Nouvelle* cessa d'être une partie de plaisir ; on les a serrés un peu, là-bas, et l'on verrait difficilement un être immonde comme Abadie devenir directeur du « Théâtre National » de notre colonie océanienne.

Les reporters, souvent à leur insu, plaident à la troisième page du journal en faveur de la peine de mort, par des faits, par le seul exposé des crimes. Ils l'emporteront toujours sur les rédacteurs de la première page, qui dans les *articles de tête* attaquent la peine de mort, quelquefois avec les clichés de 1840.

Les reporters, enfin, ont fourni les documents qui ont fait voter la loi contre les récidivistes. Nous ne la jugerons pas, vu sa mauvaise exécution, mais il n'en est pas moins certain qu'elle pourrait devenir utile.

Il convient donc de rendre justice au reportage criminel et de ne pas considérer uniquement les imprudences ou les indiscrétions qu'il a pu commettre. Il est très vrai que, souvent, le reporter brûle les rideaux en approchant de trop près sa bougie. Mais il ne faut pas oublier que ce zèle a rendu des services. Le vrai reporter est sérieux, il a sa place dans son journal ; il est connu ; on s'adresse à lui de partout. Il ne doit pas être confondu avec les limiers de nouvelles, les irréguliers qui envahissent la rédaction, apportant au hasard les ragots les plus douteux, genre de camelots dont nous avons parlé plus haut.

Il serait à souhaiter que l'antagonisme cessât entre la presse et la police. Les commissaires et le chef de la Sûreté auront confiance dans les représentants autorisés des grands journaux. Loin de chercher à entraver l'action de la justice, les reporters seront ses plus utiles auxiliaires. Mais surtout, je le répète, qu'on tienne à l'écart tous les racoleurs de *canards* et les inventeurs de faux renseignements. Cette entente entre la presse et la justice, en facilitant la tâche des reporters, délivrerait le public de tous ces racontars fantaisistes et ridicules dont on l'a berné si souvent.

Une dernière question, très importante, très délicate, reste à résoudre : l'influence de la presse sur la criminalité. On a été jusqu'à attribuer à ces reporters, ainsi qu'aux romanciers, une sorte de responsabilité indirecte dans certains crimes, dont leur imagination ou leurs recherches auraient fourni, paraît-il, les moyens d'action à l'homme féroce qui les lisait.

Quand la presse n'aurait d'autre tort que d'étendre à trop de gens la connaissance des procédés employés par les criminels, ce serait déjà une bien grave responsabilité. Nous ne voulons pas la dissimuler.

Le docteur Despine, dans son beau livre sur *La Folie au point de vue philosophique,* montre encore mieux les conséquences de cette publicité périlleuse. Voici, en substance, ce qu'il en conclut :

La manifestation d'un élément instinctif, comme un sentiment, une passion, excite le même élément instinctif et le fait vibrer chez les personnes susceptibles de l'éprouver vivement. Le récit des actes criminels est dangereux pour l'individu mal conformé moralement, ayant, en germe, des instincts pervers. Ce récit, cette vision d'un fait peut donner à cet individu des idées criminelles, le désir d'en faire autant.

L'esprit d'imitation est redoutable, et les mauvais exemples sont autrement contagieux, bien plus vite imités, que les bons. Après chaque crime célèbre, on a vu des crimes identiques se produire partout. La relation de ces crimes est donc un vrai danger. Tous les écrivains criminalistes l'ont reconnu. On a prétendu que le péril venait du silence qu'on garde sur les actes honnêtes, que l'on oublie trop de les opposer aux actes pervers; c'est que ceux-ci intéressent et remuent bien plus profondément les passions humaines. Divers savants remarquables, affirmant la contagion du crime par imitation, ont demandé qu'on imposât aux publicistes le silence sur les faits monstrueux qui peuvent déterminer des épidémies mentales; que la presse médicale et judiciaire eussent seules le droit de traiter scientifiquement, loin des cerveaux déjà malades, ces cas troublants; et que le huis-clos fût prononcé pour juger certains assassinats dont les mobiles psychologiques pouvaient provoquer l'aberration de certaines têtes.

Nous ne verrions pas d'inconvénients à ces restrictions de publicité. Il est dangereux que la presse serve cette pâture à tant de faibles; la presse est libre, mais comme M. Henrot, dont nous venons de résumer l'opinion ainsi que celle de M. Despine, nous voudrions que la liberté d'écrire ne prévalût pas contre les vrais intérêts de la société.

Ne pourrait-on pas, dans le cas où on ne croirait pas devoir adopter le système d'allonges déjà décrit, tout au moins établir, à cet effet, une sorte de Conseil de la presse dont ferait partie tout directeur de journal? Le téléphone appellerait subitement les délégués choisis, en cas de nécessité, et ils décideraient ensemble quelle attitude devrait prendre la presse pour sauvegarder sa responsabilité et son honneur dans telle ou telle question imprévue?

On appliquerait surtout ce système aux affaires honteuses ou à certains incidents scandaleux dont il serait malsain, pour la moralité publique, de publier les détails. On pourrait, par exemple, convenir de ne citer que le fait et cela sans aucun détail. Le bien qu'une pareille ligne de conduite ferait au pays, et en particulier à la jeunesse, serait énorme. Et combien grandiraient ainsi la dignité, le prestige et la puissance de la presse! Quelle différence entre la puissance qui a pour base une action juste, et celle qu'on obtient par de coupables appels à ce qu'il y a d'instincts bas et vils dans l'humanité!

Tel est le moyen, le remède, qui nous semblerait le plus honnête, le plus pratique. Nous ne voyons pas, en effet, la possibilité d'enrayer ce mal par de nouveaux articles ajoutés à nos codes, ne concevant guère comment on pourrait les appliquer. Interdire sans appel la publicité d'un fait, qui oserait le proposer? Quelle juridiction aurait assez d'ascendant sur la presse et l'esprit public pour pouvoir décider ainsi, et supprimer d'avance la publicité de l'enquête et des débats? Nous ne sommes plus au temps où l'autorité avait ces droits de tutelle. N'est-il pas juste que nous payions les avantages de la liberté ?

« Les journalistes, qui ont des syndicats pour la défense de leurs intérêts matériels, dit M. Dubief dans son ouvrage *Le Journalisme*, ne seront-ils pas amenés à s'en servir pour défendre leurs intérêts moraux et intellectuels?

« Certes, par le fait que le journalisme est une profession ouverte, où l'on entre sans diplôme, sans formalités, chacun n'y répond que de soi, n'a d'autre contrôle que sa conscience : il n'existe aucune corporation officielle; mais là comme ailleurs, l'esprit de libre association produira ses effets bienfaisants.

« Voici, à quelques retouches près, les portraits également vrais ou du moins vraisemblables de deux journalistes. Ce sont deux extrêmes sans doute : mais, en peignant l'excès du mal comme l'excès du bien, il faut montrer aux débutants que tenterait cette carrière accidentée, jusqu'où peuvent mener les deux voies ouvertes devant eux.

« L'un de ces journalistes, c'est le gazetier cuirassé de Hollande, celui qui a été décrit par Beaumarchais, « les bras retroussés jusqu'aux coudes et pêchant le mal en eau trouble... Censures, gazettes étrangères, nouvelles à la main, à la bouche, à la presse, journaux, petites feuilles, lettres courantes, fabriquées, supposées, etc., etc., tout est à son usage. » Il spécule sur la vanité. Il monnaye le scandale. Il est en quête d'histoires louches. « Attention, écrira-t-il alors, mon journal « sait tout! » et il offrira de se taire, moyennant finances. Son silence est d'or ; sa parole aussi.

« Voyez cet autre : quel contraste! Il s'est fait journaliste comme il se serait fait apôtre. Il a embrassé une cause, et il lui a tout donné, à toujours. Ni or ni argent ne l'en détourneraient. Il se bat et il catéchise. Son rêve, c'est l'éducation politique, économique, artistique, morale de ceux qui lisent. Rien de ce qui est humain ne lui reste étranger; tout ce qui est injuste le regarde personnellement. Contre préjugés ou abus, il est toujours prêt à partir en guerre. Les paladins d'autrefois se tenaient dans un carrefour, l'épée nue, à la disposition des opprimés : il est visible à toute heure, la plume en main, dans son cabinet. Si l'esprit de justice était banni du reste du monde, c'est dans son cœur que vous le retrouveriez. Il est, si cela vous sourit, le dernier des don Quichotte.

« Et, maintenant, quel sera le journal digne de ce journaliste?

« Ce sera celui :

« Qui aime son parti, mais plus encore l'impartialité;

« Qui a pour consigne : « la vérité, rien que la vérité », qui la dit même à ses amis, surtout à ses amis;

« Qui s'applique à être vite renseigné, et plus encore à contrôler ses renseignements;

« Qui, instruit de tout par les voies les plus rapides, ne dit que ce que peuvent entendre les honnêtes gens et surtout les honnêtes femmes;

« Qui met son honneur à ce qu'on puisse toujours le laisser sur la table de famille;

« Qui, prélevant bonne dîme sur les industriels en quête de réclame, se donne gratuitement aux inventeurs en gestation d'idées;

« Qui est sérieux et piquant, instructif et récréatif;

« Qui, rédigé par de vrais savants, fuit le pédantisme comme la peste;

« Qui a de l'esprit, mais jamais en dépit du bon sens;

« Qui parle plus volontiers aux hommes de ce qui les unit que de ce qui les divise;

« Qui est tout ensemble le chroniqueur de l'univers et l'ami du foyer, l'encyclopédie du jour, la préface du lendemain. »

CHAPITRE XI

Le rédacteur parlementaire. — Les potins de couloir. — Le compte rendu des débats parlementaires. — Travail des rédacteurs. — N'est pas secrétaire-rédacteur qui veut. — L'étoile de la corporation. — Les satellites. — Impressions d'Adrien Marx. — Dure besogne. — Épreuves du début. — Parallèle entre la sténographie et la photographie. — Opérations de l'esprit et de l'intelligence nécessaires au secrétaire-rédacteur. — L'ignorance encyclopédique. — Quelque chose de pire que l'épée de Damoclès. — Mode de recrutement des secrétaires-rédacteurs. — Édouard Durranc. — Le bulletinier. — Opérations sans absorption ni écrasement. — L'échotier. — Les relations étendues. — Chances d'emploi pour les débutants. — La nouvelle à la main. — Ce qu'elle doit être pour être acceptée au journal. — Mesures de précaution à prendre. — Le chroniqueur. — Tribulations du métier. — Modèles à étudier. — Napoléon Lespès. — Un échantillon de ses chroniques. — Un article par jour!!!!! — Les asservissements d'une sinécure. — Jules Vallès. — Le courrier du chroniqueur. — Le soiriste. — Ses fonctions. — Arnold Mortier. — Sa méthode de travail.

Le rédacteur parlementaire. — Le service des Chambres et du Sénat se divise généralement en deux parties : les potins de couloirs, le compte rendu des débats. Chaque journal envoie à la Chambre et au Sénat un ou deux rédacteurs qui ont pour mission, quelquefois difficile, non pas de causer avec les députés, mais de découvrir ainsi ce qui se passe dans les commissions, ce que mijotent les ministres et aussi les complots ourdis contre les ministères. Par le fil téléphonique et à intervalles rapprochés ces rédacteurs envoient à leur journal ce qu'ils ont pu glaner de vrai... ou de faux.

Vous est-il arrivé de lire au *Journal officiel* le compte rendu des débats à une séance de la Chambre? Pour peu que la séance ait été un peu chargée, avez vous réfléchi à ce que peuvent fournir ces trente ou quarante pages sur deux colonnes ? la matière d'un gros volume. Un journal anglais, *Le Times*, ne craint pas de dépenser près de 20.000 livres sterling pour donner à ses lecteurs l'*in-extenso* ou le compte rendu sommaire ou l'*analytique* des séances à la Chambre londonienne. Notre *Moniteur universel* est actuellement le seul journal parisien qui reproduise entièrement les débats des séances des Chambres; la prose est sténographiée par ses secrétaires-rédacteurs et il la cède ensuite aux autres journaux sous la forme du compte rendu analytique.

Secrétaire-rédacteur, ne l'est pas qui veut, et ceux qui l'ont été ou qui le sont font quelque figure non seulement à leur banc, mais encore dans les lettres :

Ludovic Halévy a été longtemps secrétaire-rédacteur au Corps législatif. Comme dirent les chroniqueurs du temps : « Halévy quitta l'amphithéâtre dominé par M. Schneider, pour le théâtre où Mlle Schneider dominait. »

Halévy est l'étoile de la corporation des secrétaires-rédacteurs, entrés, en sa personne, à l'Académie française.

Je citerai ensuite feu Gastineau, — un des adaptateurs de *L'Assommoir*, ce que Dieu veuille lui pardonner ! — puis Claveau, Couailhac, qui eut tant d'œuvres représentées sur les scènes parisiennes avec grand succès, de Lescure, l'historiographe éloquent des Français les plus spirituels, qu'ils s'appellent Henri IV ou Rivarol.

Charles Simon, Bergeret, d'Hormoys, Ernest Daudet, Boysse, G. Bourdon, H. de la Pommeraye, et d'autres écrivains encore, ont été ou sont secrétaires-rédacteurs, soit à la Chambre des Députés, soit au Sénat.

Adrien Marx a passé aussi par le banc des secrétaires-rédacteurs, et dans une chronique où il raconte sa nomination, ses impressions, il écrit :

« Si les députés peuvent dormir, ceux dont les fonctions consistent à résumer leurs discours n'ont point cette latitude.

« La besogne du secrétaire-rédacteur est de celles qui exigent une attention et un travail continus, et le bourgeois qui avant de souffler sa bougie, parcourt dans son lit le procès-verbal d'une séance, est loin de se douter que dix intelligences ont combiné leurs efforts pour arriver à lui donner le compte rendu analytique des débats soulevés au nom du bien et de la prospérité du pays. »

M. Adrien Marx nous dit les épreuves de ses débuts :

« Jamais je n'avais assisté aux séances du Palais-Bourbon...
« j'ignorais leurs brouhahas, leurs agitations, leurs ouragans,
« aussi je vous laisse à penser de quelle migraine je payai la
« perte de cette virginité.

« Je me suis dix fois senti sur le point de crier à un ora-
« teur qui exposait ses idées avec trop de célérité :

« Je vous prie, Monsieur, n'allez donc pas si vite : ou bien :

« Vous plairait-il, Monsieur, de répéter votre dernière
« phrase, dont je n'ai entendu que la première partie.

« Mais cela ne se fait pas! »

Non! cela ne se fait pas, et puisque l'occasion excellente s'en présente, je laisserai M. Henry de la Pommeraye, dans un article publié par lui dans le *Paris*, dont je reproduis ici quelques extraits, vous expliquer maintenant comment vous pouvez, deux heures après une grosse séance parlementaire, lire, avant de vous endormir, le résumé des discours prononcés soit à la Chambre, soit au Sénat :

« Beaucoup de mandataires de la nation ignorent eux-mêmes les procédés employés! donc je crois que cette digression, due à Toché ne manque pas d'intérêt et que vous me la pardonnerez.

« Voici la chose : la sténographie (1) est un instrument merveilleux, mais il faut traduire les signes, car la sténographie n'a pas adopté une langue unique et universelle et cela exigerait trop de temps pour que les discours puissent être transmis au télégraphe, au fur et à mesure qu'ils sont prononcés. Alors des secrétaires-rédacteurs, — je prends l'une des formes de leur travail, — sont chargés de saisir au vol la parole, de la fixer tout de suite sur le papier, en écriture courante, li-

---

(1) La sténographie est au compte rendu analytique que rédigent les secrétaires-rédacteurs, ce qu'est l'œuvre du photographe à l'œuvre du peintre. Comme la photographie (qui est souvent moins ressemblante que le portrait parce qu'elle ne donne pas la physionomie), la sténographie est, en réalité, moins fidèle, quoique plus exacte, que le compte rendu analytique. Elle est d'ailleurs revue et souvent changée par les orateurs.

sible pour les télégraphistes ; chaque phrase qui tombe de la tribune est aussitôt résumée par le secrétaire-rédacteur et envoyée au télégraphe qui le transmet au journaux.

« Le secrétaire-rédacteur doit avoir fini de résumer le discours au moment même où l'orateur a fini de le prononcer.

« Pour accomplir cette tâche difficile, plusieurs opérations de l'esprit sont nécessaires.

« Il faut :

« 1° Écouter,

« 2° Entendre,

« 3° Voir,

« 4° Comprendre,

« 5° Savoir,

« 6° Exprimer.

« *Écouter*, sans aucune distraction, sans aucun parti pris, sans passion ni opinion, car la sincérité du compte rendu est la condition primordiale de son existence.

« *Entendre*, si bas, si vite que parle l'orateur, quelque bruit qu'on fasse dans la Chambre.

« Et il ne faut pas se contenter d'entendre celui qui est à la tribune, il est indispensable aussi de saisir les interruptions des membres siégeant dans l'hémycicle, ainsi que les observations du président. Pour cela il faut « *voir* » et voir derrière soi, comme devant soi, à droite, à gauche, au centre, en haut, en bas, sur les côtés, partout.

« *Comprendre* n'est pas aussi facile qu'on le suppose. Certes, les orateurs sont tous très clairs, — oh, oui, tous! tous! — mais ce sont les sujets traités qui peuvent avoir, pour les secrétaires-rédacteurs, leurs obscurités ou leurs difficultés. Heureux sont les rédacteurs quand ils n'ont à s'occuper que de questions générales comme le divorce, la liberté de la presse ou le droit de réunion! On est toujours prêt sur ces matières ; mais jugez quelles connaissances variées il leur faut avoir, puisqu'il peut arriver qu'on discute le lundi sur les sucres et le drawbach, le mardi sur les banques, le mercredi sur le traité de Madagascar, le jeudi sur le Concordat, le vendredi sur les tarifs douaniers ou sur les crédits ordinaires, le samedi sur les successions et l'enregistrement.

« Il n'y a que la question du repos dominical qui soit d'une clarté sans ombres.

« Ce qu'on a appelé une ignorance encyclopédique est fatal.

« Or notez que la moindre erreur, — et qui n'est pas exposé à en commettre ! — est épouvantable puisqu'elle passe sur le champ, du Luxembourg ou du Palais-Bourbon dans tout Paris, dans toute la France, dans toute l'Europe, dans les autres parties du monde, et peut-être sur un continent inconnu qui retentit de l'écho... de la bévue échappée à un secrétaire-rédacteur.

« L'épée de Damoclès est une plaisanterie en comparaison du péril qui est constamment suspendu sur le crâne chauve ou chevelu des secrétaires-rédacteurs.

« Enfin il faut que l'expression vienne sans hésiter sous la plume et qu'elle ne soit pas trop incorrecte ou trop incolore afin que les orateurs et le président n'aient pas lieu d'être mécontents.

« Et toutes ces opérations que j'ai décomposées doivent être faites d'ensemble !

« Saisissez-vous le mécanisme, comprenez-vous maintenant les migraines d'Adrien Marx ?

« C'est par le décret de Fructidor an III que la Convention a institué les secrétaires-rédacteurs, il y a un siècle. Ce décret est ainsi conçu :

« Le Conseil des Anciens et le Conseil des Cinq Cents choi-
« siront, chacun hors de leur sein, des rédacteurs pris parmi
« les plus exercés dans les lettres et dans la science des lois ;
« ils seront chargés de la rédaction des procès-verbaux et
« rendront compte sommairement des motifs développés dans
« la discussion ».

Les sténographes n'existent officiellement pour les Chambres que depuis le décret du 11 juillet 1848. Ils furent supprimés sous l'Empire qui, par la circulaire du 27 mars 1852, supprima toute reproduction des débats autre que le compte rendu analytique, et en même temps obligea les journaux, quand ils voulaient parler des discussions de la Chambre ou du Sénat, de donner le texte de ce compte rendu officiel et de s'abstenir de tout compte rendu parasite et parallèle. Les secrétaires-rédacteurs rendirent seuls compte des débats du Corps législatif.

Une décision de l'Assemblée nationale du 26 juin 1871 rétablit les sténographes; mais comme leur travail, exclusivement destiné au *Journal officiel,* non seulement était trop attendu, mais encore parvenait trop tard à la presse et ne pouvait être utilisé ni par les journaux du soir ni par ceux du lendemain matin qui paraissent avant l'*Officiel,* elle prescrivit la distribution, au cours de la séance, et aussitôt après sa clôture, des feuilles du compte rendu analytique des secrétaires-rédacteurs, à tous les journaux et à tous les membres du Parlement, et elle institua, en outre du compte rendu analytique un compte rendu sommaire envoyé par le télégraphe au syndicat de la presse, au chef de l'État, aux préfets et apporté à mesure dans les Chambres. Les secrétaires-rédacteurs se recrutent au concours parmi les candidats qui présentent les titres et aptitudes nécessaires et qui sont admis à concourir. Ils sont au nombre de dix à la Chambre, et autant au Sénat.

Voir le *Traité de droit parlementaire* de M. Eug. Pierre, secrétaire général de la présidence de la Chambre, ancien secrétaire-rédacteur.

Outre les secrétaires-rédacteurs officiels, les journaux importants ont des rédacteurs parlementaires qui font l'office de secrétaires-rédacteurs. C'est ce qui a lieu en Angleterre où il n'y a pas de secrétaires-rédacteurs officiels. En France, avant le décret de fructidor an III il n'existait que le secrétaire-rédacteur du *Moniteur universel.*

Depuis que les journaux ont recouvré, en 1871, la liberté de publier des comptes rendus autres que le compte rendu des secrétaires-rédacteurs officiels, ils publient des récits et appréciations de la séance. Deux ou trois journaux qui paraissent à 8 heures du soir publient une courte analyse du début de la séance en dernières nouvelles. Le *Soir,* qui paraît à 8 heures, reproduit le compte rendu télégraphique. Le *Temps* et son supplément, le *Petit Temps,* donnent chaque jour, jusqu'à 6 heures pour les départements, et jusqu'à la fin de la séance pour Paris, un compte rendu télégraphique et complet...

Une chose à remarquer, c'est l'habitude qu'ont prise, dans

ces derniers temps, les journaux, de supplémenter, sinon de remplacer, le compte rendu tout sec, dénué de détails, par des descriptions colorées. Si certains journaux continuent à donner des comptes rendus plus ou moins complets du travail des Chambres, d'autres se contentent d'en publier de la façon la plus sèche le compte rendu déjà bien sec, de façon à laisser, dans leur journal, place à des articles dans lesquels on attache plus d'importance à la façon d'être des orateurs qu'à la substance de leur discours, au caractère des polémistes qu'aux problèmes plus graves du jeu politique. Quand M. Bourgeois, ou même un homme politique de moindre envergure, prend le train en vue d'une campagne politique quelconque, il est généralement suivi par une nuée de correspondants spéciaux qui, laissant à d'autres la sténographie et le soin de télégraphier au journal les discours prononcés, ne s'occupent guère que de transformer ces discours en colonnes de bavardages, d'un esprit de parti très accusé, mais qui n'en sont, cependant, que plus goûtés à cause justement du peu de consistance de leur texture littéraire et qui sont la propriété exclusive des journaux qui les commissionnent. Nul ne pourrait faire objection à ces arrangements, vu qu'ils ont pour effet de rendre les journaux qui y excellent d'une lecture plus intéressante, et qu'ils ont pour résultat, aussi, d'aider à la réalisation plus rapide des buts politiques visés dans les articles. Le seul reproche que l'on pourrait adresser aux journaux qui font usage de ce reportage descriptif, et on l'a déjà fait, c'est de l'avoir adapté aux procès à sensation et aux scandales qui se déroulent dans nos cours d'assises. Les moralistes, en effet, on ne saurait trop le répéter, prétendent que la moralité publique est affectée même par l'impression et la mise en lumière de beaucoup de ce qui est dit au tribunal pour l'information complète des magistrats et des jurés, et il serait, peut-être, pour la moralité publique, plus urgent encore d'empêcher la publication de certains détails donnés par des journaux pour l'amusement bestial de millions d'individus, que de supprimer, ainsi qu'on songe à le faire en ce moment, par une loi, la vente de brochures et de gravures immorales.

Édouard Durranc vient de mourir, je ne saurais proposer de meilleur exemple à ceux qui le suivront dans la carrière. « Il honora, d'un beau caractère et d'un rare talent, dit un article sur lui, la profession qu'il avait choisie, voilà plus de vingt-cinq ans, avec une foi si pure et un tel désintéressement, que certains disaient encore : « Durranc?... Un honnête homme, « un fier écrivain... Mais on n'entend parler de lui qu'au bas « de ses articles, quand il signe. »

On ne le voyait, en effet, que penché sur une feuille de papier, dans quelque coin de café ignoré, où il s'arrêtait, en sortant de la Chambre, pour écrire la chronique d'une séance, et s'en aller ensuite, à Colombes, dans la petite maison où il eut tout son bonheur et toutes ses lourdes peines.

Mais il rédigeait là, son cigare aux lèvres, seul avec son admirable connaissance des hommes, les courriers parlementaires qui ont rendu agréables aux lecteurs des séances qu'un mot, « rien », pouvait résumer. Il faisait là, parfois, avec quelques phrases écrites dans la langue de Diderot, le portrait d'un député récitant son testament à la tribune; et c'était une caricature dessinée par l'artiste le plus soucieux de l'harmonie des lignes. Édouard Durranc, qui savait tous les beaux vers, les parodiait avec goût.

Un ami pouvait entrer, le déranger, arrêter net la période qu'il alignait en se servant de la plume comme d'un burin... Durranc repoussait volontiers le feuillet pour raconter et mimer son article. Et ses petits yeux inquiétants, ses lèvres ironiques, son geste étrange de fumeur qui va mettre n'importe où son cigare, dans le nez ou dans l'oreille, tout en lui surprenait.

Édouard Durranc, pendant plus de vingt-cinq ans, a vécu, probe et fier, de son travail de tous les jours. Il a refusé plusieurs candidatures à la députation, pour demeurer indépendant; et n'offensant personne, mais ne se soumettant à aucune autorité, il a été simplement un honnête homme et un journaliste de talent. Courtois et bienveillant, il n'a égratigné qu'en souriant le ridicule et l'hypocrisie. Nul ne l'a redouté; parce qu'il avait la bonté du philosophe. Et il meurt pauvre, presque ignoré, laissant sa maison vide de lui, vide de tout; il vient de partir les mains ouvertes... »

Le bulletinier. — On ne trouve plus guère de bulletin que dans certaines feuilles du soir. Dans le bulletin, on traite les questions intérieures et aussi quelquefois celles extérieures. Ce genre d'article, macédoine d'idées et de faits, se sert encore en entrée à la première page de certains journaux graves; il a pour objet d'annoncer, de préparer. L'opération doit être faite avec soin, sans qu'il y ait absorption ou écrasement : « Il faut étudier avec légèreté, avec sérieux, toutes les questions du jour, sans en traiter aucune *ex professo :* assez pour permettre au lecteur pressé de ne pas lire les articles de fond, pas assez pour frôler le double emploi. (DUBIEF, *Journalisme.*)

Le bulletin est né sous le second Empire, alors que toute discussion étant impossible, on était obligé de remplacer un article par un paragraphe, souvent même par un mot. Mais le genre se démode, le retour à un régime de libre discussion et de polémique a quasiment enterré ce genre de littérature, qui a d'autant moins de raison d'être qu'il fait, en quelque sorte, double emploi avec les dépêches télégraphiques.

Le bulletin exige de grandes qualités, mais il échappe presque à l'analyse.

L'échotier. — Le rôle de l'échotier, cet arrangeur de l'esprit des autres, ce *salmigondiste* des anecdotes, mots, historiettes, coupés dans les plates-bandes du journalisme universel, n'est cependant pas des plus faciles.

C'est par l'échotier qu'on lance les nouvelles: la mort de M. X... le passage du prince Y..., etc. C'est à l'aide de sa plume sonore qu'on fait courir les bruits, qu'on agit sur le public, sur la rente. Entre deux comptes rendus de soirées mondaines, il doit savoir glisser, sans avoir l'air de rien, la chose importante, en l'insinuant presque, sans la dire. Par des sous-entendus discrets, il laissera deviner ce qu'il veut qu'on comprenne, il saura démentir de manière que la rumeur s'affirme, et affirmer de façon à empêcher de croire au fait annoncé. Il connaîtra les coulisses du théâtre et celles de la politique, les corridors et le vestibule des hommes d'État et de la Chambre des députés, les figures des attachés de cabinet.

Il entretiendra aussi des rapports continus avec des ministres, des concierges, des généraux, des agents de police, des princes, des souteneurs, des courtisanes, des ambassadeurs, des évêques, des proxénètes, des rastaquouères, des hommes du monde, des grecs, des garçons de café : avec tout le monde, on peut bien le dire.

Le débutant peut se faire employer à chercher des renseignements pour le chef des échos, à des démarches et des visites qui le formeront assez rapidement, s'il a l'esprit du métier. On lui alloue généralement deux cent cinquante francs par mois et il a ses voitures payées.

Il faut que, dans les échos, chaque lecteur trouve, chaque jour, une ligne au moins qui l'intéresse, et cela afin que tout le monde les lise. Il faut penser à tout et à tous, à tous les mondes, à toutes les professions, à Paris, à la Province, à l'armée, aux peintres, aux musiciens, au clergé, à l'Université, aux magistrats et aux actrices, et à d'autres encore.

Quand l'échotier est habile, il a les mêmes avantages que le reporter : il n'a pas à se déranger, on vient le trouver, lui aussi. C'est à son bureau, et sans avoir à en bouger, qu'il reçoit les nouvelles les plus affriolantes ; mais ce résultat, il ne l'acquiert qu'après un long exercice, et quand il a déjà réussi à se faire connaître par une infinité de gens. L'échotier est une des grandes utilités, un des seconds premiers rôles du journal.

La Nouvelle à la main. — La nouvelle à la main, cette spirituelle folie, pour être acceptée facilement par un journal, doit être gaie, neuve, piquante, spirituelle, originale, transparente autant qu'il faut pour attirer le regard et exciter le sourire du lecteur, et cependant voilée de façon à ne pas trop fixer l'attention du parquet. Il convient encore qu'elle soit galamment racontée, assez lestement troussée ; qu'elle ait quelques fleurs dans les cheveux, une guirlande de jolis mots en guise de falbalas, et qu'enfin sa robe soit relevée par une de ces épingles en or ou en diamant qu'on appelle le trait final.

On aura soin de placer cette épingle avec soin, de façon qu'elle ne se retourne pas, vous piquant ainsi les doigts car alors, il pourrait y avoir du sang versé, — ce qui est toujours funeste à la besogne.

On fera bien de tenir en réserve un billet de mille francs ou deux, afin de parer aux éventualités des nouvelles à la main dont on voudrait doter le journalisme.. : huissiers... papier timbré... Palais de justice... avocats... dommages et intérêts... prison... amende, etc...

Le chroniqueur. — La chronique est encore aujourd'hui une des parties les plus importantes du journal et peut-être la moins aisée. C'est la production à heure fixe, que l'on ait ou non quelque chose à dire. La chronique, c'est le commentaire de la nouvelle récente, des bruits de Paris, de ce qui se passe, de ce qui se dit, et le ton spirituel et léger de la conversation française est presque le seul que l'on emploie pour écrire ces causeries.

Nous connaissons des chroniqueurs qui sont de vrais moralistes, et de vrais écrivains, d'autres qui sont seulement des écrivains et des moralistes..., un peu trop pressés quelquefois. Nous en connaissons même qui étalent encore les prétentions et les ridicules du journalisme d'il y a un demi-siècle; ne pas imiter ces derniers. Le métier d'ailleurs permet-il la réflexion et le journalisme est-il favorable au développement de cette vie intérieure par qui seule la pensée peut devenir originale et forte? Il faut ajouter qu'à ne jamais considérer la réalité que comme une matière à articles, à transformer ainsi en chronique toute sa vie et aussi celle des autres, on risque fort de perdre même le sens de la vie.

Tous les jours de votre existence, nous le savons, chroniqueurs, il est nécessaire que vous trouviez de nouveaux moyens d'accrocher l'attention d'un public distrait, paresseux, et qui a d'autres chats à fouetter que de vous lire. Nous convenons que pour ce faire, il faut savoir tout mettre à l'effet, tout forcer, tout fausser, tout simplifier et tout dramatiser. Mais évitez cependant de vous laisser aller à la manie de l'hyperbole. Ayez cure de la vérité dans les pensées, de la justice dans les sentiments et de la justesse dans les discours, quoique le temps de la réflexion semble la plupart du temps vous manquer absolument.

Le chroniqueur d'aujourd'hui doit ressembler, de plus en

plus, à un employé, à un notaire qui travaillent beaucoup et qui vivent de la façon la plus régulière. Les mousquetaires de la plume se font chez nous de jour en jour beaucoup plus rares.

Parmi les meilleurs chroniqueurs citons, entre autres, MM. Aurélien Scholl, Anatole France, J. Lemaître, Sarcey, Mirbeau, Caliban. Il y en a encore beaucoup d'autres qui pourraient utilement servir de modèles dans un genre où il faut surtout la grâce et l'esprit, qualités si naturelles à notre race.

Au chroniqueur populaire des journaux à un sou, d'autres moyens d'action sont indispensables : intéresser, vulgariser, s'occuper, sans en oublier aucune, de toutes les questions agitées dans l'immense fourmilière, voilà sa tâche. Il aura soin de parler un langage que comprennent bien tous ses lecteurs.

Nous croyons que, malgré les années qui nous séparent de lui et les progrès de la presse depuis son époque, le modèle le plus curieux de ce genre de chroniqueur est encore aujourd'hui Timothée Trimm.

Napoléon Lespès, qui prit ensuite le nom de Léo Lespès, puis le pseudonyme de Timothée Trimm, est peut-être un des hommes qui ont le plus joui de la popularité. Il ne fut pas célèbre, il fut fameux, fameux autant que Marlborough, fameux autant que Polichinelle, fameux autant que Troppmann. Et il a eu son heure d'éclat. Elle a duré près de dix ans. Comme il est peu probable que jamais chroniqueur fasse dans la presse autant de bruit, à présent surtout que le genre est si répandu et le journalisme si fractionné entre les innombrables feuilles périodiques, nous nous amuserons, — une fois n'est pas coutume, — à entrer ici, et à titre de repos pour ceux qui ont bien voulu continuer de nous lire, dans quelques détails sur l'action et l'exemple de Timothée Trimm. Il a eu ce bonheur de coïncider avec l'apparition du journal à un sou.

Timothée Trimm écrivait pour le peuple et pour le peuple seul, préférant comme lecteur le concierge à l'académicien. En ce temps c'était un peu comme à l'époque plus récente de *L'Étendard* et de *L'Hebdomadaire :* tout littérateur qui se sentait cinq francs dans sa poche... ou dans celle de son ami se dépêchait de fonder un journal. Le nombre des journaux fondés par Léo Lespès est incroyable. Il en fonda pour tous les âges, pour les enfants et pour les vieillards; il en fonda pour tous les corps d'état, pour les marchands de vin, pour les modistes, pour les bijoutiers, pour les coiffeurs. Il s'attacha à lancer des journaux à prime, très à la mode sous l'Empire. Il inventa les primes les plus extraordinaires, offrant au public, avec l'abonnement au journal, un parapluie, un melon, une paire de pantoufles, une stalle de théâtre, un cachet de restaurant, une entrée dans les établissements de bains sur la Seine.

Quelques-unes de ces spéculations réussirent et lui valurent un grand renom de faiseur. Il fut un des premiers qui firent servir l'industrie à la littérature, et après plusieurs années de cet exercice, il se trouva mûr, et le plus apte de tous à l'emploi de chroniqueur du peuple et d'amuseur des foules.

Appelé au *Petit Journal*, il s'engagea à écrire un article par jour.

Un article par jour! Cela parut alors monstrueux, insensé. Jamais personne n'avait tenté pareil tour de force. Le bruit fut énorme. Lespès était préparé. Pour ce métier nouveau il avait quitté ses anciens noms de Napoléon Lespès, Léo Lespès, le commandeur Léo Lespès; il s'appela Timothée Trimm, empruntant Timothée au Nouveau Testament, et Trimm au fameux caporal de Sterne. Juste le nom de fantaisie qu'il fallait : Timothée Trimm! Le brave Timothée, celui qui *trime* pour faire son article par jour! Le nom était merveilleusement trouvé pour plaire au peuple. Aussi pendant des années ne jura-t-il que par Timothée Trimm. Ce fut un engouement, un fanatisme. On cherchait à le voir autant qu'à le lire, car il joignait à son prestige de chroniqueur une belle prestance et le costume d'un Fontanarose. L'ouvrier, le boutiquier, le cocher de fiacre considéraient avec admiration cet homme qui, pensez donc... écrivait un article par jour : il savait tout, expliquait tout, parlait de tout. Il dépassait les plus forts. Homère, Racine, Chateaubriand, Shakespeare étaient presque des inconnus à côté de ce nom retentissant : Timothée Trimm!

Sa renommée, un moment, fut telle que jamais acteur, gymnaste ou écuyère, n'ont été plus acclamés par leur public. Quand il mourut, il fallut choisir un nom qui rappelât au moins la forme du sien : on vit naître alors Thomas Grimm.

Timothée Trimm avait eu une trouvaille de génie... pour son porte-monnaie surtout : il avait coupé les phrases de ses chroniques en petits alinéas ; cela forçait à lire selon la ponctuation ; le peuple, obligé de s'arrêter à chaque virgule, où l'on changeait la ligne, comprenait aussi beaucoup mieux, et tout ce que le chroniqueur voulait souligner restait aussi bien plus en relief. Cette idée de l'alinéa avait été prise à Émile de Girardin, mais Timothée Trimm sut la perfectionner en l'appropriant à son but populaire. Ce style haché, propre à tout rendre, clair jusqu'à la platitude, débité en menues tranches, faisait songer à la galette que vendait l'ancien marchand du Gymnase.

Quant à la manière de penser, il avait pris la plus facile, la meilleure pour son public, la seule, l'éternelle, celle de M. Prudhomme. Il y mêlait du sentimentalisme, et quand l'actualité lui manquait, il inventait, pour la remplacer, quelque récit court, une brève étude de mœurs où il aimait à faire preuve d'ingéniosité et d'humour. Il en a pondu qui furent célèbres : *Les Confessions d'une épingle*, *La Guerre des Mansardes*, *Le Voyage dans une boîte à cigares*, *Les Aventures de deux Gants blancs*, *L'Histoire de douze bougies*, *Ma voisine la sensitive;* les titres suffisent pour bien comprendre la tournure d'esprit de l'auteur. Nous ferons mieux, et puisque cet homme si fameux est aujourd'hui un peu oublié, nous prendrons comme échantillon de son genre et de son style la bluette appelée : *Le Baiser au régiment qui passe.*

« Mon Dieu !.. Je ne suis pas obligé de vous raconter tous les matins de gros faits-Paris,

« De substantiels incidents ;

« Je suis essentiellement libre d'allures,

« Indépendant dans le choix de mon sujet,

« Et je puis traiter une babiole... si j'y trouve un grain d'intérêt, de finesse et de sentiment.

« Donc, voici, sans plus de préambule, ma babiole de ce jour,
« Simple comme un conte allemand,
« Sentimentale comme un roman anglais,
« Touchante comme un récit de France.
« L'autre jour, dans un quartier de Paris, un régiment passait,
« Musique en tête,
« Tambours battant,
« Étendard déployé...
« Ce régiment, venant de son quartier, allait à la revue...
« Dans toute la splendeur de l'élégance militaire.
« Comme il traversait une petite rue voisine de son casernement,
« Une humble croisée s'ouvrit,
« La croisée d'une maison très modeste de l'ancien Paris ;
« Et une femme apparut au balcon.
« Elle était jeune et jolie,
« Blonde et rosée,
« Et elle tenait à côté d'elle une petite fille pâle et mignonne... qui voulait *voir les soldats.*
« Or, voici ce qu'il advint :
« Quand le régiment passa, elle ne fit ni une ni deux, la femme blonde... elle lui envoya un baiser.
« Cet aréolithe d'un nouveau genre tomba sur la cohorte en marche,
« Et il y eut alors grand embarras pour savoir à qui il était destiné.
« Le colonel, tout chamarré de croix noblement gagnées au champ d'honneur, pouvait le prendre pour un hommage rendu à la valeur militaire ;
« Le tambour-major, haut de huit pieds, y compris son plumet, se disait qu'il revenait au plus bel homme du régiment.
« Le porte-drapeau croyait que le baiser était envoyé à la soie glorieusement trouée par la mitraille, dont il avait le dépôt précieux...
« Il y eut cinq minutes d'émotion.
« A qui était destiné le baiser ?..
« Il n'était ni pour le plus titré, — ni pour le plus grand par la taille, — ni pour le plus beau, — ni pour le plus jeune...

« Il était pour un noble vieillard à cheveux blancs,

« Le vénérable chirurgien-major du régiment, qui marchait en serre-file, à quelques pas du colonel.

« Qu'avait fait le chirurgien-major pour attirer l'attention de la blonde femme du balcon ?

« L'enfant de la pauvre Parisienne avait été en danger de mort...

« Et le docteur militaire avait gratuitement, en bon voisin, en philanthrope, en médecin expérimenté,

« Tout bonnement sauvé l'enfant...

« Ce baiser filial, donné aux yeux de tous, était le seul paiement de ses honoraires ;

« C'était une mère qui disait une fois encore : *Merci !* »

Nous avons donné une idée plus que suffisante de cette littérature qui ressemble à un hachis. L'étonnement a cessé sur le prétendu tour de force d'un article par jour : ne voit-on pas aujourd'hui, à chaque instant, le rédacteur à la tâche, tout comme le négociant à son courrier ? Personne n'y fait plus attention. On oublie même l'importance du chroniqueur, le singulier talent qu'il doit posséder : l'ingéniosité d'esprit, cette variété énorme dans les sujets qu'il doit traiter, la souplesse de sa forme. Toutes ces qualités, et d'autres déjà énumérées, sont indispensables au succès, surtout au succès continu, le seul qui puisse soutenir le journaliste. Et quelle vie occupée, quel asservissement constant ! Tout écouter, tout guetter, tout saisir, tout noter sur son calepin, tout ce qui passe, tout ce qui se dit, tout ce qui circule à travers les différents mondes parisiens. Amuser, amuser, il le faut, même quand on n'a aucun sujet déterminé, même quand la tête est malade, engourdie, lasse de la terrible gymnastique. Que de confidences il leur est arrivé de faire aux chroniqueurs, dans leurs moments de découragement et de fatigue !... Les écrivains, même les plus habiles, succomberaient s'ils manquaient d'une des aptitudes essentielles à ce métier.

Le fameux Vallès, sectaire farouche mais artiste puissant, original, un des grands du journalisme de l'Empire, ne put tenir à l'ancien *Événement* où M. de Villemessant l'avait placé en tête aux appointements de trente mille francs. Son talent vibrant, de premier ordre, manquait de flexibilité et devenait au *Figaro* âpre et monotone. Le public fut bientôt fatigué de ces chroniques qui piétinaient toujours dans le même cercle. Il dut passer la main et se réfugier dans la politique où l'on peut se répéter impunément toute sa vie : on n'ennuie jamais le lecteur de son parti en lui criant tous les jours : *Vive la République, Mort aux Juifs, Sus aux riches, Vive le Roi!*

Dans le métier de chroniqueur on reçoit souvent des lettres. Il en est de toute nature. Les unes vous flattent, les autres vous lapident; tantôt vous êtes le seul grand homme, le seul intelligent, le seul génie et le seul dentiste américain de la presse contemporaine, et tantôt vous n'êtes plus qu'un vil monsieur, un drôle innommable, digne du bagne tout au plus. Il suffit, pour mériter ces éloges ou ces injures, d'avoir ou de n'avoir pas l'opinion du lecteur sur la question de la recherche de la paternité ou de l'impôt sur le revenu. Il arrive souvent que, sur le même sujet, on reçoit en même temps les félicitations les plus chaudes ou les blâmes les plus virulents; de sorte qu'il est bien difficile, en fin de compte, de se former une opinion sur soi-même.

Parfois ces lettres ont vingt mots, et parfois elles ont dix pages. Il suffit alors d'en lire dix lignes pour en comprendre la valeur et la teneur et les envoyer au panier, cimetière des vieux papiers.

Le chroniqueur judiciaire dans le reportage criminel. — Difficile profession qui réclame de la part de celui qui veut la pratiquer, entre autres qualités déjà énumérées, de grands scrupules de conscience, beaucoup de tact et un ménagement méticuleux de toutes légitimes susceptibilités. Quand il vous arrive de vous trouver devant des figures comme un Arton, ce type si accompli du flibustier moderne, ou encore devant un Prado quelconque dont l'énergie dans le crime et devant ses juges ne saurait s'expliquer que par un phénomène d'atavisme, ne manquez pas, toutes les fois que cela vous sera possible, de montrer derrière les effets les causes, derrière les actes les caractères, sous la question d'assises la question humaine.

Ainsi interprété, le courrier judiciaire peut devenir très intéressant, même pour le moraliste. Les crimes d'une époque sont, en effet, un chapitre important dans l'histoire de l'âme de cette époque; les grands coupables d'un temps ont été des hommes soumis, comme nous tous, aux influences diverses de ce temps, et chez qui ces influences sont reconnaissables même dans l'infamie. A voir comment et pourquoi ils sont tombés, on aperçoit mieux ce qui manque à toute l'époque, et dans quel sens il convient de travailler, si l'on veut, — ce qui est le devoir de chacun, dans ce bas monde, — laisser après soi, la somme du bien un peu augmentée, un peu diminuée la somme du mal. Chez vos lecteurs que ce ne soit pas l'émotion malsaine de la cause célèbre que vous suscitiez, mais la réflexion sérieuse, presque sévère, inséparable du document vrai.

Le fait-diversier. — Que dirai-je bien du fait-diversier? Nous en voudra-t-il de dire qu'il y a loin de lui à ces premiers ténors dont nous esquissions tout à l'heure les portraits. Son petit métier manque en effet de prestige. Il a cependant une consolation, c'est que, alors que d'autres rédacteurs se trouveront sans ouvrage, lui, il travaillera. Jamais ne chôme le fait-divers. N'y aura-t-il pas toujours des bicyclistes écrasés ou écrasants, des chiens rageurs ou enragés dont il sera nécessaire de célébrer les exploits pour la plus grande distraction de nos concierges? Qui donc, je vous le demande un peu, se chargera et de compter dans Paris les chiens écrasés, les chats noyés, et de fournir les renseignements de toute première nécessité? Qui donc se chargera de donner le signalement des escrocs ou celui du brave homme disparu de son domicile, si le fait-diversier se trouvait jamais pris de l'idée saugrenue de cesser son travail? Le métier est au niveau de la plupart des intelligences. Il est facile en effet: il y a à Paris quatre-vingts commissaires de police, une vingtaine d'officiers de paix. Les faits-diversiers, ces reporters du petit reportage, se partagent les quartiers. Chacun d'eux visite quatre ou cinq commissariats, et apporte aux camarades le produit de sa récolte. L'échange des menues nouvelles (vols, meurtres, accidents, etc.) a lieu chez un marchand de vin du boulevard du Palais, près la

Préfecture. Cet endroit a reçu le nom de Halle aux faits-divers.

Le soiriste. — Le *soiriste* raconte les impressions des fauteuils, des loges, des couloirs, des amphithéâtres et surtout des coulisses, tout ce spirituel « potinage » qui circule dans le théâtre, les soirs de première. Les qualités qu'il doit surtout posséder sont un esprit fantaisiste, une façon humoristique de présenter les faits, une sorte de renversement, comme s'il montrait le même spectacle reflété dans un lac féerique, un peu de charge spirituelle, un art de dire le contraire de ce qui s'est passé afin qu'on le voie encore mieux en relief.

Ce genre de chronique est très français, et notre tournure d'esprit ironique y excelle. L'article n'est plus un compte rendu, mais une sorte de commentaire comique; souvent c'est une parodie amusante et qui fait rire autant que la pièce. Il y faut un doigté, une habitude du métier et des milieux, plus difficiles à acquérir que les qualités nécessaires aux autres journalistes. Le soiriste doit pouvoir refaire la pièce en charge, créer à l'occasion une contre-partie burlesque qui explique l'ouvrage et au besoin le démolisse en cinquante lignes; son article peut être un vaudeville. Il y faut une verve sourde, un esprit bon enfant, rieur, toutes sortes de nuances fines, d'allusions drôles, inoffensives, qui doivent arracher le rire même à l'auteur raillé. On comprend que ce soit difficile. C'est un art tout à fait spécial.

Aussi les maîtres soiristes sont-ils peu nombreux. Les plus célèbres, pour ne citer que les morts, ont été Arnold Mortier et Frimousse, le malheureux Raoul Toché, qui avait aussi collaboré à tant d'amusantes comédies parisiennes.

Arnold Mortier a été le créateur de ce genre; nous croyons devoir le faire bien connaître, et nous citerons sur lui un article des plus intéressants qui le présente comme un enseignement et un exemple à ceux qui étudient cette partie du journalisme.

Arnold Mortier était originaire de Hollande, pays qui de tout temps a manifesté ses vives sympathies pour la France, à ce point que chez aucun peuple étranger notre langue n'est aussi répandue. Tout jeune, Arnold Mortier vint à Paris avec ses parents, et, parvenu à l'âge d'homme, il chercha pendant de longues années sa voie sans la trouver. Ses débuts dans le journalisme ne laissaient point prévoir la place qu'il y prendrait plus tard.

« Mortier nous surprit tous, quand, en 1870, il inventa dans le journalisme parisien une rubrique, jusqu'alors inconnue, et dont le succès s'établit rapidement ; il créa, à côté de la critique dramatique, une chronique vivante des théâtres parisiens : il montrait l'auteur de la pièce nouvelle en robe de chambre, dans l'intimité de sa pensée ; il remontait aux origines de l'ouvrage, marquait les phases qu'il avait traversées avant de prendre sa forme décisive sous la plume de l'écrivain ; il conduisait le lecteur dans les coulisses, le faisait assister à l'éclosion successive de l'œuvre avec les hésitations de l'auteur, les angoisses du directeur et les exigences ou les dévouements des acteurs : c'était comme une chronique intime, pleine de faits, d'anecdotes et de révélations, qui complétait la critique dramatique sans empiéter sur son domaine.

« Ces articles, signés *Frou-Frou* à l'origine, eurent tout de suite un succès complet ; il ne se manifesta pas seulement par l'empressement de tous les journaux boulevardiers à imiter la rubrique, mais il créa tout un genre nouveau dans les feuilles parisiennes qui, à côté de la critique sévère de toutes choses, s'approprièrent le système de Mortier pour les arts et la politique. Ce que Mortier inventa pour les théâtres, d'autres l'appliquèrent aux Chambres, en faisant à côté du compte rendu des séances une revue anecdotique des débats parlementaires, avec les incidents de couloir et les faits et gestes des acteurs en dehors de la salle des séances.

« On peut donc dire d'Arnold Mortier qu'il n'est pas seulement le créateur de la *Soirée théâtrale*, mais que le *Monsieur de l'Orchestre*, pseudonyme dont il se servit au *Figaro*, a encore eu une grande influence sur le journalisme de son temps, et cela, même en dehors du domaine particulier où il fut jusqu'à sa mort le ténor *di primo cartello*. Ce qui augmentait encore le succès d'Arnold Mortier, c'était le ton de bonne compagnie dans lequel il savait maintenir son humeur et son véritable esprit parisien : il louait sans servilité et égratignait sans blesser ; il allait jusqu'aux dernières limites de l'indiscrétion sans jamais verser dans le scandale ; il était souvent mordant, jamais méchant ; à ses ironies se mêlait toujours le grelot de sa bonne humeur qui les faisait aussitôt pardonner, si bien que tous ceux dont il avait parlé dans ses articles firent escorte à Arnold Mortier quand, à quarante ans, il fut emporté par la mort, et déposèrent sur sa tombe l'expression sincère de leurs regrets.

« Il ne se dépensait point dans la causerie ; tout le travail de son esprit se faisait intérieurement, avec mesure et sagesse ; il administrait son talent comme un capital ; il économisait son humour, il emmagasinait les traits comiques ou les mots mordants pour ne jamais être pris à court dans les semaines maigres de la vie théâtrale. Arnold Mortier était en quelque sorte la fourmi prévoyante parmi les cigales boulevardières qui, à toute heure, gaspillent en pure perte leur esprit dans les cabarets à la mode ou les foyers de théâtre, à ce point qu'il ne leur en reste pas toujours pour leurs articles.

« L'inventeur de la *Soirée théâtrale* était avant tout un homme d'ordre, prévoyant dans sa vie littéraire comme dans sa vie de famille ; de même que sa pensée constante fut de mettre les siens à l'abri du besoin, il ne voulait pas livrer son renom aux hasards de la plume : il plaçait le trop-plein de son revenu en rentes sur l'État et déposait l'excédent de son esprit en lieu sûr, dans son tiroir, avec le parti pris de ne jamais être à sec ; il tenait constamment cinq, six, dix articles fantaisistes en réserve pour les jours où le théâtre n'alimentait pas naturellement sa plume. On peut dire de ce laborieux, et c'est encore en ceci qu'il mérite vraiment le titre d'artiste, que sa pensée était constamment attachée à sa vocation ; le succès d'hier ne l'enivrait jamais assez pour lui faire oublier le succès plus difficile de demain. A mesure que son nom grandissait, Arnold Mortier semblait davantage possédé par la crainte de déchoir ; tout son esprit était tendu vers son travail : jamais ce journaliste léger et enjoué ne le perdait de vue. Dans les réunions les plus gaies, le *Monsieur de l'Orchestre* demeurait le plus souvent silencieux. La conversation des autres ne lui faisait jamais perdre le fil de ses idées; jamais il ne jetait dans la causerie une de ces boutades qui lui venaient si facilement sous la plume.

« Quand une idée comique ou un trait piquant lui traversaient l'esprit, il les gardait pour lui; au lieu de les jeter à travers le bruit pour se faire applaudir, il les notait silencieusement sur le carnet que toujours il portait sur lui; il gardait tout cela pour ses lecteurs, et par sagesse, et peut-être aussi parce que dans la causerie il ne trouvait que difficilement la forme spontanée; il lui fallait pour cela le silence de son cabinet de travail, le détachement de tout milieu bruyant. Alors cet humouriste exquis était curieux à observer : il écrivait les phrases les plus comiques sans qu'un sourire effleurât ses lèvres; il était penché sur ses petits carrés de papier avec la gravité d'un notaire qui compose un document important et le sérieux d'un savant qui chercherait la quadrature du cercle. De tous les rédacteurs du *Figaro*, celui-ci faisait rire le plus et c'est à peine si, de loin en loin, on le voyait sourire lui-même.

« Aux premières représentations, Arnold Mortier fut toujours un sujet d'étonnement pour ceux qui ne le connaissaient pas. Ils se figuraient bien à tort que l'auteur de ces étourdissantes *Soirées théâtrales* était un de ces journalistes parisiens, — souvent décrits par les romanciers, — qui se pâment dans l'ivresse de leur succès et autour de qui, dans les salles de spectacle, on fait cercle pour écouter le débordement de leur esprit; ils apercevaient alors, non sans déception, un homme de quarante ans, courbé dans sa stalle sur son chapeau qui lui servait de pupitre et prenant des notes comme un simple employé penché sur le bilan.

Rarement on voyait Arnold Mortier au foyer, dans les groupes où il est de bon ton d'avoir plus d'esprit que son voisin; il demeurait le plus souvent, dans les entr'actes, grave et pensif, cherchant un trait piquant de plus à ajouter à son article après le spectacle. Quand on venait lui conter le dernier mot spirituel, fraîchement éclos dans les couloirs,

Arnold Mortier souriait et remerciait le généreux donateur, mais jamais il ne se servait de l'esprit des autres, sûr qu'il était de le retrouver le lendemain dans la *Soirée théâtrale* de ses imitateurs, très nombreux, mais dont aucun ne pouvait, du vivant de Mortier, se vanter d'être son rival dans l'opinion publique.

Le grand succès d'Arnold Mortier, qui l'a accompagné jusqu'à sa tombe, sans que la moindre fatigue d'esprit fût jamais visible, ne repose pas seulement sur les facultés innées de son talent, mais encore sur le travail constant et toujours attentif de l'homme qui comprenait à merveille qu'il est plus difficile de se maintenir dans une situation acquise que de la conquérir; il avait la passion de son métier et un dévouement sans pareil pour son journal : il ne reculait devant aucun travail quand l'intérêt du *Figaro* l'exigeait. En douze années il n'a pas pris une heure de repos en dehors de ses vacances, et encore, quand la *Soirée théâtrale* chômait, au cœur de l'été, il ne cessait pas de travailler, non seulement à ses pièces de théâtre, mais à des nouvelles ou des chroniques pour *Le Figaro*, tant il lui semblait impossible de s'en détacher entièrement pendant plusieurs mois... ».

Arnold Mortier a laissé des élèves : nous trouvons très souvent maintenant dans nos journaux boulevardiers des Soirées parisiennes qui sont des trouvailles d'esprit et de bonne humeur.

CHAPITRE XII

Critique littéraire, critique dramatique, critique musicale et critique d'art. — Le roman seul vaut la peine d'être discuté, critiqué. — Joies refusées au critique. — Compensations. — Taches sur le soleil de la critique. — L'âge de fer. — Connaissances, qualités et aptitudes exigées pour les critiques. — Une leçon de feuilleton. — Recommandations supplémentaires. — Jouissances artistes futures d'un célèbre critique. — La critique et la sévérité, ses droits, sa liberté. — Son influence sur les esprits. — Ne dépend pas de la répression des tribunaux. — La leçon de Geoffroy. — A. Loyau de Sacy et *Le Siècle*. — Sujets sur lesquels la vérité de la critique peut s'exercer sans crainte. — Signes auxquels on reconnaît une lecture malsaine.

Ils deviennent rares les journaux où l'on a encore une critique sérieuse du livre, un critique littéraire attitré. La cause en est, sans doute, à cette production à outrance qui sévit depuis si longtemps. Les livres ne sont-ils pas devenus plus innombrables encore que les grains de sable sur la plage? Là où un seul critique aurait suffi autrefois, il en faudrait maintenant une escouade. La tâche est impossible, la plupart du temps, aussi la fait-on expédier... à la pelle. C'est le rédacteur-bibliographe qui tient, on sait comment, le manche de l'outil. Lorsque les livres étaient moins nombreux, car quelque étrange que cela paraisse, cette époque a existé, la critique littéraire était-elle toujours à la hauteur de sa tâche? Il faut avouer que non. On dirait parfois que deux choses seulement l'ont intéressée jusqu'ici : le potin, c'est-à-dire ce qu'il y a de plus odieux dans la vie, ou le théâtre, ce qu'il y a de plus bas dans la littérature de notre époque. Au théâtre, on a de tout temps sacrifié chaque jour quatre ou cinq colonnes. Il n'y a pas une ineptie qui n'ait toujours été annoncée plusieurs mois à l'avance, comme un gros événement; puis venaient la critique solennelle et l'anecdote légère, qui s'en emparaient chacune à sa façon; ensuite on nous a tenus soigneusement au courant, dans un argot quelquefois spécial, du succès qu'elle remportait, de l'argent qu'elle encaissait, des personnages qui daignaient l'applaudir. Quant au livre, à l'œuvre pensée, réfléchie, travaillée, il n'en a presque jamais été question. Cette littérature ne semble pas intéresser la critique littéraire. On l'envoie au bibliographe, et nous verrons tout à l'heure ce qu'il en fait.

En France, plus le livre, celui qui n'est pas un simple roman, est sérieux, moins on le discute.

A cela la critique littéraire et le journalisme pourraient nous répondre qu'ils sont le miroir de l'opinion publique. Quel pays léger que le nôtre! Et combien cela est peu encourageant pour les auteurs de livres sérieux, de livres qui ne sont qu'utiles!

Infortunés critiques pourtant! C'est le critique dramatique sur qui je pleure en ce moment! Être l'esclave du mélodrame, de la comédie, des plus infimes tréteaux, et par le noir hiver, par la chaleur accablante, quand il existe des sages, des héros, de grandes dames aux prunelles divines, être l'historiographe de Jocrisse et de Bilboquet? Ne jamais pouvoir errer à travers les rues, les vieilles rues de Paris, comme le peut faire cependant le plus infime fait-diversier, ne jamais presque pouvoir errer librement dans la campagne parfumée en poursuivant une rime fugitive!

Mais, voyons, le métier n'a-t-il pas des compensations, la médaille est-elle si absolument sans revers consolateur? Voir, avec la rapidité vertigineuse qui vous caractérise la plupart du temps, messieurs de la critique, toutes les facettes d'une idée polyédrique et pouvoir caresser, l'une après l'autre, chacune de ces facettes, voilà votre intéressant métier de joaillier de mots et de phrases si pleines de subtilités, de touches délicates. N'est-ce donc rien cela? Dans ce rez-de-chaussée de journal qui est à vous, ne régnez-vous pas comme un souverain, maître dans son domaine, qui peut à son gré faire éclater les trompettes triomphales ou respirer pensivement une fleur...

de la couleur que vous préférerez. Là, tout n'est-il pas à vous, le sable d'or et les roses, hommes, femmes, bouffons et dieux, les colères et les chansons, et tous les enivrements, tous les cris furieux de la lyre?

Il n'y a pas au monde de pays plus léger que le nôtre, mais en vérité, il n'y aurait pas au monde de plus beau métier que le vôtre si, sur le soleil de la critique, on ne voyait par-ci par-là quelques taches. Examinons ces taches, si vous le voulez bien.

La critique, surtout la critique dramatique, qui dépend plus spécialement du journalisme, traverse en ce moment, il en faut convenir, l'*âge de fer*, selon l'expression d'un célèbre écrivain. Les *lundistes*, genre qui tend à disparaître, malgré le mérite toujours supérieur de ceux qui jugent dans le feuilleton des journaux sérieux les pièces et les livres nouveaux, sont, certes, moins en faveur qu'autrefois. Aujourd'hui, dans notre journalisme à la vapeur, ce qu'on demande malheureusement, c'est le compte rendu immédiat du drame joué; ce n'est plus, à vrai dire, une étude sur l'auteur et l'œuvre, c'est une information, un simple renseignement que l'on donne au public, un avertissement motivé : la comédie du Palais-Royal a réussi, on y rit à pleine gorge; l'Opéra, en revanche, est tombé dans un four noir en représentant un ballet manqué. Le rédacteur, homme intelligent, en donne les raisons probables, toujours en vue de son public, et en tâchant de ne pas soulever trop de colères. Il ne peut avoir aucun retour sur lui-même, il écrit la plupart du temps sous le coup de la première impression; il a pris des notes aux entr'actes, il a pu échanger, c'est vrai, quelques mots et quelques idées avec ses collègues; mais il lui a été impossible de réfléchir à l'œuvre, de peser mûrement avant de juger; les lecteurs ne s'attendent-ils pas à lire le lendemain matin le rapport? Aussi il se hâte, il livre sa copie. C'est un compte rendu, souvent très vif, très spirituel, tout vibrant, si l'œuvre l'a fait tressaillir; c'est la sensation d'un homme intelligent et qui sait, mais ce n'est néanmoins qu'un compte rendu; nos pères l'auraient trouvé un peu hâtif, insuffisant, ils auraient exigé plus de réflexion.

Ce n'est pas cependant que les connaissances, en général, fassent défaut aux critiques pour mieux faire. Voyons, en effet, ce que l'on exige d'eux avant de les admettre dans un journal.

Le critique théâtral, par nécessité de métier, est tenu de connaître les principales pièces des anciennes écoles et aussi celles de notre temps. Impossible de se prononcer sur une comédie ou sur un drame, si l'on n'a pas étudié nos œuvres classiques, jusqu'aux petites fantaisies bourgeoises de Sedaine et de Collé. Le critique a lu, admiré et démonté, en dilettante, les ingénieuses constructions de Scribe, aujourd'hui un peu oubliées par la faute de leur mauvais style, mais excellentes pour apprendre l'art de diriger une action en scène.

Et tout le théâtre de V. Hugo avec ses préfaces si instructives, celui de nos vieux auteurs dramatiques, celui des romantiques, y a passé aussi, malgré souvent l'insanité de ses personnages qui déclament presque toujours mais vivent si rarement. Le critique a compulsé tout cela et bien d'autres choses encore. Il est supposé même avoir fait des incursions chez les étrangers : Caldéron, Shakespeare, Schiller, Gœthe, Alfiéri ; les traductions lui ont laissé une impression souvent fausse, c'est vrai, mais suffisante pour son métier. Il lui faut savoir tout cela, oui tout cela, et par-dessus le marché encore, l'histoire du théâtre.

Et le critique musical, qui, entre parenthèse, devrait être un musicien accompli, croyez-vous qu'on lui permettrait longtemps de se rendre coupable d'hérésies au sujet des Écoles, qu'on lui permettrait d'ignorer Bach, Hændel et tant d'autres, les maîtres de son art, et l'harmonie ou l'histoire de la musique ancienne et moderne. Mais ce n'est pas tout. On s'attendra encore de sa part à des connaissances sur la façon dont sont construits les principaux instruments de musique. Ce Bach dont je viens de citer le nom, et qui ne sort d'aucun Conservatoire, excepté peut-être de celui du Bon Dieu, est, en vérité, à la musique ce que fut le droit romain à notre droit actuel, ce qu'est à notre Code le Code Justinien. Le cahier des Chorals, c'est la Bible, le livre par excellence, la base sur laquelle repose toute la musique ; là se trouvent toutes les harmonies, on n'a rien écrit de plus hardi, de plus moderne.

Quand Wagner a pensé les *Maîtres Chanteurs*, disait dernièrement un de nos meilleurs critiques de musique, avant d'écrire une note de sa partition, il s'est agenouillé devant Bach et il en est sorti le chef-d'œuvre que vous savez. Et puisque nous nous occupons, en ce moment, de critique musicale, ajoutons que le bagage de connaissances du critique en herbe ne sera pas complet si, avec Saint-Saëns, Reyer, Massenet et d'autres, il n'a pas étudié aussi Balakireff, Glincka, Rubinstein et Tchaïkowski, et aussi Rymski Korsakoff, Glasonov, dont le talent s'affirme chaque jour davantage. Est-ce l'effet de notre sympathie pour tout ce qui vient aujourd'hui de Russie? Ou serait-ce plutôt que la séduisante originalité de la musique slave répond à nos goûts et à nos conceptions d'art? En tout cas, il faut constater que, de la plupart des écoles étrangères, l'école russe est celle qui paraît, et cela depuis assez longtemps déjà, avoir conquis nos préférences. Au chapitre suivant, où nous aurons encore à reparler de la Russie, nous verrons ce que l'on exige du critique littéraire.

Quant au critique d'art en herbe, au courant de la littérature artistique, il aura, au préalable, fréquenté assidûment salons, galeries de tableaux et expositions d'art. Il sera au courant de la biographie des principaux peintres et sculpteurs classiques, médiévaux et contemporains. Les phases de l'art se subdivisant elles-mêmes, l'histoire de leur évolution devra être apprise à fond. Outre les styles antiques, égyptien, grec, romain, byzantin, gothique, etc... il aura aussi étudié les riches styles orientaux, tels que le style maure, qui est « la poésie de la géométrie », l'indien, le persan. Il aura enfin visité un nombre incalculable d'ateliers de peintres et de sculpteurs.

L'énumération que je viens de faire des qualités, des aptitudes nécessaires à ceux qui prétendent s'occuper de critique musicale ou de critique d'art, donnera aux jeunes une faible idée de ce qu'on attendra d'eux, avant de leur laisser franchir le seuil du journal, des années d'études et de préparation, en vérité. Et si, par hasard, il s'en trouve, parmi ces apprentis critiques auxquels je m'adresse, qui soient déjà peintres ou musiciens, même arrivés, qu'ils n'aillent pas croire que, de ce fait, la critique leur sera toujours plus aisée.

J'admets que, dans le domaine des beaux-arts, on rencontre, de temps en temps, des esprits assez cultivés pour se transformer tour à tour en parties et en juges et donner le précepte à côté de l'exemple. Fromentin maniait la plume plus habilement encore que le pinceau ; Gluck, Grétry, Berlioz, Wagner ont laissé des pages d'esthétique admirables. Mais d'abord, de pareils Janus sont bien rares ; puis, même chez ces hommes privilégiés, presque toujours le critique nuit à l'artiste, ou l'artiste au critique : bientôt l'artiste ne travaille plus que pour prouver une théorie, et le critique, dominé par ses propres aptitudes, les érige en principes. Adieu alors les qualités maîtresses d'une critique solide : largeur d'esprit, absence de parti pris, facilité à découvrir, à comprendre et à faire sentir le beau, sous les aspects les plus divers. La séparation de l'art et de la critique est une conséquence de cette grande loi de la division du travail qu'on ne méconnaît jamais impunément.

« La critique d'art est donc presque forcément l'apanage de simples dilettantes, hommes de goût et enthousiastes ; ce n'est toutefois qu'à la condition qu'ils se retrempent incessamment aux sources vives : par là j'entends non seulement la contemplation et l'étude assidue des œuvres d'art, mais la fréquentation prolongée des artistes. Le critique qui ne réduit pas son ambition à faire de l'esprit à propos de tableaux, de statues ou de partitions, doit voir le plus d'artistes distingués possible ; il les choisira dans toutes les écoles, afin de n'être pas engagé involontairement dans une coterie ; il les fera sortir des généralités où ils aiment à se tenir quand ils parlent à un non initié ; il s'efforcera de pénétrer, sous leur conduite, jusque dans les mystères les plus intimes de la technique de leur art, de surprendre au passage les perfectionnements qui s'opèrent dans les procédés d'expression, dans la façon de voir la nature ou de combiner les harmonies du son, de deviner enfin les révolutions qui se préparent, afin de crier en connaissance de cause, après un examen approfondi : Bravo ! ou : Casse-cou ! » (A. DUMAS, *Figaro*.)

Quant au jeune feuilletoniste dramatique ou littéraire, qu'il s'imprègne bien de ce que nous allons répéter ici, après un écrivain dont nous avons oublié le nom, mais qui devait être un homme de grand talent et d'expérience hors ligne, Théodore de Banville sans doute :

« L'important pour vous, en fait de critique, ce n'est pas la comédie qu'on a jouée, ni le ballet qui se déroule comme une frise éperdue, ni le mélodrame qu'on a hurlé; c'est votre œuvre personnelle. C'est, surtout et uniquement, votre propre feuilleton qui doit être composé comme un poème, vivant comme une page d'histoire, envolé comme une ode, et qui, pareil à tout ce qui, en art, est vraiment beau, doit être un effort d'amour! Car, lorsque vous êtes lu par le bourgeois d'un pays perdu, par la jeune fille d'une petite ville lointaine, qui ne savent rien de la comédie qu'on a jouée et ne la verront jamais, tout en semblant leur parler de cette comédie, il faut que vous leur parliez de ce qui les touche, de ce qui les transporte, et de ce qui est leur intime et secrète pensée.

« Cependant, il faut que dans votre prose, variée, diverse, ailée, tantôt bouffonne et lyrique, toujours amusante, le spectateur parisien qui a vu la pièce, retrouve non pas une impression générale et vague, mais la sienne propre, et qu'il sente que c'est lui qui pense et qui parle!

« Quant au poète, il doit retrouver dans votre feuilleton, non pas ce qu'il a fait, mais ce qu'il avait voulu faire; car c'est vous qui devez dégager son diamant enfoui dans la gangue, et le faire victorieusement resplendir. Songez-y bien, la symphonie, toujours innée et transfigurée, selon ce qu'elle veut peindre, doit être pourtant faite d'une seule étoffe, et c'est là votre gloire, de passer sans sursaut d'un sujet à un autre, sans qu'on puisse même soupçonner l'effroyable gambade. Car si vous avez évoqué dans le même feuilleton Andromaque, et Robert Macaire, et Jocrisse, il faut que ce soit sans dissonances et que tout se mêle et se pénètre; et tandis qu'Andromaque supplie la farouche Hermione, il faut qu'on entrevoie le sourire ironique de Robert Macaire et sa culotte rouge, et qu'aux sanglots de la reine troyenne se mêle le bruit que fait Jocrisse en cassant les piles d'assiettes, et en laissant tomber maladroitement la montre de M. Duval. »

Quant aux grands poètes du passé et à votre jugement sur acteurs et actrices, voici :

« Vous ne jugerez pas. Maître dans votre feuilleton, vous disposez des grands morts et vous avez droit de les faire parler et agir, comme un Homère ses Dieux : tâchez seulement d'être brûlé par la flamme de leur esprit, et que leur souffle entre dans votre âme. Pour les acteurs... agissez comme s'il n'y en avait pas. Pour vous, en effet, ils ne sont que les personnages de votre propre comédie; c'est à vous de les pétrir et de les façonner, et c'est vous qui devez inventer la voix de cristal de Mlle Mars, et grandir le nez d'Hyacinthe, comme une tour de Babel, et faire s'élancer la bouche avide d'Odry, de façon qu'on ne sache pas s'il veut mordre son nez camard, ou dévorer les étoiles.

« En ce qui est des actrices et de leur talent... c'est encore très simple.

« Elles sont belles, ces actrices, ou elles ne le sont pas. De toute manière, elles ont droit à notre adoration, et nous ne devons ni être amoureux d'elles, ce qui serait stupide, ni prendre une fleur pour les fouetter, ni même pour les caresser. Laides, nous les consolerons par notre silence, ou même, si elles l'ont mérité par leur grâce et leur bonne humeur, nous leur ferons généreusement cadeau d'une beauté idéale, comme, en son immortelle figure de marbre, le statuaire Houdon a récompensé l'esprit de Voltaire, en lui faisant cadeau d'une chevelure. Si, au contraire, elles sont belles, comme la nature des choses exige qu'elles le soient, leur beauté est une chose si supérieure à leur talent, qu'elle doit être avant tout célébrée et chantée. Votre sujet, votre merveilleux thème, c'est la femme; que la comédienne, si elle a le bonheur d'être une femme, soit pour vous ce qu'étaient pour Horace Glycère, ou Chloé, ou Néobulé, un prétexte à faire vibrer vos odelettes et vos odes; surtout, soyez moderne, car tout ce qui vit est moderne, Homère plus que Pigault-Lebrun et Aristophane plus que Scribe ! »

Pour faire le moindre feuilleton, il faut, vous devez en être persuadé maintenant, du génie. Balzac, du reste, a-t-il jamais dit autre chose? Ne devez-vous pas, comme Liszt, savoir jouer de tous les pianos? Oui, à Paris où les amateurs sont difficilement tolérés, il faut du génie pour tout, pour manger, pour ne pas mourir, même pour vendre sur un éventaire des pipes en sucre d'orge rose. Mais, et sans cela, où serait donc le plaisir?

Voilà, je le répète, comment il vous faudra trousser un feuilleton... lorsqu'on voudra bien vous en laisser le temps.

Aller partout, voir tout, parler de tout, tel est le programme du critique d'art dramatique, on pourrait dire du critique, quel qu'il soit. Lorsque le critique aura la chance de rencontrer, même dans un théâtre de cinquième ordre, un jeune talent qui semble mériter l'attention, il ne reculera pas devant lui, parce qu'il l'aura trouvé à la Scala, au Chat-Noir ou dans un ouvrage sans nom d'éditeur sur la couverture.

Et quand il en aura l'occasion, qu'il ne craigne pas, tout en critiquant les œuvres, de se laisser tenter aussi par le portrait de l'écrivain, de l'auteur dramatique. Ce sera du nouveau, de l'innovation, qu'il fera là. C'est de cela, il le sait, que vit le journal, et c'est ainsi qu'il trouvera le moyen lui-même de durer.

Le public est un maître exigeant; il se doute peu des difficultés qu'il faut vaincre pour lui plaire, et de toutes les conditions que le critique actuel doit remplir pour arriver à le contenter.

Condamné à une improvisation souvent stérile, et presque encore dans la salle du théâtre, la vision dans les yeux et les oreilles fatiguées, il lui faut ordonner ses souvenirs et faire passer dans son style l'impression qu'il a reçue. Et tout cela, bien entendu, avec tout le tact et le sérieux nécessaires, le directeur n'admettant pas des articles bâclés; les remplaçants ne sont-ils pas là, tout prêts, quémandant déjà la place convoitée, affirmant même qu'ils feront mieux! Aussi, souvent, connaissant à fond son sujet, il fait des prodiges, le critique pressé, il sait trouver les comparaisons érudites en quelques secondes, les aperçus ingénieux et spirituels et les remarques de métier qui demain frapperont le public. Peut-il, dans ces conditions, se livrer à des développements littéraires, à de brillantes fantaisies, et toute création ne lui est-elle pas interdite? Elles sont loin de lui les jouissances artistes de Saint-Victor et de Théophile Gautier, ou les recherches érudites de Sainte-Beuve, ou celles que dorénavant pourra s'octroyer

M. Jules Lemaître qui, à la *Revue des Deux-Mondes*, où il est entré pour traiter la critique dramatique, aura devant lui un mois tout entier pour étudier une pièce et aiguiser la pointe de sa critique (1).

Et l'entourant comme de haies infranchissables, à combien de conditions le critique ne doit-il pas soumettre le ton et la portée de son travail? Que de considérations l'obligent à une souplesse constante, afin de pouvoir franchir heureusement les obstacles et pour rester dans son vrai rôle de journaliste, d'artiste et de critique!

Un à un nous exposerons maintenant les privilèges, les obligations, les servitudes qui enferment la critique, en apparence si indépendante. Nous les diviserons, autant qu'il sera possible, malgré l'étroite union de ces matières et les contradictions incessantes que les circonstances opposent aux règles qu'on voudrait établir. Nous tâcherons d'expliquer les nécessités, les inconvénients et les droits glorieux de cette malheureuse critique, que nous ne pouvons nous empêcher de plaindre, de plaindre sincèrement.

Le critique, c'est l'homme spirituel de saint Paul qui juge tout et n'est jugé par personne.

« La critique ne connaît pas le respect; elle juge les hommes et les dieux ». Ce mot de Renan, qui définit la magnifique prérogative de la critique, a été rigoureusement appliqué par celle d'aujourd'hui.

Elle exerce un droit souverain. Elle touche à tout, elle analyse tout. Malgré l'indulgence ou la sévérité dont elle use, et l'irritation de ceux qu'elle blesse, elle est libre, elle échappe à toute action judiciaire, pourvu qu'elle n'attaque pas les personnes; elle ne supporte pas de protestation.

Nous traiterons tout à l'heure des conditions d'indulgence et de sévérité auxquelles les circonstances et les mœurs la soumettent; maintenant nous posons simplement le principe de

---

(1) Chargé du feuilleton dramatique au *Monde Illustré*, Monselet ne mettait jamais les pieds au théâtre. A une observation qu'on lui fit, un jour, à ce sujet, il répondit : « J'emploie bien mieux à rendre compte d'une pièce le temps que je perdrais à la voir! » Auguste Lireux disait, jadis, à ce même propos : « Je ne vais jamais voir une pièce parce que ça m'influencerait! »

son indépendance absolue. Et il est très juste : la critique ne vient qu'après l'œuvre ; l'auteur qui édite un livre ou fait représenter une pièce, sait fort bien qu'il sera jugé, et s'il est sage, il doit être prêt à accepter l'improbation, à en chercher les raisons et à se corriger, quand elles lui paraîtront bonnes.

La vraie critique ne devrait jamais être exercée que par les gens du métier, qui savent les détails et les dessous littéraires des ouvrages, les sources, les emprunts ; leurs articles jouiront alors auprès des lecteurs d'une considération toute spéciale. Il n'y a pas de concierge qui ne soit assez fort pour avoir un système politique à lui : nous en avons vu un qui définissait l'humanité très catégoriquement par cet axiome : « Le monde entier, c'est de la bamboche. » Mais vis-à-vis d'une théorie littéraire, la masse est dépaysée, elle se fie au critique de son journal à un sou ou à trois sous, et elle répète, après avoir lu ses comptes rendus : « Il est fort, celui-là ! » Un peu de ce respect pour les connaissances techniques du rédacteur a gagné les autres classes, et l'opinion de Vitu avait une réelle autorité dans les cafés du boulevard.

L'écho est tel dans le public que les auteurs, très souvent, craignent la critique comme le feu. Brûlants de fièvre, les jeunes vont lire les appréciations littéraires des journaux, sachant que l'avenir de leur pièce ou de leur livre en dépend. Quelques-uns, vaincus, se découragent ; d'autres se plaignent, écrivent au rédacteur, parfois avec modération, plus souvent avec le ressentiment fougueux de l'amour-propre blessé. C'est bien un tribunal qui les juge et qui décide de leur destinée : ils connaissent trop l'action du critique sur la foule des lecteurs et la publicité meurtrière qui leur coupera toutes ressources. Avoir une bonne ou une mauvaise presse, c'est pour eux la vie ou la mort, tant le Français est encore accoutumé à croire sur parole les critiques en matière de littérature !

Cette adhésion instinctive à la décision du critique est très ancienne. On donne encore à son goût et à ses lumières la même autorité que la bonne société accordait jadis aux salons littéraires, aux personnes instruites et distinguées de l'hôtel de Rambouillet. « Cela ne se dit pas, les gens de la cour n'admettent pas cette tournure, » déclarait Vaugelas pour unique raison de ses règles grammaticales, et tout le monde les acceptait, persuadé que ces raffinés, si versés dans la langue, se prononçaient très justement. Geoffroy lui-même eut le sentiment de sa puissance sur l'esprit général, et fut étonné, adouci, par l'effet désastreux de ses critiques trop sévères. Il écrit alors :

« Les plaintes qu'on a fait retentir autour de moi, les prières qui fléchissent même les dieux, m'ont averti du poids de mes jugements, de l'influence de mes opinions. J'ai appris, à mon grand étonnement, que j'étais devenu, sans le savoir et sans le désirer, un personnage important au théâtre. On me représentait de toutes parts qu'une de mes critiques pourrait faire perdre l'état à un artiste, ruiner une famille. C'est alors qu'il m'a pris quelques scrupules et quelques remords sur les suites que pourraient avoir mes décisions. Je tremblais d'égorger quelque honnête homme d'un trait de plume, sans m'en douter. Ce trait, me disais-je, est peut-être un coup de poignard; cette phrase que j'écris très innocemment est peut-être un assassinat? C'est alors que j'ai cru devoir mettre plus de circonspection, d'égards et de politesse dans l'expression de ma pensée. C'est alors que j'ai cru devoir tempérer par quelques éloges l'amertume des critiques; mais je n'ai jamais accordé ces éloges qu'à ceux qui les méritaient. La réputation du journal s'étant étendue dans toute la France et jusqu'aux extrémités de l'Europe, il est arrivé que la plus simple observation équivalait pour l'effet à la plus sévère critique, et le plus léger témoignage de mécontentement et d'improbation qui passait sous les yeux de cent mille lecteurs était une sentence très rigoureuse. Plus j'avais de pouvoir pour blesser, plus je devais en user avec discrétion. »

Nous n'ajouterons rien à cette leçon de Geoffroy; malgré la légère ironie de la forme, elle reste éternelle. Il est encore plus dangereux, aujourd'hui, de prononcer des sentences littéraires impitoyables. Le conseil est donné par nos vieux maîtres : nous n'avons qu'à l'accepter très simplement.

La critique, pour être généreuse, ne doit pas oublier que son tribunal est sans appel. Les critiques, en effet, échappent au droit de réponse, et à toute répression judiciaire, sauf le cas extrêmement rare d'une attaque contre la personne. Malgré le texte ambigu de la loi du 25 mars 1822 : « Toute personne nommée ou désignée dans un journal a le droit de répondre dans ce même journal, » le droit de réponse n'existe pas. La Conférence des avocats a discuté la question : « Si un artiste dramatique dont le talent a été apprécié par un journal peut user du droit de réponse? » Elle s'est prononcée pour la négative.

Cette solution est la seule juste et pratique. Un auteur livre son œuvre au public : le journaliste a le droit d'en parler publiquement. Si l'amour-propre vexé de l'homme de lettres voulait chercher noise au rédacteur et pouvait le forcer à publier son apologie, combien de colonnes de supplément faudrait-il à ces publications? Cela ne mérite pas d'être discuté.

La jurisprudence pourtant s'est montrée assez incertaine sur ce point. En 1845, le légendaire A. Loyau de Sacy obligea *Le Siècle*, par voie judiciaire, à insérer une réponse indignée : le critique avait trop ri de sa pièce, le *Lys d'Évreux*, sifflée à l'Odéon. Plaideur infatigable, il perdit un autre procès en 1866, encore contre *Le Siècle*, qui refusait d'insérer une note destinée à faire savoir *urbi et orbi* que l'éreintement de toute la rédaction de ce journal se vendait rue de Sèvres. En 1873, il fit un troisième procès au même *Siècle*, réclamant le droit de réponse à un article sur *le Borgne*, son nouveau drame. La deuxième Chambre le débouta, mais seulement à cause de la forme injurieuse de l'article : elle reconnut implicitement le droit de réponse.

La question reste donc non résolue juridiquement, mais la décision de la conférence des avocats nous paraît clore absolument ces inutiles débats.

Pour en terminer avec la sévérité, là où la critique pourra, devra même se montrer sévère, c'est vis-à-vis de ces ouvrages qui, sous prétexte de jeter une éclatante lumière sur les questions à l'ordre du jour, s'efforcent d'exciter la curiosité du public par un révoltant étalage d'horreurs. Les productions de ce genre, en effet, exercent en général une déplorable influence sur l'esprit des femmes, surtout sur celui des jeunes filles, dont l'imagination, novice encore, n'est que trop facilement pervertie.

La statistique a depuis longtemps prouvé que ce sont les femmes qui dévorent le roman comme elles dévorent aussi le feuilleton de nos journaux, ainsi que je l'ai déjà dit ailleurs. Il est même extrêmement rare qu'elles achètent d'autres livres. C'est un fait que tous les libraires sont unanimes à reconnaître. On a le droit de déplorer un pareil goût, mais on n'en est pas moins obligé de se rendre à l'évidence. Il est bon que nos feuilletonistes sachent comment se recrute leur clientèle et aient conscience de la responsabilité qu'ils encourent à l'égard du sexe féminin.

Écartez donc autant que possible de votre critique les ouvrages imprégnés de ce pessimisme morbide qui est la plus dangereuse des maladies morales de notre temps, expulsez-en également les livres où les côtés faibles de la société contemporaine sont décrits avec un luxe et une précision de détails qui sont de nature à inspirer du découragement et du dégoût. Il n'est pas de plus déplorable moyen de faire perdre son temps à une femme que de lui conseiller la lecture de ces ouvrages.

Vous leur ferez plus de tort en les ignorant, en organisant autour d'eux la conspiration du silence, qu'en les critiquant avec toute la sévérité possible, avec la grande sévérité que quelques-uns méritent si bien.

A quel signe reconnaîtra-t-on un livre malsain ?

Il suffit d'un peu de bon sens pour découvrir du premier coup les indices qui révèlent un ouvrage dont la lecture n'est pas sans danger pour la femme, le client principal du roman.

Une littérature maladive, pessimiste, tourmentée par un fatalisme sans espérance, surchargée d'horreurs et également affranchie de tout souci d'art et des règles de la grammaire, doit être écartée sans hésitation.

CHAPITRE XIII

La critique et l'indulgence. — La critique ne doit pas être trop rigoureuse. — Des concessions ne sont point des abdications. — Éviter l'indulgence excessive. — Corneille et l'indulgence. — Inconvénients et dangers de l'indulgence excessive. — Le cas de Victor Hugo. — Victor Hugo critique d'art. — Cela nous coûte cher pour nous relire. — Parallèle entre la critique politique et les autres critiques. — Personnalités offensantes de Boileau, Corneille, Molière, Voltaire, Joseph Scaliger, Collé, Sainte-Beuve, etc. — Modèles à suivre. — Le rédacteur bibliographe et le critique littéraire. — Fumisteries de notre bibliographie actuelle. — L'*Inseratur*. — Expérience de l'auteur. — Un remède facile. — Ce que devrait être la bibliographie. — Talents, qualités et aptitudes indispensables au critique littéraire et au rédacteur bibliographe. — Caractères essentiels du critique littéraire. — Importance de la littérature russe. — Confusion facile entre Tolstoï et Flaubert. — Un souhait. — La meilleure critique. — Difficultés éprouvées par les débutants. — Se méfier des préfaces.

L'indulgence est aujourd'hui plus nécessaire à la critique qu'autrefois par la difficulté de juger qui est devenue beaucoup plus grande. Les anciennes règles, rigoureusement déterminées et connues de tous, permettaient, sous nos classiques, de prononcer une sentence absolue. Le critique décidait d'après des principes que l'auteur savait aussi bien que lui; l'auteur même pouvait prévoir ce que l'on condamnerait dans son ouvrage. C'était une querelle sévère et souvent acharnée entre le gardien des lois et l'artiste qui essayait d'y échapper : le texte des codes du bon goût était formel, on était loué ou désapprouvé aussi sûrement qu'un cuisinier peut l'être par des gourmets délicats.

Aujourd'hui plus de règles, c'est la fantaisie désordonnée; on écrit et l'on fait au hasard des romans, des drames, des comédies : il y a autant d'esthétiques que d'auteurs, et il n'y a qu'une loi qui s'impose à tous, celle de plaire au public. Tous les genres sont mêlés; le critique n'a plus aucun texte légal pour frapper les délinquants littéraires.

Comme le succès fait tout, le public donne le ton; la décision vient non plus des compétents, mais du suffrage universel : c'est la masse qui décide, et le critique, écrivant pour qu'on le lise demain, est obligé de tenir compte des applaudissements. Si sa conscience littéraire proteste contre un ouvrage nouveau, il doit la retenir; il devra, sans recourir à des lois méconnues, tâcher d'expliquer le genre de mérite de cette pièce qui a été acclamée par une salle en délire.

Il se dira très éclectiquement qu'on n'applaudit pas sans raison et que le goût public doit être ménagé. Le succès est la principale cause de l'indulgence de la critique.

Il y en a beaucoup d'autres qui rendent nécessaire cette indifférence bienveillante. D'abord ce rôle est plus équitable. Le critique juge et écrit très vite, il se méfie un peu, il a peur de frapper trop fort. L'indulgence n'a point d'inconvénients et l'on ne s'en repent jamais.

Pour être sévère, il faudrait plus de temps, plus de certitude, plus de moyens d'être bien informé et de mieux comprendre. On n'ose traiter durement un acteur inconnu entrevu dans un mauvais rôle. Cette nécessité hâtive de voir et de juger sur-le-champ inspire une défiance salutaire. Le critique est forcément plus réservé.

Dans les villes de provinces le public accorde trois débuts aux artistes avant de se prononcer sur leur admission. Ce sont trois auditions solennelles; et les braves abonnés accourent et tâchent de juger après un examen consciencieux. Nous ne pouvons conseiller à nos aspirants critiques ce système impossible, mais c'est encore une raison pour eux de se surveiller et d'être doux, car ils pourraient tuer une œuvre dans un premier mouvement nerveux et d'un seul coup de plume.

Quoique libre et maîtresse absolue de ses décisions, on voit donc que la critique doit faire des concessions, ne pas être trop rigoureuse. Il lui est très difficile de ne pas heurter ceux qu'elle censure. Les auteurs débutants surtout, sont — qu'on nous passe le mot — insupportables ; si le critique ne les accable pas d'éloges, ils l'accusent de les décourager. Pour un mot de blâme, toute une école de jeunes tire l'épée et le couteau contre lui.

Autre tracas : ceux qui viennent pleurer, supplier avec des reproches, et si c'est une dame, avec des larmes, pour obtenir quelques mots de louange, ou un retour, une phrase de compensation gentille, à propos d'un livre trop éreinté. Ces gens-là sont si persuadés de leur talent! Quelques-uns vont jusqu'aux injures, et après une imbécile affaire de ce genre, le critique ennuyé se surveille et tâche de froisser le moins possible ces amours-propres si pointilleux. L'esquisse que nous faisons ici de ces ennuis aura l'avantage de montrer au jeune critique la nécessité d'étudier à loisir, de prendre le temps de la réflexion. Il s'aperçoit souvent, après coup, que le jeune qu'il a raillé apportait pourtant une idée féconde. Plus circonspect, il invente des dosages nouveaux pour son blâme, il l'enveloppe de gomme : la pilule sucrée passe mieux, et l'acide ne se sent pas. Il accorde généreusement le talent à sa victime, avant de condamner l'œuvre ; la vanité du patient demeure satisfaite ; il sourit ; il n'y a entre lui et le critique qu'une différence d'école, il lui suffit qu'on ait reconnu sa valeur ; il pardonne à ce magister ; quoi d'étonnant que ce plumitif encroûté n'ait rien compris à un livre si neuf?

Ces concessions que fait le critique ne sont point des abdications. Il garde son jugement et son indépendance, et s'il y met des formes plus courtoises, il ne désarme pas. Il sait qu'il doit le respect aux personnes et la sincérité aux écrits.

La critique ancienne était plus facile : l'intolérance dictait ses décisions, aussi absolues que celles des conciles condamnant un hérétique. L'indulgence y était rare, et Corneille déjà en réclamait davantage dans sa préface de *La Suivante*, comédie représentée à Paris avant *Le Cid*, en 1634. Elle nous semble de toute actualité.

Il commence par rappeler le mot de Montaigne (livre Ier chapitre XXXVI) :

« Nos jugements sont encore malades et suyvent la dépravation de nos mœurs... Qu'on me donne l'action la plus excellente et pure, je m'en vais y fournir vraysemblablement cinquante vicieuses intentions. » Et appliquant cette profonde vérité au théâtre, il ajoute :

« Chez les philosophes, tout ce qui n'est point de la foi ni des principes, est discutable ; et souvent ils soutiendront à votre choix le pour et le contre d'une même proposition; marque certaine de l'excellence de l'esprit humain, ou plutôt de sa faiblesse qui n'en peut trouver de convaincantes ni qui ne puissent être combattues et détruites par de contraires. Ainsi ce n'est pas merveille si les critiques donnent de mauvaises interprétations à nos vers et de mauvaises faces à nos personnages...

« C'est au lecteur intéressé à prendre la médaille par le beau revers... Comme il nous a quelques obligations d'avoir travaillé à le divertir, j'ose dire que pour reconnaissance il nous doit un peu de faveur et qu'il commet une espèce d'ingratitude s'il ne se montre plus ingénieux à nous défendre qu'à nous condamner, et s'il n'applique la subtilité de son esprit plutôt à colorer et justifier en quelque sorte nos véritables défauts, qu'à en trouver où il n'y en a point. »

Voilà un grand Corneille peu connu et une exquise prose familière! Il continue et s'adressant au public :

« Ceux qui se font presser à la représentation de mes ouvrages m'obligent infiniment; ceux qui ne les approuvent pas peuvent se dispenser d'y venir gagner la migraine : ils épargneront de l'argent et me feront plaisir. »

Le vieux Corneille a raison, et le critique fera bien de montrer cette bonne volonté qu'il demande. Qu'il donne son jugement, mais qu'il l'exprime avec cette indulgence que réclame l'auteur; qu'il se garde surtout de croire infaillible sa sentence.

Maintenant, il est bon de voir aussi, comme aurait dit notre grand tragique, « le mauvais revers » de cette indulgence. Il ne faut pas qu'elle devienne excessive, ce serait, en vérité, pire que tout. Ne nous dissimulons pas que c'est un défaut facile, qui rapporte au critique des sympathies profitables; son intérêt le pousse à louer les puissants, et sa bienveillance peut devenir suspecte. Les louanges banales que distribuent une foule de journalistes encouragent la médiocrité et détruisent dans les crânes qui n'ont aucune tendance littéraire toute sensation vraie, tout jugement droit. On y prend l'habitude de donner au vaudevilliste à succès plus d'importance qu'à l'historien patient et consciencieux. Siraudin vaut Taine. Tout se confond : un petit drame inconnu demain, à peine ébauché, est appelé œuvre de premier ordre; une actrice quelconque est comparée à Rachel; aucune différence, plus de nuance, l'extrême adulation a tué dans beaucoup d'esprits toute notion de vraie critique : on est fourvoyé, on mêle tout, on ne sait plus rien apprécier.

Il faut donc bien comprendre les diverses faces de chaque question; quelquefois ces faces sont aussi nombreuses que celles des polyèdres géométriques : l'indulgence doit être appliquée avec tact, et ce serait un contre-sens que de faire les yeux doux à tout le monde. Le critique perd toute dignité en louant au hasard ou servilement. Il ne se laissera pas harceler par certaines appréhensions : quelques-uns n'osent critiquer le style d'un maître de peur qu'on ne se tourne contre eux pour leur dire : « Et vous, comment écrivez-vous? Qui êtes-vous à côté de celui-là? » Le critique doit tout dire : nous exigeons sa sincérité et il aura toujours raison de montrer les lacunes et les défauts réels chez les grands : il pourra répondre qu'il s'agit de leur style et non du sien. Un de nos écrivains a dit que l'éloge banal ressemble à de l'indifférence : il faut montrer plus d'intérêt aux illustres de notre littérature : l'indulgence sceptique ôte toute leur noblesse aux arts.

Le plus grand exemple que nous en ayons, nous est fourni par l'attitude de la presse entière pendant les dernières années de Victor Hugo. La critique s'est tue devant lui, a dit un auteur, comme la terre devant Alexandre : l'admiration a été charitable, inaltérable, patiente. Ses ouvrages d'alors, certes, ne valaient plus les *Feuilles d'automne* ni les *Contemplations*. Pourtant on les recevait avec la même ferveur, on les plaçait sur le même rang. Personne n'a interrompu ce concert d'apothéose; ce serait pieux, si l'on n'avait été trop loin; on a reproduit et exalté tous les sénilismes du génie, même les lettres en style absurde qu'il envoyait à Garibaldi, au Tsar et à d'autres personnages, comme un pontife du haut d'un Sinaï. Aujourd'hui qu'on peut juger le grand écrivain, presque d'aussi loin que Voltaire et Racine, on se prend à regretter cette condescendance : grâce à notre silence, la fin du puissant poète ne restera pas dans notre souvenir. Nous n'avons rien senti qu'une image, une antithèse, au passage solennel de son corps sous l'arc triomphal, dans le char des pauvres. L'adulation universelle a gâté la fin de sa vie, c'est elle surtout qui l'amoindrissait, et il serait mort plus grand encore si l'improbation respectueuse de toute la critique l'eût averti et retenu (1).

L'indulgence excessive a donc aussi, on le voit, ses désavantages, nous avons tenu à ne pas les dissimuler. Il faut beaucoup de tact et de justesse d'esprit pour ne point dévier vers le manque ou vers l'excès.

Que le jeune critique se rappelle le mot de Corneille : « qu'il se montre plus ingénieux à défendre l'auteur qu'à le condamner » et qu'il « colore » un peu ses défauts. Nous lui souhaitons, enfin, de réaliser le désir de Chateaubriand, substituer « la critique féconde des beautés à la critique mesquine des défauts ».

On ne discute que ce qui a de la valeur, on n'est sévère que pour l'auteur dont on attend beaucoup. Qui songe à examiner le talent de Clairville ? Au contraire, la critique ne cesse de s'occuper de Dumas, d'Augier, de tous les forts : c'est de ceux-là

---

(1) Puisque nous traitons de la critique et en même temps, en ce moment, de Victor Hugo, qu'on nous permette de rappeler un fait très peu connu : Victor Hugo a été critique, critique d'art.

Dans le journal *La Gazette littéraire*, l'auteur futur des *Contemplations*, alors âgé de dix-sept ans, publiait en 1819 des critiques d'art, de théâtre et des pièces de vers.

Victor Hugo devenu génie ne possédait plus tard aucun exemplaire de ces premières publications.

Un habitant de Versailles, ayant acheté pour presque rien la collection complète, s'en alla consulter un bibliophile fort connu et lui fit part de sa découverte. Le collectionneur s'empressa de courir chez cet ignorant, qui demanda cent francs pour sa trouvaille. Le marché fut conclu sur-le-champ et le bibliophile fit savoir aussitôt à Victor Hugo qu'il possédait cette rarissime collection. M. Paul Meurice accourut chez lui et lui offrit ce qu'il en voudrait.

Le collectionneur fut modeste. L'affaire se fit à huit cents francs, à la condition qu'il remettrait lui-même ces premiers essais au maître. Hugo lui dit en souriant :

— Cela nous coûte cher pour nous relire.

qu'elle a le droit de tout dire, en précisant les qualités qu'ils ont et celles qui leur manquent : avec ceux-là seulement elle peut déployer toute la sévérité sincère que réclament les jugements artistiques.

C'est ainsi que tous les esprits élevés comprennent le rôle de la vraie critique : indulgence courtoise mais sans faiblesse envers les débutants et les talents jeunes, en évitant autant de les encourager que de les rebuter par une trop vive censure; vérité entière à ceux qui sont arrivés, qui savent, de qui l'on attend l'exemple. Il n'est pas mauvais, en effet, d'exciter un peu leur amour-propre : au mécontentement de la critique et du public qui repoussèrent *La Princesse de Bagdad* M. Dumas fils ne répondit-il pas victorieusement par *Denise*? Avec les maîtres, on gagne toujours quand on a raison; la critique judicieuse est très utile, c'est souvent l'éperon qui fait bondir le coursier paresseux.

La vraie critique est généralement pleine de politesse et d'urbanité envers les personnes : elle censure un type, un caractère, une mauvaise fabulation, le style, enfin les diverses parties de l'œuvre, dont l'appréciation lui appartient. Elle n'attaque généralement pas le renom de l'auteur; nous nous plaisons à constater qu'elle lui accorde presque toujours une valeur littéraire, et que l'ironie et le persiflage contre le talent, contre l'homme, sont de très rares exceptions.

Nous le constatons volontiers, et ici ce n'est plus un conseil que nous suggérons à nos cadets, mais un fait évident et honorable pour la presse. Il est d'autant plus remarquable, que la critique politique emploie justement des procédés contraires : elle est brutale, elle se sert de mots grossiers et odieux; le ministre de la guerre est appelé « ganache »; n'avons-nous pas vu M. Carnot défini par cette phrase : « A la Chambre, il était le plus bête de nous tous »? Ce ton vulgaire de la polémique a gagné beaucoup de journaux appartenant à toutes les opinions; le peuple s'en sert, et le cordonnier hausse les épaules, affirmant que le préfet de police est une brute. C'est bien la presse qui a donné à ces gens l'habitude de trancher avec cette violence sur des hommes souvent illustres : le même ouvrier ignorant ne traitera pas M. François Coppée d'idiot, parce que dans aucun journal on ne maltraite la personne des littérateurs. La critique vaut mieux que la polémique : elle a gardé le respect aux personnes, elle ne juge que les ouvrages.

Il n'en a pas toujours été ainsi : la critique ancienne s'est montrée acerbe. Boileau dans ses satires se permet en effet des personnalités offensantes; Molière ne s'est pas gêné avec Cotin et Ménage ; Voltaire n'a gardé aucune mesure. C'est qu'alors les doctrines littéraires étaient aussi intransigeantes que les doctrines religieuses, aussi violentes que les fanatismes politiques de notre temps. La *Querelle des Anciens et des Modernes* passionnait les esprits bien autrement que n'importe quelle période électorale actuelle, et Joseph Scaliger appelait scélérats les ignares, les obstinés qui n'admettaient pas son interprétation des auteurs latins; tous les savants d'alors, dans la chaleur de leurs convictions, auraient admis « qu'ils n'étaient que des bêtes » plutôt que d'accorder que l'on peut dire « la forme d'un chapeau », expression contraire aux principes.

Ces excès étaient dangereux. Que de fois le critique dédaigneux, qui pourtant avait le temps d'examiner et d'écrire, s'est lourdement trompé, se clouant lui-même à un pilori dérisoire ! Après l'insuccès d'*Eugénie*, mauvais début de Beaumarchais, Collé se prononça magistralement : « M. de Beaumarchais a prouvé, à ne point en douter, par son drame, qu'il n'a ni génie, ni talent, ni esprit. » Jugement inconcevable, assez fréquent, surtout dans l'ancienne critique; on en voit un dernier spécimen écrasant dans les quelques notes de Sainte-Beuve sur les *Mémoires d'outre-tombe*, le grand chef-d'œuvre du siècle peut-être, auquel le célèbre lundiste pourtant semble n'avoir rien compris.

Oui, il faut se méfier ; ces exemples ont servi à donner aux plus intelligents de nos critiques modernes un ton raisonnable, judicieux et moins absolu. La sévérité chez eux n'est pas le dénigrement. Et comme on lit vite, qu'on écrit vite, qu'on n'a plus le temps, on ose moins se prononcer à fond, on évite la sentence sans appel. MM. France, Jules Lemaître, Brunetière, hésiteraient à dire comme Corneille à Racine qui lui présentait *Alexandre* : « Vous avez du talent pour la poésie mais aucun pour la tragédie. » On a trop vu s'enferrer les plus grands; on aime mieux sourire, tourner, se dérober spirituellement : on n'engage plus sa responsabilité dans des pronostics trop définis.

On n'aime plus ces critiques hostiles au public, qui éreintent ce qui lui plaît, pour exalter des choses qu'il ne saisit pas ; on est de l'avis du spectateur, cité par *Le Figaro*, lisant les comptes rendus d'une pièce très applaudie : « La presse n'a pas été trop mauvaise pour un si grand succès. »

Comment pourrait-elle, du reste, se montrer aussi absolue qu'autrefois? Nous devons dire la vérité tout entière. Déjà nous avons rappelé qu'il n'y a plus de lois littéraires, plus de principes : les critiques se trouvent devant des ouvrages, romans ou pièces de théâtre, d'un genre indéterminé. L'ancien vaudeville même avait des règles, et l'on savait d'avance ce qui était mauvais et ce qui méritait l'approbation. Comme l'ingénieur défendant une place forte, l'auteur savait que la tranchée serait ouverte contre lui d'après des principes aussi universellement établis que ceux de Vauban : il pouvait prévoir le point où l'on donnerait l'assaut. Ces lois, on ne les reconnaît plus : les pièces actuelles échappent à toute réglementation classique ou autre. Il est impossible de les juger avec les idées et les raisons de nos pères. La critique actuelle est très rapide, elle improvise ses jugements, tandis que les Le Batteux et les La Harpe au contraire y donnaient leurs soins et leurs veilles, mais elle se prononce sur des œuvres généralement improvisées aussi. De notre temps, en effet, on se hâte trop pour écrire, on accumule les volumes, on ne fait plus une œuvre, on ne peut plus les clore par un *Exegi monumentum*. Il n'y a plus d'hommes *unius libri*.

Le critique littéraire et le rédacteur bibliographe. — C'est le rédacteur littéraire appelé *bibliographe* qui est chargé d'écrire dans le journal le compte rendu des livres nouveaux : résumé rapide du sujet, aperçu du genre et du mérite de l'œuvre.

Les premiers bibliographes, si je ne me trompe, furent deux révérends jésuites français, les PP. Le Bossu et Rapin, qui, en 1675, commencèrent à juger et à classer la poésie moderne d'après les règles d'Aristote. La critique bibliographique n'a guère fait de progrès depuis, bien au contraire. Elle est devenue la partie la plus médiocre du journal, et les hommes de lettres en sont aussi mécontents que le public. Notre bibliographie actuelle est un examen fait en l'air, généralement nul, écrit par des rédacteurs qui, la plupart du temps, restent ignorants du sujet. Nous exposerons les vices de cette étrange institution ; quand nous aurons montré les abus présents et la déception des lecteurs, nous nous permettrons de présenter aux débutants quelques idées sur ce qui pourrait la remplacer.

Voyons donc, avec la rigueur impartiale dont nous voulons faire preuve, en dépit de notre sympathie pour le journalisme français, ce qu'est la bibliographie actuelle. Tout le monde est d'avis que c'est tout bonnement « une fumisterie » et que, sauf d'honroables exceptions, elle ne sert à rien. Nous n'aurons donc pas à nous gêner pour en parler librement.

Voici comment s'élaborent les appréciations littéraires du bibliographe. Dès qu'un livre a paru, dès qu'un livre *vient de paraître*, le rédacteur en reçoit un exemplaire. Sous la couverture se trouve un petit papier carré, blanc ou de couleur, qui rend compte de l'ouvrage en très peu de lignes, avec une modestie convenable et un éloge alléchant et ingénieux pour les acheteurs. C'est ce qu'on appelle l'*inseratur*, véritable annonce qui est rédigée presque toujours par l'auteur, quelque dégoût qu'il puisse avoir pour ce genre de travail, quelquefois par l'éditeur, et qu'on envoie avec le volume au bibliograpne de chaque journal pour encourager sa paresse, en lui fournissant tout mâché le texte à imprimer. Très souvent l'œuvre est vantée, portée aux nues : « La guerre de 1870 attendait son historien, elle l'a trouvé..... » ou bien : « La formule de la littérature décadente et la lecture de ses arcanes n'avait jamais rencontré un interprète plus audacieux et plus exact que..... »

Le provincial, qui lit beaucoup, est le grand preneur de ces nouveautés. A peine a-t-il tourné la vingtième page qu'il s'aperçoit que sous le titre de *Noire et Vierge* par M. Jacques, il relit le *Drame de la rue Brémontier* d'un autre auteur : même genre d'intrigue, de péripéties, même dénouement ; et déjà il l'a entrevu dans un roman anglais. S'il a acheté un ouvrage de poète, autre déception : c'est du V. Hugo, imité et plat, c'est du Leconte de Lisle, du décadent illisible, beaucoup de papier blanc, il se dépite de n'avoir acheté que des marges, bien que ce soit là le meilleur de tous ces livres, aurait dit Beaumarchais. Les traités scientifiques et érudits achèvent de l'exaspérer : phonétiques étranges, exposé de théories copiées de cinquième main, petits opuscules de 50 à 60 pages où il n'y a de réel que le titre, et qui sont le néant, qui n'apprennent absolument rien. En effet, ils ne donnent pas le quart des renseignements précis et exacts que l'on trouve dans de simples comptes rendus, qui souvent n'ont pas deux pages, écrits par de vrais savants dans la *Revue critique* et autres publications sérieuses.

Le lecteur de province reste furieux contre le bibliographe. Quant aux romans vantés, ils se ressemblent d'une manière frappante. Ils appartiennent à six ou sept genres qui ont leurs modèles connus. Roman judiciaire? Gaboriau, Boisgobey sont cyniquement pillés, plagiés; le rédacteur littéraire en sait les trucs; il n'a pas besoin de lire le volume pour modifier au petit bonheur l'*inseratur*, car il le modifie de temps en temps, pour ne pas avoir l'air de reproduire les autres journaux s'il n'y changeait rien, et les autres journaux en font autant. A vue de nez, il pèse ce que doit contenir un volume; dix lignes de lecture au hasard lui suffisent : l'ouvrage est classé, parfois, il faut en convenir, avec un flair inattendu. L'auteur émerveillé d'avoir été si bien compris lui écrit ou vient le remercier avec effusion. Quelquefois le temps écoulé entre l'envoi du volume et l'insertion de l'article est prodigieusement court. Un débutant sur qui tomba cette surprise le lendemain de la distribution du service de presse, fut ému à l'idée que cet homme trop zélé avait dû passer à le lire une partie de la nuit. Le cœur sur la main il alla le voir, mais il n'entra pas à la rédaction : il s'en revint tout penaud. Il venait de trouver à un étalage de librairie, vis-à-vis le journal, son livre, son œuvre avec dédicace, déjà revendu au libraire, et bien entendu pas une feuille coupée.

Nous rions et nous haussons les épaules, voilà ce que nous

nous contentons de faire la plupart du temps. Mais soyons justes. Ce n'est pas la faute du bibliographe tout seul, il faut voir là le mouvement trop précipité de certains organes du journal. Au journal, le rédacteur littéraire, en effet, n'est qu'un rouage mordu par des dents venues un peu de partout. Il reçoit trop de livres, il reçoit trop de grains de sable dans les yeux, cet homme, il n'a pas le temps d'y voir, tenu qu'il est de parler de tout le monde, opprimé, écrasé entre des obligations de traités, de syndicats, de librairie. L'éditeur envoie l'inévitable *inseratur :* il faut s'arranger, le contenter, plusieurs membres de la rédaction ne s'éditent-ils pas chez lui? L'*inseratur* vient souvent avec une lettre d'un des nombreux amis du rédacteur, d'un écrivain qui est à ménager : « Mon cher Z..., c'est un tel, que je tiens à satisfaire ; je vous en supplie, faites passer cela. » Et l'*inseratur* est imprimé. Nous pouvons certifier qu'on l'imprime parfois sans le lire ; pareil désagrément nous est arrivé personnellement, lors de la publication récente du *Manuel de l'Homme de mer*, puisqu'il faut préciser, et à cette occasion, nous avons eu l'ennui de voir plusieurs journaux publier par mégarde deux lignes qui ne regardaient que le rédacteur. Qu'y faire? Tous les jours pour l'infortuné bibliographe c'est ainsi : impossible de se rendre compte, impossible de refuser quelques lignes de réclame rapide. C'est le résultat de l'envahissement fiévreux, qui à cette heure encombre tous métiers, tous débouchés, toutes voies. C'est bien là la lutte pour la vie, la production à outrance, la même pléthore qui paralyse tant de métiers et qui laisse sans valeur dans les entrepôts d'immenses quantités de produits industriels.

Cette duperie bibliographique commence cependant à être décriée partout. Le provincial a cessé de croire aux louanges du rédacteur, il a perdu confiance, il ne lit même plus la notice. Les éditeurs se plaignent déjà, et tout le monde y perd : autrefois le rédacteur en question se montait une bibliothèque; les livres avaient de la valeur; quelques-uns les revendaient et c'était un excellent bénéfice. Aujourd'hui, il est très rare qu'on tienne à garder ces élucubrations, et le prix que le libraire en offre est devenu dérisoire. Non, personne n'est content, le rédacteur lui-même demande autre chose que l'*inseratur :* tout cela est mauvais, usé, et si dédaigné des lecteurs, qu'on finira par supprimer cette bibliographie devenue inutile, ou mieux encore à la passer aux annonces.

M'est avis pourtant que le remède serait facile, on n'aurait pas à le chercher bien loin, nos directeurs de journaux n'ont qu'à vouloir. Ils ne confieraient plus l'examen des ouvrages qu'à des hommes compétents et d'aptitudes reconnues. Qu'est-ce que la bibliographie sinon l'application de la simple formule suivante : Se rendre compte de ce que dit le livre que l'on s'apprête à critiquer et de la façon dont cela est dit?

La bibliographie devrait être, je le répète, un compte rendu destiné à informer le public de ce que contient un ouvrage : peu de critique, peu de louange, le *compte rendu* primant tout, même l'impression du rédacteur.

Nous voulons le bibliographe littérairement instruit, érudit dans la connaissance des livres, et à même par conséquent de comparer une œuvre nouvelle avec les anciennes d'où elle vient nécessairement comme par filiation. La critique est comparative : c'est une balance qui a une base immuable et des poids variés pour mesurer, pour trouver le rapport des objets les plus divers.

L'aspirant bibliographe ou critique agira sagement en lisant toujours l'ouvrage qu'il s'apprête à juger; qu'il ne se contente pas de regarder le titre et le sommaire; qu'il n'attende pas l'avis des autres critiques afin de les imiter plus ou moins servilement. Qu'il lise. Cette lecture, c'est vrai, prend du temps, mais c'est le meilleur moyen de s'habituer à la pratique du métier et d'économiser, sinon le temps présent, du moins celui de l'avenir, quand il aura pu profiter de tout cet acquis. Nous ne voulons pas dire que l'aspirant bibliographe devrait lire toutes les phrases d'un livre donné, ce serait de l'aberration; la pratique, d'ailleurs, permet très vite à celui qui s'est acquis les aptitudes voulues de saisir d'un coup d'œil le sens et la valeur d'une page, d'un chapitre. Le débutant sera bientôt comme le prote expérimenté pour qui la lettre retournée, perdue dans l'épreuve, saute aux yeux, sans même qu'il ait lu une seule ligne. Les mérites ou les défauts d'un ouvrage frapperont aussi rapidement l'esprit du jeune bibliographe bien entraîné, et alors, mais alors seulement, il pourra très exactement rendre compte d'un roman sans qu'il ait besoin de le lire en entier.

Le critique ne doit apprécier le résultat que suivant la nature de l'effort, et il n'a pas le droit de se préoccuper des tendances.

Cela a été écrit déjà mille fois. Il faudra toujours le répéter.

Quels sont les caractères essentiels du critique?

Il faut que, sans parti pris, sans opinions préconçues, sans idées d'école, sans attaches avec aucune coterie d'artistes, il comprenne, distingue et explique toutes les tendances les plus opposées, les tempéraments les plus contraires, et admette les recherches d'art les plus diverses. Un critique qui mériterait absolument ce nom ne devrait être qu'un analyste, sans tendances, sans préférences, sans passions, et, comme un expert en tableaux, n'apprécier que la valeur artiste de l'objet d'art qu'on lui soumet. Sa compréhension, ouverte à tout, doit absorber assez complètement sa personnalité pour qu'il puisse découvrir et vanter les livres même qu'il n'aime pas comme homme et qu'il doit comprendre comme juge.

Qu'au stock de littérature étrangère que le critique littéraire possède, il n'oublie pas d'ajouter la littérature russe et la scandinave. Cette littérature a commencé à pénétrer chez nous il y a quelque temps déjà, et à l'heure qu'il est les noms de Gogol, d'Ibsen, de Bjornson, de Dostoïewski, de Tolstoï, de Tourguenef sont devenus plus populaires que ceux des grands écrivains anglais contemporains.

Cette infiltration chez nous de la littérature russe et de la scandinave, lumières qui nous viennent du Nord, et dont le succès, la pénétration est d'ailleurs très légitime, se décèle déjà par une multitude de symptômes dont aucun, pris à part, n'est certes très significatif, mais qui réunis ensemble, font masse et ne laissent pas d'inspirer aux esprits prévoyants quelques craintes au sujet de notre suprématie intellectuelle. Ce Tolstoï, cet Ibsen que nos Parisiennes lisent tant et dont les noms font, depuis quelques années, tourner toutes les têtes à Paris, sont, en vérité, l'un un dramaturge hors pair, et l'autre un romancier admirable.

La différence qui existe entre les écrivains français et leurs confrères scandinaves et russes tient surtout à l'éducation.

L'âme flottante des Russes dérive à travers toutes les philosophies et toutes les erreurs; elle fait ses stations dans le nihilisme et le pessimisme; un lecteur superficiel pourrait parfois confondre Tolstoï et Flaubert. Mais ce nihilisme n'est jamais accepté sans révolte, cette âme n'est jamais impénitente, on l'entend gémir et chercher; elle se reprend finalement et se rachète par la charité, charité plus ou moins active chez Tourguenef et Tolstoï, effrénée chez Dostoïewsky jusqu'à devenir une passion douloureuse.

En parcourant leurs livres les plus étranges, dit avec raison M. de Vogüé dans ses belles études sur le *Roman russe*, on devine, dans le voisinage, un livre régulateur vers lequel tous les autres gravitent : c'est le vénérable volume qu'on voit à la place d'honneur, dans la bibliothèque impériale de Pétersbourg, l'évangile d'Ostromir de Novgorod (1056); au milieu des productions si récentes de la littérature nationale, ce volume symbolise leur source et leur esprit.

Il y a dans le Coran une bien belle sourate : « A quoi reconnaîtra-t-on que la fin du monde est venue, demanda le prophète? — Ce sera le jour où une âme ne pourra plus rien pour une autre âme. » Fasse le ciel que l'âme russe puisse beaucoup pour la nôtre !

La meilleure critique, toutes autres choses étant égales, est celle où l'auteur même de l'article donne le plus d'idées et d'impressions personnelles. Il devra s'imposer une constante surveillance de ce qu'il faut taire et de ce qu'il faut dire. Quand vous rendez compte d'un roman, jusqu'à un certain point indiquez-en le plan, l'intrigue, l'intérêt, mais n'allez pas trop loin dans cette voie, de peur de gâter le plaisir de l'acheteur ou de lui ôter l'envie d'en savoir davantage. Des extraits judicieux, des paysages habilement choisis dans l'ouvrage montreront le mérite du critique autant que le talent du romancier. C'est là une excellente façon d'animer la critique et de la rendre plus vivante. Souvenez-vous que la preuve peut être faite mieux avec dix lignes de l'auteur cité qu'avec cent lignes de raisonnement. La pratique seule apprendra complètement cet art à nos jeunes critiques.

Les débutants éprouvent souvent une difficulté particulière dans le classement et la comparaison, dans le commencement de leur article. Qu'ils n'oublient point les ouvrages encyclopédiques ou biographiques dont nous avons parlé au commencement de ce travail; les détails biographiques sur l'auteur du livre critiqué, les mots, les allusions à des contemporains, une foule de menus faits pêchés dans Larousse ou ailleurs suffisent souvent pour fournir des débuts d'articles, et tourner les difficultés qu'ils redoutent quelquefois si fort.

Se méfier des préfaces; elles sont plus rares qu'autrefois, mais le débutant en rencontrera encore de nombreuses sur son chemin. Le critique de l'ancien journal se servait souvent, et cela lui facilitait énormément sa tâche, des renseignements et des intentions qu'il y trouvait. Ce n'était pas le même genre de préface : aujourd'hui, pas plus que le reste, elle n'échappe au besoin de la vogue, et presque jamais elle ne se borne à n'être qu'une déclaration sincère et sans détours. La préface d'aujourd'hui, à moins qu'elle ne renferme que des faits, est uniquement adjointe au volume pour influencer les critiques. La plupart du temps c'est un piège. Ne vous y fiez donc pas trop.

CHAPITRE XIV

Le correspondant militaire. — Qualités physiques et morales. — Équipement de campagne. — Le correspondant étranger. — Le correspondant pour la province. — Talents, qualités et aptitudes. — Situations inamovibles. — Chances d'emploi pour les débutants. — Règles de métier. — Le roman-feuilleton. — Une formule infaillible. — La mode présente en fait de roman-feuilleton. — De l'utilité d'avoir vingt mille lignes de larmes en portefeuille. — Moyens de parvenir et de faire de l'argent à l'aide du roman-feuilleton. — Trucs dévoilés. — Ce que gagne un romancier populaire écouté. — Un cas de fécondité curieux. — Un défilé de types étranges. — Fournisseur d'idées et de titres pour romans populaires. — Le *Petit Journal* et ses concours. — Une édifiante statistique. — Influence morale exercée par le roman-feuilleton. — Un sombre tableau.

Le correspondant militaire. — C'est un des grades les plus élevés dans le reportage. Historien de l'heure présente, soldat qui écrit au lieu de se battre, il doit posséder des qualités physiques et morales qui sont rares dans le même homme. A travers le monde militaire, il va, il circule, il écoute, il prend des notes, et le plus important pour lui, c'est de se concilier les sympathies des officiers par sa franchise, sa rondeur et son attention intelligente aux détails du métier. Pour réussir, il faudra être un excellent cavalier et connaître plusieurs langues. La vie que mènent ces reporters est très active, souvent très dure, souvent pleine de danger : en temps de guerre ils peuvent être faits prisonniers, être blessés, tués. Ils sont bien payés, ce qui nous paraît fort juste : leur service est presque un service de soldat en campagne; le correspondant militaire est souvent un officier qui ne signe pas et garde le secret, car la signature officielle est défendue, un jugement public sur les chefs étant contraire à la discipline. Mais en France, dans l'armée où domine à un tel degré le patriotisme, cette défense n'est pas toujours absolue. Les généraux qui commandent sont tous hommes instruits. Ils aiment qu'on parle de leurs belles troupes, qu'on décrive les grandes manœuvres, qu'on montre le soldat gai et soumis au milieu des rudes marches d'automne. Ils préfèrent même que ce soit un des leurs qui traite ces détails, pour cette raison qu'il connaît mieux le troupier. Très souvent, nos généraux connaissent le nom du correspondant mystérieux, et ils l'aident avec plaisir, avec chaleur, lui laissant voir qu'ils l'approuvent. Du reste, les journaux spéciaux qui ne traitent que des affaires militaires sont rédigés entièrement par des rédacteurs qui portent ou qui ont porté l'uniforme, et personne ne s'en plaint. L'esprit de corps est resté si vif dans notre belle armée que les officiers ne verraient jamais sans impatience un civil se mêler de les critiquer. Ils admettent bien plus facilement les observations d'un égal, d'un soldat comme eux, qui a vécu de leur vie et qui, entre autres choses, sait saluer militairement avant de parler à ceux qui commandent. Il ne sera pas mauvais, ainsi que le pratique Archibald Forbes, le célèbre correspondant du *Daily News*, qu'il ait chez lui, comme le préconise M. Dubief dans *Le Journalisme*, et toujours prêts dans une salle *ad hoc*, deux équipements de campagne, l'un pour l'hiver ou les pays froids, l'autre pour l'été ou les climats torrides. Armement, vêtement, campement, sellerie, tout y sera, jusqu'à une bourse bien garnie, jusqu'à des passeports et des lettres de créance pour toutes les capitales. En tout temps, à toute heure, il doit se tenir à la disposition de son rédacteur en chef. Un ordre téléphonique et le voilà parti pour Zanzibar, pour l'Inde, Madagascar, la Russie ou le Cap.

Le correspondant étranger. — Le poste si envié de correspondant d'un grand journal dans une capitale étrangère exige, lui aussi, des aptitudes qu'il est rare de rencontrer réunies chez un seul et même individu. Aussi ceux qui parviennent à ces situations privilégiées sont-ils souvent inamovibles, ils les détiennent à vie. Ces places très honorables procurent à ceux qui les occupent des appointements importants, mais leur nombre est limité. Le correspondant en question doit savoir plusieurs langues et les bien parler, c'est sa première qualité et la plus indispensable.

Un débutant qui possède cet avantage philologique pourrait essayer de se faire admettre en qualité d'aide ou de secrétaire chez un correspondant étranger. Il arriverait de cette façon à acquérir une expérience qui le laisserait tout désigné pour remplir dans l'avenir un emploi semblable.

Le correspondant de province. — Au contraire, il n'est rien de plus facile que d'être correspondant d'un journal de province. La plupart des journaux, dans nos grandes villes, croiraient déchoir, s'ils n'avaient pas un correspondant parisien leur envoyant chaque semaine au moins une lettre de la capitale. Aux colonies, c'est encore plus obligatoire, et le nombre de ce genre de correspondants est considérable.

Malheureusement leur travail est en général pauvrement rétribué. Ils s'arrangent alors de façon à faire servir la même lettre à divers journaux, en la modifiant, souvent... au petit bonheur. Ces articles ne sont pas difficiles à produire ; ils sont écrits généralement à la première personne, forme la plus aisée de toutes ; avec un peu de pratique c'est bientôt plus que suffisant et on arrive à la perfection. Dans certains journaux, il est de règle que les correspondances commencent par la politique ; elles passent ensuite à travers les nouvelles de la société, de l'art, de la littérature, pour finir généralement par ces cancans et ces potins de petite ville qui plaisent tant aux dames... et aux messieurs.

Le correspondant pour la province doit savoir noter ce qui se passe et ce qu'on dit partout où il se trouve : ces provisions de nouvelles, il les emmagasinera dans de vastes carnets pour s'en servir dans ses lettres, et s'il arrive à savoir faire un choix judicieux, il ne tardera pas à produire des correspondances faciles et de lecture aisée.

Le roman-feuilleton. — Je donnerai maintenant aux jeunes auteurs de roman-feuilleton, à ceux qui se vouent à la confection des grands romans parisiens pour journaux à un sou (les grands romans sont toujours parisiens), quelques formules infaillibles, souvent employées pour la fabrication de ces œuvres, qui, dans nos journaux, contribuent à un si haut degré à la conquête, à la tenue en captivité de l'abonné.

Voici cette formule que je crois souveraine :

Meurtres...	3
Viols..	2
Rapts...	2
Morts subites ou mystérieuses...................	2
Larmes et déclamations..........................	1
Total......	10

Ou bien :

Meurtres...	3
Viols et rapts...................................	3
Morts subites ou mystérieuses...................	2
Dynamite...	1
Larmes et malédictions..........................	1
Total......	10

Ma conviction intime est que ce qui en résultera sera grand comme le monde. L'action se déroulera un peu partout, mais surtout sur le boulevard extérieur.

Quant aux autres, ceux qui ambitionnent le rez-de-chaussée du *Figaro*, du *Gaulois*, du *Gil Blas*, du *Voltaire*, du *Temps*, etc., etc., etc.., qu'ils sachent que, dans ces journaux, en ce moment, ce sont les larmes qui sont à la mode.

Si étrange que paraisse cette assertion, le romancier est tenu de subir les exigences de la mode, absolument comme un simple courriériste court à la recherche du chiffon qui fera fureur... Si votre mauvaise étoile vous a poussé dans la carrière, allez aujourd'hui essayer d'attendrir un directeur de journal.

Au premier mot concernant l'objet de la visite on vous arrête instantanément par cette question à brûle-pourpoint :

— Qu'est-ce?.... une étude fantaisiste? elles se ressemblent toutes... Un roman d'aventures? Ponson a tué le genre! De la police? La génération nouvelle relit Eugène Sue et Gaboriau..... Du comique? Démodé, mon cher, archidémodé!... Ah! par exemple, m'apportez vous des « larmes »? Alors on pourrait causer.....

Si par bonheur vous avez dans votre serviette vingt mille lignes de « larmes », vous traiterez sans trop de difficultés...

En attendant l'invention brevetée du feuilleton mécanique, du métier à tisser le pathétique, que nous réserve certainement cette fin de siècle de progrès, complétons la tournée que nous venons de faire, un peu à tort et à travers, sur les terres du roman-feuilleton; complétons ce simple coup d'œil, cet aperçu, par une promenade plus sérieuse, un examen très approfondi cette fois des montées, des descentes et même des parties plates du roman-feuilleton, des moyens de parvenir dans cet étrange métier et d'y faire de l'argent.

Oui, circulons encore un peu à travers ce monde très spécial, qui répand si bien le sentimentalisme et l'horreur sur la foule, en se servant du vaporisateur du journal à cinq centimes.

Nous prendrons pour guide M. Lucien Descaves, un excellent cicerone qui, à en juger par un article très documenté qu'il a publié dans *Le Figaro*, semble connaître ce métier comme peu ont pu l'apprendre parmi ceux qui l'ont peu ou pas pratiqué.

Son article, qui a pour titre le *Roman populaire* et dont je me contenterai de donner des extraits, est des plus instructifs.

« Des vieilles fabriques où se fournissaient nos ascendants, écrit M. Lucien Descaves, quatre ou cinq seulement écoulent encore leurs produits surannés, une eau de Cologne dont tout le monde connaît la recette et qui n'a plus de dépôts qu'en province où l'habitude, la tradition président tardivement à la toilette de l'esprit. Telles les marques célèbres : A. Dumas père et Cie, Émile Gaboriau, Eugène Sue, Ponson du Terrail, Paul Féval; et leurs succursales fermées : Zaccone, Élie Berthet, Gonzalès, Gustave Aimard, etc...

« Leurs successeurs ont renouvelé l'outillage démodé du feuilleton, inventé des procédés de fabrication qui permettent de satisfaire avec rapidité les appétits de lecture les plus exigeants. Dénombrons-les.

« Trois catégories. Les patrons : MM. Jules Mary, Émile Richebourg, D'Ennery et Xavier de Montépin.

« Les contre-maîtres : MM. du Boisgobey, Alexis Bouvier, Cadol, A. Mattey, Demesse, Mérouvel, Deban, de Gastyne, Sales, Lermina; Mmes d'Aigremont-Ninous et Maldague.

« La foule anonyme des manœuvres, enfin, que mon intention de ne désobliger personne laissera dans l'ombre où ils végètent.

« Les patrons se distribuent ainsi : un jeune homme, un sexagénaire et deux macrobes : MM. de Montépin et d'Ennery.

« Celui-ci n'a pas blanchi en vieillissant. Il donne même l'illusion du rajeunissement. Entré fort tard dans le roman populaire, il y retrouve les succès que commençaient à lui refuser ses drames caducs. Le zèle de collaborateurs éclairés lui permet d'appliquer à ses pièces le procédé bien connu des parfumeurs, lequel consiste, avec des matières premières toujours les mêmes, à trouver des artifices de confection, d'étiquette, pour faire accepter par le consommateur l'article invendable, différemment présenté.

« C'est ainsi que de *Jenny l'ouvrière*, de *La Grâce de Dieu*, des *Deux Orphelines*, etc... sont sortis ou vont naître d'extraordinaires feuilletons bâtards, au rebours de MM. Montépin et Mary, qui tirent, mais inversement, deux moutures d'un sac. Ces combinaisons ne sont pas qu'adroites et fructueuses ; elles sont judicieuses aussi. Il paraît naturel que les mêmes péripéties, d'un usage éprouvé, alimentent à travers les générations ces deux jumeaux : le spectateur de l'Ambigu et le lecteur des omnibus, de l'atelier, de la loge, de tous les petits endroits où peut s'introduire cette littérature portative. Aussi m'étonne-t-on médiocrement en prêtant aux ravaudeurs qui mettent en feuilleton les pièces de M. d'Ennery le dessein de ressemeler à nouveau, pour le théâtre, ce qu'ils lui ont emprunté !

« M. de Montépin est l'infatigable auteur de ces romans qui finissent — à regret — vers le 250e numéro, après avoir dévoré un peu plus de soixante mille lignes! Dirai-je la raison de cette longévité anormale? A l'encontre de MM. Richebourg et Mary qui, traitant à forfait, terminent leurs productions, l'un vers 30.000, l'autre vers 20.000 lignes, M. de Montétépin, pour qui chacune de ces lignes représente l'heure de travail d'un ouvrier estimé dans sa partie, prodigue inépuisablement les dialogues saupoudrés de monosyllabes entre tirets et point exclamatif. Il écrit ainsi des romans d'haleine. Et personne ne la trouve forte.

« M. Richebourg, sur le déclin de l'âge et fatigué, semble s'être laissé distancer dans la faveur publique par M. Mary. Il lui reste la gloire d'avoir, le premier, substitué le roman-orgeat au roman-charogne vilipendé par Th. Gautier, aux récits héroïques de Dumas et de Sue, aux romans de cape et d'épée enfin, lesquels ne sont plus, depuis que M. Saunière, le dernier exploiteur du genre, s'est retiré des affaires, qu'un prétexte à livraisons où des *bois* payés cent sous nous restituent approximativement les époques disparues.

« Reste M. Mary, de beaucoup le plus jeune et le plus intéressant, tant par son application que par les réflexions générales qu'il suggère.

« On me dit que, dans sa bibliothèque, source et Liebig d'émotions, les causes célèbres et le repertoire dramatique où s'abreuvent ses confrères voisinent avec les dernières découvertes médicales, les recueils pathologiques, les ouvrages scientifiques dont la sauce semble le moins convenir au civet populaire. On me dit encore que, devant accommoder le *Régiment*, par exemple, au goût de ses lecteurs, M. Mary s'entoure d'autant de notes, de documents, de vérité, qu'un romancier à hautes visées... Et je sais enfin que son attachement reconnaissant au genre qui l'a enrichi est combattu par l'ardent désir de n'être pas confondu avec le ramas des confectionneurs. Ce désir, il l'exprime, par occasion, au *Figaro*, à *L'Illustration*; et c'est là vraiment qu'est la révélation essentielle pour nous. Est-ce que la satisfaction commune de ces trois publics, en apparence si divers : le public du petit journal, l'abonné du grand journal et le lecteur de l'illustré à 75 centimes, est-ce que cette aptitude à toucher leur corde sensible ne dénote pas surtout une parfaite concordance de goûts, d'idéal, et cette nostalgie du *rebattu,* faisant qu'une lectrice de la Haute ou de la Moyenne assigne la table de son salon à Paul Bourget et le dessous de son oreiller à Jules Mary ?

« Sous la plume de M. Mary, les petites histoires douceâtres de M. Richebourg se sont simplifiées en même temps que le mélodrame s'assainissait. Cette transformation était, d'ailleurs, indiquée par l'habitude qu'ont prise les petits journaux de servir à leurs lecteurs deux, trois, voire quatre feuilletons! Ces tranches, plus légères, se digèrent aujourd'hui plus aisément, paraît-il, et les masses dévorantes, par gratitude, font monter de 40.000 à 50.000 numéros le tirage du journal qui publie un roman de M. Mary. Il est même arrivé à celui-ci que l'intérêt et l'enthousiasme se traduisissent chez un armateur de Dunkerque par un legs *in extremis* de 10.000 francs!

« Peut-être, à ce propos, ne vous sera-t-il pas indifférent de savoir ce que gagne, bon an, mal an, un romancier populaire écouté?

« Comptons.

« Trente à quarante mille lignes, prises à forfait par la feuille qui les débite, rapportent d'abord net à l'auteur 30.000 francs. Le marc de feuilleton, dégusté ensuite en livraisons à dix centimes, lui procure un second bénéfice de 25.000 francs. En librairie, il est vrai, la vente est modeste : trois à quatre mille exemplaires, soit 2.000 francs à ajouter aux 55.000 déjà réalisés. Puis nous abordons la reproduction réglée par la Société des Gens de lettres, après toutefois que le romancier a vendu un millier de francs le droit de priorité qu'il s'est réservé d'accorder à des journaux désignés. Or, la Société des gens de lettres fait présentement 12.000 francs de rente à M. Mary, qui est le plus demandé sur le marché. Et notez bien que de ce chiffre sont défalqués les 20 % prélevés sur la reproduction par la Société, escompte dont sont exonérés les auteurs, tel M. de Montépin, qui traitent directement avec les journaux.

« Est-ce tout ? Non. Si vous additionnez avec les 70.000 francs atteints des droits de traduction assez copieux, en Italie surtout, c'est 75.000 francs environ que peut gagner, par an, le romancier populaire patron. Et je ne fais pas entrer en ligne de compte la pièce tirée du feuilleton, un joli filon encore dans les mines de *Roger la Honte* ou de la *Porteuse de pain*.

« Des contremaîtres, je dirai peu de chose. Le roman-feuilleton quotidien, c'est le sucre d'orge d'un sou. Dix minutes suffisent pour lire l'un et sucer l'autre. Il y a le sucre d'orge à la groseille, le sucre d'orge à la menthe, le sucre d'orge à l'absinthe... J'ai dit celui qui est le plus sucé.

« Quelques *spécialistes,* comme MM. du Boisgobey et Bouvier, cultivent l'actualité. Leurs fournisseurs seront Marchandon, Campi, Prado, l'incendie de l'Opéra-Comique, voire l'Exposition et la Tour Eiffel! Les plus nombreux retapent de vieilles causes célèbres. C'est ainsi que l'affaire du facteur Mano inspira *Roger la Honte* à M. Mary et *Une Cause célèbre* à M. d'Ennery.

« Un cas de fécondité curieux, c'est celui de M. Alexis Bouvier avant la maladie qui l'éloigna du rez-de-chaussée des journaux populaires. Le secrétaire qu'il employait, venant m'offrir ses services, me dit :

« J'ai sur mes concurrents une supériorité que M. Bouvier
« appréciait fort. Il dictait, je sténographiais. Je puis *rendre*
« 5.000 lignes par jour, soit un roman en une semaine au plus.
« Remarquez-le, je permets au romancier qui se promène en
« dictant, de concilier le travail et l'hygiène, l'exercice du
« corps et la gymnastique de la pensée! »

« C'est encore M. Alexis Bouvier qui est coutumier des titres comme *Mademoiselle Beaubaiser, sage-femme!* dont, un moment, la trivialité détrôna les étiquettes horrifiques familières à M. Louis Noir, mis au rebut, lui aussi, après avoir excellé dans la quadruple reproduction du même roman sous différents titres.

« On aurait tort, d'ailleurs, de croire que cette obscure cuisine est en honneur dans les cas précités seulement. Le feuilleton original le plus suivi, le mieux lancé, se prête, parfois, à d'analogues trafics. Commencé par l'un, continué par l'autre, il est achevé par un troisième, sans qu'intervienne, —

sauf à la caisse, — celui qui signe. Je sais deux grands romans populaires prodigieusement répandus qui furent publiés dans ces conditions. Mais le théâtre et le café-concert ne vivent-ils pas d'expédients pareils?

« C'est le public qui dicte au directeur cette réponse à l'auteur favori, disposé à signer un roman avec le modeste confrère qui le lui a apporté : « Mon ami, je veux bien; mais je « vous avertis. Le feuilleton avec votre nom seul au bas vaut « vingt sous la ligne ; je n'en donne plus que dix sous si vous « tenez à désigner votre collaborateur. »

« Généralement, entre le sacrifice de sa signature et le prix qu'on y met, le véritable et besogneux auteur du roman n'hésite pas. Il me reste, pour finir, à parler du roman *inédit* en livraisons à dix et cinq centimes. C'est le bagne. Je comprendrais qu'on le fît fabriquer dans les prisons, moins, toutefois, au point de vue économique qu'en considération des surprises peut-être trouvables dans la simple autobiographie du récidiviste. En effet, nul ne peut se flatter, même dans les établissements pénitentiaires, de payer moins de trente sous chaque livraison de cinq cents lignes, oui, *trente sous*, prix de revient hautement confessé par un des adjudicataires à qui elle rapporte une quarantaine de francs!

« Des femmes, sous des pseudonymes, s'adonnent volontiers à ces pratiques périodiques que l'éditeur se réserve le droit d'arrêter à la 100e livraison, si elles réussissent peu, ou de pousser jusqu'à la 300e, si au contraire l'affaire paraît bonne. On n'est fixé à cet égard que vers la 20e livraison, malgré le soin qu'on a pris de *corser* les premières. Ce chiffre dépassé, l'acheteur qu'affriande la promesse d'un titre, d'un faux-titre, d'une couverture, etc... s'enlize en d'interminables séries d'une abondante ineptie.

« C'est encore dans les bas-fonds de cette dernière catégorie que se recrute l'individu chargé d'introduire la *couleur locale* dans des œuvres d'un débit courant, à l'instar de l'homme qui *fait* des yeux au bouillon! Des paysages, des ruines historiques, des coutumes, sont appropriés aux provinces où le livre est répandu. Une intrigue-type autorise toutes les substitutions de personnages, de noms et de milieux.

« Enfin, je dois une mention non au prêteur, mais à l'emprunteur sur titres, sur idées, pauvre diable battant la littérature en tous sens avec un de ces titres, une de ces idées, censément miraculeux, dont le mystère offre moins une collaboration qu'il ne sollicite cent sous. Car au physique s'arrête la ressemblance avec ses frères du monde des théâtres, la couleur du journal qui les arbore... Les *Seins de marbre*, par exemple, n'allécheront pas le public qui mord à *Chaste et flétrie* et au *Remords d'un ange*. Au résumé, de même qu'il est un peu revenu, ce bon public, des histoires touffues et compliquées que lui contaient Ponson du Terrail et Paul Féval, de même il préfère maintenant les titres simples, sans rallonges. C'est qu'il est exigeant, sous des dehors benoîts, l'amateur de feuilletons ! Ne croyez pas que ce soit la dernière couche de lecteurs à laquelle s'adressent les patrons et les contremaîtres. Il y a, au-dessous encore, — et là nous touchons le fond de la niaiserie humaine, — il y a l'acheteur de livraisons illustrées avec qui ont surtout affaire les tâcherons et les manœuvres de l'industrie romancière.

« Ils se subdivisent eux-mêmes en deux catégories dont je vais essayer de vous donner une idée.

« L'auteur à succès, je le rappelle, a vendu 25.000 francs à un entrepreneur de publications périodiques le droit de faire passer son roman des colonnes du journal dans le format de la livraison à dix centimes.

« Le lancement bien compris coûtera trois ou quatre fois autant à l'éditeur, car c'est un million au moins de 1res et de 2es livraisons qu'on distribuera gratuitement, sans compter Paris couvert d'affiches et la réclame à la 4e page des journaux. Or, si la livraison recevait simplement le roman tel qu'il a été donné dans le journal, l'exploitation serait désastreuse, chaque livraison dévorant en moyenne 500 lignes du feuilleton. Pour arriver aux 150 livraisons nécessaires, il faut donc que les 30.000 lignes qu'on possède en fournissent 75.000. C'est la tâche incombant au manœuvre. Semblable aux petits marchands qui, dans les foires, manipulent une guimauve élastique et tricolore, avant de la débiter en tronçons mesurés, il reprend, malaxe, triture le feuilleton jusqu'à ce qu'il ait sué ces 75.000 lignes.

« Certains épisodes sacrifiés ou négligés sont développés, soufflés, engraissés; des chapitres nouveaux naissent par enchantement, — ou au forceps; — une végétation parasite pousse entre les lignes... Vous n'aviez donné qu'une dinde, on vous la rend bourrée de marrons!

« Il se peut faire même que là ne s'arrête pas la témérité de l'entrepreneur. Grisé par un succès dépassant ses prévisions, il décide que les vingt dernières livraisons restant à publier en feront quarante. Il faut tirer, tirer encore sur la guimauve. Ce n'est plus qu'un fil poisseux, un ahurissement... Des comparses, des passants, un commissionnaire apportant une lettre, un médecin appelé révèlent leur enfance, des souvenirs, toute une histoire poussant sur l'autre, comme un champignon... Et le public digère cela sans sourciller!

« Un des derniers romans populaires les plus retentissants a été traité de cette façon. Je n'invente rien. Métier lucratif. Il l'est moins, celui du fournisseur d'idées et de titres pour romans populaires, si j'en juge d'après le pauvre hère qui se présentait l'autre jour, un Bottin sous le bras, chez certain éditeur de publications périodiques. C'est aussi de l'or en barre qu'il apportait. Et quelle ingéniosité dans la façon de l'offrir!

« Savez-vous, Monsieur, combien on compte de rues dans
« Paris?

« — ?...

« Je le sais, moi, le Bottin dit..... 0000! Vous doutez-vous
« maintenant de ce que représentent de maisons ces 0000 rues?

« — ?...

« Mettons, au bas mot,.. 00000..... Soit un total d'environ...
« 00000 concierges. Que penseriez-vous d'un roman en livrai-
« sons intitulé les *Concierges de Paris?* Une fortune!... »

« Mais l'entrepreneur se dérobait.., regrettait : «... saison
« prête... plus tard.., revenir me voir... salue bien... »

« Et le bonhomme minable s'en alla, conduisant ailleurs, stoïquement, son haut-de-forme à soufflet, les boutonnières fracturées de son ample redingote et le volumineux Bottin semblable, de loin, à quelque pain de munition sous un bras de mendiant. »

Le Petit Journal, d'autres journaux aussi, organisent des concours pour le meilleur roman-feuilleton. On voit dans ces joutes les meilleurs ouvrages obtenir quelquefois des prix de 20.000 francs et au-dessus.

Finissons ce chapitre, ainsi que nous l'avons commencé, en rappelant que l'*Asmodeo*, journal italien, a établi une statistique des personnages et des incidents dramatiques qui figurent dans les romans-feuilletons jusqu'à présent connus de M. d'Ennery. Voici les chiffres que donne à ce sujet le journal susmentionné :

Ils comportent : 18 veuves, 16 fils et 2 filles de suppliciés; 80 orphelins et 112 orphelines; 60 aveugles; 93 jeunes filles enlevées à leurs parents; 22 fratricides; 8 parricides; 145 enfants trouvés; 162 enfants abandonnés; 124 enfants substitués; 212 faux testaments; 216 portefeuilles volés; 198 duels à l'épée; 168 au pistolet; 2 au sabre, 8 au couteau et 10 à la hache; 43 incendies; 259 assassinats, dont 136 empoisonnements; 46 noyés; 36 échappés des travaux forcés; 77 adultères; 79 aliénés; 41 cas de bigamie, etc.

Et l'auteur en question n'en a pas fini avec le crime, le duel et les orphelins des deux sexes !

Voilà pour le gain et les moyens d'arriver en ce genre de métier, mais que dire maintenant de l'influence morale exercée par cette littérature, par le bas roman-feuilleton ?

Elle est plus que mauvaise, bien faite pour vous en détourner.

Que l'on se promène dans nos quartiers ouvriers, autour de nos usines, n'importe quel jour, à l'heure du déjeuner, on verra que, pendant qu'un certain nombre de petits commis, de petits employés, de jeunes apprentis se divertiront aux jeux, une grande partie de ces jeunes gens seront occupés à lire des romans-feuilletons, des périodiques de la pire espèce : la glorification du vice et du crime... Lorsqu'on se rappelle que cette littérature malsaine circule par millions d'exemplaires chaque semaine, qu'elle est lue par des jeunes gens au moment le plus impressionnable de leur vie, qui, à cause de leur éducation, sont souvent restés dépourvus de l'appui d'une éducation religieuse, est-il étonnant que nous ayons à déplorer l'accroissement du crime parmi les enfants?

C'est toujours la même histoire. Un garçon de bureau ou un petit commis vole son patron. Dans son pupitre on trouvera quelques exemplaires de ces feuilles démoralisatrices, un revolver, un paquet de cartouches et un loup noir. Au cours de l'instruction, il admettra presque toujours que ces instruments ont été achetés avec l'intention de s'en servir dans des exploits semblables à ceux des « chevaliers » dont l'histoire l'a fasciné. Il est nécessaire que ce jeune homme soit puni, comme un exemple pour ses camarades : il est condamné à la prison, d'où il sort passé maître dans cette grande armée de criminels.

M. Claude, l'ancien chef de la Sûreté, nous a révélé de terribles faits, et il affirme que la lecture de *Rocambole* a été une école du crime, où un grand nombre de scélérats se sont perfectionnés. Un assassin n'a-t-il pas déclaré devant le jury que le *truc* dont il s'était servi pour étrangler sa victime lui avait été fourni par un roman, *Le Fils du supplicié!*

Le tableau est sombre, mais la couleur n'en est pas chargée, il est peint d'après la réalité. Combien de jeunes gens abandonnés à la lecture de cette littérature de mauvais aloi, négligent leur travail, et dissipent leurs petites économies en achetant ces publications? Combien de jeunes filles négligent leur travail, se cachent la moitié de la journée pour lire les « nouvelles mondaines » et en tirent tant de pernicieuses idées du monde et des devoirs de la vie?

L'allonge déjà décrite ne nous rendrait-elle pas ici encore des services?

CHAPITRE XV

Les journaux illustrés, satiriques ou amusants. — Le crayon, dans l'avenir, battra-t-il la plume? — Opinion de Hogarth sur la caricature. — Un talent nouveau que l'on exigera, sans doute, du journaliste de l'avenir. — On n'apprend pas plus à être comique qu'à être poète. — Talents, aptitudes et qualités du rédacteur satirique. — Ouvrages à étudier. — La collaboration aux revues. — Le rédacteur financier. — Ses fonctions définies. — Aptitudes et connaissances qu'il devra posséder. — Le rédacteur commercial. — Ses aptitudes. — Le chroniqueur du sport. — La presse, la morale et les courses de chevaux. — L'argot mondain et boulevardier. — L'anglomanie. — Un nouveau métier. — Huîtreries et coquilles célèbres. — Réponses à certaines attaques contre le journalisme. — Le journal et la langue. — L'âge exact d'une jeune dame déjà deux fois centenaire. — Y a-t-il un code de savoir-vivre à l'usage de la presse? — Nefftzer. — La fortune et le journaliste. — Ce qu'est l'idée pour les habiles. — Le journalisme mène à tout, à condition d'en sortir. — Opinion de l'auteur sur ceux qui n'en sortent pas. — Association de secours aux journalistes. — Un dernier desideratum. — Pour les invalides de la pensée.

Le journal ordinaire s'adresse à l'homme surtout; le journal illustré à la famille entière.

Le portrait, le paysage, le tableau de mœurs, la peinture enfin, fournissent, plus complète encore, la même vision que les livres; cette vision, c'est une lecture comme l'autre, la plus rapide de toutes, la plus profonde, et elle est instantanée. Elle s'adapte merveilleusement à cette fin de siècle si *sensationniste*, où tout se fait comme à la vapeur. De là le succès de l'illustration. Maintenant, tout se traduit par les dessins et nos meilleurs journaux, aux grandes occasions, et même sans attendre ces occasions, en intercalent dans leurs colonnes. Une nouvelle feuille, *Le Quotidien illustré*, a vécu six mois de cette reproduction graphique de tout ce qui se passe de nouveau dans le monde.

« Rien qu'à Paris, nous dit M. Dubief dans son *Journalisme*, auquel nous avons déjà eu l'occasion de faire plusieurs emprunts, on compte 250 journaux illustrés se subdivisant en diverses catégories :

« Journaux d'actualité tels que *L'Illustration, Le Monde Illustré, L'Univers Illustré*, etc. ;

« Journaux satiriques ou amusants : *Le Charivari*, qui est le doyen de tous (fondé en 1833, en même temps que *Le Magasin pittoresque*), *Le Journal pour rire, La Caricature, L'Éclipse, Le Rire, La Silhouette* ;

« Journaux de modes ;

« Journaux de famille : *Le Magasin Pittoresque, Le Tour du Monde*...; journaux pour les adolescents, tels que *Le Journal de la Jeunesse, Le Petit Français, Le Magasin d'éducation*... Il est aussi des journaux pour les plus petits de nos petits enfants : *Mon Journal, Saint-Nicolas*, etc. ; les meilleurs écrivains, les plus fins artistes s'y disputent l'honneur de rendre la science et même la morale amusantes ; on se prend, à les feuilleter, du désir de redevenir bambin.

« En tête des journaux d'actualité figure toujours *L'Illustration* ; à côté, *Le Monde Illustré*.

« Un événement se passe-t-il sur un point quelconque du globe, un correspondant se trouve là, ou y est envoyé pour lever un croquis ou prendre une photographie. Le document, aussitôt expédié, passe entre les mains du graveur, et chaque samedi, les 100.000 lecteurs ont une représentation exacte de la scène. Le besoin de *voir* n'est pas moins universel que celui de *savoir*. »

Sera-ce le reporter dessinateur qui triomphera dans l'avenir et le crayon essaiera-t-il de battre la plume ? Exigera-t-on plus tard que le journaliste sache aussi dessiner, afin de faire mieux voir ce qu'il écrit ? Le dessin serait-il sur le point de devenir aussi indispensable que la sténographie ? Je ne me risquerais pas à affirmer que non.

Le caricaturiste. — La caricature, antithèse de l'idéalisation, est l'agent destructif de l'esprit d'harmonie. Elle est à l'art de la belle ligne et de la couleur, à l'art pictural, ce que la farce est à la tragédie. Hogarth lui-même n'a-t-il pas déploré cette infériorité? Répondant à un élève qui lui demandait de lui enseigner la caricature : « Hélas, dit-il, ce n'est pas un talent à envier. Ne vous adonnez pas à la caricature!... Pour en avoir trop fait, j'ai perdu le sens du beau. »

Nous n'avons pas à juger le rire crayonné : nous nous bornerons à constater ici la tendance de nos journaux quotidiens à introduire dans leurs colonnes l'élément comique souvent accompagné d'un dessin pour mieux souligner l'effet. Des feuilles sérieuses publient des portraits d'académiciens, d'hommes politiques, de savants. Oui, il sera sans doute bientôt utile à l'aspirant journaliste de savoir dessiner, caricaturer, afin de pouvoir ajouter cette qualité précieuse à celles que nous avons déjà énumérées dans sa demande d'emploi au directeur de journal. Les notes et les connaissances ainsi acquises, il aura l'occasion de les utiliser quand il devra venir en aide, pour la confection de certains numéros, à quelque secrétaire de rédaction surmené et à court de copie.

Quant à la production de la copie satirique ou humoristique, il n'y a pas ici d'instructions ni de conseils à donner. Aucun livre ne peut apprendre à être comique : on l'est comme on est poète. On peut conseiller toutefois à celui qui se sent le goût porté vers ce genre spécial de faire montre de tact et de bien savoir distinguer entre l'esprit, la charge, l'humour et la satire. Il devra être à même de percevoir les manies les plus subtiles, les contrastes, les anomalies, les ridicules, les disproportions des caractères et de la vie; il saura deviner les ressemblances cachées entre les choses en apparence les plus contradictoires.

A ceux qui savent l'anglais nous recommanderions aussi lecture des ouvrages de Tom Hood, de Marka Lemon, de Théodore Hook, de Hazlitt, de Wright, de Sydney Smith, de Coleridge et de Leigh Hunt, pleins de précieuses indications. Pour les autres, qu'ils lisent les curieux livres de Champfleury sur l'*Histoire de la Caricature*, le précieux *Musée de la Caricature* de Jaime, les ouvrages bourrés de reproductions de M. John Grand-Carteret : *Les Mœurs et la Caricature* en *France, Les Mœurs et la Caricature en Allemagne, Bismark et Crispi en caricature,* la *Triple Alliance en caricature,* etc., *Les Maîtres de la Caricature française* de M. A. Dayot, le *Daumier* de M. Arsène Alexandre, l'*Henry Monnier* de Champfleury, le *Gavarni* des Goncourt; qu'il feuillettent enfin les albums de bois, de lithographies et d'eaux-fortes de nos grands satiristes du dix-neuvième siècle, les Daumier, les Gavarni, les Grandville, les H. Monnier, les Traviès, les A. Gille et ceux de nos contemporains, leurs égaux, Forain, Robida, Guérin et Willette.

Il en est ici comme ailleurs, on acquiert beaucoup par la lecture des prédécesseurs, qui nous ont ouvert la voie où nous marchons aujourd'hui.

La collaboration aux revues. — Quelques observations pratiques seulement, car ces rédacteurs appartiennent souvent à tous les genres et chacun d'eux se retrouvera aisément dans le sien pour l'étude de sa partie spéciale. Écrire pour les revues serait une bonne et excellente chose, si la même personne pouvait faire passer ses articles en nombre suffisant. Mais c'est rare, c'est difficile, et l'écrivain qui désire un emploi assuré et rémunérateur fera bien de ne pas le chercher là. Les revues, en effet, ne paraissent qu'une fois ou deux fois par mois, et, sauf les rédacteurs attachés aux bureaux du journal, bien peu d'écrivains, pas un seul peut-être ne voit un article de lui figurer à chaque numéro. La revue exige surtout la variété des sujets et des plumes. Les articles qu'elle publie demandent aussi beaucoup plus de temps et de soin que ceux qu'accepte d'habitude le journal. De là cette préférence pour le quotidien.

Le rédacteur financier et le rédacteur commercial. — Bien que les sujets traités par ces deux rédacteurs soient complètement différents, nous nous occuperons des deux en même temps, parce que les procédés de l'un et de l'autre sont à peu près identiques. En effet, la vente des actions et des obligations subit les mêmes variations et obéit à peu près aux mêmes lois que la vente des matières premières. Le travail de ces rédacteurs donne lieu aussi aux mêmes conseils techniques.

Le rédacteur financier et le rédacteur commercial ont pour mission d'étudier le monde de l'argent, notant au passage les événements importants qui se succèdent sur les marchés. On donne au rédacteur financier des appointements aussi élevés que le permettent les ressources du journal, afin de le sauver le plus possible de la tentation d'accepter l'or déshonnête. Malgré les lourdes responsabilités qui s'y attachent, ce travail ardu ne fatigue pas outre mesure le cerveau : il se fait à tête reposée, avec une attention soutenue, mais sans grand effort créateur. Le rédacteur sera non seulement versé dans la science financière en général, mais devra connaître à fond les cours et leurs lois, la probabilité et la cause des fluctuations, la nature de l'argent, la correspondance des valeurs, les monnaies et les systèmes étrangers des poids et mesures, les analyses mathématiques et leur application aux opérations de banque, le change surtout, le redoutable change, son état sur les divers marchés du monde et les rapports qu'établit entre eux la question monétaire si complexe d'un pays à l'autre. Il doit connaître à fond les rouages des sociétés industrielles et la législation qui les régit. Aucun secret pour lui dans les mouvements des céréales, des laines, des métaux, des textiles et des tissus. C'est entre ses mains que les sociétés nouvelles viennent déposer leurs prospectus. Il sait qu'il doit tenir ouvert sur elles l'œil le plus vigilant, ne s'en rapporter qu'à lui-même, en cela comme en toute autre chose, et ne rien avancer dont il n'ait la preuve indiscutable. C'est l'homme exact, l'homme chiffre. Pour vérifier les assertions des prospectus financiers dans le but d'amener le public à acheter des actions, il doit s'assurer de la vérité de ces faits. Une autre qualité maîtresse qu'il devra posséder, c'est celle du calcul rapide, calcul mental ou autre et surtout, surtout, il sera incorruptible. Oui incorruptible, en dépit des difficultés énormes que dans certains cas il éprouvera à rester strictement honnête. Même dans les journaux politiques où le bulletin financier a les apparences les plus sobres et les moins tapageuses, il a, sachez-le bien, une fonction redoutable. Le bulletin est la porte secrète par laquelle pénètrent les subventions inavouables que recherche principalement le trafiquant du journal et que le comptable même le moins scrupuleux ne pourrait inscrire sous aucune autre rubrique, surtout depuis que les journaux sont devenus la propriété de sociétés anonymes, composées malheureusement quelquefois d'hommes qui cherchent à appliquer en notre pays des procédés par trop américains : en faisant recommander leurs valeurs frelatées dans un journal que couvre l'honorabilité d'honnêtes écrivains, ils attrapent et volent plus facilement les naïfs créateurs d'épargne qui, goutte à goutte, ont sué un petit pécule.

La rédaction financière a pris une grande importance dans ces dernières années. On constate une tendance de plus en plus marquée à étendre aux journaux spéciaux les articles financiers qui traitent des affaires d'argent.

De nombreux journaux sont entièrement consacrés aux intérêts des banques, des chemins de fer, des compagnies d'assurances, tous pratiquement rédigés.

De même pour le commerce et l'industrie. Les boulangers, les commissaires-priseurs, les cordonniers, les libraires, le bâtiment, presque toutes les professions ont chacune leur organe attitré qui a pour mission de défendre spécialement leurs intérêts. La rédaction de ces journaux est souvent dans la main d'un seul et même directeur; d'autres ont à peu près l'organisation des journaux hebdomadaires, et dans ceux-là les chances d'emploi pour le jeune journaliste sont plus fréquentes. Celui qui est prêt à bien s'adapter au genre de service qu'on attend de lui réussit presque sans effort à s'y créer une position petite, mais stable et tranquille.

Le rédacteur commercial, pour réussir, a besoin d'être un véritable homme d'affaires. Il devra agir avec une diligence extrême et être apte ainsi à saisir une infinité de détails et cela d'un seul coup d'œil. Au nombre de ses fonctions ordinaires, se trouve l'obligation des comptes rendus à fournir sur les inventions nouvelles, et sur les améliorations dans les inventions déjà connues. Il fera de fréquentes visites aux usines et aux magasins. Il devra enfin s'appliquer à écrire des descriptions très claires, d'une exactitude mathématique, quand il s'agit par exemple d'un mécanisme ou d'un procédé chimique.

Le chroniqueur du sport. — La plupart de ceux qui, dans

nos journaux, sont chargés de la chronique du sport, s'acquittent honnêtement de leur tâche; mais nous hésitons quand même à recommander cette rubrique aux débutants journalistes. Moins notre presse parlera des courses et des jeux d'argent, mieux cela vaudra pour la moralité publique. L'homme le plus déterminé à rester probe devra vivre dans un singulier milieu, surtout s'il écrit les articles d'un journal spécial : il devra subir la promiscuité de la plus vile canaille cosmopolite, celle qu'on coudoie aux courses de chevaux. Nous ne conseillerons pas aux débutants de se mêler à cette dangereuse corruption du jeu : écouter les pronostics, subir des promiscuités, se voir offrir des *tuyaux*. Ces tuyaux, en somme, ne sont que de vulgaires conjectures quand ils sont loyalement donnés, ce qui est rare. Nous devons ajouter que nous connaissons cependant, dans la presse hippique, des hommes d'une parfaite probité qui ont méprisé toute tentation et ont conservé une réputation intacte.

Surtout ne confondons point la chronique des courses avec la chronique des autres sports : le yachting, le canotage, le cyclisme, l'automobilisme ne donnent pas lieu aux ignobles marchandages. Il y a bien quelquefois abus de réclame, mais mon Dieu! comme cela fait peu de mal! Dire que les roues de la maison Waterberry and C° sont les plus indestructibles et que le caoutchouc fourni par la Compagnie nationale du Caoutchouc souple est le meilleur, n'est pas bien méchant, et cela est vrai souvent. L'athlétisme non plus, malgré les étranges exhibitions qu'il peut de temps en temps occasionner chez nos jeunes hercules mondains, n'a rien que l'on puisse beaucoup désapprouver, et les rédacteurs de ces jeux sains et hygiéniques sont à l'abri de tout soupçon de trafic.

Je demande que l'on veuille bien me permettre sur le sujet des courses une petite digression.

On entend souvent dire que la presse devrait, en ne publiant pas les transactions du pari mutuel, essayer d'enrayer cette fureur de paris qui tend à s'étendre de plus en plus, et qui, chaque jour, est cause de ruines nouvelles et de nouveaux actes d'improbité chez des caissiers et autres détenteurs de l'argent d'autrui.

D'abord, entendons-nous bien. Quelle sorte de coopération demande-t-on à la presse? Désire-t-on lui voir publier des articles dénonçant le mal? Si c'est là ce qu'on demande, la chose est facile, quoique ce ne soit pas l'habitude de le faire. Le journal, en effet, prend au jour le jour ses sujets d'articles dans les événements de la vie courante, et je ne sache pas que l'on ait jamais évité d'écrire des articles de ce genre lorsque l'occasion s'est présentée. Ce qu'on semble désirer plutôt, je crois, c'est que la presse cesse de rendre compte des mouvements du jeu. On s'imagine que si les journaux cessaient de publier les résultats des paris mutuels et autres, les paris finiraient par mourir d'inanition. Grande erreur! vous n'extirperez pas une tendance devenue presque nationale, rien qu'en organisant autour d'elle la conspiration du silence. Vous ne l'anéantiriez pas rien qu'en plaçant des obstacles sur son chemin.

A mon avis, le jour où la presse cesserait de donner les fluctuations du pari mutuel, ceux qui veulent faire des paris trouveraient sans doute un autre moyen, un moyen qui serait productif, peut-être, d'un surcroît de démoralisation. Un autre argument, de principe celui-là, est qu'un journal c'est un compte rendu de toutes ces choses, sans exception, auxquelles le directeur du journal considère que sont intéressés le plus grand nombre de lecteurs. S'il reconnaît que ceux parmi lesquels circule son journal sont très intéressés dans les transactions du jeu, il a devant lui deux alternatives. Ou bien il doit continuer à donner ce que ses lecteurs lui demandent, ou bien il doit renoncer à conserver ses abonnés. Un journal, ce n'est pas comme une église ou une chapelle. Quand la caisse se vide, le journal ne peut faire circuler dans l'assemblée le plateau ou la sébille, ou du moins il serait inutile que le journal se livrât à cette opération. Un journal doit être géré d'après les principes commerciaux. S'il n'est pas bien conduit commercialement, il mourra. Les choses étant ainsi, le journal doit être le reflet de son entourage, et l'intérêt de ses colonnes doit correspondre à ce qui est le plus intéressant pour le plus grand nombre de lecteurs possible. C'est alors que vient se poser la sempiternelle question : Où s'arrêtera-t-on? Si vous devez exclure du journal les comptes rendus de toutes opérations de jeu, aussi bien que de tout ce qui peut encourager le jeu, que ferez-vous de la Bourse et de la Revue des marchés, opérations dans lesquelles, chacun le sait, le jeu entre tout autant, si ce n'est davantage encore, qu'à Longchamps ou à Chantilly? On dit qu'on aidera la presse si elle veut bien commencer le mouvement. Très bien, mais qu'est-ce que cela signifie? Cela veut-il dire que chacune de ces personnes, qui sont prêtes à aider la presse dans cette croisade, commencera à annoncer *urbi et orbi* qu'on doit acheter le journal qui gardera le silence sur le jeu, de préférence à tout autre, et combattra et découragera par tous moyens possibles tout autre journal qui continuerait à donner les résultats du pari mutuel, des événements sportifs, le prix du blé ou celui du fer en barre? Voilà sans doute ce que l'on veut dire, mais des promesses semblables au sujet d'autres choses ont déjà été faites dans le passé, on ne l'ignore pas, et ces promesses n'ont pas été tenues. Le passé, disons-le, étant loin d'être un encouragement pour l'avenir, encore une fois, que faire?

Le langage absurde du Sport, en général, dans toutes ses branches, mérite cependant la raillerie, et bien entendu, avec la permission du lecteur et des rédacteurs qui, de par la mode, sont forcés d'en continuer l'usage malfaisant, nous entendons lui dire son fait ici même.

Dans une enquête ouverte, il y a quelques années, au ministère de l'Instruction publique, un savant professeur du lycée Condorcet, M. Legouez, a fait la déclaration suivante : « Les réformes de l'enseignement ont produit des résultats funestes : le grec ne s'apprend pas, le latin se désapprend, le français est bien moins su qu'auparavant. » Voilà un membre même de l'Université qui n'hésite pas à constater notre décadence littéraire. Mais il a tort de l'attribuer exclusivement aux nouvelles méthodes classiques; la vraie cause, c'est l'esprit public, qui rejette toute autorité, c'est la mode, l'engouement qui poussent le mauvais goût jusqu'à la sottise. Jamais la langue nationale n'avait subi des altérations et des travestissements pareils. Nos pères, s'ils revenaient parmi nous, ne parviendraient pas à s'y reconnaître.

Le langage boulevardier, qui a commencé par régner en maître dans l'opérette, puis dans presque tous les journaux, a envahi même les salons du grand monde. Inutile de nommer Gyp, cette charmante femme qui a créé le type de *Bob*, qui a mis en relief si malignement jusqu'aux plus subtiles locutions de cet argot. Nous n'avons pas à souligner ces faits trop connus ; tout cela n'est plus du français.

Les étrangers continuent à rendre à notre langue cet hommage qui remonte au treizième siècle, les œuvres de nos auteurs étant à cette époque admirées déjà et imitées de toute l'Europe. Aujourd'hui, à Rome, à Constantinople, à New-York, à Pétersbourg, à Téhéran, au Caire, à Copenhague, à Bucharest, à La Haye, il y a des journaux en langue française. En Bulgarie, peu de temps après l'indépendance, on a publié une feuille périodique en français. Le français seul est admis en Suède et en Russie dans les salons ; tout le monde sait que le français demeure encore la langue de la diplomatie et de l'aristocratie du globe.

Et c'est quand l'étranger honore ainsi la dernière suprématie qu'il nous accordait, jusques et y compris l'époque de la double alliance, c'est quand nos rivaux et nos envieux sont obligés de s'incliner devant ce rayonnement permanent de notre génie, que nous nous attachons à l'éteindre, avilissant et difformant nous-mêmes l'instrument séculaire de notre domination intellectuelle dans le monde !

Sous le Directoire, époque de dissolution cérébrale qui ressemble tant à la nôtre, la *prussomanie* nous avait envahis, gangrenés ; la mode était alors d'imiter ce génie bizarre et mauvais qu'on appelait le Grand Frédéric. Aujourd'hui c'est l'*anglomanie* qui monte comme une marée venue de la Manche et nous submerge ; le sport, surtout les courses de chevaux, ont été les véhicules de ces mots barbares. L'anglomanie a entraîné avec elle le germanisme obscur et un cosmopolitisme qui fausse dans notre langue et dans nos mœurs toute la grâce de notre caractère national. Paris n'a plus son aspect enchanteur de première ville française, centre du charme et de l'esprit de notre race : c'est aujourd'hui un caravansérail immense. En écoutant les dialogues des promeneurs dans cette promiscuité du boulevard, dans ses restaurants, dans ses lieux de plaisir; en lisant les comptes rendus de ses fêtes, nos aïeux, s'ils revenaient, pourraient se croire n'importe où, et certainement bien loin de la capitale de la France. Et maintenant, à quand la russomanie? Adoptez la *russomanie*, si vous voulez, puisque nous aimons les Russes et la Russie, mais profitons au moins de cette nouvelle adoption pour nous débarrasser de l'anglomanie qui nous ronge. Voyons, sincèrement, que trouvons-nous de français dans ce paquet d'argot que nous empruntons à un excellent article du *Figaro*, écrit sur ce ton d'ironie un peu chargée qui donne à la critique toute sa valeur?

« Hier, splendide réunion chez la marquise de Frascuela; on y remarquait le général Tripotaïef, la belle comtesse Gorgeska, la délicieuse princesse Ostrogowitch, le marquis Tsing-Boum-Boum, le colonel Palmarès, ancien président de la République du Dakota, l'amiral Ho-Yeddo, le major Krijschwokrzgs, l'adorable baronne Japoneski avec ses deux filles, Rocambole-Pacha, lord O'Mic-Mac, M. Goldherben, le richissime banquier, en un mot toute l'élite de la société *française*.

« Entrons dans cette réunion *selected* et prêtons un peu l'oreille aux conversations; elles nous édifieront plus que tous les commentaires sur les travers du jour.

« Eh bien, chère, je ne vous ai pas vue au *five o'clock* de la princesse Pataquési?

« — Le temps! chère amie, le temps! J'ai suivi le *rallye* du capitaine Blagoskoff, après avoir assisté au *private meeting* de la Marche et au défilé des *drags;* c'était d'un *pschutt!* le petit baron a enlevé un prix de *tandem!* L'année dernière, il n'avait eu qu'un prix de *buggy.* Avez-vous vu sa calèche *woursch?* Et le vicomte avec ses deux bruns qui *steppent!*

« — A propos, c'est le mariage de la petite Fanta. Il paraît qu'il n'y aura pas de *wedding breakfeast* chez les parents, mais un bal de « têtes », le soir, chez sa tante, la marquise de Rio-Mançanarez. Très admirée hier au Bois, la marquise, sur un *cob* superbe! Et son fils, toujours le premier sur le boulevard, à l'heure du *toc toc* et du *froufrou*, quel boudiné modèle! un des rois de la gomme! Ce serait un joli mari!

« — Mais il ne veut pas quitter son horizontale, et pour afficher son parti pris de célibat, n'a-t-il pas été, l'autre semaine, à Nice, présider le bal des *bachelors!*

« — Quel dommage pour la petite veuve Cyclamen, qui se serait bien chargée de ses vieux jours!

« — Bah! Elle s'en consolera avec un dollardier *toupetoup...*

« Côté des jeunes gens, espoir de l'avenir :

« — Tu sais qu'on réorganise le *Racing-Club;* en es-tu?

« — Plus souvent! J'ai assez du *Rowing-Club* et du *Riding and Coaching* avec des *garden-parties* qui m'éreintent.

« — Tu n'étais pas hier à l'Opéra?

« — Moi je trouve ça crevant!

« — Au contraire, la soirée a été drôle; la Kritzof a raté son air! Ah! mon ami, quel chabanais à l'orchestre!

« — A quel titre Gontran fait-il donc partie du *Yachting?*

« — Mais il paraît qu'il a un peu navigué, il *bourlingue...*

« — Es-tu des dîners du vendredi au *Hunting-Club?*

« — Ma foi non, je me réserve pour le *Gun-Club*, où nous avons eu hier la lutte la plus saisissante entre deux célèbres *shooters* de New-York. Aimes-tu le pigeon?

« — J'aime mieux le gratin et la crème!

« — Farceur, toujours des mots? Que fais-tu demain?

« — Je me fais recevoir du *Betting-Club*, et toi?

« — Moi, je me fais portraicturer à cheval en *hunting dress*, c'est gentil.

« — Et puis ça s'offre aux femmes!... A propos, tu sais que les honneurs du *brush* ont été pour ta chic Américaine. C'est d'un v'lan hors ligne! Tous mes compliments, mon cher!

« Aujourd'hui, solennité hippique par excellence, ce sera bien autre chose! Tout le vocabulaire d'Outre-Manche y passera, et, en fermant les yeux le spectateur pourra se croire sur le champ d'Ascot ou d'Epsom.

« D'abord les bookmakers répandus sur le turf; puis les crieurs du journal *Le Ring*. On commence par une visite aux *cracks;* on regarde les chevaux dans le *paddock;* les *canters* se posent, le *starter* donne le signal, et le grand *match* commence. Bientôt arrive la minute émouvante du *rush*, et le vainqueur est salué au poteau par un hourrah universel!

« On dit, dans la langue spéciale, qu'il est « réclamé par

son propriétaire ». Je le crois bien ! Il ne manquerait plus que de le voir réclamé par un maquignon quelconque !

« Pendant ce temps, la foule admire les *performances* de la bête, et les *horsymen* interrogent le *stud* de leur heureux rival.

« Il y a des courses qui se résument en *dead-heat*, d'autres en *walk over;* mais toutes se terminent, et surtout le jour du Grand Prix, par un brillant défilé de *mail-coaches* et de *four-in-hand* qui est le *great event* de la journée.

« On ne sait qui l'emportera aujourd'hui, de la France ou de l'Angleterre ; mais le patriotisme lui-même, pour formuler ses vœux, est obligé d'emprunter une langue étrangère et de souhaiter qu'une casaque nationale passe la première le *winning-post !*

« N'est-ce pas ridicule autant qu'humiliant ?

« Le vieux Metternich, dans ses *Mémoires,* se plaint de l'invasion des mots en *isme,* qui lui paraissent tout aussi dangereux qu'incorrects : le parlementar*isme*, le constitutionnal*isme,* le social*isme* et une foule d'autres, acclimatés déjà de son temps. Que dirait aujourd'hui le célèbre diplomate, observateur si rigoureux de la forme et de la tradition, s'il voyait défiler à la tribune et dans la presse ces innovations effrontées qui prétendent désormais forcer le dictionnaire : l'opportunisme, le cléricalisme, le bourgeoisisme, l'autoritarisme, le caporalisme, le compérisme, le goujatisme, le pot-de-vinisme, panamisme, zutisme ? ou le modernisme, le polyglottisme, sans oublier le panmuflisme et le je m'en f..... ichisme, etc., etc. ?

« Au moins signalerait-il, dans tous ces barbarismes, les idées fausses et le péril caché qu'il découvrait déjà dans les importations en *isme* de son temps, en leur opposant sans fléchir le vieux langage avec le vieux bon sens.

« N'est-il pas permis de regretter, conclut cet excellent article, que l'armée elle-même, c'est-à-dire l'institution la plus profondément nationale, se laisse pénétrer aussi par des infiltrations étrangères et place des mots américains ou tudesques sur les lèvres du soldat français ? Est-ce que notre idiome n'est pas assez souple et assez riche pour nous fournir tous les équivalents nécessaires ? Le *mess* de nos officiers ne choque-t-il pas l'oreille autant que la fierté, et les *raids* de la cavalerie parlent-ils mieux à l'esprit et aux yeux que les hardies reconnaissances ou les charges légendaires de notre histoire?

« Restons donc nous-mêmes et sachons nous contenter de la langue imagée, limpide, expressive qui nous a donné la première prose du monde.

« M. de Maistre, admirant cette cause d'indestructible supériorité, disait dans sa correspondance diplomatique : « Il « n'y a pas de petit grimaud de collège en Allemagne ou en « Italie qui n'ait fait sa petite dissertation sur la *pauvreté de la* « *langue française;* c'est comme si l'on écrivait sur la faiblesse « d'un levier qui arrache des chênes. »

« Il y a, du reste, entre l'état politique d'un peuple et l'état de sa langue, une corrélation intime qui permet de juger de la grandeur morale et de la puissance matérielle de l'un par le caractère de l'autre. La langue se corrompt quand tout s'abaisse dans la société : elle s'épure dès que l'âme de la nation se relève. « Entre la langue et le caractère d'un peuple, dit Leibnitz, il y a la même relation mystérieuse qu'entre la lune et la mer. » Et le grand philosophe observe que la puissance des Grecs et des Romains était à son comble à l'époque où vivaient Sophocle et Virgile; de même qu'en France, sous Louis XIV, « la langue est presque cicéronienne au moment même où cette nation se distingue d'une façon si étonnante dans la paix et dans la guerre. »

« N'y a-t-il pas là de quoi nous faire réfléchir? Et après avoir brûlé nos monuments et saccagé notre histoire, ne comprendrons-nous pas que le premier degré du relèvement est le respect de notre langue? »

Et maintenant, sans transition aucune, nous allons pouvoir traiter de la *coquille.* Sans transition aucune, ai-je dit : en effet, et je fais appel à ceux qui parlent et écrivent les deux langues, n'est-ce pas dans ces expressions anglaises elles-mêmes, utilisées comme elles le sont actuellement à tort et à travers, imprimées par des hommes qui, la plupart du temps, ne savent pas un traître mot d'anglais, qu'on rencontre le plus souvent l'erreur, la coquille orthographique la faute comique, pour ceux surtout qui savent ce que parler et écrire l'anglais veut dire? Oui, c'est bien là surtout que la coquille vient briller de son plus *sombre* éclat, et, souvent, en parcourant nos journaux français les plus enragés d'anglomanie, j'ai eu l'occasion de constater quels splendides gains pourrait réaliser l'homme qui, passant seulement chaque soir quelques minutes dans chacun des journaux qui vont paraître le lendemain, se contenterait de demander quelques centimes par erreur d'anglais corrigée.

La coquille a-t-elle besoin d'être décrite? Qui ne la connaît, en effet, cette substitution d'une ou de plusieurs lettres pour d'autres, qui semble être la terreur de tout écrivain, du moment qu'il écrit autre chose que de l'anglais? Nous en avons gémi nous-mêmes, et nous avons cherché le remède : il n'y en a pas. Tout le monde est un peu coupable : mettant de côté le cas d'une distraction du typographe, nous devons confesser que les rédacteurs écrivent souvent très vite et très mal, sans accentuer, oubliant les points, les virgules, les barres des *t*, et faisant les *e* presque tous borgnes, semblables à des *i*. Les compositeurs ont beau avoir les yeux déchiffreurs, rompus aux mauvaises écritures, ils lisent forcément mal certains mots et la phrase est perdue. Il y en a d'autres aussi — les sournois! — qui font exprès de lire mal rien que pour l'effet comique. D'autres encore, en se trompant, ont fait une bonne action, ils ont amélioré un texte à leur insu. Citons un article qui donne quelques célèbres exemples :

« J'ai pu crier quand ayant écrit : *La Bastille est prise, la Révolution est faite*, je vis sortir de la presse scélérate :... « la Révolution est *frite* ». Mais Malherbe s'est frotté les mains lorsque ce vers assez médiocre:

« Et *Rosette* a vécu ce que vivent les roses », transformé par le compositeur, est devenu comme chacun sait :

« Et, rose, elle a vécu ce que vivent les roses..... »

Voulez-vous, pour rire, que je fasse défiler devant vous quelques coquilles fameuses?

Voici d'abord le proverbe latin : *Numero Deus impare gaudet* devenu : Numéro deux, impasse Gaudet. Dans un traité d'histoire naturelle : « l'auteur est de la famille des buses », lisez l'*autour*. M. Guizot à la tribune dit : « *Je suis à bout de mes forces* », un journal imprime : « *Je suis à bout de mes farces* ».

Mgr Dupanloup, dans une oraison funèbre, parle de « *l'état des consciences* » et je lis « *l'étui des consciences* ». « La *Gazette des Tribunaux* annonce la mort d'un avocat « qui a pendant vingt-cinq ans *brillé* », le journal porte « *braillé* »; voilà la famille du défunt bien contente !

Jacques Laffite meurt, le *Journal des Débats* dit : « La France vient de perdre un homme de *rien* », lisez : de *bien*. Le prince Jérôme est malade, la même feuille rend compte de cet événement et met : « le *vieux* persiste » pour « le *mieux* persiste ». Du temps de la Terreur, Sieyès écrivait : « J'ai *adjuré* la République », il devient tout pâle d'effroi en lisant sur l'épreuve : « J'ai *abjuré* la République ». Malheureux, dit-il à l'imprimeur, vous voulez donc me faire couper le cou ? M. Thiers descendant de la tribune s'assit au milieu des « *gredins* » de la Chambre, lisez, si vous préférez, « *gradins* ». Mme X*** va beaucoup mieux, elle commence à se *laver* (à se lever). Ordre de M. le maire : « Ordre d'écheniller les *pompiers* » (les pommiers). Un journal de province annonce que le préfet va mieux, il ajoute : « L'appétit est revenu, et, avec beaucoup de *foins* les forces reviendront », foins pour *soins*. Sous Napoléon III, un journal faillit être supprimé pour cette phrase : « M. Rouher est *véreux* », lisez *verbeux*.

La coquille, suivant la définition que M. Claretie en a donnée jadis dans une de ses alertes chroniques du *Temps*, est la grosse erreur, très souvent bouffonne, que produit l'addition, la substitution ou l'interversion d'une ou de plusieurs lettres dans un mot. *L'huîtrerie* est la drôlerie de pensée, l'erreur de plume qui, par précipitation, par manque de réflexion, échappe souvent à l'écrivain.

Il se produit, quotidiennement, dans les journaux et les livres, des huîtreries étonnantes, et il y a des coquilles célèbres, historiques. Citons-en quelques-unes dont certaines pourraient bien être dues plus à la malice quelquefois qu'à l'ignorance ou à l'inattention du compositeur.

Il y a la coquille railleuse : « Mlle X*** vient d'*épuiser* M. Z. », vous entendez bien *épouser*.

« Le pauvre homme s'est *épanoui* quand, en rentrant chez lui, il a trouvé sa femme morte. » Vous entendez bien *évanoui*.

Il y a l'huîtrerie sentimentale : « Tout Arabe condamné à mort pour meurtre doit être impitoyablement livré au bourreau. Sa tête doit être tranchée : *Mourir fusillé est pour l'Arabe relativement agréable.* » (Extrait d'un journal algérien.)

Il y a les drôleries des comptes rendus dramatiques : « On ne respirait plus dans la salle. Ce drame net, rapide, presque brutal, faisait l'effet d'un duel où l'une des lames, après un court engagement, s'enfonce dans la poitrine de l'autre. »

« Mlle Bilbaut-Vauchelet est une jolie personne qui se sert habilement de sa charmante voix pour jouer agréablement de la flûte.

« Mlle Montbazon est une étoile en herbe. »

« Le talent de Mme Judic est comme un verre de champagne, mais il n'y faut pas porter le scalpel sous peine de ne plus trouver au fond qu'une poignée de cendres. »

Il y a les huîtreries du fait divers :

« L'Empereur d'Allemagne, qui visitait l'autre jour l'Observatoire de Hambourg, répondit d'un ton affable à un sénateur : « Je n'ai pas compris ce que vous avez dit, aussi j'ai eu grand plaisir à vous écouter. »

Il y a les ironies des annonces :

« A louer, à Dieppe, une villa *luxurieusement* meublée. »

Rions un brin, mais restons pratiques ; pour mieux éviter ces gaffes, tâchons de donner de la bonne copie française : revoyons de très près les épreuves, autant de fois qu'il nous sera possible, et enfin soyons philosophes quand le hasard nous jouera ce mauvais tour ; ne nous emportons point contre le non-sens apporté par une lettre mal prise dans la casse, et ne nous mettons pas en colère non plus contre le *typo* farceur, qui a fait une trouvaille à nos dépens, et l'a laissée exprès dans notre texte. Et surtout, et pour mieux éviter encore de nombreux risques d'erreurs, de coquilles, ne nous mêlons pas, je le répète, de reproduire, de citer les mots et les expressions d'une langue étrangère, à plus forte raison lorsque nous ignorons absolument cette langue.

Les formidables changements qui se sont accomplis dans la presse, depuis quarante ans, ont transformé complètement l'ancien journaliste. L'information a tué les grands articles de discussion et la critique littéraire du lundi, autrefois si importante et si soignée. Toute la production de nos journalistes est devenue hâtive, et l'on s'est même demandé si la presse ne précipitait pas la langue dans une irréparable décadence.

A cette besogne de la rédaction quotidienne, le style peut-il se conserver simple et français? L'exemple de ces articles improvisés, quelquefois bâclés, n'est-il pas nuisible à ces lecteurs qui imiteront ces phrases? Telle est la question; les réponses sont contradictoires.

Les littérateurs universitaires malmènent fort les journalistes, et à l'Académie qui, nous l'avons vu au cours de cet ouvrage, reçoit cependant des publicistes éminents, on entend les ironies les plus incisives contre cet abaissement de la langue dans la presse ; et à cela s'ajoutent des attaques contre les personnes, contre le cabotinisme de certains folliculaires.

Il y a du bon et du mauvais dans le journalisme, il y a surtout du bon, malgré l'avis qui semble prévaloir dans le public, écœuré de certains scandales et de récentes affaires de presse vraiment odieuses. Nous nous occupons ici de la question du style. Beaucoup d'auteurs, et entre autres M. Zola, pensent que des écrivains doués gagnent à écrire au jour le jour et rapidement. Rien n'exerce mieux la main. Ils arrivent à jongler avec la langue comme un enfant jouerait avec des œufs sans les casser. Si, ainsi que je m'en plaignais, quelques pages plus haut, beaucoup en abusent et parlent une sorte de dialecte boulevardier qui devient un argot, beaucoup y échappent, et la presse compte encore des maîtres dont la phrase est un modèle de clarté et de précision françaises.

Un autre reproche que l'on pourrait adresser aux jeunes c'est le suivant. Quelques-uns trouvent d'un goût suprême d'employer pour de bien minces sujets les longues périodes, les phrases d'au moins trente à quarante lignes. Tous sont atteints de la manie du néologisme, du relief excessif. Le lecteur, quand le hasard leur en procure, est fatigué, exaspéré. Il faudrait un glossaire à la fin de certains articles écrits de nos jours, comme on en a fait un pour Rabelais.

En ce qui est du travail du journal, on devient plus indulgent quand on considère les difficultés de l'improvisation. Le journaliste, nous l'avons déjà dit, ne peut se relire, se revoir, corriger son article, comme un académicien polit son discours. Il faut rendre pleine justice à celui qui sait exprimer sa pensée en phrases simples, énergiques, malgré les exigences d'une incessante production, et ce serait un manque de jugement de le confondre avec les diseurs de calembredaines et les clowns du journalisme. Il n'a rien de commun avec cette lie qui est au fond du journalisme, comme les boues et les détritus entraînés au milieu des eaux par le seul mouvement irrésistible du torrent. Il est loin d'eux, il les laisse à leurs inutilités, à leurs gaudrioles; il n'est pas le pourvoyeur des scandales et des anecdotes indécentes que certain public aime tant; il méprise les proxénètes de la plume; ne le confondons pas avec cette tourbe, il vaut encore ses devanciers de l'ancienne presse honnête, il est écrivain et il est Français.

Défions-nous de cette banalité de tant de détracteurs vulgaires qui brouillent tous les genres du journalisme, toutes les capacités, tous les caractères, et les enveloppent ensuite du même dédain. Il faut distinguer sans cesse, et ne point se gêner d'avouer les défauts du journalisme, ceux qui sont vrais.

La presse, nous l'avons dit au début de ce chapitre, est devenue majeure, mais quoique âgée de plus de 267 ans, elle ne compte pas encore assez d'années de réelle puissance. Elle grandit de jour en jour. Armée de pied en cap, encore un peu jeune, elle abuse souvent de sa force et en fait un mauvais usage. Comme elle a tous les moyens d'informations, de combat, de défense, elle a par cela même des moyens d'oppression, d'insulte, de diffamation, de calomnie publique, qui n'étaient autrefois qu'au pouvoir de folliculaires assez clairsemés. Elle attaque, on est écrasé, on ne peut lutter corps à corps. Contre ce mal, on voit déjà que les particuliers commencent à se raidir : les poursuites devant les tribunaux, les réponses vaillantes aux rédacteurs qui s'oublient, certaines vengeances méritées, habitueront les téméraires à plus de circonspection.

Un autre travers très moqué du journalisme, c'est un cabotinage assez semblable au cabotinage de théâtre. Nous blâmons ce travers, surtout à cause des fâcheuses affectations que ce snobisme donne à leur style. La langue y est très maltraitée.

Enfin, il faut noter aussi et condamner les querelles de personnes, si fréquentes de nos jours. Elles sont aussi ardentes, aussi jalouses que dans les salons mondains ou dans les coulisses des théâtres. Cela menace de durer, tant c'est dans la nature humaine; le public s'en amuse, et on peut prédire le perpétuel renouvellement de ces rixes entre deux amours-propres. Qui a tort, d'ailleurs ? Ceux qui boxent brutalement ou la galerie qui les excite et bat des mains ? Nous voudrions que les lecteurs, qui méprisent si facilement ceux qui les servent, réfléchissent un peu qu'ils sont, eux surtout, la cause première des faits les plus regrettables qu'on peut reprocher au journalisme.

Y a-t-il un code de savoir-vivre à l'usage du journal? Oui sans doute. C'est l'universel code de la politesse. Les manières polies dans la société civilisée sont les mêmes partout et dans toutes les relations possibles. L'homme qui est un gentleman ne cesse pas de l'être parce qu'il écrit dans un journal quelconque. Nous supposerons qu'un gentleman n'injurierait pas grossièrement ses voisins, ne parlerait pas incessamment de lui et de ses exploits, enfin ne se comporterait pas en un endroit quelconque, comme il serait honteux de le faire à son cercle ou dans sa famille. Il va sans dire qu'un gentleman ne se rendra pas coupable de ces faits dans un journal plutôt qu'ailleurs. Quand un journaliste a pour habitude de prendre un ton insultant et de tromper ou de mentir de propos délibéré, ce n'est pas là le fait d'un gentilhomme. Mais il n'y a pas plus d'uniformité dans les manières de la presse qu'il n'y en a ailleurs. Donc on ne peut pas dire des journaux pris en bloc, pas plus que des hommes en général, qu'ils sont polis ou grossiers. Il n'y a pas de doute que certains journaux sont vulgaires tout comme certaines gens. Ils ne sont pas ainsi d'eux-mêmes cependant. Ils sont rendus vulgaires par des gens vulgaires. Il y a des journaux où on fait une grande dépense de talent mais qui ont de très mauvaises manières, et il y en a d'autres qui ne se distinguent que par le seul fait qu'ils sont polis. Un journal brillant et plein de talent peut parfois se rendre coupable d'une injustice, déguiser avec persistance la vérité, conduite que l'on qualifie parfois de « journalistique ». Mais un journal ne gagne aucune influence par son abandon des bienséances. Il peut se rendre désagréable et répugnant de même que le voisinage d'un putois peut efficacement vous faire quitter sous bois la place que vous aviez choisie. Ce journal on peut le craindre et le mépriser, mais il ne faut pas confondre cet effet avec la puissance et l'influence de la presse. C'est très ennuyeux, il n'y a pas de doute, de se voir placarder âne, hypocrite ou voleur, à travers une ville entière. L'effet est produit, mais il ne prouve de la part de l'opérateur ni habileté, ni force, ni influence.

On citerait quelques douzaines de journalistes qui, par leur bon sens, leur politesse, leur courage, leur perspicacité, sont encore utiles à la cause de la justice, même à celle de la grammaire, et les servent l'une et l'autre avec une persévérance qui ne se dément pas. Non, la langue française n'est pas plus morte que la France. Si nous voyons, avec regret, notre pays perdre son influence commerciale et sa prépondérance un peu dans tous les pays, il nous reste au moins la consolation de constater que son esprit et son prestige littéraire n'ont pas été atteints. Bien au contraire, ils ne cessent de s'affirmer chaque jour davantage, et la suprématie incontestable qui nous reste, c'est celle de la littérature.

On a enfin reproché aux journalistes, mais péché véniel celui-là, de ne regarder leur métier que comme un moyen de parvenir. Dans le journalisme politique, en effet, on peut prouver la justesse de cette accusation : le journal est une voie pour entrer dans de grandes affaires, dans une fonction publique, une préparation à un mandat électoral. Le journaliste littéraire est plus attaché à la fortune du journal, où il trouve des ressources moins incertaines que chez l'éditeur de ses livres. Quelques écrivains de la presse sont riches et font leurs articles en amateurs. Il est très vrai que bien peu sont des journalistes de goût, de race, aimant leur état, aussi fiers d'être publicistes que les anciens ouvriers étaient orgueilleux de leur corporation. Ils ont vu que la politique annihilait toujours l'individu qui la sert : le moindre talent se fait jour, et il peut rester d'un auteur un sonnet unique ou une nouvelle qui le rend immortel, mais la politique, elle, ne laisse rien, c'est un art qui passe, sans intérêt pour la génération suivante. Qui se soucie aujourd'hui du ministère du 21 janvier? Qui sait même ce que c'est?

Le journaliste pur préfère rester à sa tribune. Il sait que s'il a du talent, il vivra plus qu'un député. Émile de Girardin et Louis Veuillot sont autrement célèbres que les politiciens ternes et lourds qui débitaient des tartines prud'hommesques au Corps Législatif de Napoléon III.

Un des meilleurs modèles que je connaisse du journaliste pur, c'est Nefftzer, le fondateur et directeur du journal *Le Temps*. Nefftzer a voulu, toute sa vie, rester étranger aux affaires qui ne touchaient pas à l'existence de son journal. Il ne fut pas décoré, il refusa les fonctions publiques et les candidatures. Il avait les idées les plus généreuses sur les devoirs du journaliste : il s'y est irrévocablement arrêté. Le journaliste, suivant lui, devait être indépendant : donc, il ne pouvait se présenter comme candidat, ni agir comme député d'un parti. Il soutenait que le journalisme est dans l'État moderne un pouvoir de discussion, d'exposition et de contrôle, vrai porte-voix de l'opinion publique. Ce pouvoir impartial aurait perdu son influence en se confondant avec les autres pouvoirs : il faut le tenir séparé. Tels furent les principes absolus auxquels il fut fidèle et qu'il pratiqua jusqu'à la mort.

Girardin qui avait eu Nefftzer à *La Presse* comme collaborateur pendant très longtemps, ne put en faire un utopiste, mais c'est grâce à lui, cependant, que le directeur du *Temps* est devenu un polémiste accompli. Il aimait la bataille des idées, mais détestait la guerre des personnalités, gardant toujours dans la discussion une tenue et une correction parfaites. Jamais il n'admit l'ironie si souvent poissarde de Louis Veuillot : ce n'est pas lui qui, controversant avec le vieux géographe de l'Institut, aurait parlé des « larges babines de M. Babinet », ni assuré que « Gambetta dort d'un œil ».

Nefftzer a laissé le souvenir d'un journaliste loyal et sincère ; par son caractère autant que par son talent, il reste une des figures les plus originales et les plus sympathiques de la presse contemporaine ; il a donné un exemple que les plus grands suivront avec respect.

La fortune sourit-elle aux journalistes? D'une façon générale, non, et je regrette d'avoir à le dire. Le monde, en effet, est un théâtre où figurent trois sortes de personnes : spectateurs, acteurs, auteurs. Les spectateurs, ce sont toutes ces bonnes gens qui n'ont ni vice ni vertu et qui vivent à l'ombre de leur vigne ou de leur figuier. Les acteurs sont une troupe jalouse, qui ressemble à toutes les troupes de comédie. L'ambitieux, le beau parleur, l'avare, le poltron, le tyran, le valet y jouent leur rôle au grand plaisir du public qui applaudit souvent, siffle quelquefois, et paye toujours. A ces premiers chanteurs il faut de beaux habits, des palais, de l'or, beaucoup d'or. Ils connaissent le caprice de la foule et ils en abusent. Quant au journaliste qui a créé le mot du jour, donné de l'esprit à la foule, celui-là on lui jette un morceau de pain et on le dédaigne.

Qu'est-ce que l'idée pour les habiles? rien qu'une cocarde, le tout est de l'exhiber à propos. Criez pendant vingt ans que la liberté est le salut des peuples, vous n'êtes qu'une voix, odieuse à ceux qui commandent, importune à ceux qui servent. Vienne enfin le jour où le peuple, lassé, veut secouer le fardeau qui l'écrase, le premier téméraire qui inscrira sur un drapeau le mot que vous avez répété vingt ans, celui-là sera l'élu de la foule : honneur, argent, puissance, tout sera pour lui. Une heure fera la fortune de ce premier rôle ; aussi n'aura-t-il pas assez de mépris pour le journaliste obscur qui, par vingt ans de souffrances et de dangers, lui a préparé son triomphe. Le peuple jugera comme l'acteur.

Sous la Restauration, quand on était à la veille de redevenir grands, souverains de l'Europe, du monde, comme sous Henri IV, comme sous Louis XIV, on est allé à ceux des journalistes qui s'offraient, aux médiocres, aux ambitieux, à ceux qui ne se sentaient ni reins ni idées. Les autres, on n'y a pas pensé, ils se donnaient pour rien; des hommes qui se donnent pour rien, qui servent sans rien demander, à quoi bon leur donner quelque chose? Continue, mon ami, tu ne fais que ton devoir bien juste. Mais toi là-bas, qui mords et qui insultes, qui excites les bas appétits, tu nous fais un signe, tu t'approches, tu es prêt à te transformer; à toi ce ministère, à toi cette préfecture de première classe, à toi cette mission d'État. A toi, car enfin il faut compter avec le boulanger, le tailleur et le propriétaire, à toi trente, cinquante, cent mille francs; achète douze paires de bottes neuves. Toi, brave homme qui nous sers, qui nous sauves peut-être, qui retardes en tout cas notre fin, qui as du talent, du courage et l'immuable foi, va faire ressemeler tes souliers!

Vous le voyez, le journalisme mène à tout,... à condition de savoir en sortir. J'étais sur le point de vous conseiller de n'y pas rester. Toutes réflexions faites, n'en sortez pas. Il y en a qui n'en sont jamais sortis. Il y en a, et beaucoup, les vrais, c'est-à-dire le plus grand nombre, qui lui ont consacré leur vie entière, le sang de leurs veines, le plus pur de leur cerveau, qui, tentés cent fois, cent fois placés entre la fortune à saisir et la pauvreté laborieuse à continuer, ont dit : non, sans colère, sans impatience, sans hésitation. Il y en a eu, il y en a encore, qui, après vingt ans de talent, de notoriété, de dangers, de vie brûlée à tous les feux de la conscience militante, se sont vus relégués à l'écart, au second plan, au troisième, quelquefois au dernier, et qui, soutenant péniblement leurs derniers jours et ceux de la femme héroïque qui a préféré ces fiers, ces brillants, ces beaux, à des ingénieurs et à des notaires, ont déployé plus de savoir, plus de talent, plus de science politique, diplomatique, gouvernementale, que tous les ministres et les ambassadeurs qui se sont succédés depuis vingt ans.

En 1885 les journalistes parisiens se sont réunis et ont créé une fraternelle association. Le syndicat de la presse a pris l'initiative, s'inspirant des statuts de la Société des auteurs dramatiques et de la Société des gens de lettres. Le but de l'association est très simple et très pratique : fonder une société avec un fort capital, sans distinction d'opinions, aidant tout le monde : distribuer des secours, plus tard des pensions, aux sociétaires malheureux; diminuer par une organisation médicale et judiciaire les frais des maladies et des procès; enfin trouver des emplois pour les journalistes sans travail.

Les statuts établissent l'admission de tous les journalistes qui écrivent depuis deux ans dans la presse; un comité de douze membres élus, chargés de l'arbitrage, juge les contestations entre deux sociétaires.

Le ministre de l'Intérieur a autorisé l'association à émettre une loterie de quatre millions. La presse méritait bien cette faveur, elle qui a tant soutenu les œuvres de bienfaisance et tant favorisé les loteries pour les pauvres.

Le droit d'entrée dans l'association est de vingt francs, la cotisation est de deux francs par mois.

La Presse de province, depuis, a associé, à peu près de la même façon, les journalistes. On ne saurait trop l'en féliciter.

Résumons-nous.

Nous venons de voir que les journalistes, comme le disait dernièrement M. Claretie, ne sont pas tous les favoris de la fortune, loin de là! Villemessant l'a déjà réclamé autrefois, je n'hésite pas à le répéter après lui et *le Figaro :* Il ne faut plus que le journaliste, au déclin de la vie, continue, ainsi qu'il arrive trop souvent, à être obligé de se dire chaque jour : « pourrai-je subsister demain ? »

L'Association des journalistes parisiens, en dépit des deux millions, — devant lesquels on s'extasiait dernièrement avec une si charmante naïveté, à l'occasion de sa dernière assemblée générale, — ne pourra servir à ses membres, avec ce capital, qu'une maigre pension de... 50 fr. par mois. Pareille retraite est-elle suffisante pour ces ouvriers de la pensée qui souvent ont gaspillé, et certes sans la marchander, leur vie entière au profit exclusif du public?

Le journalisme ne trouvera-t-il pas encore, ajoutés à ceux qu'il compte déjà, quelques généreux bienfaiteurs qui lui donneront, à Paris et ailleurs, ses maisons de retraite, demeures simples mais gaies, avec de belles bibliothèques, des journaux et des revues, quelques tableaux, et ornées d'ombrages où les *Invalides de la Pensée* trouveraient repos, confort et absence complète de soucis.... excepté ceux de leur jardin.

Dans un pays comme le nôtre, il suffit d'émettre une idée charitable pour qu'immédiatement s'en suive l'exécution généreuse. Hommes et femmes d'élite, esprits distingués et cœurs délicats de France, à quand la pose de la première pierre de la maison de retraite des *Invalides de la Presse ?*

DEUXIÈME PARTIE

LE LIVRE

INTRODUCTION

La situation de l'homme de lettres n'est plus ce qu'elle fut jadis. Plus qu'aucune autre, peut-être, elle a profité des changements amenés par l'évolution sociale. Nous n'avons pas à faire ici l'historique de cette profession, depuis les aèdes antiques jusqu'aux « gens de lettres » de brasserie ou de salon d'aujourd'hui, en passant par les jongleurs et trouvères du moyen âge, puis par leurs successeurs, les écrivains de cour, d'aristocratie et de ruelles de l'ancien régime. Qu'il nous suffise de dire que, ceux d'aujourd'hui exceptés, un trait commun relie tous ces confrères, à travers la variété de coutumes et d'idées des époques, et ce trait c'est la domesticité, la dépendance vis-à-vis des grands et des puissants. Aèdes grecs allant de ville en ville psalmodier les chants de l'épopée homérique, bardes barbares célébrant les vertus guerrières, troubadours ou minnesingers courant de château en château, égayer les longs repas de joyeux fabliaux ou les enchanter par le récit d'exploits héroïques, brillants poètes de la Pléïade, beaux esprits de l'Hôtel Rambouillet ou grands écrivains du grand siècle, ardents polygraphes de l'Encyclopédie ou petits abbés madrigalisant aux ruelles, tous attendent leurs moyens d'existence des libéralités d'un roi, d'un prince, d'un grand seigneur ou d'une « belle et honnête » dame. Pour les uns, aux temps où l'œuvre ne pouvait se propager que par le manuscrit, le public lisant et rémunérateur ne pouvait exister; pour les autres, même après la découverte de l'imprimerie, ce public était trop restreint, — soit par la rareté et la cherté des livres, soit par le peu d'expansion de l'instruction, — pour que la librairie pût leur allouer un bénéfice suffisant à les faire vivre. C'est de nos jours seulement que devait se réaliser la complète indépendance, matérielle et morale, de l'écrivain. Déjà commencée, dans le courant du dix-huitième siècle, — cette grande époque émancipatrice par excellence, — par la hardiesse de pensée des publicistes de l'Encyclopédie, par les impertinences ou les audaces d'idée et d'action des Diderot, des Voltaire, des Beaumarchais, elle ne devait s'achever que durant le cours de notre siècle. Le livre multiplié à profusion et à un bon marché inouï, l'instruction d'abord plus largement répandue et enfin accessible à tous, l'extension, l'importance dans la vie moderne de la presse, ont contribué à cet affranchissement, non moins que l'attitude des écrivains enfin conscients de leurs droits et de leurs prérogatives. Ils sont aujourd'hui définitivement hors de tutelle.

Comme le dit M. Frédéric Loliée, dans l'étude remarquable, *Nos Gens de Lettres*, qu'il a publiée sur la condition de l'écrivain à notre époque :

« L'aristocratie des lettres s'est véritablement élevée sur les
« ruines des préjugés nobiliaires et de toutes vaines distinc-
« tions abolies, comme la dernière aristocratie des sociétés
« sans caste.

« La fonction d'écrire s'est accrue en indépendance et en
« sécurité. L'exercice de la plume garantissant l'existence de
« l'auteur et sa liberté, voilà le fait capital; sauf dans quelques
« genres ingrats lesquels ne subsisteraient point sans les
« encouragements de l'État ou des Académies, la vente des
« livres a pu devenir un élément de richesse. Autrefois, ce
« qu'on appelle public, se limitait à un cercle étroit de sei-
« gneurs, grandes dames, gens d'église, courtisans et finan-
« ciers. A l'heure présente, par le théâtre, par le livre, par le
« journal, l'homme de lettres s'adresse à toutes les imagina-
« tions comme à toutes les consciences. Plus de soumission
« inévitable aux caprices de tel ou tel favori du hasard ou
« de la fortune. Il ne relève que de son talent. Sa personnalité
« se produit, à ses risques et périls, en dehors de toute tutelle

« ou plutôt il ne dépend que de l'opinion de ses contempo-
« rains, de leur estime ou de leur reconnaissance. C'est de la
« foule qu'il attend sa récompense pour les plaisirs ou pour
« les enseignements qu'il lui apporte. Ses droits, sans excep-
« tion de nature, sont reconnus, consacrés par l'assentiment
« universel et protégés par des lois. Il est maître de sa pensée,
« propriétaire incontesté de ses œuvres, libre dispensateur
« des fruits de son travail, libre comme il ne l'a jamais été. »

La condition littéraire, au matériel comme au moral, s'est donc beaucoup améliorée de nos jours. Le sentiment même du public vis-à-vis de la profession a évolué dans le même sens. Ce sentiment fait de méfiance et de dédain, et entretenu par l'indépendance d'idées et de mœurs, l'absence chez la gent littéraire de préjugés, poussées souvent jusqu'à l'oubli ou au mépris des convenances sociales, ce sentiment s'est changé peu à peu, sauf vis-à-vis d'exceptions de plus en plus rares, en un sentiment d'estime et de considération. Certains journalistes, entre parenthèse, sont bien en train de modifier cette opinion du bon public sur ce sujet, mais ainsi que je l'ai dit ailleurs, espérons que son bon sens saura discerner le bon grain de l'ivraie, et distinguer entre le condottieri ou le ruffian de la presse, à l'affût au coin de sa chronique, la plume au poing, prêt au chantage, à la calomnie et à la délation, et le probe écrivain qui ne demande au journal qu'un gain honorable et légitime ou le supplément de ressources que lui refusent le livre ou le théâtre.

De toutes les carrières, qu'on est convenu d'appeler libérales, il n'en est pas, je crois, dont les débuts soient plus ardus, plus épineux, plus hérissés d'obstacles et de difficultés que ceux de la carrière des lettres. D'autres professions intellectuelles certes, ne sont pas, non plus, d'un accès aisé. Elles exigent un apport sérieux de savoir et de talent : le médecin, l'avocat, l'ingénieur, etc., s'appuient sur un solide amas d'études et de connaissances. Mais, parfois, chez eux, le titre et le grade abritent la fonction, le pavillon couvre la marchandise. Le fait d'être gradé de telle ou telle Université, d'être sorti de telle ou telle école, est souvent une recommandation suffisante au docteur, à l'ingénieur, même médiocres, pour arriver sinon au succès, du moins à vivre. Ils sont engagés sur une voie toute droite, bien jalonnée ; ils n'ont qu'à en parcourir les étapes plus ou moins activement, plus ou moins brillamment, suivant leurs aptitudes, pour arriver à leur but. Ils savent qu'on a besoin d'eux, que leurs services sont indispensables au fonctionnement du mécanisme social. Ce sont des homme *utiles*, en un mot.

La fonction de l'homme de lettres, au contraire, — et par ce mot nous entendons l'écrivain qui, sous les formes de l'imagination et de l'esprit, s'adresse à la généralité des lecteurs, le romancier, le poète, le publiciste, l'auteur dramatique — n'apparaît pas, aux yeux de la masse, revêtue de ce caractère évident d'utilité. Certes, pour les bons esprits, sa mission est éminemment utile au sens large et noble du mot, et ce n'est pas le lieu, ici, de mettre en évidence les raisons et les caractères de cette utilité. Mais pour le gros public, il est incontestable que l'homme de lettres est considéré comme un être de luxe, de superflu, dont les travaux ne sont pas un des rouages nécessaires de la vie sociale. L'utilité d'un Edison, d'un Pasteur, d'un de Lesseps n'a pas besoin d'être démontrée à la foule, mais quelle somme d'arguments ne faudrait-il pas dépenser, et en pure perte, pour arriver à la convaincre de la même utilité, quoique étant d'un autre ordre, d'un Lamartine, d'un Shelley ou d'un Victor Hugo ?

Voilà d'abord la difficulté première, fondamentale, générique, pour ainsi dire, à laquelle s'est heurté, se heurte et se heurtera vraisemblablement, à toutes les époques, le métier d'homme de lettres, et d'où surgissent accessoirement la plupart des autres difficultés, petites et grandes, qui le hérissent. De là cette indifférence, pour ne pas dire cette hostilité, à laquelle se butent les premiers pas de l'écrivain qui ne condescend pas à s'abaisser au niveau du vulgaire, mais veut élever le vulgaire à son niveau ; de là la froideur de l'éditeur pour des travaux dont la vente est minime ou nulle, de là la rémunération ingrate, les jours précaires, les privations, parfois la misère, et la vie de méconnu, de paria, en marge de la société, que mènent tant d'écrivains et qui dure bien au delà de la jeunesse, au delà de la période de la « vache enragée », alors qu'on n'a plus « les dents de l'espérance pour y mordre ».

Ce n'est pas que chaque profession n'ait ses déclassés, sa bohème. Mais aucune ne paraît mieux lotie sous ce rapport que la profession d'homme de lettres. Chez les autres la bohème se recrute parmi les incapables, les faibles, les paresseux, les défaillants de tout genre, mais chez elle elle se grossit en plus d'une catégorie spéciale de gens que la méconnaissance et la non mise en valeur de leur force et de leurs aptitudes a dévoyés.

A côté de cet obstacle primordial, combien d'autres ! Et d'abord les conditions intellectuelles même de la production littéraire. Aux qualités qu'on exige d'un bon domestique, dit Figaro, combien y a-t-il de maîtres qui seraient dignes de servir? Adaptant ce mot fameux, ne pourrions-nous demander aussi : aux qualités dont un véritable écrivain devrait être doué combien y en a-t-il, parmi ceux qui tiennent une plume, qui soient dignes de la tenir?

Comme le dit encore M. Frédéric Loliée, « la carrière d'écrivain est plus difficile qu'elle ne l'était autrefois. On exige davantage d'elle, aujourd'hui. La forme n'a rien perdu de son importance aux yeux des lettrés, mais la forme, d'ailleurs trop souvent négligée, ne suffit plus à faire le succès d'un livre. L'école de l'*art pour l'art* ne compte plus maintenant qu'un petit nombre d'adeptes et ceux-ci s'adressent à un public chaque jour plus restreint. On veut que l'écrivain sache écrire, mais on veut aussi qu'il sache autre chose. En un mot, le style qui était, pour certains écrivains de la génération de 1830, le but même de la littérature, n'est plus aujourd'hui que le moyen. Sous la phrase le lecteur cherche et veut trouver le fait précis, l'idée juste, le sentiment vrai. »

Il n'est pas de profession, en effet, qui exige une telle variété et une telle étendue de connaissances pour qui veut l'exercer dignement.

Un médecin, un ingénieur, un savant même, pourront fournir plus qu'une honnête carrière en se parquant dans une spécialité, en y creusant ce domaine en profondeur, ou en se tenant d'une façon vague et générale au courant des progrès de leur science. L'homme de lettres, ne faut-il pas qu'il soit muni d'un bagage écrasant de connaissances, qu'il se livre, d'abord et avant tout, à une étude approfondie de la langue et de la littérature nationales, qu'il n'ignore pas les autres littératures, au moins dans leurs chefs-d'œuvre, et enfin qu'il ait une teinture des autres produits de l'intelligence humaine : arts, sciences, philosophie, etc... bref, qu'il soit apte et prêt à s'exprimer sur « omni re scibili et quibusdam aliis » ? Je sais bien que c'est là un portrait idéal de l'écrivain, et pour lequel bien peu pourraient servir de modèles. La plupart de nos écrivains, même des plus célèbres, sont loin d'être de petits Pic de la Mirandole. Nous ne traçons pas le plan seulement des qualités qu'il faut avoir pour atteindre le succès, mais aussi de celles qu'exige la carrière pour être noblement courue. Plus haut est l'idéal et plus grand l'effort pour y atteindre, plus féconds et plus dignes de louanges sont les résultats.

Arrivons à une troisième catégorie, et non la moindre, de difficultés, celle qui provient de la concurrence, plus effrénée là qu'ailleurs.

Le perfectionnement des méthodes scientifiques et grammaticales, la diffusion, dans la bourgeoisie et même dans les masses, de l'instruction devenue obligatoire, a créé un état d'esprit particulier : *l'écrivaillerie*. Le nombre de ceux qui cherchent à vivre de leur plume et à obtenir aussi par elle la célébrité, est aujourd'hui incalculable. Les livres se sont multipliés au point de ne pouvoir plus se vendre, et les stocks des éditeurs atteignent des chiffres atterrants. C'est une vraie manie cérébrale, une épidémie d'écrire dont sont atteints les hommes instruits... ou non de notre époque. Et comme dans la vie courante on peut affirmer que la lecture des livres ne prend pas plus d'une heure par semaine, les lecteurs manquent, et trois millions de volumes encombrent les magasins dans les librairies.

« Voulez-vous savoir à quel point s'est développé ce que j'appelle *Le Mal d'écrire*, dit un jeune écrivain, M. Albalat? La librairie parisienne jette sur le marché quatre à cinq volumes par jour, sans parler des réimpressions et autres livres scientifiques ou spéciaux. Et ce qui est effrayant c'est l'insignifiance de la plupart de ces publications. »

« Jamais on ne remarqua en France, dit M. Loliée, — sans parler de la concurrence féminine, gagnant là, comme ailleurs, d'une manière redoutable, — une aussi grande quantité d'hommes faisant profession d'écrire, abusivement ou non... Le nombre s'accroît sans cesse des nouveaux venus que poussent là le hasard des circonstances, des relations ou de la parenté, les illusions de l'amour-propre, un enthousiasme irréfléchi, l'embarras du choix d'une vocation, ou plus rarement des élans sincères et des aptitudes vraies. Les journaux, la politique, la pente à une discussion publique de tous les intérêts du pays, l'immense développement de la librairie, l'accroissement des connaissances et l'essor prodigieux donné par tant d'innovations à la curiosité générale, expliquent assez un pareil débordement. Il n'est pas jusqu'à l'épanouissement de l'industrie, la force régnante, qui n'ait concouru à grossir la foule de ces recrues dont le terrain des lettres est encombré. A mesure qu'elle étend son action et favorise un plus grand nombre d'individus, les richesses sociales se fractionnent, l'aisance se multiplie dans les familles, elle y devient commune. Constamment émergent des métiers inférieurs des hommes que les chances de l'entreprise ou de la spéculation mettent soudain au rang de la haute bourgeoisie, dont ils se croyaient à jamais séparés. En ce nouvel état de fortune, ils caressent pour leurs enfants toutes les ambitieuses visées des parvenus. Il les poussent aux professions libérales. Or quantité de ceux-là s'enrôlent sous la bannière de l'art, qu'on destinait au barreau, à la médecine, qui pouvaient être aussi bien de bons officiers, de parfaits négociants, d'excellents clercs de notaires. Du fond de ces masses si longtemps vouées au travail des mains, ont surgi des milliers de jeunes gens à la vie intellectuelle. Mais quelle que soit la cause qui les y jette, trop excessive en est la presse pour qu'ils y trouvent tous leur satisfaction ample ou menue.

« Les uns s'y dirigent avec un goût décidé qu'ils cherchent vainement à combattre. Ils sont artistes de nature. Des aptitudes innées les conduisent. Ils possèdent le don et la foi. Que leurs premiers pas soient des chutes, ils ne s'en étonnent point ni ne s'en émeuvent outre mesure. Prompts à la conception, obstinés à la tâche, tenaces à l'entreprise, ils se retrempent dans la lutte; ils y trouvent avantage pour exercer la souplesse et la vitalité de leur esprit, épurer leur goût, former leur jugement, affermir leur volonté; ils redoublent, ils persévèrent, et, tôt ou tard, ils s'emparent du rôle et ils occupent la place qui leur étaient réservés au sein de l'activité publique. Portés par d'invincibles élans vers la gloire, ils sortent triomphants des encombres de la pauvreté, des injustices de leurs rivaux, des erreurs incroyablement prolongées parfois de ceux qui s'instituent leurs juges, des ruses et de l'avidité du commerce des œuvres, des bizarreries souvent cruelles du destin, et de leurs propres défaillances. Car il faut d'avance compter avec tous ces heurts et tous ces obstacles, lorsqu'on a cru pouvoir se hausser, à l'aide des seules forces de l'imagination, aux différents échelons de la vogue ou de la célébrité.

« Les autres, (ceux-ci composent le gros de la troupe) emportés par une vivacité aveugle, s'y précipitent au hasard et s'y engagent sans prévoyance. Une sensibilité extrême, des dispositions particulières à l'enthousiasme, une confiance exagérée dans l'avenir, la soif d'émotions inconnues au vulgaire, le besoin plus ardent de fixer sur soi l'attention d'autrui, leur font prendre pour des entraînements d'instinct ces vagues appétences qui ne sont pas plus les signes d'une vocation générale que l'amour n'est la possession, ni que le désir n'est la puissance. S'ils végètent au fond de quelque province où leurs facultés, à ce qu'ils pensent, croupissent ainsi qu'une eau stagnante, ils entrevoient Paris comme la terre promise. N'est-ce point là, dans ce pays adoptif des écrivains et des penseurs, que se produisent les grandes œuvres, qu'elles y éclosent naturellement, qu'on les met en pleine lumière et qu'on les couvre d'or? Ils se voient déjà recevant l'accolade fraternelle des illustres et puisant dans la caisse des libraires. « Toujours la même ardeur, écrivait Balzac en 1839, (et l'illusion alors était autrement décevante qu'aujourd'hui), précipite, chaque année, de la province ici un nombre égal, pour ne pas dire croissant, d'ambitions imberbes qui s'élancent la tête et le cœur altiers, à l'assaut de la Mode, cette princesse Taurandocte des *Mille et un Jours*, pour qui chacun veut être le prince Calaf. Tous tombent dans la fosse du malheur, dans la boue du journal, dans les marais de la librairie. » S'ils sont mêlés au tourbillon des mœurs parisiennes, s'ils en respirent l'atmosphère grisante et chargée de pensées, la fermentation intérieure est plus active encore. Tout chauds de leurs succès de collège, fiers des premiers éclats de leur imagination, pleins d'une sève dont le cours agité les enflamme, ils ont senti frémir dans leur main une plume alerte à rendre leurs impressions juvéniles, leurs inquiétudes et leurs fièvres passionnées. N'auraient-ils pas quelques raisons de se croire destinés à compter aussi parmi les élus? Rien ne leur est indifférent de ce qui se passe dans le monde des écrivains et des artistes. Ils brûlent d'y pénétrer à leur tour et d'y planter leur enseigne inconnue. L'avènement d'un nouveau nom dans une revue à la mode, l'écho des applaudissements prodigués à une pièce très courue, la vogue d'un roman éclos de la veille ou le seul bruit qui se fait autour de quelque épisode intime de l'existence d'un auteur célèbre, leur causent des tressaillements indicibles et les jettent dans des ravissements mêlés de trouble et d'envie. Sous ces chaudes impressions ils se livrent à une sorte d'examen d'eux-mêmes, où ils mettent aux prises, d'avance, leurs ressources supposées et leurs désirs. Ils se sentent de l'esprit naturel, le goût de l'étude et de la lecture, une facilité qui ressemble à de la verve, et, sans trop se surfaire, ils croient se reconnaître du ressort et de la volonté. Il serait bien étonnant, se disent-ils, si avec ces avantages, de la patience et du travail, ils n'arrivaient pas en peu de temps à se créer une situation dans la librairie, dans un journal, ou dans une revue quelconque. Ils n'y résistent plus, ils se décident à l'aventure et vont où les attendent, au lieu des belles choses songées, les durs réveils que gardent aux néophytes les éditeurs, les comités de lecture et les bureaux de rédaction. Tout d'abord on attaque avec acharnement. On se rue à la besogne avec une sorte de furie. C'est le prurit de zèle des commençants. Les pensées se dispersent dans tous les sens et dans toutes les directions. On voudrait livrer toutes ses fleurs d'un coup. Inutile exaltation, épuisement sans fruit. Il est bien rare qu'un funeste abattement ne suive, chez les natures secondaires, ces violences d'éréthisme cérébral. Aux effervescences tumultueuses de la première heure succède l'immense lassitude. Déjà le travail est rendu plus aride par l'affaiblissement prématuré de l'intelligence. Qu'à ces rudes difficultés du début viennent se mêler les sollicitations vagues du plaisir et l'appât des amusements que la grande ville offre à toute existence, pauvre ou luxueuse, et dont ne triomphe que la sombre concentration de la volonté; qu'on ajoute encore à cela, les déceptions de chaque jour, le désaccord, de plus en plus sensible, du réel à l'idéal, le désenchantement des tentatives avortées, le positif de la misère, et l'on s'expliquera comment tant de jeunes esprits, un moment soulevés par les sourdes excitations de la gloire, retombent si vite du désir à l'impuissance, de l'irrésolution à la nullité, et de celle-ci à la disparition finale. Trop heureux encore quand ils viennent échouer dans les bas-fonds du journalisme. »

Et pourtant, pour éviter ces déboires amers et ces lamentables chutes, ce ne sont pas, continue l'auteur de *Nos Gens de Lettres*, les avertissements qui ont manqué, les avis de gens éclairés par les souvenirs d'une dure expérience personnelle, pour tenir les imprudents en garde contre les incertitudes et les périls d'une carrière où il faudrait arriver maître tout d'abord, et qui n'offre à l'apprenti que le déboire d'un labeur sans destination ni salaire. Maints talents de première marque, faisant un retour vers l'âpreté de leurs débuts, n'ont pas ménagé les plaintes mélancoliques sur ce qu'ils appellent le rude et horrible combat contre l'anonyme, les longues stations dans l'indifférence, les cruelles obligations de la copie qui s'impose à heure dite, en raison des nécessités de la vie qui n'attendent pas, mais changent en supplice quotidien les pures joies du travail.

Les plaintes et les conseils décourageants sur ce sujet, d'Henri Mürger, de Théophile Gautier, de bien d'autres défunts ou vivants encore, sont connus.

« Que n'avons-nous écrit, disent les Goncourt, dans un passage de leur *Journal,* jour par jour, au début de notre carrière, ce rude et horrible débat contre l'anonyme, toutes ces stations dans l'indifférence ou l'injure, ce public cherché et nous échappant, cet avenir vers lequel nous marchions résignés, mais souvent désespérés, cette lutte de la volonté impatiente et fiévreuse contre le temps et l'ancienneté, un des grands privilèges de la littérature. Point d'amis, point de relations, tout fermé... Ce silence si bien organisé contre tous ceux qui veulent manger au gâteau de la publicité, ces tristesses et ces navrements qui nous prenaient pendant ces années lentes où nous battions l'écho, sans pouvoir lui apprendre notre nom!... Ah! cette agonie muette, intérieure, sans autre témoin que l'amour-propre qui saigne et le cœur qui défaille! Cette agonie monotone et sans événement, écrite sur le moment, sur le vif des souffrances, ce serait une bien belle étude que personne ne fera, parce que, un rien de succès, l'éditeur trouvé, quelques cents francs gagnés, quelques articles à cinq ou six sous la ligne, votre nom connu par un millier de personnes que vous ne connaissez pas, deux ou trois amis, un peu de réclame vous guérissent du passé et vous versent l'oubli... Elles nous semblent si loin ces larmes dévorées, ces misères, aussi loin que notre jeunesse. Vieilles plaies dont vous ne vous souvenez que quand elles se rouvrent. »

Lisez encore, à titre d'édification autant qu'à titre de curiosité, cette lettre qu'André Gill écrivait à un amateur qui voulait tenter la fortune artistique. Nous la citons tout entière parce qu'elle décrit, en une concise âpreté, mieux que nous ne saurions le faire, les étapes de ce calvaire qu'est trop souvent la carrière d'un artiste ou d'un écrivain, même doué des dons les plus brillants.

« Vous avez vingt-deux ans et une bonne place, un avenir assuré. N'abandonnez rien de ce que vous tenez pour l'amour d'une chimère insaisissable souvent, presque toujours décevante.

« Moi, j'ai quarante ans. Je me suis, dès l'enfance, enthousiasmé pour l'art, dès la sortie du collège, acharné à mon but. J'ai subi la faim, les humiliations. J'ai dû cent fois dévier de ma route pour accepter des métiers inférieurs. Ce n'est qu'à des heures bien rares et bien brèves que j'ai pu ressaisir mon rêve.

« Il y a six ans à peine que je puis exposer, au prix de quels sacrifices! et si le hasard m'a fait une heure de notoriété bruyante en un genre imposé par la nécessité, je n'en suis pas moins resté blessé dans mon espérance, qui était plus haute, et dans la pratique de ma vie dont je n'ai pas encore pu assurer le bien-être.

« Ce n'est pas trop, d'ailleurs, d'une existence entière exclusivement consacrée à l'art pour y conquérir une valeur réelle.

« Tout le monde aujourd'hui a du talent; bien peu en vivent.

« Il faut tout au moins une énergie, un emportement invincible, et avec cela des relations, de la chance, et des moyens assurés de vivre et de payer ses études.

« Restez donc amateur. Si vous tirez quelque joie des pratiques de l'art, consacrez-y vos heures de loisir, mais n'en faites pas dépendre vos destinées. Vous en aurez alors toutes les petites satisfactions de vanité, toute la volupté intime sans en connaître les angoisses, les déceptions.

« Un homme du monde, riche, un frotté d'art, est facilement un grand homme dans son cercle. Un affamé d'idéal solitaire, acharné à sa folie, sans fortune, échappe rarement à l'ironie des imbéciles, et plus rarement encore à la misère. »

On ne saurait trop le répéter, avec l'auteur de *Nos Gens de Lettres*, il est peu de professions où il soit aussi facile de se tromper et de prendre pour une vocation sérieuse ce qui n'est qu'une illusion de la vingtième année.

Oh! les doutes du début, si bien décrits dans ces lignes de Zola, parues dans le Figaro.

« Mon Dieu! que d'heures terribles, dès le jour où je commence un roman! Les premiers chapitres marchent encore, j'ai de l'esprit pour avoir du génie; ensuite me voilà éperdu, jamais satisfait de la tâche quotidienne, condamnant déjà le livre en train, le jugeant inférieur aux aînés, me forgeant des tortures de pages, de phrases, de mots, si bien que les virgules elles-mêmes prennent des laideurs dont je souffre. Et quand il est fini, quel soulagement! Non pas cette jouissance du monsieur qu'exalte l'adoration de son fruit, mais le juron du portefaix qui jette bas le fardeau dont il a l'échine cassée...

Puis, ça recommence ; puis, ça recommencera toujours ; puis j'en crèverai, furieux contre moi, exaspéré de n'avoir pas eu plus de talent, enragé de ne pas laisser une œuvre plus complète, plus haute, des livres sur des livres, l'entassement d'une montagne ; et j'aurai, en mourant, l'affreux doute de la besogne faite, me demandant si c'était bien ça, et si je ne devais pas aller à gauche, lorsque j'ai passé à droite ; et ma dernière parole, mon dernier râle sera pour vouloir tout refaire. »

Et les ennuis de la fin, les tracas de la dernière heure, ces épreuves qui arrivent par paquets, humides encore de l'impression et sentant mauvais, pleines de coquilles, de fautes qui exaspèrent, ces épreuves dont il semble qu'on ne sortira que pour aller se pendre......, les hésitations grammaticales incessantes, les ponctuations douteuses ; les luttes sans cesse renouvelées avec les typographes, que l'on traite tout bas d'imbéciles, et qui vous le rendent si bien quelquefois tout haut ; la table à faire, le « titre » et le faux-titre à composer, de façon à séduire l'œil de l'acheteur, la couleur de la couverture à choisir, le bon à tirer, ces trois petits mots qui n'ont l'air de rien mais qui sont tout en réalité, puisqu'ils lancent la pensée de l'auteur sur le public indifférent, quelquefois récalcitrant, comme au théâtre les trois coups avant le lever du rideau livrent la pensée de l'auteur au public, tel le chrétien d'autrefois aux bêtes féroces de l'arène ; enfin l'apparition aux vitrines de librairie du volume tout neuf, tout pimpant, bien autrement pimpant que l'auteur en ce moment-là surtout ; puis quand n'ayant pas trouvé l'éditeur audacieux rêvé, on a fait imprimer soi-même et qu'on reçoit quelques jours après en même temps peut-être que la nouvelle d'un échec, le billet doux du berger à la bergère, la note de l'imprimerie, si souvent une boîte à surprises, si souvent exagérée, surtout à la colonne des corrections d'auteur et remaniements !

Il n'est pas de carrière, néanmoins, qui exerce plus de fascination sur les jeunes esprits que celle des lettres, et par l'indépendance qu'elle assure ; et par le prestige qui s'y attache, même quand elle n'est exercée qu'avec des talents moyens mais renforcés de probité et de labeur ; et par les mille petits privilèges, au moins moraux, dont est entouré un homme qui fait profession de viser à la renommée. Avec les artistes les écrivains forment une sorte d'aristocratie naturelle dans laquelle on comprend très bien que soit tenté de pénétrer un jeune homme doué d'une imagination vive, d'une sensibilité délicate, de goûts intellectuels, et saisi d'une noble ambition.

Mais on comprend les appréhensions qu'ont presque toujours montrées les parents, à l'annonce des aspirations littéraires de leur fils. Les jeunes ambitions qu'attirent les séductions de cette carrière ne sauraient trop méditer aussi sur ses pièges et ses dangers. Il leur sera salutaire, avant de s'y engager, de solliciter l'avis de quelques personnes compétentes et impartiales sur la nature et le mérite de leurs premiers travaux.

Ces conseils d'un esprit en le jugement de qui ils auront pleine confiance leur éviteront bien des faux pas et des déceptions, ou les éclaireront peut-être sur leur réelle vocation. Tel qui se croit poète et perd son temps à s'acharner sur des gribouillages de drames ou de comédies, sera un jour un bon historien ou un romancier de talent. Les papiers intimes de Stendhal qu'on a publiés, ces dernières années, nous révèlent les velléités d'auteur comique, plus que médiocre, de celui qui devait doter un jour le roman français moderne de ces deux chefs-d'œuvre : *Le Rouge et le Noir* et *La Chartreuse de Parme*.

Comme l'écrivait Sainte-Beuve à un jeune écrivain qui était venu solliciter appui et conseil du grand critique : « Il n'est pas très raisonnable de sacrifier le positif au rêve, et une carrière tracée à une *espérance indéfinie et à un vague horizon*. Ma mère me disait cela à moi-même, lorsque je me décidai à laisser la carrière de la médecine pour les aventures de la vie romantique. » Ce jeune écrivain était M. Luzel, qui s'est fait, par ses excellents travaux d'érudition sur les légendes, les chants et les mythes bretons, un nom bien connu non seulement des spécialistes du *folk-lore*, mais de ceux qu'intéressent ces témoignages si poétiques de l'âme et de l'esprit d'une race. C'est à la bienveillance et à la sagacité de Sainte-Beuve qu'il dut de ne pas se fourvoyer dans la littérature proprement dite et de s'adonner à ces travaux où devait éclore sa vraie vocation.

On n'a pas toujours, il est vrai, la chance de rencontrer un Sainte-Beuve pour guide. Mais à défaut d'avis personnels si autorisés, on peut toujours s'armer de circonspection et d'une prudente défiance de ses illusions. Méditez ces sages conseils que M. Loliée donne en un passage de son livre, auquel nous avons déjà fait de larges emprunts.

« Pour nous, si un jeune homme, au moment de choisir un état, venait nous dire : « Je veux être écrivain, » nous lui demanderions : « Que savez-vous? Quelles sont vos études spéciales? Quelles sont vos connaissances positives?

« S'il disait : « J'ai fait de bonnes études classiques, j'ai eu quelques succès universitaires, j'ai le goût des lettres, j'écris facilement et suis prêt à tout faire, » nous lui répondrions :

« Prenez garde de n'être propre à rien.

« Et si, plus ami des conseils qu'on ne l'est à cet âge, il voulait bien nous écouter, nous ajouterions ceci :

« Avez-vous remonté aux origines de l'histoire, avez-vous appris à déchiffrer les vieux manuscrits, avez-vous vécu longuement et religieusement dans le passé? Soyez historien. Possédez-vous une érudition particulière, dans un ordre quelconque de recherches? Creusez, fouillez le sol que vous avez déjà cultivé, envoyez des mémoires aux corps savants, prenez part aux concours académiques, et peut-être un jour l'Institut vous ouvrira ses portes. Avez-vous étudié, dans la théorie et dans la pratique, le commerce, l'industrie, les systèmes d'impôts, les questions ouvrières, les problèmes sociaux? Abordez l'économie politique et les journaux, les revues feront connaître votre nom. Vous êtes-vous rendu maître de la pensée des grands hommes de tous les siècles, êtes-vous au courant des travaux et des découvertes de la science moderne? La philosophie est votre domaine, et vous pourrez répandre vos idées par la plume ou par la parole, par le livre ou par la chaire. Avez-vous étudié la littérature de tous les temps et de tous les peuples, vous sentez-vous capable de découvrir les liens nécessaires qui existent entre l'œuvre d'un homme et sa vie intime, les rapports étroits de l'auteur, même le plus original, avec son époque? Tentez la critique, la haute et sincère critique. Enfin, si vous possédez de hautes connaissances scientifiques assez étendues, si vous avez le don si rare de présenter les vérités de la science sous une forme simple, facile, accessible à tous, écrivez pour le peuple, écrivez pour les enfants, et vous serez un homme utile.

« Ne vous sentez-vous assez préparé pour aucune de ces branches de la littérature? Voulez-vous porter vos efforts dans une autre direction et aborder le roman ou le théâtre avec cette illusion que le style, l'esprit, l'imagination suffisent pour faire un romancier, un dramaturge? Détrompez-vous, la préparation est plus longue, peut-être plus difficile ici que partout ailleurs; car ce qu'il faut connaître, c'est l'homme lui-même, avec ses passions et ses vices, avec ses grandeurs et ses vertus.

« Si vous n'avez ni les études spéciales et le savoir positif qui sont nécessaires dans un cas, ni l'expérience de la vie et la connaissance des hommes qui sont nécessaires dans l'autre, que nous direz-vous que nous ne sachions aussi bien ou mieux que vous-même? Réfléchissez donc avant d'embrasser la carrière littéraire, voyez la difficulté du but et mesurez vos forces. Ne prenez une plume que si vous avez quelque chose à dire, un sentiment à exprimer, une vérité à propager ou à défendre ! »

A méditer sur ce tableau des difficultés et des déboires promis à l'homme de lettres, surtout à l'entrée de la carrière, tableau dont nous n'avons certes guère exagéré les couleurs sombres, beaucoup de nos lecteurs, sans doute, seront découragés. « Envisageant leurs progrès à travers les périls passés et les dangers à venir ils fermeront le livre et s'étendront pour mourir. » Pour ceux-là mieux vaut qu'il en soit ainsi, car ils n'auraient certainement jamais accompli rien de grand dans cette belle profession des lettres :

« *A vaincre sans péril on triomphe sans gloire.* »

CHAPITRE I

LE MANUSCRIT.

Importance des notions techniques. — Manuscrit. Son format. Son papier. — Copie d'un manuscrit et ses frais. — Soins à donner par l'auteur à l'écriture, à l'arrangement, à la physionomie générale du manuscrit. — Le liseur des maisons d'édition.

Le manque de connaissances techniques, du sens et de la vision des livres au point de vue extérieur, pour l'œil, pour l'étalage devant le public, pour l'effet qu'il produit dans les vitrines, le défaut de justesse et de goût dans la mesure de certaines proportions purement matérielles, ont ruiné souvent les espérances de jeunes écrivains non dépourvus d'aptitudes littéraires : découragés, ils n'ont pu toucher le but et sont restés non pas médiocres mais inconnus, ce qui revient presque au même. On a vu échouer les splendides efforts même de nos plus grands auteurs modernes, et cela tout simplement à cause de certaines infimes conditions de métier qu'ils n'avaient pas observées : *Les Travailleurs de la Mer*, et *L'Homme qui rit*, de V. Hugo, nous donnent l'éclatante confirmation de cette vérité.

Nous tâcherons donc ici de guider les débutants dans cette voie spéciale ; ceux qui sont vraiment doués de qualités littéraires trouveront dans ces premières pages des conseils pratiques où l'art n'aura d'abord rien à voir.

Nous traiterons surtout des nécessités de métier, des difficultés que rencontrera le néophyte. Nous n'hésiterons pas à citer les plus connues, et elles sembleront superflues peut-être, mais souvent les jeunes ignorent les moyens de les tourner. La plupart en vérité n'y pensent pas ; leur imagination médilative et enthousiaste, se heurte tout à coup, sans l'avoir prévu, à des obstacles infimes, qui ne devraient pas être des obstacles, à des difficultés qui les retardent misérablement. Ce sont ces riens, ces cailloux dans les ornières, dont il faut avant tout débarrasser leur chemin.

La forme du manuscrit destiné à être imprimé et que les typographes et les journalistes appellent *copie*, dépend surtout des habitudes de l'écrivain. Presque tous ont un format préféré, et nous n'avons rien à leur conseiller à ce sujet, qui du reste est parfaitement indifférent à l'imprimeur, aucun homme de lettres ne se servant d'un format aux dimensions déraisonnables.

Le papier est ordinairement du papier écolier. On peut lui donner le format qu'on voudra en le pliant et le repliant. La feuille ordinaire pliée en deux offre un format très commode. Il est bon que toutes les feuilles soient de même dimension. N'imitez pas les excentricités de certains auteurs qui font tout servir et griffonnent sur n'importe quoi : on en cite qui écrivaient au dos des enveloppes, sur la marge des prospectus, le côté blanc des programmes, les papiers dont les fournisseurs enveloppent leurs envois, au verso des lettres d'invitation, etc. Le débutant ne peut pas se permettre ces fantaisies, gardez-vous d'employer même le verso blanc d'un manuscrit antérieurement écrit au recto, et même barré. Les écrivains qui oublient cette précaution s'exposent à des ennuis crispants qui sont de vrais accès nerveux, quand les épreuves leur arrivent incompréhensibles. Il est plus important que l'on ne croit d'éviter ces agacements qui peuvent faire perdre des heures.

Le meilleur système est de copier ou de faire copier le manuscrit, toujours tourmenté et surchargé de corrections. Le prix de la copie n'est pas considérable, (à peu près 0,15 centimes la page de 72 mots environ) et l'auteur qui s'obstine à aligner et à coller des papiers disparates dépense un temps précieux qui lui revient plus cher que les frais évités.

Il est très utile de faire les lignes du manuscrit exactement semblables, contenant à peu près la même quantité de lettres, et toujours à égale distance les unes des autres.

Un papier dont la dimension permet de faire tenir environ vingt-six lignes à la page et neuf mots à la ligne est très pratique. Cela fera ce que les imprimeurs appellent de l'in-18 écu, format ordinaire du roman. On peut ainsi évaluer facilement l'étendue du manuscrit. Le système ordinaire consiste à compter les lettres de vingt lignes prises au hasard en diverses pages : chaque intervalle séparant deux mots compte pour une lettre. On fait la moyenne pour une ligne, on la multiplie par le nombre de lignes de la page, et en multipliant ce produit par le nombre des feuillets on a le total des lettres du manuscrit.

La régularité des lignes et des pages du manuscrit est donc très importante. Pour n'avoir même pas à s'occuper de cette difficulté, on n'a qu'à prendre du papier interligné : nous le recommandons même à ceux qui ressentent une vraie gêne à écrire sur des lignes tracées d'avance.

Quel que soit le papier, il ne faut écrire que sur un seul côté et laisser le verso en blanc. C'est le seul moyen d'empêcher les confusions, ces erreurs graves que pourrait quelquefois commettre le typographe : il n'a pas alors à s'occuper des feuilles ; il compose celle qui est devant lui ; dès qu'il l'a finie, il l'enlève et passe à la suivante. Une erreur de page devient ainsi très difficile.

Le papier blanc est préférable à tout autre, l'écriture s'en détachant plus distinctement. L'encre bien noire est celle qui se lit le mieux ; elle est donc la plus pratique, malgré sa fâcheuse tendance à oxyder les plumes et à s'épaissir.

Se méfier de l'usage du crayon. C'est une coutume chez les imprimeurs, de ne tenir aucun compte des observations écrites au crayon : elles sont supposées inutiles, à l'usage seulement de l'auteur, et on ne les imprime jamais : un avis préalable, fût-il catégorique, ne serait pas suffisant.

Les différentes parties, les chapitres devront être régulièrement numérotés, dans leur ordre : si on a besoin d'intercaler un fragment, on fera bien de le mettre sur une feuille séparée, c'est ces feuilles qu'on désigne sous le nom de *béquets*. Pour plus d'ordre on numérotera ces béquets par des chiffres ou des lettres. Surtout, il faut indiquer avec la dernière exactitude la place de chaque morceau dans le texte.

Ne pas oublier de numéroter attentivement toutes les feuilles d'un manuscrit, de la première à la dernière ; on évitera ainsi la transposition et l'omission accidentelles d'une ou de plusieurs pages.

Afin de pouvoir introduire librement dans le manuscrit des modifications ou des renvois, il convient, en écrivant, de ne pas remplir toute la page et de laisser d'avance à gauche une marge de cinq centimètres environ. C'est là qu'on écrit la correction ou les lignes nouvelles, en ayant soin de signaler par un trait à la plume, l'endroit précis du texte où le typographe introduira cette addition.

L'auteur doit souligner d'un trait les mots qu'il veut que l'on imprime en italiques ; deux traits désignent les petites majuscules qui ne dépassent pas dans la ligne la hauteur des lettres minuscules à jambages ; trois traits caractérisent la grande majuscule, celle des noms propres, des commencements de phrase. Quant aux caractères différents, *égyptiens, antiques, normands*, que l'on emploie pour les titres et pour certains noms propres mis exprès en relief, c'est l'affaire du metteur en pages ; il sait choisir ce qu'il faut pour la ligne et pour l'œil.

L'auteur juge l'effet, accepte, ou demande d'autres types ; on les lui trouve toujours.

Ces conseils qui ont l'air d'être puérils, sont extrêmement utiles, le sort du manuscrit chez l'éditeur dépendant avant tout de la facilité de lecture que l'on doit ménager à celui qui le lira. Chez les éditeurs, le lecteur est un employé spécial, généralement un homme de lettres. C'est un examinateur pratique qui note immédiatement la valeur technique d'un manuscrit. Il regarde favorablement dès le début l'œuvre claire, intéressante, bien construite. La tâche du lecteur est difficile, et pleine de responsabilités. Ses tiroirs sont bourrés de manuscrits dont le poids ferait ployer sur ses jambes le plus vigoureux percheron, et il lit ceux des inconnus selon leur numéro d'entrée.

Accablé par cette masse d'ouvrages, la plupart très médiocres, on comprend tout de suite sa mauvaise volonté devant un cahier informe, sans ponctuation, surchargé de ratures, obstrué par des feuilles collées qu'il faut ouvrir avec les doigts. Il n'arrivera jamais aux pages de la fin que l'auteur jugeait si belles, son attention sera lassée bien avant, et le secrétaire de la maison écrira au débutant : « Refusé avec mille regrets. » On ne donne pas la raison, on évite toute discussion inutile; le malheureux qui a peut-être écrit une œuvre très acceptable, va échouer chez un autre éditeur. Et il reste ignorant de cette nécessité technique, qu'il faut toujours présenter un manuscrit facile à lire.

CHAPITRE II

LE TITRE.

Choix d'un titre. — Son but. — Influence d'un bon titre. — De quelques titres fameux en Angleterre et en France. — Balzac, ses titres et les noms de ses personnages. — Originalité et caractéristique du titre. — Se conformer aux usages typographiques et s'en remettre à l'expérience de l'éditeur.

La question du titre d'un livre est d'une extrême importance, surtout au point de vue pratique, car un bon titre vaut mieux que cent réclames et peut décider à lui seul du succès de la publication. Des gens se décident souvent à l'acquisition et à la lecture d'un livre sur son titre. Il n'y a pas de règle à donner sur les moyens de trouver un titre excellent; mais on doit examiner avec soin les exemples de nos maîtres.

Le but du titre est généralement de donner une idée du sujet et du genre de l'ouvrage. C'est si naturel que très souvent on ajoute encore une brève explication telle que :

Études critiques.
Mœurs parisiennes.

Il y a toutes sortes de titres. Le plus employé pour les ouvrages de littérature est simplement le nom propre ou la qualité du héros principal: *Clarisse Harlowe*, la *Princesse de Clèves*, *Robinson Crusoé*, *Manon Lescaut*, etc...

Beaucoup d'auteurs ont été jusqu'à des phrases entières. Shakespeare, très heureux généralement dans ses titres, a donné : *Comme il vous plaira*, *Beaucoup de bruit pour rien*.

Les littérateurs français ont été plus sobres d'originalité, et l'on ne trouve point dans les ouvrages des deux derniers siècles la fantaisie souvent charmante des titres anglais. Ici encore nous rencontrons l'apparente contradiction de nos voisins d'outre-Manche; la race est avare de mots en parlant, rude, taciturne et sans grâce, et les chefs-d'œuvres de la littérature anglaise sont pourtant ce que l'on a écrit de plus doux, de plus féminin, de plus attendrissant en toutes langues. Nous citerons simplement quelques romans pour montrer la tournure d'esprit qui inspire ce système : la concision des mots anglais, si souvent monosyllabiques, rend le vrai titre bien plus court que la traduction; c'est presque une seule parole : *Qu'en fera-t-il? — Qu'a-t-elle fait de sa vie ? — Qui aimez vous? — Que sera-t-il?* — On adore, dans l'île où il y a tant de guinées et de brouillard, ces titres énigmatiques des récits modernes : ils attirent; ces questions suggèrent le besoin de la réponse, et certaines imaginations ne peuvent se défendre d'acheter le volume, hantées par le problème ouvert. Chez nous, ces titres sont rares. Au théâtre, on en trouverait quelques-uns de célèbres, de vraies trouvailles : *Lequel?* de Chivot et Duru, et l'inoubliable *Doit-on le dire?* de Labiche ; *La joie fait peur* de Mme de Girardin, et surtout les titres-proverbes de l'adorable théâtre de Musset. Léon Gozlan, dans ses amusants souvenirs sur Balzac, nous compte l'importance quasi fétichiste et fatidique que l'auteur des *Illusions Perdues* attribuait à un bon titre ainsi qu'au choix du nom des personnages. Balzac battait le pavé de Paris des après-midi entières, l'œil à l'affût, déchiffrant les enseignes des boutiques, tombant en arrêt devant des noms propres et des prénoms dont la cocasserie ou la sonorité particulières éveillaient les suggestions de sa puissante intuition. Sur un mot, un assemblage de syllabes étranges, son imagination échafaudait déjà tout un roman, construisait un caractère, créait des épisodes, des traits de mœurs, parfois une vie tout entière. Il voyait une concordance entre le nom d'un homme et sa vie, sa destinée.

Pour lui, comme il le dit expressément au début de *Z. Marcas*, « il existe une certaine harmonie entre la personne et le nom... Je ne voudrais pas prendre sur moi d'affirmer que les noms n'exercent aucune influence sur le destin. Entre les faits de la vie et le nom des hommes, il est de secrètes et d'inexplicables concordances ou des désaccords visibles qui surprennent ; souvent des corrélations lointaines se sont révélées. » Et il continue, en appliquant cette originale théorie à son héros, Z. Marcas.

V. Hugo fut également génial dans la trouvaille de ses titres : *La Légende des Siècles, Les Chants du Crépuscule, Les Voix Intérieures, Les Quatre Vents de l'Esprit, l'Homme qui rit*, et ce fameux *Quiqu'engroigne* qui rayonna si longtemps comme annonce supercoquentieuse sur la couverture des éditions romantiques originales du grand poète. Titre qui parut sans doute si heureux à l'auteur qu'il jugea superflu de tenir la promesse faite à l'éditeur d'écrire le livre si mirifiquement désigné.

De nos jours M. Zola fut des plus heureux pour le choix de ses titres brefs, sonores et largement évocateurs du sujet : *L'Assommoir, La Curée, Le Ventre de Paris, Germinal*, etc...

On évitera avec soin les titres qui seraient ambitieux. La première revue que l'Europe ait possédée, fondée en 1665, s'était intitulée *Journal des Savants*. Les directeurs durent expliquer le titre et informer le public que le moindre ouvrier pourrait trouver plaisir et profit à parcourir les pages de leur publication.

Les titres se sont beaucoup copiés : *Les Mystères d'Udolphe* ont fait naître *Les Mystères de Paris, Les Mystères du Peuple, Les Mystères de Londres*, et d'autres moins connus. Il faut s'écarter avec soin de ces imitations.

Comme il serait inutile de nous appesantir sur les considérations générales qui se rapportent au choix d'un titre, nous nous contenterons de quelques remarques pratiques, pour apprendre à considérer le titre comme un élément sérieux de publicité.

Si le titre que l'on préfère peut être facilement trouvé par tout le monde, il faut avant tout s'assurer s'il a servi. *La Femme Forte*, par exemple, doit exister quelque part, comme *La Veuve, L'Étang*, et une infinité d'autres de la même catégorie d'idées générales. Outre l'ennui de la confusion entre deux ouvrages, l'auteur qui adopterait à son insu le titre inventé par un confrère, serait exposé à une revendication de propriété littéraire et à des procès fort désagréables. Et il est très difficile d'éviter cet écueil, les œuvres nouvelles se multipliant tous les jours, la difficulté augmente en proportion; bientôt tous les mots auront été usés et ne pourront plus être mis en vedette. Des procès et des interdictions de titres déjà parus ont fait souvent arrêter la publication des livres annoncés; tout l'argent de la réclame a été perdu, et il a fallu recommencer les frais pour le nouveau titre.

Le titre ne doit pas être seulement original, il faut aussi qu'il soit significatif. En tournant bien autour du sujet, on arrive à toujours trouver l'appellation caractéristique de l'œuvre. *Les Rois en Exil*, *Les Misérables*, *Le Ventre de Paris*, *Les Travailleurs de la Mer*, *La Recherche de l'Absolu*, éveillent ausssitôt une attention sympathique. On ne peut pas conclure, mais on entrevoit : c'est tout juste ce qu'il faut pour amorcer le public. Les longs titres sont vieux jeu et fatiguent la mémoire : fuyons-les. En revanche il faut convenir que ceux qui permettent une décoration typographique sont particulièrement séduisants pour certains milieux, et le succès de beaucoup d'œuvres dépend souvent d'une piquante et originale couverture, souvent aujourd'hui, illustrée en couleurs.

Pour le titre ainsi que pour la couverture, le format, en un mot l'aspect général du volume, il ne faut pas négliger l'avis de l'éditeur. Les détails techniques de l'art typographique sont subtils et nombreux, soumis à des règles de convention. L'homme du métier sait d'avance la physionomie qu'aura le livre, l'effet du titre, le relief que lui donnera la comparaison avec les autres volumes à l'étalage. Fions-nous aux connaissances spéciales de l'éditeur; elles sont uniques, elles sont gratuites, l'auteur les a toujours à sa disposition.

L'auteur d'un article paru, dans le *Cosmopolitain* de New-York et que cite la *Revue des Revues* d'avril 1890, émet cette théorie qu'un *bon titre est la moitié d'un succès*. Il raconte qu'un journaliste de Boston, s'intitulant en même temps auteur dramatique, n'a pas déposé moins de vingt-huit titres de pièces. Il n'aurait pas encore écrit le premier mot de la première de ces pièces. Sitôt qu'il croit tenir un titre à sensation, il court le déposer pour s'en assurer le monopole, et cette propriété spéciale lui est si chère qu'à maintes reprises il a refusé des offres avantageuses qui lui étaient faites par des auteurs dramatiques pour l'un ou l'autre de ses titres.

Je viens de vous présenter là un genre de collectionneur que vous ne connaissez peut-être pas. O Amérique !

CHAPITRE III

DIVISIONS DU LIVRE.

Arrangements et divisions naturelles et matérielles du Livre. — La préface, la dédicace, le sommaire. — La table des matières. — Son importance trop souvent négligée. — L'art de faire un index.

Tout ouvrage bien fait et bien préparé a des divisions naturelles, des parties séparées qui doivent avoir chacune leur aspect : sommaires, chapitres, préfaces, pages blanches et autres hors-d'œuvre nécessaires. L'auteur désireux de ne pas montrer trop d'inexpérience devra surveiller l'ossature de son manuscrit avec un soin d'anatomiste. Les divisions suivent habituellement cet ordre-ci : le titre, la dédicace, la préface ou avant-propos, le texte, qui est le corps de l'ouvrage, la table des matières, l'index.

La table des matières et l'index analytique sont souvent supprimés, surtout dans les éditions à bon marché, de petit format.

La table des matières se transpose parfois et se place au commencement, ce que nous n'approuvons pas, car le lecteur s'y trompe sans cesse. Elle suffit à donner un aperçu général, une liste des sections et de la suite des sujets dans le livre.

L'index est le lexique des faits, des noms, des passages à trouver, des auteurs, des ouvrages notés, des endroits où l'on parle de telle chose ou de telle personne. Comme il est toujours présenté en ordre alphabétique, on trouve instantanément la référence et la page dont on a besoin. Rappelons-nous, comme exemple, l'index des *Causeries du Lundi* de Sainte-Beuve, les *Mémoires de Saint-Simon* et l'excellent index de l'édition Hachette :

il donne le nom de chaque personnage dont parle le célèbre duc, le tome, la page; on a eu soin d'accompagner d'un signe particulier l'indication des passages où le nom désigné était seulement mentionné par l'auteur, ce qui épargne des recherches inutiles à travers les vingt volumes. L'index analytique est absolument nécessaire aux ouvrages d'histoire et de science. Un index dont le besoin est urgent est celui de ce monument national qu'on appelle une Histoire de France. C'est ainsi que les grandes *Histoires de France* de Michelet et d'Henri Martin sont dépourvues d'index, ce qui est vraiment une lacune impardonnable pour les éditeurs de ces grands ouvrages.

Un savant allemand a été jusqu'à écrire : « faire un ouvrage érudit, surtout un ouvrage philologique ou linguistique, sans un index très sûr pour trouver immédiatement un renseignement cherché, est un véritable assassinat littéraire. On se tue à fouiller dans les énormes volumes de Pott, un des plus grands investigateurs des langues indo-européennes. Beaucoup pensent qu'il en a rendu compte à Dieu. »

Autrefois on plaçait ordinairement à la fin des livres sérieux une liste des errata qui avaient échappé à la correction. Mais il est rare qu'on l'ajoute aujourd'hui à des livres faits chez des imprimeurs sérieux, autres que ceux qui traitent des sciences, remplis comme on sait, de chiffres et de formules.

Le texte d'un ouvrage étant toujours imprimé le premier, le titre, la préface et les autres parties accessoires peuvent n'être déterminées que quand le texte a été tiré et lu par l'auteur. Car ce n'est qu'alors que l'écrivain voit bien son œuvre; les pages régulières, l'impression nette donnant une forme extérieure à la phrase avec la proportion et la vraie longueur que doit avoir chaque sujet traité. On comprend que c'est alors seulement que l'auteur saura bien ce qu'il doit dire dans un avertissement ou une préface; il a pu rencontrer au vol des détails qu'il n'aurait jamais pressentis sur manuscrit.

La dédicace ou la préface, quand elle est courte, est imprimée sur feuille séparée et écrite généralement en italique, par opposition à l'impression du texte qui est toujours en caractères romains, sauf pour certains livres rares.

Que la préface soit très courte : c'est ordinairement son seul mérite, sauf quand l'auteur en fait une déclaration littéraire et qu'il sait qu'on la lira. La préface de *Pierre et Jean* de Guy de Maupassant, celle de *Cromwell*, celle de **Mademoiselle de Maupin** ne sont-elles pas lues plus passionnément et avec plus d'admiration que le livre même ?

La rédaction de l'index est incontestablement un des plus durs devoirs de l'auteur. Il faut qu'il relise son œuvre avec la plus grande attention, qu'il note tout, généralement sur des fiches et très minutieusement, qu'il vérifie bien les chiffres des renvois aux pages, et qu'il collationne lui-même avec le texte les mêmes chiffres une fois imprimés, afin d'être sûr de leur exactitude. Inutile de dire que pour cette dernière opération il doit se faire aider par quelqu'un qui appelle les numéros pendant qu'il contrôle sur le manuscrit.

Ce travail est si insupportable à certains écrivains nerveux qu'ils le confient d'ordinaire à ceux qui en ont acquis l'expérience pratique. Mais si ces écrivains sont consciencieux, il leur faudra quand même vérifier l'index après sa formation, et surtout bien indiquer d'avance à l'homme du métier ce qu'il faut noter dans l'index, et les principes d'après lesquels il le formera. Il y a divers genres d'index ; de la matière qu'ils renferment dépend le mode de compilation.

CHAPITRE IV

LES FORMATS.

Les formats du Livre. — Leur cause. — Moyens de les reconnaître.

Quelle doit être la forme matérielle, la dimension du livre? Question importante, délicate, qui demande des connaissances pratiques méticuleuses. Il faudra décider si oui ou non le livre ne s'adressera qu'à ceux qui peuvent y mettre un bon prix : grand format avec papier supérieur, belles marges, gravures achevées. C'est là le volume à vingt-cinq francs, qui ne s'adresse qu'aux riches amateurs des éditions de luxe, aux bibliophiles, aux collectionneurs. Choisira-t-on le format (in-8°) des livres à sept francs cinquante : belle impression, lettres faciles à lire et agréables aux yeux, comme les ouvrages historiques et spéciaux, les traités scientifiques, etc.? Ou l'ordinaire trois francs cinquante (in-18) que la plupart de nos meilleurs romanciers ont adopté? Nous n'avons pas à parler des autres formats, ce serait nous entraîner à des détails infinis. Le volume de la dernière série que nous venons de citer est celui qui se vend le plus; il est le seul qui entraîne les suffrages de tout le monde.

Mais des raisons impossibles à définir chacune à part, tant les cas spéciaux sont nombreux, peuvent amener l'indécision de l'auteur : il y en a qui cherchent le format le plus favorable à leur œuvre, indépendamment de toute autre considération : quelques mots techniques sur la question des formats ne seront donc pas superflus.

Les dimensions du livre dépendent naturellement du format du papier, c'est-à-dire du nombre de fois que chaque feuille a été pliée. Nous avons donné, précédemment, la longueur et la largeur des papiers les plus employés ; il faut s'y reporter pour suivre ce que nous allons dire.

Quand on dit qu'un livre est un in-quarto (in-4°), on ne donne en réalité aucune notion précise sur sa dimension. Selon l'étendue du papier, un in-quarto peut être plus petit qu'un in-octavo d'un autre papier. C'est comme dans la musique la croche qui, suivant la lenteur du mouvement, peut être plus longue que la noire d'un rythme rapide. Il est donc nécessaire, pour déterminer la dimension d'un livre, de connaître la grandeur des feuilles sur lesquelles on l'a imprimé.

Une feuille de papier plié *une fois* forme un *in-folio* qui donne deux feuilles ou quatre pages.

Pliée en quatre elle fait un *in-quarto* (in-4°) de huit pages ; pliée en huit, un in-octavo (in-8°) de seize pages ; en seize un in-seize (in-16) de trente-deux pages. Le chiffre, le nom de la feuille n'exprime que la moitié du nombre de pages qu'elle contient, par exemple l'in-32 de 64 pages. Dans les exemples que nous venons de donner, chaque pli a *bissecté* successivement la superficie de la page.

D'autres manières de plier la feuille de papier en 12 ou 18 feuillets fournissent les formats in-12 (24 pages sur chaque feuille) et in-18 (36 pages) qui sont, le second surtout, les plus commodes et les plus souvent employés aujourd'hui.

Avec la table des dimensions d'une feuille et ses différents formats et les diagrammes de chaque pli, il est très facile de reconnaître les dimensions exactes de n'importe quelle grandeur technique, comme l'in-12, par exemple ; on peut nommer correctement, par son chiffre, le vrai format d'un livre qu'on rencontre. Cette compétence est très utile : l'ignorance de ces détails amène de fâcheux malentendus, et les rédacteurs bibliographiques eux-mêmes, se fiant trop à la seule expérience de leurs yeux, sont tombés souvent dans les plus impardonnables erreurs.

CHAPITRE V

LE PAPIER.

Le papier. — Choix d'un papier. — Sa couleur. — Sa vente et ses prix. — Les formats. — Tirage et frais de tirage. — Clichage. — Qualités et manipulations industrielles du papier. — Devis des frais d'un volume de format courant.

Pour le choix du papier à imprimer qui dépend surtout du prix, il faut, si toutefois on doit faire soi-même les frais de l'ouvrage publié, consulter l'imprimeur et se faire donner des échantillons de différents genres afin de ne pas excéder la dépense qu'on s'est fixée.

Il y a deux principales variétés de couleurs : le blanc et le teinté, les nuances sont extrêmement graduées. On emploie le teinté surtout pour les ouvrages imprimés en caractères anciens, mais quelques auteurs préfèrent ce reflet de vieil ivoire, et ils le demandent pour l'impression en caractères modernes. Ceci n'est qu'une question de goût.

L'épaisseur du papier se calcule par le poids. Le papier, chacun le sait, se vend au poids, par *rames*; chaque rame se compose de 20 mains et chaque main de 25 feuilles, ce qui fait 500 feuilles par rame.

Le nombre des feuilles étant toujours le même, il est clair que plus la rame a de poids, plus chaque feuille a d'épaisseur. Il faut tenir compte, bien entendu, de la dimension de la rame et ne pas confondre le poids d'une rame de papier à lettres et d'une autre à feuilles plus grandes que celle d'un journal.

Nous conseillons au débutant de demander des échantillons,

afin de connaître la dimension du papier qu'il veut choisir pour l'impression de son ouvrage.

Les principaux formats des papiers d'impression ordinairement employés sont :

Colombier......	60 cm ×	80	Carré.........	45 cm ×	56
Jésus.......... {	55 ×	70	Tellière.......	44 ×	60
	56 ×	67	Couronne.....	47 ×	74
Raisin.........	50 ×	65	Cavalier.......	46 ×	62

Les prix moyens actuels des papiers d'impression vont de 50 à 150 francs les cent kilogrammes.

Quant à la quantité de papier nécessaire à un tirage, il vous suffira de dire que pour 10 feuilles tirées à 1.000 exemplaires, il faut 22 rames et 18 mains.

L'édition dépasse toujours le chiffre convenu : pour 1.000, on tire 1.100 exemplaires, la règle étant de tirer 1 dixième en plus. Ce surplus s'appelle *la passe* et le tirage en est gratuit. Les feuilles de passe sont destinées à remplacer celles qui se salissent ou se perdent au cours des nombreuses manipulations qu'elles ont à subir. Le papier de ce supplément est payé, selon les conventions, par l'éditeur ou par l'auteur.

Le prix moyen d'un tirage de 1.000 exemplaires sur papier *carré*, *double-couronne* ou *jésus*, sont généralement de 12 à 14 francs. Les rames suivantes se payent 5 francs, puis 4 francs, selon l'importance du nombre à tirer.

L'auteur qui est sûr d'une deuxième édition plus tard, doit exiger le *clichage*. C'est une façon de prendre, à l'aide de papiers enduits d'une pâte, l'empreinte de toute la composition. Ces empreintes une fois séchées, forment des moules, pages en creux, et l'on y coule alors du plomb fondu, qui donne de nouveau une page en relief. Sur ces pages, appelées *clichés* on tire les éditions suivantes sans avoir besoin de recomposer.

Ce n'est pas toujours le papier le plus épais qui est le meilleur : la qualité dépend avant tout des matières premières qui servent à sa fabrication : un papier mince peut être beaucoup plus cher qu'un papier lourd. Pour qu'un papier soit de bonne qualité, il faut un fond net, sans points, sans taches quand on le regarde devant le jour ; une surface parfaitement glacée, et ne donnant pas une sensation de gros, et aussi une certaine fermeté. Les papiers de luxe ou faits à la main sont rarement employés dans les éditions courantes. Nous n'avons pas à entrer dans les détails de leur valeur et de leur fabrication.

Nous ne parlerons pas non plus des raies internes qu'on aperçoit dans le papier, en le regardant devant le jour : raies horizontales, ou *vergeures*, raies perpendiculaires ou *pontuseaux*.

Avant d'être employés, les papiers sont trempés et souvent glacés. Le *trempage*, qui donne la souplesse nécessaire pour l'impression, se fait en humectant le papier main par main et en l'empilant pour répartir également l'humidité.

Le *glaçage* donne l'égalité d'aptitude à l'impression. Les feuilles sont intercalées entre deux plaques de zinc et comprimées par poignées entre deux cylindres. Ce genre de glaçage tend à être remplacé par le *calandrage*, où le papier chemine entre des séries alternées de cylindres en acier et en carton durci.

Nous croyons être utile à certains débutants, qui envoient de loin leur copie et ignorent tous les détails techniques, en ajoutant en note pour eux un modèle de *devis*. Nous l'empruntons à l'*Almanach Hachette,* qui contient tant de renseignements utiles et exacts.

Soit le prix d'un volume de 320 pages in-16, double couronne, tiré à 1.000/1.100 exemplaires :

La ligne a 56 lettres, la page 30 lignes, la feuille 32 pages = 56 × 30 × 32 = 60.928 lettres × 60 cent., prix du mille de lettres, = 36 fr. 55. Plus 4 fr. 25 de mise en page, + 1 fr. 60 titres courants, + 1 fr. 60 épreuves = 44 fr. la feuille.

Pour les 10 feuilles..	440 fr
Corrections = 100 heures à 65 cent........................	65
Surcharges diverses, petits caractères, notes, mots grecs, etc..	15
	520
Étoffes 75 %...	390

(*Les étoffes* sont les frais généraux de l'imprimeur, évalués en général à 75 % du total des sommes payées aux ouvriers.

Tirage de 10 feuilles à 14 fr. la feuille........................	140
A reporter.	1.050

	Report.	1.050	
Couverture, composition et tirage..................................		30	
Papier : 23 rames double-couronne de 20 kilog. à 13 fr. la rame.		299	
Glaçage : 23 rames à 1 fr...		23	
Satinage après tirage : 23 rames à 60 cent...................		13.	80
Papier de la couverture...		12.	30
Brochure à 65 fr. le mille..		71.	50
	Total............	1.499.	60

Les éléments de tous ces prix varient selon la nature des travaux. Les chiffres ci-dessus ne peuvent donc être considérés que comme des renseignements tout à fait généraux.

CHAPITRE VI

LES ÉPREUVES.

Des épreuves et de leur correction. — Épreuves et corrections d'auteur. — Balzac et ses épreuves. — Frais de correction. — Cherté des corrections d'auteur. — « Bon à mettre en pages ». — « Bon à tirer ».

La correction des épreuves est le plus terrible des « maux nécessaires » qui affligent le littérateur; source intarissable d'ennuis et de dépenses. Du reste, impossible à supprimer; l'écrivain sait trop bien qu'il faut veiller sur l'intégrité de son texte et que lui seul peut le rendre vrai et absolument exact.

Il ne faut pas confondre les *corrections d'auteur* avec les erreurs d'impression.

En composant, lettre par lettre, les pages de la *copie* qui lui ont été remises, le typographe se trompe souvent et compose par exemple un *b* pour un *p;* il peut confondre les mots, sauter une ligne, un paragraphe, placer une lettre renversée, surtout les *s*, ou non accentuée quand elle l'est dans le texte. Ces fautes s'appellent *erreurs d'impression*.

L'homme s'est mis à l'ouvrage devant sa *casse* et dès que sa besogne est terminée, on tire à la main une épreuve. Cette épreuve est lue et conférée avec la copie par le correcteur et souvent aussi par le prote, l'un et l'autre doublés d'un aide qui lit à haute voix le manuscrit.

Le correcteur note en marge de l'épreuve les erreurs et la renvoie à l'ouvrier typographe qui est tenu de corriger, en suivant les indications des marges, toutes les erreurs qui y sont signalées. Il fait ce travail à ses propres frais.

Une deuxième épreuve est aussitôt tirée : on la confère soigneusement avec la première, et on la renvoie au typographe pour faire disparaître les imperfections, s'il y en a, et cela toujours à ses frais. Quand l'épreuve est nette, elle est envoyée au client, avec les pages du manuscrit original qu'elle reproduit. C'est ce que l'on appelle *épreuve d'auteur*.

Les épreuves précédentes ne regardaient que les employés de l'imprimeur, chargés de composer. L'auteur n'avait pas à s'occuper des frais de ces corrections, mais les modifications qu'il introduit ensuite, changeant un mot, ajoutant, supprimant diverses phrases, occasionnent un travail qu'il doit payer et que l'on passe à son compte. C'est très juste. Le caprice ou l'oubli de l'auteur pourrait causer à l'imprimerie un travail insurmontable.

L'auteur écrit ses corrections et changements en marge. Il faut que son écriture soit claire et nette. Le typographe ne doit pas être exposé à se tromper; pas de surcharges, pas de renvois lointains; il est dangereux d'user fréquemment de ce qu'on appelle *lignes de conduite*, qui se croisent en fouillis inextricables quand il y en a trop. L'ouvrier s'énerve à la vue de ces difficultés qu'on peut lui épargner si facilement.

Rappelons-nous la néfaste réputation de Balzac dans les imprimeries. Avant d'écrire une seule ligne, il composait dans sa tête le plan entier, avec les épisodes, le cadre, le milieu où se passait l'action; il prévoyait et combinait chaque détail, créait et voyait chaque personnage avec sa physionomie, son caractère, son costume, ses habitudes. Alors, tout bien construit dans son cerveau, il se mettait à écrire, jetant de côté chaque feuille écrite, sans la numéroter, pour échapper à la tentation de la relire. Ce premier jet, biffé déjà et transposé, taché d'encre, il l'envoyait à l'imprimeur qui lui rendait les épreuves avec de grandes marges.

Alors il recommençait son travail; un mot devenait une ligne, une ligne devenait une page, et une page un chapitre; chaque petit espace entre ces surcharges était rempli, tout l'ajouté à la main était lui-même criblé de *lignes de conduite* croisées et impossibles à suivre; le griffonnage et le heurt de tous les signes typographiques donnaient à la grande page l'aspect d'une toile d'araignée. Cette page recomposée suivant ces indications inextricables, on lui envoyait une seconde épreuve. Huit ou dix étaient ainsi traitées avant que le roman eût atteint le développement voulu et rendu toute la pensée de l'auteur. Ces manuscrits nous stupéfient aujourd'hui, quand on les examine à la Bibliothèque Nationale. On admet la révolte des typographes, et le droit qu'ils obtinrent de ne pas travailler plus de deux heures par jour sur la copie de M. de Balzac.

Le règlement des corrections se fait, selon l'usage des devis, *ad valorem*, d'après le calcul du temps que met le compositeur à les exécuter.

Il est bon de savoir que les corrections d'auteur sont très onéreuses. C'est un surplus qui ne fait point partie du devis, et qui souvent atteint et dépasse le prix de la composition. Avis à l'écrivain qui fait imprimer à ses frais; qu'il soit prudent en touchant au texte de l'épreuve; le compte exact qu'on lui présenterait pourrait lui donner une surprise trop désagréable. Qu'il ne l'oublie pas!

Quand l'auteur renvoie son épreuve, il devra écrire en haut de la première page la date du renvoi à l'éditeur et la signer de son nom ou simplement de ses initiales. Il est bon qu'il renvoie l'épreuve le plus vite possible, par égard pour l'imprimeur qui, cela se comprend, tient à ce que ses caractères ne se trouvent pas engagés plus longtemps qu'il n'est nécessaire.

Quand tout est satisfaisant, inscrivez la mention « *Bon à mettre en pages* » sur l'épreuve finale.

La mise en pages une fois reçue et jugée satisfaisante, il n'y a plus qu'à inscrire sur les épreuves la mention « *Bon à tirer* » signée de son nom, mention essentielle, sans laquelle l'imprimeur ne procédera pas au tirage.

CHAPITRE VII

LA TYPOGRAPHIE.

Procédés de typographie. — *Casses*. — *Caractères*. — Composition. — Opérations diverses de la composition. — *Galée*. — *Épreuves*. — *Imposition*. — *Marbre*. — *Forme*. — Mise en train. — Machines. — Presse à main. — Cylindrage.

L'art d'assembler les lettres mobiles d'imprimerie ou *caractères* pour en faire des lignes, puis des pages ou des colonnes, s'appelle la *composition;* l'ouvrier qui en est chargé est le *compositeur*, ou, plus généralement, le *typographe* ou *typo*, dans l'argot du métier.

Ceux qui entrent dans une imprimerie remarqueront d'abord dans l'atelier de composition un certain nombre de tables ou tréteaux à dessus incliné comme celui d'un pupitre d'écolier. Ces tables s'appellent *rangs;* sur chacune d'elles sont posés deux tiroirs en bois appelés *casses*, l'un, le *bas de casse*, l'autre, le *haut de casse*, posés l'un devant l'autre. Les casses sont divisées en nombreux compartiments ou *cassetins*, destinés à recevoir les lettres. Il y a 152 cassetins dans une casse.

Le *haut de casse* contient les grandes et les petites majuscules, les numéros, les lettres accentuées et dont on use peu. Dans le *bas de casse* sont les minuscules, les signes de ponctuation, et quelques autres signes, tels que traits d'union, tirets, apostrophes, etc... et les lettres les plus employées. Elles sont distribuées dans les cassetins, de telle manière que les caractères les plus usités se trouvent directement sous la main de l'ouvrier qui compose.

Le compositeur est debout devant sa casse, à côté de laquelle il a placé commodément les pages du manuscrit, de la copie. Dans sa main gauche il tient un petit instrument, le *compositeur*, sorte de petite rigole en fer, avec un rebord assez haut en avant, à droite et à gauche, faite de façon à y assembler les lettres et former les lignes. Le compositeur y place les caractères nécessaires à la reproduction des mots de la copie, en les maintenant avec le pouce de la main gauche. De petites pièces particulières fixent la longueur des lignes : ce sont les *interlignes*, lames de métal que l'on place dans le compositeur et que l'on retire à mesure que la ligne est faite, si le texte doit être compact. Ces interlignes servent aussi à maintenir les caractères en place.

Quand on a composé autant de mots ou de parties de mots qu'il en faut pour former une ligne complète, si cette ligne n'a pas tout à fait la longueur voulue, on la remplit de la manière suivante. Dans la largeur du composteur, on intercale entre les mots de petites pièces de métal de différentes épaisseurs appelées *espaces*, semblables de forme aux lettres, mais plus courtes et n'ayant pas d'œil de façon à ne pas marquer sur le papier quand on imprimera. C'est l'opération que l'on désigne sous le nom de *justification*. Les espaces plus larges, appelés *cadrats*, servent à achever les lignes que l'espace simple ne remplit pas.

Supposons le composteur rempli. Le *paquet* de lignes que le compositeur a construit sur son composteur se place alors dans une *galée*, mince planchette rectangulaire, munie de rebords comme le composteur. Ces rebords retiennent les caractères quand la galée se trouve sur un plan incliné. Dès que la galée est pleine, les caractères sont assujettis à l'aide de deux ou trois tours de ficelle et l'on peut obtenir une *épreuve* en *placard*, c'est-à-dire en un morceau imprimé d'un seul côté d'une feuille, en colonnes et sans pagination. Quelquefois on dispose immédiatement en pages les caractères, quand on sait qu'il y aura peu d'intercalations demandées par l'auteur, et par conséquent peu de remaniements de pages et de lignes. Une petite addition en ce cas soumettrait le compositeur à un travail long et coûteux.

Quand la matière est disposée en pages, le compositeur

ajoute à chacune d'elles un *en-tête*, c'est-à-dire les mots qui, placés au haut de la page en indiquent le sujet, le titre du livre ou du chapitre; il ajoute aussi le numéro de la page et au bas de la première de chaque feuille la *signature*, qui est le numéro d'ordre de la feuille entière.

A mesure que chaque page est formée et serrée par des ficelles, la feuille s'organise sur une table en fer ou en pierre appelée *marbre*. L'arrangement de ces pages, qu'on appelle techniquement *l'imposition*, semblerait étrangement difficile à celui qui le verrait pour la première fois. Les pages sont disposées à plat sur le marbre, de façon à se suivre dans l'ordre naturel que leur fixe le pliage du papier. Cette dernière opération se fait selon des règles invariables et d'autant plus compliquées selon que le format exige plus de pages par feuilles.

Nous n'entrerons pas dans les détails des procédés qu'on emploie pour le transport de la composition et la fixation des pages dans le châssis de fer appelé *forme*, qui renferme toute la matière d'un côté de la feuille. Nous ne parlerons pas du serrage de cette forme, mais nous parlerons de la *mise en train*. On nomme ainsi la disposition de la forme sous la presse, travail des plus habiles ouvriers, qui arrivent à faire disparaître les aspérités de la surface. C'est de l'adresse délicate de ces typographes que dépend exclusivement la possibilité d'un tirage de premier ordre.

Nous n'avons pas à traiter des machines : ce serait inutile, surtout à la veille du vingtième siècle, où les systèmes dont nous parlerions seront tous remplacés par des inventions nouvelles, d'une inconcevable précision, d'une rapidité dont les nôtres elles-mêmes ne peuvent nous donner l'idée, malgré leur perfection.

CHAPITRE VIII

L'ILLUSTRATION (1).

L'illustration. — La gravure et ses différents systèmes. — Gravure sur métal au burin ou en taille-douce. — Eau-forte, gravure sur bois en relief ou en taille d'épargne. — Impression ou tirage des gravures hors texte. — Lithographie. — Chromolithographie. — Héliogravure ou photogravure et ses divers procédés. — Phototypie. — Photolithographie. — Procédé anastatique.

Les illustrations ou dessins, introduits dans les livres littéraires, ont pour but d'ajouter au plaisir de la lecture à titre d'ornement. Le dessin ajoute à l'idée, les yeux y trouvent la forme que l'imagination cherchait.

La reproduction sur papier des illustrations est exécutée par la *gravure*, qu'on peut définir l'art de représenter les objets sur le métal, sur la pierre, sur le bois, ou sur tout autre matière dure, par des contours dessinés en creux.

La variété des procédés de gravure peut se ramener à deux grands genres principaux.

L'un comprend les procédés au moyen desquels chaque trait, dessiné sur une surface plane, se trouve ensuite mis *en relief* par le travail du graveur, et une fois enduit d'encre, s'imprime sur le papier en vertu même de cette saillie. La gravure sur bois est le procédé le plus usité de ce premier genre, en même temps qu'un des plus anciens.

L'autre comprend les procédés tout opposés, ceux qui consistent à figurer les contours, les ombres et les demi-

---

(1) Nous avons utilisé pour ce chapitre les ouvrages si estimés de M. de Lostalot, *Les Procédés de la gravure*, et de M. le vicomte Henri de Laborde, *La gravure*, 2 vol. in-8°, Quantin.

teintes par des *tailles* creuses que remplira l'encre ou tout autre matière colorante, et à laisser intactes les parties qui devront apparaître en blanc sur le papier.

La gravure en creux sur métal ou *calcographie*, qu'on appelle aussi souvent gravure *au burin* ou en *taille-douce* représente ce second genre.

La gravure en relief ou en *taille d'épargne* se pratique ordinairement sur des morceaux de bois dur et lisse. Le poirier et surtout le buis sont à peu près les seuls bois employés. Ce bloc est d'une épaisseur de quelques centimètres, parfaitement poli, sa surface a été préalablement enduite, pour mieux recevoir le dessin, d'une couche très mince de blanc de céruse qui lui donne l'apparence d'une feuille de papier. Sur cette surface ainsi préparée, l'artiste dessine au crayon ou à la plume tous les détails de la future gravure. Le dessin achevé, le graveur creuse de son *burin* — petit outil tranchant, terminé en pointe très fine et très aigüe — toutes les parties qui devront rester blanches dans la vignette, c'est-à-dire qu'il enlève le bois à tous les endroits que le dessinateur a laissés blancs. Les parties noires, celles que le crayon ou la plume avait couvertes, se trouvent donc ainsi subsister seules à la surface du bois et forment des reliefs, des saillies qui seules recevront l'encre d'impression et qui, seules, se traceront sur le papier lorsqu'on les soumettra à l'action de la presse. Dans ce travail si difficile, si délicat, le graveur a laissé en saillie, a *épargné,* comme on dit techniquement, les traits noirs du dessin. De là le nom de taille d'*épargne* donné aussi à la gravure en relief.

La gravure en creux s'exécute sur une plaque de métal, soit au *burin* soit à l'eau-forte.

La gravure au *burin* ou en *taille-douce* consiste à transporter, soit en le copiant, soit en le décalquant, le dessin original, sur une planche ordinairement en cuivre rouge, à l'aide d'un outil acéré qu'on nomme la pointe sèche. Ensuite on creuse plus profondément les traits ainsi indiqués ou bien on en pratique de nouveaux avec le burin qui, en vertu de sa forme, agit par incisions angulaires. On reproduit l'aspect de tous les objets figurés dans l'original par des sillons entrecroisés ou *tailles,* par des *hachures* et des points plus ou moins serrés ou dirigés en divers sens, selon l'effet de ton, d'ombre et de modelé à obtenir. Si l'on passe sur la planche ainsi gravée, un tampon imprégné d'encre d'imprimerie très épaisse, l'encre entre dans les tailles et il devient facile de reproduire par l'impression sur une feuille de papier les dessins gravés.

La gravure à *l'eau-forte* consiste à creuser le métal par l'action de l'acide azotique étendu d'eau. Sur une planche de cuivre enduite d'une couche de vernis le graveur trace avec la pointe le dessin à reproduire, de façon à découvrir le cuivre en enlevant le vernis suivant les lignes du dessin. Il borde ensuite la planche d'un petit rebord de cire qui forme comme un cadre, de manière à en faire une sorte de cuvette dans laquelle il verse l'eau-forte. Le corrosif mord le métal, le creuse partout où il est découvert, c'est-à-dire suivant le tracé du dessin, et respecte le vernis qui a la propriété de résister à l'action de l'acide azotique. On laisse le corrosif mordre plus ou moins longtemps les partie nues du métal, en proportion de l'effet à obtenir, et la planche remise à sec, dépouillée de sa couche de vernis par des lavages spéciaux et bien nettoyée, est prête à être livrée à l'imprimeur.

On le voit, les deux procédés que les profanes confondent souvent, diffèrent essentiellement. Le graveur au burin opère directement sur le cuivre nu (1). Il dispose de moins de ressources que l'aqua-fortiste aidé par l'action automatique du mordant. Aussi ses procédés constituent un art tout spécial, long et difficile à apprendre. Aux difficultés que présente l'emploi d'un instrument subtil à manier il faut ajouter la lenteur forcée des opérations et bien souvent l'impossibilité de réparer les erreurs.

La gravure au burin donne des épreuves qui sont exactement la reproduction du travail de l'artiste; il n'y a pas à compter sur les heureux hasards de la morsure ni sur les tricheries de

---

(1) Le plus souvent le graveur au burin se sert aussi de l'eau-forte, mais accessoirement, pour la préparation seule de son travail : il débute par mettre en place son sujet en indiquant les ombres au moyen d'un calque tracé légèrement sur la planche vernie, puis mordue à l'acide.

l'impression. La surface de la planche, essuyée avec le plus grand soin, transmet au papier l'encre déposée dans les tailles ; dans l'eau-forte, au contraire, l'imprimeur peut obtenir des colorations artificielles, en essuyant plus ou moins et par places les parties non mordues. Ces façons de retoucher son travail sont interdites au graveur au burin ; la planche ne lui rend rien de plus que ce qu'il lui a donné. De là la nécessité pour lui d'être un excellent dessinateur et de n'aborder le métal qu'après avoir assuré son travail par un dessin sur papier indiquant la direction des tailles qu'il se bornera ensuite à copier, en creusant plus ou moins le métal pour varier les épaisseurs d'encre et partant la coloration des traits. Ici plus d'improvisation, plus d'essais : tout doit être écrit à l'avance, et du reste, la lenteur du travail est telle que l'inspiration serait vite refroidie : l'art à proprement parler du graveur au burin a déjà dit son dernier mot quand la mise en œuvre commence, c'est-à-dire quand le dessin est arrêté (1).

On comprend, dans ces conditions, que la gravure au burin ne soit plus guère employée dans l'illustration du livre. On trouve, il est vrai, pas mal de volumes ornés de frontispices, de planches hors texte gravées au burin, mais il est très rare que le livre vraiment illustré, celui qui fourmille de gravures dans le texte, le soit au moyen du burin. C'est à peine si on pourrait citer quelques volumes illustrés par ce procédé et qui n'ont été exécutés que comme curiosités bibliophiliques. On peut en citer deux, entre autres : l'un est une édition de *La Peau de chagrin* de Balzac, publiée en 1838 par l'éditeur Lecou, et qui est ornée d'une centaine de vignettes en taille-douce et intercalées dans le texte. Le tirage en a été fait après l'impression du texte, ce qui offrait de grandes difficultés d'exécution heureusement surmontées, dit M. Brivois dans sa *Bibliographie des ouvrages illustrés du dix-neuvième siècle*. Le livre, devenu rare aujourd'hui et très recherché, se vendit mal d'ailleurs.

L'autre est une édition des *Contes* de Perrault, publiée par Curmer en 1843 et dont le texte est aussi gravé.

---

(1) A. de Lostalot, *Les Procédés de la gravure*. Un vol. in-8°, Quantin.

Ce sont là, on le voit, des fantaisies d'éditeurs artistes qui n'ont guère été imitées et qui risqueront de moins en moins de l'être, car la gravure au burin, non seulement pour l'illustration du livre, mais même pour la reproduction des œuvres d'art, est de plus en plus négligée, surtout depuis l'invention de la photographie et des procédés de gravure qui en dérivent, et depuis que les éditeurs pour les gravures hors texte ont adopté l'eau-forte. C'est un mode d'interprétation trop coûteux et trop long pour qu'il puisse convenir aux besoins et aux goûts du jour portés à l'économie de temps et d'argent. La *Calchographie* du Louvre et la *Société française de gravure* maintiennent cependant, par leurs commandes annuelles, les traditions de cet art noble si dignement représenté chez nous par les Henriquel Dupont et les François Gaillard.

L'eau-forte, quoique moins coûteuse et plus rapide que le burin, n'est guère employée non plus, en dehors des planches hors texte, pour l'illustration du livre. Cela se comprend, car pour orner une page de texte de vignettes à l'eau-forte — il en serait de même pour des vignettes au burin, cela va sans dire — il faut faire un tirage à part sur la page, soit avant, soit après, — plutôt avant, — l'impression du texte.

Dans l'illustration sur bois, au contraire, les gravures sont tirées à la presse typographique, en même temps que le texte. Aussi parmi les procédés artistiques (car nous ne parlons pas des procédés industriels, si en vogue aujourd'hui) est-ce là le véritable procédé, le plus pratique — ce qui ne l'empêche pas d'être aussi artistique que l'eau-forte, ou le burin, ou la lithographie — pour illustrer un livre de vignettes dans le texte.

Comment s'y prend-on pour illustrer ainsi un texte de vignettes sur bois? Nous savons qu'un bois gravé s'imprime absolument comme les lettres, qu'il peut être *tiré* sous la presse en même temps que le texte de la page. Le metteur en pages de l'imprimerie, lorsqu'il forme son paquet de pages, introduit entre les lignes composées, à l'endroit que l'auteur a désigné, ce petit bloc de bois, en ayant soin que sa surface soit bien à la hauteur du relief des lettres. Si le bloc de bois n'est pas assez épais pour cela, il collera dessous une feuille de papier ou de carton, qu'on appelle une *hausse*, afin de *hausser* les traits gravés au niveau des lettres. La page contenant le bois sera *imposée* avec les autres, mise sous la presse, encrée et tirée en même temps que les autres, et le dessin apparaîtra imprimé à sa place entre les lignes.

Mais cette façon d'agir offre un inconvénient très grave. Le bois, même le plus dur comme celui qu'on emploie généralement, buis ou poirier, n'est pas une matière très résistante. On comprend qu'au bout d'un certain nombre d'exemplaires tirés, les reliefs s'écrasent, les traits perdent de leur finesse, la gravure est usée. Pour éviter ce dommage, et respecter aussi longtemps que possible le travail du graveur, on a imaginé, il y a une trentaine d'années environ, de mettre sous la presse, non pas le bois lui-même, mais un *cliché*, c'est-à-dire une reproduction en métal, absolument semblable au bois gravé et obtenue par la galvanoplastie. Ce cliché en cuivre, généralement bien plus résistant que le bois, peut fournir plus de cent mille tirages avant d'être hors de service ; de plus, s'il est usé ou brisé, le bois qui a servi à faire le premier peut servir encore à en faire un second, un troisième, — autant enfin qu'on en voudra.

On pourrait aussi prendre l'empreinte, le moule du bois avec du plâtre et y couler du métal de caractères, ainsi que cela se pratique pour faire des clichés de pages composées. On a fait autrefois usage de ce moyen ; on l'emploie encore quelquefois aujourd'hui, mais le procédé *galvanoplastique* est plus usité, car il donne des clichés qui reproduisent plus nettement les traits si fins des gravures.

La découverte de la gravure sur bois, est antérieure à celle de la gravure en creux. Cette dernière ne semble pas remonter au delà des années 1446 à 1451, dates des plus anciennes estampes qu'on ait pu retrouver et qui sont allemandes, antérieures par conséquent à la fameuse estampe, datée de 1452, — *Le Couronnement de la Vierge* de l'orfèvre Florentin Maso Finiguerra, — qui jusqu'à présent, portait l'honneur de cette importante découverte. Finiguerra, s'il n'est pas l'inventeur même du procédé, n'en garde pas moins le haut honneur d'avoir été le premier à s'en être servi pour produire un chef-d'œuvre. On ignore, jusqu'à présent, la date exacte de la gravure sur bois et le pays où elle fut découverte : l'Allemagne et les Pays-Bas s'en disputent la gloire.

Nous savons seulement qu'elle a précédé de quelques années et préparé l'invention de l'imprimerie. Des pièces à date authentique, telle qu'un *Saint Christophe* de 1423, la plus ancienne qu'on connaisse, et quelques estampes dans le cours des années suivantes, prouvent avec une autorité irrécusable la priorité du procédé xylographique. Très en faveur au quinzième et au seizième siècle, où elle est presque exclusivement usitée pour l'illustration des livres, elle se voit, dans le cours des dix-septième et dix-huitième siècle, éclipsée par la gravure en creux. Vers le milieu du dix-neuvième siècle, de 1840 à 1860, en Angleterre d'abord, puis en France, elle reprend un instant d'éclat. C'est l'illustration par excellence de la période romantique avec les chefs-d'œuvre des Tony Johannot, des Déveria, des Célestin Nanteuil, etc. Des éditeurs habiles et artistes la font concourir à la publication d'œuvres du passé et du jour qui sont des merveilles de typographie. C'est l'époque des *Sept Châteaux du Roi de Bohême*, de Nodier et T. Johannot (1830), du *Gil Blas* illustré par Jean Gigoux (1835), du *Don Quichotte*, de Tony Johannot (1836), du *Paul et Virginie*, de l'éditeur Curmer, du *Magasin Pittoresque*, de la *Caricature* de Philippon, à laquelle les plus grands caricaturistes du siècle, les Daumier, les Grandville, les Gavarni, les Monnier, les Traviès fournissaient des bois infatigablement. De nos jours, malgré les efforts de quelques éditeurs bien intentionnés, comme M. Conquet, le bois est à nouveau déchu de son ancienne splendeur : les procédés industriels de photogravure et de phototypie sont en train de le tuer. Et c'est grand dommage car rien n'est plus joli, plus récréatif, plus pittoresque qu'un texte semé d'illustrations sur bois bien exécutées, dans le genre de ces volumes que nous énumérions plus haut, et à la bibliographie desquels M. Brivois n'a pas consacré moins qu'un catalogue descriptif de 500 pages environ.

La *lithographie* est l'art qui consiste à imprimer les caractères et dessins tracés avec un corps gras sur une pierre calcaire appelée pierre lithographique.

La lithographie est une invention moderne. Elle date des

commencements de ce siècle. Les premiers essais remontent à 1801. C'est un musicien et graveur de musique, de Munich, du nom d'Aloys Senefelder qui paraît avoir eu, le premier, l'idée de dessiner sur pierre et de prendre avec une feuille de papier l'empreinte du dessin. Senefelder avait composé plusieurs pièces de théâtre; mais n'ayant pas les ressources nécessaires pour subvenir aux frais de leur impression, il chercha un moyen économique de reproduire l'écriture. Après des essais assez nombreux, il eut l'idée d'utiliser à cet effet une pierre calcaire que l'on trouve en abondance en Bavière, qui a le grain serré et peut recevoir un beau poli.

La pierre lithographique est préparée de telle sorte que ses deux faces sont planes et parallèles. L'une des surfaces est laissée à l'état brut, l'autre est soigneusement passée à la pierre ponce.

Voici sur quels principes repose la lithographie.

On écrit, on dessine ou on décalque sur la surface polie de la pierre au moyen d'un crayon ou d'une encre grasse de fabrication spéciale. Ce dessin ou cette écriture tracés sur la pierre, il faut les préparer pour l'impression. Et d'abord il s'agit de fixer les caractères ou le dessin. Pour cela il suffit de laver la pierre avec une eau de gomme additionnée d'un peu d'acide nitrique ou chlorhydrique. Par l'action de ce liquide, les parties nues de la pierre deviennent inaptes à recevoir l'encre d'imprimerie et les caractères tracés avec le corps gras prennent plus de fixité. On lave ensuite la pierre à l'eau, puis à l'essence de térébenthine. Celle-ci dissout le corps gras de l'encre lithographique et les caractères disparaissent. Cette opération a pour but d'empêcher l'encrassement du dessin. Mais les caractères ainsi effacés subsistent cependant encore, en ce sens que les parties qui étaient recouvertes par l'encre ou le crayon gras n'ont pas été attaquées par l'acide, de telle sorte que si, après avoir mouillé légèrement la pierre avec une éponge fine, on passe un rouleau encré à sa surface, ces parties seules prennent l'encre et les caractères reparaissent.

Sous l'effort de l'impression l'encre, ainsi déposée sur le dessin, abandonne la pierre pour se fixer sur le papier.

Le tirage se fait soit sur des presses à bras, soit sur des presses mécaniques. Nous ne décrirons pas ces machines. Les presses des lithographes ont une grande analogie avec celles des typographes. La pierre y remplace la forme.

On comprend qu'une pierre lithographique ne puisse, comme une forme d'imprimerie, servir au tirage d'un grand nombre d'exemplaires sans être détériorée. C'était là un inconvénient assez grave, puisqu'il nécessitait que l'artiste dessinât sur une nouvelle pierre les caractères qu'il avait tracés sur la première. Le procédé des *reports* évite ce nouveau travail du dessinateur. Voici en quoi il consiste : au moyen d'une feuille de papier humide encollée à sa surface avec de la colle de pâte, on tire une épreuve sur la pierre originale; puis on applique cette feuille encore humide sur une autre pierre, le côté de l'épreuve en dessous, et l'on soumet à la presse. Sous l'influence de la pression la couche de colle contracte de l'adhérence pour la pierre, et lorsque, après avoir lavé à l'eau, l'ouvrier soulève la feuille, la colle ne la suit pas et reste sur la pierre, tenant emprisonnés entre elle-même et celle-ci les caractères qui étaient sur l'épreuve. On lave encore à l'eau, la colle s'en va et les caractères restent seuls, reproduisant sur la pierre le travail du dessinateur. Il n'y a plus dès lors qu'à traiter cette pierre comme on a traité la pierre originale, l'attaquer à l'acide, etc., et s'en servir pour le tirage. On saisit facilement l'avantage d'un tel procédé : il permet le tirage d'un nombre indéfini d'exemplaires, car on pourra faire autant de reports que la pierre originale pourra donner d'épreuves sans être détériorée, et chaque report fournira lui-même un grand nombre d'exemplaires.

Nous avons oublié de dire que, pour qu'après l'impression, les caractères apparaissent sur le papier dans leur sens naturel, il est nécessaire que sur la pierre ils soient tracés à rebours. C'est une habitude que le lithographe prend peu à peu, et pour se rendre compte de l'effet que produira son œuvre sur le papier, il a près de lui un miroir dans lequel il regarde de temps en temps les caractères tracés sur la pierre. Le miroir les lui présente dans leur sens naturel, telle qu'elle apparaîtra sur le papier.

Cet art charmant a été exercé avec beaucoup d'éclat, vers le milieu de ce siècle, par plusieurs grands artistes, les Géricault, les Delacroix, les Decamps, les Daumier — qui n'eut guère recours qu'à ce procédé et dont l'œuvre comprend 5 à 6.000 planches, — les Gavarni, les Charlet, les Raffet, les Bonington. Certaines de leurs planches sont des chefs-d'œuvre devenus introuvables aujourd'hui. Cet art si souple et si docile, préféré des peintres à la gravure, semblait mort à jamais sous l'utilisation commerciale et sous les coups de la photographie et des procédés de reproduction industriels, tout comme l'eau-forte et le burin. Mais nous assistons, de nos jours, à sa résurrection. Le commerce qui l'avait tuée l'a ressuscitée. La réclame par l'image, par l'affiche illustrée en couleur, si en vogue aujourd'hui, a fait surgir, à nouveau, en France comme en Amérique et en Angleterre, toute une phalange de jeunes et vaillants artistes dont les œuvres, décor aussi éphémère que charmant de nos murailles, jettent une note d'art clair et gai dans l'uniformité grise de nos rues modernes aussi longues et larges qu'ennuyeuses d'aspect.

La lithographie coloriée ou *chromolithographie* repose sur les mêmes procédés que la lithographie simple. Seulement pour reproduire les différentes couleurs du sujet il faut employer plusieurs pierres calcaires, une par chaque couleur, et les imprimer successivement sur la même feuille de papier. Après avoir tracé sur une pierre les contours du dessin, on transporte une épreuve de ce dessin sur chacune des pierres qui doivent concourir au tirage. Puis l'artiste modèle, au crayon noir, les parties de chacune qui correspondent à un ton déterminé, laissant les autres en blanc. Au tirage, la pierre de bleu, par exemple, sera encrée en bleu, la pierre de rouge en rouge, et ainsi de suite des autres. Les impressions successives donneront l'épreuve en couleurs avec ses tons obtenus, les uns par juxtaposition, les autres par superposition de deux ou plusieurs couches de couleurs. La chromolithographie fut, jusqu'à nos jours, un procédé tout industriel. On l'a consacré à l'illustration des livres d'histoire et d'art par les reproductions exactes, par exemple, des miniatures, des peintures à fresques, des vitraux, des armoiries, tapis, porcelaines, etc., bref de tous les objets polychromes où la couleur est à peine modelée. Les chromolithographies oléographiques ou à l'huile sont des imitations mécaniques de la vraie peinture, mais jusqu'à présent les produits de ce genre soit en reproduction, soit en originaux, sont d'un art bien inférieur. Il fallait l'essor sur les murailles de nos maisons de l'affiche illustrée en couleurs, dont nous parlions plus haut, pour sortir la chromolithographie de ces vulgarités et lui conférer ses titres d'art séduisant entre les mains expertes et capricieuses des Chéret, des Grasset, des Willette, des Steinlen, etc…

La lithographie, soit noire, soit en couleurs, est peu usitée dans l'illustration même du livre, en dehors des planches hors texte ou des albums sans texte ou accompagnés d'une simple légende au bas du dessin. Et c'est vraiment dommage. Il nous semble qu'un imprimeur intelligent pourrait trouver d'originales ressources dans l'emploi d'un procédé qui donne des tons si gras, si onctueux, d'un coloris riche et harmonieux. La lithographie, pour orner les livres, pourrait heureusement rivaliser avec la gravure sur bois.

Nous avons parlé, jusqu'à présent, des procédés d'illustration purement artistiques, de ceux dont la qualité d'exécution dépend entièrement du talent, de l'habileté des artistes, dessinateurs et graveurs. Mais on comprend qu'avec le développement de plus en plus large du mécanisme industriel, les besoins du progrès, l'extension du livre et de l'instruction, ces procédés qu'il est très désirable de ne pas voir disparaître en tant qu'arts, que moyens d'orner les beaux livres de luxe, devaient céder la place à des modes d'illustration plus rapides et moins coûteux. C'est la photographie qui a été le grand agent de cette substitution.

La photographie, en effet, fournit un cliché, c'est-à-dire un moyen mécanique de multiplier les épreuves d'une image. Toute l'opération consiste, en principe, à transformer le négatif de la photographie en cliché d'impression, c'est-à-dire en plaque de gravure ou de lithographie.

Ce sont ces procédés qu'on réunit sous le nom général d'*héliogravure* et de *photogravure.*

Ils ont pris trop d'importance aujourd'hui dans l'illustration du livre, ils y rendent trop de services pour que nous n'en parlions pas avec quelque détail.

La découverte, qui devait servir de base à toutes les recherches auxquelles l'héliogravure a donné lieu, est celle que vers 1826, Nicéphore Niepce, — un des inventeurs mêmes de la photographie — fit d'une propriété nouvelle qu'acquièrent certains corps soumis à l'action des rayons solaires. Le bitume de Judée, sorte de substance noire qui se rencontre, notamment, sur les bords de la mer Morte et de la mer Caspienne, jouit d'une double propriété : d'une part il est très sensible à la lumière, et de l'autre, il cesse d'être soluble dans les huiles essentielles dès qu'il a été impressionné par elle.

Ce principe établi, voyons ce qu'il peut en résulter.

On prend une plaque de métal, et on y étend, dans l'obscurité, une couche de bitume de Judée dissous dans de l'essence de térébenthine ou de lavande. Si l'on chauffe légèrement cette plaque ainsi préparée, l'essence, en s'évaporant, laisse à la surface une mince couche de bitume. Transportée au foyer de la chambre noire, la plaque reçoit l'impression de la lumière que lui renvoient les objets extérieurs dont l'image se forme à ce foyer : le bitume est désormais imprégné pour ainsi dire de l'image, mais à l'état latent, car sa coloration n'a nullement changé. Que l'on vienne maintenant à tremper la plaque dans de l'huile de lavande, toutes les parties du bitume qui n'ont pas été impressionnées s'y dissolvent, et il ne reste en place que les parties où la lumière a exercé son action, c'est-à-dire la place des clairs ; la plaque est donc mise à nu en certaines parties de sa surface qui représentent les ombres de l'image.

La première idée de Niepce fut d'appliquer cette singulière propriété du bitume de Judée à la gravure. Devant une plaque préparée comme nous venons de le dire, il plaçait une feuille de papier sur laquelle était tracé un dessin. La lumière, passant à travers les parties blanches de cette feuille, venait frapper le bitume et le rendre insoluble aux points correspondants. Tous les autres points, c'est-à-dire le tracé du dessin, disparaissaient ensuite dans le bain d'huile de lavande, laissant le cuivre à nu, et l'on pouvait faire mordre, au moyen des acides, la plaque protégée par son bitume insoluble, agissant à la façon du verni des aquafortistes.

Les procédés de photogravure sont variés et nombreux. Citons quelques uns des plus connus :

Le procédé *Scamoni* consiste à renforcer le léger relief que présente le négatif photographique au moyen de dépôts successifs d'argent. On parvient ainsi à donner au négatif des profondeurs égales à celles d'un cuivre gravé, et il est facile, par la galvanoplastie, d'en obtenir un cliché-cuivre qu'on peut imprimer par les procédés ordinaires.

La *Photoglyptie* ou procédé Woodbury, repose sur la propriété qu'a la gélatine mélangée à du bichromate de potasse de ne plus se gonfler dans l'eau froide, et de perdre sa solubilité dans l'eau chaude dès qu'elle a été impressionnée par la lumière. On applique cette propriété à la gravure de plaques d'acier, par un procédé semblable à celui dont Niepce se servait pour graver au moyen du bitume de Judée.

Citons pour mémoire les procédés spéciaux à chacune des grandes maisons d'édition d'héliogravure, les Goupil, les Dujardin, les Gillot, etc.

Les différences de ces procédés sont seulement dans le détail, dans l'emploi de tel agent chimique de préférence à tel autre, dans le tour de main, l'exécution, la recette particulière. Mais le principe est le même pour tous. Il nous suffit de l'avoir exposé.

La *Phototypie* ou *Albertypie,* du nom de son inventeur, est un procédé basé sur la propriété de retenir les encres grasses qu'ont les parties impressionnées d'une couche de gélatine chromatée, tandis que les parties non impressionnées sont, au contraire, aptes à retenir l'eau à l'exclusion des autres, et par conséquent à se dérober au contact de l'encre. Dès lors, en nous rappelant ce que nous avons exposé au sujet de la lithographie, toutes les conditions requises se trouvent remplies pour qu'une plaque (de verre) enduite de cette couche de gélatine chromatée puisse être imprimée à la façon des pierres lithographiques.

La *photolithographie,* inventée longtemps avant la phototypie, par Poitevin, n'en diffère que par la nature du support donné à la gélatine. Poitevin étalait cette couche de gélatine sur pierre; Albert eut l'idée de la fixer sur verre. Une importante modification fut apportée au procédé de Poitevin : on imagina de transporter sur pierre, au lieu de la gélatine impressionnée, qui, pendant l'opération du lavage, abandonnait trop facilement ses demi-teintes, l'épreuve de cette gélatine noircie aux encres grasses, en un mot, de faire un report de l'image. Une feuille de papier chromaté était exposée sous un négatif; puis, l'image positive étant produite et fixée, on l'encrait au rouleau ou au tampon, et on l'appliquait sur une pierre lithographique, où la pression lui faisait abandonner toute l'encre qu'elle avait prise, c'est à dire le dessin avec ses teintes variées. La pierre ainsi préparée, était tirée comme une lithographie ordinaire.

La phototypie donne des épreuves bien supérieures à celles de la photolithographie, aussi l'a-t-elle complètement remplacée, sauf pour la reproduction des dessins exécutés en hachures, tels que plans, cartes, figures d'ornements, architecture, qu'elle reproduit avec fidélité et en fournissant un grand nombre d'épreuves. La feuille de gélatine peut, du reste, donner autant de reports que l'on veut; il est donc facile de remplacer les pierres de report dès que le dessin ne donne plus de bons tirages.

En substituant le zinc à la pierre et en faisant mordre par un acide, on obtient un dessin en relief, à la surface plane, pouvant, par conséquent, être tiré dans le texte comme les caractères d'imprimerie.

On peut du reste obtenir la gravure en relief de toute plaque d'héliogravure. Il n'y a, pour cela, qu'à clicher en relief, au moyen de la galvanoplastie, une héliogravure obtenue en creux par les procédés connus. C'est ce que l'on commença à faire dès 1854.

Les divers procédés de transport d'un dessin par la photolithographie ont des avantages immenses sur tous les modes de gravure, si l'on considère la rapidité d'exécution, le rendement en tirage qui est indéfini, et la perfection même des résultats. On obtient, en effet, grâce à eux, une photographie de l'original, image conservant son exactitude, sa précision mathématique et pouvant être agrandie ou diminuée suivant la destination qu'on veut lui donner.

C'est la photolithographie qui a permis aux Allemands, durant la dernière guerre, de fournir à leurs armées d'excellentes cartes portatives des pays qu'ils avaient à traverser.

Le bitume de Judée peut également être utilisé dans la photolithographie, au lieu de la gélatine chromatée. C'est toujours le même principe.

Disons enfin, pour terminer, un mot du procédé *Anastatique*. Il consiste à reproduire, sans le secours de la photographie, à un grand nombre d'exemplaires un original quelconque, carte, page d'impression ou même un dessin exécuté en traits. La condition essentielle est que l'original ait été fait ou imprimé aux encres grasses.

Le procédé est en lui-même d'une application facile. On humecte le verso de l'original avec de l'eau gommée légèrement acidulée par quelques gouttes d'acide sulfurique; puis on le fixe sur un support quelconque et on tamponne le recto avec de l'encre d'imprimerie : l'encre ne prend que sur le tracé du dessin ou de l'écriture. Ainsi préparé, l'original peut fournir un report, sur pierre ou sur zinc, dont l'imprimeur tirera parti comme d'une photographie. Il va sans dire que la reproduction est forcément de même dimension que l'original.

Un autre procédé consiste, à l'exclusion des tailles ou des hachures, dans la distribution par masses de points plus ou moins fins, plus ou moins serrés, de façon à figurer, en proportion de l'espace laissé entre eux ou de leur juxtaposition, la légèreté des demi-teintes, l'intensité des ombres, et même jusqu'à la continuité de chaque contour. C'est ce procédé qui constitue la gravure dite « au pointillé ». Ce mode de gravure, très en faveur à la fin du dix-huitième siècle, ne tarda pas à passer de mode. Les résultats en sont, en effet, généralement assez défectueux. Les planches sont froides, ternes et monotones d'aspect, sans fraîcheur et sans éclat. Ce procédé n'est, d'ailleurs, que l'application à l'ensemble du travail d'un moyen d'exécution partiel adopté depuis assez longtemps par les graveurs à l'eau-forte ou en taille-douce, notamment dans le modelé des chairs.

CHAPITRE IX

LES FRAIS D'IMPRESSION.

Nombre de pages du manuscrit et du livre. — Devis des frais d'un roman. — Traités et leurs différentes clauses. — Comptes de vente. — Verdict des critiques et son influence — Distribution des livres aux critiques ou *Service de presse*. — Contrôle du tirage. — Divers moyens proposés. — Sociétés mutuelles d'édition.

Une fois réglée la question du format de l'ouvrage, du nombre de volumes, de l'édition et des autres détails dont nous avons parlé, l'auteur aura une estimation du coût de son ouvrage. Il s'occupera alors du système de publication.

D'abord l'auteur devra savoir combien de pages d'impression donnera son manuscrit. Voici un moyen très simple de le savoir.

On ouvre une page quelconque d'un livre ayant le format et le type que l'on a choisis pour l'édition. On prend une ligne en comptant les lettres et les *espaces;* puis une autre ligne d'une autre page, et ainsi de suite; huit, dix, vingt lignes si l'on veut un résultat très exact, suffisent. On additionne les lettres de ces lignes, on prend la moyenne, on a ainsi le nombre moyen des lettres d'une ligne. On fait la même opération sur le manuscrit, et le résultat de la dernière multiplication fournira les éléments d'une proportion qui fixera d'avance le nombre des pages imprimées, puisqu'elle déterminera la quantité des lignes.

Les personnes qui ne connaissent pas ce procédé restent surprises de sa rigoureuse certitude. Il faut évidemment tenir compte de l'écriture plus ou moins régulière du manuscrit, mais si on fait la part soit des additions sous forme d'intercalations ou de béquets, soit des retranchements, des ratures, des blancs qu'offrent les en-tête et les fins de chapitre, on peut se fier absolument à cette méthode.

Le livre est calculé. Il n'y a plus qu'à l'éditer. Ici intervient la question du traité qui sauvegarde les droits de l'écrivain et de l'éditeur. Les clauses peuvent être très variées.

Quand un éditeur reçoit un roman d'un jeune, d'un inconnu, il le fait imprimer généralement à 1.200 exemplaires, dont 200 pour le service de presse et les double-passe, et il paie à l'auteur 350 francs comme droits pour cette première édition. Imprimé et broché, un livre de 300 pages à 30 lignes par page coûte, en moyenne, 1.100 francs. En y joignant les 350 francs donnés à l'auteur, la dépense de l'éditeur, pour une première édition, est donc d'environ 1.450 francs.

Les livres sont vendus aux libraires et commissionnaires à raison de 2 fr. 25 l'un dans l'autre. Je serais incompréhensible pour un grand nombre de lecteurs, si je ne faisais observer que le prix fort : 3 fr. 50, marqué sur la couverture, est purement conventionnel et que l'éditeur fait payer en réalité 2 fr. 25 net, aux libraires et aux gares, les volumes revendus au public 2 fr. 75 ou 3 francs. Si les mille exemplaires se vendaient, l'éditeur toucherait donc 2.250 francs, d'où un bénéfice de 800 francs, sur lequel il faudrait retrancher une certaine somme pour les frais généraux de la maison. Ce serait la fortune à brève échéance. Malheureusement les mille exemplaires ne se vendent pas tous; il s'en faut même de beaucoup quelquefois. En réalité, avec une vente au-dessous de 800, l'éditeur perd de l'argent; de 800 à 1.000, il fait ses frais; après, il commence à gagner.

Bornons-nous à dire un mot des différents modes les plus usuels de contrats entre l'auteur et l'éditeur.

1° L'auteur fait une cession de ses droits, c'est-à-dire qu'il vend définitivement son manuscrit à l'éditeur qui pourra publier, dès lors, autant d'éditions qu'il voudra.

La cession peut n'être que partielle. L'auteur peut ne vendre que ses droits sur la première édition, se réservant sur les suivantes.

2° L'auteur imprime et publie son œuvre à ses frais. Seul il prélève les gains et subit les pertes, mais sur les gains, il réserve à l'éditeur une commission de tant pour 100.

De grands écrivains, Michelet, Hugo, entre autres, ont pratiqué ce système, qui, en principe, apparaît comme le meilleur. Mais il n'est pas à la portée de tout le monde. Pour le pratiquer il faut être riche d'argent ou de génie.

Nous avons vu souvent des auteurs, peinés du refus de leur manuscrit ou inquiétés par les exigences des éditeurs, ou désappointés du résultat pécuniaire de leurs premiers efforts, se résoudre follement à s'éditer eux-mêmes.

En toute sincérité, nous leur conseillerons plutôt de brûler leur manuscrit. Voici quelques raisons… pratiques à l'appui de ce conseil.

1° Le prix de l'impression seule, disons d'un roman ordinaire de 300 à 350 pages, dans le type habituel, monte à près de 1.500 francs comme nous l'avons dit plus haut. Ce chiffre, notez-le, est le prix du métier. Un amateur aurait à payer beaucoup plus.

2° Les libraires sont méfiants vis-à-vis des ouvrages qui ne portent pas l'estampille d'un éditeur. En dehors de quelques amis, parents et admirateurs enthousiastes — quand il y en a ! — l'auteur se trouve, dans ces conditions, sans acheteur.

3° Les journaux et les revues montrent, pour les comptes rendus, la même méfiance que les libraires.

Cependant, il arrive assez souvent que des éditeurs acceptent de mettre leur nom sur un ouvrage qui n'a pas été imprimé par eux, contre une commission de dépôt, qui est en général, de 40 à 50 %.

La combinaison la plus générale, celle que les auteurs, jeunes ou vieux, connus ou inconnus, acceptent presque tous, c'est le *tant* par volume, généralement trente, quarante centimes pour chaque exemplaire vendu. Ce prix augmente après les premières éditions, quand l'éditeur voyant qu'elles se suivent, n'a plus qu'à payer le papier, le tirage et les brocheurs. L'écrivain peut arriver alors à recevoir jusqu'à 1 franc par volume.

Tous les autres systèmes ne sont que des modifications de ceux-ci. Ainsi un auteur peut convenir avec un éditeur de partager les bénéfices ou les pertes. En ce cas, l'auteur garde habituellement le droit de reproduction.

Par un autre système, l'auteur peut garantir à l'éditeur un certain nombre de souscriptions pour son livre, nombre suffisant pour indemniser l'éditeur de toute perte. On peut alors débattre la question du partage des bénéfices possibles.

Nous n'avons aucun conseil à donner sur le choix des contrats. C'est à chacun à voir celui qui lui agréera le mieux, suivant sa situation littéraire, la nature de son ouvrage, etc... Le seul avis à donner là-dessus à un jeune auteur est de l'engager à s'adresser à une maison sérieuse avec laquelle il débattra le traité qui lui paraîtra le plus avantageux.

Quand les négociations sont terminées sur le coût de l'impression et de la publicité, le prix de revient de chaque volume, le bénéfice de l'auteur, l'auteur peut se considérer comme hors d'affaire. Le livre est lancé dans le commerce, toute la tâche est dès lors pour l'éditeur, ses bureaux et ses magasins. L'éditeur s'arrange toujours de manière à compenser par le revenu de la vente les frais divers qu'il a à supporter (1).

Les comptes de vente sont rendus périodiquement, d'habitude à des intervalles de trois ou six mois. Mais ces coutumes commerciales varient un peu avec chaque maison.

Une fois paru, le livre dépend du public, et avant tout de l'opinion de la presse, de la critique. Du verdict des critiques peut dépendre le sort de l'ouvrage, en dépit de sa valeur. La critique cependant n'a pas toujours raison, il lui est arrivé maintes fois de condamner un livre qui a eu gain de cause devant le public. Inversement, des ouvrages tambourinés à grand fracas par les censeurs littéraires sont tombés à plat, ont échoué devant la méfiance ou l'indifférence du public.

Pour obtenir la critique d'un livre, il faut d'abord envoyer ce livre aux critiques, faire ce qu'on appelle le « service de presse ». Si l'on voulait adresser un exemplaire à chaque journal et à chaque périodique, une édition tout entière n'y

---

(1) Le livre est généralement livré au commerce, aux libraires, avec un escompte d'au moins 25 %, treize volumes n'étant comptés que pour douze.

suffirait certainement pas. Une sélection s'impose : il faut choisir les publications qui accorderont le plus probablement la notice désirée, ou celles dont l'opinion pourra servir le mieux les intérêts de l'auteur. En cela l'avis d'un éditeur sérieux est très utile à un auteur. Ses conseils, en ces questions, épargneront à son client une perte de temps et d'argent, et pas mal de petites contrariétés. Un nombre d'exemplaires, fixé d'avance et convenu entre l'auteur et l'éditeur, est destiné à ce service de la critique et de la publicité. La coutume est que l'auteur mette un mot de dédicace à chaque exemplaire adressé même à des critiques qui ne le connaissent pas. Chaque éditeur a sa liste de presse, sa nomenclature des journaux et des revues auxquels il pense qu'il est bon que l'auteur adresse son ouvrage. Cette liste contient généralement de 100 à 150 noms de critiques ou de bibliographes. C'est d'après elle que l'auteur fait ses envois, y ajoutant, y retranchant, à son gré.

Beaucoup d'auteurs et surtout les jeunes, qui veulent s'imposer à tous, suivent un système américain. Ils emportent eux-mêmes les livres en fiacre, à deux francs l'heure, enfoncent les barrières des rédactions, atteignent s'ils peuvent, jusqu'au critique, dans le but de signer devant lui leur dédicace admiratrice. On les écarte, on leur dit « Monsieur n'y est pas », ils reviennent, imperturbables, trois fois, six fois, quémandeurs, passant huit jours en fiacre bondé de paquets de livres jaunes; ils sont tenaces, ils font eux-mêmes le service de presse de l'éditeur, ils veulent être vus, parler, persuader; ils réussissent parfois à arracher des articles de lassitude; on finit par s'incliner devant tant d'obstination. Le système n'est pas mauvais en soi, mais si trop de gens se mettent à en user, les bureaux de rédaction et les appartements des critiques finiront par être blindés de portes de fer : on recevra ces haletants par un guichet, à travers des épaisseurs de murs, comme à la Bastille.

Arrivons maintenant à une question capitale, le contrôle du tirage, la certitude que peut avoir l'écrivain de toucher son dû sur tous les exemplaires vendus, l'assurance que les chiffres de vente, et par conséquent, que les chiffres de ses bénéfices, sont bien ceux qu'on lui déclare.

Question redoutable, dont la solution est ardemment cherchée depuis très longtemps, tant par les auteurs que par les éditeurs eux-mêmes, las sans doute des soupçons et des reproches indirects de certains auteurs.

Différents systèmes ont été proposés comme moyens de contrôle sur le tirage et la vente des livres, pour ménager les susceptibilités légitimes et respectables des éditeurs, et rendre impossible toute contestation entre eux et les auteurs.

On proposa, en 1886, de reprendre un vieux projet qui consiste à ce que l'État appose un timbre d'un centime sur chaque couverture de volume. Le fisc fournirait ainsi une garantie indiscutable et très peu onéreuse, à peine 10 francs pour un tirage de 1.000 volumes.

Suivant MM. Louis Ulbach et Auguste Vitu qui ont traité cette question, l'un dans un article du *Figaro*, du 21 octobre 1886, intitulé *les Coquins d'Éditeurs*, l'autre dans un article du même journal, du 12 octobre 1886, ayant pour titre *Auteurs et Éditeurs*, ce moyen n'aurait aucune chance d'être adopté : il est odieux ; ce serait le rétablissement du timbre que les gens de lettres, après en avoir réclamé l'abolition sous la Restauration, sous la Monarchie de juillet, sous la République de 1848, sous l'Empire, solliciteraient de la République actuelle qui les en a débarrassés. Le gouvernement, du reste, répondrait, sans aucun doute, aux pétitionnaires, que le timbre sur les imprimés ne peut être rétabli qu'en vertu d'une loi votée par les deux chambres, que le timbre est une ressource fiscale, et que nulle ressource fiscale ne peut être proposée ni créée que dans l'intérêt des finances, pour le service général des citoyens ; enfin que l'État ne peut se charger, à aucun titre, d'intervenir entre des particuliers pour garantir les droits des uns et contrôler la comptabilité des autres. Ce n'est ni son devoir, ni son droit. Cette nouvelle façon d'impôt serait vexatoire et improductive, d'une application difficile : il y aurait trop de volumes à timbrer.

M. Vitu a proposé la solution suivante. La très grande majorité des écrivains est représentée par la *Société des gens de lettres* et par *la Société des auteurs dramatiques;* les libraires ont pour organe le *Cercle de la librairie.* Ce sont là deux puissants syndicats naturellement constitués. Qui les empêcherait de s'entendre pour la création d'un office spécial, placé sous leur surveillance respective, et qui serait chargé d'apposer un timbre de contrôle sur la couverture ou sur le titre des ouvrages nouveaux. Cet office, qui aurait la délégation des deux partis en présence, tiendrait compte du nombre des exemplaires déclarés et timbrés, et ses registres, incessamment vérifiés et contrôlés par les auteurs, feraient foi entre eux et les éditeurs. Il remplirait le rôle jadis attribué à la chambre syndicale de la librairie, qui subsista jusqu'à la Révolution Française, et qui tenait obligatoirement registre des déclarations de tous les ouvrages mis sous presse.

Le même système fonctionnait en Angleterre, et c'est, par parenthèse, grâce à la déclaration faite à la Chambre des libraires de Londres, le 26 juin 1602, que l'on connaît la date approximative de la première représentation d'*Hamlet*.

Ce plan n'a pas été mis à exécution. Il fut peu soutenu. Suivant L. Ulbach, dans l'article cité plus haut, le système d'un estampillage par un bureau mixte, en dehors de l'État, ne vaut pas mieux que le timbrage par l'État. Il établirait une inquisition par un comité d'auteurs et d'éditeurs sur les affaires des écrivains. La rétribution que toute édition devrait payer à cette sorte de *Bureau Veritas* de la librairie, comme on disait, pour le couvrir de ses frais et débours, cette rétribution, quoique moins onéreuse que le minimum de l'impôt du timbre de l'État, n'était du goût de personne.

Enfin se contenter, comme on le faisait autrefois pour les livres classiques, d'apposer la griffe de l'auteur sur chaque exemplaire, est un procédé dérisoire. Qui empêcherait, dit L. Ulbach, l'éditeur capable de tricher sur le tirage, de faire faire une double griffe pour égratigner impunément l'auteur favori?

Selon le même écrivain, il n'y a qu'un seul moyen d'avoir un contrôle certain, si l'on veut absolument un contrôle. Nul besoin de recourir à des innovations gênantes, blessantes, que les auteurs un peu fiers n'imposeraient jamais aux éditeurs qu'ils estiment. Il n'y a qu'à perfectionner seulement ce qui existe. L'éditeur est obligé légalement de faire au Ministère de l'Intérieur la déclaration de l'édition de chaque livre, du chiffre du tirage etc. Cette déclaration qui se fait toujours pour la première édition est généralement négligée pour les suivantes. Pourquoi ne pas exiger que cette déclaration soit faite strictement? Pourquoi l'auteur ne recevrait-il pas un récépissé de la déclaration? La surveillance en serait sévère. On pourrait frapper d'une amende de 500 francs, par exemple, tout oubli de déclaration, et d'une amende de 10.000 au moins, sinon de la prison, toute déclaration fausse. Enfin l'auteur aurait, au Ministère, la facilité de savoir toujours, et de savoir seul, les tirages réels de son livre. On lui communiquerait confidentiellement ce qui le concerne, en refusant la communication à ses confrères.

Ce système serait certainement réalisable. C'est le plus pratique de tous ceux qui ont été proposés.

Mais selon nous, et malgré de retentissants procès, assez rares d'ailleurs (1), la meilleure sauvegarde est encore la bonne foi reconnue des principaux éditeurs de Paris, la nécessité pour eux de l'honnêteté absolue, la difficulté, pour ne pas dire l'impossibilité de fraudes qui fausseraient les livres, rendraient complices les employés et les comptables de la maison. Les comptes du papetier, de l'imprimeur, du brocheur, des libraires, de tout le petit détail, en un mot, il faudrait les altérer les uns après les autres?

Il est très rare que l'on accuse les éditeurs, on garde à leur comptabilité la même foi qu'aux actes notariés. Notre expérience personnelle est toute en leur faveur.

Il n'y a pas un éditeur, non seulement fameux, mais simplement en exercice régulier, qui n'ait une comptabilité commerciale en règle, qui ne s'expose aux plus grands risques, s'il ne l'a pas, et dans les comptes duquel, par décision même du Tribunal de Commerce, un auteur lésé ou qui croit l'être, n'obtienne le pouvoir d'intervenir.

On n'examine pas assez toutes les faces du problème. Est-ce que les éditeurs ne sont pas exposés, tous les jours, à acheter un manuscrit mauvais? Ils se trompent forcément

---

(1) Procès Paul Bourget-Lemerre (juin 1896).

sur plusieurs ouvrages, perdent leur argent à les publier. Demandent-ils, eux, un contrôle pour décider de la valeur commerciale d'une œuvre? Et dans les soldes, quand des centaines de tomes brochés sont livrés au poids à des marchands, exigent-ils de l'auteur invendable des dommages-intérêts?

Pourquoi montrer plus de méfiance contre ce commerce spécial de la librairie que contre les autres transactions du commerce ou de l'industrie? Le mieux est donc de s'en tenir aux rapports ordinaires de confiance mutuelle qui existent entre tout acheteur et tout vendeur.

Ne quittons pas ce sujet, sans dire que voici deux ou trois ans, il s'est fondé à Paris une association d'édition mutuelle qui est en pleine prospérité et qui trouve moyen de donner aux auteurs des droits inespérés.

Voici comment elle procède, selon un article du *Figaro* auquel nous empruntons ces renseignements.

Un manuscrit est agréé, imprimé, lancé. La société a un livre de comptes qui est toujours à la disposition de l'auteur. Il y voit toutes les dépenses et tout l'argent rentré. Tant que les dépenses occasionnées par son livre ne sont pas couvertes, l'auteur ne touche rien. La société prélève, en outre, la part des dépenses générales qui revient à chacun : une somme insignifiante grâce au grand nombre des auteurs. Chacun concourt ainsi aux dépenses de tous.

Cela fait, l'auteur touche intégralement la moitié de tout l'argent que rapporte son livre. Et cette moitié représente, en réalité, deux ou trois fois ce que donnent les éditeurs de la vieille manière. Cela se comprend aisément, les frais d'un livre étant presque toujours couverts par la vente des 5 ou 600 premiers exemplaires.

Cette Société d'édition, ainsi basée sur l'idée de mutualité, ne s'occupe, pour le moment, que de publications scientifiques : médecine, physiologie, géographie, voyages, etc... Elle est en train de bouleverser les usages, dans son petit coin. Les jeunes qui n'ont pas d'engagements ailleurs, y accourent, certains que leurs travaux, pour peu qu'ils réussissent, leur rapporteront 2 ou 3.000 fr. au lieu du billet de 500 fr.

arraché une fois pour toutes à l'éditeur de la vieille manière.

Il y a là une idée pratique et généreuse, dont il serait bon que la réalisation se propageât, et s'étendît parmi les écrivains. La question serait plus compliquée pour l'édition des romans, par exemple, mais pas au point de n'être pas mise en pratique. Et la preuve, c'est que l'exemple a été suivi par des hommes de lettres eux-mêmes. Il existe actuellement, à Paris, une *Société libre d'édition des Gens de Lettres*, fondée le 7 mai 1895, sur les mêmes principes et qui paraît devoir donner des résultats très satisfaisants.

CHAPITRE X

PUBLICITÉ ET PROPRIÉTÉ LITTÉRAIRE.

Publicité des livres nouveaux. — Annonces. — Choix des journaux. — Importance secondaire du tirage. — Agents de publicité peu scrupuleux. — Expérience de l'éditeur sur ces questions. — Propriété littéraire et artistique. — Certains droits d'auteur. — Lois sur la propriété littéraire. — La Convention de l'*Union de Berne* (1887). — Pays où la propriété littéraire n'est pas protégée.

L'expérience pratique dans l'art d'annoncer un ouvrage nouveau est pour le livre une des conditions les plus importantes au point de vue pécuniaire. On a vu des livres, sans valeur, même malgré les attaques littéraires de la critique, obtenir un grand succès par la seule force d'une publicité large, persévérante et habile.

Il n'est pas nécessaire d'envoyer des annonces à tous les organes de publicité : là un choix prudent s'impose. Quels moyens avons-nous de savoir si le choix est bon ou mauvais; si l'on a raison de chercher la publicité dans tel journal particulier; si les profits compenseront les dépenses?

Nous commençons par prévenir les débutants de ne pas juger l'importance d'un périodique par le chiffre de son tirage. Un journal qui tire à dix mille exemplaires n'est pas pour cela cinq fois plus avantageux pour la publicité qu'un autre journal à deux mille. Ensuite il arrive quelquefois que le petit tirage est plus utile que le grand.

De plus, il est impossible de connaître, avec certitude, le tirage réel de certains journaux. Évidemment les feuilles quotidiennes les plus considérables de la capitale et de la province peuvent fournir les preuves commerciales de leur tirage, d'après les livres authentiques et légalement revisés de leurs comptables; mais où sont les journaux disposés à révéler les secrets de leur comptabilité ? Quel est le directeur qui livrerait l'examen de ses opérations au client inquisiteur qui n'achètera sa publicité qu'une ou deux fois, peut-être jamais ? On ne peut attendre une pareille confiance d'aucun homme d'affaires : pourquoi l'exiger d'un directeur de journal ? Sur ce point, un journal technique anglais fait l'observation suivante :

« C'est une vraie surprise pour nous de voir l'obstination des gens à savoir le tirage d'un journal quelconque. Fût-il le plus considérable de tous, le tirage n'est pas une garantie du succès de la publicité. On doit tenir compte de facteurs plus importants : l'influence du journal, le genre de ses lecteurs. Personne ne demande à son boucher, à son épicier, de publier le chiffre de ses clients annuels; il est inadmissible qu'un auteur vienne demander aux directeurs de journaux un renseignement semblable. »

Autre inconvénient grave : les agents peu scrupuleux de certains journaux n'hésitant pas à doubler, tripler, quintupler même, dans leurs affirmations, le tirage de leur feuille, le directeur d'un organe respectable n'a plus qu'à se taire : renonçant à se servir de ces faussetés, il ne fondera ses droits à la confiance des clients que sur le caractère, la solidité et l'ancienneté de son journal. Le *Times* n'a jamais révélé son tirage : y a-t-il un seul doute sur la valeur de sa publicité ? N'est-il pas au-dessus d'un chiffre ?

Les éditeurs expérimentés estiment à son vrai prix l'importance de la publicité dans chaque journal. Ils ont une meilleure pierre de touche que le tirage; ils savent si les annonces précédentes leur ont donné du bénéfice : si une insertion précédente a rapporté, il est probable que les autres rapporteront aussi.

L'auteur, le débutant surtout, n'ayant pas cette expérience, harcelé par les racontars des agents irresponsables de certaine presse, n'a donc qu'un seul parti à prendre : il remettra la somme nécessaire entre les mains d'un éditeur consciencieux pour les frais de publicité. Le résultat sera dix fois meilleur que s'il risquait cette somme lui-même, ignorant les conditions et la longueur, l'importance de l'annonce à faire, dépensant trop, s'adressant quelquefois à un journal incapable de lui rendre aucun service. L'éditeur, au contraire, agit d'après des principes certains et la connaissance des choses acquise dans l'exercice de sa profession. Aux journaux qui peuvent être utiles, à ceux-là seuls, l'éditeur adressera ses demandes.

Mieux que personne, généralement, l'éditeur sait lancer une annonce; l'art de les rédiger ne s'apprend que par la pratique. C'est encore l'éditeur qui est le plus à même de s'occuper des détails matériels : envoi des exemplaires aux journaux choisis, mode de paiement, moyens de veiller sur l'insertion des annonces et de vérifier si elles ont paru à temps voulu. C'est une multitude de minuties importantes qu'un auteur prudent devra confier à des mains expérimentées (1).

La propriété littéraire et artistique est le droit exclusif qu'a l'auteur d'un ouvrage de littérature, de science ou d'art, de reproduire son œuvre par un procédé de reproduction quelconque, tel que la typographie, la gravure, le moulage, etc...

La loi qui régit actuellement la propriété littéraire, la loi du 14 juillet 1866, accorde ce droit à l'auteur pour toute sa vie, viagèrement à la veuve et pendant une période de cinquante ans aux héritiers à quelque degré que ce soit. Cette propriété qui apparaît, aujourd'hui, comme un droit si simple, si naturel, est pourtant de date récente. Ce n'est que depuis un siècle à peine qu'elle s'est imposée à l'opinion publique, comme à la jurisprudence (2).

On ne saurait en rencontrer la notion et le principe dans aucune législation de l'antiquité. A Rome, cependant, l'écrivain dramatique jouissait en fait d'une sorte de propriété de ses œuvres par la faculté qu'il avait de vendre ses pièces aux édiles,

---

(1) Pour la formule de publicité la plus habituelle en France, voyez l'article sur le Rédacteur bibliographe dans le *Journal* qui traite de l'*inseratur* et des difficultés qui retombent sur le journaliste. Ici nous ne parlerons que des difficultés de l'auteur, ce qui est déjà embrasser un horizon bien suffisamment vaste.

(2) Nous empruntons les éléments de ce chapitre au *Dictionnaire Larousse* : art. sur la Propriété Littéraire, et à l'*Almanach Hachette* de 1894, qui consacre une de ses pages à ce sujet.

chargés de l'organisation des spectacles publics. Suétone nous rapporte que Térence toucha de fortes sommes pour les représentations de son *Eunuque*, comédie qui eut un grand succès. Mais aucun texte de loi ne consacrait cette possibilité pour le poète dramatique de tirer un bénéfice de son œuvre et ne l'érigeait en droit. Tout possesseur d'un manuscrit original ou d'une copie pouvait le transcrire et le multiplier à son gré, sans que l'auteur pût réclamer aucune rémunération.

Il en fut de même pendant toute la période du Moyen Age. L'imprimerie devait forcément, comme conséquence de la reproduction et de la propagation rapide des écrits, créer des conditions nouvelles dont bénéficièrent d'abord les libraires-éditeurs, puis les auteurs eux-mêmes. C'est ainsi qu'au seizième siècle il devint possible de tirer un produit légitime d'une œuvre. Mais la loi n'intervient pas encore pour sanctionner le droit, il n'est reconnu et consacré que par le *privilège* que le roi peut accorder ou refuser, selon son bon plaisir. Ce privilège, d'abord réclamé et obtenu par les seuls libraires-éditeurs, n'est concédé habituellement que pour une période de temps limitée, pour permettre à l'éditeur de recueillir des bénéfices convenables. Pour une nouvelle édition, il fallait un renouvellement de privilège. Quant à l'auteur, le privilège ne se préoccupait pas de lui ; le règlement de ses gains, de ce que nous appelons aujourd'hui ses droits d'auteur, était affaire entre l'éditeur et lui. Le contrat le plus fréquent était la vente pure et simple du manuscrit au libraire. On ne connaissait pas le tant-pour-cent qui est la forme la plus usitée des droits d'auteur à notre époque. Le tirage était trop restreint, la vente trop limitée, pour qu'on eût l'idée d'adopter ce procédé. Très souvent aussi l'auteur se contentait des résultats intellectuels et moraux de la publication, abandonnant tous bénéfices à l'éditeur, et suffisant à sa vie par les charges et pensions que lui octroyait la faveur du roi ou d'un grand seigneur.

M. Octave Uzanne, dans son ouvrage plein de faits si attachants, *Nos amis les livres*, nous donne sur les droits d'auteur d'autrefois quelques chiffres trop instructifs, pour que nous ne nous permettions pas de les lui emprunter.

Boileau vendit le *Lutrin* à Thierry, en 1674, pour une

somme de 600 livres. Chapelain, vers 1656, vendit les douze premiers chants de sa *Pucelle* 2.000 livres pour l'édition in-folio et 1.000 livres pour l'édition in-12. J.-J. Rousseau tira 6.000 fr. de son *Émile*, et Diderot 600 seulement de ses *Pensées philosophiques*, et une rente de 50 livres pour l'*Encyclopédie*; Delille vendit 400 fr. sa traduction des *Géorgiques*; Restif de la Bretonne, un des plus féconds écrivains du dix-huitième siècle, avec l'abbé Prévost, tirait, en moyenne, et assez malaisément paraît-il, de 12 à 15 livres de chacun de ses romans.

En Angleterre, où les droits d'auteur sont reconnus vers 1667, Milton céda le *Paradis Perdu* à son imprimeur à raison de 5 livres sterling (soit 125 fr.) pour 1.800 exemplaires du premier tirage, avec réserve de cinq guinées à chaque nouvelle édition.

Vers 1698 Dryden publia ses fables et les vendit à raison de 268 livres pour 10.000 volumes.

Stern vendit *Tristam Shandy* pour 50 livres.

Enfin, en ce siècle, Byron gagna environ 500.000 fr. avec ses œuvres, et Walter Scott près de deux millions.

Au dix-huitième siècle l'usage prévalut de concéder aux éditeurs le privilège perpétuel. Ce fut un progrès pour les auteurs qui purent ainsi céder leurs œuvres à plus haut prix. Bientôt la jurisprudence, sinon la loi, allait faire un premier pas vers le principe de la propriété littéraire. Un arrêt du Conseil du 30 août 1777 reconnaît, en effet, que le privilège de la publication d'un livre pourrait, non seulement être accordé directement à l'auteur lui-même, mais encore que ce privilège passerait aux héritiers à perpétuité. Ce n'était pas encore la consécration et la confirmation du droit, qui dépendait toujours du régime du bon plaisir, mais cette extension large du privilège à l'auteur et à ses héritiers créait une singulière amélioration dans la situation matérielle de l'écrivain. Nul doute que ce progrès ne fût dû, comme tant d'autres en d'autres sujets, à l'esprit ardent et batailleur des Encyclopédistes, de ces vrais ancêtres de l'homme de lettres d'aujourd'hui, qui avaient pris conscience de l'indépendance et de la dignité des Lettres. La propriété littéraire n'apparaît vraiment en tant que droit que dans la loi du 19 juillet 1793, votée par la Convention. Une simple notice, un manuel de cuisine, un catalogue de musée sont protégés par cette loi; un manuscrit non encore publié constitue une propriété, et l'auteur ou ses ayants droit peuvent poursuivre en contrefaçon celui qui aurait abusé de la possession de ce manuscrit pour le reproduire ou le démarquer.

La loi de 1793, on le voit, affirme très largement le droit, mais elle est plus étroite dans l'application. Elle ne reconnaît que viagèrement à l'écrivain ou à l'artiste le droit exclusif de tirer parti de l'œuvre par la vente ou la reproduction, et ce droit n'est transmissible que pour dix ans aux héritiers. Le projet de loi, dont le rapporteur fut Lakanal, était cependant beaucoup plus large. Il affirmait hautement que nul droit n'est plus incontestable. Comme le dit Laboulaye, auteur d'*Études sur la propriété littéraire*, « la réforme est dans le rapport de la loi, la routine est dans le texte ».

Un décret du 5 février 1810 vint améliorer la condition de la famille de l'auteur, en consacrant le droit viager de la veuve et en étendant à vingt ans la transmissibilité aux enfants et descendants en ligne directe. Les autres héritiers restaient régis par la loi de 1793.

Sous la Restauration un mouvement d'opinion s'accentua dans le sens d'une plus large reconnaissance des droits. Un nouveau projet élaboré dans les Chambres de 1825 et 1826 avorta, et fut repris sans succès en 1832 et en 1841. Nous lui devons une superbe harangue de Lamartine, rapporteur du projet en 1841, qui concluait à la transmissibilité pour 50 ans. Nous avons vu plus haut que ce fut cette période de 50 ans qu'adopta enfin la loi 14 juillet 1866. Auparavant une loi du 8 avril 1854 avait accordé la transmissibilité pour 30 ans aux enfants et petits-enfants.

La loi du 14 juillet 1866 est très large : elle s'étend aux auteurs d'écrits en tous genres, science, littérature, histoire, etc., à condition bien entendu, qu'ils aient fait œuvre originale et non de copiste. Pour les traductions la loi ne s'applique pas aux traducteurs de livres étrangers tombés dans le domaine public. Il est évident que chacun a le droit de reprendre l'œuvre étrangère et de la traduire à son tour.

La protection de la loi s'étend, en général, au titre même du livre. Le titre, en effet, est le signe distinctif, l'enseigne, pour ainsi dire, d'un livre. Il ne peut être emprunté pour une publication, similaire ou non. Exception est faite pour toute cette catégorie d'ouvrages dont le titre n'est que la désignation du sujet même, et qu'on ne saurait intituler autrement. Il en est ainsi, par exemple, des Dictionnaires et Encyclopédies, des Grammaires, des Histoires de tel ou tel peuple ou de telle ou telle période.

Cette protection du titre a surtout une grande importance quant au journal, le titre pour un journal étant encore plus caractéristique, plus enseigne que pour un livre. Mais si le journal cesse de paraître, il est de règle constante que le titre retombe dans le domaine public. Disons, en passant, que cette règle ne nous paraît pas très équitable. Un journal, pour une raison ou pour une autre, peut cesser de paraître, mais non sans esprit de retour, sans espoir de renaître. Dans cette intervalle une feuille nouvelle peut être créée à qui il sera permis de s'emparer du titre du défunt, et quand celui-ci reparaîtra il lui sera interdit de reprendre ce qui lui appartient; en somme, il se trouvera dépouillé d'un nom, d'un titre autour de qui s'étaient groupés des idées, des sympathies, des intérêts, et que la feuille rivale, sous le couvert de cette même enseigne, aura peut-être attirés.

Sans aller jusqu'à assurer à un journal mort la perpétuité de la possession d'un titre, on pourrait la lui maintenir pendant un intervalle d'années suffisant pour que la prise du titre par un nouveau journal ne puisse plus porter préjudice au cas où il ressusciterait.

L'exercice du droit de propriété littéraire est subordonné à la formalité du dépôt de deux exemplaires de l'ouvrage au ministère de l'Intérieur, à Paris; à la préfecture pour les chefs-lieux de département; à la sous-préfecture dans les chefs-lieux d'arrondissement; et dans les autres villes à la mairie. Cette formalité du dépôt doit être remplie par l'imprimeur sous sa responsabilité.

La loi de 1866, nous l'avons dit, protège la propriété littéraire et artistique. Mais la jurisprudence fait une différence entre les droits de l'écrivain et ceux de l'artiste, si on les envisage dans les rapports avec des créanciers. Le manuscrit d'un auteur est insaisissable; c'est la propriété intime, personnelle de son auteur. Un créancier ne pourrait d'aucune manière se prévaloir de sa créance pour saisir le manuscrit, le faire éditer et se payer sur le produit de la publication. On considère avec raison qu'il y aurait dans ce fait une atteinte à la conscience de l'écrivain, seul maître et juge de la destination de son œuvre.

Il n'en est pas de même pour une œuvre d'art qui, dès qu'elle est exécutée, et avant même d'avoir été l'objet d'aucune exposition publique, devient cependant une valeur appréciable, entrant dans le patrimoine, l'actif de l'auteur, et pouvant être saisie comme toute partie du mobilier.

Les dispositions de la loi de 1866 ont été heureusement complétées par celles de la convention de l'*Union de Berne* du 5 septembre 1887, qui fut elle-même le résultat de l'*Association internationale pour la défense des droits de propriété littéraire et artistique*. Cette association se constitua à Paris en 1878, sous le patronage de la Société des Gens de Lettres. Elle tint des Congrès dans différents pays, créa un mouvement d'opinion d'où sortit *l'Union de Berne* de 1887 entre l'Allemagne, la Belgique, l'Espagne avec ses colonies, la France, la Grande-Bretagne avec ses colonies et possessions, l'Italie, la Suisse, le Luxembourg, Monaco, le Monténégro, la Tunisie et Haïti.

Voici les principales dispositions de la Convention de l'*Union de Berne* :

Les auteurs jouissent, dans tous les pays de l'Union, des droits que les lois leur accordent ou leur accorderont par la suite dans leur propre pays.

La Convention s'applique aussi aux éditeurs d'œuvres publiées dans un des pays de l'Union, même lorsque l'auteur appartient à un pays qui n'en fait pas partie.

La durée de la garantie assurée aux auteurs, dans les pays de l'Union, varie cependant avec la loi de chacun de ces pays. Comme nous l'avons dit plus haut, on est traité en principe partout comme les nationaux le sont eux-mêmes, sous cette réserve que la durée de protection ne peut excéder celle accordée dans le pays d'origine. Exemple : Un auteur français, protégé en France durant toute sa vie et cinquante ans après sa mort, l'est en Belgique et en Espagne pendant sa vie et *cinquante* ans après sa mort, comme en France ; en Allemagne et en Suisse, pendant sa vie et *trente* ans au delà ; en Angleterre sa vie durant et *sept* ans après sa mort, avec minimum de *quarante-deux* ans, etc...

Les auteurs d'ouvrages publiés en France possèdent le droit exclusif de traduction pendant un espace de temps variable selon les pays, savoir :

en *Allemagne, dix ans*. Quand l'auteur publie une traduction dans le délai de trois ans, ce délai ne court que de la date de la publication de celle-ci ;

en *Angleterre, sept ans après la mort de l'auteur*, en tout au moins quarante-deux ans, à la condition de publier une traduction dans le délai de dix ans ;

en *Belgique, Espagne, Monaco, Tunisie, cinquante ans après la mort de l'auteur* ;

en *Suisse, trente ans après la mort de l'auteur*, pourvu que celui-ci ait publié ou autorisé une traduction dans le délai de cinq ans ;

en *Italie, dix ans.*

En dehors de l'Union de Berne, où le minimum du droit de traduction est de *dix ans*, nous trouvons :

les *États-Unis* où le délai est de *vingt-huit ans* à dater de la publication, avec faculté de renouvellement pour un nouveau délai de quatorze ans en faveur de l'auteur, de sa femme et de ses enfants ;

la *Suède, cinq ans*, à condition de traduire dans les deux ans.

Aux *Pays-Bas*, en *Russie* et en *Danemark, la traduction est libre*, mais dans ce dernier pays, ainsi qu'en *Norvège*, la législation paraît à la veille d'une évolution favorable à la protection du droit de traduction.

Le *Portugal* exige que la traduction autorisée ait paru dans le délai de *trois ans*, et ne la protège que pendant cinq ans.

Dans le ressort de l'*Union*, aucune mention de réserve n'est exigée pour se garantir contre la traduction ; en dehors de ces pays, la pratique est variable, mais il est plutôt rare que l'on réclame une réserve, au moins pour les livres. La *Suède* l'impose et veut même que l'on indique la ou les langues que l'on compte employer.

En *Autriche* et en *Hongrie*, cette réserve est également exigée. En Autriche, la propriété littéraire n'est réellement garantie que si, dans les huit mois qui suivent la publication de l'ouvrage, on l'a fait enregistrer à Vienne, au ministère des affaires étrangères.

Le *Portugal* exige une mention de réserve et un enregistrement.

Les articles de journaux ou de recueils périodiques publiés dans un pays de l'*Union* peuvent être reproduits ou traduits dans les autres pays de l'*Union* à moins que l'auteur ou l'éditeur ne l'aient interdit. En aucun cas, cette interdiction ne peut s'appliquer aux articles de discussion politique ou aux reproductions des nouvelles du jour et des faits divers.

Pour les œuvres anonymes et pseudonymes, l'éditeur dont le nom figure sur l'ouvrage est fondé à sauvegarder les droits de l'auteur.

Toute œuvre contrefaite peut être saisie à son importation dans les pays de l'*Union*.

Les dispositions qui précèdent s'appliquent à la représentation publique des œuvres dramatiques, musicales, que ces œuvres soient ou non publiées. Pour les œuvres musicales, l'auteur doit déclarer, en tête de l'ouvrage, qu'il en interdit l'exécution publique. Cette reproduction illicite ne vise pas seulement la reproduction directe et complète, mais encore les appropriations indirectes, telles qu'adaptations, arrangement de musique etc...

Tels sont les plus importants dispositifs de cette Convention de l'*Union de Berne* qui est venue régler les rapports internationaux de propriété littéraire laissés jusque-là au régime du pillage et de la contrefaçon.

Ceux de nos lecteurs qui voudront de plus amples notions, pourront s'adresser au bureau central de l'*Union*, établi à Berne, qui centralise les renseignements utiles, sert de lien entre les administrations des divers pays syndiqués, publie un organe mensuel en langue française intitulé le *Droit d'auteur*, et répond à toutes les demandes qui lui sont adressées concernant la propriété littéraire et artistique.

Le *Cercle de la Librairie* (117, boulevard Saint-Germain, à Paris), se charge de l'accomplissement des diverses formalités requises à l'étranger, moyennant remise des exemplaires et payement d'une taxe déterminée.

Mentionnons, pour finir, les principaux pays où les auteurs français ne sont pas protégés. C'est : la Russie, le Brésil et la plupart des autres États de l'Amérique du Sud (cependant la France a conclu des traités avec la Bolivie, le Mexique, le Salvador), les États des Balkans (sauf le Monténégro, qui fait partie de l'Union de Berne) et la Turquie. — En Égypte, les tribunaux mixtes appliquent les principes du droit commun.

Dans les pays Scandinaves la protection est encore mal définie.

Aux États-Unis elle est soumise à la condition absolue de la fabrication et de la publication dans le pays, au plus tard le jour où l'œuvre est publiée ailleurs : il faut donc faire paraître deux éditions le même jour : une en France, une autre en Amérique.

Aussi, en ce dernier pays, l'absence de lois protégeant les écrivains étrangers et l'absence de scrupules a-t-elle permis des actes de piraterie inouïs. Il y a quelques années, un grand éditeur de Londres avait payé à lord Beaconsfield, si célèbre en littérature sous le nom de Disraéli, le manuscrit d'*Endymion* 10.000 livres sterling, soit 250.000 francs. Ce n'était pas une somme méprisable. Un éditeur a vent de l'affaire. Il soudoie un ouvrier pour avoir de bonnes épreuves, les rassemble. Un steamer attendait avec une équipe de compositeurs. Les épreuves leur furent remises ; pendant la traversée, les formes furent composées, de façon qu'à l'arrivée à New-York, il n'y eut plus qu'à faire rouler les machines, et l'Américain vendit, en même temps que l'éditeur anglais, le roman de Disraéli à un prix bien inférieur.

Autre exemple non moins topique et typique, non moins Yankee. La *Ronde de Nuit*, de Rembrandt, a été éditée par Goupil et Cie, à un nombre limité d'épreuves, mais d'un prix très élevé. Certains états se vendent 2.500 francs. Cette œuvre d'art, gravée par Waltner, a été publiée en mars 1887. Au mois de mai suivant, les contrefaçons de cette planche étaient vendues un dollar, soit cinq francs en Amérique.

CHAPITRE XI

LA BIBLIOGRAPHIE.

Bibliographie européenne. — Recueils de Bibliographie générale.

La bibliographie a pour but de décrire et de cataloguer les livres. Le bibliographe dresse la liste des sujets et des livres qui les traitent. Elle est donc, pour le classement des livres en général, ce que les tables des matières sont pour chaque livre en particulier (1).

Elle rend des services énormes aux hommes d'étude et aux écrivains. Il arrive quelquefois qu'un auteur découvre, au moment où il entreprend un ouvrage ou même au moment où il va le livrer à l'impression, que son sujet a déjà été traité d'après le plan même qu'il avait adopté. Il arrive aussi que les écrivains qui ont déjà traité ce même sujet pouvaient lui fournir les renseignements qu'il était de son devoir de connaître ou de rechercher, l'ignorance des travaux antérieurs peut le livrer sans défense aux attaques de la critique. Enfin les recueils bibliographiques dressent un état de tout ce qui a été écrit sur un sujet donné, et il est ainsi facile de voir, en quelques instants, les ouvrages qu'il peut être nécessaire de consulter. Ils renseignent également sur les titres et font éviter d'en choisir un déjà pris.

(1) La Bibliographie, autrefois, était l'art de chiffrer et de connaître les anciens manuscrits. La signification actuelle du mot ne date que du milieu du siècle dernier; elle est employée pour la première fois dans l'ouvrage intitulé *Bibliographie instructive*, par G. F. de Bure, publié à Paris de 1763 à 1783. Cette œuvre importante et pleine d'informations exactes comprenait 10 volumes in-8° traitant diversement les ouvrages des diverses sciences; le dixième volume était consacré aux livres anonymes.

S'il existait un catalogue universel de tous les livres qui ont paru depuis l'invention de l'imprimerie et si ce catalogue renfermait un classement des livres selon leur contenu, il ne serait pas difficile de savoir si tel ou tel sujet a été traité, et qui l'a traité, si tel ou tel titre a été déjà employé. Mais il n'existe pas de catalogue de ce genre, il serait probablement impossible d'en composer un pareil à présent.

Ce vide n'est pas comblé par le catalogue d'aucune des grandes bibliothèques du monde, et même s'il était possible de réunir tous les catalogues de toutes les bibliothèques publiques on n'obtiendrait pas encore le résultat cherché. Outre qu'aucune de ces grandes bibliothèques ne contient un exemplaire de chaque livre paru, il est à peu près impossible, malgré l'habile organisation de la plupart de ces vastes collections, d'y trouver un ouvrage à l'aide de son seul titre. Il faudrait souvent visiter les bibliothèques de différents pays si l'on avait à consulter l'ensemble des œuvres de certains auteurs. Les catalogues ne sont pas classés. Ils sont généralement dressés suivant un ordre doublement alphabétique (habituellement d'après les noms de l'auteur et les titres des livres) ou chronologique, de sorte qu'il faudrait examiner chaque article séparément pour arriver à réunir les ouvrages qui traitent d'un même sujet. Pour trouver les livres parus, par exemple, sur une science ou un art donné, il faudrait parcourir plusieurs centaines de pages de catalogue, besogne aussi fastidieuse qu'interminable.

Le besoin d'être sûrement et promptement renseigné a créé la science des livres ou bibliographie. Nous ne croyons pas inutile de donner ici une liste des principaux recueils de bibliographie générale et de bibliographie spéciale à chaque pays.

La liste suivante de recueils généraux et spéciaux sera extrêmement utile à un auteur. Beaucoup de ces ouvrages donnent un aperçu de tout ce qui a été publié sur différents sujets, avec l'opinion de la critique sur la valeur de plusieurs des ouvrages cités. On y trouvera aussi quelques observations sur l'art d'écrire et de faire la critique.

Aungerville de Bury (R.). — *Philobiblion*. First American edition, with English translation of J.-B. Inglis. Edited by S. Hand. Albany, 1861; in-8°.

Barbier (A.-A.) et Desessarts (N.). — *Nouvelle bibliothèque d'un homme de goût*. Paris, 1808-10; 5 vol. in-8°.

Bauer (J.-J.). — *Bibliotheca librorum rariorum universalis*. Nurnberg, 1770-72; 4 vol. in-8°.

— *Supplément*. Nürnberg, 1774-91; 3 vol. in-8°.

Beloe (W.). — *Anecdotes of Literature and Scarce Books*. London, 1807-12; 6 vol. in-8°.

— *Book Collector's Handbook*. London, 1843.

Boulard (S.). — *Traité élémentaire de Bibliographie*. Paris, 1804; in-8°.

Brunet (Jacques-Charles). — *Manuel du Libraire et de l'amateur de livres*, 3 vol. in-8°. 1811.

— 6° et dernière édition, Paris, 1860-65; 6 vol. in-8°.

— *Supplément*, par MM. Deschamps et Brunet. Paris. Didot. 1878-80. 2 vol. in-8°.

— Rédigé par une société de Bibliographes Belges. Bruxelles, 1838-39, 4 vol. in-8°.

— *Nouvelles recherches bibliographiques*. Paris, 1834; 3 vol. in-8°.

Brunet (P. Gustave). — *Dictionnaire de Bibliologie Catholique*. Paris, Migne, 1860; in-8°.

Brunet (P. Gustave). — *Imprimeurs imaginaires et libraires supposés*. Paris, 1866; in-8°.

Bure (G.-F. de). — *Bibliographie instructive*. Paris, 1763-83; 10 vol. in-8°, contenant : Vol. I : Théologie ; — II : Jurisprudence, Science, Arts ; — III et IV : Belles-Lettres ; — V, VI, VII : Histoire ; — VIII, IX : Catalogue des livres de L.-J. Gaignot ; — X : Livres Anonymes.

On y joint généralement le catalogue des livres de M. le duc de la Vallière, par G. de Bure, en 3 vol.

Burton (J.-H.). — *The Book Hunter*. Edinburgh, 1862; in-12.

[Une nouvelle édition est en préparation.]

Caillot (A.). — *Voyage autour de ma Bibliothèque*. Paris, 1809; 3 vol. in-12.

Clarke (Adam). — *A Bibliographical Dictionary of the most Curious Scarce, Useful, and Important Books in all Departments of Literature*. Liverpool and Manchester, 1802-4. 6 vol. in-12.

Clarke (Adam). — *The Bibliographical Miscellany*, containing : I, An Account of the English Translations of all the Greek and Roman Classics, and Ecclesiastical Writers... II, An Extensive List of Arabic and Persian Grammars, Lexicons, and Elementary Treatises... 2 vol. in-12. London, 1806. Two Copies. Vol. II. Contains :

1. Remarks on the Origin of Language and Alphabetical Characters.
2. History of the Origin of Printing.
3. Introduction and Perfection of the art in Italy.
4. A Catalogue of Authors and works on Bibliography.
6. An Essay on Bibliography.
7. Several bibliographical systems, teaching the proper method of arranging books in a large library.

8. A complete table of the Olympiad.
9. The Roman Calendar.
10. The Hijrah — Mohammedan Æra.
11. Tables of the Khalifs, Kings of Persia, etc. from Mohammed to the present time.

Clément (D.). — *Bibliothèque curieuse, historique et critique, ou Catalogue raisonné des livres difficiles à trouver.* Göttingen, 1750-60; 9 vol. in-4°.

Darling (J.).—*Cyclopædia bibliographica.* London, 1854-59; 3 vol. in-8°.

Dibdin (Thomas Frognall). — *Bibliographical Tour in France and Germany*, second edition. London, 1829; 3 vol. in-8°.

— *Bibliomania.* London, 1809; in-8°.

— — Second edition. London, 1811, in-8°.

— *Bibliophobia.* London, 1832, in-8°.

— *Library Companion, or Young Man's guide... in the choice of a Library.* London, 1824, 2 vol. in-8°.

Duclos (l'abbé) et Cailleau (A.-C.). — *Dictionnaire bibliographique, historique et critique des livres rares, précieux, etc.* Paris, 1790; 3 vol. in-8°.

— Tome IV. *Supplément* (par J.-C. Brunet). Paris, 1802, in-8°.

Ebert (F.-A.). — *Allgemeines bibliographisches Lexikon.* Leipzig, 1821-30; 2 vol. in-4°.

— *English General bibliographical Dictionary.* Oxford, 1837; 4 vol. in-8°.

Fabricius (J.). — *Historia bibliothecæ Fabricianæ.* Wolfenburg, 1717-24; 6 vol. in-4°.

Ferwerdu (A.). — *Algemeene naam-lyst van boeken, met de pryzen.* Leeuwarden; 1771-78 [?]; 24 vol. in-8°.

La partie française en 4 vol. est intitulée « Catalogue »; la partie latine en 16 vol. est intitulée « Catalogus ». Il y a aussi un « Register » von alle rare latynische boeken, in-folio, 1 vol.

Fournier (G.-J.). — *Nouveau dictionnaire portatif de bibliographie*, 2ᵉ édition. Paris, 1809, in-8°.

Freytag (F.-G.). — *Adparatus litterarius ubi libri rari (vel) antique rec.* Lipsiæ, 1752-55, 3 vol. in-8°.

Friedlander (J.). — *Plan of Bibliography. In Smithsonian Institute.* Reports, 1858.

G. (L.-F.-A.). — *Catalogue de la Bibliothèque d'un Amateur.* Bruxelles 1823; 2 vol. in-8°.

Georgi (T.). — *Allgemeines europäisches Bücherlexicon* [1500]. 1739. Leipzig, 1742; 4 vol. in-f°.

— 5ᵉʳ Theil. Die Französichen Auctores. Leipzig, 1753; in-f°.

— les-3es. Suppl. bis 1757. Leipzig, 1758; 3 vol. in-f°.

Gessner (Conrad). — *Bibliotheca Universalis.* Zurich, 1545; in-f°. — Cet ouvrage contient la description de tous les livres écrits en hébreu, en grec et en latin, sur lesquels on pourrait exiger des renseignements. Les obstacles apportés par la diversité des langues étrangères n'ont évidemment pas permis de suivre l'intention d'être universel qu'annonçait le titre. Les trois langues susdites étaient presque les seules qu'employaient les savants à l'époque de Gessner. Son ouvrage peut donc être regardé comme indiquant assez bien l'état de la littérature imprimée au temps où il vivait.

Graesse (J.-G.-T.). — *Lehrbuch einer allgem. Litterärgeschichte.* Dresden-und Leipzig, 1837-59 ; 4 vol. in 2 part. in-4°.

— *Trésor de livres rares et précieux ; nouveau dictionnaire bibliographique.* Dresde, 1859-69 ; 7 vol. in-4°.

Guild (R.-A.). — *Librarian's Manual : a list of bibliographical works, etc.* New-York, 1858 ; in-4°.

— *Guide to the Choice of Books.* London, 1833.

Hartley (G.). — *Catalogus universalis librorum.* Londini, 1699 ; 5 vol. in-8°.

— *Handbook of Bibliographies.* Classified Catalogue, and Indexes, placed in the Reading-room of the British Museum for Reference. Printed by order of the Trustees, 1881, in-8°.

Guide précieux. La liste des auteurs anglais et de leurs œuvres est universelle et comprend tous les genres d'auteurs et toutes les branches de la science et de la littérature. Une partie très utile et très considérable de cet ouvrage est consacrée aux publications étrangères, dont on a fait un choix. Comme on a pris soin de ne rien omettre d'important, la Bibliotheca Britannica peut être considérée comme un catalogue universel de tous les auteurs connus en Angleterre, qu'ils soient anglais ou étrangers. » (Extrait de la préface.)

Horne (Thomas Hartwell). — *Introduction to the Study of Bibliography.* London, 1814, 2 vol. in-8°.

Janin (J.). — *Le Livre.* Paris, 1870, in-8°.

Joecher (C.-G.). — *Allgemeines Gelehrten-Lexicon.* Leipzig, 1750-51, 4 vol. in-4°.

Kœnig (G.-M.). — *Bibliotheca vetus et nova.* Altdorfi, 1678 ; in-fol.

Lalanne (M.-L.-C.). — *Curiosités bibliographiques.* Paris, 1857 ; in-16.

Lesley (J.-P.). — *On the Classification of Books.* (In Smithsonian Institute Report. 1862).

Los Rios (F. de). — *Bibliographie instructive* ou Notice de livres rares, etc. Avignon, 1777, in-8°.

Merryweather (P.-S.). — *Bibliomania in the Middle Ages.* London, 1849, in-16.

Morhof (D.-G.). — *Polyhistor :* sive de notitia auctorum et rerum commentarii. Ed. 2ª ; Lubecœ, 1695-98 ; 2 vol. in-4°.

— *Polyhistor litterarius philosophicus et practicus ;* cum accessiones J. Frickii et J. J. Molleri [cum] præf., etc... J. A. Fabricii. Lubecæ, 1732 ; 2 vol. in-4°.

Namur (P.). — *Bibliographie paléographico-diplomatico-bibliologique générale.* Liège, 1838 ; 2 vol. in-8°.

— *Projet d'un nouveau système bibliographique des connaissances humaines.* Bruxelles, 1839 ; in-8°.

NICERON (J.-P.). — *Mémoires pour servir à l'histoire des hommes illustres dans la république des lettres*, avec un catalogue raisonné de leurs ouvrages. Paris, 1729-41; 43 vol. in-12.

OSMONT (J.-B.-L.). — *Dictionnaire typographique, historique, et critique des livres rares*. Paris. 1768; 2 vol. in-8°.

PEIGNOT (Étienne Gabriel). — *Dictionnaire raisonné de Bibliologie*. Paris, 1802-1804, 2 vol. et *Supplément*, 1 vol. in-8°.

— *Répertoire bibliographique universel*. Paris, 1812; in-8°.

— *Manuel du bibliophile* ou *Traité du choix des livres*. Dijon, 1833; 2 vol. in-8°.

— *Répertoire de bibliographies spéciales*. Paris, 1810; in-8°.

PETZHOLDT (Julius). — *Bibliotheca bibliographica*. Leipzig, 1866; in-8°.

POWER (J.). — *Handy book about books*. London, 1870; in-8°.

PUTNAM (G.). — *Book buyer's Manual, and supplement*. New-York, 1849 (?) — 1852; 2 vol.

QUÉRARD (J.-M.). — *De la Bibliographie générale au XIXe siècle; lettre à J.-C. Brunet*. Paris, 1863; in-8°.

RENOUARD (A.-A.). — *Catalogue de la bibliothèque d'un amateur*. Bruxelles, 1823; 2 vol. in-8°.

SABIN (Joseph). — *Bibliography of bibliography; or a Handy Book about Books which relate to Books*. New-York and London, 1877; in-8°.

SARMIENTO (M.). — *Catalogo para una libraria de 3 à 4000 libros*. (M. Valladares (A.) semanario erudito; 5. vol. 1787.)

SAXE (C.). — *Onomasticon litterarium, sive nomenclator historico-criticus*.

Ed. alt. Traj. a R. 1775-1803; 8 vol. in-8°.

L'index est dans le 7° vol.

— *Onomastici litterarii epitome*. Traj. a R., 1792, in-8°.

SCHELHORN (J.-G.). — *Notitia libri rarissimi sub ipsis typographiæ primordiis*. 9 vol. — (Lexique et indication des livres brûlés par l'autorité publique, et des peines établies sur les livres).

STRUVE (B.-G.). — *Introductio in notitiam rei litterariæ* (6° édition), cura J.-C. Fischeri Francof. et Lips, 1754; in-8°.

STEVENS (H.). — *My English Library*. London, 1853.

SWAINSON (W.). — *Bibliography, biography, and taxidermy*. London, 1840; in-16.

TAYLOR (J.). — *History of the transmission of ancient books to modern times, with the historical proof*. New ed., London, 1859; in-8°.

TRICOTEL (E.). — *Variétés bibliographiques*. Paris, 1863; in-12.

VOGT (J.). — *Catalogus historico-criticus librorum rariorum*. 4° édit. Hamburgi, 1735; in-8°.

WALTT (Robert), M. D. — *Bibliotheca Britannica; or a General Index to British and Foreign Literature. In two parts, Authors and Subjects*. Edimburgh, 1824. 4 vol.

WITTE (H.). — *Diarium biographicum, scriptores sec. XVII*. Gedani, 1688, in-4°.

Les titres des livres nouveaux parus, la plupart, depuis l'apparition des bibliographies énumérées ci-dessus, peuvent se trouver dans les publications bibliographiques des différents pays dont voici la liste.

Littérature française. — Les meilleures bibliographies sont celles de Peignot, O. Lorenz, Brunet, Bourquelot, Louandre et Quérard. La littérature française a été cataloguée depuis 1811 dans la *Bibliographie de la France*.

Littérature anglaise. — *The English catalogue of Books*, publié de 1835 à 1863, comprend le contenu des catalogues « London » et « British » et les principaux ouvrages publiés aux États-Unis et en Europe, avec les dates de publication, l'indication du format, du prix, de l'édition et le nom de l'éditeur. Composé par Sampson Low, Londres, 1864. 8 vol.

Lowndes (W.-T.) *The Bibliographer's manual of English Literature :* an account of Rare, Valuable, and Useful Books, with bibliographical and critical notices, and the prices at which various copies have been sold. New edition, enlarged by H.-G. Bohn. 4 vol. in-8°, 1869.

Littérature allemande. — Les ouvrages allemands publiés depuis 1700 sont décrits dans l'*Allgemeines Bücherlexicon* de W. Heinsius, par ordre alphabétique. 16 vol. 1812-1869. Ersch a donné une liste de ceux qui ont paru depuis 1750 dans son *Handbook of german literature*, en anglais. 1845-1849.

A Leipzig, chaque semestre, paraît un catalogue commercial ainsi que *Verzeichneiss* d'Heinrich, et que la mensuelle *Allgemeine Bibliographie* de Brockhaus, comprenant les ouvrages les plus importants de chaque nation. Pour les œuvres plus anciennes, voir les ouvrages de Hain et Pauzer.

Littérature belge. — Depuis 1838, elle se trouve cataloguée dans la *Bibliographie de la Belgique*. On trouvera les ouvrages antérieurs dans la Bibliographie de Foppens.

Littérature italienne. — Elle a été cataloguée depuis 1861 dans la *Bibliographia italiana*.

Littérature espagnole. — *Bibliotheca Hispana* de Nicolas Antonio. — Non seulement catalogue mais critique de premier ordre, d'un savant du dix-septième siècle qui avait tout vu, tout lu, tout jugé.

Depuis 1860 il existe un catalogue sous le titre de *Boletin bibliográphico español*.

Littérature des Pays-Bas. — Depuis 1854 elle est cataloguée dans la *Nederlandsche Bibliographia*.

La Littérature russe est cataloguée dans la revue mensuelle *Russkaja Bibliographia*. Les catalogues des littératures Danoise, Suédoise, Hébraïque, Grecque et Polonaise, sont publiés annuellement.

La littérature ancienne du Danemark a été cataloguée par Nyerup et Kraft.

Littérature américaine. — *États-Unis*. Les livres nouveaux, à mesure qu'ils paraissent, sont inscrits dans la *Literary Gazette* de Philadelphie. Le *American and Oriental Literary Record* de Trübner (Londres), mensuel depuis 1869, donne une liste des plus importants ouvrages anglais parus en Amérique, en Chine et aux Indes. Les plus célèbres bibliographes américains sont Bartlet, Duyckinck, Rich, Stevens et Allibone, auteur de *A critical Dictionary of English Literature and British and American Authors*, depuis les origines les plus reculées jusqu'en 1850.

Pseudonymat et anonymat. — Chacun, pour des raisons particulières et personnelles, peut signer d'un pseudonyme ou d'une autre façon, afin de rester anonyme, inconnu. Un pseudonyme est une signature; il peut devenir aussi célèbre que le nom réel des autres auteurs. Le fait est trop clair, il nous suffira de citer Molière, George Sand. L'anonymat, pas plus que le pseudonymat, n'influe en rien sur la publicité que peut rechercher un auteur complètement nouveau. Un écrivain de valeur, à moins de raisons toutes spéciales, n'écrit pas un livre anonyme, car il se priverait, lui, de la publicité de son nom. Des motifs de sûreté, de scandale, peuvent déterminer l'anonymat : nous n'avons à considérer aucun de ces mobiles. L'anonymat ne peut influer en rien sur le sort d'un livre plus ou moins furtif, ni sur ceux qui sont vraiment beaux. Le meilleur exemple en est les *Lettres de Junius*, publiées de 1769 à 1772 et qui sont un des plus beaux fleurons de la littérature anglaise. L'auteur n'a jamais consenti à se faire connaître, resta sourd à tous éloges, aux supplications de la presse, on pourrait dire de toute la nation, qui voulait donner à son vrai nom sa grande gloire : il a tenu secret ce nom et nous l'ignorons toujours. L'anonymat peut revêtir des formes bien diverses. La liste suivante, recueillie de diverses sources plus ou moins accessibles, donnera une idée de tous les nombreux moyens que peut employer un auteur qui veut se masquer.

Altération. — Nom altéré ou adultéré tel que Veyrat (Verat), d'Alembert (Dalembert), de Foe (Defoe).

Allonymat. — Faux nom propre. Ouvrage publié, pour égarer ou cacher la connaissance de l'identité, sous le nom de quelque auteur ou de quelque personnage de réputation, mais non écrit par lui.

Alphabétisme. — Tel que A. B. C., X. Y. Z.

Anagramme. — Lettres du nom retournées arbitrairement, avec ou sans signification, comme d'Erquar (Quérard), de Ravenne (de Varenne), Riand Jhevey (Jean Divry), Chavette (Vachette).

Apoconymat. — Nom privé d'une ou de plusieurs des lettres initiales.

Apocryphat. — Livre dont l'auteur est incertain.

Aristonymat. — Titre de noblesse converti en nom propre ou employé comme tel.

Ascétonymat ou *Hagionymat.* — Nom d'un saint employé comme nom propre : La mère Angélique, alias Angélique Arnauld d'Andilly.

Astérisme. — Un ou plusieurs astériques ou étoiles employés comme nom, tel que S***.

Bonstrophedon. — Nom réel écrit à l'envers comme Dralloc (Collard).

Cronogramme. — Le millésime est exprimé par des lettres.

Cryptonymat. — C'est le même moyen que l'anagramme.

Démonymat. — Qualification ou signalement populaire ou ordinaire pris comme nom propre, tel que : un amateur, un bibliophile.

Pseudonymat énigmatique. — Tel que les frères Gébéodé (alias Gustave Brunet et Octave Delpierre) c'est-à-dire G. B. O. D.

Géonymat. — Nom de pays, de ville ou de village, comme un Anglais, un Parisien.

Hiéronymat. — Nom sacré employé comme nom propre.

Initialisme. — Les initiales seules d'un nom réel.

Ironymat. — Nom ironique, comme Satyricum.

Pharmaconymat. — Nom d'une substance ou d'une matière pris comme nom propre, tel que Trognon-de-Chou (alias Barre).

Phraséonymat. — Phrase employée comme nom propre comme Ecrlinf (Écrasons l'infâme).

Phrénonymat. — Qualité morale prise comme nom propre, tel que Jean le chercheur, Justice.

Polynymat. — Livre signé de plusieurs auteurs.

Prénonymat. — Prénom remplaçant le nom de famille.

Pseudandrie. — Femme signant d'un nom d'homme, comme George Sand, George Eliot.

Pseudo-initialisme. — Fausses initiales, ou n'étant pas celles du nom de l'auteur.

Pseudogyne. — Homme signant d'un nom de femme.

Pseudo-Sikonymat. — Fausse qualité ou faux titre.

Scénonymat. — Nom de théâtre d'un auteur ou d'un acteur.

Sideronymat. — Nom tiré de l'astronomie.

Sigmonymat. — Points au lieu de lettres.

Syncopisme. — Nom auquel manquent plusieurs lettres.

Telonisme. — Lettres finales du nom réel, tel que R. O. (Victor Hugo).

Titlonymat. — Titre ou qualité pris comme nom propre, tel que un Académicien.

Translationymat. — Traduction du nom réel, comme Livres-Pabonag, alias le Comte Georges Libri Bagnano. Livres est une traduction et Pabonag un anagramme.

CHAPITRE XII

MÉTHODE DE TRAVAIL.

« Années où l'on n'est pas en train ». — Nécessité d'une discipline de travail. — L'inspiration. — Pour et contre. — Exemples. — Méthode de travail de quelques grands écrivains. — La mise en train. — Le travail quotidien sans effort. — Bonne habitude à prendre.

« Il y a des années où l'on n'est pas en train », disait un jour Mürger. L'auteur de *La Vie de Bohême* avait le travail très pénible, et ce mot n'était qu'une excuse, moitié plaisante, moitié chagrine, dont il colorait sa paresse.

Que d'applications ce mot pourrait recevoir avec les modifications de temps relatives à chacun : pour les uns c'est des mois entiers, pour les autres des semaines, des jours, pour d'autres enfin, mieux partagés, des heures où l'on n'est pas en train.

Oubliant le sage proverbe anglais : « procrastination is the thief of time », on se dit : je me mettrai au travail demain, après-demain, à partir de tel jour. Par cette manie propre à tous les temporisateurs on s'assigne une date ; la date arrive, on la recule, sous un prétexte ou sous un autre — on en a toujours un de spécieuse apparence sous la main — et ainsi de mois en mois, de jour en jour, le temps s'en va... et l'œuvre ne vient pas. On s'enlise dans la paresse, la rêverie infertile ; le moindre effort de travail, quand il est nécessaire, devient fatigant et douloureux. La volonté s'est ankylosée.

Et ce ne sont pas toujours des médiocres, de futurs ratés qui s'endorment ainsi, mais parfois des esprits bien doués, qui auraient pu donner leurs fruits, mais qu'un manque d'énergie a stérilisés.

Il n'y a qu'une ferme discipline de travail qui peut tirer de cette torpeur. Il faut prendre l'habitude inflexible de travailler chaque jour et (nous verrons tout à l'heure pourquoi), autant que possible, à heure fixe. Si vous êtes enclin à la paresse, ou si des nécessités professionnelles vous mangent votre temps, songez que trois à quatre heures, deux au besoin, de travail quotidien viennent à bout de bien des besognes. De grands producteurs — nous le verrons plus loin — n'ont pas consacré plus de temps à leurs travaux.

Asseyez-vous donc, chaque jour, à la table de travail, et produisez quelque chose : bon ou mauvais, n'importe! Qui sait si ce que vous aurez écrit de mauvais — les jours de mal en train — n'est pas la condition nécessaire, l'humus où ce que vous écrirez de bon puisera sa sève. Le fonctionnement de l'organisme cérébral est si obscur et si mystérieux! Quant au mauvais travail, c'est à vous à le discerner et à le détruire. Ne comptez pas trop sur les accès de l'inspiration. Je sais bien qu'un savant physiologiste, Moreau de Tours, a dit : « L'inspiration ne vient jamais qu'à son bon plaisir, le plus sûr moyen de l'éloigner, c'est de l'invoquer. »

Les grands poètes, de tous temps, généralement, laissent volontiers entendre qu'ils écrivent sous l'influence d'une volonté supérieure. « Ce n'est pas moi qui pense, disait Lamartine, ce sont mes idées qui pensent pour moi. » Et Balzac, dans ses *Études Critiques*, affirme que l'artiste « n'est que l'humble instrument d'une volonté despotique. » Et parmi les contemporains, les frères de Goncourt, dans un passage de leur *Journal*, parlent « d'une force inconnue, d'une sorte de nécessité d'écrire qui commandent l'œuvre et mènent la plume. »

A ces assertions il est facile d'en opposer d'autres qui soutiennent la thèse toute contraire. Le célèbre mot de Buffon, « le génie n'est qu'une longue patience », bien qu'exagéré, paraît plus vrai que la phrase de Moreau de Tours. Buffon le mit en pratique, car on a trouvé cinq à six manuscrits différents des *Époques de la Nature*.

Edgar Poë, en indiquant la genèse de son beau poème du *Corbeau*, prétend que l'inspiration ne doit rien au hasard, et se moque des poètes qui laissent entendre qu'ils composent grâce à une sorte d'intuition extatique. Et d'après son traducteur, Baudelaire, « l'inspiration n'est qu'une longue et incessante gymnastique ; l'inspiration c'est de travailler tous les jours ». Enfin, sans parler de Boileau et de son précepte si connu : « Vingt fois sur le métier remettez votre ouvrage », rappelons que Flaubert s'acharnait sur ses œuvres avec un soin jaloux, mettant jusqu'à six années à composer un livre, et que Théophile Gautier dit, dans son *Histoire du Romantisme*, que « la poésie est un art qui s'apprend, qui a ses méthodes, ses formules, ses arcanes, son contre-point et son travail harmonique ».

Sans entrer dans le débat, sans examiner si l'inspiration est vraiment un « état de grâce » intellectuel — comme on pourrait la définir — ou si ce n'est qu'une illusion d'artiste enivré par le bouillonnement et l'effervescence de ses idées, une chose n'est pas douteuse, c'est que le bon moyen pour la séduire ne consiste pas précisément à lui tourner le dos, comme le font les paresseux. Si elle n'obéit pas toujours au gré de qui l'invoque par caprices, par boutades, ne se laissera-t-elle pas fléchir par le zèle et l'assiduité. La Muse — pour lui restituer son vrai nom symbolique — est femme, et la constance ne peut lui déplaire. Adressez-lui fidèlement vos ferveurs quotidiennes, sous forme de travail, et cette Galathée immatérielle se laissera séduire quelque jour et ne fuira plus vers ses saules, tandis que si vous vous résignez à attendre sa visite, tranquillement, les bras croisés, vous risquez de poser longtemps sous votre orme.

Cette constance fut, sans doute, le plus clair des philtres de séduction des grands poètes, comme les nombreux exemples suivants vont nous le faire soupçonner. Victor Hugo s'était imposé la rigoureuse consigne de travailler tous les jours. « Nulla dies sine linea » était la devise qu'il avait fait inscrire au-dessus de la cheminée de son cabinet de travail. Et chaque matin — il se levait à 6 heures — il était à sa table de travail jusqu'à l'heure du déjeuner.

Il fallait du temps à Malherbe pour mettre une pièce en état de paraître. On dit qu'il fut trois ans à faire l'ode pour le premier président de Verdun, sur la mort de sa femme, et que le président s'était remarié bien avant que le poète lui eût donné ces vers. Suivant Guez de Balzac, en une de ses lettres, Malherbe prétendait que quand on avait fait cent vers ou deux feuilles de prose, il fallait se reposer dix ans. Il dit aussi que le bonhomme barbouilla une demi-rame de papier pour corriger une seule stance. Quel exemple pour tant de nos incontinents écrivains d'aujourd'hui !

Balzac, le grand romancier, était sans doute moins méthodique, il n'avait pas d'heure fixe ; mais ce qui est certain c'est que lui aussi, ce formidable travailleur, ne laissa pas passer un jour sans le marquer, non d'une ligne, mais de plusieurs pages. L'auteur de *La Comédie Humaine* peut certainement être rangé dans le martyrologe du labeur, car sa vie fut abrégée plus par les excès de travail et de veilles que par les excès de café, dont il absorbait, comme on le sait, de très fortes doses.

George Sand travaillait la nuit, — et toutes les nuits.

Alexandre Dumas père, d'après une lettre de son fils même, que nous trouvons reproduite par M. Maurice de Fleury dans son intéressant livre, *La Médecine de l'esprit*, sur la méthode de travail de quelques grands écrivains, Alexandre Dumas père ne travaillait pas par coups de collier. Il travaillait dès qu'il était réveillé, le plus souvent jusqu'au dîner. Le déjeuner n'était qu'une parenthèse. Son repas fini, il retournait sur sa chaise et reprenait la plume. Il fallait bien des journées et même bien des mois de ce travail pour qu'il sentît la fatigue. Il se délassait en allant à la chasse, ou en faisant un petit voyage, dont il écrivait la relation. Le changement de travail lui servait de repos. Il avait le don rare de travailler partout, en voyage, dans la première auberge venue, sur un coin de table.

Alexandre Dumas fils, lui, avait des habitudes toutes différentes : « Je procède par coups de collier, dit-il dans cette même lettre sur son père. Comme je n'ai aucune imagination, l'observation, la réflexion et la déduction sont tout.

« Je reste donc quelquefois, pendant des mois, à retourner un sujet dans ma tête sans prendre la plume. Je ne me mets au travail que quand j'ai tout trouvé. Je me lève toujours de très bonne heure et je travaille jusqu'à midi, surtout à la campagne. Je me remets à mon travail deux ou trois heures dans le cœur de la journée. »

Gustave Flaubert ne travaillait que dans sa solitude de Croisset. Mais là il s'enfermait pendant des mois entiers, courbé, une partie du jour et surtout de la nuit, sur son papier.

La somme quotidienne de travail de Michelet était de six heures environ, le matin. C'est dire qu'il était très matinal. L'après-midi était réservé aux séances dans les bibliothèques et les archives. Rentré chez lui, vers quatre heures, il ordonnait le résultat de ses recherches et préparait le travail du lendemain. Volontiers lorsqu'il était seul, il se couchait à neuf heures, après avoir fait une lecture où il trouvait son repos. Mais avant de gagner le lit il revoyait son programme, c'est à dire les faits principaux du chapitre qu'il devait écrire le lendemain.

Extrait du *Journal* des Goncourt. « On ne conçoit que dans le repos et comme dans le sommeil de l'activité morale. Les émotions sont contraires à la gestation des livres. Ceux qui imaginent ne doivent pas vivre. Il faut des jours réguliers, calmes, apaisés, un état bourgeois de tout l'être, un recueillement *bonnet de coton* pour mettre au jour du grand, du tourmenté, du dramatique. Les gens qui se dépensent trop dans la passion ou dans le tressautement d'une existence nerveuse ne feront pas d'œuvres et auront épuisé leur vie à vivre. »

Littré fut un des plus infatigables travailleurs de notre siècle. Qu'on en juge : il se levait à huit heures et se mettait à la besogne de neuf heures à midi, puis après le déjeuner jusqu'à six heures. Dans la soirée il restait encore au travail jusqu'à une heure assez avancée de la nuit, trois heures généralement, et même plus si le travail était pressé. En exceptant les heures des repas, deux, trois, à peu près, il reste seize heures par jour de plein travail! Seize heures et cela pendant la durée d'une existence assez longue.

M. Herbert Spencer, le grand philosophe anglais, a publié récemment le dernier volume de la magnifique série parue sous le titre général de *Un Système de philosophie synthétique*. Laissons-lui la parole et déduisons des quelques lignes qui suivent l'excellent enseignement qui en découle sur la nécessité de la persévérance et sur ses résultats.

« En jetant un coup d'œil en arrière sur les trente-six ans qui se sont écoulés depuis que la *Philosophie synthétique* a été commencée — déclare M. Herbert Spencer, dans la préface — je suis surpris de l'audace que j'ai eue à entreprendre cette œuvre, et plus surpris encore d'avoir pu la terminer. En 1860, mes petites ressources avaient été presque entièrement dissipées pour écrire et publier des livres qui ne remboursaient pas les dépenses qu'ils nécessitaient; de plus, je souffrais d'une maladie chronique, causée par un surmenage du cerveau, qui, après m'avoir mis dans l'absolue incapacité de travailler pendant dix-huit mois, me força à limiter mon travail à trois heures par jour, et généralement à moins encore. On jugera à quel point mon projet dut paraître insensé aux témoins de ma vie, quand on saura qu'avant que le premier volume fût fini, la maladie m'obligea à cesser le travail, mais les desseins imprudents n'échouent pas toujours. Quelquefois un espoir abandonné tout d'abord se trouve ensuite justifié par les événements.

« Malgré des rechutes durant des semaines, des mois, des années, qui me faisaient désespérer d'atteindre le but poursuivi, ce but est enfin atteint. Certes, autrefois, il en serait résulté pour moi quelque orgueil et quelque joie ; mais, en avançant en âge, les sentiments s'affaiblissent et aujourd'hui ma joie principale est d'être affranchi de ce long effort. Toutefois, j'éprouve une vraie satisfaction à la pensée que des pertes cruelles, des découragements et une santé délabrée ne m'ont pas empêché de remplir le but de ma vie. »

Ces intéressantes déclarations témoignent de la noblesse d'âme d'Herbert Spencer, chez qui le caractère et la volonté ne sont pas moins remarquables que l'intelligence.

Voici maintenant, d'après un interwiev de l'*Écho de la Semaine*, les renseignements que M. Émile Zola a donnés lui-même sur sa façon de travailler : « Je ne me lève pas de très bonne heure, à 7 heures au plus tôt. Mon bain et le premier déjeuner pris — un œuf à la coque, — après une petite promenade d'un quart d'heure, je monte à mon cabinet de travail. J'ai toutes mes notes réunies sous ma main, notes que j'ai préparées souvent la veille au soir pour le travail du lendemain, pour n'avoir plus qu'à écrire, sans perdre une minute, car je ne travaille que quatre heures — de neuf à une heure — jamais une heure de plus ni de moins. En ces quatre heures j'écris cinq pages. Vous voyez que ça n'est pas énorme. Il est vrai que ce travail est définitif. Ces pages écrites, je les mets de côté et ne les relis pas. Je les envoie telles quelles à l'impression.

On le voit par ces exemples, qu'il serait oiseux de multiplier, tous ces grands producteurs, sauf un ou deux, ont été des réguliers, des méthodiques, qui n'ont pas guidé leur travail sur les caprices de l'inspiration. C'est grâce à cette discipline qu'ils ont pu mener à bien leur vaste labeur, et cela sans surmenage, sans fatigue, et beaucoup d'entre eux, pendant de longues années. Selon M. Maurice de Fleury, la physiologie élémentaire peut expliquer, le plus simplement du monde, cette nécessité d'une règle pour le travail. Au point de vue de son fonctionnement, dit-il, notre cerveau est absolument comparable à tel autre de nos organes, à notre estomac, par exemple. Notre estomac s'accoutume à recevoir de la nourriture, tous les jours à heure fixe; l'appétit gagne à cette heure-là; si, une fois, nous ne lui donnons rien à manger il souffre; si pour longtemps, nous dérangeons ses habitudes, si nos repas deviennent irréguliers, il se détraque. De même notre cerveau s'exténue à travailler irrégulièrement. Mais il peut fonctionner presque indéfiniment, sans lassitude, pour peu que l'on régularise son effort.

La seule chose qui comporte une dépense de force, d'énergie, c'est la mise en train. Elle seule est pénible. Les sages s'arrangent de façon à être constamment en train, tout simplement.

Si vous prenez coutume de travailler dès votre réveil, tous les matins, à huit heures, votre cerveau se congestionnera de lui-même, un appel de circulation s'y fera, et l'organe se tiendra prêt à fonctionner, à produire de la pensée, sans qu'il soit besoin d'aucun effet volontaire et fatigant pour l'y contraindre.

Cela devient un phénomène *réflexe*, et les réflexes ne se fatiguent pas. C'est tout au contraire la cessation du phénomène qui fatigue.

Si vous ne travaillez pas régulièrement et sans interruptions, il faut à chaque instant renouveler la mise en train, contraindre son cerveau à devenir attentif, plier son intelligence sur une besogne précise, et cela c'est vraiment, et pour les mieux doués, une grande fatigue.

Une bonne habitude est tout aussi impérieuse qu'une mauvaise et tout aussi difficile à quitter. La question est de vouloir ou de pouvoir la prendre. Une fois qu'elle est prise, on n'a plus à intervenir, on travaille sans peine, et littéralement on arrive à ne plus pouvoir se passer de ce pain quotidien.

Tous ces grands travailleurs, dont nous venons de passer en revue les habitudes, furent des gens à qui le travail paraît avoir été aussi nécessaire que les fonctions d'alimentation ou de respiration. Mais, nous le répétons, pour nous résumer, deux conditions apparaissent comme indispensables à la réalisation de ces gros programmes de labeur : il faut que le travail se fasse tous les jours, sans interruption, et tous les jours à la même heure — sinon la fatigue survient.

CHAPITRE XIII

LA POÉSIE.

La poésie comme préparation à la prose. — Modèles de bonne versification. — Gains de quelques poètes. — Pourquoi la poésie est si dédaignée en France, alors qu'elle est si appréciée en Angleterre. — Le Pot-bouille en poésie.

Il n'est peut-être pas de meilleure préparation pour écrire de bonne prose que l'étude et la pratique de la poésie. Le poète, en effet, acquiert peu à peu l'habitude de peser la signification et les qualités des mots, quand il ne possède pas l'intuition de leur valeur, l'instinct de leur mise en place, de leur effet dans la phrase.

Une preuve de ceci est qu'il est bien rare qu'un grand poète ne soit pas en même temps un grand prosateur. Voyez, pour ne parler que de notre époque, Victor Hugo, l'auteur de la *Légende des Siècles* et des *Contemplations* comme de *Notre-Dame de Paris* et des *Travailleurs de la Mer;* Alfred de Musset qui à ses immortels cris des *Nuits* joint les sourires exquis de ses *Proverbes* et les sanglots de la *Confession d'un Enfant du Siècle;* Alfred de Vigny dont le chef-d'œuvre en prose *Servitude et grandeur militaires* ne le cède en rien aux chefs-d'œuvre en vers d'*Eloa* ou de la *Colère de Samson*. Combien d'autres noms encore on pourrait citer : Lamartine, avec *Graziella* et *Raphaël;* Théophile Gautier avec *Mademoiselle de Maupin* et ses *Contes et Nouvelles;* Baudelaire avec ses admirables études d'esthétique, etc..., etc..

Au contraire, de grands prosateurs n'ont jamais écrit un vers de leur vie, ou bien quand ils ont tenté la poésie, ou plutôt quand la poésie les a tentés, ils ont piteusement échoué. Faut-il rappeler, au hasard de la mémoire, Châteaubriand et son avorton de tragédie intitulée, je crois, *Moïse*; George Sand, Flaubert, qui n'ont jamais aligné un alexandrin de leur vie; et de nos jours mêmes, les vers que nous connaissons d'écrivains de grande valeur comme Barbey d'Aurevilly, Villiers de l'Isle Adam, A. Dumas fils, Émile Zola, sont assez pâles à côté de leur prose.

Toute littérature n'a-t-elle pas, du reste, son origine dans la poésie. Les lois elles-mêmes des peuples des civilisations antiques se présentent sous la forme métrique. Toute histoire à son berceau est plus ou moins une légende poétique.

Le cadre de mon ouvrage ne me permet pas de faire ici un cours de prosodie, ce dont je serais du reste absolument incapable, et je préfère vous renvoyer tout droit aux traités spéciaux. La meilleure manière de parler des poètes, c'est encore de les citer. Faites donc des vers comme les fait M. Émile Verhaeren, dont la librairie du *Mercure de France*, vient de publier une série de poésies, et vos vers seront lus. Dans ses *Soirs*, dans ses *Débâcles*, dans ses *Flambeaux noirs*, en effet, on pourrait citer des pièces parfaites. Combien digne d'estime est ce poète, cet admirable ouvrier de notre prosodie.

Écoutez ces vers et notez quelle musique vraiment paradisiaque semble s'en échapper?

> Appels de cloche à cloche, ô mon âme des soirs,
>   Entends baller les mélopées,
>   Autour des tours et des voussoirs,
>   Immensément, entrefrappées,
> Autour des grandes tours, ô mon âme des soirs.
>
> Appel de cloche à cloche autour des cathédrales
>   Et des paliers et des claveaux,
>   Répons lointains aux lointains râles
>   Des chapelles et des caveaux,
> Où sont broyés des morts sous leurs plaques murales.
> Appels de cloche à cloche, au loin, par les mémoires,
>   Quand des femmes, en longs manteaux,
>   Montent par des ruelles noires,
>   Mettre leurs cœurs en ex-votos,
> Leurs mornes cœurs aux calvaires expiatoires...

Rares sont les poètes qui possèdent à un tel point l'intuition sacrée et le secret de nos beaux vers français.

Faites encore de la poésie de la qualité de celle qui va suivre et vous ne resterez pas longtemps ignorés. Je prends cet exemple dans cette *Maison de l'Enfance* que M. Fernand Gregh a publiée dernièrement chez Calman Lévy.

Quand en poésie on a déclaré que le bouquet est exquis de nuance et de parfum, on n'a renseigné personne; le mieux est de le montrer, si on le peut, d'en détacher au moins quelques fleurs.

La forme ici, on le remarquera, est peut-être moins rigoureuse, moins parfaite que dans l'exemple précédent, mais les esquisses de M. F. Gregh ont infiniment de grâce et arrivent par la force magique de l'harmonie aux puretés du modèle. Lui aussi il possède cette musique qui est une des conditions essentielles du vers.

Lisez de lui ce nocturne qui, à part une ou deux imperfections légères, est vraiment un morceau exquis d'inspiration.

> L'ombre est tiède et la Nuit s'enivre de lilas,
> Le silence écoute dormir les oiseaux las
> Et le vent palpiter dans l'odorant mystère,
> Les arbres assoupis laissent pencher à terre
> Leurs rameaux fatigués de brise et de parfums
> Où se frôle parfois l'aile des séraphins
> Bleue au milieu des fleurs toutes blanches de brume,
> Qui, cette nuit, montant et descendant, sur une
> Légère échelle aérienne de rayons,
> Par milliers, entr'ouvrant derrière eux des sillons
> De lumière, en vols doux comme des essaims d'âmes,
> Dans l'éblouissement de leurs ailes de flammes
> Dont le vent ne peut plus étendre la clarté,
> Parmi l'azur, les fleurs, le silence enchanté,
> Les langueurs de la Nuit trop douce, le vent sombre,
> Et la vaste amitié de la lune et de l'ombre,
> Cueillant les fleurs des bois et les fleurs des chemins
> Pour emporter aux cieux tout l'Avril dans leurs mains.

Quel joli arioso mélancolique et quelle longue et heureuse modulation il s'en exhale.

Bien d'autres pièces de cette *Maison de l'Enfance* mériteraient d'être signalées, entre autres *Le Faune, Gloire, La*

Traversée, *Le Silence Musicien,* toutes d'une grande pureté de forme, empruntant leur simplicité à la nature qui les inspire. Terminons, avec celle qui a pour titre *Le Parc*, d'une inspiration si pure et si familiale toute imprégnée de la mélancolie des premiers souvenirs et de la piété du premier foyer.

> La Maison de l'Enfance, au lointain du passé,
> Se dresse et me sourit, blanche parmi les arbres,
> Et je revois au parc, dès le seuil dépassé,
> L'allée où nous rêvions le soir, couple enlacé,
> Sous le geste immobile et pâle des grands marbres.
>
> Je revois le jet d'eau bordé de grands iris
> Qu'avril faisait rêver en fleurs mauves et graves,
> Courbés sur l'onde; ainsi les rêves de jadis
> Se mirent sur mon âme, iris bleus ou purs lis,
> Mais y cherchent en vain leurs corolles suaves...
>
> Je revois, dans les houx, héros humiliés,
> Dieux de jadis gisant plus que morts, oubliés,
> Les marbres dont la tête a roulé sur les dalles,
> Les nymphes se baissant pour nouer leurs sandales
> Que, dès longtemps, le vent a fait choir de leurs pieds.
>
> Et surtout au détour d'une sente,
> Émergeant de sa gaine, un vieux Faune
> Qui, solitaire, au gré d'une ivresse dansante,
> Promenait ses doigts vifs sur une flûte absente
> Pour charmer les échos lointains dans le bois jaune.

En ces temps de production littéraire hâtive, improvisée, en ces temps où la poésie tout comme le roman, semble s'empêtrer de plus en plus dans une nouvelle forme du précieux, c'est avec une sorte d'étonnement que l'on constate des exemples de simplicité classique, le courage, et la dignité de ceux qui savent s'écarter de l'entraînement, du courant, méditer une œuvre et ne la donner au public que lorsqu'ils se sentent dans l'impossibilité de la parfaire davantage. Ainsi que le disait, il n'y a pas longtemps, un de nos meilleurs critiques, à la lecture de ces livres faits de conscience et de foi, on se sent, comme rafraîchi, comme enveloppé d'un grand repos, et l'esprit gagné par ce calme, recueille avec plus de clairvoyance les idées qui viennent à lui ; plus facilement il entre dans la création, le rêve d'un penseur, et vit avec lui dans le monde où il les conduit !

Ces sensations on les ressent impérieusement quand on lit des œuvres du genre de celles qui précèdent. Comme cela vous repose des savantes vilenies, des compendieuses malhonnêtetés qui nous entourent. C'est en vérité comme une fenêtre subitement ouverte dans une chambre sombre et empuantie, une large ondée de soleil dans une puissante bouffée de parfums.

Il est étrange de constater combien beaucoup de ceux qui écrivent et publient semblent ignorants de la composition métrique. Le manque de soins dans les détails métriques des vers est chose impardonnable, disons-le, et le plus grand scrupule devrait présider à la technique du vers qui devrait être toujours parfaite. Méfiez-vous des mauvais modèles. On rencontrera souvent, même dans nos chefs-d'œuvre poétiques, des parties qui sont absolument mauvaises et fausses dans la forme. Il est bon de se souvenir à l'occasion que les grands écrivains n'ont pas gagné leurs lauriers grâce à leurs fautes mais grâce à leurs mérites. En fait de versification ne soyez jamais satisfait que de la perfection.

Ayez soin de ne pas tomber dans cette erreur, si fréquente chez les jeunes, qui comparent leurs meilleurs vers avec les plus mauvais de ceux de nos meilleurs poètes, et alors naturellement ne voient pas grande différence entre les deux produits. Les plus grands poètes ne planent pas toujours exactement à la même hauteur. On pourrait citer, par exemple, Victor Hugo, Byron et beaucoup d'autres. Certains de leurs vers en effet méritent à peine le nom de poésie.

Rien n'aidera autant l'apprenti poète que la lecture des meilleurs poèmes faits par les meilleurs poètes, s'il veut bien, quand il se livrera à cette étude, se souvenir qu'il ne doit pas admirer telle ou telle poésie parce qu'elle a été écrite par Victor Hugo, Musset ou Leconte de Lisle, ou tout autre barde dûment canonisé, mais simplement parce qu'il sait et qu'il sent en lisant que ce qu'il lit est bon. Il se peut que vous soyiez dénué d'originalité, que vous ne possédiez pas la vraie vision poétique, mais vos mètres eux doivent être mélodieux et corrects, votre rythme parfait.

Étudiez donc avec soin la vraie technique de la versification et apprenez à discerner entre le vers qui est bon et celui qui est mauvais. Préférez aussi toujours la qualité à la quantité.

Il est vraiment désolant que la poésie, en France, surtout, soit si dédaignée, si peu lue.

En France, le jeune poète, qui n'est que poète, est vraiment le paria de la littérature contemporaine. Dans le commerce de l'édition et de la librairie la poésie est une non valeur, le poète considéré comme un inutile, un intrus. Tandis qu'il accueillera presque sûrement un premier roman, l'éditeur ne consentira à publier le volume de vers d'un débutant, même s'il dépasse la valeur moyenne, que dis-je, même si l'œuvre révèle un grand talent, que si l'auteur peut en faire les frais. On pourrait citer un de ces industriels, éditeur attitré de poètes, qui s'est fait d'assez jolies rentes dans ce métier, ne se contentant pas du simple bénéfice légitime fourni par ses droits de dépôt, mais prélevant déjà, avant toute mise en vente, un gain presque de moitié sur les frais d'impression. Aussi, pour reconnaître les services.... que les lettres lui ont rendus, s'est-on empressé de le décorer! Mais, dira-t-on, à qui imputer la responsabilité de cet état de choses? Pas à l'éditeur : c'est un commerçant, il fait son métier de vendre ce qui est vendable. Pas au public : le public n'achète pas à cause, sans doute, de la mauvaise qualité de la marchandise qu'on lui offre généralement et qui est indigne du nom de poésie.

L'objection serait valable si ce public marquait un pareil dédain pour les autres productions médiocres de la littérature. Or il n'en est pas ainsi. Il est prouvé, par les chiffres, que l'édition d'un roman quelconque, arrive, au bout de quelques années, tant bien que mal, à s'écouler. Les romans médiocres, aussi bien que les romans de valeur, on pourrait dire plus justement mieux qu'eux, trouvent donc leurs lecteurs. Pourquoi n'en est-il pas de même des poèmes, de ceux au moins qui annoncent un talent?

Même parmi les poètes dont le nom s'est déjà imposé au public, combien en est-il qui ont retiré un gain raisonnable de leurs vers?

Les quelques rares exceptions qu'on pourrait citer, les Victor Hugo, les Coppée, — qui encore? on cherche et on ne trouve guère d'autres noms sous sa plume — ne font que confirmer la règle. Que sont d'ailleurs leurs gains à côté de ceux que produit un roman ou un vaudeville en vogue? Si je ne craignais de me laisser entraîner trop loin par ce sujet, il ne me serait pas bien difficile de démontrer par des citations, que parmi les jeunes de notre époque, le clan des poètes l'emporte, et de beaucoup, en talent, en amour de l'art et de la beauté, sur celui des prosateurs, auteurs dramatiques ou romanciers. La faute en est donc au public, à son indifférence en matière de poésie. L'apathie de ce bon public est d'ailleurs, en ceci, singulièrement cultivée par la presse et les critiques. Il n'est si mince feuille qui n'octroie deux articles quotidiens — la chronique théâtrale et le compte rendu de la *soirée* — au plus inepte vaudeville ou au drame le plus niais. Le critique littéraire prend assez souvent un roman, ou une étude d'histoire comme thème de son article, mais les pauvres poètes, quand il daigne pencher sur eux sa miséricorde, voyez comme il les expédie, en une seule fois, à la douzaine, au tas, au quarteron.

Dût l'aveu en coûter à notre amour-propre national, nous devons dire qu'il n'en est pas ainsi dans d'autres pays, dans la positive Angleterre, notamment. Un seul exemple : je lis dans un article du *Livre* du 10 mai 1885, que ses éditeurs versaient à Tennyson, comme droits d'auteur, 37.500 francs en moyenne par an. Plus tard d'autres éditeurs s'obligeaient à payer, chaque année, une somme de 125.000 francs pour le droit de publication de ses ouvrages déjà parus, sauf à lui compter séparément les futurs produits de sa muse. De ce chef le poète anglais réalisa en cinq ans la bagatelle de 775.000 francs.

Nous doutons que Lamartine et même Victor Hugo, dont le génie de poète était doublé d'adroites aptitudes aux affaires, aient jamais réalisé de pareils bénéfices du fait de leur seule poésie.

« Enfin il est incontestable, dit encore M. Loliée dans sa monographie, que le sens nécessaire à l'intelligence de la poésie est devenu très rare en France, et nous ne prévoyons pas qu'il revive si prochainement. Le vers pâtit dans le livre. En outre il est exilé de la scène ou peu s'en faut. Les chefs de la poésie régnante le relèguent à n'exprimer plus que les insaisissables rêves, les effleurements d'idées, les sentiments flottants, cela seulement que la prose claire et exacte ne peut rendre. N'est-ce pas dire qu'ils lui enlèvent toute ressource effective de parler à l'imagination publique, devenue par sa longue indifférence inhabile au déchiffrement de cette langue? D'une part l'esprit d'ironie a desséché la source des saintes larmes. De l'autre, les préoccupations accrues des besoins de la vie ont éteint les enthousiasmes, étouffé les illusions aimantes, et la foi désintéressée. Que vaudraient des effusions d'idées sans lecteurs? Le surhumain effort lyrique qui a caractérisé le commencement du dix-neuvième siècle, ne s'est pas renouvelé. Loin de là, les retours en ont été préjudiciables à l'intérêt des rimeurs. Des triomphes éclatants de Lamartine, de Victor Hugo, de Casimir Delavigne, de Béranger était sortie une population trop dense d'imitateurs. Les libraires se trouvèrent un moment si encombrés de volumes de vers, que la poésie ne s'est plus relevée du discrédit commercial dont elle fut frappée. Un détail saisissant de cette dépréciation. Autrefois on voyait s'abattre et s'échouer sur les parapets, depuis le Pont Royal jusqu'au pont Notre-Dame, d'élégants *rossignols* tout fraîchement couvés, et qui, sous le nom d'*Inspirations*, d'*Élévations*, d'*Épis et Bluets*, de *Pervenches*, sollicitaient les regards et la main des passants. Aujourd'hui les quais de la Seine n'en veulent plus. Quelques éditeurs tiennent encore cet *article;* soutenus par de vrais talents, ils essaient de réagir contre le prosaïsme universel. La plupart des auteurs n'en tirent que des avantages négatifs.

« En Angleterre (opposition curieuse!) dans la grave et positive Angleterre, bien plus accessible qu'on ne le croit au sentiment, la poésie a des facilités d'existence, des moyens d'expansion, des droits à l'estime, des privilèges aussi, qu'elle chercherait vainement en France. Elle trouve un accueil souriant auprès des journaux et des revues. La presse politique ne croit pas déchoir de son sérieux ni perdre de son importance en publiant des strophes, accompagnées ou non de ses encouragements ou de ses critiques. Le commerce des Muses aide plutôt qu'il ne nuit à réussir dans un cercle tout différent, d'où l'on supposerait qu'il devrait être exclu : le cercle des affaires. Enfin, la réputation qu'on y gagne peut conduire jusqu'aux postes les plus éminents de l'État, et faire d'un assembleur de rimes (doué d'autres qualités) un ambassadeur, un membre du Parlement, un ministre. Bien plus : dans ce pays où tant de chambres populaires ont demandé leur gagne-pain assuré à des travaux manuels, des hommes cultivent avec succès les lettres et exercent en même temps des professions regardées sur le continent comme incompatibles avec le caractère d'auteur. Dans la patrie du fabricant de papier Robert Badge, de Burns, le laboureur, de William Thom, le tisserand, de Thomas Ragg, le bonnetier de Nottingham, de Cooper, le cordonnier de Leicester, de Thomas Miller, le vannier du Comté de Lincoln; en Angleterre, dis-je, la poésie se vend, on la paye quelquefois très cher. En France les libraires n'en veulent pas, même pour rien. On a là-dessus des chiffres qui nous sembleraient fantastiques. Un seul poème de Thomas Moore, que de bons juges regardent comme l'un de ses plus médiocres, lui fut payé 4.000 livres sterling; une seule édition des *Plaisirs de l'Espérance*, de Campbell, produisit également une somme de 25.000 francs. Southey en a gagné plus de 300.000. Crabbe, pour un volume de vers, reçut de son éditeur 75.000 francs. Les moins connus trouvent des lecteurs et des acheteurs. Leurs productions sont installées sur la même ligne que les romans dans chaque bookstall des gares anglaises. Rien de semblable chez nous. La poésie française garde ses fidèles, — en petit nombre; financièrement, elle ne compte pas. De dix fois l'une, c'est un luxe gratuit. A de rares exceptions près, tout volume de vers s'édite aux frais de l'auteur. Et voilà l'une des raisons pour lesquelles la plupart des écrivains d'élection et de tempérament ne font guère que traverser cette voie, — simple issue par où se seront échappées leurs effervescences juvéniles. N'est-ce pas une tradition, maintenant consacrée chez les gens de lettres, que presque tous auront débuté par l'inévitable recueil de stances et de sonnets, inédit ou mort-né, et qu'ils ne pouvaient s'y soustraire, en somme, l'exercice de la versification étant la meilleure des préparations gymnastiques à la manœuvre usuelle du style? D'après la règle de l'esthétique moderne, les esprits heureusement doués et dont la croissance est normale, développent des veines de talent différentes à chaque époque de la vie. La jeunesse aura été pour eux l'âge des poétiques visions. L'âge viril leur devient celui de l'observation ou de la lutte, des œuvres de prose étudiée ou du journalisme. Le vrai de la chose, aussi, c'est que l'idée d'un poète exclusivement poète et vivant de son labeur étant reconnue insoutenable, force est de demander le pain de la gloire à des applications plus lucratives. »

Je ne voudrais pas terminer toutes ces décourageantes constatations sans au moins l'essai d'un conseil pratique donné à temps. Je dirai au poète qui est sur le point de mourir de faim... qu'il peut gagner quelques francs en se livrant à ce pot-bouille qui consiste à rimer pour les cartes, les *valentines* du nouvel an et de Noël, des petits vers, pas méchants, souvent peu difficiles à produire et qu'on lui prendra assez facilement.

Il trouvera un champ plus lucratif encore, le poète affamé, dans la fabrication des paroles pour romances ou chansons de café-concert, mais ce travail est beaucoup plus difficile que ne le semblent croire généralement ceux qui n'en ont pas essayé. En effet, peu de compositeurs de musique populaire sont capables de produire les paroles que nécessite la vocalisation de leurs mélodies, et celui qui possède le talent d'écrire le vers — le vers qui se peut chanter, — est à peu près certain de trouver dans ce travail un emploi rémunérateur, un pot-bouille sérieux, répétons le mot.

CHAPITRE XIV

LA LECTURE.

La lecture. — Sa méthode. — Ce qu'on doit lire. — Ses avantages. — Ses inconvénients. — Culture cérébrale des grands écrivains. — L'étude des langues étrangères.

Nous avons fait allusion, plus haut, à l'importance de la lecture pour former le style et enrichir la culture intellectuelle.

Lisez de bonne heure, lisez beaucoup, si votre goût vous y porte, mais avant tout, préférez la qualité à la quantité. Étudiez les modèles, commencez avec les grands écrivains. Lisez avec méthode et avec choix. La littérature des siècles passés est si chargée d'œuvres, celle de nos jours s'augmente si rapidement, et les exigences de la vie sont si nombreuses, si complexes, si lourdes, qu'il est nécessaire de ne pas abandonner ses lectures aux caprices du hasard et de la fantaisie, mais de les mener avec discipline et selon une voie qu'on se sera tracée d'avance. Ne craignez pas de dresser un tableau des œuvres que vous avez à lire.

Il va sans dire que la connaissance des chefs-d'œuvre de toutes les littératures antiques et modernes s'impose. C'est là la base indispensable de toute forte éducation littéraire.

Vous retirerez plus de profit de ces études si vous vous y engagez avec ordre et méthode. Ne vagabondez pas dans ce vaste champ littéraire au gré de votre fantaisie, avancez d'un pas sûr et patient. Un bon moyen, entre autres, est de procéder par genres ou par pays, de consacrer une période de temps à l'étude exclusive de la Littérature anglaise, par exemple, ou du Théâtre Universel, ou mieux encore de procéder par époques, d'étudier comparativement les œuvres d'un même siècle chez les différents peuples. Cette marche parallèle vous suggérera des rapprochements inattendus, profonds ou piquants.

Ai-je besoin de dire qu'il ne faut pas se borner aux œuvres purement littéraires, et que l'histoire, la philosophie, les principes des sciences de toute espèce, l'historique des arts, sinon les éléments de leur technique, ne doivent pas vous trouver indifférent.

Bref, il n'est pas de carrière qui exige des connaissances plus étendues et plus variées pour celui qui veut la parcourir dignement.

Nous avons l'air, par ces conseils, de nous adresser à des collégiens, et non à de jeunes hommes, sortis des bancs de l'Université et déjà engagés ou tout prêts à s'engager dans la carrière des lettres. C'est que nous ne savons que trop le peu qu'on sait à cet âge.

Nos méthodes pédagogiques sont encore si déplorables, notre enseignement est si absurde, avec ses programmes si compliqués et si bourrés de choses inutiles, qui ne semblent viser qu'à préparer aux examens et à façonner des générations de mandarins ; nos professeurs, sauf d'honorables exceptions, sont si endormis dans leur routine que neuf sur dix, pour ne pas dire tous les dix, de nos échappés de collèges et même de facultés, ne sont que des ânes, tranchons le mot. C'est à peine si on leur a appris à apprendre, si on les a équipés d'une bonne méthode de travail. Au sortir du collège, c'est son instruction entière qu'on a à compléter, à réformer, sinon à réédifier tout à fait.

Aussi le jeune homme qui se croit attiré vers la littérature par une vocation impérieuse, ne saurait-il consacrer à cette réfection trop de temps et d'efforts. Il ne devrait pas écrire une ligne avant d'y avoir pourvu. En général, et aujourd'hui plus que jamais, les débuts sont trop précipités, trop hâtifs, sans préparatifs solides. Il faudrait être assez raisonnable et conscient de ses forces, pour ne pas hasarder un livre avant l'âge d'homme fait, avant vingt-cinq ou trente ans, avant d'avoir observé, senti, éprouvé la vie, à moins d'être doué des prérogatives du génie qui, lui, dispense de toutes ces précautions. Avant cette maturité de l'esprit, qu'on écrive, si la démangeaison en est trop forte, mais qu'on se garde de publier!

Revenons à la lecture. Il ne suffit pas de lire beaucoup, même avec ordre et sélection; il faut encore tirer le meilleur profit de ses lectures, c'est-à-dire retenir le plus possible. La mémoire, si excellente qu'elle soit, ne peut conserver qu'une relativement faible portion de ce qu'on lui confie. Suppléez-y donc en prenant des notes, beaucoup de notes, chaque fois qu'un fait, une idée, une remarque vous frapperont, surtout quand le livre qui vous occupera ne présentera pour vos recherches ultérieures aucun point de repère, tel qu'un index alphabétique par exemple, — et c'est malheureusement la majorité des cas, soit par négligence de l'auteur, soit que le genre du volume, poésie, roman, pièce de théâtre, etc..., ne se prête pas au contenu de ce précieux auxiliaire.

Nous exposerons ailleurs le meilleur mode de classement de ces notes.

En attendant, un conseil. Évitez de mettre à ce travail de prise de notes l'acharnement que semble y avoir mis Alfred de Musset dans le mirifique essai d'amour à trois connu, trop connu hélas, et qui dans ces derniers temps, a fait couler dans la presse de si gros flots d'encre. Je fais allusion à ces extases, ces tortures, ces cris, ces sanglots de George et d'Alfred qui aussitôt *vécus*, avant même que tout fût fini, étaient si *fourmilièrement* transformées en copie et en copie de premier ordre, puisque ce fut celle de *Jacques* et des *Lettres d'un Voyageur*, des *Nuits* et de *On ne badine pas avec l'amour*, en attendant la *Confession d'un enfant du siècle!* Cela nous rappelle que la matière première des plus beaux romans n'est fort souvent, hélas, qu'une réalité souillée et médiocre! Que d'utiles enseignements dans cette exhumation des heures d'amour de Musset et de George Sand!

Il ne faudrait pas oublier un détail exquis, dont la découverte est due à M. Jules Claretie et qui enrichira d'une *Note* bien précieuse les éditions classiques du théâtre de Musset. Ainsi que nous le faisait savoir dernièrement M. Jules Lemaître, il paraîtrait que la plus belle phrase peut-être et la plus profonde de *On ne badine pas avec l'amour* a été empruntée textuellement par Alfred de Musset à une lettre de George Sand. Car un homme de lettres ne laisse rien perdre. Mais au fait, ajoute le critique en question, de quoi pourrions-nous former la substance de nos livres sinon de notre vie même et parfois de la plus secrète ? Très vrai, mais il y a des limites qu'on ne devrait pas dépasser. Et voilà un enseignement de plus à ajouter à tant d'autres !

Si évidents que soient les avantages de la lecture, celle des lettres de George Sand comprise, ils ont pourtant été contestés par un assez grand nombre de personnes.

On a dit que si, d'un côté, la lecture étend les connaissances, d'un autre, elle a une tendance à diminuer l'originalité. En tous cas, elle n'y ajouterait rien. Les auteurs des plus beaux livres de la Bible étaient certainement des esprits de plus d'originalité que de culture. Shakespeare n'était pas un profond érudit ; il est même fort douteux, dit-on, qu'il ait jamais lu un livre ayant valu la peine d'être cité, sauf peut-être le *Décaméron* de Boccace, où il puisa tant de sujets de pièces.

Pour ce qui est de Shakespeare, cette opinion n'est pas bien prouvée et paraît reposer plutôt sur certaines anecdotes plus ou moins controuvées de sa biographie, d'ailleurs si peu connue, où la légende tient plus de place que l'histoire assurément. Une lecture attentive de ses œuvres prouverait, au contraire, qu'il n'ignorait rien de ce qu'un homme de bonne éducation, de son époque, pouvait savoir, et qu'il était grand liseur au moins de contes et de vieilles chroniques, comme en témoignent, entre autres chefs-d'œuvre, les sujets d'*Hamlet* et de *Roméo et Juliette*, empruntés à d'anciennes versions écrites et non orales. Et cela est si vrai, que certains ont pu, avec quelque apparence de raison, attribuer toute l'œuvre de Shakespeare à son contemporain Bacon, c'est-à-dire à la tête la plus encyclopédique de son époque.

L'exemple d'autres grands écrivains, de différentes époques et de différents pays, prouverait également que la lecture ne peut que fortifier et enrichir les dons du génie et du talent : Dante, Pétrarque, Boccace, Milton, Léonard de Vinci, Michel-Ange, Milton, Rabelais, Ronsard, Molière, Racine, Diderot,

Voltaire, Gœthe, et combien d'autres, — à les énumérer ils seraient légion! — avaient le cerveau vastement meublé.

L'examen des œuvres des littératures primitives, livres sacrés ou épiques des grandes époques qui ont guidé et illuminé la jeunesse des races, tels que les *Védas*, le *Ramayana*, le *Mahabharata*, le *Zend-Avesta*, la *Bible*, l'*Iliade*, le *Coran*, etc... démontrerait assez que leurs auteurs étaient familiers avec l'ensemble des connaissances humaines de ces époques. Bien plus, ils appartenaient à la classe sacerdotale, soit à titre de prêtre même, soit à titre d'initié de près ou de loin. Elle seule, en ces âges lointains, détenait jalousement le trésor de la connaissance, où se confondaient la théologie, la poésie, la législation et l'ensemble des sciences, depuis les plus abstraites comme les mathématiques et l'astronomie, jusqu'aux plus concrètes, comme la médecine. Loin d'être des ignorants inspirés, c'étaient donc les plus savants des hommes de leur temps, et cette science ne semble en rien avoir nui à la spontanéité de leur émotion.

Il en est de l'écrivain comme de l'artiste. Avons-nous jamais vu que la connaissance des chefs-d'œuvre du passé, leur étude même, ait jamais nui à l'originalité d'un grand artiste? Quelle fièvre d'apprendre et de comprendre à cette admirable époque de la Renaissance! Le savoir encyclopédique d'un Léonard, d'un Michel-Ange, d'un Alberti a-t-il nui à la sève de leur génie? Ne l'a-t-il pas alimentée au contraire pour lui faire produire des fruits et des fleurs qui sont parmi les plus opulents de l'arbre de l'art? Notre grand Delacroix n'était-il pas un esprit très cultivé? Non, le savoir, l'étude, la lecture n'étoufferont jamais que l'originalité de ceux qui n'en ont pas. A ceux-là même, au contraire, ils donneront souvent l'apparence, sinon d'une personnalité, du moins de certains dons naturels. Quant aux bien doués elle fera s'épanouir plus largement leurs facultés.

Comme le dit M. Emmanuel des Essarts, dans une étude sur Théophile Gautier, où il s'est attaché à montrer dans l'auteur d'*Émaux et Camées* l'érudit nourri de la plus pure moelle de l'antiquité : « En quoi l'érudition serait-elle chez les poètes un signe d'infériorité? L'ignorance ne délivre pas un brevet d'inspiration, comme le croient certaines gens qui nous imposeraient des théories renversantes sur la prétendue naïveté des poètes, et voudraient au besoin, planter le laurier delphique sur le bonnet d'âne. Où découvrent-ils ces sublimes ignorants ?

Il sied d'enseigner aux jeunes générations que l'on ne s'inscrit au nombre des grands écrivains qu'en s'attachant, comme Théophile Gautier, à l'étude et à l'assimilation de tous les modèles du passé, qu'en s'appropriant un savoir encyclopédique, et en se formant une pensée qui domine tous les âges ; en un mot, par l'union du travail le plus sévère et de l'art le plus scrupuleux. « Science et Conscience, » telle doit être la devise de ceux qui prétendent au rang de bon prosateur ou d'éminent poète. S'ils préfèrent à cette méthode des succès plus faciles, ils pourront enlever par surprise ou scandale une vogue éphémère et de mauvais aloi. La solide estime et la renommée durable ne sont pas pour eux. »

La pratique des langues étrangères est également un excellent moyen d'enrichir la culture de son cerveau, surtout par la lecture des grands écrivains dans leur texte même. Mais je pense que c'est un assez nuisible exercice au point de vue de la perfection du style. J'en parle par expérience personnelle. J'ai étudié l'anglais comme j'étudiais ma langue maternelle, et lorsque j'avais à confier au papier mes idées en français, je me laissais, malgré moi, influencer par des expressions, des tournures de phrases anglaises et vice-versa. J'ai connu un écrivain dans les mêmes conditions que moi, parlant et écrivant également les deux langues. Malgré lui aussi, instinctivement, il lui arrivait de penser en anglais ce qui était destiné à être écrit en français, et il reconnaissait tout le premier combien son style se ressentait de ce dualisme.

Pourtant, au début de ma carrière, j'ai consacré beaucoup de temps à l'étude des mots, non seulement à l'aide de dictionnaires que je me suis amusé, parfois, à lire d'un bout à l'autre, mais aussi à l'aide de la lecture. Je lisais énormément, et chaque fois que je rencontrais soit un mot frappant, soit une expression qui me semblait heureuse, je l'inscrivais sur un cahier de note avec sa signification au-dessous. J'essayai aussi d'en confier à ma mémoire qui, hélas, ne les a pas toujours bien retenus. Petit à petit, j'en étais arrivé à former de volumineux manuscrits, remplis des mots les moins usités de la langue française.

C'était évidemment un bon exercice. Cependant, il suffit de lire certains des ouvrages que j'ai publiés jusqu'à ce jour, tous du reste écrits très vite, trop vite, mes brochures surtout écrites en 48 heures la plupart du temps, pour se rendre compte combien toutes ces précautions et cette gymnastique verbale m'ont peu servi. Nul doute qu'elles ne soient plus efficaces pour quelqu'un qui ne connaîtrait que sa langue natale.

CHAPITRE XV

LA COMPOSITION ET LES GENRES.

L'art de la composition littéraire peut-il s'enseigner ? — Arguments pour et contre. — Le don du style. — Qualités d'un bon style. — Le plan. — Les notes. — Leur utilité. — Ouvrages de littérature proprement dite. — Genres : Athée. — Pessimiste. — Horrible. — Surnaturel. — Fantastique. — Macabre. — Folie. — Hyperbole. — Fantaisie. — Descriptions. — Dialogue. — Roman d'aventures. — Roman historique. — Mémoires. — Thèse morale. — Roman par lettres. — Nouvelle. — Conte. — Voyage. — Pensées. — Naturalisme.

L'art de composer, d'écrire, de créer une œuvre, peut-il s'enseigner ? Serait-il possible, par exemple, de fonder une académie, d'instituer des conférences, bref, de former avec chances de succès, des élèves dans l'art de la fiction, et cela avec autant de certitude et aussi rapidement que dans tout autre art, peinture, sculpture, musique, architecture ?

N'existe-t-il pas des règles, des principes, une technique gouvernant la profession d'écrivain, susceptibles jusqu'à un certain point d'être transmis ?

De bons esprits ont pensé que oui, ont même assuré qu'il n'y avait pas de doute qu'une académie fondée dans le but d'enseigner la pratique de la littérature produirait de bons résultats.

C'est Théophile Gautier, je crois, qui se vantait d'apprendre, en vingt leçons, à tout homme quelque peu instruit, et même médiocrement doué, à confectionner un bon feuilleton. Théodore de Banville émit, dans l'une de ses chroniques, la même proposition. Et M. François Coppée se fit fort, un jour, d'enseigner à écrire des vers de forme parfaite à n'importe quel écolier.

Je ne vois pas là une de ces nombreuses boutades que la fatigue et le dédain parfois du métier de chroniqueur peuvent suggérer aux hommes de lettres, boutades auxquelles le paradoxal auteur de *Mademoiselle de Maupin* était, on le sait, assez enclin. L'art d'écrire une langue correctement et avec élégance, d'exprimer ses idées sur un sujet donné, avec méthode et clarté, en un mot, la grammaire et la rhétorique peuvent s'enseigner et s'enseignent tous les jours avec succès. Je ne vois pas pourquoi — les dieux me pardonnent, si j'erre, — l'art de la fiction ne pourrait s'enseigner, dans certaines conditions s'entend.

Donc et pour poser la question aussi clairement que possible : Y a-t-il, je le répète, un art de la fiction? Serait-ce chose possible que de fonder une académie, une sorte de conservatoire de la littérature, d'instituer des conférences, des cours, dans le but d'enseigner l'art narratif? On prétend que l'art de la fiction peut être enseigné de même et aussi bien que l'on enseigne celui de la peinture. On assure que l'enseignement de la peinture et celui de la fiction sont tous deux gouvernés par certaines lois, règles et principes que l'on peut enseigner, transmettre, on ajoute qu'il y a des modèles que l'on peut étudier, des maîtres dont les méthodes peuvent être apprises et imitées, des règles élémentaires générales qui peuvent être posées. En résumé, la prétention est, qu'autant qu'il est possible d'enseigner un art, cet art de la fiction peut s'enseigner et que, s'il est désirable que l'on possède des conservatoires, des académies de musique et de peinture, il l'est tout autant que l'on ait, à côté d'elles, des écoles où pourrait être enseigné l'art de la fiction. On ne prétend pas certainement que l'on peut apprendre à n'importe qui à écrire un roman, pas plus qu'on ne pourrait enseigner à quiconque l'art de peindre un portrait ou d'animer un bloc de marbre; ce que l'on assure seulement, c'est qu'à l'homme doué de la faculté narrative, on peut enseigner l'art de la fiction, cela avec autant de certitude et aussi rapidement qu'aucun autre art.

A cela on répondra, peut-être, que l'art de la fiction est chose qui s'apprend généralement toute seule, sans professeurs, sans qu'il y ait utilité aucune d'assister à des conférences, sans qu'il y ait nécessité de suivre des cours; mais à cela on peut objecter que si les jeunes écrivains, au début, avaient passé par les exercices que l'on exige des étudiants de la peinture, pour ne citer que les étudiants d'un seul art, ils auraient appris à écrire le roman sans avoir couru les risques de ces insuccès désastreux, qui, trop souvent, suivent les efforts du début, sans le gaspillage d'une matière de valeur qui n'est jamais aussi fraîche, aussi vivace que dans les premières années de travail du jeune écrivain. Ces infortunés auraient pu être mis à même d'éviter des fautes et des errements qui, n'étant jamais corrigés, finissent par devenir d'incurables vices de style. N'est-ce pas par suite de cette absence, chez nous, d'une école, d'une académie, d'un conservatoire de la fiction, que nous voyons si souvent les commençants se lancer chez l'éditeur ou chez l'imprimeur bien souvent lestés de manuscrits qui n'auraient jamais dû voir le jour, porteurs d'ébauches vertes et hâtives, sans perspective, informes, sans dessin, sans couleur, mal groupées, entièrement dénuées, enfin, de la juste perception des principes les plus élémentaires de l'art?

Dès que l'on se sera rendu compte que la fiction est un art réel, on fera bien de chercher quels moyens pourraient être employés pour faire cesser l'état actuel des choses, peu conciliable, on en conviendra, avec cette suprématie intellectuelle que, dans ces conditions, — étrange à dire! — nul, pourtant, n'a songé encore à nous refuser.

Il n'y a pas de doute que la fondation d'un Conservatoire, d'une Académie dans le but d'enseigner l'art de la fiction produirait des résultats immédiats.

Nos jeunes romanciers, dès lors, se donneraient plus de peine, ils se rendraient compte que ce qui a été écrit très facilement est généralement d'une lecture difficile, ils auraient une conscience plus grande de leur situation et de leur caractère, ils s'efforceraient de donner un peu plus de pointe épigrammatique à leurs dialogues, ils réaliseraient la signification de ce que l'on entend par le style, mot qui, pour beaucoup d'entre eux, semble, quant à présent, vide de sens, lettre morte; ils se trouveraient enfin en situation d'acquérir les principes de leur art.

Niera-t-on que l'absence de connaissances techniques, d'un goût correct et d'une idée juste de la proportion aient souvent ruiné les chances mêmes de jeunes écrivains qui avaient une réelle habileté, des aptitudes, les aient empêchés de toucher le but? J'irai plus loin, je dirai que l'absence de ces mêmes qualités a fait échouer les plus splendides efforts des hommes de génie du dix-neuvième siècle.

Quant au style, que nous allons étudier maintenant, quant au style, c'est-à-dire le je ne sais quoi dans le tour de la phrase, le choix et l'ordonnance des mots, qui échappe à l'analyse, cette chose par laquelle un écrivain exprime sa personnalité, le style, cette griffe du talent, cela s'enseigne difficilement, c'est un don personnel, presque intransmissible.

Mais il ne s'ensuit pas que ce don personnel ne puisse pas aussi être exercé, développé, enrichi par l'étude et la pratique de certains principes généraux dont il serait vain de nier l'utilité.

Des modèles, je le répète, peuvent être étudiés. Il y a des maîtres et des méthodes dont on peut efficacement s'inspirer, et cela sans crainte de tomber dans l'ornière de l'imitation.

Bien que notre intention ne soit pas, ici, d'écrire un nouveau traité de rhétorique, nous ne jugerions pas notre ouvrage à peu près complet, si nous ne disions quelques mots de ces préceptes car, répétons-le une fois de plus, c'est surtout aux jeunes, aux inexpérimentés, que nous nous adressons, et notre tâche est surtout de leur éviter les faux pas, les détours qui font perdre tant de temps et mènent si souvent au doute de soi-même, au découragement.

Balzac, pour ne citer qu'un exemple, arrivé à sa maturité, a perdu beaucoup de temps précieux, s'est donné une peine incroyable à corriger ses œuvres, simplement parce que, dès le début de sa carrière, il ne s'était pas occupé du soin de former son style; il avait négligé de se munir d'une bonne et sûre technique.

Une journée de réflexion et de pratique, à vingt ans, vaut mieux pour bien des gens qu'un mois entier passé en efforts de corrections, après cet âge. La jeunesse, en effet, est beaucoup plus plastique, est plus apte que la maturité à recevoir l'empreinte des habitudes.

La technique de son métier, la technique de la composition — si je puis ainsi m'exprimer — devrait être aussi familière à l'écrivain que le sont au chimiste les éléments de sa science.

Il est bon, tout d'abord, et avant de se mettre à écrire une seule ligne, de dresser un plan de l'œuvre, et le plus détaillé possible. Plus votre route sera bien jalonnée, plus sûrement vous la suivrez. Si c'est un roman ou une pièce de théâtre, par exemple, esquissez le canevas dans ses grandes lignes, avec ses chapitres ou ses scènes.

Attaquez votre sujet par un point qui offre un intérêt réel, même si cette façon de procéder doit avoir pour résultat de vous forcer à faire un retour rétrospectif, dans le but de fournir les explications nécessaires.

Pour le style, on ne saurait commencer de trop bonne heure à le perfectionner. On sait quelle est la haute importance d'un bon style. C'est le moyen le plus sûr d'arriver à la postérité.

Le style est fait du choix, de l'arrangement, de l'ordonnance logique des mots et des phrases, de l'emploi juste des images et des métaphores, de l'accord entre les mots et les idées. De là vient l'harmonie, la beauté de son ensemble.

Un des meilleurs moyens de fortifier et d'enrichir son style, de savoir vêtir sa pensée d'une forme adéquate, c'est l'acquisition d'un vocabulaire copieux. Que chaque mot dont il sera fait usage soit bien compris dans le sens juste et exact où vous l'employez.

Je ne sais plus quel grand écrivain l'a dit : *il n'y a pas de synonymes*. Sans aller aussi loin que Théophile Gautier qui faisait une de ses lectures favorites des pages de Dictionnaire et des lexiques techniques, n'épargnez pas le temps que demanderont l'étude et la compréhension scrupuleuses de la valeur des mots. Ici comme dans la construction ordinaire, le constructeur doit connaître la nature des matériaux qu'il emploie et leur destination. Rien de plus utile, pour bien discerner toute la puissance d'un terme, que son étude étymologique; rien de plus intéressant aussi.

Ce n'est pas tout encore : les mots sont de véritables êtres vivants, on l'a dit avec raison. On peut les suivre dans leur existence entière, de leur naissance à leur mort, en passant par toutes les phases évolutives de la vie d'un organisme : enfance, jeunesse, maturité, vieillesse et décrépitude. Et quelle variété de caractères et de physionomies, pour ainsi dire, parmi eux! Quoi de plus naturel! Ne sont-ils pas la représentation, le signe, le symbole des êtres et des choses, dont ils doivent refléter, par conséquent, toute la variété et la fécondité. Il en est de pimpants, de prestes, de légers comme les papillons, de lourds comme les ruminants, de parfumés comme des fleurs, de scintillants comme les gemmes et les étoiles, de graves comme les voix de la mer et du vent ou les murmures de la forêt. Oui, les mots n'ont pas seulement un son, mais une couleur, une odeur. Mais ces qualités ne sont pas discernables à tous, et c'est précisément leur perception qui distingue l'écrivain, le poète digne de ce nom, l'artiste de style, de celui qui emploie les mots dans leur usage gros et courant, comme on le fait ordinairement dans la conversation... ou les chroniques de nos boulevardiers les plus cotés. C'est le maniement, le jeu de ce clavier infini des sensations, des sentiments et des idées qui est *le don*, la chose presque impossible à enseigner dont nous parlions plus haut.

Ne subtilisez pas trop sur ces qualités du style cependant; ne raffinez pas, ne devenez pas l'esclave de la forme; une belle pensée emporte toujours son expression avec elle, fatalement, nécessairement, tandis qu'une belle phrase peut être vide d'idée, comme une belle fleur sans parfum.

Surtout soyez clair, intelligible. La clarté pourrait être définie la politesse du style; c'est par la clarté, la limpidité de son génie, une de ses qualités essentielles et primordiales, que notre langue française a dominé dans le monde, aux belles époques de notre histoire, et c'est par là encore qu'elle y rayonne aujourd'hui. Toute idée qui passe par le tamis de notre langue gagne par là, en devenant plus claire, en puissance d'expansion.

Gœthe le savait bien, qui prenait tant d'intérêt à la traduction française de la moindre de ses pages et en marquait tant de contentement, comme nous le montre maint et maint passage de ses *Conversations avec Eckermann*.

« Une langue, dit judicieusement Rivarol dans son discours de l'*Universalité de la langue française*, vient à se corrompre lorsque, confondant les limites qui séparent le style naturel du figuré, on met l'affectation à outrer les figures et à rétrécir le naturel qui est la base, pour charger d'ornements superflus l'édifice de l'imagination.

« Ce défaut perd les écrivains des nations avancées ; ils veulent être neufs et ne sont que bizarres ; ils tourmentent leur langue pour que l'expression leur donne la pensée ; et c'est pourtant celle-ci qui doit toujours amener l'autre. »

N'écrivez pas de trop longues phrases ; elle rebutent l'attention autant que le regard. L'œil demande à être charmé autant que l'esprit. Ne tombez pas non plus dans l'autre extrême qui consiste à hacher menu son discours, à écrire beaucoup de petites phrases. L'allure en paraît, il est vrai, plus preste, plus légère, mais à la longue ce sautillement, ce saccadé, fatiguent autant que l'excès d'étendue. Même La Bruyère, qui a employé ce procédé, on sait avec quel bonheur, n'est pas indemne de cet inconvénient. On ne peut lire ses *Caractères* à trop fortes doses, malgré le piquant des observations et les fréquentes trouvailles de tours exquis.

Nous avons vu, à propos de la lecture, que le meilleur moyen de tirer profit de ses lectures est de prendre des notes, de ne pas se fier à une mémoire qui, si exercée qu'elle soit, commet toujours de trop nombreuses infidélités. L'habitude des notes est aussi un excellent procédé pour retenir ce que nous jugeons important de nos remarques, de nos observations, de cette lecture plus large des êtres et des choses qui nous entourent, de ces idées qui surgissent soit pendant une lecture, soit pendant une rêverie et une méditation, soit enfin qu'elles soient suggérées par quelque profonde et saisissante pensée émise par un autre, ou même qu'elles jaillissent dans le cerveau pendant le rêve. Beaucoup en prennent note mentalement avec l'intention d'en faire bon usage plus tard. Ils sont presque sûrs de les oublier, quand vient l'occasion de s'en souvenir. Combien souvent il nous arrive de rencontrer d'habiles et éloquents orateurs que nous voyons, après un discours, une discussion, une réunion publique, se lamenter sur les excellentes choses qu'ils auraient pu dire, si seulement ils avaient pu se souvenir de ces excellentes choses au moment propice ! C'est qu'ils avaient probablement manqué de technique, de méthode, de discipline, dans l'emmagasinage de leurs souvenirs.

Un auteur dramatique connu me disait, un jour, que la plupart de ses « mots » qui portaient si sûr et si droit sur le public étaient, pour me servir de sa propre expression, « tirés de la rue ». Quand il lui arrivait d'entendre un mot saisissant, une bonne plaisanterie, il les écrivait immédiatement sur un carnet tels qu'il les entendait, et les plaçait ensuite dans la bouche de ses personnages, en les adaptant aux caractères et aux situations.

Bon nombre d'écrivains contemporains, des romanciers notamment, ne procèdent pas autrement pour amasser les matériaux de leurs livres. C'est ainsi que MM. Zola, Alphonse Daudet, entre autres, ont coutume de préparer leurs romans. Bien entendu, nous ne conseillons pas ce procédé comme devant être d'une application générale et constante à tel ou tel genre. C'est là trop affaire de tempérament pour l'ériger en principe. Un esprit observateur, réaliste, agira ainsi de préférence. Un intuitif comme Balzac, par exemple, qui observait peu — où en aurait-il trouvé le temps, ce gigantesque travailleur ? — préfèrera se fier à son imagination. Le peuple nombreux et si varié de cette ample *Comédie humaine*, qui semble le reflet de toute une époque, il l'a tiré tout entier bien plus de sa divination qu'il ne l'a extrait de la réalité.

Ce que nous voulons dire c'est que, quel que soit le genre de littérature que l'on cultive de préférence, quelque application qu'on se réserve d'en faire, il sera d'une précieuse ressource d'avoir à sa disposition ce recueil de notes prises sur le vif de la vie.

C'est ainsi que j'ai eu coutume de faire moi-même, en vue du présent ouvrage, cela, depuis bien des années et toutes les fois que quelque chose se présentait dans mes lectures, dans la vie ou ailleurs, susceptible de m'éclairer davantage sur un point quelconque de ce sujet — que j'ai étudié pour moi-même, bien avant de l'étudier pour les autres, — ou de me rappeler une omission, un perfectionnement à apporter à un travail déjà terminé ou encore de diriger le cours de mes idées dans les avenues d'observation non encore parcourues.

Les bases d'un roman devraient être originales. Il en sera de même de l'intrigue, de l'ordre et de l'effet qui en sont la conséquence ou des épisodes principaux. Ayant ainsi fourni un squelette complet de l'histoire, vous pouvez l'enrichir en jetant à pleines poignées sur le détail vos souvenirs de lectures ou d'observation, tout en ayant soin d'ajouter quelque chose qui soit bien à vous à tout ce que vous pouvez avoir adapté d'autres ouvrages ou des notes prises à l'aide de vos yeux et de vos oreilles. Si dans la vitrine de vos souvenirs de lecture, vous prenez quelques pierres précieuses dans le but d'orner certaines parties de vos œuvres, ayez soin de les tailler à nouveau, repolissez-les et remontez-les avec soin.

Souvenez-vous que ce qui est suffisamment lumineux pour l'écrivain l'est généralement beaucoup moins pour le lecteur et, que, par conséquent, il faut que vous-même vous ressentiez beaucoup avant d'arriver à faire que le lecteur ressente un peu.

La littérature universelle peut être groupée sous trois catégories bien définies : le livre technique; le livre historique; et enfin tous ces ouvrages sur lesquels porte le mouvement littéraire et qui prennent leur sujet dans l'imagination ou le raisonnement. Cela sous quelque forme que ce soit.

Pour les ouvrages techniques, le sujet, ses différentes applications sont la substance même du livre; pour les ouvrages historiques, le fait exactement relaté est absolument indispensable; et pour les autres, ceux qui ont pour sujet l'idée sous une forme quelconque, et qui se rapportent à la philosophie, à l'art, à la politique, à la religion, à la poésie, au théâtre, au roman et qui forment ce qu'on est convenu d'appeler la littérature, les seuls dont nous avons à nous occuper ici, nous allons ensemble étudier leurs différents genres, procédés et expédients.

Il y a le genre athée. Celui-là, surtout, ne l'adoptez pas. Soyez sceptique, soyez ironique, si vous le voulez et si cela vous plaît, mais évitez de proclamer que vous ne croyez à rien, si malheureusement pour vous, vous êtes affligé de ce vilain mal. Ce genre, en effet, a été essayé par d'autres avant vous et ils ont toujours eu le sort d'Icare. Ils n'ont jamais réussi. Ils ont pu recueillir, c'est vrai, les applaudissements rares et clairsemés de quelques athées comme eux, mais ils se sont mis à dos l'humanité tout entière.

Le pessimisme et la misanthropie ne valent guère mieux et nous vous les déconseillons avec presque tout autant de force.

Beaucoup de novices en littérature débutent par des livres bourrés de crimes, d'horreurs, de cadavres et d'infamies qui pendant quelques courts instants peuvent, j'en conviens, réussir à abrutir et à consterner quelques rares lecteurs, ou encore ils débutent par des histoires navrantes, qui réussissent souvent à attrister, désespérer quelques cœurs sensibles. Si vous n'avez pas tout au moins vécu les douleurs, les horreurs que vous racontez, n'essayez pas ce genre qui ne réussira jamais du reste à donner le change à ceux qui savent, pour en avoir souffert eux-mêmes, ce qu'est le chagrin.

N'essayez pas davantage des procédés littéraires empruntés au surnaturel; c'est un genre sinistre et il y en a qui, pour l'avoir pratiqué, sont morts à Charenton.

Le fantastique est également un genre difficile d'imitation, on ne saurait non plus le conseiller à des débutants. Peu de lecteurs en effet s'y intéressent. Il faudrait pouvoir faire mieux ou tout au moins aussi bien qu'Hoffmann et Edgar Poë et c'est bien difficile.

Il y a le genre macabre, nuance funèbre du fantastique : la mort, les squelettes, les sorciers, que sais-je encore. Il faut pour traiter ce sujet comme il doit l'être, de grands artistes. Ils sont rares. Évitez-le de peur de ne pas réussir à le traiter de main de maître.

Il y a encore la folie; gardez-vous d'adopter ce genre. La folie est mal contagieux et celui qui en parle du matin au soir risque de finir lui même chez le Dr Blanche.

Ceux qui peuvent lire les genres d'ouvrages dont je viens de parler sont dignes de pitié mais ceux qui consacrent leur temps à l'épouvantable métier de les écrire sont bien plus à plaindre encore. Non, ces livres, il ne faut ni les lire, ni les écrire. Notre littérature française si délicate, si pondérée, ne les admet pas. Et ne venez pas nous parler de la liberté de l'écrivain. Tout ce qui est exécutable n'est pas légitime et il y a une limite où commence la responsabilité de l'écrivain.

Où les livres dangereux font le plus de mal c'est chez les jeunes gens. Tous les bons livres du monde ne pourront guère pour rendre sage un jeune homme ou une jeune fille, un seul mauvais livre aura tôt fait de le corrompre.

Rien n'est difficile à sentir et à représenter comme le vrai, le beau, le bien, dit M. Eugène Mouton dans son intéressant ouvrage l'*Art d'écrire un livre*, auquel nous empruntons les éléments de ce chapitre ; rien de plus facile à faire que le faux, le laid, le mal ; il suffit d'un peu de méchante humeur, pour prêcher le pessimisme, d'un peu de vanité pour se dire sceptique, d'un peu d'insolence pour être athée, d'un peu de sottise pour ne comprendre de toutes les choses de ce monde que la mort et le désespoir. Pour être apte à pratiquer ces odieuses façons de penser ou d'écrire, il faut se sentir impuissant et misérable d'esprit et de cœur, considérer toutes choses d'un œil méchant et tirer vanité de ces disgrâces.

L'hyperbole ou l'exagération est un procédé d'une application facile à l'aide duquel on peut quelquefois faire grand, très grand. Le comique et l'exagération font ensemble bon ménage. Éviter, en dépassant le but, d'ennuyer au lieu de faire rire.

La fantaisie, si nous possédons les qualités voulues pour la bien manier, est chose charmante et qui plaît à tout le monde. Les éléments essentiels en effet en sont le bon sens et la gaîté. Ici la mesure et la justesse sont aptitudes indispensables aussi. Sous le prétexte de servir de la fantaisie, n'en arrivez pas à choir dans la singularité. Tout ce qui est singulier est faux.

Les descriptions qui sont parties principales du roman doivent toujours être d'accord avec le sujet. Quand elles ne le sont pas, elles n'ont d'autre résultat que d'alanguir l'intérêt et de faire bâiller le lecteur.

Le dialogue que, ces temps derniers, on a songé à appliquer au roman et qui, du reste, a été de tout temps appliqué avec avantage à des sujets moraux ou philosophiques, est un des grands moyens d'expression mis à la disposition de l'auteur. Il est utile aussi bien dans les scènes de mœurs que dans les situations pathétiques. Le roman dialogué pourrait être conseillé aux jeunes qui ne savent de quel pied partir dans la carrière des lettres.

Nous en dirons autant du roman d'aventures. Le travail là est facile ; pas de théories, plus de questions d'analyse ou de psychologie ; il est facile de s'entourer de tous documents nécessaires ; puis le genre répond aux besoins d'une immense catégorie de lecteurs. Qualités indispensables : le sens du pittoresque, le don de l'émotion et de l'esprit, un choix heureux des caractères que vous introduisez dans votre roman et qui doivent tous donner l'illusion de la vie.

Ce que nous avons dit du roman d'aventures peut être appliqué également au roman historique.

Le genre « Mémoires » réclame la véracité, l'impartialité. Ils doivent être faits d'autobiographie d'abord, mais aussi de philosophie et d'histoire. Éviter, si on adopte ce genre, de se laisser glisser dans l'indiscrétion, dans le banal ou le scandaleux.

Les livres à thèse morale ont peu de lecteurs et c'est dommage. Ce genre n'a produit que peu de chefs-d'œuvre, en notre pays surtout. La vertu n'est pas un sujet de roman, elle n'est pas un sujet littéraire parce qu'elle exclut la passion.

Le roman par lettres dont *La Nouvelle Héloïse* reste et restera longtemps encore le prototype a à peu près disparu, après avoir fait si longtemps les délices de nos pères. Paix à ses cendres en attendant qu'il en renaisse, ce qui n'est pas impossible.

La nouvelle, qui, lorsqu'elle est bien faite, vaut seule un long roman, est chose difficile à bien écrire. Le genre est du reste ingrat par suite de la concurrence que lui fait le roman.

Le conte, une réduction de la nouvelle, peut devenir quelquefois un chef-d'œuvre, cela dépend de l'auteur.

L'insulte, l'invective sont genres ignobles dont nous ne nous occuperons pas davantage, pas plus que de la pornographie, si vous êtes de mon avis.

Le genre voyage est très goûté d'un nombreux public. On y trouve matière à des sujets et à des récits inépuisables.

Les livres de philosophie sont généralement œuvres de penseurs ou d'érudits basées sur l'exposition de théories diverses émises par tel ou tel philosophe. Dans ces écrits il est indispensable que le sens commun, cette règle et cette mesure de toutes les idées de l'homme, garde son autorité entière.

Les livres de pensées ou de maximes peuvent être, en leurs raccourcis incisifs ou puissants, d'immortels chefs-d'œuvres quand ils sont signés Pascal, La Rochefoucauld, ou plus modestement même Vauvenargues ou Joubert.

Les études de mœurs ou soi-disant telles que certains de nos romanciers contemporains, et non des moindres, ont lancées, ces dernières années, sous le déguisement de *Naturalisme*, sont à peu près déchues, aujourd'hui, de la faveur publique. Ce n'est pas nous qui nous en plaindrons. Ce genre est bien mort et presque enterré. Préparons-lui donc une tombe digne de lui... la fosse commune. Ce que nous en disons là n'infirme en rien l'énorme talent de l'homme qui s'est fait le propulseur le plus actif et le plus bruyant de ce mouvement, M. Émile Zola, car les éléments les moins incontestables du génie de ce grand écrivain sont précisément, comme on l'a remarqué depuis longtemps, les qualités les plus rebelles à ce prétendu *Naturalisme*, c'est-à-dire la vision synthétisée et grandiose des êtres et des choses, le sens épique de la vie sous toutes ses manifestations.

Nous arrêterons ici, avec M. E. Mouton, cette courte revue des genres et des procédés en littérature ; pour pousser jusqu'au bout l'étude, il faudrait, comme il le dit, reprendre toute l'histoire littéraire. Le peu que nous en avons dit d'après lui suffira amplement pour établir la situation actuelle des idées littéraires et signaler les avantages et les inconvénients des procédés.

CHAPITRE XVI

L'ORIGINALITÉ.

« Tout est dit ». — Le nombre des idées humaines. — Fort restreint, mais les différentes formes des idées sont indéfinies et variables, comme les générations qui les expriment. — De la modernité et de l'originalité.

Il y a bientôt deux cents ans que La Bruyère s'écriait : « Tout est dit, et l'on vient trop tard depuis plus de six mille ans qu'il y a des hommes, et qui pensent. » Parole souvent citée à propos de la difficulté, de plus en plus croissante pour l'esprit humain, de trouver du nouveau en matière littéraire.

« Rien de nouveau sous le soleil », dit, à son tour, un vieux proverbe, vrai et faux comme tous les proverbes, suivant l'application qu'on en fait.

Un mathématicien anglais (1), R. Hooke, a imaginé au dix-septième siècle, un système bizarre sur la manière dont l'âme perçoit et transmet les idées, et il a cru pouvoir calculer avec une exactitude assez rigoureuse le nombre d'idées dont l'esprit humain est susceptible. Il est arrivé ainsi au chiffre de 3.155.760.000 !

Pour nous, sans examiner le plus ou moins sérieux de cette statistique, nous croyons ce chiffre encore fort exagéré. Certainement le fond d'idées primordiales, essentielles, sur lequel peut vivre l'humanité pensante n'atteint pas ce chiffre. Mais les formes nouvelles que ces idées peuvent revêtir, les apparences sous lesquelles on peut les présenter, leurs combinaisons

---

(1) *Curiosités littéraires*, par L. Lalanne.

sont en nombre indéfini. Elles varient d'âge en âge, de génération en génération, que dis-je, d'individu à individu. Nous faisons-nous du ciel, de la terre, de la mort, de la vie, par exemple, la même représentation que s'en faisaient non seulement les anciens ou les gens du moyen âge, mais même nos aînés d'il y a cinquante ans? Aux grands problèmes philosophiques et moraux qui nous hantent, comme eux, apportons-nous les mêmes solutions?

Et si les combinaisons des idées sont illimitées, combien plus étendu encore le domaine de la sensation et du sentiment! C'est là surtout que l'originalité peut s'épanouir et rayonner à son aise, et n'est-il pas, ce domaine, le champ par excellence de la littérature? Il n'est rien de plus banal que le printemps, la mer, la montagne, la forêt ou l'un quelconque des grands aspects de la nature. Et pourtant ne recevons-nous pas de ces grands aspects, n'en avons-nous pas reçu, surtout à la première vue, des impressions neuves et personnelles? Seulement, parmi nous, les uns ne vont pas au delà de la perception de ces impressions. Ils sentent et ne peuvent ou ne savent pas rendre; les autres rendent mais avec une *expression* qui n'est pas à eux, un langage emprunté. D'autres enfin, et c'est le petit nombre de privilégiés, les élus, traduisent leur sensibilité en une langue personnelle comme elle. Ceux-là sont les poètes, les artistes, les écrivains dignes de ce nom. Chacun d'eux reflète, pour ainsi dire, l'univers en des aspects et des couleurs variées, le recrée en son âme; contrairement au mot de l'Écriture, il a des yeux et des oreilles, et il voit et il entend ce qui échappe aux yeux et aux oreilles des autres.

Quel thème plus banal que le printemps, ou la beauté de la femme aimée! Depuis qu'il y a des poètes, que de vers ces deux sujets n'ont-ils pas inspirés? Et combien en inspireront-ils encore, tant qu'il y aura des hommes doués d'un langage pour exprimer leurs sentiments! Sur ces thèmes rebattus, et sur cent autres non moins usés un poète inspiré tirera toujours des accords nouveaux.

S'il n'en était pas ainsi, si chaque génération n'apportait pas avec elle des instruments neufs, des modes de sentir et d'exprimer à elle personnels, il y a beau temps que la littérature et l'art ne seraient plus possibles, sinon à l'aide d'un rabâchage inlassable. Un cycle seul de civilisation, tel celui de l'antique Égypte ou de la Grèce, aurait épuisé d'un trait toute la sensibilité humaine.

N'envions donc pas les écrivains des temps passés sous prétexte qu'ils ont été plus heureux que nous de venir les premiers, qu'ils ont cueilli tous les fruits. Ne nous écrions pas, avec ce grammairien latin Donat, précepteur de saint Jérôme, lorsqu'il retrouvait chez des écrivains antérieurs des choses qu'il croyait bien lui appartenir en propre : « Pereant illi qui, ante nos, nostra dixerunt (1). » Ne craignons pas de redire ce qui a été dit avant nous, mais redisons-le à notre façon, car c'est cette façon qui importe. Et du champ restreint des idées, des rencontres et des similitudes de sujets qui en résultent, prenons aussi gaîment notre parti que ce chevalier d'Aceilly, (2) du dix-septième siècle, qui se consolait ainsi :

> Dis-je quelque chose assez belle?
> L'antiquité tout en cervelle
> Prétend l'avoir dite avant moi.
> C'est une plaisante donzelle!
> Que ne venait-elle après moi!
> J'aurais dit la chose avant elle.

Suivez avec soin les progrès de la *modernité*.

Ce que j'entends par *modernité*, c'est précisément cette modification incessante des expressions diverses de l'art, qui fait que Lesueur ne ressemble pas à Raphaël, ni Victor Hugo à Marot. Stéréotyper la peinture, la sculpture, la poésie, l'éloquence dans un modèle, c'est aller au rebours des tendances de l'esprit humain, qui croit à l'avenir, qui s'y élance avec l'espoir et le bien légitime désir de dépasser les devanciers.

Ne dépassez pas les bornes cependant, n'allez pas trop loin.

Nous sommes en proie, de nos jours, à un appétit presque maladif du nouveau en tout. On veut atteindre l'originalité, coûte que coûte, et il faut avouer qu'on n'atteint, le plus souvent, que l'extravagant et le baroque. Il ne suffit pas qu'une

---

(1) Lalanne, *Curiosités littéraires*.
(2) *Idem*.

chose soit nouvelle pour qu'elle soit belle. Beaucoup de gens se contentent de cette seule condition. Et encore, à aller au delà de l'apparence, s'aperçoit-on, trop souvent, que ce nouveau n'est que du vieux neuf, étoffe ancienne d'ajustement moderne ou ajustement ancien d'étoffe neuve.

L'originalité artistique paraît un don inconscient, spontané. Qui la vise ne l'atteint pas souvent. Il en est d'elle comme de la simplicité, de la naïveté des littératures primitives, des chansons populaires, que les littératures, à leur déclin, s'efforcent de reproduire. Mais ce sont là pastiches laborieux, grimaces insupportables, puérilités de vieillard retombé en enfance. La vraie originalité est la marque d'une âme exprimant sincèrement ce qu'elle sent et pense, sans tous ces artifices et ces contorsions pénibles, ces attitudes anti-naturelles par lesquelles on prétend se distinguer.

CHAPITRE XVII

PROTECTION ET ENCOURAGEMENT DES LETTRES.

Difficultés comparatives de la carrière des Lettres et de celle des Arts. — La protection de l'État, de l'Académie, des Sociétés littéraires. — Son insuffisance. — Projet de protection efficace.

Nous avons dit dans l'Introduction toutes les difficultés qui obstruent la carrière des lettres, à son entrée surtout. Ces difficultés se dressent également devant le jeune artiste ; qu'il soit peintre, sculpteur, architecte ou musicien, il n'importe guère, à quelques insignifiantes différences près, il a à lutter contre des obstacles de même nature. Mais pour l'écrivain les obstacles se présentent plus terribles encore que pour l'artiste.

Pour ce dernier, en effet, les difficultés sont, sinon écartées, du moins singulièrement aplanies. La protection officielle des gouvernements s'étend, très large, sur l'artiste.

Elle le couvre dès ses premiers pas, à son entrée à l'École, pendant son séjour à la Villa Médicis, et le soutient ensuite, au cours de sa vie, par les récompenses des salons, les commandes et les acquisitions au nom de l'État. Considérez un peu ce chapelet de médailles et de mentions de tous modules et de toutes matières qui viennent, chaque année, à la fermeture des Salons, signaler aux yeux du public les efforts des plus méritants ou des prétendus tels. C'est une vraie quincaillerie de concours agricole que font cliqueter les mains prodigues des ministres et des membres du Conseil supérieur des Beaux-arts. Puis il y a les acquisitions de l'État, celles du Conseil municipal, celles de la Société des amis des Arts, etc..., etc., sans compter les bourses de voyage, récemment créées, et les achats des particuliers, aguichés par la nomenclature sur les catalogues des récompenses antérieures. Bref, les artistes sont les enfants gâtés de l'État. Ce n'est pas que nous trouvions outrée une telle sollicitude. L'antique Mécénat des cours et des princes n'est plus possible; on ne rencontrerait pas chez nos démocraties compactes ce goût et ce sens esthétique dont semblent avoir été douées les aristocraties défuntes, les petites républiques oligarchiques, ou les antiques corporations, laïques ou religieuses, qui savaient susciter autour de la cathédrale ou de la maison de ville un si fervent concert de tous les arts. Il n'est donc pas mauvais que les représentants du pouvoir d'aujourd'hui assument les devoirs et les charges du pouvoir de jadis, comme ils en ont recueilli les droits et les privilèges, et que, en ce qui concerne les artistes, ils les abritent contre l'indifférence et l'ignorance de la masse.

Mais si la protection gouvernementale en son principe est louable, on ne saurait en dire autant si on la considère en ses applications. En général elle n'est pas impartiale, elle favorise toute une catégorie d'artistes au détriment des autres, elle va, de préférence, aux soumis, aux forts en thème, aux bons élèves respectueux, avant tout, de l'enseignement de l'École et des recettes traditionnelles, tandis que les hardis, les novateurs se morfondent sous les railleries et les huées.

Et puis, — c'est là surtout où nous voulons en venir — pourquoi ne s'étend-elle qu'aux seuls artistes, cette sollicitude de l'État? Pourquoi un peu de cette manne auguste ne s'égare-t-elle pas sur la tête des écrivains, leurs frères? Aux premiers tout, aux autres rien ou si peu que rien. Le jeune écrivain doit lutter seul, sans aide, sans autre appui que sa propre énergie ou son propre talent, ce qui, hélas! n'est pas toujours suffisant. Combien, même après une ou plusieurs premières œuvres remarquées cependant, ont dû renoncer, se sont engagés dans la littérature mercantile ou le journalisme à fond de train, par la nécessité de vivre, faute de loisirs suffisants pour produire une œuvre ou de ressources pour la publier!

Je sais bien qu'il y a l'Académie et sa distribution annuelle de prix? Mais de ces faveurs académiques, nous savons tous ce qu'en vaut l'aune. Non moins qu'à l'État, on peut adresser à l'Institut le reproche de protéger surtout la médiocrité. Quand par hasard, ou mieux par erreur, la récompense va couronner une œuvre qui en est digne réellement, soyez persuadés que la valeur de cette œuvre n'entre pas pour un dixième dans les considérations qui l'ont fait distinguer. La faveur l'a pu faire bien plus que le mérite, la faveur due au népotisme, aux petites coteries des salons, aux relations mondaines. C'est à peu près, en réduction, ce qui se passe pour une élection. Prenez la liste des livres primés par l'Académie dans une période de dix ans, et si vous en rencontrez un par an qui ne soit pas une œuvre terne, sans relief d'idées ni de style, ce sera beaucoup! La Société des Gens de Lettres fait également sa distribution annuelle de prix. Mais là, sauf quelques rares exceptions, l'attribution des prix est aussi déplorable, si ce n'est plus, qu'à l'Académie. Il en est de même chez d'autres sociétés telles que la Société d'Encouragement au Bien, qui, parmi les récompenses dont elle dispose, fait une assez large part à la littérature.

D'ailleurs, même bien appliqué, ce système de distribution de diplômes et de médailles serait mauvais. Ces procédés de stimulation, d'émulation et de classification, continués du collège, sont ridicules, puérils, humiliants. Les écrivains doivent-ils donc toute leur vie être traités en écoliers, et leurs œuvres être considérées comme « des devoirs français » ainsi que le disait ironiquement Villiers de l'Isle Adam? Non, ce n'est pas ainsi que des sociétés publiques ou privées, soucieuses de la dignité et du bon renom des lettres, devraient agir. Les gens de lettres ne sont pas un bétail plus ou moins parqué pour l'élevage?

Que faire? faut-il, comme certains le voudraient, se croiser les bras devant les difficultés et les complications du problème, s'abandonner au système commode et égoïste du laissez-faire, du laissez-passer? Le talent, dit-on, arrive toujours à percer, le génie à être reconnu. La lutte et l'effort lui sont indispensables, ce lui sont des aiguillons, des stimulants de plus. Est-il bien certain que le génie et le talent se fraient toujours leur voie, à travers tous les obstacles? Pour quelques-uns qui, plus favorisés de Dieu ou des hommes, touchent le port, malgré les vents contraires et les ouragans, combien restent en route, enfouis sous le mystère des flots de la vie et qu'un signal, un secours opportuns eussent sauvés. La lutte et l'effort, on ne peut songer à les écarter, mais à les dépouiller de ce qu'elles pourraient avoir d'insurmontable, de trop accablant.

Puis, quand on parle de la protection qui est due aux lettres, il n'y a pas à songer qu'aux jeunes, mais à tous, et aux vieux aussi. Le vieil écrivain, dans le dénûment, est, en effet, non seulement plus digne d'intérêt par l'âge même, que le jeune homme ou l'homme mûr, à qui du moins sont permis « les longs espoirs et les vastes pensées », mais sa situation est plus franche, vis-à-vis de l'appui auquel il a droit.

Il a donné ses preuves de talent — car nous ne considérons, en toute cette question, que les gens de talent; — il a voué sa vie au culte de l'idéal, — ce qui, de fait, n'enrichit guère; — les bienfaits qui tomberont sur lui ne risqueront donc pas de s'égarer sur une tête indigne. Le contraire peut arriver avec les jeunes qui ne réalisent pas toujours les espérances qu'on a conçues sur eux.

Le problème est donc vaste, dépasse la tête des jeunes pour embrasser l'ensemble des écrivains, et n'est, rien moins, à bien considérer, qu'une des faces de la question sociale.

Il y a donc des mesures de protection à prendre. Mais lesquelles?

Faut-il, comme Alfred de Vigny, dans la généreuse préface de *Chatterton* en appeler à la loi : « C'est au législateur à guérir cette plaie, l'une des plus vives et des plus profondes de notre corps social; c'est à lui qu'il appartient de réaliser dans le présent une partie des jugements meilleurs de l'avenir, en assurant quelques années d'existence seulement à tout homme qui aurait donné un seul gage du talent divin. Il ne lui faut que deux choses : la vie et la rêverie, le pain et le temps. »

Malgré son éloquence, cet appel du grand poète est bien vague, ne propose rien de positif. Vigny réclame, sans doute, du législateur des pensions pour les poètes. Mesure insuffisante, difficile à appliquer, du reste, à des jeunes gens dont le talent n'est encore qu'en voie de s'affirmer, et qui ne paraîtraient pas encore mériter une telle faveur, mesure incompatible aujourd'hui avec nos mœurs et nos idées.

Exigeons moins des lois et davantage de l'initiative privée.

On a encore proposé que les deux sociétés des Gens de Lettres et des Auteurs Dramatiques désignassent, chaque année, au ministre quelques jeunes hommes, particulièrement intéressants, qui bénéficieraient des fonds dont le ministre de l'Instruction Publique disposerait à cet effet.

C'est là une mesure qui, pour être préférable aux distributions de prix, ne serait pas assez large ni assez efficace. Le principe en est à garder, mais il faut en modifier et en élargir l'application.

Pourquoi une sorte de Comité, de Jury, si on veut, désigné au suffrage universel des gens de lettres, par voie de la presse, ne fonctionnerait-il pas pour examiner les œuvres qui lui seraient soumises par leur auteur. Les fonds dont disposerait cette commission pourraient être alimentés et par souscriptions publiques, et par des subventions du gouvernement ou des sociétés littéraires, et par les libéralités de riches donateurs comme ceux qui ont fondé les prix d'Académie.

A l'aide de ces fonds on pourra, soit faire les frais de publication ou de représentation des œuvres qui en seraient jugées dignes, soit acheter des ouvrages parus en dehors du patronage du Comité, pour les distribuer aux bibliothèques publiques des municipalités, des écoles ou des sociétés.

Le Comité pourrait aisément, — ce qui rendrait sa fonction plus complète et plus efficace encore, — se faire lui-même l'éditeur des œuvres qu'il aurait distinguées. La publication serait ainsi plus économique, et serait ainsi toute recommandée à l'attention du public.

A ce rôle d'éditeur ne se bornerait pas, cela va sans dire, la mission de ce Comité. Sous forme pécuniaire ou autre il serait toujours prêt à venir en aide à tout homme de lettres qui le solliciterait. Il accorderait des allocations, des pensions, des bourses de voyage même, ou consentirait des prêts à un intérêt minime.

Il remplirait sa fonction de haut patronage désintéressé, à la sollicitude toujours en éveil.

Il serait une sorte de ministère *privé* de la littérature et des arts, car rien n'empêcherait qu'une organisation parallèle fonctionnât pour les artistes.

Nous ne nous dissimulons pas les difficultés que rencontrerait la réalisation d'un tel projet, surtout conçu dans un aussi vaste ensemble. Il serait peut-être, entre autres, malaisé de trouver assez de bonnes volontés et de dévoûments, parmi les hommes de lettres, pour accepter les fonctions de membre du Comité dont les investirait la confiance de leurs confrères. Ces fonctions de parrainage et de protection, dans notre pensée purement honorifiques, seraient, en effet, assez onéreuses par le temps qu'elles exigeraient. Mais s'il le fallait, qui empêcherait de leur attribuer des émoluments? Ce serait même juste, et raisonnable, car parmi les membres du Comité il pourrait s'en rencontrer à qui leur situation pécuniaire ne permettrait pas de remplir leur poste sans dédommagements. Il n'y aurait là aucune atteinte à la dignité de la fonction : les Académiciens ne jugent guère leur dignité entamée par les jetons de présence et l'ombre du grand Cardinal fondateur doit être édifiée depuis longtemps sur l'urgence et sur les fatigues de leurs travaux.

Je concluerai par la citation de quelques lignes de Dumas fils qui nous donnent raison. Il va même plus loin que nous. Ce ne sont pas les jeunes auteurs qui s'en plaindront.

« Quelle manie a donc l'État, dit-il, de vouloir diriger, détourner, canaliser l'esprit moyennant un pourboire de quelques billets de mille francs?

« Si vous voulez fonder des prix de littérature en argent, fondez des prix dignes de l'artiste et dignes de vous, qui ne ressemblent pas aux prix que vous donnez pour les jockeys et les chevaux de course! Attribuez deux cent, trois cent, cinq cent mille francs, non pas à l'œuvre la plus morale, mais à l'œuvre la plus belle qui aura été exécutée, ce qui est absolument beau n'étant jamais immoral...

« La première condition du génie, c'est la sincérité, et ce qui est sincère est toujours chaste. La Vénus pudique est nue.

L'émotion causée par la peinture d'une vraie passion, du moment qu'elle est exprimée dans un beau langage, traduite dans un beau mouvement, cette émotion vaut mieux que des tirades toutes faites que vous nous demandez au prix de fabrique, comme des soumissions cachetées pour des travaux de la Ville, et elles moralisent bien autrement l'homme en le forçant à regarder en lui, en faisant remonter à la surface tous ses mystères intérieurs, en remuant le fond de la nature humaine.

« Ou ne nous donnez rien, cela vaudra encore mieux, car nous n'avons besoin de rien que de justice, de liberté et d'indépendance. C'est à vous, têtes de société, c'est aux prêtres, c'est aux princes, c'est à ceux enfin qui se déclarent et s'imposent au-dessus des autres, d'éclairer les classes laborieuses, de leur donner de bons exemples et de les instruire assez pour qu'elles préfèrent nos travaux sans danger aux dangers du cabaret, de la barrière et de tous les mauvais lieux que vous autorisez. Épurez les mœurs des autres et les vôtres en même temps, et nous, peintres de mœurs, nous peindrons des mœurs pures. Aristophane est pour Athènes et non pour Sparte. »

CHAPITRE XVIII

LE PLAGIAT.

Le plagiat. — Ses causes. — Volontaire et involontaire. — Un cours de plagiat ou *plagiarisme* au XVIIe siècle. — Plagiats fameux. — Exemples moins connus. — Différence entre le plagiat et l'imitation. — L'analogie de sujets, la similitude d'idées. — Condamnation du plagiat. — Coïncidences ou imitations ?

Un des dangers de l'excès de lecture, a-t-on dit, est de risquer de faire tomber dans l'ornière du plagiat. A moins d'être doué d'une mémoire extraordinaire, à un homme qui aura beaucoup lu il arrivera de reproduire, en toute honnêteté, les idées des autres, dans l'illusion qu'elles lui sont personnelles. Je crois que c'est Macaulay, pour citer un exemple relatif à notre sujet, qui dit, quelque part, dans un de ses charmants essais, que « la parole fait un homme prompt, l'écriture un homme correct, et la lecture un homme complet ». L'ombre de ce grand écrivain nous pardonne, mais Lord Bacon avait déjà exprimé cette idée et dans les mêmes termes. La mémoire de Macaulay, — une mémoire prodigieuse, cependant ! — lui aura fait défaut ici. Il a commis une réminiscence involontaire.

A l'opposé, ceux qui lisent peu seront exposés à tomber dans le même péché littéraire involontaire, par suite de leur ignorance.

Un jeune poète exposait un jour avec chaleur à un ami une idée de poème ; il était tout fier de sa trouvaille. Quel superbe sonnet ça fera ! s'exclamait-il : « Un empereur romain désirait que le monde entier n'eût qu'une tête pour la trancher d'un seul coup. Moi, je voudrais que toutes les belles femmes de la terre fussent fondues en une seule pour les posséder toutes en une même étreinte! » L'ami se vit forcé de doucher l'enthousiasme du jeune barde en lui apprenant que sa poésie se trouvait déjà tout entière dans une strophe de Byron. Le jeune poète n'avait jamais lu une ligne du grand poète anglais.

J'ai connu une jeune femme de lettres de talent, digne de toute estime et à l'abri du soupçon de plagiat, qui s'est trouvée reproduire dans son premier roman un ouvrage très connu et qui eut un grand succès.

Malgré sa bonne foi c'est le dernier venu qui a tort. L'idée, comme le terrier de la fable de la belette et du lapin, est au premier occupant. Et la malice d'un critique se rencontre toujours à point pour marquer le rapprochement et imputer à réminiscence volontaire ce qui est simple rencontre d'idées. Un fond de lecture un peu étendu éviterait ces désagréments. Il est vrai que le délinquant peut toujours se consoler avec les vers célèbres de Musset :

> Il faut être ignorant comme un maître d'école
> Pour se flatter de dire une seule parole
> Que personne ici-bas n'ait pu dire avant vous.
> C'est imiter quelqu'un que de planter des choux.

Ne comptez pas trop cependant vous abriter derrière cette citation. Gardez-vous de copier, de vous approprier jamais quoi que ce soit. Si vous vous livrez à des travaux d'érudition, pour lesquels on s'est toujours nécessairement aidé de travaux antérieurs, citez toujours vos sources. C'est à la fois plus honnête et plus sûr. Le plagiat finit toujours par se découvrir.

« Comme le dit Bayle, dans son *Dictionnaire*, un auteur volé réclame son bien, et, si la mort l'en empêche, son fils, un parent, un ami fait valoir ses droits. Un homme même qui ne sera pas de ses amis lui rendra ce bon office, afin de se faire honneur de la découverte du vol, ou afin de couvrir de confusion le plagiaire. Ce que l'amour de l'équité n'inspirerait pas, la vanité, la malignité, le désir de la vengeance le suggéreront. Et ainsi, tôt ou tard, les productions enlevées abandonnent le voleur. »

Ces dangers et ces inconvénients n'ont cependant pas empêché un vrai cours public de plagiat de s'ouvrir en plein Paris, au dix-septième siècle, nous dit M. Lalanne dans cet ouvrage des *Curiosités littéraires* que nous avons déjà cité. « Un certain Richesource, misérable déclamateur, enseignait à un individu, dépourvu de tout talent littéraire, à devenir un auteur distingué. Il publia les principes de son art sous le titre de : *Masque des orateurs, ou manière de déguiser toutes sortes de compositions, lettres, sermons, panégyriques, oraisons funèbres, dédicaces, discours etc...*

L'auteur observe d'abord, avec beaucoup de justesse, que tous ceux qui s'adonnent à la littérature ne trouvent pas toujours dans leur propre fonds ce qui peut leur assurer le succès. C'est pour ces intelligences malheureuses qu'il travaille. Au lieu de les renvoyer équitablement au comptoir ou à la charrue, il veut leur enseigner à dérober les idées et le style d'autrui, et avec tant d'art, que le public et même l'auteur ne puissent s'apercevoir de ces larcins. Il décore impudemment cette nouvelle science du titre de *plagiarisme*. La manière dont il faut disposer le passage qu'on veut copier ou changer est bien simple selon lui. Elle consiste à en ranger toutes les parties dans un nouvel ordre, à remplacer les mots et les phrases par des mots et des phrases équivalents etc... Et le singulier ouvrage contient des exemples, des modèles : des passages extraits d'écrivains célèbres sont accommodés à cette sauce.

Plusieurs écrivains célèbres, entre autres Fléchier, fréquentèrent, dans leur jeunesse, les cours de ce professeur de littérature dérobée.

Le bonhomme Richesource, — nom vraiment prédestiné — se donnait, du reste, une peine bien superflue. Le plagiat n'a nul besoin de s'enseigner. Il s'apprend assez tout seul. Les exemples puisés dans l'histoire universelle des littératures ne le prouveraient que trop.

Il y a des plagiats célèbres.

On connaît ceux de Molière et le mot, devenu fameux, par lequel il les justifiait : « Je prends mon bien où je le trouve. » Il mit à profit, non seulement les anciens, les Italiens, les Espagnols, nos vieux écrivains, mais encore les contemporains. Une des meilleures scènes des *Fourberies de Scapin*, on le sait, est tirée presque littéralement du *Pédant joué* de Cyrano de Bergerac.

Corneille a non pas, comme il le dit un peu hypocritement, « en partie traduit, en partie imité » la *Vérité suspecte* de l'espagnol Alarcon, mais copié, traduit, presque mot à mot, l'auteur castillan. Il n'y a pas dans le *Menteur* deux traits, sauf le dénoûment, qui appartiennent à Corneille. La majesté même du dialogue, ce qu'on a appelé le Cornélianisme des répliques se trouve dans l'œuvre originale. Détail curieux : pillé par tous ses contemporains, Alarcon, trente ans avant Corneille, écrivait cette prophétie : « Qui que tu sois, lecteur, bien ou mal intentionné, sache que ces comédies sont bien réellement de moi, quoique plusieurs aient servi de plume à d'autres *corneilles* ». Le comble c'est qu'on représenta, en Espagne, au dix-huitième siècle, une adaptation espagnole du *Menteur* de Corneille et qu'il n'y eut personne pour réclamer en faveur de l'œuvre nationale, comme on le fit pourtant, et avec moins de raison, pour le *Gil Blas* de Lesage.

Machiavel, nous dit M. Lalanne dans ses *Curiosités Littéraires* auxquelles nous empruntons quelques-uns des faits suivants, a placé dans la bouche de son héros, Castruccio Castracani, quelques-uns des *Apophtegmes des anciens* de Plutarque, parmi ceux qui lui plaisaient le plus.

Ignace de Loyola est accusé d'avoir copié littéralement des *Exercices Spirituels* qui avaient pour auteur un abbé de Montserrat.

Shakespeare, dit M. Lalanne, n'eut à son début d'autre soin que celui de retoucher et de refondre les pièces grossières de ses contemporains. Un de ses contemporains, Robert Greene, auteur dramatique lui-même, se plaint des plagiats continuels du grand poète à peine connu; il l'appelle un *Jean Factotum* et lui reproche de s'approprier les compositions dramatiques de Marlowe, Lodge et Peele, auxquelles Shakespeare mettait son nom. Ainsi l'original de son *Falstaff* se retrouve dans une vieille pièce, *Sir John Oldcastle*. Le *Winter's tale* est emprunté au *Dorastus and Fawnia* de Greene; la pièce *As you Like it* à la *Rosalinde* de Lodge. La seconde et la troisième partie de *Henri VI* ne sont qu'une refonte de plusieurs drames dont Malone a pu retrouver les sujets originaux, sans compter beaucoup d'anciens auteurs dont les productions sont perdues et qu'il a dû mettre à contribution. Suivant Malone, sur 6.043 vers de Shakespeare, 1.771 ont été écrits par quelques auteurs antérieurs, 2.373 ont été refaits, et le reste, soit 1.899, lui appartient en propre!

Le grand poète se laisse voir, d'ailleurs, dans ce choix fait au milieu de tant d'œuvres informes : tantôt il s'approprie en entier ce qui lui paraît marqué au cachet de son génie; tantôt il donne les développements nécessaires à quelque scène heureuse, mais trop concise; d'autres fois, il supprime les longueurs d'une tirade ampoulée et sait les réduire à de justes proportions.

M. Larroumet, dans un article du *Figaro*, du 22 novembre 1895, nous a dévoilé, le premier, un plagiat de Beaumarchais. L'auteur du *Mariage de Figaro* a pris l'idée première, la conduite des scènes, les incidents, les effets, jusqu'à certains discours des personnages du second acte de sa pièce, dans un roman fort oublié du dix-septième siècle, *l'Histoire des Amours du grand Alcandre*, dont l'auteur présumé est Louise-Marguerite de Lorraine, princesse de Conti, une des plus spirituelles et galantes dames de la galerie de Tallemant des Réaux.

Il y a des plagiats plus impudents, encore, faits de livres tout entiers dérobés.

Servant, avocat général au parlement de Grenoble, avait, à la rentrée du parlement de cette ville, prononcé un *Discours sur les Mœurs* (1769). Bacon-Tacon fit imprimer, comme de lui, avec quelques légers changements, le même ouvrage sous le même titre (1795).

Nul écrivain, peut-être, n'a poussé plus loin le brigandage littéraire que Mme de Genlis. Elle eut, à ce sujet, en 1830, un procès déplorable avec le libraire Roret, éditeur de la collection des *Manuels*. Elle s'était engagée, moyennant 400 francs, à composer pour lui un *Manuel Encyclopédique de l'Enfance*. On allait imprimer le manuscrit qui avait été payé, lorsqu'on s'aperçut qu'il était la copie exacte d'un livre du même genre publié en 1820.

Les plus grands écrivains eux-mêmes de l'antiquité, à qui les modernes ont tant emprunté, n'ont pas toujours été à l'abri des accusations de larcin littéraire. Un auteur inconnu, cité par Porphyre, avait composé un traité où il accusait Hérodote d'avoir emprunté des morceaux entiers de la description de l'Égypte par Hécatée. Un certain philosophe d'Alexandrie et grammairien, nommé Latinus, avait composé des traités, le premier sur les plagiats de Sophocle, le second sur ceux de Ménandre. Eschine, au rapport de Diogène Laërce, s'attribua des dialogues dont il n'était pas l'auteur. Diodore de Sicile, suivant Saumaise, a copié des morceaux entiers d'Agatharchides ; Euripide, Tite-Live, Salluste, ont été aussi en butte à de semblables reproches.

Enfin, il faudrait un volume spécial pour citer les imitations sans nombre d'idées ou de situations, les emprunts que les écrivains, et les plus grands, se sont permis envers des devanciers ou des contemporains. Virgile, qui savait « si bien tirer l'or du fumier d'Ennius »; Shakespeare, Corneille, Molière, déjà cités tous trois, Racine, Voltaire, etc., pas un de ces paons qui ne se soit paré des plumes du... geai.

Voltaire, qu'on accusa plus d'une fois de s'annexer des régions entières de Shakespeare, prend bien soin de s'en justifier : « Presque tout, dit-il dans une de ses lettres philosophiques, est imitation. Le Boïardo a imité Pulci, l'Arioste a imité le Boïardo. Les esprits les plus originaux empruntent les uns aux autres. Métastase a pris la plupart de ses opéras dans nos tragédies françaises. Plusieurs auteurs anglais nous ont copiés et n'en ont rien dit. Il en est des livres comme du feu dans nos foyers ; on va prendre ce feu chez son voisin, on l'allume chez soi, on le communique à d'autres, et il appartient à tous. »

On remarquera, en passant, — et ce sera un exemple de plus — combien Musset semble s'être inspiré de ces lignes de Voltaire dans les vers que nous citions plus haut. Voltaire aurait pu ajouter encore qu'une bonne part de la littérature française, la classique surtout, n'est qu'une imitation de la littérature latine qui imitait elle-même la littérature grecque, qui imitait celle de l'Orient, comme nous commençons à nous en apercevoir aujourd'hui. La Fontaine, en effet, a imité Phèdre, qui imita Ésope, qui imita Babrius, qui imita, sans doute, les apologues populaires parvenus jusqu'à lui par la tradition.

Il ne faudrait pourtant pas confondre, comme on le fait souvent, l'imitation et le plagiat.

Le plagiat, nous venons de le voir, est la copie littérale, ou à peu près, des idées et du style.

L'imitation est le fait de s'inspirer d'un sujet déjà traité, d'un caractère déjà tracé, et de le reprendre pour son compte avec des traits et des développements nouveaux, personnels.

En réalité, il n'y a là aucune imitation. Ces imitations successives de littératures et d'écrivains que nous énumérions plus haut, n'en sont pas. Il y a analogie voulue de sujets, voilà tout. Et les sujets, les thèmes, la matière de la fiction, en un mot, appartiennent à tous. Le champ de l'invention poétique est assez limité. « Nous n'avons que sept petits péchés capitaux pour passer le temps », comme a dit je ne sais plus quel plaisant. Les passions sur la peinture desquelles roule la littérature, se traduisent par des actes, au fond toujours les mêmes. Et les situations, amenées par les passions et les sentiments humains se réduisent, en somme, à un nombre assez restreint. On s'est plus d'une fois ingénié à en dresser le tableau au point de vue dramatique. On est arrivé jusqu'à une quarantaine. Dernièrement même un jeune écrivain, M. Georges Polti, les réduisait à trente-six.

Ces passions et les situations qu'elles mettent en jeu, sont donc un patrimoine commun auquel tout écrivain a droit de puiser à son tour. Comme le dit, un jour à un reporter, M. Alexandre Dumas fils, bon juge en la question, « dans l'art, en général, au théâtre en particulier, le sujet n'est rien. C'est la façon de le traiter qui est tout. S'il était possible d'en finir avec une sottise, nous n'accorderions plus aucune importance à ces ressemblances en littérature et en art. Parce que Giotto a fait une descente de croix au quatorzième siècle, était-il donc interdit à tous les peintres du même siècle et des siècles suivants de traiter le même sujet? Quand mon père a écrit *Charles VII*, il a refait *Andromaque;* quand j'ai écrit la *Dame aux camélias* j'ai refait *Manon Lescaut*; quand j'ai écrit *Denise* j'ai refait la *Claudie* de Mme Sand — laquelle avait refait dans un certain milieu, l'*Angèle* de mon père. Lorsque Augier fait les *Fourchambault*, me prend-il le *Fils naturel*? Mais alors je l'avais pris à Diderot! »

Que de noms, que de titres à ajouter à ces exemples. De ce que Dante, Shakespeare, Racine, Corneille, Gœthe, Milton, les plus grands poètes enfin, ont emprunté leurs sujets, les uns aux anciennes chroniques et à leurs prédécesseurs ou à leurs contemporains, les autres à la Bible et aux auteurs de l'antiquité gréco-latine, suit-il de là qu'on puisse les incriminer d'imitation? En quoi la *Phèdre* de Racine ressemble t-elle à l'*Hippolyte* d'Euripide, et l'*Iphéginie* de Gœthe à celle de Racine? L'*Hamlet* de Shakespeare qui présente une situation analogue à celle de l'*Orestie* d'Eschyle, n'est-il pas un drame souverainement original? N'en est-il pas de même du *Barbier de Séville* de Beaumarchais dont le thème est le même que celui de l'*École des Femmes* de Molière. Et notre La Fontaine n'est-il pas si hautement personnel dans ses prétendues imitations d'Ésope ou de Phèdre qu'il défie à son tour tout pastiche?

On pourrait ainsi accumuler les exemples pendant des pages et aboutir toujours à la même conclusion : le droit absolu pour l'écrivain de choisir ses sujets où et comment il lui plaît? On n'a à exiger de lui, esthétiquement, qu'une chose, c'est que ces éléments empruntés, il les revête d'une expression personnelle, originale, nouvelle, en un mot.

Mais que dire de certains écrivassiers qui, trouvant défectueux et pleins d'imperfections certains chefs-d'œuvre littéraires, n'ont pas reculé devant la tâche de les refaire entièrement?

Sainte-Foix a refait l'*Iphigénie* de Racine, dont la *Phèdre* fut arrangée — n'est-ce pas plutôt dérangée qu'il faudrait dire, — en trois actes par le fécond et malencontreux Cubières, personnage sous le nom de qui Rivarol commit la charade suivante, que nous citons plus à titre de curiosité que comme modèle de bon goût :

(1) L. Lalanne, *Curiosités littéraires*.

> Avant qu'en mon second mon tout se laisse choir,
> Les vers à mon premier serviront de mouchoir.

Madame du Bocage, peu contente du poème de Milton, composa un nouveau *Paradis Perdu*, sur lequel Antoine Yart fit cette jolie épigramme :

> Sur cet écrit, charmante du Bocage,
> Veux-tu savoir quel est mon sentiment?
> Je compte pour perdus, en lisant ton ouvrage,
> Le paradis, mon temps, ta peine et mon argent.

Cailhava, malgré l'enthousiasme qu'il affectait pour Molière, refit en cinq actes le *Dépit Amoureux;* aussi, comme il portait, enchâssée dans une bague, une dent qu'il prétendait venir de Molière, les plaisants disaient que cette dent était contre lui.

Voltaire, dont la *Henriade* avait été défigurée complètement par un nommé Aillaud, a refait quelques pièces de Crébillon que ses ennemis lui opposaient toujours.

Quant au plagiat même, pour y revenir et en finir avec lui, n'hésitons pas à le mépriser et à le condamner, même quand il est pratiqué par un homme de génie ou de talent. Le génie ou le talent, loin d'être une excuse, comme certains l'ont avancé, est plutôt une circonstance aggravante. Un voleur riche n'est-il pas plus condamnable qu'un voleur pauvre, surtout quand le vol s'exerce contre moins fortuné que lui? On dira que le voleur a bien fait de dérober ce qui, sans lui, serait resté dans l'oubli, qu'il a enchâssé richement des pierres précieuses qui, sans lui, restaient à l'état brut ou misérablement montées. Ce sont là de spécieuses raisons.

Quand Shakespeare a jugé à propos de s'approprier des scènes et des vers entiers d'œuvres informes, il n'en a pas moins commis un acte d'improbité littéraire, malgré tout son génie, quelque éclat qu'il ait donné à ces larcins. L'essentiel, en pareil cas, n'est pas, comme on l'a dit de Molière — ainsi pense M. Larroumet dans cet article sur Beaumarchais que nous avons cité plus haut — de tuer celui que l'on dépouille, et de faire disparaître le cadavre pour qu'il n'en soit plus question. L'essentiel est de ne pas dépouiller, mais d'emprunter en reconnaissant sa dette de bonne grâce et en citant son créancier.

Il y a un certain nombre de pensées qui ont été exprimées et de *mots* qui ont été faits à peu près simultanément par des auteurs différents ou bien qui, à de longs intervalles, ont été retrouvés par des écrivains de nation et de langue différentes. Jusqu'à quel point y a-t-il là simplement coïncidence? jusqu'où y a-t-il imitation? c'est ce que je voudrais qu'on me dît. Voici quelques exemples :

1. La meilleure partie de nous est celle qui reste en nous et que nous ne pouvons produire. Les poètes sont ainsi ; leur plus beau poème est celui qu'ils n'ont pas écrit.
(Th. Gautier, *Mlle de Maupin.*)

Quand je vous livre mon poème,
Mon cœur ne le reconnaît plus.
Le meilleur demeure en moi-même :
Mes vrais vers ne seront pas lus.
(Sully-Prudhomme.)

2. Et d'autant que l'honneur est plus cher que le jour.
(Corneille, *le Menteur.*)
Et comme l'honneur est infiniment plus précieux que la vie.
(Molière, *Don Juan*, III, 5.)

3. Ami, notre bonheur passe notre espérance.
(Corneille, suite du *Menteur*, III, 4.)
Grâce au ciel, mon malheur passe mon espérance.
(Racine, *Andromaque*, V, 5.)

4. L'honneur, c'est la pudeur virile.
(Vigny, *Servitude et grandeur militaires.*)
L'honneur, c'est la pudeur de l'homme.
(Feuillet, *M. de Camors.*)

5. Simile dictum Populiæ, Marci filiæ. Quæ miranti cuidam quid esset quapropter aliæ bestiæ nunquam desideraverunt marem nisi cum prægnantes vellent fieri respondit : Bestiæ enim sunt.
(Macrobe, *Saturnal.*, II, 5.)
Boire sans soif et faire l'amour en tout temps, il n'y a que cela qui nous distingue des bêtes.
(Beaumarchais, *Mariage de Figaro*, II.)

CHAPITRE XIX

LECTEURS DE ROMAN ETC...

Un nouveau public de lecteurs. — Ce qu'on lit à Paris. — Une formule de roman. — Ce que le roman n'a pas décrit encore. — Sujets de roman. — Un romancier qui pourrait servir de modèle. — Sa méthode de travail. — Celle de Zola. — La confection du roman en partie double. — La collaboration dans le roman. — Nécessité pour l'écrivain de fréquenter le monde. — Importance de l'observation. — Imagination et fantaisie.

La statistique prouve que les trois quarts des livres qu'on imprime et qu'on achète sont des romans. Ce goût de lecture n'a jamais été si vif qu'au lendemain de la guerre de 1870. On ne dépensait que peu d'argent, on vivait chez soi, on lisait beaucoup. On vit des romans se vendre jusqu'à cent cinquante mille exemplaires. Ce succès grisa tous ceux qui savaient à peu près manier ce redoutable instrument, la plume, et il advint que la marée de la librairie déborda jusque sur le trottoir.

Le livre étant devenu matière à spéculation, la critique littéraire commença à disparaître. La place de la critique dans le journal fut abandonnée à la réclame des éditeurs. Le petit écrivailleur ne tarda pas dans ces réclames à être traité de jeune maître, le jeune maître fut trompé et le lecteur aussi.

Le public bourgeois mit cinq ou six ans à s'apercevoir de la duperie. Aussi il n'achète plus maintenant que les livres des auteurs de talent reconnu.

Il est certain que les jeunes gens, un tout petit nombre de jeunes, dans la masse de ceux qui écrivent, sont en droit de se plaindre de l'incuriosité du public. Qu'ils fassent cependant leur meâ culpâ, ils ont été imprudents. Ils ont rebuté le lecteur. Cela dit, ces jeunes ont peut-être raison quand ils disent que le public est imprévoyant, qu'il décourage les vocations et renvoie au journalisme ou à la politique des talents qui auraient pu mûrir en des fruits plus savoureux.

Or, à en croire un article de journal que j'ai en ce moment sous les yeux, il se passe, en ce moment, dans le monde du livre, un phénomène qui est bien propre à relever l'espérance de ces découragés, c'est la naissance d'un public nouveau qui sera peut-être le leur.

Le ministre de l'Instruction Publique a publié dernièrement une statistique qui démontre que le nombre des illettrés va toujours en diminuant. Cette nouvelle couche de lecteurs sort de l'École communale, — de ces écoles communales pour lesquelles la République a dépensé tant d'argent. Ils portent la blouse, ce sont des ouvriers.

Examinons maintenant quels sont les livres que recherche le peuple de Paris et quelle consommation ce peuple en fait. M. Guy Tomel, qui a publié à ce sujet dans *le Figaro* un excellent article très documenté, nous servira de cicerone.

« Il ne s'agit pas ici bien entendu, du mouvement des bibliothèques nationales. Nous ne nous préoccupons point des gens qui lisent pour étudier et pour s'instruire, mais de ceux qui lisent pour se délasser, pour s'amuser, qui n'obéissent qu'à leurs goûts et non aux seules préoccupations d'avancement intellectuel.

« On sait qu'il existe dans tous les quartiers de la capitale des bibliothèques municipales pratiquant simultanément le prêt gratuit des volumes, à domicile et sur place, aux hommes, aux femmes, même aux enfants autorisés par leur famille, sous la seule condition que l'emprunteur soit domicilié dans l'arrondissement où est située la bibliothèque.

« Le docteur Jacques Bertillon, auquel la statistique est déjà redevable de tant de beaux travaux publie, sous les auspices de la Ville de Paris, un atlas dont la première carte indique précisément les opérations de ces établissements pour une année. Inutile de dire que tous les chiffres sont rigoureusement contrôlés.

« Nous apprenons d'abord qu'en un an le peuple parisien, les ouvriers et les tout petits bourgeois, qui forment le fond de la clientèle en question, ont lu 1.115.800 volumes chez eux, et 164.636 volumes sur place.

« Une circonférence divisée en secteurs diversement coloriés détermine, sur l'atlas, la nature de ces 1.277.436 ouvrages.

« La couleur verte, qui indique la catégorie romans, occupe à elle seule la moitié de l'hémisphère. On en a lu 625.489. Le détail par auteurs serait bien curieux : il montrerait parmi les anciens romanciers, j'entends ceux de 1830, combien d'illustrations sont en décadence.

« George Sand touche à la faillite tandis qu'Alexandre Dumas nargue les efforts impuissants du temps. Eugène Sue tient bon, alors que Balzac — qui l'eût cru? — décline d'année en année.

« Parmi les modernes, Zola arrive bon premier. Il y a toujours une moyenne de huit à dix inscriptions en instance pour chacun de ses livres qui rentre. Après lui, Jules Verne est l'auteur le plus couru. Il y a peu de temps encore, Gaboriau et Montépin lui faisaient une concurrence redoutable, malgré la diversité des genres.

« Après le roman, que croyez-vous qui soit demandé par le peuple? L'histoire? la politique? Oh que nenni! *C'est la poésie qui fournit 187.404 volumes. Niez donc après cela que les prolétaires aient soif d'idéal!* Il est vrai qu'on a fait rentrer dans la rubrique poésie le théâtre et la littérature, mais ce sont les ouvrages en vers qui justifient le plus grand nombre de ces 187.404 lectures. Je n'étonnerai personne en disant qu'ici Victor Hugo tient le premier rang et que ses émules n'arrivent dans la faveur populaire qu'à une infime distance. Les symbolistes sont remarquablement mal partagés : ils n'ont réuni en un an que onze curieux ; encore n'est-on pas bien sûr que sur ce chiffre il n'y ait pas un certain nombre d'auteurs désireux de vérifier la présence de leurs morceaux choisis sur les rayons municipaux.

« En troisième ligne viennent les ouvrages de géographie et de voyages qui ont motivé 162.345 demandes de prêt.

« Faut-il voir là un indice favorable à la politique coloniale?

« Les sciences et les arts comptent 121.934 lecteurs. D'année en année, le nombre de ceux-ci s'augmente, et cette tendance à l'assimilation des connaissances exactes n'est pas un des phénomènes les moins intéressants de l'évolution actuelle, surtout si l'on tient compte de ce fait que les volumes de sciences sont surtout réclamés par des ouvriers de vingt à trente ans.

« Par contre, les femmes sont absolument réfractaires au charme de ce genre de lecture.

« Les livres d'histoire, qui occupent le cinquième rang avec 114.120 volumes, ont pour amateurs les adolescents et les vieillards.

« Enfin nous arrivons aux deux dernières catégories : la musique, dont 59.737 recueils ont été communiqués; et les langues étrangères, qui n'occupent sur l'hémisphère qu'un secteur infinitésimal, une simple ligne indiquant quelques milliers de lecteurs à peine.

« La carte si curieuse de M. Jacques Bertillon se complète par un plan de Paris où les bibliothèques de chaque arrondissement occupent une place relative à l'importance de leurs prêts.

« On apprend ainsi que le onzième arrondissement est le plus studieux et le seizième le plus rebelle à la lecture. D'une manière générale, ce sont les arrondissements périphériques qui lisent le plus, mais il convient d'observer que ce sont ceux-là aussi qui sont le plus dépourvus de toute autre ressource que les bibliothèques municipales. »

Ainsi que je l'ai dit dans *Le Journal*, le romancier comme le feuilletoniste, est obligé de subir les exigences de la mode. A l'heure présente, ce sont les larmes qui sont à la mode.

Voulez-vous une excellente formule de roman? Nous ne nous occuperons pas, si vous le voulez bien, du roman hypnotique, du roman pour les sens, du roman étude de mauvaises mœurs, ni du roman cosmopolite, etc., etc.

Prenez une jeune femme honnête, faites-lui un entourage de personnages sympathiques, mettez-lui au cœur un amour sincère et abandonnez-la à la persécution d'un seul personnage antipathique, sur lequel le lecteur pourra chaque jour faire pleuvoir toutes les malédictions imaginables, et vous êtes certain d'un succès de larmes.

Et c'est vrai, il le faut reconnaître, il faut se décider à changer de genre pour exploiter les sentiments plus doux, les dévouements inattendus, sacrifiés, inespérés, les attendrissements spontanés ; le tout avec style simple, dialogue ému, sans négliger une infinitésimale pointe de comique.....

Le romancier qui se donne la peine d'étudier son public ne nous démentira certainement pas. L'on aime, pour le moment, l'émotion progressive ; on s'attache à une situation intime, graduellement menée, filée avec mesure et habileté et qui surtout ne devra pas se dénouer dans le sang.

Nous n'hésiterions même pas à croire que le lecteur ne veut plus que le romancier joue au plus fin avec lui. Il ne lui saura pas gré d'avoir cherché des inventions qui le surprennent. Il aime à deviner ce qui se passera à peu près, et un dénouement à surprise lui sera peut-être même moins agréable que le dénouement qu'il aura caressé et qu'il voit arriver, chapitre par chapitre, jusqu'au moment où, ravi de sa perspicacité, enchanté de soi-même, il pourra s'écrier :

Je savais bien que ça finirait comme ça !

Des gens qui ont une expérience supérieure à la nôtre assurent que le succès devra couronner les efforts du romancier de talent, de l'auteur qui arrivera à combiner les deux genres : étude et roman d'action. Le tout est d'avoir le talent nécessaire pour imposer l'essai au lecteur.

D'autre part le roman, disait, il y a quelque temps, M. P. Hervieu, le roman dont le point de départ est la seule préoccupation de l'individu, est arrivé progressivement à des entités de plus en plus larges. On y a représenté les aspects divers de la famille, soit que celle-ci fût créée par les liens du sang, soit qu'elle résultât d'une obligation commune. Nous avons vu les soldats, les mineurs, les ouvriers, les employés de ministère ou de magasin, ceux de l'Église, ceux des champs. Mais personne encore n'a suffisamment exposé dans un livre, sous l'entité du monde, la concentration qui se fait là des sommités, des têtes dont on nous a montré les corps : généraux, grands industriels, ministres, millionnaires, académiciens, venant à la rencontre les uns des autres, avec leurs ambitions inconciliables, leurs amours rivales, leur égoïsme secret, leur universelle amabilité.

Or, pour écrire ce livre, il est indispensable que leurs auteurs se soient fait naturaliser et aient vécu dans le monde. Ce n'est pas suffisant de traverser ce milieu en touriste, comme la plupart des écrivains procèdent à l'ordinaire. Cette façon ne leur permet que de juger le monde par rapport à eux-mêmes, par contraste, non en soi; et leur œuvre n'exhalera jamais cet arome d'exotisme auquel se laisseraient prendre la ville et la province.

Pour bien parler d'une chose il faut avoir la langue de la passion. Celui qui fera un bon commentaire du monde, devra l'aimer ou le haïr; et l'on ne peut haïr ou aimer que ce que l'on connaît.

Allez donc dans le monde si vous désirez écrire des romans vécus. En ce temps de goût prononcé pour le vécu on ne peut bien observer que sur place. Fréquentez donc, je le répète, le monde, ceux de ces salons enfin où le littérateur est bien reçu; un de ces salons où, n'étant pas suspect parce que vous n'avez pas d'attaches avec un journal quelconque, vous pouvez être sûr d'un bon accueil : allez-y pour étudier.

Souvenez-vous cependant que le monde n'est pas tout et que tous les mondes sont intéressants pour le littérateur.

Où que vous soyez, dans n'importe quel endroit, dans n'importe quelle société, dans n'importe quel monde, souvenez-vous que les matériaux utiles vous entourent, qu'il s'agit pour vous de les emmagasiner dans votre mémoire, et qu'ils doivent s'y cristalliser en vue d'un ouvrage futur. Organisez tout cela mentalement avec soin et faites que chaque classe d'idées s'y trouve bien séparée du reste. Cultivez avec soin l'habitude de la composition mentale. Ne composez pas comme l'ont fait Victor Hugo et Balzac, sur du papier, ou pire encore, sur des épreuves déjà plusieurs fois corrigées. On ne devrait jamais prendre la plume avant de se sentir entièrement prêt à écrire.

Il est bon de savoir faire la différence entre l'imagination et la fantaisie, deux choses que l'on confond souvent. Dickens, par exemple, possédait au plus haut degré l'une et l'autre de ces qualités. Il est utile aussi de savoir ne pas confondre les deux grandes littératures, la littérature du savoir (connaissance) et celle de l'imagination. La fonction de la première est d'enseigner, celle de la seconde est d'émouvoir.

Un excellent modèle comme romancier, un modèle dont je ne saurais trop conseiller l'imitation, c'est P. Loti, que M. Rieffel décrivait ainsi, dans un *Figaro* déjà ancien : « Son éducation littéraire, il ne l'a point faite comme les autres par la lecture, mais par la peinture et la musique. Il a peint et fait de la musique presque avant de faire des lettres. C'est par l'habitude de regarder qu'il a acquis sa puissance et sa netteté prodigieuses de vision. Et, faisant de la musique, il a pu avoir cet avantage sur beaucoup d'autres de ne pas donner des descriptions abstraites, des tableaux, mais de reproduire les choses avec leurs mouvements, leurs bruits autant qu'avec leurs formes, de représenter la nature concrète.

« Éloigné de toute querelle politique ou morale, il est un des rares qui aient fait de la littérature pure, sans thèse ni symbole, ni aucune préoccupation philosophique.

« N'ayant aucune éducation littéraire, il a gardé intacte sa personnalité, il n'a jamais imité personne ni écrit selon les canons d'aucune École. C'est pourquoi, il a été sincère ; il a dit naivement ce qu'il a vu, ce qu'il a éprouvé.

« Enfin grâce à sa naïveté, il a fait ce que n'ont pu accomplir aucun de ceux qui veulent et prêchent la vérité : *Mon frère Yves*, un des plus merveilleux chefs-d'œuvre de la littérature française.

« Ainsi, il a été le plus naturaliste de nos écrivains sans le vouloir et sans le savoir.

« Jamais, dans sa première jeunesse, il n'eut l'intention arrêtée de devenir un littérateur. Ses livres ont été produits tels quels sans préméditation, sans but et sans préoccupation théorique. Il a rédigé son journal pour le plaisir de le rédiger, comme on parle pour le plaisir de parler ; il a écrit comme le rossignol chante.

« Pour terminer, voici sa méthode de travail : Quand une chose l'intéresse, l'émeut, il la note sur place. Pour faire son livre, il n'a plus qu'à prendre ses notes, puis à les récrire deux ou trois fois, essayant ses phrases pour les mettre à point. »

M. Zola a fait, il y a quelque temps, à un rédacteur de journal, dont je n'ai pu retrouver le nom, une confidence très curieuse, relative à sa façon de travailler.

C'est ainsi qu'il préparait en 1886 son roman sur les paysans. Quels sont les documents qu'il consultait? Des papiers intimes, de menus faits suggestifs à la façon de M. Taine? Non pas. Il a sur sa table le livre de M. Baudrillart sur les populations agricoles de la France et jusqu'à des manuels d'instruction primaire : les *Veillées au village*.

Pour *Germinal*, il avait consulté surtout les travaux de M. de Laveleye.

Tout cela est assez intéressant. Les jeunes qui aspirent à prendre leur place, quand le moment sera venu, aiment à savoir comment travaillent ces laborieux producteurs dont ils étudient les œuvres.

Un critique de *L'Autorité* corrobore les révélations précédentes par un souvenir personnel. Il paraît que M. Zola a parfois des ignorances extraordinaires. C'est une faiblesse qu'il partage du reste avec M. Dumas fils, qui nous a fait cette confidence piquante dans une de ses préfaces. Or, lorsqu'il conçut l'idée d'écrire *Germinal*, il ignorait totalement les transformations apportées par le Code civil dans la loi sur les mines. Il s'en fut consulter un avocat de ses amis et celui-ci avait à peine fini de parler, que l'écrivain, laissant libre cours à son imagination, reconstituait sur ce texte aride du Code, tous les changements, tous les bouleversements qu'il avait dû engendrer. C'était frappant.

C'est, dit-il, qu'il y a deux classes d'esprit. Ceux qui résument tout un temps dans une formule exacte sont les philosophes. Les autres retrouvent, sous la lettre morte des textes, la vie palpitante d'une génération disparue, ceux-là sont les intuitifs. M. Zola est un grand intuitif.

Pour terminer ce chapitre quelques mots sur la confection du roman en partie double.

Si nous réfléchissons un peu à l'extrême fécondité de certains de nos romanciers, parmi ceux qui tiennent la corde en ce moment, il nous sera impossible de n'en pas venir à cette conclusion que, chez eux, l'habitude a fini par entraîner en quelque sorte le cerveau dans un esclavage absolu des besoins du moment. Leur esprit a pris comme un tic de tramer des intrigues. Tout ce qu'il voit, il le considère à ce seul point de vue. Le cerveau est constamment à l'œuvre, travaillant à des scènes, des situations et des dialogues, auxquels chaque journée nouvelle amène avec elle la nécessité de donner une forme. Certes, de tous les travaux littéraires, celui-ci est bien le plus pénible et cela, quoique l'imagination, l'invention pure aient beaucoup moins à faire avec ce labeur qu'à l'époque, par exemple, où la confection du roman était travail plus ardu et qu'il n'était pas permis à plus d'une histoire à la fois de venir exercer sa tension sur le cerveau. Maintenant, c'est différent. On verra souvent une demi-douzaine de romans se présenter en même temps, aux lecteurs, morceaux par morceaux, dans autant de journaux différents. Le travail accompli est surprenant, si on considère le tracas, le peu de temps accordé à la pensée et toutes ces transitions immédiates de groupe à groupe. Pensées et sentiments ont seulement, acteurs accomplis, à se glisser dans le costume de l'histoire pour se trouver là, prêts à répondre au moindre signe de l'auteur. Comme tour de force intellectuel, c'est vraiment merveilleux. La variété dans les incidents et dans les rôles, les descriptions, la couleur locale, le style châtié, sont sujets d'étonnements aussi grands; l'habitude de la bonne littérature faisant que le lecteur se sent de suite devant une main forte, celle d'un véritable artiste.

Nous n'avons pas dit « sous son charme », le pouvoir de charmer, en effet, ayant appartenu souvent à une époque antérieure de la carrière littéraire de l'auteur. Le lecteur difficile, tout en se sentant toujours intéressé, pourra souvent remarquer cette différence entre la période du début et la période plus avancée. La force de l'habitude permettra au romancier d'expérience d'amener son cheval à l'obstacle, à la rivière, et de le lui faire franchir sans résistance aucune et cela avec une maestria qui manquait quelquefois totalement dans les efforts du début. Il ne saurait cependant obliger toujours son coursier à s'abreuver à la même source dans l'imagination du lecteur.

Dans ces dernières années, on a pu remarquer une tendance vers une méthode nouvelle de production littéraire, je veux parler du roman fabriqué en collaboration. L'exemple d'Erkmann-Chatrian et d'autres, chez nous, et de l'autre côté du détroit, celui de Rice et Besant sont bien connus. Nous ne serions pas étonné de voir s'accuser davantage encore dans l'avenir cette idée de la division du travail littéraire. Il se peut qu'elle ouvre aux jeunes des horizons nouveaux, des voies nouvelles, des formes neuves de travail. Il n'y aurait rien d'étonnant en vérité, à ce que, à la recherche du nouveau, un esprit organisateur quelconque s'occupant de littérature d'imagination, ait un de ces jours prochains, l'idée de produire des romans comme on produit les *périodiques*, c'est-à-dire à l'aide du travail combiné de plusieurs efforts individuels. L'écrivain principal agissant comme éditeur général édifierait le plan, et s'adressant ensuite à une demi-douzaine d'auteurs, il assignerait à chacun sa tâche spéciale. Si on a soin de ne donner à chaque écrivain que ce qu'on le sait en état de bien faire, il pourrait résulter de cet arrangement une œuvre peut-être d'un considérable mérite. De cette façon, la plus belle littérature descriptive, le dialogue le plus spirituel, la passion la plus intense, les envolées les plus poétiques, n'auraient-elles pas chance, souvent, de se trouver harmonieusement combinées et de produire ainsi, je le répète, des œuvres peut-être remarquables? Ce ne serait en somme que faire en littérature ce qui s'est déjà fait en architecture, en peinture et en sculpture. L'avenir nous donnera peut-être raison?

CHAPITRE XX

POUR ENTRER A L'ACADÉMIE.

Livres pour la jeunesse. — Leviers et catapultes de lancement littéraire. — Demi-succès. — Pour arriver en littérature. — Pour entrer... plus tard à l'Académie. — Conseils du berger Labiche à la bergère Daudet.

Les livres pour la jeunesse qui, chez nous et ailleurs même, je crois, datent seulement des temps de Perrault et de la comtesse d'Aulnoy, offrent aux jeunes écrivains un champ assez vaste et assez varié. Ce genre, il ne faut pas l'oublier, est de grande importance au point de vue national de l'éducation et de la morale et il est plein d'horizon pour le jeune écrivain qui sait s'adapter aux nécessités de cette littérature spéciale. Les livres que nous écrivons pour la jeunesse ne sont malheureusement, souvent, pas assez gais; ils sont trop didactiques aussi. On pourrait les rendre plus susceptibles d'amener chez l'enfant le désir de s'instruire et obtenir que ces ouvrages s'adressent mieux par l'imagination à l'intelligence si plastique et si fraîche de l'enfant. Ce sont, qu'on le sache bien, les instructeurs, qui ne savent pas être intéressants, qui font les êtres bornés. Sages sont ceux qui sciemment ou non savent trouver chez les enfants le chemin de la faculté raisonnante, et, l'ayant trouvée, savent stimuler chez eux cette faculté en leur envoyant leurs idées sur les ailes de la fantaisie.

Jules Verne, un maître, a trouvé dans la littérature de la jeunesse des filons d'intérêt inexplorés, inconnus et inexploités jusqu'ici, et qu'il a habilement combinés avec de pratiques leçons de science popularisée. La mine est loin d'être épuisée et l'horizon, je le répète, semble se présenter ici sous les couleurs les plus riantes pour l'écrivain qui se déciderait à prendre comme thème principal la vie des enfants.

Jules Verne a eu l'idée ingénieuse, et alors que personne n'y avait encore songé, d'écrire des romans parfaitement moraux, extrêmement intéressants et renfermant presque toujours un enseignement profitable. Est-il besoin de citer *Les Enfants du Capitaine Grant*, *Voyage de la Terre à la Lune*, *Voyage au Centre de la Terre* et les *Voyages extraordinaires*?

Les ouvrages que l'on écrira pour la jeunesse devront être écrits avec simplicité et sans prétention. Écrits en style raffiné, ils porteraient à faux, les enfants ne sauraient en goûter le charme compliqué. Tout ce qu'on est en droit d'exiger, c'est que nos enfants ne trouvent dans ces ouvrages ni fautes de grammaire ni fautes d'orthographe.

Que l'enseignement qu'ils fourniront ne soit ni trop précis ni très durable, il n'en contribuera pas moins fortement à éveiller dans les jeunes intelligences le goût du savoir, la curiosité scientifique qui sont d'excellentes choses, de première utilité à notre époque.

Tout à l'heure, je vous conseillais de fréquenter de temps en temps le monde, si vous désirez trouver des sujets d'étude. N'allez pas dans le monde dans ce but seul, si, jeune encore, inconnu, vous désirez y trouver un moyen, un levier de lancement comme écrivain. A ce point de vue, *Le Chat noir* vaut peut-être mieux que tous les « quatre-à-cinq » de Paris réunis. — Le salon, en effet, ne crée pas les réputations, il ne les consacre même pas. Il les prend toutes faites de la main du public qui les tient de son journal. Ce que le monde, ce grand égoïste, recherche, c'est l'écrivain... l'écrivain arrivé. Vous doutez? Demandez plutôt à nos académiciens. Ils pourront vous faire passer devant les yeux les paquets de cartes d'invitations qu'ils reçoivent tous dans la semaine qui a suivi leur réception à l'Académie. Comme disait Labiche, au lendemain de sa réception, « on est logé, mais je ne savais pas qu'on fût nourri. »

Ceux qui ne sont pas doués d'un génie transcendant apprendront, peut-être avec plaisir, que, en ces temps modernes où il existe tant de cercles variés de lecteurs, un écrivain peut, quoique dans un cercle restreint, trouver fortune et célébrité, alors que, en admettant même le plus grand effort, il lui aurait été absolument impossible d'enchaîner l'attention du monde entier des lecteurs. L'écrivain, même peu talenté, qui travaille et qui pense et surtout prend de la peine, celui qui sait profiter des aides et de toute expérience qui se trouve à sa portée et qui a résolu de faire tout ce qu'il entreprend aussi bien que possible, peut, je crois, être assuré du succès final. Son succès, il se peut, ne sera pas du genre suprême, mais il sera proportionné, cependant, si les efforts pour l'obtenir ont été honnêtes et ininterrompus, car le secret du succès en effet réside en deux choses : la concentration et la continuité et c'est ici, notez-le en passant, qu'il arrive si souvent au génie d'errer.

L'importance de la réputation se prouve par l'étendue de la surface que couvre cette renommée et non par la courbe de son *avancée*. Le cercle de célébrité d'un grand homme est très large certes, mais il ne fait que répéter sur une vaste échelle les phénomènes qui sont particuliers à la célébrité d'un génie de moindre envergure, d'un homme moins marquant. La célébrité et le succès d'argent ne marchent pas invariablement de pair. Nos écrivains les plus illustres ne sont pas toujours ceux qui font le plus d'argent. La popularité et le mérite littéraire ne sont pas seule et même chose. Celui qui écrit pour les masses sera certainement celui qui recevra la plus forte récompense immédiate. En littérature aussi bien que dans les autres professions, le prix de la course n'est pas à ceux qui courent vite, quoique le résultat de la bataille doive appartenir aux forts. Le jeune écrivain qui a de l'ambition devra se contenter, au lieu de briller tout d'un coup comme un météore sur le monde de la mode, de gagner lentement et par des travaux littéraires, solides et consciencieux, une situation qui aura une base ferme et stable.

Curieuse chose, en vérité, que du moment qu'un homme s'est tant soit peu mêlé d'écrire, il lui faille immédiatement voir sa prose en caractères d'imprimerie, cela souvent sans qu'il y ait eu aucun entraînement préalable, et souvent, sans qu'il soit possédé d'aucun talent. Les hommes de loi, les docteurs en médecine, les architectes, les artistes peintres ne rêveraient jamais d'être payés avant que d'avoir prouvé qu'ils sont qualifiés pour le métier qu'ils exercent et qu'ils ont fait des études et reçu un entraînement préliminaire suffisant. Ceci est, en vérité, une véritable énigme.

A n'en point douter, ceux qui s'imaginent qu'ils possèdent ces aptitudes qui sont nécessaires à l'homme de lettres devraient d'abord commencer à entraîner ces aptitudes et alors seulement, et pas avant, auraient-ils le droit de songer à trouver un éditeur pour imprimer leurs œuvres. Faites preuve de loyauté et de conscience envers celui, quel qu'il soit, qui donne du travail à votre plume. Celui qui a l'intention de devenir un auteur doit d'abord être un étudiant, et rien de plus, un élève, je l'ai déjà dit. Ne vous mêlez jamais d'écrire sur un sujet quelconque, à moins que vous ne vous soyez fortement préparé par des lectures, des études spéciales. Il n'y a pas que les livres à lire, il y a aussi la lecture des *choses*, je l'ai déjà dit aussi et on ne le saurait trop répéter. Étudiez les différents aspects de la mer, de la rivière, du lac et des fleurs qui couvrent les champs. Observez, je le répète, avec soin, les gens que vous rencontrez dans la rue, en France et à l'étranger. Prenez note soigneuse de toutes particularités personnelles et de tous traits distincts. Vous ne tarderez pas à acquérir la même puissance d'observation que celle qui réside dans l'œil du peintre. N'est-ce pas de la lecture cela? C'est ainsi que vous arriverez à posséder un talent original. Le meilleur écrivain c'est celui qui sait lire le plus clairement et le plus rapidement les aspects et les phases grandes et petites à travers lesquelles passe son entourage physique et sait faire les découvertes les plus heureuses parmi les vérités morales et spirituelles qui se trouvent cachées sous la surface et qui, souvent, du reste, se montrent d'elles-mêmes, presque à nu.

Le temps, l'époque, les circonstances, une concordance heureuse avec quelque capricieuse fantaisie du public, peuvent déterminer le succès d'un livre. Une réclame intelligente fait beaucoup pour le succès d'un ouvrage. Mais, à moins qu'un livre ne possède une réelle valeur intrinsèque, il n'aura jamais un succès durable. Dans les grands succès littéraires, les critiques ne sont, la plupart du temps, qu'un écho, et se contentent de contempler plutôt que d'aider dans le mouvement ascendant de l'œuvre. Je crois que les grands succès sont dûs à ce simple fait, que des lecteurs ayant découvert un ouvrage agréable, intéressant, utile, ont conservé un si bon souvenir de cet ouvrage que la première fois qu'ils ont rencontré un ami, ils n'ont pu s'empêcher de lui recommander la lecture de l'ouvrage en question. Mon opinion est que le livre fraîchement sorti de l'imprimerie et qui plaît au lecteur, est sûr de sa vente et cela presque sans l'aide d'aucune réclame, sans tam-tam aucun. Toutes autres choses étant égales, un roman bien conçu et bien exécuté a presque toujours de grandes chances d'être accepté par un éditeur intelligent, je ne dirai pas un éditeur entreprenant. Ce n'est pas mauvaise chose, avant la présentation du manuscrit, d'écrire à l'éditeur et de lui demander s'il y a chez lui chance d'acceptation pour un ouvrage écrit sur tel ou tel sujet, en supposant bien entendu l'ouvrage bien écrit. Écrivez brièvement, n'essayez jamais d'intéresser des étrangers, un éditeur encore moins, à l'histoire de vos efforts du début, de lui dire comment par exemple vous avez été amené à écrire, etc., etc., etc. Les longues lettres sont la terreur des hommes d'affaires et vous feront plus de mal que de bien. Beaucoup d'éditeurs de livres sont aussi éditeurs de revues. Un éditeur acceptera d'un auteur inconnu un article de revue, bien plus facilement qu'il n'accepterait un livre. Quand vous aurez réussi à caser un article ou deux dans une revue quelconque, appartenant à une maison d'édition, vous serez en bien meilleure posture pour proposer à l'éditeur, qui a a eu l'ocasion de vous connaître, un ouvrage plus important. Je le répète, contentez-vous de vous élever par degrés dans le monde des lettres. C'est comme dans le journalisme, celui qui monte rapidement n'en tombe souvent que plus vite. Montrez-vous toujours prêts à aider un camarade, un collègue. Donnez-vous du mal. Soyez honnête et loyal. Ne vous laissez pas déconcerter par l'insuccès. Quand un article de vous a été accepté, efforcez-vous de le polir et de le perfectionner et cela jusqu'au dernier moment. Ne prétendez jamais que vous ne pouvez écrire que dans certaines conditions. S'il en est ainsi, ayez soin de garder cette information pour vous seul, elle ne concerne en rien les autres. Souvenez-vous enfin que, la plupart du temps, le vrai mérite et la modestie marchent de pair.

Vous voulez entrer à l'Académie. Oh je n'en aurai pas long à dire sur ce sujet que je connais peu. Vous voulez entrer à l'Académie? « Faites-vous désirer! Faites-vous désirer! ». Ce mot chuchoté par Labiche à Daudet, furtivement, entre deux portes, pourrait servir d'épigraphe à une histoire des manigances, des candidatures et de l'état d'esprit des parrains et des néophytes. Ce qui s est passé lors de l'élection de Daudet est la mise en œuvre des identiques lieux communs qui servent depuis Richelieu, auteur de *Mirame*.

L'Académie, ne vous en effrayez pas outre mesure. Elle est bénévole, elle accueille généralement fort bien ceux qui se présentent, et, quand il lui arrive de se livrer à d'impitoyables examens, ce n'est que pour les écrivains de très haute taille.

CHAPITRE XXI

PRIX DÉCERNÉS PAR LES CINQ ACADÉMIES.

Les 23 prix de l'Académie Française : 17 prix littéraires et 6 prix de vertu. — Prix de l'Académie des Inscriptions et Belles-Lettres, de l'Académie des sciences, de l'Académie des sciences morales et politiques, de l'Académie des Beaux-Arts.

Chaque année l'*Académie française* décerne 23 prix (17 littéraires et 6 dits de vertu). Le programme des sujets proposés et des conditions imposées est envoyé gratuitement à toute personne qui en fait la demande au Secrétaire de l'Académie, à Paris, *à partir du 30 novembre.*

L'Académie décerne des prix à des ouvrages sur un sujet désigné par elle et alternativement un prix d'*éloquence* ou de *poésie*, dont elle désigne aussi le sujet. C'est le gouvernement qui fait les fonds de ces prix (4.000 fr.), dits « prix du budget ». Les autres prix proviennent de libéralités. Voici ceux auxquels des livres *déjà publiés* peuvent concourir :

Pour la plupart de ces prix, les ouvrages (5 exemplaires accompagnés d'une lettre constatant l'envoi et indiquant le concours pour lequel ils sont présentés) doivent arriver au Secrétariat de l'Institut avant le *31 décembre.* — Pour concourir, il faut que le volume ait été publié dans les deux années précédentes. Ex. : *Sont admis pour les concours de* 1898 *les ouvrages publiés en* 1896 *et* 1897. — Les étrangers ne peuvent pas concourir au prix Montyon. — Le même ouvrage ne peut être présenté la même année à deux concours de l'Institut.

En outre, l'Académie dispose de fondations (Montyon, Robin, Souriau, etc.) se montant chaque année à la somme d'environ 60.000 fr. et destinées à récompenser des actions méritoires, de vertu, etc.

Montyon..........	Annuel.	val. div.	« Aux ouvrages les plus utiles aux mœurs. »
Gobert	Annuel.	—	Au morceau le plus éloquent d'histoire de France.
Thérouanne......	Annuel.	4,000 fr.	Aux meilleurs travaux historiques de l'année.
Thiers...........	Triennal.	3,000 fr.	Au meilleur ouvrage d'histoire des 3 années précédentes.
Halphen..........	Triennal.	1,500 fr.	A l'ouvrage « le plus remarquable au point de vue littéraire, historique ou moral. »
Guizot...........	Triennal.	3,000 fr.	Au meilleur ouvrage « soit sur l'une des grandes époques de la littérature française, soit sur la vie et les œuvres des grands écrivains français ».
Bordin	Annuel.	3,000 fr.	« Consacré à encourager la haute littérature. »
Marcelin Guérin.	Annuel.	5,000 fr.	Aux ouvrages de tous genres « les plus propres à relever parmi nous les idées, les mœurs et les caractères. »
Langlois.........	Annuel.	1,200 fr.	A la meilleure traduction grecque, latine ou étrangère.
J. Janin	Triennal.	3,000 fr.	A la meilleure traduction latine des trois années.
De Jouy.........	Biennal.	1,400 fr.	A « un ouvrage, soit d'observation, soit d'imagination, soit de critiques sur les mœurs actuelles ».
Archon - Despérouses........	Annuel.	4,000 fr.	A des œuvres de poésie.
Botta...........	Triennal.	3,000 fr.	« Pour être employé dans l'intérêt des lettres. »
Jean Reynaud...	Quinquennal.	10,000 fr.	« Au travail le plus méritant de cinq années, ayant un caractère d'invention et de nouveauté. »
Vitet	Annuel.	5,400 fr.	Employé comme « l'Académie l'entend ».
Monbinne........	Biennal.	3,000 fr.	Pour « récompenser des actes de probité ou soulager des infortunes ».
Jules Favre......	Biennal.	2,000 fr.	A une « œuvre (poésie ou prose) faite par une femme ».
Toirac...........	Annuel.	4.000 fr.	A la meilleure comédie (vers ou prose) jouée dans l'année au Théâtre-Français.
Calmann-Lévy...	Triennal.	3,000 fr.	A une œuvre littéraire récente ou à l'ensemble des œuvres d'un homme de lettres.
Lambert..........	»	»	Revenu attribué chaque année à des hommes de lettres dignes d'intérêt ou à leurs veuves.
Maillé - Latour - Landry........	Annuel.	1,200 fr.	A un jeune écrivain méritant d'être encouragé.
Montariol.......	»	500 fr.	A la meilleure chanson (1er concours 1894).

Les personnes qui concourent aux *prix de vertu* doivent dresser un mémoire détaillé des actions vertueuses, appuyé de pièces probantes, de certificats, des signatures des notables du pays, des légalisations du maire, du préfet, etc. C'est le préfet qui fait parvenir les mémoires au Secrétaire de l'Académie. Les pièces doivent lui arriver, franches de port, avant le 31 décembre de chaque année.

Les quatre autres Académies de l'Institut de France distribuent chaque année, en séance solennelle, un certain nombre de prix; en voici les principaux :

Académie des inscriptions et belles-lettres. — *Prix Gobert*, val. div. (à l'ouvrage le plus savant sur l'histoire de France); *P. Bordin*, 3.000 fr. (sujet au choix de l'Académie); *P. Fould*, 5.000 fr. (histoire des arts et du dessin); *P. Brunet*, 1.300 fr. (bibliographie); *P. S. Julien*, 1.500 fr. (au meilleur ouvrage sur la Chine).

Académie des sciences. — *Prix du Budget*, 3.000 fr. (rép. à une quest. scient.); *Prix Francœur*, 1.000 fr. (pour récompenser un progrès dans les sciences math.); *Prix de 6.000 fr.* (pour récomp. tout progrès pouvant accroître nos forces navales); *P. Poncelet*, 2.000 fr. (à un ouvrage de mathémat.); *P. Dalmont*, 3.000 fr. (aux ingénieurs ayant présenté les meilleurs travaux); *P. Plumey*, 2.500 fr. (perfection. des appareils hydraul.); *P. L. La Caze*, 3 P. de 10.000 fr. (physiologie, physique, etc.); *P. Leconte*, 50.000 fr. (découvertes, mathématiques, physique, etc.).

Académie des sciences morales et politiques. — *Prix du Budget* 2.000 fr. (sur un sujet philosophique posé par l'Acad.); *P. Cousin*, 4.000 fr. (idem): *Prix triennal L. Faucher*, 4.000 fr. (à un mémoire sur un. sujet ind. par l'Académie); *P. quinquennal Morogues*, 4.000 fr. (à un ouvrage sur le paupérisme); *P. Bordin*, 2.500 fr. (au choix de l'Acad.); *P. Halphen*, (pour encour. l'enseig. primaire); *P. Odilon Barrot*, 5.000 fr. (à des ouvrages de droit); *P. Beaujour*, 6.000 fr. (au choix de l'Acad.); *P. Audiffret*, 5.000 fr. (à des ouvrages encourag. la vertu); *Prix Stassart*, 3.000 fr.; *Gegner*, 4.000 fr.; *Rossi*, 5.000 fr.; *Thorel*, 2.000 fr.; *Aucoc* et *Picot*, 6.000 fr.; etc.

Académie des beaux-arts. — *Prix Maillé-Latour-Landry*, biennal 7.777 fr. (à un artiste méritant de l'encouragement); *P. Deschaumes*, 1.500 fr. (à un jeune architecte); *P. Trémont*, 2.000 fr. (artistes pauvres); *P. Lambert*, (id.); *P. A. Leclerc*, 1.000 fr. (à un architecte); *P. Chaudesaigues*, 2.000 fr. (à un jeune architecte pour l'envoyer en Italie); *P. Troyon*, biennal, 7.777 fr. (à un peintre paysagiste.); *P. Monbinne*, 3.000 fr. (musicien malheureux); *P. Rossini*, 6.000 fr. (à partager entre un poète et un compositeur); *P. Cambacérès*, 3.000 fr. (jeunes artistes); *Prix Bordin, Alhumbert, Piot*, 2.000 fr.; *Lehmann*, 3.000 fr.; *Delannoy*, 1.000 fr.; *Lusson*, 500 fr.; *Pigny*, 2.000 fr.; *Brizard*, 3.000 fr.; *Desprez*, 1.000 fr.; *David*, 4.000 fr.; etc. (Pour se procurer les programmes, écrire en décembre au Secrétariat de l'Institut de France.)

CHAPITRE XXII

LA SOCIÉTÉ DES GENS DE LETTRES.

Objet de la Société. — Conditions d'admission. — Sociétaires français et étrangers. — Adhérents et membres correspondants. — Limites du rôle de la Société. — Débuts difficiles. — Historique de la fondation.

La Société des gens de lettres a pour objet, ainsi qu'il est dit en l'article 1er de ses statuts :

1° De défendre et faire valoir les intérêts moraux et de protéger les droits de tous ses membres;

2° De procurer aux gens de lettres les avantages qui doivent résulter de leurs travaux;

3° De prêter aide et assistance à ses sociétaires par tous les moyens qui sont en son pouvoir et dans toutes les occasions où cela pourrait leur être utile, notamment en ce qui concerne la reproduction de leurs œuvres littéraires;

4° De faire valoir, dans ce but, pour en partager les bénéfices, conformément aux règles établies par l'acte social, l'ensemble des apports prévus par les statuts (article 11, n° 2) c'est-à-dire les versements, cotisations et apports mis en commun par les sociétaires et adhérents, notamment en ce qui concerne la reproduction de leurs œuvres;

5° De distribuer des secours et pensions aux sociétaires, dans les conditions prévues par les statuts et le règlement.

La Société constitue un crédit littéraire, un fonds de secours, une caisse de retraites.

Elle peut représenter chacun des sociétaires pour la discussion, la rédaction et l'exécution de tous traités avec des tiers; pour le recouvrement du prix de ses œuvres, et pour la poursuite de la contrefaçon, tant en France qu'à l'étranger.

Pour être sociétaire il faut :

1° Être Français et homme de lettres;

2° Adresser une demande écrite au Comité;

3° Être présenté par deux membres de la Société ne faisant pas partie du Comité;

4° Produire les justifications suivantes :

a. Son acte de naissance;

b. La nomenclature de ses œuvres, avec indication de celles qu'on met dans la reproduction et de celles qu'on excepte;

c. Un exemplaire d'œuvres imprimées, représentant au moins la matière de 4 volumes, dont on est l'auteur ou qu'on a écrites en collaboration avec un sociétaire; sur ces volumes, deux au moins doivent avoir été publiés en librairie;

5° Verser, en entrant dans la Société, à titre de premier apport social, une somme de 80 fr., et payer, à titre d'apport annuel, une somme de 20 fr.

6° Être admis par le Comité.

A cet effet, le nom du candidat et ceux de ses parrains sont inscrits au plus prochain numéro de la *Chronique de la Société*, en tête de laquelle une note permanente invite les sociétaires à faire parvenir au Comité les renseignements qu'ils auraient à produire sur le candidat. Cette enquête dure un mois. Un rapporteur est désigné par le sort dans le Comité; il dépose son rapport quinze jours après le délai assigné à l'enquête.

Le Comité ne peut voter sur l'admission d'un nouveau sociétaire qu'au scrutin secret. En cas d'ajournement du candidat, le Comité devra procéder d'office à un nouveau vote dans un délai d'un mois, à moins que l'ajournement n'ait été prononcé à l'unanimité.

Le Comité se compose de vingt-quatre membres titulaires français élus pour trois ans; il est renouvelable, chaque année, par tiers. Ses décisions sont prises à la majorité des membres présents, pourvu que ce nombre ne soit pas inférieur à seize, s'il s'agit de l'admission ou de la radiation d'un sociétaire, et à neuf pour les autres cas.

Tout littérateur étranger, résidant en France, peut faire partie de la Société, pourvu qu'il ait écrit en français le nombre de volumes exigé ; et ce avec les mêmes avantages et aux mêmes conditions que les sociétaires nationaux. Il est présenté et admis dans les mêmes formes.

Outre ces sociétaires, français et étrangers, la Société peut admettre des adhérents et des membres correspondants.

Tout homme de lettres devient adhérent sous la condition d'être présenté par quatre sociétaires ; d'avoir un casier judiciaire libre de condamnations, exception faite pour les condamnations politiques et toutes autres résultant des délits qui n'entachent pas l'honorabilité (tels que délits de chasse, de pêche, etc.) ; et de signer entre les mains du délégué un pouvoir de percevoir ses droits de reproduction en son lieu et place, et suivant les us et coutumes de la Société.

Les adhérents ne paient aucune cotisation, et n'ont le droit ni de voter, ni d'assister aux assemblées générales, ni de prendre une part quelconque à l'administration de la Société ; ils ne peuvent participer ni au crédit littéraire, ni au secours, ni à la Caisse des retraites. Il est interdit à l'adhérent, sous peine de radiation, de prendre le titre de *membre de la Société des Gens de Lettres;* la seule qualification qui lui appartienne est celle d'*adhérent à la Société des Gens de Lettres.*

Tout littérateur étranger, non résidant en France, peut recevoir le titre honorifique de correspondant de la Société des Gens de Lettres. Le Comité statue à cet égard.

Nous n'avons à nous occuper ici que du but général de la Société et de ses conditions d'admission. Ceux de nos lecteurs qui désireront plus de détails sur les droits et devoirs des sociétaires, les conditions de la reproduction, l'administration de la Société en général, n'auront qu'à lire les Statuts et règlements qu'on leur délivrera au siège social à Paris, 10, cité Rougemont.

On le voit, la Société des Gens de Lettres est d'une incontestable utilité, au point de vue des intérêts matériels de l'écrivain. Un écrivain ne peut, par lui-même seul, surveiller la reproduction et la traduction de ses œuvres dans les journaux et les revues de la province et de l'étranger. Il n'en a ni les moyens, ni le loisir. La société, moyennant une rétribution relativement minime de ses services (1), se substitue aux lieu et place de l'écrivain, lui assure la rentrée de ses droits, en dirige et en contrôle la comptabilité !

Elle n'est pas d'une moindre utilité pour les journaux et les revues. Ceux-ci, en effet, par traités et abonnements, peuvent offrir à leurs lecteurs, une rédaction que d'autres ont payée, inédite, six, dix, quinze, vingt, trente ou quarante fois plus cher.

A Paris les reproductions sont taxées cinq centimes la ligne. En s'abonnant à la Société, et sous condition de verser un dépôt de garantie, calculé d'après sa périodicité et son importance, et de s'engager à publier un minimum de lignes calculé d'après les mêmes bases, un périodique quelconque obtient le droit de puiser dans l'œuvre des membres sociétaires ou adhérents, qui sont actuellement au nombre de 700 environ.

En province et à l'étranger le minimum d'abonnement est de 100 fr. par an; le maximum n'y dépasse pas 1.000 fr. Il n'est guère que quelques journaux à fort tirage des grandes villes : Lyon, Marseille, Bordeaux, qui donnent 3, 4 ou 5 centimes la ligne.

Le but de la Société est donc avant tout commercial. Elle est un syndicat professionnel, à la fois bourse de travail, chambre de prud'hommes et banque, fonctionnant, à bon compte, pour l'écrivain.

Elle est, parfois, sortie de cette mission. Il lui est arrivé, à différentes reprises, de s'ériger en jury littéraire, et pour des raisons de seuls dissentiments esthétiques, elle a refusé l'admission de quelques jeunes écrivains très honorables, qui remplissaient toutes les conditions exigées par les statuts et règlements. Elle portait ainsi à ceux qui subissaient cet échec, sans le mériter, un dommage moral, puisque cet échec est mentionné dans la *Chronique de la Société*. Aux termes mêmes de l'art. 17 des statuts, la radiation d'un sociétaire ne peut être

---

(1) La commission prélevée par la Société est en tout 10 % du montant des droits de reproduction, y compris les frais de perception et de bureau et le droit destiné à alimenter les caisses de secours, de pensions etc.

prononcée qu'en cas d'infraction répétée aux statuts, ou faute de paiement des cotisations, ou en cas d'acte portant atteinte à la considération, à l'honneur ou aux intérêts de la Société. Cependant, pour des motifs purement scientifiques, le Comité s'est permis jadis de prononcer la radiation de certains membres, entre autres de Jules Vallès et de Razoua qui furent déclarés indignes et rayés, après la Commune. Politique à part, il y eut là un évident abus de pouvoir, d'autant plus répréhensible qu'il était dirigé contre des vaincus (1).

Ce sont là défaillances auxquelles n'échappent les assemblées pas plus que les hommes — à moins d'être des Catons. Malgré ces fautes qui ne tiennent pas, d'ailleurs, au principe excellent de l'institution — principe de solidarité, d'appui mutuel — mais à l'esprit d'intolérance et de rancune dont peut être animée la majorité d'un Comité transitoire — la Société des Gens de Lettres rend à ses membres de réels et sérieux services, et nous ne saurions trop engager les jeunes écrivains à y solliciter leur admission lorsqu'ils se trouveront en mesure de pouvoir le faire.

Il est juste de dire aussi que, dans d'autres occasions, la Société sut tenir une conduite plus digne. Plus d'une fois en même temps qu'ils assuraient son indépendance matérielle, les commissaires tinrent à honneur de maintenir les fières traditions d'indépendance morale et politique qui présidèrent à sa fondation.

Pour ne citer qu'un exemple, il vous souvient du beau tapage que soulevèrent, au 16 mai, les prétentions ministérielles. Mal conseillé, le duc de Broglie somma la Commission de lui communiquer la liste des sociétaires auxquels elle accordait des secours. « Le gouvernement, disait-il, veut bien donner son argent ; mais il tient à savoir comment on en use ! »

La Commission répondit :

(1) C'était, du reste, l'époque (22 juin 1871) où à la société-sœur, celle des Auteurs dramatiques, un trop fameux romancier feuilletoniste, qui sera plus recommandé, sinon plus recommandable, à la postérité par ce fait héroïque que par les centaines de volumes et de drames qu'il a perpétrés — proposa l'exclusion de Victor Hugo comme indigne. Comme le dit M. Catulle Mendès, l'auteur de ce bel acte s'est préparé une belle épitaphe : Requiescat in gloria! (Chronique dramatique du *Journal*, 21 décembre 1895.)

« Nous donnons à nos adhérents nécessiteux sans nous inquiéter de ce qu'ils pensent... Pour avoir droit à nos largesses, il suffit qu'on ait faim... Les lettres n'ont rien à voir avec la politique ! »

Et, si cruel que fût le sacrifice, elle refusa les présents... d'Artaxercès.

La Société, aujourd'hui assez riche et puissante, eut des débuts difficiles. Elle fut fondée le 28 avril 1838. C'est Louis Desnoyers, l'auteur, trop oublié aujourd'hui, de ces deux romans enfantins, débordants de sensibilité humouristique : *Les aventures de Jean Paul Choppart* et *Robert-Robert,* qui eut, le premier, l'idée de grouper les écrivains en vue de la défense de leurs intérêts pécuniaires. Il intéressa facilement Balzac à son idée, et tous deux déployèrent la plus grande activité pour donner corps à leur projet. La chose ne fut pas aisée, si nous en croyons une chronique de Parisis, parue dans le *Figaro* du 3 novembre 1887, à propos du cinquantenaire de la Société.

« On n'imagine pas, en effet, quelles hostilités sourdes et quels mauvais vouloirs déclarés faillirent l'étouffer dans ce petit œuf de la rue de Provence où la couvait Louis Desnoyers.

« La tâche était si lourde aux membres du premier comité — Victor Hugo, Villemain, Frédéric Soulié, François Arago, Lamennais, Alexandre Dumas, Gozlan et Thierry — que, découragés, ils furent vingt fois à la veille de résigner leur mandat. Et il fallut l'énergie enthousiaste de Balzac, sa foi robuste dans l'avenir, pour les empêcher de mettre la clef sous la porte.

« On n'était pas riche en ce temps-là... Moins encore qu'aujourd'hui où on est, sinon riche, du moins fort à son aise. On avait souvent maille à partir avec les huissiers ; et le comble, c'est que les plus âpres aux poursuites étaient les sociétaires eux-mêmes... furieux de ne pas toucher assez rapidement leurs droits.

« L'histoire de George Sand est le chef-d'œuvre du genre. Aux termes des statuts, la Société, dont elle faisait partie, percevait pour elle les droits de reproduction, et, chaque mois, son homme d'affaires venait, rue de Provence, toucher la somme perçue. Or, il se trouva que la caisse était à sec un jour d'échéance. Un aïeul de Crouzet avait bu la sueur des gens de lettres comme son arrière-petit-fils devait boire celle des journalistes républicains.

« On est homme d'affaires ou on ne l'est pas. Celui de George Sand assigna le délégué devant le tribunal de commerce. Et, finalement, il se présenta de sa personne au siège social pour, au nom de sa cliente, saisir le mobilier.

« C'était la mort sans phrases et de la main même d'un sociétaire. Desnoyers, hors de lui, courut chez George Sand, pria, supplia, fit appel au cœur de la bonne dame, invoqua la solidarité... Bref, il atteignit le *summum* du pathétique.

« Elle l'écoutait comme s'il fût tombé de la lune.

« Je ne sais ce que vous voulez dire! disait-elle avec son habituel nonchaloir... ces choses-là regardent mon homme d'affaires... Il a pris ça sous son bonnet... Je n'ai pas donné d'ordres.

— Il n'aura pas réfléchi que c'est vous qu'il atteint en nous poursuivant.

— Qu'est-ce à dire?

— Dame! ce mobilier qu'on veut saisir, vous en êtes co-propriétaire, en vertu du pacte d'association... Vous ne pouvez pourtant pas vous faire saisir vous-même!

« Cet argument *ad hominem* désarma George Sand. Elle promit d'attendre. On mit la main sur le Crouzet, et les fonds rentrèrent au tiroir.

« La Société ne végéta pas longtemps dans cette demi-gêne. Et l'heure vint bientôt où, sagement administrée, elle put, en un seul exercice, répartir entre ses membres deux cent mille francs qui, sans elle, eussent été perdus. Ce jour-là elle fut virtuellement reconnue d'utilité publique. Elle ne devait pas tarder à l'être officiellement (par décret du 10 décembre 1891).

« Depuis lors, sous les présidences successives de Villemain, Victor Hugo, Viennet, Louis Desnoyers, Francis Wey, X. Saintine, Léon Gozlan, Michel Masson, Édouard Thierry, Gonzalès, Paul Féval, Frédéric Thomas, Jules Simon, Henri Martin, Paul de Musset, Edmond About, Arsène Houssaye et Jules Claretie, elle s'est mise graduellement au pair des plus solides institutions contemporaines. »

CHAPITRE XXIII

FOLIE ET GÉNIE.

La folie chez les gens de lettres et les artistes. — Y sont-ils plus prédisposés que d'autres? — Neurasthénie. — Génie et folie. — Thèse de Lombroso. — Réfutation. — Opinions de Charles Richet et Maudsley. — Conclusion.

On s'imagine volontiers que les gens adonnés aux occupations intellectuelles en général, ceux surtout qui font plus spécialement appel à l'imagination, comme les artistes et les hommes de lettres, sont, plus que d'autres, sujets à la folie.

C'est une erreur qui provient sans doute de ce que les cas d'aliénation mentale des écrivains sont plus retentissants, grâce à la publicité qui s'attache à leur nom. Certains cas récents et autour desquels la presse a fait plus de bruit qu'il n'était convenable, n'ont pas peu contribué à propager cette fausse opinion dans le public. Nous voulons parler du sort si malheureux d'André Gill, de Guy de Maupassant, de Nietsche, le génial et si original philosophe allemand. Selon d'éminents aliénistes, les gens de lettres — pour ne parler que d'eux qui nous occupent plus spécialement, — n'entrent pas pour une plus grande proportion que les autres hommes dans la statistique des aliénés, et la nature de leurs travaux ne les y prédispose pas plus que celle d'autres professions.

D'après le Dr Blanche notamment, que sa spécialité a mis à même d'observer en traitement de nombreux écrivains aux tempéraments fort variés, la folie est bien plutôt subjective qu'objective, et si des gens de lettres sont victimes de la folie, c'est en raison des prédispositions provenant de leur idiosyncrasie particulière, et non pas de la profession qu'ils exercent. La proportion des littérateurs frappés de démence n'est pas plus grande que dans toute autre catégorie de gens sans notoriété et dont le public ne se préoccupe pas.

Ce qui est plus vrai, plus acquis par les observations de la science, c'est que la plupart des écrivains, par suite de la tension continuelle de l'esprit, de la fatigante exigence de la production quotidienne, arrivent à un surmenage constant, à une surexcitation cérébrale chronique qui les conduit trop souvent à de graves affections nerveuses, dont la plus fréquente est la neurasthénie, c'est-à-dire une sorte de faiblesse irritable générale, une association de troubles dépressifs et de symptômes d'excitation.

Et ils sont la proie d'autant plus facile de cette maladie que nombre d'entre eux ajoutent aux excès intellectuels les excès physiques, les veilles prolongées, les aberrations de la morphine, de l'opium, de l'alcool et du tabac, et autres agents malfaisants d'intoxication.

L'erreur sur la prédisposition à la folie des ouvriers de la pensée pourrait bien n'être aussi qu'une succédanée de cette assertion de certains savants modernes, à savoir que le génie est assimilable pathologiquement à la folie, qu'il n'est qu'une névrose, un état maladif prenant sa source, tout comme l'aliénation mentale, dans la dégénérescence physique ou morale de l'individu.

Cette thèse, émise par Moreau de Tours, en 1859, dans son livre sur la *Psychologie morbide*, a été reprise brillamment, de nos jours, dans son ouvrage sur l'*Homme de génie*, par le célèbre anthropologiste italien Lombroso et par son école. Cette thèse n'est rien moins que prouvée. L'objet et le but de ce livre ne nous permettent pas de nous étendre sur ce sujet. Qu'il nous suffise de dire que les arguments invoqués par Lombroso sont assez faibles. Ce sont pour la plupart des exemples de tares et de défauts, physiques et moraux, puisés dans la biographie des hommes de génie, et qu'il signale comme des stigmates de dégénérescence. Citons, entre autres preuves avancées par le savant Turinois, l'épilepsie (Jules César, Charles-Quint, Pétrarque, Hændel, Molière, Dostoiewsky, Flaubert); le bégaiement (Ésope, Démosthène, Virgile, Turenne, Darwin, Manzoni etc...); la petitesse de la taille (Platon, Épicure, Diogène, Linnée, Spinoza, Thiers etc...) le rachitisme (Ésope, Tyrtée, Pope, Scarron, Byron); la grande maigreur (Cicéron, Milton, Képler, Newton, Lamennais, Voltaire, etc...) puis, tantôt la précocité, tantôt la tardivité des facultés intellectuelles; les anomalies de volume du crâne, parfois au-dessous de la moyenne; la passion des voyages etc... etc... enfin, et surtout, l'instantanéité, l'inconscience et l'intermittence de l'activité cérébrale. Parmi les exemples de nature morale, contentons-nous de relever la perversion du sens moral qui leur fait délaisser leur propre famille (Montaigne, La Fontaine, J. J. Rousseau), et l'égoïsme dont presque tous les génies seraient atteints.

Comme on peut le voir déjà, par leur seul énoncé, ces exemples perdent toute valeur scientifique, soit par leur manque de généralité et de constance, soit parce que beaucoup ne peuvent être invoqués comme tels, soit enfin parce qu'à beaucoup on peut opposer un nombre considérable d'exceptions. Il y a dans le choix de ces exemples présentés comme preuves exagération et parti-pris évidents, et intention trop flagrante de ne choisir que les faits en faveur de la thèse. Comme le dit le Dr Rubattel, dans une excellente étude sur le livre de M. Lombroso, « son dossier est en quelque sorte unilatéral. Il force souvent les conclusions, assimile très vite l'orgueil exagéré, qui peut dériver logiquement de la conscience que le génie a de sa valeur, à la folie des grandeurs, les distractions au vertige épileptique, la passion des voyages au vagabondage. »

En examinant soigneusement ce dossier du professeur de Turin, on n'aura pas de peine à le défaire pièce à pièce. Sans doute, en étudiant les hommes de génie, il est possible de trouver chez eux des tares physiques et morales, mais il faudrait prouver qu'il y en a davantage que dans la moyenne des hommes. Ne serait-il pas facile, en prenant les génies non mentionnés par M. Lombroso, en y ajoutant ceux qu'il est forcé de ranger parmi les exceptions, de dresser un catalogue semblable au sien, mais avec des conclusions directement opposées? Même en prenant un nombre donné d'individus tenus pour normaux, n'y pourrait-on pas trouver une somme de lacunes à peu près égale à celle qu'il a trouvée pour les géniaux? Et c'est là, à notre sens, la plus forte objection que l'on puisse faire à ces statistiques. Elles montrent bien que les hommes de génie présentent des tares nombreuses et diverses, mais il faudrait d'abord prouver que les hommes ordinaires n'en ont pas. On peut même aller plus loin et affirmer que chez tout individu, en apparence normal, il est possible de trouver, en examinant de près, des irrégularités psychiques qui, exagérées, dégénéreraient en folie.

L'idée fondamentale de cette thèse est, comme nous l'avons déjà vu, que le génie est une psychose basée sur l'abâtardissement physique ou moral de l'individu. Or, il y a une contradiction formelle dans les termes mêmes du problème. Chaque fonction psychique a nécessairement son substratum matériel, et il en résulte qu'une fonction développée au-dessus de la moyenne ne peut avoir pour base un organe dégénéré, et que, s'il y a des fonctions dégénérées chez l'homme de génie, ce ne sont précisément pas les facultés supérieures, car ce serait contraire à toutes les données physiologiques. Ce point n'a pas échappé à M. Charles Richet qui s'est constitué le panégyriste et l'introducteur en France de M. Lombroso (1), et refuse cependant de le suivre sur ce terrain. »

M. Maudsley, l'éminent savant anglais, dans sa *Pathologie de l'Esprit*, tout en admettant le caractère maladif de certains génies, se refuse aussi à croire que ce soit le cas général.

Cette réfutation ne paraît-elle pas concluante? Aux arguments scientifiques les raisons du simple bon sens ne viennent-elles pas s'allier pour repousser une théorie qui ravale au rang des maladies mentales le génie, c'est-à-dire la plus haute expression de l'activité intellectuelle, la moins imparfaite des réalisations de l'Absolu, ce don de Dieu, enfin, pour parler un langage moins métaphysique.

---

(1) Dans la préface qu'il a placée en tête de la traduction française du livre de M. Lombroso.

CHAPITRE XXIV

HYGIÈNE.

Quelques principes d'hygiène. — Alimentation. — Du Végétarisme. — De la boisson. — Du coucher et du lever. — Du sommeil. — Des excitants cérébraux : tabac, haschich. — Excitants de l'esprit. — Le son des cloches, l'émulation.

La vie de cabinet est plus dure que ne pense le vulgaire qui estime le travail manuel plus fatigant.

Les opérations intellectuelles, la vie sédentaire à laquelle astreint le travail de l'esprit, — celui de l'homme de lettres surtout, qui n'a pas la diversion heureuse du mouvement physique auquel peuvent se livrer l'artiste dans son atelier, le savant dans son laboratoire, le journaliste quelquefois dans l'accomplissement de son métier, — occasionnent, au contraire, une fatigue plus sensible et plus durable que le travail corporel. Aussi n'y a-t-il pas de profession où les règles de la plus stricte et de la plus scrupuleuse — nous dirions volontiers de la plus méticuleuse — hygiène soient plus nécessaires. On sait quelle influence le physique exerce sur le moral, et combien la santé est une des conditions indispensables du bon travail, comme du bonheur. Or quel travail plus que celui de la pensée exige le bon fonctionnement des rouages de notre corps ?

Cependant les écrivains, sont encore plus que d'autres, portés à négliger l'accomplissement des prescriptions qui leur assureraient, sauf accident, une saine et longue existence. Bien longue est la liste des maladies causées par cette négligence. Elles n'épargnent aucun système, aucun appareil, aucun organe. C'est surtout le cerveau et l'estomac qui sont le plus exposés, avec les yeux.

Vous qui nous lisez, et qui laissez aller votre santé au petit bonheur du train train journalier, à la dérive de l'occasion et de la fantaisie, voyez un peu la réjouissante troupe des jolis monstres tapis dans l'ombre, aux replis les plus profonds de votre organisme, guettant l'heure propice pour vous dévorer. Voici ceux du système nerveux : névralgies, migraines, congestions cérébrales, encéphalites, etc.

Voilà ceux de l'appareil digestif : dyspepsie, gastralgie, constipation, calculs biliaires, affections des reins et de la vessie, inflammations d'intestin, etc.

L'appareil respiratoire vous réserve le catarrhe, les étouffements, les oppressions.

L'appareil circulatoire : les congestions, les hémorragies, les hémorroïdes, l'apoplexie.

Enfin, et pour couper court à cette énumération, à laquelle se complairait seule la plume féconde de notre Rabelais, le système musculaire peut être la proie des paralysies, des contractures, des tremblements, d'affaiblissement partiel ou général.

Voilà un tableau séduisant, n'est-ce pas?

Ne nous laissons pas effrayer cependant. A ces ennemis sournoisement aux aguets, d'une marche parfois lente mais toujours sûre, sachons et voulons opposer la tactique sinon des remèdes, — qui n'est pas notre affaire, mais celle de la médecine, — du moins des moyens préventifs, des règles d'une sage et méthodique prophylaxie.

L'estomac étant, comme Hippocrate l'a appelé justement, le chef de famille des organes, celui dont l'état, par la nature de sa constitution et de ses fonctions, comme par sa position centrale, réagit sur tout l'ensemble de l'organisme, c'est par ce qui le concerne que nous commencerons.

Avant tout, bien que le conseil soit banal, ne craignons pas de le répéter, car il s'adresse aux professions intellectuelles plus qu'à toutes autres, soyez sobres. Non seulement « la tempérance, comme dit Charron, est la médecine la plus sûre et qui fait vivre le plus longtemps, mais elle a pour effet d'aviver la finesse des sens et l'énergie des impressions. L'exemple des animaux le prouverait : les chiens de chasse à jeun ont l'odorat plus subtil et le faucon la vue plus perçante. La sobriété dispose au recueillement, à la méditation. C'est le plus sûr garant d'un bon travail sans fatigue, le vrai secret d'avoir les idées fraîches et claires, surtout dans les périodes d'efforts extraordinaires, de « coups de collier ».

Que votre table soit frugale, votre cuisine simple, peu épicée. Comme base de votre alimentation les légumes très variés avec retour plus fréquent de ceux qui contiennent du phosphore, les viandes blanches plus souvent que les noires et surtout que les viandes fumées, beaucoup d'œufs, dont le jaune est un vrai réservoir de phosphore, des laitages, beaucoup de fruits, le pain bien cuit, le vin fortement mêlé d'eau.

Que les repas soient légers et pas rapides, la mastication complète, lente, s'il le faut. Ne vous rassasiez pas trop, quelle que soit l'ardeur de votre appétit, en vous attablant. C'est un dicton populaire, tout-à-fait conforme aux données scientifiques, qu'il faut se lever de table avec une légère pointe d'appétit, ne pas fatiguer l'estomac par une surcharge d'aliments. Souvenez-vous que les Lacédémoniens punissaient l'embonpoint quand il était excessif, disant qu'un homme occupé à se faire beaucoup de chair ne pouvait faire amas de beaucoup d'esprit. Ce qu'un vieil auteur exprimait aussi en prétendant que « jamais homme aymant sa gorge et son ventre ne fit belle œuvre ».

Veillez donc de près sur votre estomac, surveillez vos aliments et vos boissons, et lisez, si vous en avez le temps, les ouvrages que j'ai commencé de publier sur le *Végétarisme* en 1882 ou 1883. Beaucoup de médecins et d'hygiénistes français les plus renommés, du reste réfractaires, au début de ces publications, sont aujourd'hui d'accord pour donner la préférence au régime végétal sur le régime animal, pour citer, — autant que possible — les opinions favorables des autres de préférence aux miennes.

Le Dr Saffray, en un article publié dans le n° 23 du *Manuel général de l'Instruction publique*, soutient que l'alimentation végétale est celle qui convient surtout à l'homme de science et d'intelligence. Elle fut mise en pratique par les plus grands penseurs de tous les temps, depuis les Pythagoriciens jusqu'à des médecins américains, anglais, allemands, très autorisés de notre époque. Bacon, Gassendi, Bossuet, Fénelon, Locke, Newton, Milton, Arnaud, Pascal et toute l'école de Port-Royal, Volney, lord Byron, Rousseau, Franklin, Lamartine, etc., pour ne parler que des morts, suivaient ce régime.

Elle fournit une nourriture à la fois plus douce et plus tonique; les végétariens sont plus rarement malades et plus rapidement guéris. Le régime végétal préserverait et guérirait les maladies de peau, les mélancolies, les hypocondries, les dysenteries, les calculs urinaires; il donnerait à l'esprit plus de lucidité; au caractère plus de douceur, de liberté, de solidarité; au corps plus d'énergie; finalement il prolongerait l'existence.

Lorsque j'accomplissais dans le canot en papier le *Qui Vive*, cette sorte de ..... tentative de suicide, que j'essayai de rendre intelligent, utile autant que peut l'être pareille chose, ces voyages, ces 17.000 kilomètres, — qui m'ont valu d'être, à l'heure qu'il est encore, le recordman du monde en ce genre de sport, — voyages au cours desquels il m'arrivait de faire, au fil de l'eau des parties non navigables du Rhin ou du Danube, des 100 kilomètres par jour, à une vitesse quelquefois de 2^m,50 à la seconde, je pratiquais la plupart du temps un strict végétarisme. Je variais mes nombreux plaisirs en faisant aussi de la littérature. En admettant, bien entendu, que je sois capable d'un bon travail, je dirai ceci, à l'appui du végétarisme et de l'exercice, c'est que je n'ai jamais travaillé de tête aussi facilement et avec autant de bonheur qu'alors.

Les végétariens appuient ces affirmations très concluantes sur les données d'une rigoureuse exactitude physiologique.

« Le végétarisme, dit le Dr Fonssagrives, de Montpellier, dans le *Dictionnaire de la Santé*, est basé sur ce fait que les aliments des deux séries, animale et végétale, sont de la même nature chimique et ne se distinguent que par les seules proportions de leurs éléments constitutifs. La force reconstituante générale réside là où la nature a mis la vie en puissance ou à l'état chrysalidal, c'est-à-dire les grains, les graines, légumes, tubercules, fruits, œufs, lait et dérivés. La viande ou cadavre a déjà épuisé son cycle nutritif, ne contenant que des produits de désassimilation. A quoi bon dès lors faire passer les aliments végétaux par le corps d'un animal avant de les absorber. »

La viande n'est pas, comme le pain et le lait, un aliment complet. Quatre classes de substances sont *nécessaires* à l'entretien de la vie :

1° Azotées, protéiques ou albuminoïdes ;

2° Respiratoires ou amylacées ou carbo-hydrates ;

3° Grasses ou hydrocarbonées ;

4° Minérales, sous forme de sels de soude, de chaux, de soufre, de phosphore, de fer, etc...

La viande n'en renferme que trois, et la substance qui lui manque est précisément la plus importante des quatre, celle des amylacées ou carbo-hydrates. La zoophagie est donc réduite à des aliments *ternaires*, incapables d'entretenir seuls la vie, alors que tous les aliments végétaux sont des *quaternaires* entièrement suffisants au bon fonctionnement de l'organisme.

De plus, la contenance des végétaux en oxyde de fer est beaucoup plus élevée que celle des viandes, et l'on sait le rôle important biologique de ce corps. Enfin, et surtout, la quantité de phosphore contenue dans les aliments végétaux est presque double de celle que renferme la nourriture animale : les quatre aliments les plus riches en phosphore sont les fèves, les pois, le seigle et le froment non décortiqué. Or le phosphore, selon Moleschott, est l'aliment indispensable à la *pensée*.

A ces arguments de source chimique viennent s'en ajouter d'autres d'un caractère plus général.

Cuvier, Flourens, Gassendi, Daubenton, Huxley, Darwin, Hœckel sont d'avis que « l'homme par sa constitution générale, la conformation de ses dents, de ses mâchoires, différente de celle des carnivores, et celle de ses organes digestifs, est fait pour se nourrir principalement de fruits, de racines et autres parties succulentes des végétaux ».

L'instinct de l'homme est conforme à cette observation :

Des peuples entiers, comme les Indous, une grande partie des nations de l'Asie, ne vivent presque que de végétaux. Les populations agricoles ne mangent que relativement peu de viande, et chacun sait que c'est chez elles qu'on rencontre les exemples les plus frappants de santé et de longévité. Le département du Lot, notamment, un des plus végétariens, est au premier rang, en France, pour la longévité.

Sans parler du macrobisme des anachorètes de la Thébaïde, des observations médicales faites dans des couvents, en particulier à la Trappe, dont le régime ultra-sobre est bien connu, ont constaté que la vie y est des plus saines et des plus longues.

Enfin, chez les Grecs et les anciens en général, les athlètes parvenaient à une plus grande vigueur en se nourrissant de végétaux et en s'abstenant de vin.

On invoque aussi la répugnance de l'homme pour la viande crue; le dégoût général des enfants et des malades pour la viande, et leur préférence pour les légumes, le lait, la pâtisserie, les fruits, etc., comme l'a justement remarqué Rousseau dans son *Émile*. Même parmi les adultes bien portants, il en est beaucoup qui aiment peu la viande, surtout saignante, et lui préfèrent les légumes. Il serait, par contre, difficile de trouver des personnes ayant en aversion la nourriture végétale.

Une expérience de régime végétarien a été faite dans l'orphelinat d'Albany (État de New-York). Il y eut chez les enfants, non seulement amélioration de santé, mais augmentation de force, d'activité, de vivacité, de gaîté et de contentement. Les enfants devinrent moins querelleurs, plus doux et plus aimables entre eux. L'activité de leur intelligence fut notablement augmentée. La viande leur répugnait.

« Une des causes qui font rejeter la doctrine végétarienne, — nous dit **M. Ph. Linet**, dans une remarquable étude diététique à laquelle nous avons fait beaucoup d'emprunts — c'est qu'on la croit inspirée par le piétisme, par les convictions religieuses et la mortification monastique. Il y a là une grave erreur, tout au moins en ce qui concerne le végétarisme rationnel dont nous parlons, exclusivement scientifique et dicté par le seul désir de suivre un régime conforme aux lois de la nature. Il a pour lui la science; le régime opposé n'a en sa faveur que la force de la routine. Ceux qui ont assisté autrefois à certains banquets de la société végétarienne de Paris savent qu'aucune idée de mortification n'inspirait ces repas aux menus variés et succulents qui auraient fait les délices des plus fins gourmets. »

Les partisans de la viande — on trouvera leurs raisons exposées en détail dans tous les Traités d'Hygiène, — répliquent par contre, que la viande est un aliment indispensable; que mieux que tout autre, elle est propre à réparer notamment les pertes de nos muscles, à soutenir leur vigueur, car la chair fait la chair. L'expérience, disent-ils, pour ne citer qu'un de leurs exemples les plus répandus, a démontré la supériorité physique de l'ouvrier anglais, fortifié par son roatsbeef.

Nous avons déjà vu ce que les végétariens pensent de la constitution chimique de la viande, et de sa fonction nutritive et réparatrice. Quant à l'exemple cité, disent-ils, on s'est engoué, en effet, de cette remarque que des ouvriers anglais employés aux travaux des premiers railways et nourris de beefsteaks saignants fournissaient plus de travail que certains Français de régime ordinaire. Voilà ce qu'on voyait, mais ce qu'on ne voyait pas, comme eût dit Bastiat, c'est que les premiers s'épuisent rapidement, tandis que les Français, alors végétariens ou au moins nourris de moins de viande que l'ouvrier d'aujourd'hui, bien qu'inférieurs en apparence, reprennent l'avantage si on additionne la somme totale de travail individuel produit. L'analogie est, d'ailleurs, parfaite avec les animaux. Les bêtes de somme et de force sont des ruminants herbivores, le bœuf, le cheval, le dromadaire, l'éléphant, tandis que les carnivores, les grands félins, par exemple, — quoique capables d'un effort énergique momentané, très court, — ne peuvent pas le soutenir, et sont, peu de temps après, rapidement épuisés et prostrés.

Mais, même en tenant pour irréfutables les arguments du végétarisme, — ce que, je l'affirme, on peut faire sans crainte, — une grande difficulté se dresse contre son expansion, outre la routine et le préjugé. C'est que, et les végétariens rationnels sont les premiers à le déclarer et à en faire une des conditions importantes du régime :

1° L'aliment, doit présenter les qualités de pureté absolue, de fraîcheur et d'absence complète de falsifications, de tripotages, ou d'adultération, si minimes qu'ils paraissent être. Il en est de même, cela va sans dire, de l'air qu'on respire.

2° Comme corollaire et moyen d'application, il faut, autant qu'il est possible à chacun, fabriquer ou produire chez soi ses aliments et ses boissons, sinon, en l'absence de produits purs, et d'une direction éclairée, on tombe dans le faux végétarisme, qui mortifie et affaiblit l'économie.

« Ne fait pas du bon végétarisme qui veut, où il veut » déclare le Dr Bonnejoy (du Vexin), un des partisans les plus convaincus et les plus actifs de notre régime, qui en fait, et peut en faire la plus stricte application, vivant toute l'année dans sa propriété de Chars-en-Vexin, fabriquant lui-même son pain avec le levain naturel du blé et de la farine de méteil pur.

Le régime devient donc ainsi difficile à suivre à Paris où il n'y a pas, comme en Angleterre, en Amérique et en Allemagne, de cuisiniers, de restaurants végétariens. Il y faudrait une probité commerciale qui devient de plus en plus rare, ou un contrôle et une surveillance malaisés à exercer sur le débit des produits alimentaires, même en multipliant les laboratoires municipaux et les employés de ces administrations que le monde nous envie. Que ceux qui ne pourraient satisfaire à ces conditions rares, j'en conviens, se méfient un peu.

Nous nous sommes étendus avec une certaine complaisance sur cette thèse du végétarisme, parce que, si elle est connue de tous, et même pratiquée par certains travailleurs intellectuels, elle ne l'est pas toujours en parfaite connaissance de cause et dans les conditions exigibles. Nous avons tenu à en dire assez pour prévenir soit contre un enthousiasme irréfléchi, soit contre un dénigrement de parti-pris.

Ceux de nos lecteurs qui voudraient se renseigner plus amplement pourront lire mes ouvrages sur le végétarisme; *le moyen de vivre pour dix sous par jour à l'aide du végétarisme* (Plon) et *La vie à bon marché* (Dentu), ouvrages que je cite en premier lieu, pour cette raison seule que je fus le premier à publier en France un ouvrage sur le végétarisme; *le Traité du Végétarisme scientifique raisonné et pratique*, par le

Dr Bonnejoy, Félix Alcan, Bibliothèque scientifique contemporaine, la *Thèse de Doctorat sur le Végétarisme,* soutenue devant la Faculté de Médecine de Paris, par Mme Anna Kingsford ; les divers écrits sur le sujet par le Dr G.-W. Dock, directeur de l'Etablissement hygiénique et médical de Untere Waid (St-Gall).

Sur la question de la boisson la plus convenable, comme sur celle des aliments, nous allons rencontrer les opinions les plus opposées.

Les uns, dont beaucoup sont également partisans du végétarisme, soutiennent avec moi que l'eau pure est la boisson la plus saine, et même la plus agréable au goût. Et dans leur enthousiasme ils lui prêtent mille vertus thérapeutiques, exagérées quelquefois. Non seulement elle calmerait la soif et rincerait l'estomac, mais elle nous préserverait de la plupart des maladies et suffirait pour en guérir un grand nombre, peut-être toutes en les prenant au début. Linné se débarrassa de migraines opiniâtres en buvant tous les matins, à jeun, une bouteille d'eau fraîche. Démosthène ne buvait que de l'eau. Locke, Milton étaient des buveurs d'eau. Le physiologiste Haller attribuait à son usage l'intégrité de ses sens et de sa vue. Newton n'avait pas d'autre boisson, et ne mangeait que du pain quand il se livrait à ses études ardues. Les anciens l'appelaient l'amie de l'estomac. Pindare l'a chantée. — Il faut convenir, en bon lettré, que cet apologiste seul vaudrait bien tout un *caveau.* — Les neuf dixièmes de l'espèce humaine, les pays où règnent l'Islam et les religions de Brahma et de Bouddha se contentent d'eau, et rien ne tendrait plus à démontrer ses avantages que la quantité de peuples, sectes, philosophes et savants qui en ont fait un usage exclusif.

Elle est d'ailleurs la base de toutes les autres boissons, qui sont d'autant moins salutaires qu'elles s'éloignent davantage des qualités naturelles de l'eau et de ses effets sur l'organisme vivant.

Loin d'avoir aucune propriété débilitante, comme l'insinuent ses adversaires, elle conserve plus longtemps les dents et la vue, elle fait vivre plus vieux et permet plus d'appétit que le vin et la bière.

Quant aux raisons soutenues par les amis du vin, nous les exposerons avec moins de complaisance. Elles sont connues de tous. Elle ont pour elle l'expérience séculaire, le goût du plus grand nombre. La plus répandue est que le vin, pris à dose modérée, bien entendu, est un stimulant, un réparateur de forces, un tonique.

User mais ne pas abuser, suivant l'antique et solennel adage qui trouve son application ici comme en bien d'autres cas, ne boire ni trop ni trop peu, et prendre l'habitude de boire, en mangeant, le vin largement coupé d'eau, voilà, croyons-nous un assez bon parti pour l'estomac sain.

Le vin, comme la viande, a rencontré de nos jours dans le monde scientifique, des adversaires passionnés. On se souvient peut-être de cette levée de boucliers qui se dressa contre lui, à l'Académie de médecine de Paris, dans le cours de l'automne de 1895, à propos des débats parlementaires sur la fabrication de l'alcool. Cette hostilité exagérée provient sans doute de l'appréhension que causent dans les classes ouvrières les ravages de l'alcoolisme. N'y a-t-il pas là une sorte d'affolement, de crainte irraisonnée? Outre que les preuves mises en avant apparaissent d'une expérimentation douteuse, il est peu logique de conclure de la nocuité incontestable de l'abus à la nocuité de l'usage. Comme l'a spirituellement remarqué M. Grosclaude, le chroniqueur parisien bien connu, intoxiquer d'innocents cobayes par des injections d'alcool dans l'oreille, et conclure de là que le vin est un poison pour l'organisme humain, c'est à peu près aussi rationnel que si quelqu'un, recevant un coup de corne de bœuf dans l'estomac, en déduisait que le roastbeef est un mets indigeste (1).

L'exercice bien combiné, a dit un médecin anglais, avec régularité, persévérance, suffirait probablement pour prévenir les trois quarts des maladies. En effet, il a pour heureux effet d'amortir la suractivité de la pensée. Les exercices du corps et ceux de l'esprit se servent de délassement les uns aux

(1) Pour être impartial dans les débats cependant, nous croyons devoir signaler l'expérience faite par M. Hugounenc sur l'*Influence du vin sur la digestion*. (Recette générale et facile pour reconnaître les falsifications de matières colorantes.)

autres. Le sommeil mis à part, le corps ne se repose jamais mieux que lorsque l'esprit travaille. Les anciens mettaient cette maxime en pratique et l'on sait par quel heureux équilibre de facultés physiques et morales ils ont brillé.

Celse nous apprend qu'Asclépiade, le célèbre médecin grec, avait tant de confiance dans l'exercice qu'il le considérait comme une panacée et avait presque entièrement renoncé aux remèdes internes. Pline raconte qu'au moment où Asclépiade, jeune encore, s'était établi à Rome, il avait déclaré publiquement qu'il consentait à passer pour un charlatan s'il était jamais malade et s'il mourait autrement que de vieillesse ou d'accident. Il tint parole. Il vécut près d'un siècle et mourut d'une chute violente. (Dr L. Noirot, *L'Art de vivre longtemps*.)

Faites de l'exercice le plus possible, coûte que coûte. Ne vous en dispensez pas sous le prétexte que vous n'en trouvez pas le temps. Prenez-le, s'il le faut, sur les heures de travail. Le corps dispos et fortifié, vous n'en travaillerez que plus aisément et compenserez ainsi les minutes que vous croyiez perdues.

Adonnez-vous à tous les exercices qui seront dans vos goûts et vos moyens : équitation, bicyclette, escrime, promenade, jeu de paume, de billard, gymnastique, haltères, jardinage etc... La promenade à pied surtout est l'exercice le plus salutaire, en même temps que le plus naturel, le plus simple. Elle convient à tous les âges, à toutes les constitutions. Elle aiguise ou réveille l'appétit, facilite la digestion. On digère autant avec ses jambes qu'avec son estomac, a dit un maître de l'art.

Elle suscite et soutient la méditation, la rêverie. Beaucoup d'écrivains, en marchant, pensent, ordonnent dans leur tête, ce qu'ils écriront tout à l'heure, rentrés chez eux. C'est en se promenant dans la forêt de Montmorency, que J.-J.-Rousseau a composé quelques-unes des plus belles pages de ses écrits.

Le meilleur moment pour le travail est généralement le matin. Les idées sont plus fraîches, plus nettes ; le corps et l'esprit peuvent s'exercer avec des organes rajeunis, doués de toute leur énergie. Préparez le soir votre travail du lendemain ; pendant le sommeil il se produit une sorte d'élaboration cérébrale, inconsciente et sans fatigue. Michelet avait cette habitude. Tous les écoliers savent que les leçons apprises par cœur la veille, se gravent plus facilement dans la mémoire quand on les repasse, le matin. La position naturelle et habituelle de l'homme qui écrit est la station assise; que votre siège ait un dossier courbe, qui embrasse les reins et les soutienne, il vous reposera de l'inclinaison en avant sur la table. Qu'il ne soit ni trop bas pour ne pas forcer les jambes à une flexion excessive; ni trop haut ce qui obligerait ces mêmes jambes à pendre. Dans les deux cas, par ces positions différentes, la circulation veineuse serait gênée. Il ne faut pas qu'il soit trop chaud ni trop mou. Un fauteuil élastique, garni de crin, recouvert de cuir, légèrement bombé au centre, devra être préféré à tout autre. Sur le bureau, un pupitre assez incliné pour rester presque droit. Il faut éviter de trop se pencher, l'inclinaison du tronc en avant comprime les viscères abdominaux et gêne, comme conséquence logique, l'expansion normale des organes thoraciques, sans compter les douleurs de rein et d'estomac.

De temps en temps se lever et faire quelques pas. Cela détend les muscles, redonne à la circulation son cours naturel.

Une bonne chose est d'avoir un pupitre à hauteur d'appui permettant d'écrire debout. Ce changement de position dissipe la fatigue.

Promenez-vous de préférence au grand air, à une heure convenable. Le matin est le meilleur moment; l'air est plus vivifiant. De grands physiologistes ont attribué à l'exercice qui suit le sommeil la vertu de perfectionner la coction des matières alimentaires, de déterminer l'expulsion des matériaux qui ont été admis dans le sang et qui doivent être éliminés.

Les collines et les endroits élevés sont préférables aux endroits bas et humides (Dr Noirot, *ib*.)

L'exercice modéré, sans violence, après le repas est un excellent digestif. Chez les personnes faibles le repos sera préférable.

La lecture à haute voix, dont on use très peu en cette qualité, est bonne pour les poumons, mais il faut l'estomac libre.

Sachez vous reposer d'un travail par un autre. La variété dans le travail, a dit quelqu'un, est souvent le secret de son innocuité; le repos nous délasse moins peut-être que cette variété. La lecture, l'étude, sont d'excellents délassements au travail de rédaction.

Ayez, quand vous êtes assis à la table de travail principalement, des vêtements amples, chauds et légers en même temps; que le pantalon n'exerce aucune pression sur le corps.

Ayez soin, au travail, d'avoir toujours les pieds chauds, car le sang a une tendance à envahir la tête absorbée. Portez des bas de laine la plus grande partie de l'année, sans pousser la précaution jusqu'au point où le faisait Malherbe qui, nous content les *ana*, avait numéroté ses bas d'après les lettres de l'alphabet, et les mettait les uns sur les autres, suivant les rigueurs de la saison. Un hiver, il lui est arrivé d'aller jusqu'à la lettre L.

La propreté est une des plus indispensables conditions de la santé. Elle est plus nécessaire à l'homme de travail sédentaire qu'à tout autre, pour compenser le peu d'activité de la transpiration. Elle est non seulement utile au corps, dit le Dr Noirot, mais a une grande portée morale. Elle est au corps, disait La Rochefoucauld, ce que l'amabilité est à l'âme. Elle a aussi une influence marquée sur l'état intellectuel. On a démontré qu'il existe une corrélation intime entre l'état de la transpiration et celui des divers modes de l'affectivité. Les obstacles, quels qu'ils soient, apportés au libre exercice de la perspiration cutanée, sont autant de causes qui favorisent la tournure sombre de l'esprit, engendrent la morosité du caractère et produisent la tristesse.

Des bains fréquents sont donc nécessaires. Il serait mieux encore d'en prendre un chaque jour, de se plonger trois ou quatre minutes dans une baignoire, dès le saut du lit. Comme ce moyen n'est pas malheureusement à la portée de tous, on peut y suppléer très bien par l'ablution générale quotidienne dans un tub ou un grand bassin. C'est un excellent moyen de débarrasser la peau des corps étrangers qui se déposent à sa surface, s'y incrustent et entravent les fonctions d'absorption et d'exhalation.

L'ablution a encore, entre autres avantages, celui d'activer toutes les grandes fonctions de l'économie, spécialement la nutrition, et de rendre les sujets moins impressionnables aux vicissitudes de l'atmosphère.

Si vous ne pouvez, pour raison de santé, délicatesse des bronches, par exemple, supporter l'eau froide, usez de l'ablution tiède. Quant au bain tiède c'est un calmant puissant de l'action nerveuse, mais il est amollissant, et il est dangereux d'en renouveler trop souvent l'emploi.

Quant aux douches, très en vogue aujourd'hui, nous n'oserions en conseiller l'emploi général. Il serait peut-être imprudent d'en faire usage sans l'avis du médecin. Il est des tempéraments, les nerveux par exemple, auxquels elles peuvent être contraires.

Un moyen hygiénique qui convient à tous invariablement, quelle que soit leur complexion et l'état de leur santé, c'est la friction sèche, au gant et à la lanière de crin, pratiquée, de préférence, le matin, au lever. C'est le procédé le plus propre à régulariser les fonctions de la peau, à activer la circulation capillaire, à rendre la peau plus respirable et à augmenter la caloricité de ce tégument. Elles équilibrent les fonctions assimilatrices et répartissent plus uniformément les éléments de la nutrition, de telle sorte qu'elles peuvent diminuer l'embonpoint de ceux qui en ont trop, ou l'augmenter chez ceux qui n'en ont pas assez. Enfin elles sont un bon exercice musculaire; suivant Suétone, c'est aux frictions que Vespasien dut l'entretien de sa santé. Un homme illustre de notre époque ne manque jamais de dire aux personnes qui se plaignent d'être malades : « C'est que vous ne vous frictionnez pas. » (Dr Noirot.)

Le sommeil, dit le Dr Noirot dans son intéressant ouvrage, que nous avons déjà cité : *L'Art de vivre longtemps,* et auquel nous empruntons sur ce sujet les quelques salutaires préceptes d'hygiène qui vont suivre, le sommeil, est peut-être encore plus nécessaire après les travaux de l'esprit qu'après les exercices corporels. Moins les organes sensoriaux ont été excités pendant la veille, moins ils ont besoin de repos. Aussi les paysans conservent-ils, avec moins de sommeil, une santé plus vigoureuse que les gens qui se livrent à des travaux intellectuels. Il suffit au cheval de dormir quatre ou cinq heures pour réparer complètement ses forces épuisées, l'inactivité musculaire suffirait presque à l'animal. Mais à l'être intelligent et pensant il faut le repos du cerveau, c'est-à-dire le sommeil. La machine humaine poursuit, pendant le sommeil, son œuvre de réparation.

Le sommeil est une mort qui redonne la vie, car il nous procure le bonheur de renaître pour ainsi dire tous les matins et de passer d'un état de néant dans une vie nouvelle. Mais, en échange de ses bienfaits, il prélève comme tribut le tiers de notre existence. Il est dangereux de se soustraire brutalement aux exigences du sommeil. Mais en ordonnant sa vie avec intelligence, il est presque toujours facile de le frustrer de quelques heures sans nuire à la santé. Il ne s'agit que de le rendre plus profond et plus réparateur, en même temps qu'on en abrège la durée. La solution du problème repose en grande partie sur cette donnée physiologique qui devrait être inscrite en lettres d'or dans tous les livres d'hygiène : « *Le sommeil pris avant minuit compte double.* » Deux heures de sommeil avant minuit en valent quatre le matin.

Il ne faut pas croire, en effet, qu'il soit indifférent de dormir le matin ou le soir, le jour ou la nuit. Les animaux, les insectes, les plantes et les fleurs s'endorment à l'heure que leur a assignée la nature. L'homme, par sa perfection organique, jouit d'une vie plus indépendante. Néanmoins il y a, relativement au sommeil, une loi primordiale qu'il ne peut enfreindre impunément.

Par suite d'une consonance harmonique et d'une affinité mystérieuse qui existent entre l'organisme humain et le système général du monde extérieur, la périodicité diurne, qui est l'unité de notre chronologie naturelle, exerce une influence bien marquée sur nos diverses fonctions. C'est ainsi que le pouls, qui est l'expression vitale par excellence, subit des variations remarquables suivant les différentes heures de la journée. Il se produit notamment le soir un mouvement fébrile qui augmente sensiblement jusqu'à minuit. Or l'évolution de cette crise, dont le but est de débarrasser le corps de matériaux hétérogènes qui ne peuvent séjourner sans danger dans les couloirs secrets de l'économie, ne peut s'accomplir d'une manière régulière et complète que dans l'état de repos.

L'état de veille, dans les heures qui précèdent minuit, déconcerte la nature et la trouble dans ses opérations bienfaisantes.

Les veillées, dit-on, donnent de l'esprit. Le soir est, peut-être, grâce à l'excitation physiologique, dont nous venons de parler, le moment le plus favorable pour les œuvres légères, les productions fantaisistes; mais c'est le matin que naissent de préférence les aperçus profonds et les conceptions vigoureuses.

Les grands penseurs et les savants ont généralement l'habitude du lever matinal.

Thomas Morus se levait à 4 heures. Dans la préface de sa curieuse *Utopie,* il fait remarquer que cette œuvre est un vol fait au sommeil.

Fontenelle, qui mourut presque centenaire, se levait à 5 heures; Linné, à 3 heures.

Milton, faible et maladif, ne recouvra la santé qu'après avoir pris l'habitude de se lever matin. Le lever matinal suppose un sommeil calme et réparateur. Un grand point, pour pouvoir goûter promptement et en paix « les délices du vrai dormir », comme disait Montaigne, c'est de déposer, avec ses vêtements, toutes les agitations de la journée. Il faut, aux approches de la nuit, prévenir l'affluence d'idées qui, en s'emparant du cerveau, en chasseraient le sommeil.

Lamartine, par exemple, s'était imposé la loi de ne lire ni écrire quoi que ce fût après 6 heures du soir. Il réservait toute l'activité de son esprit pour le réveil, qui avait lieu constamment à 4 heures.

Il y a deux manières de rompre l'habitude du lever tardif. On peut d'une part la traiter comme toutes les autres habitudes, avec douceur et ménagement. En se levant chaque matin, cinq minutes plus tôt, ce qui trouble peu le sommeil, au bout d'un mois la victoire est complète. Mais le mieux c'est de rompre brusquement et de se lever de suite, sans capituler, à l'heure qu'on s'est fixée. Un bon stimulant, c'est de commencer la journée par le travail le plus attrayant.

Si la volonté seule ne parvient pas à briser l'habitude, il faut recourir à des moyens extrêmes.

Ainsi Buffon avait recommandé à son domestique de l'arracher du lit par force.

Frédéric le Grand avait ordonné à son valet de chambre de lui appliquer sur la face une serviette trempée dans de l'eau froide, s'il ne sautait pas à bas du lit au premier avertissement.

Mentionnons à titre de singularité ce mécanisme d'origine anglaise qui, après trois sommations exécutées au moyen d'une sonnerie, jetait brusquement hors du lit le dormeur obstiné.

Non seulement le lever matinal ajoute plusieurs heures à la journée, mais il prolonge l'existence.

Presque tous les centenaires sont matineux.

Ce serait une grande erreur que de prétendre doubler son existence en retranchant une partie du temps destiné au sommeil. « Les nuits passées abrègent les jours », disait Bacon. En intervertissant ainsi les lois de la nature, on perd volontairement sur la somme totale de la vie sans rien gagner sur sa plénitude pour le temps présent. Ce genre d'excès est surtout funeste aux individus qui profitent de la nuit pour mettre en jeu toutes les forces de leur intelligence. Un grand nombre d'hommes de lettres, d'artistes et de savants ont usé leur vie par ce régime, entre autres le peintre Girodet, dont la constitution débile et la santé délabrée tenaient sans doute à cette habitude. Sur la fin de sa vie qui fut assez courte, « son génie, a-t-on dit, ne semblait lié qu'à un cadavre. »

On ne peut déterminer d'une manière générale le temps qu'il faut consacrer au sommeil. C'est à tort que l'école de Salerne a assigné la même ration de sommeil, sept heures, au jeune homme et au vieillard ; ce dernier supporte mieux la veille que l'adulte. Les personnes qui ont beaucoup d'embonpoint doivent moins dormir que celles qui sont maigres et d'une constitution sèche ; parce que, suivant la remarque d'Hippocrate, « le sommeil humecte le corps, tandis que la veille le dessèche ».

En assignant neuf ou dix heures, plutôt neuf comme maximum, de sept à huit comme moyenne, six comme minimum, au temps du sommeil, on arrive à délimiter assez exactement la quantité exigible pour la variété de tempéraments. Cuvier, le grand naturaliste, dormait neuf heures. Il est certain que toutes les fois qu'une personne bien portante passe plus de dix heures au lit, il y a excès.

Les grands dormeurs prolongent quelquefois assez loin leur carrière, mais ce n'est pas sans préjudices pour leurs facultés. Le cerveau, étant inactif pendant le sommeil, l'intelligence s'émousse, et les forces vitales perdent de leur énergie quand on abuse de ce moyen réparateur. Un sommeil trop prolongé, dit Platon, est aussi funeste à l'âme qu'au corps.

D'un autre côté, rien n'est plus propre à faire vieillir avant le temps prescrit par la nature, que l'insuffisance du sommeil. Le sommeil est le grand modérateur de la vie, que des veilles trop prolongées précipitent et consument.

L'homme qui repose doit respirer un air pur et salubre. Ayez donc soin, dans la distribution de votre logement, de ne pas sacrifier la chambre à coucher aux exigences des autres pièces, comme ont le tort de le faire beaucoup de gens, qui, pour avoir un salon ou un plus vaste cabinet de travail, se condamnent à passer la nuit dans une chambre étroite, mal aérée, ou dans une alcôve, et se réduisent ainsi à la plus minime ration d'air respirable.

N'oubliez pas qu'un homme a besoin de huit à dix mètres cubes d'air, six au minimum, par heure. Ne soyez pas trop douillets à ce propos. Gardez-vous de calfeutrer, à grand renfort de bourrelets, le pourtour des portes et des fenêtres de la chambre à coucher. Si l'état de votre santé vous le permet, surtout si vous avez le privilège d'habiter un pays sain et sec, couchez les fenêtres ouvertes, ou au moins entr'ouvertes. Beaucoup de médecins et d'hygiénistes sont de cet avis. C'était la coutume de Victor Hugo et il n'eut jamais à s'en plaindre.

Évitez, même par les froids les plus rigoureux, l'habitude du feu dans la chambre, et surtout des poêles mobiles, si en vogue aujourd'hui. Entre parenthèses, sur cette question du chauffage, la cheminée est préférable aux poêles. Le poêle, il est vrai, fournit une chaleur plus forte et plus uniforme, mais la cheminée a l'avantage de renouveler l'air d'une façon plus complète.

Couchez-vous de bonne heure, à heure fixe, autant que le permettent les exigences de la vie.

Si vous avez à travailler le soir, — par hasard ou par habitude, — dînez légèrement, le repos de la nuit sera plus paisible, plus réparateur. Rien ne trouble le sommeil comme une digestion pénible. Que de cauchemars et d'insomnies n'ont d'autre cause qu'une surcharge de l'estomac. La viande, surtout, ne doit figurer qu'en petite quantité dans le dernier repas du soir.

Évitez de lire au lit dans une position horizontale, cela provoque une tension du nerf optique, très fatigante pour la vue. Que si votre volonté, devant la longueur des veillées d'hiver et la solitude, cède devant la tyrannie de l'habitude, atténuez l'inconvénient de la lecture par le traitement suivant :

Baignez, chaque soir, vos yeux dans de l'eau salée, de préférence tiède ; pas trop de sel pourtant, afin d'éviter une sensation cuisante. Rien de plus fortifiant pour la vue que ce simple tonique. Ne craignez pas de répéter la même opération au réveil.

Surtout ne lisez pas à une lumière vacillante, comme celle d'une bougie, ou insuffisante, ou trop éloignée ; et que votre appareil d'éclairage soit muni d'un abat-jour vert. Chacun sait que c'est la couleur la plus reposante à la vue.

Beaucoup de gens préconisent l'huile, comme le meilleur mode d'éclairage. Ils pourraient bien avoir raison, bien que l'huile soit plus chère que le pétrole et autres essences minérales, et malgré l'épuration de ces dernières obtenue aujourd'hui, dans l'industrie, malgré les petits agacements du réglage de la lampe et de l'entretien de la mèche. La lumière de l'huile est plus douce, moins irritante pour des yeux tendus par l'attention du travail. En tous cas proscrivez le gaz autant que possible.

Que votre lit soit plutôt dur. Les lits trop mous sont pernicieux surtout aux individus replets. Kant appelait les lits de plume des nids de maladies.

Pas de rideaux autour du lit. Sur ce point n'hésitez pas à sacrifier l'élégance à l'hygiène. Les coins et recoins, les plis du ciel de lit et des courtines sont des réceptacles de poussières, partant de microbes, et empêchent surtout la libre circulation de l'air. Par la même raison, sous prétexte de chercher plus de chaleur, n'enfouissez pas la tête sous les couvertures. L'air qui sort de la poitrine, vous le savez, est vicié. Notre propre respiration, dût cet aveu trop chimique en coûter à notre orgueil humain, et faner les illusions du jeune poète épris qui chante le souffle embaumé d'une lèvre chérie, notre propre respiration n'est hélas! qu'un poison lent.

Disons quelques mots de l'insomnie, car c'est un phénomène morbide auquel sont sujets beaucoup de travailleurs intellectuels ; c'est aux moyens hygiéniques plutôt qu'aux médicaments qu'il faut recourir pour la faire cesser, quand elle est devenue un état habituel.

On se préparera au sommeil par un exercice modéré, on fera usage d'une nourriture douce et rafraîchissante ; on écartera, principalement, comme nous avons vu plus haut que Lamartine avait coutume de le faire, toute cause d'excitation intellectuelle.

On a aussi conseillé quelques moyens de gymnastique intellectuelle.

Kant, qui a écrit un traité sur la puissance de la volonté comme moyen de conjurer ou de combattre les maladies, soutient que lorsqu'on est tourmenté par l'insomnie, il suffit souvent de s'armer de la ferme résolution d'écarter toutes les idées importunes, et de fixer son attention sur des choses indifférentes. Ainsi il cherchait à se rappeler la vie et les écrits de Cicéron et cet exercice ne manquait jamais de le calmer.

Lorsque les enfants ne peuvent pas dormir, par suite de l'affluence des idées qui se pressent dans leur cerveau, on a conseillé de les faire compter jusqu'à mille.

Un mot, pour finir, sur les excitants cérébraux. D'abord sur le tabac que quelques-unes de ses propriétés peuvent faire ranger parmi eux.

« La fumée de tabac, à dose modérée, a dit le professeur Sée, produit l'excitation cérébrale et facilite le travail ; mais l'abus du tabac produit l'anéantissement de l'intelligence et aboutit finalement à l'abolition de l'excitabilité intellectuelle. »

Beaucoup ne partagent pas cette tolérance. On sait qu'il

existe en France, depuis pas mal d'années, 1860 environ, une *Société contre l'abus du tabac*, qui ne se fait pas faute de diriger ses attaques également contre l'usage. Le Dr Dujardin-Beaumetz en est un des plus fervents adeptes, pour citer une de nos notabilités médicales. Est-ce sur l'instigation de l'éminent praticien que l'Académie de Médecine de Paris, dans un rapport présenté en 1881, a déclaré que l'action nuisible du tabac est un fait acquis à la science?

Les ennemis de « l'herbe de Jean Nicot » parmi lesquels on peut compter, entre les écrivains modernes, Victor Hugo, Balzac, Michelet qui l'a flétri hygiéniquement et socialement dans plus d'une page, Barbey d'Aurevilly, Dumas fils, Tolstoï, l'accusent de porter à la paresse, à l'intempérance, aux maladies physiques et intellectuelles. Tolstoï, le plus passionné et le plus fougueux de ses adversaires, va même jusqu'à lui reprocher, comme aux alcools et aux narcotiques, d'endormir la conscience, d'étouffer les remords et d'être un agent de démoralisation.

De l'avis de certains aliénistes, le nombre de fous augmenterait avec le chiffre de sa consommation.

« L'habitude de fumer, disait Napoléon Ier, est un plaisir qui n'est bon qu'à désennuyer les fainéants. »

Par contre, ses amis — et ils sont en nombre, — lui reconnaissent le privilège d'exciter au travail, à la méditation et au rêve, au débrouillement des idées, d'être une distraction, une diversion aux ennuis.

« Je suis la pipe d'un auteur;
On voit, à contempler ma mine
D'Abyssienne ou de Cafrine,
Que mon maître est un grand fumeur.

Quand il est comblé de douleur,
Je fume comme la chaumine
Où se prépare la cuisine
Pour le retour du laboureur.

J'enlace et je berce son âme
Dans le réseau mobile et bleu
Qui monte de ma bouche en feu,

> Et je roule un puissant dictame
> Qui charme son cœur et guérit
> De ses fatigues son esprit. »

a dit le grand poète Baudelaire, dans un joli sonnet que nous ne résistons pas au plaisir de citer.

Aux armes poétiques et sentimentales, d'autres ajoutent les armes scientifiques, pour défendre leur narcotique préféré. C'est ainsi qu'un médecin italien, le professeur Tassinari, a consigné dans l'*Italia Termale* du 21 février 1893, les résultats de nombreuses expériences, d'où il conclut que la fumée du tabac est douée d'un pouvoir bactéricide très prononcé, spécialement contre le bacille du choléra asiatique; que cette action microbicide doit être, selon toute probabilité, attribuée aux produits empyrématiques de la nicotine; que dans les épidémies de choléra et de typhus, l'usage du tabac peut être utile; enfin que la fumée du tabac doit être sérieusement considérée comme un moyen prophylactique contre les affections microbiennes de la cavité buccale.

Il y a évidemment exagération manifeste de parti-pris, pour les besoins de leur cause, chez les adversaires du tabac. Certains sont allés jusqu'à lui demander compte de la dégénérescence et de la dépopulation de notre race. Pour un peu ils le chargeraient de tous les péchés d'Israël.

Impartialement on ne peut assimiler le tabac aux autres agents d'intoxication, vraiment nuisibles ceux-là, tels que morphine, éther, haschich, cocaïne, alcool etc...; si on peut lui reprocher, avec quelque apparence de raison, d'altérer la santé, on ne peut outrer jusqu'à dire qu'il la détruit complètement. Il n'égare pas la raison, n'anéantit pas la volonté. Il n'a jamais dégradé ni perverti personne. Sans s'en faire l'apologiste, on est fondé à déclarer que son usage, même prolongé, n'est pas incompatible avec les plus hautes facultés de l'intelligence et une vie longue et saine.

Certains membres de la Ligue contre le tabac, par l'excès, parfois le ridicule de leur zèle, finiraient par compromettre leur cause qui est des meilleures.

Une dernière observation sur ce sujet. L'influence nuisible du tabac porte sur presque tous les appareils, mais surtout sur les voies digestives. Si vous ne pouvez vaincre l'habitude de fumer, au cas où elle ne nuirait pas à votre santé, bien entendu, évitez de fumer peu de temps avant le repas, ni tout de suite après. Le travail de digestion n'étant pas encore fait, l'état de vacuité de l'estomac présente les conditions les plus favorables à l'absorption des éléments nocifs que contient la nicotine.

Dans les cas de santé débile, surtout d'affections gastriques, intestinales ou oculaires, l'abstention est de règle inflexible.

Quant aux excitants proprement dits, dont tant d'écrivains et d'artistes, aujourd'hui, sont tentés de faire usage pour parer aux déplorables conséquences du surmenage, c'est une question qui ne prête guère à controverse. Ici l'avis est unanime : c'est un arrêt de condamnation en forme contre eux. Les alcools de toute nature et de toute origine, la morphine, l'opium, le haschich, un temps mis à la mode par l'écrivain anglais Thomas de Quincey et Baudelaire, la cocaïne, l'éther, aujourd'hui malheureusement en vogue chez beaucoup de névropathes, doivent être impitoyablement proscrits.

Ils peuvent donner un coup de fouet à l'organisme fatigué, galvaniser passagèrement un cerveau débilité ou excédé par les excès du labeur ou du plaisir, mais qu'ils font payer d'une chère rançon ce mauvais service! A la surexcitation momentanée qu'ils procurent succède une dépression d'autant plus profonde que leur effet a été plus aigu et est plus souvent requis, jusqu'à ce qu'arrive rapidement et fatalement le jour de la déchéance finale, de l'effondrement physique et intellectuel complet, de la ruine totale du corps et de l'âme.

Ceux de nos lecteurs qui désireraient s'édifier sur les résultats, non pas même de l'abus mais seulement de l'usage de certaines de ces « drogues » n'ont qu'à lire les curieuses *Confessions d'un mangeur d'Opium* de Thomas de Quincey, les belles pages de Baudelaire sur le haschich, et surtout les ouvrages spéciaux de pathologie, entre autres celui du docteur Ball sur la *Morphinomanie*. Je leur recommande aussi les *Confessions d'un Cocaïnomane*, article paru dans la *Revue des Revues*. Pour être, toutefois, complètement impartial vis-à-vis des « paradis artificiels », ainsi que les a nommés Baudelaire, nous avouerons qu'on a tenté, très modérément, il est vrai, une quasi-réhabilitation du haschich. C'est M. Charles Limousin, qui, dans une causerie de son *Bulletin des Sommaires* (octobre 1891), prétend d'après son expérience personnelle et celle d'un de ses amis, pharmacien, que le haschich est un calomnié. « Les écrivains romantiques de l'époque de Louis-Philippe, dit-il, les Théophile Gautier, les Baudelaire, les Alexandre Dumas et autres, qui en ont parlé, l'ont présenté sous un jour inexact. Ils en ont fait un somnifère, un succédané de l'opium, un fabricateur de rêves, quand il n'est en réalité qu'un inébriant. Un inébriant qui a toutes sortes de supériorités sur le vulgaire vin et le grossier alcool, un inébriant aristocratique, qui monte à la tête *sans troubler l'estomac.*

Le haschich, qui est un extrait de la racine de chanvre indien (*canabis indica*), est un excitant qui accroît l'activité intellectuelle dans le sens où on a coutume de l'exercer. C'est ainsi qu'il porte M. Limousin vers les idées d'ésotérisme religieux.

Est-ce un mal, ou un vice que l'excitation artificielle? Que celui qui n'a jamais pris de café ou de thé pour s'empêcher de dormir, fumé une pipe ou une cigarette pour se débrouiller les idées, se lève. On dit : « Ce n'est pas naturel ». Est-ce que dans le choix que fait l'homme des aliments qu'il consomme, il ne se détermine pas pour des raisons d'influence : prenant de la viande parce qu'elle donne du muscle, du cresson parce qu'il épure le sang? Pourquoi donc la seule influence cérébrale serait-elle honnie?

L'excitation ne devient répréhensible que quand on en abuse, quand on la provoque avec des produits malfaisants, enfin quand elle dépasse la mesure de la simple excitation pour dégénérer en folie.

Soyons rationnels, ajoute M. Limousin, et disons que l'homme doit user de toutes les substances existant dans son ambiance qui peuvent avoir pour lui un effet utile, dans la mesure de leur utilité : de celles qui agissent sur le cerveau comme le café, le vin, l'alcool, le tabac et le haschich, aussi bien que de celles qui n'agissent que sur l'estomac et sur l'intestin.

M. Giraud — c'est le pharmacien, ami de M. Limousin, cité

plus haut — qui a fait et qui continue une étude patiente du haschich, arrive à une conclusion bizarre : « C'est, dit-il, une herbe de sélection. Il faut en permettre l'usage aux hommes ayant la conscience pure et l'interdire aux autres. Comme c'est un intensificateur de la pensée, il a un effet sublimant sur les premiers et une influence terrifiante sur les seconds, dont il fait éclater les remords endormis dans un coin du cerveau. »

Ce que je sais par expérience, dit M. Limousin, en terminant son ingénieux plaidoyer, c'est que le haschich est un dynamophore cérébral, un remède au surmenage ; ce que je sais aussi, c'est que pour cet excitant comme pour les autres il faut chercher l'accommodation personnelle, *en faire son serviteur et non devenir son esclave.*

Autant il y a du danger à se livrer inconsidérément au haschich, à côtoyer un abîme où l'on court grand risque de glisser, autant dans des conditions d'usage raisonné et conscient, il peut rendre d'excellents services. J'ai entendu parler de personnes guéries de l'hypocondrie ou de l'hébétude par un traitement au haschich, notamment d'un vieillard qui n'avait plus la moindre volonté et qui la retrouva au bout de six mois de médication canabienne.

A ces excitants de nature végétale, d'influence physiologique, on peut ajouter d'autres excitants d'influence plus purement psychique, tels que l'exercice des sens et des passions. Tout ce qui agit vivement sur les nerfs suscite incontinent l'émotion du cœur ; et ce dernier effet, né du premier, se joint à lui pour stimuler le cerveau et rendre l'esprit plus actif. Une vive lumière, des sons éclatants ou harmonieux, des saveurs agréables ou pénétrantes, les odeurs délicieuses, mais bien prodiguées des parfums, les frôlements de la peau, et même les souffrances, ces diverses impressions réveillent l'esprit et en ravivent les manifestations. Chacun connaît les effets du jour sur la pensée ; l'influence des breuvages alcoolisés et des aliments de haut goût, l'influence de la musique et du tonnerre, ne sont pas non plus récusables.

Il est des hommes constamment émus d'eux-mêmes, dont l'intelligence toujours active, toujours féconde, n'a nul besoin que rien d'extérieur l'invite à l'action. Ces êtres nés pour la pensée, recherchent avec empressement le silence, la solitude et l'obscurité. C'est loin du fracas des villes que leur esprit recueille ses inspirations et calcule sa puissance : c'est presque toujours loin des hommes que sont méditées les pensées qui les gouvernent; c'est dans la retraite, c'est dans la solitude des champs que le génie conquiert la renommée.

Le commun des hommes a besoin d'émotions suscitées pour penser : il leur faut une scène, un spectacle, un auditoire. On parle mieux quand la foule passionnée se presse pour écouter : on a plus d'éloquence au milieu du bruit et des assemblées publiques; les grands talents oratoires se forment dans l'agitation des révolutions et de la guerre; le roulement des tambours rend la voix plus puissante et plus accentuée.

De tous les bruits qui viennent surprendre l'homme qui médite, aucun ne l'influence autant que le son des cloches. Ce vif retentissement est toujours sûr de nous émouvoir, mais cette influence est toujours manifeste dans la retraite et dans le recueillement. Ce bruit solennel marque tous les événements de notre existence comme toutes les heures d'un jour : il semble nous transmettre tous les avertissements du ciel. Le temps paraît comme immobile, à n'envisager que l'insensible progression du cadran d'un édifice; mais écoutez ce balancier rapide qui ne fait grâce d'aucun élan, écoutez cette heure, que différents sons divisent en l'annonçant avec fracas. Silence! Voilà midi. A genoux! rendez grâce au ciel; demandez-lui de longs jours, des jours occupés et irréprochables. Vite (car le temps vole), remplissez de travail l'autre moitié de cette journée déjà à demi perdue. Vite, voilà la nuit; voilà la vieillesse et ses besoins. Vite, à l'étude; vite! au bonheur ou à la gloire, car voilà la mort et l'inéluctable oubli.

Parmi les excitants de l'esprit nous ne devons pas oublier les mouvements du corps : car si ce mouvement est modéré, partiel, momentané et sans fatigue, il stimule favorablement l'intelligence.

Mais le plus grand de tous les stimulants de l'esprit, c'est la jalousie, ennoblie ou cachée, sous les traits de l'émulation. Quand plusieurs hommes à la fois courent la même carrière, en y cherchant des distinctions ou de la renommée, cette concurrence produit l'illustration des rivaux, quelquefois la gloire, et quelquefois la ruine des nations, mais toujours le progrès des arts et des lumières. On va lentement, si l'on ne s'arrête, dans toute carrière où l'on n'a plus personne à atteindre ou à devancer. La plupart des hommes ne se préoccupent guère de la tâche pénible de surpasser d'illustres devanciers, alors qu'ils ont éclipsé leurs émules vivants. Mais toujours un grand homme fait surgir d'autres grands hommes ; jamais la gloire ne brille concentrée sur une seule tête dans tout un siècle. Les hommes supérieurs, ceux dont une noble ambition agrandit les pensées, vont toujours, deux par deux ou ensemble, ou immédiatement à la suite mais au niveau l'un de l'autre.

Mais l'émulation devient plus stimulante que jamais lorsque, outre les rivaux qu'il faut égaler, on a des ennemis à combattre ; lorsque le nom qu'on porte, d'autres l'ont déjà illustré ou jadis avili ; lorsque enfin, cherchant la gloire, on rencontre l'injustice ou la calomnie. On ne saurait croire, à moins que d'y avoir mûrement songé, combien il y a d'influences secrètes dans les ouvrages ou les actions d'éclat d'un homme supérieur.

Il n'est au reste aucune influence dont le génie ne sache tirer avantage, ne fût-ce qu'en luttant contre ses nuisibles impressions. Même le chagrin de l'exil et les horreurs du cachot n'arrêtent pas toujours l'essor d'une grande âme.

La pensée surtout excite la pensée. Nos propres inspirations nous remuent, nous agitent par des voies mystérieuses et nous transportent au Beau comme au Grand. L'action d'écrire, à mesure que les idées s'élèvent et mûrissent, fortifie manifestement l'intelligence. La plume agit sur le cerveau de même que l'acier sur le silex et produit l'étincelle du génie. Cependant, comme les moments d'inspiration ne sont ni arbitraires ni durables, les hommes qui ne donnent au soin d'écrire que les courts instants de leurs loisirs, n'ont ordinairement que des idées imparfaites et sans grandeur. L'art d'écrire supposant la science de la vérité, exige de l'assiduité et de la culture. Ce n'est pas assez de lui consacrer ces temps de langueur et de remplissage où l'âme a perdu de son ressort, et l'attention de sa puissance, le corps se trouvant accablé de fatigue. Il faut à l'esprit les plus belles heures du jour, et lui-même sait les choisir. La vocation d'auteur est un apostolat qui ne souffre ni tiédeur ni partage. Quoi ! Il n'est pas de profession, si vulgaire qu'on la suppose, qui n'exige impérieusement le sacrifice de tous les instants, et le plus sublime de tous les arts n'aurait que le rebut de la vie ?

Nous nous sommes étendus avec une certaine complaisance sur ce chapitre de l'hygiène. Quelques-uns de nos conseils pourraient même paraître puérils à beaucoup, car ils sont de l'hygiène la plus élémentaire, mais nous n'avons pas jugé trop oiseux de les répéter ici, vu l'ignorance ou la négligence, sur ces questions, d'un trop grand nombre de personnes, même des plus cultivées. L'hygiène, qui devrait être la plus populaire des sciences, et figurer au programme de toutes les classes d'enseignement, est malheureusement trop peu répandue. On se contente d'observer, par routine ou au hasard des malaises, quelques préceptes sanitaires vagues et généraux ; on dédaigne de faire une application méthodique et raisonnée des règles de l'hygiène scientifique, d'après une adaptation conforme à sa propre profession et à son propre tempérament. De là, souvent, l'origine première de tant de maladies qu'une sage prophylaxie aurait écartées. C'est pourquoi nous avons tenu à dégager, en les résumant, des traités généraux d'hygiène ou de quelques études, aujourd'hui enfouies dans les collections des revues et des journaux spéciaux, quelques-uns des préceptes les plus salutaires et particulièrement applicables, non seulement à l'homme de lettres, mais à tout l'homme astreint à la vie sédentaire du bureau, du cabinet de travail ou de l'atelier d'artiste, quel que soit son âge. Ces personnes, par les conditions matérielles mêmes de leur travail, ont l'avantage de pouvoir appliquer les règles de l'hygiène mieux et plus facilement que beaucoup d'autres. Qu'elles ne négligent donc pas de mettre à profit cet avantage, pour l'entretien de cette santé. Le corps est le temple de l'esprit, et comme disait Voltaire, « il est triste pour des dieux d'habiter les ruines ».

TROISIÈME PARTIE

LE THÉATRE

INTRODUCTION

Le Théâtre est une lanterne magique vers laquelle se tournent généralement les regards des gens de lettres. A sa flamme brillante ils volent, papillons légers, et trop souvent hélas, se brûlent les ailes.

Et c'est peut-être moins encore pour la gloire qu'il donne et la faveur dont on jouit grâce à lui, lorsqu'on est devenu un des maîtres du genre, que le théâtre attire tous ceux qui se sentent capables de tenir une plume. Il renferme aussi une importante question pécuniaire, qui n'est certes pas à dédaigner.

« Une pièce, dit M. Frédéric Loliée dans *Nos Gens de Lettres*, une pièce a-t-elle du succès, elle atteint facilement un quantum de cent cinquante représentations : l'auteur prend douze et quinze pour cent sur la recette brute. Puis ce sont les primes, la vente des billets d'auteur; celle du manuscrit, les droits à prélever sur l'étranger et la province. Enfin un beau total. Au reste elle peut être médiocre, » ajoute-t-il; — et cela explique le nombre considérable d'écrivains que l'éclat de la rampe vient chaque jour tenter. — « Elle a chance, si le public l'adopte, de fournir plus que le traitement d'un général de division. Qu'elle soit dans le ton du jour, et, plutôt que de lui nuire, sa médiocrité la servira. C'est l'opinion expressément fondée des meilleurs juges, continue-t-il avec une pointe de mélancolie. La littérature dramatique dont la génération actuelle fait ses délices est désastreusement inférieure à tous les autres genres, la critique et l'histoire comprises ».

Mais enfin cela suffit au public qui ne veut aller au spectacle que pour se délasser, se reposer des fatigues et des occupations de la journée. Il lui faut « du simple, du plaisant, DU DÉJA VU, des spectacles sur lesquels il ait à l'avance ses idées assises, ou qui distraient l'œil sans absorber l'imagination, qui fasse oublier le plus commodément possible les embarras de la vie pendant une heure ou deux »; ajoutez à cela : qui flatte ses goûts pervers comme les exhibitions sensuelles, et vous avez la note exacte de ce qui fait la joie du spectateur de notre époque.

Une besogne aussi facile n'est-elle pas en effet bien tentante? On conçoit aisément, comme l'explique M. Fréderic Loliée, que « le théâtre soit la passion des esprits poétiques ». Quel est le jeune littérateur, qui, dans les premiers temps de sa jeunesse, n'ait eu un grain de poésie au cœur? En effet « prêter une voix et donner un corps à ses pensées, franchir les rampes, gravir la scène, toucher, égayer ou meurtrir à son gré l'âme des foules, et surtout vivre familièrement avec les interprètes de ses conceptions : Quel beau rêve! » Qu'importe, s'il faut pour y arriver, flatter bassement les vulgaires passions de ce tyran capricieux qui se nomme le public. Que ne ferait-on pas dans le but de dompter ce tigre qui, bien que souvent débonnaire, fait de temps en temps sentir les pointes acérées de ses griffes!

Le Théâtre est donc une des grandes ambitions du littérarateur, parce qu'il peut devenir un jour pour lui une inépuisable source de revenus. Pour cette raison sa place est toute indiquée dans le *Manuel des Gens de Lettres*, dont il formera la troisième partie.

Notre travail actuel ayant pour objet de guider les premiers pas du jeune auteur dramatique, nous traiterons des qualités indispensables à l'auteur dramatique. Nous dirons, avec Alexandre Dumas fils, que « la première de ces qualités, la plus indispensable, celle qui commande et domine c'est la *logique*, — laquelle comprend le bon sens et la clarté ».

Puis, suivant les conseils que donne l'illustre auteur dramatique, dans ses *Remarques sur l'Art du Théâtre*, nous passerons en revue les autres qualités : « la *mise en saillie continuelle*, sous les yeux du spectateur, du côté de l'être ou de la chose pour ou contre lesquels on veut conclure; puis la *science des contre-parties*, c'est-à-dire des noirs, des ombres, des oppositions en un mot, qui constituent l'équilibre, l'ensemble, l'harmonie; puis la *connaissance des plans*, qui ne laisse pas s'en aller vers le fond la figure qui doit être en lumière, ni avancer dans la lumière les figures de demi-teinte; puis la *progression* mathématique, inexorable, fatale, qui multiplie la scène par la scène, l'événement par l'événement, l'acte par l'acte jusqu'au dénouement, lequel doit être le total et la preuve; enfin la *notion exacte de nos limites* qui nous interdit de faire notre tableau plus grand que notre cadre, car l'auteur dramatique qui a le plus à dire, doit dire tout de huit heures du soir à minuit, dont une heure d'entr'actes et de repos pour le spectateur.... »

Nous aborderons ensuite les graves questions du choix du sujet et des collaborateurs; nous essaierons d'apprendre au jeune auteur, en accumulant les citations des maîtres, comment se fait une pièce de théâtre. Notre Manuel lui servira de guide auprès des comités de lecture; le débutant y trouvera quelques indications pour la distribution des rôles, les répétitions, la mise en scène, la première représentation, les rapports à avoir avec les marchands de billets, le chef de cabale, etc. Grâce à notre Manuel (nous l'espérons du moins, et nos efforts se sont tournés vers ce but), il saura ce qu'il faut faire pour toucher ses droits d'auteurs, vendre ses billets de théâtre, traiter avec les agents dramatiques, obtenir ses entrées sur la scène, enfin tout ce qui concerne le métier qu'il va embrasser, métier dur et souvent pénible, s'il a parfois ses heures de triomphe et de joie, après ses longues périodes de travail et de lutte.

« Nous vivons, dit Monsieur P.-J. Barbier, dans la préface du 12e volume des *Annales du Théâtre et de la Musique* (1886), dans un temps où la part s'est faite à peu près égale entre les jeunes gens et leurs devanciers. Pourtant la poussée a été si vigoureuse que les rangs des anciens ont été rompus sur plus d'un point et qu'ils ont eu grand'peine à se maintenir à peu près dans leurs positions. Je ne parle pas des illustres, fortement retranchés dans d'inexpugnables citadelles, et armés de façon à pouvoir lever tribut sur le pays d'alentour : ceux que je veux dire sont les hobereaux de moindre importance, trop souvent obligés de défendre leurs modestes fiefs contre les batteurs d'estrade et les coureurs d'aventures.

« Pour sortir de la métaphore, disons qu'au théâtre la vie est plus dure aux vétérans qu'aux nouveaux. A ceux-ci on fait volontiers crédit; on exige tout de ceux-là. La jeunesse, c'est l'inconnu avec ses surprises, ses élans, ses épanouissements possibles. La vieillesse, c'est ce qui est ressassé, rebattu, usé jusqu'à la corde. Un souffle révolutionnaire semble vouloir faire table rase de toute expérience qualifiée de routine et l'on prétend imposer comme œuvre d'art des études dont il serait impossible de trouver les modèles, ou des incohérences qui parcourent toute l'échelle de l'insanité, depuis les servilités grossières jusqu'aux fantaisies impalpables. »

Ceci, tout en étant bien dur, ne manque point pourtant d'exactitude, bien que — le *Figaro* le fait observer lui-même — M. Barbier fût d'humeur morose quand il a pris la plume pour écrire cette préface. Comme M. Barbier prophétisait bien en 1886 ce qui se passe actuellement! Tout en constatant, avec le célèbre librettiste, l'indulgence, quelquefois et dans certains théâtres, promise tacitement aux jeunes, nous devons cependant, sans vouloir les décourager, attirer l'attention de ces commençants sur les déboires qui les attendent dans la carrière où ils se lancent avec toute la fougue de leur jeunesse.

Que les jeunes littérateurs, pour lesquels nous classons ces renseignements, lisent avec nous cette intéressante page, dûe à la plume de M. Loliée et la méditent avec soin.

« Mais si le théâtre est le moyen le plus prompt, le plus retentissant de la fortune littéraire, quand la place est conquise et l'autorité reconnue, en revanche, aux heures de stage, c'est le plus douloureux, le plus désespérant des exercices de la pensée, à cause de la stérilité des résultats. A première vue, les conditions actuelles paraissent essentiellement favorables aux tentatives dramatiques. Depuis une vingtaine d'années, grâce aux chemins de fer, au mouvement de l'industrie, grâce à l'essor inouï de l'aisance générale, la population a presque décuplé pour nos théâtres parisiens. En outre, la littérature scénique, comprise et pratiquée ainsi qu'elle l'est maintenant, n'aura jamais exigé moins de talent véritable et de labeur soutenu. Il n'y a pas longtemps le public réclamait encore d'une pièce de théâtre qu'elle fournît ensemble : une action intéressante, une intrigue fertile en péripéties singulières et en heureuses surprises. A présent, il se trouve assez satisfait, le plus ordinairement, si la mise en scène a servi de prétexte à des sujets de décorations bien caractéristiques. Qu'est-ce qui empêche donc de brusquer la fortune et de poser un pied hardi sur les planches? Rien, sinon qu'il existe une certaine règle de métier ainsi conçue : *Faire une pièce n'est que l'accessoire, la faire jouer est le principal.* »

L'objet de ce manuel sera donc d'indiquer aux jeunes auteurs les meilleurs procédés à suivre pour aborder avec une sécurité relative cette chose terrible qu'on appelle la scène. Puissent les pages qu'ils vont peut-être lire, guider sûrement leurs pas et remplacer pour eux, dans les commencements principalement, cette condition importante de réussite qu'ils ne pourront acquérir que plus tard, nous voulons parler de l'expérience théâtrale qui force les portes des directeurs et fait se presser, devant les bureaux de location, la foule mouvante des spectateurs, assoiffés d'applaudir la pièce si péniblement conçue et si laborieusement mise en scène!

CHAPITRE I

DES QUALITÉS INDISPENSABLES POUR ÊTRE UN BON AUTEUR.

Le don de la scène. — Étude des maîtres du théâtre que faisait Sardou avant ses débuts. — Opinion d'Alexandre Dumas sur le style. — Le fond et la forme. — De l'existence enfiévrée de l'homme de lettres. — De ses qualités physiques. — De la nécessité d'appartenir à un journal.

« Un homme sans aucune valeur comme penseur, comme moraliste, comme philosophe, comme écrivain, peut être un homme de premier ordre comme auteur dramatique, c'est-à-dire comme metteur en œuvre des mouvements purement extérieurs de l'homme ; et, d'un autre côté, pour être au théâtre un penseur, un moraliste, un philosophe, un écrivain que l'on écoute, il faut, indispensablement être muni des qualités particulières et naturelles de cet homme sans valeur sonnante. Bref pour être un maître dans cet art, il faut être un habile dans ce métier. »

Ces réflexions, qui commencent l'intéressant article d'Alexandre Dumas, auquel nous avons déjà fait un emprunt dans l'introduction, indiquent clairement que, si l'on veut s'occuper de théâtre, il faut posséder le *don* de la scène, sans lequel il n'y a aucune chance de réussite. Mais si, comme l'ajoute l'éminent écrivain « on ne peut jamais communiquer ces qualités naturelles à ceux qui ne les ont pas, rien n'est plus facile que de les reconnaître et les développer dans ceux qui les ont ».

Ces qualités, nous venons de les déterminer d'après Alexandre Dumas lui-même. Sans y revenir une seconde fois nous renverrons le lecteur à la page de l'introduction qui les mentionne.

C'est en les étudiant, en les méditant que l'on arrive à pouvoir techniquement établir un scénario logique, bien équilibré par le lest des développements ou épisodes.

C'est le travail auquel V. Sardou s'est livré, pendant de longues heures, ainsi qu'il l'a raconté lui-même à un journaliste venu l'interviewer : « J'étudiai, dit-il, le théâtre de Scribe
« afin d'apprendre le métier dramatique. Souvent la nuit, dans
« ma chambre sans feu, ayant diminué mon dîner pour ache-
« ter une bougie, je choisissais une pièce en trois actes de
« son répertoire, une pièce que je ne connaissais pas encore ;
« je lisais le premier acte seulement, et d'après l'exposition,
« j'établissais le scénario des deux autres..... j'étais satisfait
« de mon exercice d'écolier, lorsque, charpentant l'action
« d'après la logique, je me rencontrais à peu près avec
« M. Scribe. »

C'est ainsi que M. V. Sardou apprit à mettre en relief les figures principales de ses pièces, à leur opposer leurs contreparties, *à déterminer les divers plans*, à acquérir l'art de la progression, à savoir circonscrire son action dans les limites exactes.

Une condition fort importante aussi est le style. « Une
« œuvre dramatique, continue A. Dumas, doit être écrite
« comme si elle ne devait être que lue. La représentation
« n'est qu'une lecture par plusieurs personnes pour ceux qui
« ne veulent pas ou ne savent pas lire. C'est par ceux qui vont
« au théâtre que l'œuvre réussit, c'est par ceux qui n'y vont
« pas qu'elle s'affirme. Le spectateur la fait retentissante, le
« lecteur la fait durable.

« La pièce qu'on n'a pas envie de lire sans l'avoir vue ni de
« relire après l'avoir lue, est morte, eût-elle deux mille re-
« présentations de suite. Seulement il faut, pour que l'œuvre
« vive sans le secours de l'interprète, que le style de l'écri-
« vain ait su transporter sous les yeux du lecteur les soli-
« dités, les proportions, les formes, les tonalités que les specta-
« teurs applaudissent. » Il faut donc bannir avec soin *la recherche du style*, la préciosité, l'acrobatie des mots et des rimes,

sentiers superficiellement fleuris qui écartent de la route droite, font perdre l'orientation, égarent le spectateur d'une façon aussi futile qu'inutile : défaut dans lequel tombent la plupart de nos jeunes auteurs.

« La langue des plus grands écrivains n'est pour l'auteur « dramatique qu'un renseignement », continue Alexandre Dumas. « Elle ne lui apprend que de ces mots qu'il doit ex-« clure, dès le principe, de son vocabulaire, parce qu'ils « manquent du relief, de la vigueur, de la bonhomie, je dirai « presque de la trivialité nécessaire pour cette mise en action « de l'homme vrai sur ce terrain faux. »

Et l'exemple que choisit Alexandre Dumas lui paraît assez convaincant : « Le vocabulaire de Molière, conclut-il, est « assez restreint ; il emploie toujours les mêmes expressions : « il joue toute l'âme humaine en cinq octaves et demie. »

Nous ne voulons pas dire par là qu'il faille sacrifier la forme : il s'agit seulement de ne pas lui laisser prendre une place trop prépondérante dans le drame et empiéter par son maniérisme sur l'action théâtrale. Ce sont deux choses qu'il faut bien se garder de confondre. Alexandre Dumas le résume admirablement dans le passage suivant : « Ce n'est ja-« mais par la forme que l'on périt, c'est par le fond. La tra-« duction est la preuve de ce que j'avance. Tous les jours nous « admirons les écrivains étrangers dans des traductions qui « n'ont rien à envier au style de M. Scribe ; parce que la pen-« sée, étant forte et solide, surgit et se dessine à travers cette « forme incolore et molle, comme les hautes montagnes à « travers les brouillards du matin. Pensez comme Eschyle, « et écrivez comme M. Scribe : on ne vous en demande pas « davantage (1). »

Ce qu'affirme si éloquemment A. Dumas, c'est la vanité de la forme par rapport à la solidité du fond. Et ce qui causait l'indignation du puissant dramaturge, c'était le bagage d'outres remplies de vent dont se chargent inutilement beaucoup

---

(1) Étrange esthétique ! La pensée belle entraîne avec elle son expression : penser comme Eschyle et écrire comme Scribe, anomalie, monstruosité littéraire ! Si vous aviez la chance de penser comme Eschyle vous écririez comme lui, et si vous aviez le malheur d'écrire comme M. Scribe — il en est mort... millionnaire ! — vous penseriez comme lui !

d'écrivains dramatiques. Nous pouvons donc résumer exactement tout ceci en quelques mots : *Soignez la forme, mais jamais aux dépens de l'action.*

Une œuvre exécutée dans ces conditions ne restera jamais une non valeur.

Voici donc les principales qualités nécessaires à l'auteur dramatique pour conduire son travail à bonne fin. Mais il en est d'autres dont nos lecteurs comprendront toute l'utilité pratique. Ces qualités, il faut les avoir toutes : on n'est jamais assez parfait.

Un auteur dramatique doit se lever matin. Il n'a guère dans sa journée que trois ou quatre heures au plus à donner à son travail. Son existence peut se régler de cette manière. A dix heures il déjeune au café en attendant la répétition. A six heures il se rend au théâtre pour surveiller la composition du répertoire et obtenir du directeur qu'on lui mette une pièce au moins sur l'affiche. Les heures qui s'écoulent pendant le spectacle sont pour l'auteur le temps où se tient sa *bourse* : c'est dans les coulisses qu'il parle avec un confrère d'un plan de pièce, d'un projet de scénario, d'une idée de vaudeville, d'un sujet de comédie. Onze heures sonnent, et l'auteur doit rentrer chez lui pour être le lendemain à la besogne.

Enfin un auteur qui réunit toutes les qualités de son état doit être attaché à un journal et surtout avoir soit la critique dramatique qui lui permette de combler d'éloges ses confrères, soit le courrier des théâtres qui l'aidera, par le moyen d'habiles réclames, à gagner les bonnes grâces de telle ou telle étoile, ou l'amitié de tel ou tel artiste. Ce sera utile, surtout dans les commencements : dans la suite il n'en aura plus besoin. On verra bientôt de quelle prépondérance jouit auprès des administrations dramatiques un homme de lettres à la fois auteur et journaliste.

Le journal n'est pas un empêchement au théâtre, ainsi que l'affirment certains auteurs dramatiques, et en particulier M. Sardou. Si les jeunes écrivains paraissent délaisser le théâtre, la faute n'en est pas au journalisme comme il le prétend. Ceux qui sont véritablement auteurs dramatiques font du théâtre malgré tout. Citerai-je l'exemple de M. J. Lemaître et de M. H. Lavedan etc., qui écrivent, tout en faisant du théâtre, d'étincelantes chroniques ou des critiques remarquables. Quant à la réflexion qui termine la conversation de M. Sardou dans l'article auquel nous faisions allusion au commencement de ce chapitre, et qui caractérise la situation du critique et de l'auteur : « Je n'ai jamais fait imprimer un nom, dit-il à son interwiever, tandis que lui c'est son métier de parler de moi; » j'avoue ne pas saisir très bien la nuance, et si l'infériorité est pour l'un, elle me paraît être pour celui qui a besoin de quelqu'un pour qu'on parle de ses œuvres, de quelqu'un surtout qui n'a pas besoin d'un auteur dramatique pour faire imprimer son nom, vu qu'on peut le lire tous les jours au bas de son article de critique ou de son courrier théâtral.

Donc nous pouvons conclure qu'appartenir à un journal est pour un auteur dramatique une qualité indispensable de succès. On n'a, du reste, pour bien se pénétrer de la chose, qu'à calculer le nombre d'auteurs dramatiques qui sont journalistes en même temps.

CHAPITRE II

COMMENT SE FAIT UNE PIÈCE DE THÉATRE.

Une conférence de M. Dreyfus. — Comment A. Dumas, E. Labiche, Legouvé, Cadol, E. Gondinet, d'Ennery, C. Doucet, Th. de Banville, E. Zola, E. Pailleron, comprenaient la manière de faire une pièce et de quelle façon ils s'y prenaient.

Pour répondre à cette question deux moyens s'offrent tout d'abord. Le premier, c'est de consulter la célèbre *Dramaturgie* de Lessing et de relire avec attention les préfaces que Corneille, Racine, Molière et Beaumarchais ont écrites en tête de leurs chefs-d'œuvre immortels.

Mais ce n'est pas du théâtre classique que nous avons l'intention de parler dans ce chapitre; et le lecteur nous saura peut-être gré d'emprunter à une très intéressante conférence de M. Abraham Dreyfus les lettres que lui ont écrites, sur leur manière de travailler, les plus célèbres auteurs dramatiques de notre époque : Alexandre Dumas, V. Sardou, E. Labiche, Legouvé, Cadol, E. Gondinet, d'Ennery, etc., etc. Ce sera le second moyen.

M. Dreyfus avait une conférence à faire sur le sujet qui nous occupe. Il écrivit aux auteurs dont on vient de citer les noms : dans leurs réponses toujours spirituelles, parfois sérieuses, parfois enjouées, se trouve un excellent cours de théâtre moderne, qui, nous l'espérons, profitera aux lecteurs.

Prenons d'abord la lettre d'A. Dumas : « ... Si vous vou-
« lez que je sois très sincère, je vous avouerai que je ne sais
« pas comment on fait une pièce. Un jour, il y a longtemps
« de cela, je sortais à peine du collège, j'adressai la même
« question à mon père, il me répondit : « C'est bien simple;

« le premier acte clair, le second acte court, et de l'intérêt
« partout. »

« Le procédé est très simple en effet. Il ne reste plus qu'à
« s'en servir. C'est là que la difficulté commence. Celui à qui
« on le communique ressemble assez à un chat qui a trouvé
« une noisette. Il la retourne dans tous les sens, sous sa
« patte, parce qu'il sent quelque chose qui remue dans la
« coque. Mais il ne peut l'ouvrir. Autrement dit, il y a ceux
« qui savent faire une pièce de naissance (je ne dis pas que
« cela soit héréditaire), et puis il y a ceux qui ne le savent
« pas tout de suite, et ceux-là ne le sauront jamais. On est
« ou on n'est pas auteur dramatique : la volonté et le travail
« n'y peuvent rien, je crois que tous ceux à qui vous de-
« mandez comment il font des pièces, s'ils savent vraiment
« en faire, vous répondront qu'ils ne savent pas comment ils
« les font. C'est un peu comme si vous demandiez à Roméo
« comment il a fait pour être amoureux de Juliette et pour
« se faire aimer d'elle : il vous répondra qu'il ne le sait pas,
« et, que ça s'est fait tout seul... »

Assez évasive, la réponse de Dumas se résume à ceci :
Écrivez une pièce et vous verrez si vous avez véritablement le
don dramatique.

On peut toujours essayer ! Ce que disait dernièrement du
grand écrivain disparu M. Maurice Colrat dans son discours
de secrétaire sortant de la « Conférence » sera peut-être
plus instructif.

Pour M. Colrat, Dumas ne fut qu'une sorte de professeur
de sociologie pratique qui, étudiant l'amour comme le plus
important et le plus intéressant des sentiments humains, a
divisé son cours en trois leçons : Première leçon : L'amour
est un mal. Deuxième leçon : Le mariage en est le remède.
Troisième leçon : Il faut convenir que le remède est souvent
pire que le mal, puisqu'il y a des gens qui s'aiment en dehors
du mariage (*Le Fils naturel*), et d'autres qui arrivent à s'y
haïr. Conclusion : Le mariage est imparfait et à qui la faute ?
A la loi qui entretient l'adultère par l'indissolubilité du lien.
Desiderata : il nous faut le divorce et la recherche de la paternité.

Conclusion : Dumas n'a été qu'un « individualiste » sous couleur de sociologue altruiste. Il a cherché le bonheur de l'individu et de l'individu-exception alors qu'il faut surtout songer, comme Auguste Comte, à celui de l'humanité.

Il reproche à Dumas un double illogisme dans son *Fils naturel* : c'est d'abord de nous avoir représenté le fruit des amours qu'il réprouve comme un modèle de toutes les vertus, comme un favorisé de la Fortune, tableau immoral au premier chef ; c'est ensuite cette contradiction qui résulte tout entière de l'œuvre de Dumas : la terreur que lui inspire la femme en général, et, en même temps, le besoin de demander pour elle de nouvelles protections. Et, en juriste, l'orateur rappelle les graves inconvénients, les terribles abus qui s'opposent à la recherche de la paternité.

Passons maintenant à la lettre de Sardou :

« ..... Il n'y a pas qu'une façon de faire une pièce de théâtre
« et chacun a la sienne suivant son tempérament, sa nature
« d'esprit et sa méthode de travail. Si vous me demandez
« quelle est la mienne, je vous répondrai que cela ne se
« formule pas comme la recette du canard à la Rouennaise
« ou de la poularde au gros sel. Ce n'est pas cinquante lignes
« qu'il faudrait, mais deux ou trois cents et cela fait, je ne
« vous aurais encore dit que ma façon de travailler qui n'a
« rien de général et qui ne prétend pas être la meilleure.
« C'est celle qui m'est naturelle : voilà tout. Vous la trouverez
« du reste indiquée en partie dans la préface de *La Haine* et
« dans une lettre que j'ai écrite à La Pommeraye à propos
« de *Fedora*... S'il y a des règles et des règles invariables,
« précises, éternelles pour l'art dramatique, règles que les
« impuissants, les ignorants, les sots ou les fous sont seuls à
« méconnaître et dont ils sont les seuls à vouloir s'affran-
« chir, il n'y a pas d'autre méthode pour la conception et
« l'enfantement d'une pièce, que de savoir très exactement
« où l'on va et de prendre le meilleur chemin qui y conduit.
« Seulement les uns y vont à pied, les autres en voiture,
« ceux-ci en chemin de fer, X en cul-de-jatte, Hugo en ballon.
« Les uns restent en route, les autres dépassent le but. Tel
« roule dans un fossé, tel autre s'égare dans un chemin de

« traverse. Et en somme, celui-là va droit au but qui a le plus
« de bon sens. » Nous voilà un peu mieux fixés. Nous devons
savoir où nous allons, et prendre le meilleur de tous les
chemins qui nous y conduisent. C'est encore l'histoire du chat
et de la noisette. Essayons si autre part nous serons plus
heureux.

Voici maintenant du Labiche :

« Chacun fait selon son inspiration et son tempérament.
« Les uns chantent la note gaie ; les autres éprouvent plus de
« plaisir à faire pleurer.

« Quant à moi, voici comment je procède :

« Quand je n'ai pas d'idée, je ronge mes ongles et j'invoque
« la Providence.

« Quand j'ai une idée, j'invoque encore la Providence, mais
« avec moins de ferveur parce que je crois pouvoir me passer
« d'elle. C'est très humain mais très ingrat.

« J'ai donc une idée ou je pense en avoir une. Je prends
« une main de papier blanc, du papier de fil, je ne trouve
« rien sur un autre, et j'écris sur la première page : *Plan*.

« J'entends par plan la succession développée, scène par
« scène, de toute la pièce depuis le commencement jusqu'à
« la fin.

« Tant que l'on n'a pas la fin de sa pièce on n'a ni le com-
« mencement, ni le milieu. Ce travail est évidemment le plus
« laborieux : c'est la création, l'accouchement. Une fois mon
« plan fini je le reprends, et je demande à chaque scène à
« quoi elle sert, si elle prépare ou développe un caractère,
« une situation, enfin si elle fait marcher l'action. Une pièce
« est une bête à mille pattes qui doit toujours être en route.
« Si elle se ralentit, le public braille ; si elle s'arrête, il
« siffle. »

Notons en guise de conclusion : « Pour faire une pièce gaie,
« il faut avoir un bon estomac : la gaité est dans l'esto-
« mac. »

Notre étude fait des progrès incontestables. Nous savons
maintenant que chaque scène prépare ou développe un caractère ou une situation et qu'elle doit faire marcher l'action.
Donc toute scène qui ne remplit pas ces conditions est inutile,

et fût-elle terriblement dramatique, ou extraordinairement comique, nous devons sans pitié la retrancher : *non erat hic locus*.

Continuons à exploiter la mine précieuse que nous offre la spirituelle conférence de M. Dreyfus.

Au tour de M. Legouvé maintenant. « Vous me demandez, « écrit-il, comment se fait une pièce de théâtre : en com- « mençant par la fin... Jamais ni Scribe, ni Dumas père, ni « Dumas fils, ni Augier, ni Labiche, ni Sardou n'ont écrit « *Scène première* sans savoir ce qu'ils mettraient à la dernière. « Le point de départ pour eux n'est qu'un point d'interroga- « tion. Où nous mèneras-tu? lui disent-ils, et ils ne l'acceptent « que s'il les conduit à un point final ou à un point central « qui détermine toutes les étapes de la route, y compris la « première. »

Suit une charmante comparaison entre le roman et la pièce de théâtre, et dont nous ne voudrions pas priver nos lecteurs qui n'ont pas eu le plaisir d'assister à la conférence de M. Dreyfus.

« Le roman est un voyage en voiture. On fait des haltes, on « couche en route, on descend pour regarder un paysage, on « se détourne pour déjeuner à un joli endroit. Qu'importe au « voyageur! il n'est pas pressé; l'affaire pour lui n'est pas « d'arriver mais de s'amuser en flânant. Le vrai but c'est le « chemin.

« Une pièce de théâtre est un voyage en chemin de fer par « train rapide. Douze lieues à l'heure et de temps en temps « dix minutes d'arrêt pour les entr'actes. »

Cette comparaison peut aider ceux qui auront à tirer une pièce d'un roman, en leur indiquant les caractères différents de l'un et l'autre genre. En résumé, M. Legouvé ne voit que le but, le dénouement à atteindre. Cette façon de procéder n'est pas à dédaigner.

M. Camille Doucet, lui, est pour la mode du jour. « Pour les lettres et pour les arts, dit-il, il y a des courants irrésistibles. »

A certains points de vue la réflexion de M. Doucet ne nous paraît pas absolument exacte. Certes il est bon de respecte la mode du jour, mais il ne faut pas en faire l'objet unique de ses tendances. La mode est un ornement, un décor, un milieu, si nous osons nous exprimer ainsi. Le but de l'écrivain dramatique est d'être vrai, quel que soit justement ce milieu, et les grands artistes, quels que soient les oripeaux dont ils couvrent leurs personnages et le langage qu'ils leur font parler, doivent s'en tenir à cette vérité. C'est le cas de revenir à la lettre d'Alexandre Dumas dont nous avons omis à dessein une partie pour la remettre à cette place.

« En matière de drame ou de comédie, le public est partie
« intéressée, et se porte, pour ainsi dire, partie civile.

« La langue que nous parlons sur le théâtre, c'est celle qu'il
« parle tous les jours ; les sentiments que nous peignons, ce
« sont les siens : les personnages que nous faisons agir c'est
« lui-même dans des passions qui lui sont connues, dans des
« situations qui lui sont familières.

« ..... Dès que nous nous écartons, je ne dis pas de la vérité,
« mais de ce qui est la vérité, il ne nous écoute plus. Car au
« théâtre, comme dans le monde, dont le théâtre est la repré-
« sentation, il y a deux vérités : l'absolue, celle qui finit
« toujours par s'imposer, et puis, sinon la fausse, du moins la
« conventionnelle, celle qui est dans les habitudes, dans les
« mœurs, dans les nécessités sociales ; celle qui ne transige pas
« et se révolte, et celle qui s'accommode et se prête à la fai-
« blesse humaine, enfin celle d'Alceste et celle de Philinte.

« Ce n'est qu'en faisant toutes sortes de concessions à la
« seconde que nous pouvons arriver à conclure par la première.
« Le public comme les rois, les peuples et les femmes, n'aime
« pas qu'on lui dise la vérité, toute la vérité. Ajoutons bien
« vite qu'il a une excuse : c'est que cette vérité il ne la connaît
« pas : on la lui a rarement apprise. Aussi veut-il qu'on le
« flatte, qu'on le console, qu'on l'enlève à ses préoccupations
« et à ses misères, presque toutes nées de son ignorance,
« mais qu'il n'en considère pas moins comme les plus grandes
« et les plus imméritées qui soient, parce que ce sont les
« siennes.

« Ce n'est pas tout : par un effet d'optique très curieux, les
« spectateurs se voient toujours dans le personnage bon,

« tendre, généreux, héroïque que nous mettons en scène; et
« dans le personnage vicieux, ridicule, il ne voit jamais que
« ses voisins. Comment voulez-vous que la vérité que nous lui
« disons lui serve à quelque chose? »

Cela explique et complète ce que M. Camille Doucet entend par la mode. C'est cette seconde vérité qui change selon les conventions au bout de quelques années.

Ce qui est immuable, c'est le caractère humain. Une œuvre dramatique qui se contenterait d'être à la mode, de se servir de ce subterfuge pour réussir, serait aussi éphémère qu'elle. Les véritables œuvres, dignes de ce nom, sont celles qui réunissent à la fois ces deux conditions.

E. Gondinet agite la question de détail : « Je me suis long-
« temps imaginé, écrit-il dans sa lettre à M. Dreyfus, que
« les détails, s'ils sont ingénieux, doivent plaire au public
« autant qu'une intrigue, dont généralement on a le mot à la
« première scène. Je me trompais et j'en ai pâti plus d'une
« fois. »

Il est incontestable que le détail est le condiment de la pièce. Mais les détails ne doivent pas vaguer inconsciemment, comme ces papillons qui, après avoir fait en se poursuivant vingt fois le tour du jardin, se retrouvent sur la première fleur. Le plan logique est donc nécessaire : E. Gondinet, quand il l'oubliait, en a souvent pâti... c'est lui-même qui nous le dit.

Voyons un poète maintenant, Théodore de Banville, qui, dans la question de M. Dreyfus, trouve deux parties.

Première partie : « Comment faut-il s'y prendre pour com-
« poser une œuvre dramatique qui réussisse et fasse de
« l'argent? »

Deuxième partie : « Comment faut-il s'y prendre pour com-
« poser une œuvre qui soit belle et qui ait des chances d'être
« durable? »

A la première question, Théodore de Banville répond comme Dumas, dont il n'avait pas lu la lettre d'ailleurs :

« On n'en sait rien du tout. Car si on le savait, tous les
« théâtres feraient six mille francs tous les soirs. Cependant
« une pièce de théâtre a des chances de réussir et de faire de
« l'argent, si, lue à un autre naïf, elle l'a ému, amusé, fait

« rire ou fait pleurer : si elle trouve des comédiens qui la
« jouent dans son véritable esprit, et si à la représentation
« générale, le chef de claque n'y a rien vu qui accroche.

« Réponse au second point. Pour composer une œuvre dra-
« matique qui soit belle et durable, ayez du génie. Il n'y a pas
« d'autre procédé. En art le talent n'est rien, le génie seul
« existe. »

Comme Dumas fils, Théodore de Banville ne reconnaît que le génie qui crée sans causes connues parce qu'il est le génie; comme E. Gondinet, il est pour le charme du détail.

Retenons cependant son opinion sur l'impression du comédien et du chef de claque. Oui! mais alors il est peut-être un peu tard.....

Adolphe d'Ennery résume ainsi sa théorie : « Prenez un
« point de départ intéressant, un sujet ni trop neuf, ni trop
« vieux, ni trop banal, ni trop original, afin d'éviter de
« heurter ou les intelligences vulgaires ou bien les esprits
« délicats. »

En résumé, mettez-vous à la hauteur de votre public. Nous avons lu cela plus haut, traduit en d'autres termes. La recette d'Ennery doit être bonne puisqu'il a obtenu tant de succès en l'employant.

Un point pourtant reste obscur, M. Dreyfus le fait observer avec juste raison : « On est toujours exposé à pencher d'un
« côté ou de l'autre. Il faudrait pouvoir se tenir à égale dis-
« tance de ce qui est trop banal ou trop original. Comment?
« M. d'Ennery ne le dit pas! »

Ne pourrait-on s'en rendre compte en étudiant son théâtre?

Ne nous attardons pas à l'opinion d'Émile Zola, qui, en romancier, trouve le théâtre « rebutant avec sa cuisine, ses
« entraves, son besoin de succès immédiat et brutal, l'armée
« des collaborateurs qu'on doit y subir, depuis le premier rôle
« jusqu'au souffleur. » E. Zola trouve les pièces *trop faites*, vu que, dans les lettres, « la vérité est toujours en raison inverse
« de la construction ». Mais aussi E. Zola n'est pas un homme de théâtre, s'il est un admirable romancier.

Concluons cette enquête par la lettre de M. E. Pailleron.

A la question de M. Dreyfus, M. Pailleron répond : « En mon

« âme et conscience devant Dieu et devant les hommes, je
« vous réponds que je n'en sais rien, que vous n'en savez rien,
« que personne n'en sait rien, et l'auteur d'une pièce moins
« encore que personne. »

Et Pailleron avec beaucoup de verve et d'humour, cite les nombreux exemples d'écrivains dramatiques ayant eu vingt succès, qui écrivent une pièce à effets sûrs et qui tombe à plat à la première représentation.

« Je n'entends rien, ajoute E. Pailleron, ni le talent, ni
« l'habileté, ni l'expérience : ce sont, pour parler comme les
« philosophes, des facteurs importants. Mais dans quelles
« proportions concourent-ils au résultat? c'est là, je le repète,
« ce que tout le monde ignore, et l'auteur aussi bien que tout
« le monde. »

Dans ces conditions, il est assez difficile d'indiquer le moyen sûr de faire une bonne pièce.

Contentons-nous donc de résumer les différentes conditions de succès d'après les sources où nous avons puisé. Elles se trouvent toutes dans la première partie du chapitre précédent, condensées d'après l'article d'Alexandre Dumas fils : celui qui possède les qualités indispensables pour faire un auteur dramatique écrira des pièces qui auront du succès et qui seront bonnes.

Dans ce chapitre nous en avons fait la contre-partie, ce qu'on appellerait en arithmétique la preuve par neuf, le résultat a été le même. C'est ce que nous voulions démontrer.

CHAPITRE III

DES DIFFÉRENTS GENRES DRAMATIQUES.

Drame. — Tragédie. — Mystères. — Les drames célèbres. — Drame de cape et d'épée. — Drame fantastique. — Drame populaire. — Comédie. — Vaudeville. — Bouffonnerie. — Parodie. — Pièce. — Pièces à femmes, — à spectacles, — à tiroirs. — La Féerie. — L'A-Propos. — Le Fait historique. — Lever de rideau. — Du nombre d'actes. — Tableaux. — Apothéoses. — Les Pièces avec musique. — Opéra. — Opéra-Comique. — Monstres. — Drames lyriques. — Comédie lyrique. — Opérette. — Opéra bouffe. — Saynette. — Pantomime. — Ballet.

Bien que nous ne voulions pas remuer en ce chapitre les souvenirs anciens, à demi effacés, du collège, il nous paraît cependant utile de consacrer quelques lignes aux différents genres de pièces que le théâtre a créés depuis ses origines jusqu'à nos jours.

Le *drame* — Δραμα, proprement *action*, de δραν, faire — est, en termes généraux, la représentation d'une action quelconque. C'est ce mot qui a servi à caractériser le genre de littérature spécialement consacré au théâtre.

Actuellement il a pris une autre acception et se rapporte principalement à une catégorie particulière de pièces. Laissant de côté la *Tragédie*, son origine grecque ainsi que l'histoire des principaux tragiques grecs, latins, français et étrangers — car ceci n'est pas un cours de littérature — ne citant que pour mémoire les *Mystères*, qui sont le berceau de notre théâtre, nous allons dire quelques mots de ce genre de spectacle qui de nos jours a pris une si grande place sur nos scènes.

Aujourd'hui le drame tient le milieu entre la tragédie et

la comédie, c'est à dire qu'il participe des deux genres. Le premier drame français moderne commence avec le *Père de famille* de Diderot. Les bornes bien arrêtées du genre tragique et du genre comique, autrefois si respectées, n'existent plus actuellement pour nos auteurs. A côté des scènes poignantes ou terribles, le drame provoque l'éclat de rire par l'apport des acteurs bouffons qui passent à travers l'action, moins héroïque et devenue plus familière. Les personnages ne sont plus les demi-dieux de la tragédie antique. Ce sont des hommes qui accomplissent de grandes ou de petites choses, en parlant, en agissant comme dans la vie réelle. Le langage du drame est donc moins noble que celui de la tragédie. Qu'il se meuve dans un cadre du moyen âge, de la Renaissance, du dix-huitième siècle ou de nos jours, il emprunte à la comédie ses procédés d'intrigue, met à côté du héros un personnage comique, héros lui même souvent à sa manière, et qui sait dilater la rate, car on ne peut toujours pleurer. A ce point de vue, il se rapproche plus de la vie réelle qui n'est qu'un mélange hétéroclite de sanglots et d'éclats de rire.

Après Diderot, Sedaine fit jouer le *Philosophe sans le savoir*, Beaumarchais *la Mère coupable*, et Népomucène Lemercier *Pinto*. Ce n'était pas encore la formule moderne que Victor Hugo créa avec *Cromwell, Hernani, Marion Delorme, Le Roi s'amuse, Les Burgraves*, etc. A côté de lui Alexandre Dumas père achevait de fonder le drame moderne avec *Henri III et sa cour, Antony, Charles VII, Thérèse, la Tour de Nesle, Don Juan de Marana, Kean*, etc. Puis d'autres vinrent qui suivirent leurs traces, à plus ou moins de distance : ce furent Frédéric Soulié, A. de Vigny, Félicien Malefille, Félix Pyat, Léon Gozlan, Vacquerie et, pour arriver aux plus modernes, d'Ennery et Sardou qui sont aussi les plus célèbres.

On appelle *drame de cape et d'épée* celui qui met en scène les hommes du peuple portant la cape, et les seigneurs et chevaliers dont l'épée était le signe distinctif. Cette expression vient de l'ancien théâtre espagnol. Le *drame de cape et d'épée* fut mis en honneur par les romantiques.

Le *drame fantastique* est celui dont la donnée repose sur un fait surnaturel.

Il y a enfin le *drame populaire*, très à la mode de nos jours, qui met en lutte l'honnête ouvrier, l'homme du peuple au caractère courageux avec des bourgeois canailles et des criminels d'extraction noble. Ce drame est généralement très applaudi.

Comme la tragédie, la *comédie* nous vient des Grecs. Inutile de rappeler que ceux-ci la tenaient des Hindous par l'entremise des Égyptiens qui naviguaient sur la mer Rouge et l'Océan Indien. Si les Romains eurent de mauvais tragiques, ils comptèrent d'excellents auteurs comiques. A proprement parler, chez nous, la comédie commence avec Molière, se continue avec Regnard, après avoir tenté Corneille et Racine.

La comédie a pour but de dépeindre au naturel les mœurs des hommes afin de rendre ridicules leurs vices et de les en corriger.

En voilà une qui n'a pas du tout donné ce qu'on attendait d'elle. En effet personne ne veut se reconnaître, et ne trouve que les défauts du prochain. C'est une consolation.

Le caractère de la comédie actuelle réside dans son dénouement qui ne peut pas être sanglant. C'est souvent même la seule chose qui la distingue du drame qui se termine presque toujours par une effusion de sang.

Les principaux auteurs de comédies — remarquez que nous n'avons pas dit : auteurs comiques — sont pour notre siècle : Casimir Delavigne, Scribe, Alexandre Dumas, George Sand, E. Augier, A. Dumas fils, O. Feuillet, Th. Barrière, V. Sardou et bien d'autres encore dont chacun connaît les noms par cœur.

La comédie se divise en trois grandes catégories : *Comédie de mœurs; Comédie de caractère; Comédie d'intrigue*.

Les exemples célèbres sont sur lèvres de tous nos lecteurs. Nous nous dispenserons donc de les citer ici.

Boileau a pris la peine de nous apprendre que le Français, né malin, avait créé le *Vaudeville;* ce mot, corruption de l'expression *Vau-de-Vire* (chanson satirique ancienne) signifie maintenant une sorte de comédie mêlée de couplets. A vrai dire le vaudeville actuel n'a pas de couplets et la plupart du temps on intitule vaudeville une pièce comique de qualité inférieure, que, par un restant de pudeur, l'écrivain n'a pas osé appeler comédie.

La comédie blâme un vice : le vaudeville ne blâme rien du tout.

Le nombre des vaudevillistes est fort grand. Un seul nom les résume tous : Scribe.

L'origine du vaudeville se trouve assez intimement liée avec celle de l'Opéra comique dont nous aurons occasion de parler plus loin.

On appelle *Bouffonnerie* un genre de pièces empreintes d'une gaîté excessive et généralement par trop grosse. Il faut que cette pièce, qui semble avoir été conçue dans une maison de fous, soit interprétée par des acteurs charentonesques.

La *Parodie* contrefait d'une façon burlesque les situations tragiques d'un drame en les exagérant et les tourne en ridicule en prenant la contre-partie du sujet.

La parodie ne doit pas être méchante. Ne s'attaquant qu'aux œuvres importantes, elle en affirme le succès. Pour réussir, il faut qu'elle soit amusante, fine et spirituelle. Elle doit suivre de très près la pièce qu'elle imite.

Actuellement ce genre est tombé en désuétude. On ne fait plus de parodies, à moins qu'on n'appelle ainsi les imitations lointaines de pièces classiques, qui sont d'un grand secours aux auteurs sans idée qui transportent dans le monde moderne, et souvent dans un monde vulgaire, les péripéties d'un drame ou d'une comédie héroïque.

Un titre assez souvent employé actuellement est celui de *pièce*. La *pièce* n'est ni un drame ni une comédie, ni un vaudeville, ni une bouffonnerie, ni une parodie, etc., elle participe un peu de tous ces genres à la fois sans se rattacher à aucun. Quand un auteur a une idée qu'il ne sait lui-même dans quelle classification ranger, il la met en *pièce*, en essayant d'en accommoder les morceaux.

Ce n'est pas ici au terme générique, que l'on donne à toute œuvre représentée sur un théâtre, que nous voulons faire allusion. On appelle pièce une œuvre de théâtre à laquelle on ne peut donner aucun titre exact.

Il y a des pièces où l'on exhibe de belles filles dans un costume des plus sommaires — quelques-unes n'ont qu'un simple maillot. — On flatte ainsi les bas instincts du spectateur qui n'a pas besoin de se creuser la tête pour comprendre *l'éloquence de la chair*.

On fait circuler des nymphes dans des décors merveilleux et brillants. L'auteur n'a pas à se mettre en frais. L'esprit et l'art sont remplacés par de belles jambes et des poitrines opulentes.

On appelle ce genre de littérature spécial *pièces à femmes* et *à spectacles*. Nous allons en parler tout à l'heure sous le titre de *féerie*, mais auparavant signalons les *pièces à tiroir* dont l'intrigue est nulle, et qui sont écrites spécialement en vue d'un artiste, afin de montrer la souplesse de son talent en le faisant paraître sous divers costumes de personnages ayant des caractères différents.

Quelle chose délicieuse serait la *Féerie* si elle était écrite par les véritables poètes, laissant leur imagination, leur fantaisie, leur caprice évoquer les scènes fantastiques où le plaisir des yeux se doublerait du charme de l'esprit. Ce n'est malheureusement pas ce qui arrive. La féerie est une pièce à grand spectacle et à femmes, où le décor remplace l'intrigue, les trucs le dialogue, où le seul génie que l'on trouve est *celui* des Eaux ou des Bois, représenté par une belle jeune fille presque nue.

« Les représentations d'une féerie exigeant un théâtre
« vaste et particulièrement machiné, ce genre de pièce ne se
« joue que sur un petit nombre de scènes, où les changements
« à vue, les trucs, les travestissements, les apothéoses puis-
« sent se produire avec facilité. En première ligne, parmi ces
« théâtres, se trouve le Châtelet qui a été construit et aménagé
« spécialement à cet effet, comme étant le successeur direct
« de l'Ancien Cirque Olympique du Boulevard du Temple;
« viennent ensuite la Porte Saint-Martin et la Gaîté, qui, l'un
« et l'autre, sont aussi très bien machinés et de façon à jouer
« les pièces à plus grand spectacle possible. Quant aux autres
« théâtres, ce n'est que par exception qu'on voit parfois l'un
« d'entre eux se livrer à un essai plus ou moins timide dans
« un domaine qui n'est pas le leur et qui ne saurait leur appar-
« tenir sérieusement. » (Arthur Pougin, *Dictionnaire du Théâtre*).

Rappelons en passant les titres des principales féeries qui pendant ces cinquante dernières années ont fait courir le public, petit et grand, pour admirer les merveilles de leur mise en scène. Ce sont le *Pied de Mouton*, les *Pilules du Diable*, *la Biche au bois*, les *Sept Châteaux du Diable*, *les Sept Merveilles du Monde*, le *Chat Botté*, *la Chatte Blanche*, les *Bibelots du Diable*, *les Mille et une nuits*, *Rothomago*, *Riquet à la houppe*, *Cendrillon*, *Peau d'âne*, *la Poule aux œufs d'or*, etc.

On appelle *A propos* une sorte de pièce de peu de dimension, généralement inspirée par un fait récent capable de soulever la satisfaction publique. Ce genre est assez ancien, on en trouve des exemples dans le théâtre de la seconde moitié du dix-septième siècle. C'est surtout pendant la Révolution que ce genre atteint son apogée. A cette époque les *à propos* prirent le nom de *faits historiques*. Les titres que nous allons citer donneront une idée assez exacte de cette sorte de littérature théâtrale, voici les principaux : *Le Suisse de Châteauvieux*, *la Journée de Varennes*, *le Général Custine à Spire*, *la Mort de Beaurepaire* représentés en 1791 ; *le Siège de Lille* (1792), *Le Pelletier de Saint-Fargeau* (1793).

De nos jours les grands drames qui se déroulent à la cour d'assises tentent parfois nos dramatiques. Cependant le fait est assez rare quoiqu'il y ait là une source assez féconde en sujets pour les auteurs un peu à court d'inspiration, et avides d'actualité.

On donne le nom de *lever de rideau* à de petites pièces en un acte, destinées à être jouées avant la pièce principale, probablement afin que les spectateurs des places inférieures (qu'on appelle ainsi sans doute parce qu'elles sont situées très haut) en aient pour leur argent, et pour permettre au public élégant de prendre tranquillement son café et de fumer en paix son cigare. Le lever de rideau n'est pas, ainsi qu'on pourrait le croire, destiné à permettre aux jeunes auteurs de faire leurs débuts. Dans la plupart des théâtres de genre, le lever de rideau est le plus souvent écrit par l'auteur de la grande pièce, ce qui lui permet de toucher la totalité des droits d'auteurs. On appelle ceci de la bonne confraternité.

Encore une illusion qui s'envole !

La plus grande partie de ces pièces, sauf le vaudeville, et la bouffonnerie, sont écrites aussi bien en vers qu'en prose.

Quand nous disons aussi bien, ce n'est peut-être pas très juste. En cette époque où l'on aime l'ouvrage facile, les auteurs qui écrivent en vers sont rares, en dehors de la Comédie Française et de l'Odéon. Il y a cependant quelques exceptions, mais nous le répétons, elles ne sont pas fréquentes.

Toutes ces pièces ont de un à cinq actes, à l'exception du *lever de rideau* et de l'*à propos* qui n'en ont qu'un. Certaines en ont davantage. Mais il est rare que l'on dépasse le nombre de cinq actes. Actuellement, selon les besoins, on divise les actes en *tableaux*. On nomme ainsi la division matérielle en fragments plus ou moins longs qui nécessitent chaque fois un changement de décor. Certaines féeries ou pièces à spectacles ont jusqu'à trente tableaux. Le tableau final s'appelle *apothéose*. Il y en a généralement un à la fin de chaque acte. L'auteur laisse le plus souvent, pour ce dernier tableau, la parole au metteur en scène, au décorateur, au costumier, à l'électricien. Dans les apothéoses, il convient de s'occuper beaucoup plus des yeux du spectateur que de ses oreilles. Et le public charmé accueille la scène finale par des applaudissements qui rejaillissent sur la pièce entière ; l'apothéose a donc du bon.

Il nous faut aussi dire quelques mots des pièces chantées, dans lesquelles la musique prend une place importante, bien que l'auteur ait aussi sa grande part de travail.

Mettons en premier lieu l'*Opéra*, dont le sujet tragique, entièrement commenté par la musique, se divise en *airs, duos, trios, quatuors, quintettes, sextuors, septuors, chœurs* et *grands ensembles*. L'Opéra doit être écrit en vers libres, et quelquefois en alexandrins pour les récitatifs ; pour les airs et les duos, le rythme admis, quel que soit son mètre, doit être conservé pour le même morceau. La besogne du poète (?) est simplifiée par l'emploi des *monstres* que lui fournit le compositeur. On appelle ainsi la coupe rythmique composée de mots sans suite et sans aucun sens qui donnent à l'auteur l'allure de la mélodie, et qu'il doit remplacer par des vers ou plus exactement par des bouts rimés.

L'Opéra est entièrement chanté du commencement à la fin. C'est en cela qu'il se distingue surtout de *l'Opéra comique* dont le sujet peut être aussi dramatique, mais dont les morceaux de musique sont réunis les uns aux autres par des dialogues *parlés*. L'Opéra comique comprend aussi les personnages bouffons qui reposent des larmes par le rire.

Actuellement l'Opéra et l'Opéra comique tendent à disparaître dans la forme qu'ils avaient il y a trente ans. Ils sont remplacés par le *drame* et la *comédie lyriques*. Les anciennes dénominations ne sont plus actuellement employées par certains compositeurs qu'avec dédain. Dans le drame et la comédie lyriques, il n'y a plus ni duos, ni trios, ni airs, ni couplets, ni cavatines, mais seulement des scènes ou, pour être plus exact, les formes bien arrêtées de ces différents morceaux ont disparu pour laisser place à ce qu'on nomme plus logiquement *scènes*. Le drame lyrique comme la comédie lyrique sont généralement écrits en vers libres, bien qu'on en ait composé aussi en alexandrins et même en prose. La comédie lyrique diffère du drame en ce sens qu'elle ne doit jamais se terminer par effusion de sang.

L'*Opérette* dont le règne, triomphant pendant de longues années, semble à présent à son déclin, est d'origine assez ancienne. « Ce mot, dit Castil Blaze, a été, dit-on forgé par Mozart,
« pour désigner ces avortons dramatiques, ces compositions
« en miniature, dans lesquelles on ne peut trouver que de
« froides chansons et des couplets de vaudeville. *Les Chasseurs*
« *et la Laitière, le Secret, l'Opéra comique, les Petits Savoyards*
« etc. sont des opérettes. Mozart disait qu'un musicien bien
« constitué pourrait composer deux ou trois ouvrages de cette
« force entre son déjeuner et son dîner. »

L'Opérette, qui jadis ne comportait qu'un seul acte, a augmenté bientôt ses dimensions. Elle est généralement en trois actes, et comprend dans sa note bouffonne un cadre assez important pour faire mouvoir une action compliquée dont le principal caractère est l'*imbroglio*.

On peut dire que pour le moment l'*Opérette Louis XV* est passée de mode ; on revient à l'Opérette moderne, dont quelques-unes ont eu une certaine célébrité. Les grandes opérettes ont porté quelquefois le nom d'*Opéras Bouffes;* les musiciens les ont parfois intitulées *Opéras comiques*. C'est ce dernier titre qui semble le mieux leur convenir depuis que la musique sérieuse se cantonne dans le Drame et la Comédie lyrique.

L'opérette bien comprise peut se dire la véritable continuatrice de la comédie à ariettes, bien que le plus souvent elle ne soit pas autre chose qu'un gros vaudeville dans lequel le pontneuf ancien a été remplacé par des airs nouveaux plus prétentieux et d'une moindre valeur.

Ce qu'on demande surtout à l'opérette c'est la gaîté, et même la folie, mais la folie spirituelle, bien que le genre charentonesque inauguré par Hervé ait eu son heure de succès. Comme coupe, pour l'auteur du livret, elle se rapproche de l'Opéra comique.

Enfin on appelle *Saynète* une petite scène à un ou deux personnages avec couplets et duos, dont l'importance, musicalement parlant, est fort minime.

Il nous reste encore à parler de deux espèces d'œuvres théâtrales, qui, bien que n'étant ni parlées ni chantées, ont pour point de départ un scénario composé généralement par un auteur dramatique : la *Pantomime* et le *Ballet*.

La *Pantomime* est d'origine très ancienne. Sous Auguste, à Rome, il y avait des acteurs qui représentaient leurs personnages par le moyen de la danse et de la pantomime, par les gestes et l'expression de la figure sans le secours de la voix. Ce genre gracieux s'est continué de nos jours. Bien que n'ayant pas de théâtre attitré, comme autrefois les Funambules, la pantomime trouve bon accueil sur certaines de nos scènes de genre. L'auteur écrit dans son scenario le canevas de chaque scène et les acteurs interprètent les péripéties de la situation à l'aide de leurs gestes et de leur mimique.

Le *Ballet*, dit Compan, est une action théâtrale qui se représente par la danse guidée par la musique. Le Ballet a été une des premières formes de notre art lyrique. Aujourd'hui il a conservé une certaine importance. L'Opéra a représenté des Ballets dramatiques remplis d'intérêt. L'auteur, comme pour la pantomime, écrit un scénario, que le musicien développe en musique et que l'interprète exécute par sa danse ou ses gestes. Presque tous les opéras ont des ballets; certains opéras comiques en possèdent; on les intercale dans les pièces à spectacles, les opérettes, les revues. Mais on écrit aussi des ballets qui renferment en eux-mêmes toute l'action. Il est bon, quand on fait représenter un ballet, d'exprimer à côté du programme un court résumé du scénario. Auprès du public cela facilite beaucoup la compréhension de l'œuvre.

Nous avons ainsi passé en revue les différents genres de pièces de théâtre en usage de nos jours. Le but de ce chapitre n'étant pas d'apprendre à nos lecteurs la manière de faire ces pièces, ce qui, du reste, demanderait plusieurs volumes, nous ne sommes entrés dans aucun détail inutile. Nous nous sommes contentés de rappeler la nomenclature des œuvres dramatiques. Chacun y trouvera le genre qui lui convient, selon ses goûts particuliers, et ses tendances personnelles.

Pour être absolument complet, il nous faudrait encore parler de la *Revue*, dont l'importance semble chaque jour s'accroître. Chaque théâtre a sa revue de fin d'année. Chaque cercle, chaque salon même veut avoir la sienne. Devant une telle abondance de matière nous avons cru bien faire en consacrant à la *Revue* un chapitre spécial que l'on trouvera à la fin de l'ouvrage.

CHAPITRE IV

DU CHOIX DU SUJET.

Importance du choix du sujet à traiter. — Comment chercher un sujet de pièce. — Le côté psychologique du sujet. — Les pièces à thèse. — Le procédé dramatique de V. Hugo. — Une opinion d'Aurélien Scholl. — De l'utilité d'avoir une bibliothèque. — De l'indiscrétion avantage pour les uns, inconvénient pour les autres. — Un proverbe utile. — L'Art nouveau. — Opinions diverses.

Le choix du sujet à traiter est chose fort importante. Un sujet déplaisant peut faire échouer une pièce même très bien faite. Car, ainsi que nous l'a démontré Alexandre Dumas, au théâtre le fond prime la forme, et la forme la plus parfaite n'est que chose vaine sans un sujet rempli d'intérêt, soit en lui-même soit par les épisodes qu'il développe.

Abordons maintenant cette question délicate du fond du sujet.

Ce n'est pas toujours une imagination féconde, une idée heureuse, une inspiration due au hasard qui décide un auteur dans le choix du sujet qu'il met à la scène. Depuis que l'on fait du théâtre, tout semble épuisé, et à l'heure qu'il est, on rencontre peu de sujets de pure invention. Une anecdote racontée dans un café, ou dans les coulisses, une aventure mondaine, un événement public, voilà ce qui alimente le plus souvent la verve des auteurs.

Et que doivent faire les bons auteurs, sinon s'inspirer de leur existence propre ou de celle de leurs contemporains. La vie n'a-t-elle pas quelquefois des coups de théâtre si invraisemblables qu'il faut dire : « On mettrait cela à la scène que l'on ne voudrait pas y croire... et cependant nous en avons été les témoins ? »

Edmond de Goncourt nous en cite un exemple que nous choisissons entre mille.

« J'avais, dit l'auteur d'*Henriette Maréchal*, un cousin qui
« devint amoureux d'une jeune fille du monde. Ce cousin avait
« une jeunesse un peu *noceuse*, était joueur... il fut refusé par
« les parents de la jeune fille. Mon cousin demeurait le cœur
« très pris. Il se passait un an, dix-huit mois, au bout des-
« quels il lui arrivait un accident de voiture dans le voisinage
« du château de celle qu'il aimait. Il y était recueilli, soigné, et
« devenait le mari de la jeune fille. C'est ce souvenir qui nous
« a donné, à mon frère et à moi l'idée de transporter Paul
« de Breville, blessé, chez madame Maréchal. »

Et l'auteur, développant sa pensée dans ce sens, continue
« ainsi : « Ah ! vraiment on me fait un crime de bien des
« choses, *de choses que me donne en spectacle, tous les jours, la
« vie du monde*. Par exemple on trouve tout à fait invraisem-
« blable ce coup de cœur d'un tout jeune homme pour une
« femme de trente-quatre à trente-cinq ans. Savez-vous que
« chez tous les jeunes gens que j'ai connus, le premier amour
« effectif qui n'a pas été à une fille ou à une femme de cham-
« bre, je l'ai vu toujours aller à des femmes de la société,
« toujours plus âgées que madame Maréchal, presque tou-
« jours à de sérieuses marraines de chérubin. »

Mais à côté de l'événement banal ou du quiproquo, gloire immortelle du vaudeville, se rencontre aussi quelque chose de plus haut. On peut faire une pièce pour dire que Roméo a été aimé par Juliette, ou qu'Othello a été trompé par Desdemona. Pourquoi n'en ferait-on pas pour expliquer la raison de l'amour ou de la trahison ? Un amant peut épouser sa maîtresse, un homme de cœur une fille séduite, mais restée honnête. Ce ne sont pas choses aussi rares qu'on voudrait bien le dire. Raconter le fait peut être amusant, l'expliquer a aussi sa raison d'être, et ceci nous conduit naturellement à traiter la question des pièces à thèse, mises en honneur par le talent solide d'Alexandre Dumas.

La pièce à thèse a trouvé ses détracteurs, comme elle a rencontré des esprits sérieux pour la défendre et proclamer son utilité.

« Il est d'assez bon goût dans un certain monde de rire des « pièces à thèse », dit Ernest Hello, dans un article intitulé *L'idée dans le drame*, « c'est exactement comme si l'on « riait d'un homme parce qu'il parle pour dire quelque chose. « Le Théâtre est une parole, et une parole très retentissante. « Pourquoi donc ce porte-voix parlerait-il pour ne rien « dire ? Pourquoi donc l'homme qui a une pensée et qui dis-« pose du théâtre ne mettrait-il pas son instrument au service « de son idée ?

« Est-ce que par hasard le théâtre serait tout simplement « une exhibition de décors et de costumes, de décors brillants « et de costumes légers ? »

Pour beaucoup, nous le reconnaissons, le théâtre n'est pas autre chose. C'est un peu la faute du public qui n'aime que les spectacles *à figuration*. Mais il est des spectateurs lettrés qui comprennent les auteurs sérieux et nous sommes bien forcés d'admettre, avec E. Hello, « que le théâtre qui est une parole « est au-dessus, et mille fois au-dessus, du théâtre qui n'est « qu'un jeu ».

L'auteur de l'article à qui nous empruntons ces citations fait pourtant une restriction, « il est clair qu'une thèse lourdement « plaidée serait plus lourde au théâtre que partout ailleurs. « Mais de tous les dangers de ce monde, et il y en a beaucoup, « c'est précisément celui qui nous menace le moins. »

Voici donc la question de la pièce à thèse assez clairement exposée pour que nos jeunes auteurs dramatiques, qui se sentiraient quelque inclination pour le genre, n'oublient pas qu'ils ont en elle une source dont ils ne doivent pas faire absolument fi.

Ces indications données pour la recherche du sujet, arrivons maintenant aux moyens de mettre en œuvre l'idée trouvée. Pour cela nous allons étudier le procédé dramatique du plus génial peut-être de tous les écrivains du siècle : nous avons nommé Victor Hugo.

« Les admirables drames de Victor Hugo sont tous très va-« riés comme sujet, mais très uniformes au point de vue d'un « procédé que nous allons signaler.

« Dans tous les drames du maître il y a un personnage qui
« change de nom et de qualité, et ce changement fait toute la
« pièce... »

Ce procédé a été tellement employé depuis qu'il peut encore servir : le difficile c'est de savoir l'employer à propos.

Il est bien entendu que nous indiquons ici ce que nous considérons comme les meilleures façons d'agir en matière théâtrale. Il faut que l'écrivain dramatique laisse la plus grande liberté à son initiative personnelle et à sa nature.

Apprendre à faire une pièce d'après un modèle donné, est, à notre avis, la chose la plus néfaste possible. Indiquer les procédés à suivre peut être excellent, si l'on ne s'en sert que comme indication en ayant bien soin de laisser la personnalité de chacun se développer à loisir.

Aurélien Scholl l'a dit avec beaucoup de justesse : « Ce qui
« donne l'air vieillot à toutes les productions théâtrales du
« jour c'est qu'elles sont coulées dans le même moule. On
« apprend à faire du théâtre comme l'on apprend à sculpter
« du bois. »

C'est pourquoi nous éviterons avec soin de tracer le plan d'une *pièce modèle*, à la façon des fermes du même nom, ne voulant pas, d'après le conseil d'Aurélien Scholl, apprendre la manière de transformer les bûches de chauffage en inutiles et grotesques statues.

Examinons maintenant un autre moyen, moins légitime peut-être — un *manuel* doit hélas! tout dire — d'offrir à la paresse de nos auteurs une mine féconde qu'ils exploiteront sans beaucoup d'efforts. On a une pièce à écrire; on n'a pas d'idée, on ne sait quoi dire : il y a un procédé très simple, c'est de consulter la collection des théâtres étrangers que chaque auteur doit avoir dans sa bibliothèque. Avec le recueil de Ladvocat et les proverbes de Théodore Leclerc, un auteur aujourd'hui peut arriver à se composer un répertoire de douze pièces par an.

Un auteur qui entend son métier doit donc composer sa bibliothèque de toutes les pièces étrangères et même de toutes celles de l'ancien répertoire de la Comédie Française.

L'imitation, ce qu'on appelle en terme de métier la pièce à

côté ou de circonstance, fournit encore matière à idée. Qu'un théâtre d'un ordre supérieur donne une tragédie ou un opéra, les pourvoyeurs de nos petits théâtres brochent aussitôt l'imitation ou la *parodie*. Au terme des règlements dramatiques, c'est un sûr moyen d'obtenir un *tour de faveur*. Si la pièce ne prête pas au travestissement ou si elle a subi une chute, un auteur adroit peut encore user de la circonstance en faisant une revue où la pièce sifflée ne fournira qu'une scène oiseuse et parasite et où la *pièce de circonstance* prend alors sa place comme pièce de fond. Voilà le fin du métier : et les confrères inscrits à leur ordre de numéros successifs n'ont pas le droit de se plaindre, et se promettent de profiter de la leçon à la première occasion.

L'indiscrétion de quelques écrivains ou le désir de parler de son ouvrage a fourni à plus d'un auteur le sujet de sa pièce. Dans ce cas, pour éviter l'accusation toujours offensante de plagiat, il faut avoir soin d'annoncer tout de suite dans un journal que *l'on apprend*, que *l'on a entendu dire* que tel théâtre allait donner tel ouvrage et que pour éviter tout soupçon d'imitation ou de brigandage littéraire, on se hâte de prendre date pour l'ouvrage que l'on fait sous le *même titre*.

Les deux pièces se jouent ; l'identité la plus parfaite est signalée, mais la réclamation est là, et le vieux proverbe bien connu : *les gens d'esprit se rencontrent* (et surtout sa seconde partie) est la meilleure réponse à toutes les objections qui pourraient s'élever sur les cas de similitudes des deux ouvrages.

N'insistons pas plus longtemps sur ces procédés vilains et peu propres que nous avons mentionnés, dans le seul but de mettre en garde les débutants contre l'extrême friponnerie de quelques-uns, et arrivons à une théorie plus intéressante appelée peut être à renover le théâtre : nous voulons parler de l'*Art Nouveau*.

L'art nouveau qui part d'un excellent principe peut commettre encore de grossières erreurs dans ses tâtonnements indécis. La question de l'art nouveau est dans l'air ambiant et nous ne pouvons la passer sous silence.

D'abord une tendance irraisonnée pousse les auteurs, et le public à leur suite, vers quelque chose d'inconnu, d'*invu*, si nous osons employer ce néologisme. Aurélien Scholl résume assez bien la question.

« La nature, dit-il, n'a que quatre saisons, des intermittences
« de pluie et de soleil, de chaud, de froid et avec ces minces
« ressources elle offre à l'homme un spectacle toujours nou-
« veau. Le théâtre dispose de sept péchés capitaux et de trois
« vertus théologales ; il a la haine, l'amour avec toutes ses
« variétés, l'égoïsme et la vanité ; il a sous la main tout ce qui
« peut faire rire ou pleurer des primates assemblés, et l'on se
« plaint avec raison de la répétition fatigante des mêmes scènes
« amenées par les mêmes moyens et cousues avec les mêmes
« ficelles. »

« Le drame de convention qui faisait pleurer nos pères, a
« dit son dernier mot. Le public ne croit plus à la chambre
« des poisons, pas plus qu'au bouquet qui endort la comtesse
« et la prépare adroitement à subir le dernier outrage. »

Henri Fouquier constate à peu près la même chose. « Per-
« sonne n'ignore que tout en ayant nos heures où nous
« sommes parfaitement révolutionnaires, parfois même
« comme si nous l'étions pour le seul plaisir de l'être, nous
« sommes d'ordinaire, même dans les choses de l'esprit, par-
« faitement conservateurs. Cette habitude de traditionalisme a
« longtemps été la règle du théâtre. On variait, autant que
« possible, l'action dans les drames et les comédies. Mais les
« personnages restaient immuables. Ils étaient rangés, comme
« des mannequins étiquetés, dans les armoires des théâtres
« avec leurs qualités ou leurs défauts et leur *habitus corporis*.
« Prenez les compositions dramatiques depuis trente ans,
« celles qui se réclament de l'école romantique aussi bien que
« celles qui dérivent de l'école classique ; vous y verrez des
« personnages dont le caractère est déterminé par une cer-
« taine règle hiératique. Le proscrit est toujours aimé et gé-
« néreux ; le docteur est bon et légèrement sceptique ; l'ingé-
« nieur pauvre, génial, désintéressé, le banquier égoïste et sec.
« Quant à être trompé par sa femme, ceci arrive aux notaires,
« aux avoués, propriétaires, quelquefois à un marin, mais ja-
« mais, au grand jamais, à un colonel. L'art du théâtre est, il
« faut bien le reconnaître, extrêmement routinier. Peut-être

« après tout cette routine tient-elle à ceci que tout au théâtre,
« prend un relief énorme et que les idées, les sentiments qui
« ont un peu de nouveauté aiment à passer pour des énormités?
« Quoi qu'il en soit, la convention ne règne pas seule à la scène
« mais encore le convenu.

« Ce convenu, distinct de la convention, qui est une affaire
« de nécessité de métier, a été pourtant fort battu en brèche
« depuis quelque temps. Tout d'abord le *Théâtre Libre* avec ses
« jeunes auteurs, — dont quelques-uns en cheveux blancs —
« s'est jeté en travers de la convention, des auteurs, et des con-
« venances aussi. Vaguement il a une esthétique, qui consiste
« à penser qu'on doit étudier des cas particuliers, sans s'inquié-
« ter de rien autre que de les rendre tels qu'on les a vus. Des
« deux opérations que les philosophes nous donnent comme
« nécessaires à la naissance de toute œuvre d'art, l'analyse et
« la synthèse, ils ne retiennent que la première, la multipliant
« encore : car lorsqu'un sentiment paraît contradictoire avec
« un autre sentiment, dans le même personnage, ils négligent
« de nous dire pourquoi il en est ainsi. Le fait, l'observation,
« la mise en œuvre du fait, sans critique et sans tentative de
« généralisation, ont commencé par ébranler la notion du con-
« venu des caractères. Ils ne sont plus professionnels. Un
« notaire, à la scène, a acquis le droit d'être viveur, et un
« agent de change celui d'ignorer les coulisses de l'Opéra et
« les *rats* comme disait Balzac. »

Le premier pas a été fait avec succès, et l'on peut constater
avec M. H. Fouquier que « cet abandon des conventions an-
« ciennes, ce goût des observations directes, a eu pour premier
« résultat de démolir complètement le personnage classique ».

Il serait donc messéant de ne pas s'occuper du théâtre nouveau et de laisser croupir son talent, — tous les écrivains, relativement, en ont — dans l'ornière de l'ancien théâtre sans
chercher à renouveler en partie, sinon en tout, le vieux procédé. Du reste Léon Hennique l'explique fort bien :

« Un nouveau venu qui ne sentirait pas la poussée générale
« de l'époque et ne se résignerait pas comme nous tous, à
« apporter sa modeste pierre à l'édifice commun, risquerait
« fort de n'être qu'un sot prétentieux ou un fou. »

Disons même un imbécile, car ainsi que le constate P. Hervieu, « depuis quelques années le public du Théâtre a fait aux « auteurs d'incontestables concessions. Ne peut-on voir là un « stimulant à poursuivre, dans ce sens, des conquêtes nouvel-« les? »

M. H. Bauer définit fort bien l'état actuel du Théâtre : l'art poncif et l'art nouveau.

« Il existe deux espèces de théâtre :

« La première comprend toute sorte de spectacles, comédie, « bouffonnerie, farces destinées à faire rire, pièces d'impres-« sion physique, d'émotion immédiate destinées à faire pleu-« rer, exercice de virtuosité, tours d'adresse, clowneries du « verbe, où l'ingéniosité de l'auteur s'accorde avec le talent « des acteurs et l'habileté de l'impresario. L'autre espèce de « théâtre se développe dans le règne de la pensée dont l'art « est le moyen d'expression. Elle fixe dans le temps et repré-« sente les images des quatre ou cinq passions essentielles « qui déterminent l'activité humaine. Le génie dramatique « réside dans la nouveauté éternelle de la vision, la magie de « l'évocation, la puissance de généralisation et de concentra-« tion. Voir et montrer de façon originale, créer des idées, leur « donner une définition, découvrir les raisons de la vie morale « et sentimentale, dévoiler l'artifice des conditions, la caducité « des institutions sociales, l'accidentel des lois, telle est la « fonction divine de quelques auteurs à travers les âges. La « vérité du livre, l'écriture d'art imprimée en volume, n'égale « jamais la parole de vérité qui fleurit, grandit et se colore « sur les lèvres de l'interprète, qui contient la passion, l'élo-« quence et l'action dans un décor de rêve animé, pour gagner « les foules assemblées et toutes frémissantes. »

La route est donc tracée aux jeunes : ils n'ont qu'à la suivre. Mais cela ne leur est pas toujours très facile. « Le chef-d'œuvre contemporain, dit M. E. Bergerat, est la pièce qui fait de l'argent.

« Elle est nécessairement d'un vieux puisqu'il y faut la si-« gnature et la consécration garantie d'une trois centième. »

M. E. Bergerat semble railler. Certes il a été difficile aux jeunes d'arriver parce que, ainsi que le dit M. G. Larroumet,

« ils voulaient porter sur la scène les mœurs de leur temps, or ce temps différait beaucoup de l'époque précédente ». Malgré toutes ces explications, l'idée nouvelle se fait jour chez les jeunes écrivains de talent, et c'est par elle qu'on peut infuser une éternelle jeunesse au théâtre, qui, comme toutes les créations des hommes, vieillit et finit par radoter.

La question du choix du sujet nous paraît donc résolue. Et nous pouvons, en paraphrasant le vers d'André Chenier :

> Sur des sujets nouveaux faisons des vers antiques.

dire : Nous devons choisir un thème dont la nouveauté plaise, et le traiter selon le goût du moment par des procédés déjà connus que l'idée nouvelle aura réveillés de leur séculaire torpeur.

Une fois le sujet trouvé, emprunté, et rarement imaginé, l'auteur doit s'occuper de chercher des metteurs en œuvre.

Il faut aux maçons des aides, et l'on sait que ceux qui vont chercher le mortier et les moellons ne sont pas ceux qui construisent l'édifice. Ces metteurs en œuvre s'appellent *collaborateurs*, mot qui, en dépit de son étymologie latine, ne signifie pas toujours, dans le cas, *travailler avec*, ainsi qu'on le verra dans le chapitre suivant.

CHAPITRE V

DES COLLABORATEURS.

Les différentes sortes de collaborateurs. — De la véritable collaboration. — De l'apport des collaborateurs. — De l'utilité de la collaboration dans les débuts.

Une riche bibliothèque, une bonne mémoire ne suffisent pas pour faire une pièce. Il faut à l'auteur, propriétaire du fond de l'ouvrage, des ouvriers habiles qui l'exploitent.

On distingue trois espèces de collaborateurs : le *protecteur*, le *piocheur*, le *coureur*.

On est collaborateur *protecteur*, quand on a pour ami un chef de bureau de la censure, un rédacteur de journal, un administrateur de théâtre, fût-ce même le caissier, ou lorsqu'on est journaliste soi-même.

Le collaborateur *piocheur* est celui qui fait le plan, le scénario, le dialogue, etc. Il lit au protecteur qui appprouve ou blâme, indique les changements à faire (qu'il ne fait jamais), et demande une lecture prochaine pour ne pas laisser refroidir la verve de l'auteur.

Le *coureur* surveille la copie du manuscrit que l'on doit fournir à la censure. Il en presse l'examen dans les bureaux ; il va chercher le manuscrit censuré au ministère ; il a soin de faire annoncer par les journaux la répétition au théâtre, et le rusé compère ne manque jamais de dire que les loges sont déjà louées pour la quinzième représentation.

Le coureur a aussi sa petite part dans la collaboration de l'ouvrage : les couplets de facture rentrent dans ses attributions. C'est lui qui apporte au *piocheur* la nomenclature des enseignes de Paris ou les noms les plus comiques des rues de la capitale. Il doit être un almanach vivant qui dise à l'instant le nom et la demeure du marchand à la mode, de l'établissement nouveau, et même des ménageries et curiosités de toute espèce.

Telle est la part que chaque collaborateur doit prendre dans un ouvrage. Quand il y en a quatre il est bien entendu que le quatrième ne fait rien : c'est ordinairement le caissier ou le régisseur et quelquefois même le directeur qui achète aux trois autres le droit de signer un billet et de se dire auteur.

Le protecteur dit, en parlant de l'ouvrage, *ma* pièce; le piocheur dit *notre* pièce, le coureur dit *la* pièce de M. un tel.

Tel est en général ce qui se passe pour les revues, les vaudevilles, les pièces à spectacles, le plus souvent d'un art inférieur.

La réelle collaboration est, à notre avis, celle de deux écrivains, qui, sur l'idée de l'un d'eux, établissent ensemble leur scénario, écrivent chacun leur acte, ou un nombre à peu près égal de scènes. Dans le cas où l'un des auteurs est un débutant, l'autre l'aide de ses conseils, corrige, élague ou développe, en un mot met l'œuvre au point, ainsi que le fit Alexandre Dumas pour la célèbre *Tour de Nesle :* telle que Gaillardet en avait conçu le plan, cette pièce était injouable, et n'aurait fort probablement jamais vu le feu de la rampe, sans la verve merveilleuse et le génie de celui qui écrivit depuis tant de chefs-d'œuvre.

L'histoire de la *Tour de Nesle* est trop connue pour la raconter ici; et n'est-elle pas aussi celle d'un grand nombre de pièces faites en commun et dont l'idée générale, trouvée par l'un des collaborateurs, était entièrement traitée par l'autre.

En réalité l'apport des deux collaborateurs est assez difficile à établir.

« L'œuvre a-t-elle réussi, » écrit E. Blavet, « chacun d'eux a
« tout fait; n'a t-elle réussi qu'à moitié, chacun d'eux n'a fait que
« ce qui est bon; n'a-t-elle pas réussi du tout, ils n'ont rien
« fait ni l'un ni l'autre. Quant à moi, j'ai toujours incliné à
« croire qu'une œuvre signée de deux noms est de deux au-
« teurs, n'ayant jamais pu comprendre, si connu que soit,
« d'ailleurs, le désintéressement de mes confrères, pourquoi

« l'un d'eux ferait ainsi à un autre, qui lui serait inutile, le
« don à ce point gratuit et si peu obligatoire, sa vie durant,
« de la moitié de son succès sans compter les droits d'auteur.
« Je ne parle ici, n'est-ce pas, que de la collaboration en gé-
« néral. »

Il est en effet assez difficile de dégager la personnalité de chacun des auteurs. On connaît les noms des plus illustres frères siamois de la littérature dramatique, qui vivaient pour ainsi dire ensemble, pensaient ensemble et écrivaient ensemble, se comprenant mutuellement et se complétant l'un l'autre. La collaboration de deux auteurs pour un même ouvrage ne peut avoir sa raison d'être que dans le cas où chacun a un genre bien déterminé. L'un fera le scénario développé, l'autre écrira les scènes; par exemple dans les opérettes ou opéras comiques, le premier traite les scènes en prose le second les scènes en vers.

En résumé, la collaboration n'est utile que pour les débutants, dont le nom seul serait refusé par les directeurs sous le prétexte qu'il est inconnu, comme si pour être connu il ne fallait pas d'abord se faire connaître. L'écrivain arrivé qui signe à côté du commençant n'a pas toujours gardé un rôle inactif. Scribe a eu soixante-dix collaborateurs dont les noms n'ont figuré, pour la plupart, qu'une fois ou deux sur l'affiche à côté du sien. Lors de la réception de Scribe à l'Académie, Villemain a parfaitement expliqué l'utilité de la collaboration, en parlant d'Arnaud auquel le nouveau récipiendaire succédait. Il faisait en même temps justice de toutes les récriminations qui avaient pu surgir au sujet des nombreux collaborateurs dont Scribe s'était fait aider pour accomplir son œuvre colossale. « M. Arnaud, » dit Villemain, « savait que le goût,
« qui perfectionne et qui choisit, est un côté de l'invention,
« et qu'une idée appartient pour moitié à celui qui la fait
« valoir à son prix; il ne vous reprocherait pas, lui, vos divers
« et ingénieux collaborateurs à beaucoup de jolis ouvrages
« que vous n'avez pas faits seul, mais qui n'auraient pas été
« faits sans vous. »

Du reste, fait remarquer Ch. Darcours, dans un article sur les collaborateurs de Scribe, « l'empressement de ses confrères à

« rechercher son concours était précisément le témoignage
« rendu à son habileté à mettre en œuvre les idées les plus
« dissemblables, à son art de faire des pièces charmantes avec
« des riens. »

En résumé, la collaboration est une chose utile pour ceux qui s'adonnent au théâtre, bien qu'à tout prendre, un véritable auteur dramatique ait plus d'avantages à produire seul. Mais, n'oubliant jamais qu'il a été secouru à ses débuts, peut-être l'auteur arrivé fera bien de venir en aide à ceux qui commencent. La collaboration peut être d'un grand secours à tous. Si l'un trouve l'idée, l'autre la met en œuvre, et la pièce ainsi produite par l'accouplement de deux talents différents ne peut qu'obtenir une plus grande somme de succès, vu qu'elle a ainsi chance de se rapprocher de plus en plus de la perfection.

CHAPITRE VI

LES COMITÉS DE LECTURE.

Des demandes de lecture. — De l'indemnité donnée à l'auteur d'une pièce reçue, répétée et qui n'est pas jouée. — Quelques mots sur la copie de la pièce et sur le copiste. — Du moment de la lecture. — Bonne et mauvaise saison. — Jurys et verdicts. — De l'avantage d'un comité de lecture. — La Comédie Française n'est pas aussi inabordable pour les jeunes qu'on veut bien le prétendre.

Voici la pièce faite, établie, copiée; il faut la porter au directeur qui la lit — ou ne la lit pas — ou bien encore la remet au comité de lecture.

Les demandes de lecture s'adressent par écrit ou verbalement aux directeurs. Elles s'inscrivent sur un registre particulier et portent un numéro d'ordre.

Les pièces dites de *circonstance* ou parodies se lisent à la volonté du directeur, aux termes du traité qui règle les tours de mise en scène. Tout ouvrage reçu, répété et non joué dans l'année de sa réception donne droit pour l'auteur à une indemnité de 3.000 francs. Cette clause du traité reçoit rarement son exécution : il serait peu prudent à l'auteur d'en exiger l'application : ses ouvrages reçus ou à recevoir pourraient s'en trouver fort mal.

Bien que nous ayons à revenir plus tard sur la question du copiste, il est bon d'en dire à présent quelques mots; car il faut que la pièce soit copiée avant d'être présentée au comité de lecture.

Le choix du copiste n'est pas indifférent, car celui-ci doit être le confident discret des auteurs. Une pièce donne souvent à un confrère l'idée d'en faire une semblable ou de placer le personnage principal dans son nouvel ouvrage. Le copiste doit donc s'abstenir de toute confidence ou communication des manuscrits qu'on lui remet. Le prix de copie est ordinairement de cinq francs par chaque acte et de six francs pour les actes en vers et les copies de rôles.

Mais nous aurons occasion d'y revenir plus loin. Retournons maintenant au comité de lecture.

La plus mauvaise saison pour une lecture c'est celle où la chaleur dépasse vingt-cinq degrés : l'auteur sue sang et eau et ses auditeurs bâillent à qui mieux mieux.

Ce n'est pas un mince talent que celui de dérider un comité de lecture : Piron a eu cent fois moins de peine à faire rire aux éclats tout un guet. L'auteur doit jouer sa pièce en entier, et donner à chaque personnage le ton et la couleur qui lui conviennent, il est son acteur, sa troupe à lui tout seul. Il faut qu'il chante comme Faure; joue comme Sarah Bernhardt, en un mot il lui faut être un second Protée pour faire entendre aux magnifiques seigneurs l'intention et l'esprit d'un ouvrage.

La lecture terminée, l'auteur salue et se retire. Chaque membre du comité adopte un protocole qui finit bientôt par trahir son incognito. Celui-ci termine une analyse froide et prétentieuse par un « *Je refuse* » bien sec, quoiqu'il manque rarement d'ajouter, en guise de paraphe, un pâté. Celui-là plus aimable, mais non moins sévère, écrit très proprement : *Je refuse avec regret.*

L'un termine le libellé de son opinion par cette phrase plus humaine : « J'aurais désiré recevoir, mais... je refuse. »

Enfin cet autre, qui n'a pas entendu ou compris un seul mot, concilie la distraction de son esprit avec l'honnêteté de son âme en écrivant : *Je reçois à correction,* expression maintenant consacrée à la Comédie Française. Recevoir une pièce *à correction,* sans méchant calembour, c'est la refuser poliment.

Le lendemain, le secrétaire de l'Administration transmet à l'auteur l'expédition de son jugement et ne se sert que de ces deux phrases : *C'est avec regret* ou *avec plaisir que j'ai l'honneur de vous transmettre...* Le reste à peu près comme au bas d'une lettre.

Dans les théâtres autres que la Comédie Française, c'est généralement le directeur seul qui décide de la réception ou du refus d'une pièce.

Là, le meilleur ouvrage n'est pas toujours celui qui a le plus de chance d'être accepté.

Avec un comité de lecture, l'opinion générale des auditeurs peut avoir une certaine autorité; avec un directeur, tout est subordonné à certaines circonstances, parmi lesquelles l'influence du collaborateur protecteur, surtout s'il est riche, peut avoir un grand poids.

Les comités de lecture ont aussi leur danger. C'est l'écueil contre lequel viennent souvent sombrer bien des illusions et des espérances. Le comité de lecture fonctionne, nous l'avons dit, à la Comédie Française; depuis quelque temps on vient de le rétablir à l'Odéon.

Malgré la terreur qu'il inspire, malgré sa proverbiale sévérité, la Comédie Française n'est pas aussi redoutable que l'on veut bien le dire. La Comédie Française est, au contraire, un des théâtres les plus accessibles aux jeunes. A elle seule elle a plus favorisé de débuts que tous les autres théâtres de Paris réunis, excepté l'Odéon. Ensuite au Théâtre Français les jeunes auteurs sont sûrs d'être lus, car leurs pièces y sont forcément l'objet d'un rapport, avec analyse et critique, soumis à l'appréciation du comité présidé par M. l'Administrateur général.

CHAPITRE VII

AU THÉATRE.

De la distribution des rôles. — Beaucoup de tact, beaucoup de trucs. Moments difficiles à passer. — Concessions perpétuelles. — La part du feu. — Des *coupures, suppressions, raccords*. — Des mutilations imposées à l'œuvre. — Des souffrances de l'artiste. — Des répétitions. — L'auteur martyr. — De la mise en scène. — L'opinion de Sardou sur la mise en scène. — Les trois règles importantes, tracées par M. V. Maurel. — Les accessoires. — De la répétition générale. — Elles sont aujourd'hui les véritables premières.

Il ne suffit pas de faire une pièce, de la lire et de la faire recevoir : l'auteur n'a pas encore atteint la moitié de sa course. Que de tribulations! que de contrariétés! que de dégoûts l'attendent encore avant le grand jour où le public, par un seul caprice de son omnipotence, renverse d'un souffle tout cet édifice construit avec tant de peine.

L'auteur doit apporter le tact le plus fin dans la distribution de ses personnages. A tel théâtre, qu'il ne manque pas de donner le premier rôle, fût-ce même celui de l'ingénue, à la sultane un peu validée de l'établissement. Dans tel autre qu'il ne demande pas, pour jouer l'amoureux, l'amant favorisé de la maîtresse d'un administrateur ou pour soubrette la rivale de cette maîtresse. Le refus est déjà prêt.

Entre tous ces écueils la route est difficile et nous ne pouvons que laisser à la sagacité de l'auteur le moyen de les éviter. Il faut donc qu'il donne le principal rôle à l'acteur en faveur, quitte à le lui retirer après, enfin qu'il appelle à son secours toutes les ruses de guerre que son imagination lui fournira pour remporter la victoire.

Il est d'usage au théâtre de lire aux acteurs les rôles qu'on leur destine dans l'ouvrage que la faveur ou l'ordre de réception désignent pour être mis en répétition. Ce serait un miracle, au théâtre, que de trouver sur quatre acteurs un seul content de son rôle : sur dix actrices vous n'en trouverez pas une. La duègne encore fraîche trouve son caractère trop vieux, n'espérez pas qu'elle consente à se grimer pour mieux rendre la physionomie de son personnage. La jeune première qui se croit une actrice à roulades veut un morceau du *Barbier de Séville* au lieu du monologue obligé. Le premier sujet trouve son rôle trop long, la soubrette le sien trop court. Les observations les plus niaises, les exigences les plus ridicules viennent vous assiéger de toutes parts. Il n'y a pas jusqu'à l'amoureux fraîchement sorti du Conservatoire qui n'ait aussi ses prétentions. Si, par une faveur insigne, vous obtenez les deux premiers sujets de la troupe, l'un ne manquera pas de vous demander de supprimer dans le rôle de son rival tout ce qui peut le rendre plus brillant que le sien. La vérité du personnage, le naturel de la situation sont souvent pour ces messieurs et ces dames de puériles considérations.

On pourrait citer plus d'un ouvrage qui n'a dû sa chute ou son demi-succès qu'aux mille et une concessions que le malheureux auteur a été dans l'obligation de faire à tout ce que l'amour-propre a de plus exigeant, ou la vanité de plus ridicule : et ce sera cent fois pis encore lorsqu'il s'agira d'indiquer le costume.

Les acteurs, dans nos petits théâtres surtout, ne veulent pas toujours comprendre combien la vérité dans le costume amène sans effort le naturel dans le dialogue. On ne saurait trop leur répéter que le costume est au personnage ce que sont les décors au lieu de la scène.

Un auteur doit apporter la plus grande attention pour concilier l'intérêt de son ouvrage et les exigences des acteurs, et s'il faut que l'un des deux souffre, il ne doit pas hésiter à sacrifier, fût-ce même la moitié de son ouvrage, s'il veut conserver l'autre moitié.

Enfin les rôles sont distribués, acceptés, appris, augmentés, coupés, corrigés, sus à peu près, et l'on va mettre la pièce en scène.

Mais avant d'aborder cette importante partie, il est bon de

dire quelques mots des coupures forcées que l'auteur est quelquefois obligé de faire subir à son œuvre.

Une *coupure* est la soustraction d'une partie d'une scène qui se prolonge inutilement ou d'un couplet qui arrête la marche de l'action, et par conséquent devient inutile. La coupure le plus souvent nécessite un *raccord*, c'est-à-dire l'adjonction de quelques mots ou même d'un couplet nouveau qui ont pour but de servir de liaison entre le morceau qui précède une coupure avec celui qui la suit de façon que le public ne s'aperçoive pas de la lacune.

Il ne faut pas confondre la *coupure* avec la *suppression* qui est le retranchement définitif de la phrase, du couplet, et quelquefois même du personnage ou du caractère qui ont éveillé à tort ou à raison la susceptibilité méticuleuse de la censure. Ce morceau supprimé est presque toujours le plus saillant de l'ouvrage, et l'on pourrait citer nombre de pièces qui, présentées au public ainsi mutilées, ont paru fades et décolorées, enfin n'ont dû leur chute ou leur demi-succès qu'aux suppressions exigées par la censure.

Il faut que l'acteur fasse un effort de mémoire pour ne pas reproduire à la représentation le morceau mis à l'index. La suspension de l'ouvrage suivrait immédiatement ce *lapsus memoriæ* même commis sans intention maligne. L'auteur doit donc apporter le plus grand soin à ce que le passage proscrit disparaisse du manuscrit et surtout de la mémoire un peu mécanique de son acteur.

Il y a d'autres coupures qui ne se font qu'à la seconde ou à la troisième représentation, c'est le passage que le public raisonnable a signalé et que l'expérience de la rampe a démontré froid, inutile et oiseux. Celles-là ne sont pas pénibles, leur utilité est toute indiquée. Mais les autres !

Ce sont ces pénibles souffrances que nous allons essayer d'indiquer, en empruntant à Albert Wolf quelques lignes de son article sur le *cas Reyer*, à l'occasion de la première de *Sigurd*. Ce qu'éprouve le musicien peut être ressenti par l'auteur dramatique. Mais l'exemple, assez frappant, peut dépeindre les mœurs théâtrales de notre époque et la cruelle tyrannie du public.

L'auteur a attendu de longues années la réception de son œuvre. Enfin on va l'exécuter. « Et quelques jours avant la
« première, froidement on lui fait cette communication : « Il
« y a une heure de musique de trop dans votre œuvre; il faut
« couper une heure de musique ». De même on dit à son
« tailleur : « Les manches de mon veston sont un peu trop
« longues, il faut les raccourcir de deux centimètres. » « Qui
« dit cela à l'artiste? C'est le cinquième ou sixième directeur
« qui a passé sur son œuvre en dix années. Vous entendez
« bien : il faut couper une heure de musique afin que l'abonné
« ait le temps de fumer son cigare après dîner et d'arriver
« vers les huit heures et demie, satisfait de son repas et de
« son cigare. Voilà à quelles misères est réduite la ques-
« tion d'art au théâtre. Le directeur, cette fois, n'est pas cou-
« pable ; une partie de sa fortune est engagée dans l'entreprise;
« il est forcé de tenir compte du goût de ses abonnés. »

Est-ce pour la musique seule que ces lignes ont été écrites?
Reyer a donc été obligé de faire les coupures exigées, et, entre
autres choses, la belle ouverture. « C'est que le Monsieur qui
« n'avait pas encore pris son café, continue A. Wolf, eût été
« très vexé si l'on avait joué l'ouverture avant son arrivée.
« Mieux valait donc la jeter au panier. Quelles misères, grand
« Dieu, dans cette carrière! Quels froissements d'orgueil il faut
« subir! à quels échecs humiliants il faut s'exposer pour ar-
« river, au bout de dix ans, à faire jouer un opéra à Paris!
« Alors l'écœurement est à son comble! il lui faut consentir à
« la mutilation de son œuvre si longtemps et si injustement
« dédaignée, ou il n'y a rien de fait... Voilà ce qu'est en réalité
« de nos jours cette carrière de compositeur de musique;
« voilà sa vie pleine de tristesses, de déboires et de décou-
« ragements, et voilà tout au juste comment on achète ce qu'on
« appelle la gloire parisienne, c'est-à-dire à peine quelques
« heures de satisfaction d'artiste, après trente années d'une
« carrière qui est en réalité le pire des enfers. »

Peut-être un peu moins terrible est l'existence de l'auteur
dramatique parce qu'il a plus de débouchés, que son œuvre
demande moins de complication pour la monter, et que les
théâtres où il espère être joué sont plus nombreux. Mais au

point de vue moral les souffrances sont les mêmes. Combien d'amputations ne lui demandera-t-on pas sous prétexte que son œuvre est trop longue pour un public qui, lui aussi, ne peut se rendre au théâtre qu'après avoir bien dîné et fumé un bon cigare!

Revenons maintenant à la mise à la scène.

C'est à présent que l'auteur reprend son avantage, et pour peu qu'il ait eu soin d'avertir avec douceur les acteurs de leurs défauts, de faire ressortir avec éclat leurs qualités, de blâmer bas, de louer très haut, il peut se croire presque maître du terrain. Voici un moyen pratique de faire entendre raison à l'acteur le plus vain de son talent ou le plus entêté de sa manière. Gardez-vous de l'avertir devant ses camarades : il vous citera ses rôles à succès, il vous traînera impitoyablement de ville en ville, partout où il aura obtenu un triomphe, et s'il adopte votre opinion sans que vous ayez pu le convaincre, soyez sûr qu'il sera encore plus mauvais qu'auparavant. Proposez lui donc votre observation comme un doute; en la commentant, il croira l'avoir faite lui-même, et vous le verrez souple et soumis à vos avis.

Quant aux actrices, armez-vous de patience; leurs mutineries, leurs enfantillages commencent d'abord par vous amuser. Mais dépêchez-vous d'en rire afin de ne pas être obligé de vous en fâcher. L'une perdra son rôle dont elle se sera servi pour essayer son fer à friser, l'autre vous fera attendre pendant une heure et en perdra une deuxième à se disputer avec son régisseur. Celle-ci ne dira pas un mot de votre pièce et vous soutiendra que c'est exactement la même chose à quelques barbarismes près. Celle-là vous répondra qu'elle ne peut jouer que de la manière qu'elle veut : ce qui veut dire qu'elle le sent mieux que vous. Enfin vous en trouverez une qui vous rendra poliment son rôle en disant, en style noble de coulisse, que c'est une *galette* et qu'elle n'est pas engagée pour jouer des accessoires.

Ce dernier mot nous servira de transition pour parler de la mise en scène, si importante pour le succès d'une pièce. Nous voudrions consacrer plus de place à cette intéressante question théâtrale, mais le cadre de cet ouvrage nous oblige à nous borner. « Le public ne peut se faire une idée bien juste

« du travail minutieux et abrutissant qu'on nomme une mise
« en scène.

« L'auteur et le directeur sont assis à l'avant-scène, près
« d'une petite table éclairée par une lampe. Le souffleur,
« dans son trou, surveille la mémoire encore chancelante des
« artistes. C'est un art excessivement compliqué, et sur lequel
« on a beaucoup disserté dans ces derniers temps, que celui
« qui consiste à régler les décors, le mobilier, les accessoires,
« les jeux de scène, les entrées et les sorties des personnages,
« et qui sert souvent à masquer le vide de certaines situa-
« tions, art que nous nommions à la Comédie Française LA
« SAUCE PERRIN.

« Rien de plus curieux que la façon de procéder de certains
« metteurs en scène.

« M. Martigny, un des maîtres les plus incontestés en cette
« matière, commençait par encombrer le théâtre de tables,
« de chaises, de canapés. C'était à l'artiste à se débrouiller
« au milieu de ce bric-à-brac. Peu à peu l'ordre se faisait. On
« allait et venait. Tel membre aidait l'interprète à découvrir
« une attitude heureuse, imprévue..... C'était quelquefois un
« peu *cherché*... mais fort souvent *trouvé*.

« Chaque auteur a sa façon de procéder qui lui est
« propre.

« Émile Augier professe pour ce petit manège des artistes
« autour des meubles la plus dédaigneuse indifférence.

« Alexandre Dumas en tire sans parti pris de grands effets,
« mais par les moyens les plus simples — ayant horreur du
« maniérisme en toute chose.

« Quant à Sardou, celui qui n'a pas vu ce maître comédien
« diriger une répétition des *Pattes de Mouches*, ne peut se
« faire une idée de ce qu'il apporte d'ingéniosité et de pitto-
« resque dans la tenue et le mouvement incessant de ses per-
« sonnages enfouis sous des monceaux d'accessoires.

Nous allons donc emprunter au grand maître moderne de
cet art difficile quelques-uns de ses procédés qu'il confiait
dernièrement à un rédacteur du *Figaro*.

« On se figure que, lorsque la pièce est écrite, l'œuvre de
« l'auteur est terminée, qu'il n'a plus qu'à laisser marcher les

« répétitions, confiant dans le talent de ses interprètes. C'est
« là une grave erreur. Il doit se livrer à un nouveau travail,
« peut-être plus délicat que la composition elle-même, parce
« qu'il est tout de nuances et de tâtonnements. A côté de la
« pièce proprement dite, se joue une autre pièce, muette
« celle-là, et qui exige de la part de l'auteur une étude non
« moins consciencieuse que la première, une science appro-
« fondie des époques, des courants, des milieux. Les détails
« accessoires, d'apparence insignifiants, ont, en réalité, dans
« le succès une importance capitale. Ils sont le cadre de l'ac-
« tion. Ils concourent avec elle à la marche générale des
« événements, ils font partie intégrante de l'ensemble, ils
« constituent en quelque sorte l'*orchestration* de l'intrigue, la
« vie habituelle des héros. Ils personnifient des mœurs, des
« caractères, des passions. Pour que l'illusion soit complète,
« il faut que les personnages soient bien chez eux, sous l'in-
« fluence de leurs moindres habitudes, qu'ils vivent de leur
« vie propre.

« Un rien, un fauteuil dérangé, une table de travers ont
« une signification épisodique. Le public saisit toutes ces
« choses-là d'instinct, sans s'en rendre exactement compte.
« J'ai vu de bonnes pièces tomber pour des causes minimes,
« pour un bibelot hétéroclite détournant l'attention du specta-
« teur au profit de la critique, pour un jeu de scène mal
« compris ne rendant pas la pensée de l'auteur.

« Tenez, voici un exemple : dans *Dora*, la grande scène du
« quatrième acte se déroulait, primitivement, à gauche.

« Eh bien! cette scène, étant le point culminant et la fin de
« l'acte, n'eût pas produit à gauche le même effet qu'à droite.

« Comment cela, demandera-t-on? Oh! mon Dieu! c'est
« bien simple et à la fois très subtil. Il y a là une nuance que
« j'ai saisie à une répétition, sans pouvoir tout d'abord la
« préciser. Rentré chez moi, j'ai cherché toute une nuit, et ce
« n'est qu'après y avoir renoncé vingt fois que je suis par-
« venu à en trouver la raison déterminante. Cette nuance est
« si délicate que le public en eût subi l'impression sans
« savoir pourquoi. A gauche, où la scène se passait durant les
« premières répétitions, était la porte de sortie ouverte sur un

« couloir, c'est-à-dire la froideur, l'obsession constante d'un
« dérangement parasite, la crainte d'un dénouement brutal.
« Et le public ne s'attache à une scène de sentiment qu'au-
« tant qu'il espère la voir tourner favorablement. A droite,
« au contraire, c'était la chambre à coucher, entrevue dans la
« pénombre discrète d'une lampe de nuit, c'est-à-dire l'inti-
« mité conjugale, les souvenirs d'amour, l'éventualité d'une
« conclusion touchante; le public était haletant.
« Le lendemain, à la répétition, je faisais déplacer le jeu
« de scène, et l'expérience justifiait la véracité de mon raison-
« nement. »

Quelle finesse d'observation! Quel art infini des effets! Tout Sardou est là! ajoute le signataire de l'article. Voilà pourquoi nous avons tenu à donner ici cet exemple de détails étudiés, qui, semblables à la vis de rappel d'un objectif photographique, faisant avancer ou reculer les lentilles, donne à l'image toute sa finesse et toute sa pureté.

Victor Maurel, dans sa brochure sur *la Mise en scène de Don Juan*, donne trois règles excellentes et nous ne saurions trop conseiller aux auteurs de les mettre en pratique.

« Les interprètes d'une œuvre une fois mis en possession de leurs personnages, régler la mise en scène sera chose facile. Elle se réduit, en somme, à trois grandes lignes au maximum, au lieu de se perdre dans la multiplicité des détails.

1° *Étudier les situations qui, pour être bien rendues, exigent une entente préalable des personnages sur les mouvements qu'ils ont à faire.*

2° *Dans le cas où certains personnages du drame pourraient être amenés sur la scène sans raison plausible, justifier leur entrée de manière que le développement de l'action se fasse sans à-coups.*

3° *Régler les détails qui peuvent concourir à donner au spectateur une idée bien précise d'un caractère important du drame.*

« Il faut distinguer, parmi ces détails, ceux qui nécessitent
« le concours de plusieurs personnages et ceux qui peuvent
« être exécutés par l'interprète intéressé seul; — ceux-là
« rentrent dans la première catégorie, ceux-ci seraient ins-
« pirés à l'interprète par l'étude préalable qu'il aura faite du
« personnage.....

« D'abord est établie une conception qui me paraît ration-
« nelle du caractère des principaux personnages, et viennent
« ensuite des détails divers suivant les trois principes énoncés
« plus haut. J'insiste sur cette manière de procéder ; elle offre
« de très grands avantages entre tous, celui d'éveiller l'initia-
« tive de l'interprète, qualité de capitale importance, car elle
« est la source de toute exécution vraiment artistique. »

Il est une autre partie de la mise en scène trop souvent négligée par les auteurs : c'est la surveillance de ce qu'on appelle les *accessoires*, les lettres, portefeuilles, portraits et autres petits objets ou meubles qui servent au dénouement d'une pièce ou à la garniture de la scène. Une porte ouverte par inadvertance, lorsque le jeu obligé de la scène exige qu'elle demeure fermée, peut compromettre le succès d'une scène ou le naturel d'une situation. Le parterre manque rarement d'accueillir par des risées et souvent même par des sifflets ces sortes de contre-sens. Que diriez-vous de la situation d'un prisonnier qui attendrait la mort dans un cachot dont la porte serait ouverte. Un revolver qui fait long feu, une princesse qui ne trouve pas de chaise à l'endroit où elle va s'évanouir : voilà de quoi, en termes de coulisses, *enfoncer* une comédie tout entière. Ne parlons pas ici d'une trappe qui ne s'ouvre pas ou du tonnerre qui refuse de tomber sur la tête du tyran : c'est l'affaire du machiniste et ça rentre dans les attributions du régisseur.

Tout cela est fort difficile à fixer. « Du reste, » dit M. H. Fouquier dans une intéressante causerie sur le Théâtre, « les
« répétitions ne donnent que d'incertaines indications. Il y a
« toujours un moment où l'on n'y voit plus rien et le phéno-
« mène est constant. Il s'explique d'ailleurs. Au début, dans
« ce théâtre sombre, garni de housses, au milieu de décors
« retournés qui montrent philosophiquement l'envers et les
« trous des toiles, éclatantes à la lumière du soir, les acteurs
« lisent leurs rôles qu'ils ne savent pas encore. L'auteur reste
« encore le maître de son œuvre. Il est là, en somme, comme
« s'il la lisait à soi-même et il évoque, à son gré, les décors,
« le milieu, les personnages, les effets, les idées dont il a rêvé.
« Nulle réalité ne le gêne. La réalité apparaît après quelques

« répétitions, quand les acteurs, sûrs de leur mémoire, savent
« leur rôle « comme un rasoir » — c'est ainsi qu'on dit — ne
« le jouent qu'à moitié et pas d'ensemble.

« C'est toujours ce même désarroi triste et froid d'un
« théâtre pendant le jour ; la petite table mal éclairée où l'on
« prend des notes, l'acteur qui se trompe encore de temps
« en temps sur un jeu de scène, le figurant qui se fait « enlever »
« pour une maladresse, les accessoires incomplets, les costumes
« indéterminés et le héros qui porte un veston sur sa belle
« culotte. C'est le moment où l'on n'y est plus. L'idéal s'est
« envolé, et ce que la réalité pourra en exprimer n'est pas
« encore venu. Ce n'est qu'à la fin, tout à la fin, que la vie
« reprend dans l'œuvre, et que l'on peut espérer encore. Ce
« travail des répétitions, d'ailleurs, qui a son grand intérêt, ne
« ressemble pas à ce que le public en pense le plus souvent.
« Il s'imagine que c'est une petite fête continuelle, et que c'est
« en plaisantant et en riant, dans un milieu gai, gardant une
« odeur de roman comique, qu'on prépare une pièce ! Ah !
« qu'il en faut rabattre ! ces enfants-là ne se conçoivent pas
« dans la joie.

« Sans compter que les acteurs sont presque toujours très
« consciencieux, très attentifs, presque graves dans leur tra-
« vail, sans parler de la discipline nécessaire qui écarte l'idée
« des farces joyeuses, cette étude, cette création nouvelle qui
« se fait à l'avant-scène, exige un effort de l'esprit qui l'absorbe
« tout entier. »

Ce travail fait, on est prêt pour la répétition générale.

On nomme ainsi celle qui précède la représentation à jour fixé. Tout le monde est à son poste, les rôles doivent être sus imperturbablement ou alors ils ne le seront jamais : c'est ce qui arrive quelquefois. L'orchestre est au complet : le maître de ballet juge les effets, et quelques amis privilégiés prédisent à l'auteur un joli succès, tandis que les journalistes prennent l'analyse de la pièce et notent avec plus ou moins de bienveillance le morceau qui doit être *enlevé* le lendemain.

Actuellement il n'en est pas ainsi absolument : les répétitions générales sont la plupart du temps les véritables premières, où les amis n'ont pas autant de places que l'auteur voudrait leur en donner, tandis que certains journalistes restent à la porte, la salle étant dès l'avance remplie par les amies des couturières et les modistes de ces dames, sans compter les fournisseurs de toute espèce, tailleurs, chemisiers, chapeliers, des interprètes ou même quelquefois les *copains* des machinistes. Ajoutez aussi les intrus et les intrigants qui parviennent à se faufiler partout.

Nous n'avons pas à critiquer ici cette manière de faire. Qu'il nous suffise de le constater et d'apprendre à nos jeunes auteurs que les premiers appelés à juger leur œuvre, sont, pour la plupart du temps, des particuliers n'y connaissant rien, qui, avant la première, iront colporter sur l'œuvre annoncée un tas d'inepties ou de méchancetés, souvent même dans le seul but de dire qu'ils ont assisté à cette répétition générale.

Mais avant de passer à la première, il nous faut consacrer un chapitre à la censure, car c'est d'elle que dépend l'autorisation de jouer une pièce ; c'est entre ses mains que se trouve la principale condition de vitalité de l'œuvre qui va affronter les feux de la rampe pour la première fois.

CHAPITRE VIII

LA CENSURE.

Une définition. — Les origines de la censure. — Quelques dates importantes. — Les bévues de la censure. — Ce que les auteurs pensent de la censure. — Deux enquêtes. — Opinions de Lamartine, J. Janin, Th. Gautier, A. Dumas père, Bayard, Bocage, Lockroy, Dormeuil, V. Hugo. — Opinions des modernes : Zola, E. de Goncourt, E. Bergerat, A. Dumas fils, H. Becque. — Résultat de ces deux enquêtes.

Alfred Bouchard, dans son intéressant ouvrage *La Langue théâtrale* (1), donne cette amusante définition de la censure : *Administration d'opérations chirurgicales pratiquées sur les œuvres de l'esprit, au nom de la politique, de la religion et de la morale.*

Malheureusement ce n'est pas absolument exact, à l'exception de la politique ; la religion, on s'en moque ; la morale, on a l'air de peu s'en soucier, si l'on considère certaines pièces représentées dans le courant des dernières années. Il ne reste donc de vrai que le terme *opération chirurgicale ;* on pourait ajouter *faite la plupart du temps par des carabins maladroits.* En effet, après les saignées qu'ils opèrent, bien des pièces succombent ; celles qui résistent ont véritablement un vigoureux tempérament. Les origines de la censure sont très faciles à résumer. Au point de vue politique, elle date du commencement de notre théâtre ; au point de vue religieux, elle date de Louis XIV ; au point de vue de la morale, elle date du chanoine Fulbert.

Quelques mots d'histoire maintenant : « Dès 1448 et 1488,

---

(1) Paris. Arnaud et Labat, 1878. 1 vol. in-12.

« dit M. A. Bouchard, le Parlement dut rendre des arrêts pour
« réprimer la licence des *Farces, soties* et *moralités* que jouaient
« les clercs de la Basoche, et même faire fermer leur théâtre
« qu'ils rouvrirent sur un ordre du roi daté du 8 mars 1496.

« Aussitôt après la mort de Louis XII, le Parlement rétablit
« les défenses et quelques années après, en 1538 et 1540, la
« *censure*. Enfin en 1609, Henri IV, dans une ordonnance du
« 12 novembre sur les théâtres et les comédiens, dit :

« *Leur défendons de représenter aucune comédie ou farce*
« *qu'ils ne les ayent communiquées au procureur du Roi et que*
« *leur rôle au registre ne soit de nous signé.* »

« Voilà donc un acte bien caractérisé de *censure* qui sera
« cimenté cent ans plus tard, en 1702, par la nomination de
« censeurs. »

On pourrait faire des livres entiers sur les bévues de la censure. Il en existe déjà que nos lecteurs connaissent sans doute. Nous allons donc examiner, et c'est à notre point de vue, le côté intéressant de la chose, comment la censure a été jugée en ce siècle par les auteurs les plus compétents.

Dès 1849 une enquête a été ouverte. Le *Figaro*, du 7 novembre 1885, a rassemblé les opinions émises, à diverses époques, par les libres esprits de la littérature et de la scène française. Tout récemment le même journal a chargé un de ses reporters les plus distingués, M. Jules Huret, de commencer auprès des auteurs modernes une enquête semblable. Nous allons donner le résultat de ces deux enquêtes.

Voici les résultats de l'enquête de 1849.

Lamartine :

« La censure compromet le gouvernement, elle compromet
« la dignité et la liberté du Théâtre et de l'écrivain... Et d'ail-
« leurs, est-il digne de nous, est-il libre, est-il moral, qu'une
« grande nation par les lettres et par les mœurs remette à
« la merci d'un commis ses mœurs, sa gloire et son génie ? »

Jules Janin :

« Le malheur de la censure, jusqu'à présent, c'est qu'elle a
« toujours été plus politique que morale. »

Th. Gautier :

« La censure est impuissante ; elle s'attaque d'ordinaire

« aux détails, et les détails lui échappent si facilement! Elle
« frappe une allusion, l'allusion se déplace et passe. Le cen-
« seur le plus minutieux omet souvent des idées dangereuses.
« Qu'est d'ailleurs la censure du manuscrit? L'acteur par ses
« gestes, par l'inflexion de sa voix, peut faire sentir tout ce
« qu'il veut... Laissez la liberté, les bonnes pièces combat-
« tront les mauvaises pièces, et tout se balancera. Ne prenez
« pas d'autre censeur que le public ; c'est un censeur sévère,
« éclairé et contre lequel il n'y a rien à dire. »

Alex. Dumas père :

« La censure a toujours été impuissante : elle a laissé
« passer Voltaire et Beaumarchais. La censure est destructive
« de l'art et de la liberté intellectuelle... je voudrais pour le
« théâtre la liberté la plus illimitée. »

Bayard :

« La censure fait perdre beaucoup de temps à tout le
« monde, au Gouvernement, aux auteurs, aux directeurs, et
« en fin de compte elle ne sert à rien (1).

« A côté d'un mot qu'elle retranche, elle laisse passer
« sans y faire attention un autre mot qui fait scandale. »

Bocage :

« Que fait la censure? elle laisse passer volontairement
« les choses immorales; elle épluche à tort et à travers les
« choses politiques. »

Lockroy :

« Je regarde la censure comme un fléau, moins à cause de
« ce qu'elle détruit qu'à cause de ce qu'elle empêche de
« naître. Tous les gouvernements ont voulu établir une cen-
« sure impartiale. Aucun ne l'a pu, soit à cause du mauvais
« choix des censeurs, soit à cause de l'institution même qui
« est, de sa nature, tracassière et tyrannique. »

Dormeuil :

« Les censeurs sont d'ordinaire des gens peu considérables
« qui n'ont que leur place pour vivre et pour ne point ris-

---

(1) Bayard aurait pu ajouter que la censure fait perdre leur temps aux censeurs tout les premiers. Vu que l'agriculture manque de bras — oh combien !...
plus encore que la Vénus de Milo — les capacités de ces messieurs seraient peut-
être mieux utilisées à manier le tranchant de la charrue que celui des ciseaux.

« quer de mécontenter leurs supérieurs, ils aiment toujours
« mieux retrancher plus que moins. »

Victor Hugo :

« La difficulté même de créer des censeurs montre com-
« bien la censure est un labeur impossible ; ces fonctions si
« difficiles, si délicates, sur lesquelles pèse une responsa-
« bilité si énorme, elles devraient logiquement être exercées
« par les hommes les plus éminents de la littérature. En
« trouverait-on parmi eux qui les accepteraient ? Ils rougi-
« raient seulement de se l'entendre proposer... Vous n'aurez
« donc jamais pour les remplir que des hommes sans valeur
« personnelle et j'ajouterai, des hommes qui s'estiment peu ;
« et ce sont ces hommes que vous faites arbitres, de quoi ?
« De la littérature ; au nom de quoi ? De la morale ! »

Est-ce assez clair ! Les abus de la censure sont-ils assez justement définis ? Les commentaires sont donc superflus.

Arrivons aux modernes.

E. Zola :

« De quel droit l'État vient-il prendre nos œuvres à la sortie
« de notre cerveau pour y appliquer son *vu* ou son *veto* ?

« D'ailleurs, les réunions publiques et la presse ne sont-
« elles pas libres ? D'où vient cette différence de traitement ?
« Et sur quel haut principe inconnu la base-t-on ?

« On n'a jamais essayé la liberté complète des théâtres.
« Qu'on la tente donc cette liberté : on pourra ensuite régle-
« menter et légiférer à l'aise.

E. de Goncourt :

« Personnellement je n'en veux pas à la censure ; elle ne m'a
« jamais rien fait. Je lui en veux parce qu'elle est mortelle
« aux jeunes, dont le nom ne s'impose pas à elle, ou dont les
« relations ne sont pas assez puissantes pour passer par-dessus
« son autorité. »

E. Bergerat :

« Vous entendrez souvent demander quelle est la pierre de
« touche du vrai libéralisme chez un homme au pouvoir ; et
« le plus souvent encore, les esprits, désabusés et rendus scep-
« tiques par le retour éternel des mêmes duperies, vous diront
« que le libéralisme n'est sujet à aucune épreuve concluante.

« C'est une erreur. La pierre de touche existe, c'est l'abo-
« lition pure et simple de la censure. »

Cependant il s'est rencontré des auteurs modernes qui défendent la censure ; peut-être parce que, ainsi que le fait remarquer A. Dumas fils : « à l'heure qu'il est, la censure ne
« fait aucun tort; elle n'a jamais été si bénévole, elle est, au
« contraire, pour nous, une garantie vis-à-vis les directeurs. »

Jules Simon prend la défense de la censure au nom de la morale. Renan la trouve nécessaire pratiquement. Émile Augier jugeait cette institution *détestable* quand il faisait des pièces. Il l'a trouvée *tutélaire* du jour où il a cessé d'écrire pour le théâtre. A. Daudet la trouve *embêtante*, mais il l'admet et la trouve utile.

Est-ce que l'explication de cette conduite ne se trouverait pas dans ces quelques lignes spirituelles et mordantes d'Henri Becque qui comprend ainsi la manière de voir de ceux qui patronnent la censure et la considèrent comme la sauvegarde de l'avenir du théâtre. « Ils ont, dit-il, deux motifs : l'orgueil
« et l'intérêt.

« L'orgueil ? ils disent eux-mêmes que la censure ne peut
« rien contre eux et chaque jour la foule de ceux qui luttent
« ont à endurer les piqûres d'épingle des Messieurs de la rue
« de Valois.

« L'intérêt ? il arrive un moment où la lassitude de la
« pensée ou peut-être l'impuissance du cerveau les force à
« dormir sur leurs lauriers. Ils ont envahi les répertoires, ils
« tiennent toutes les scènes, et des jeunes qui parlent haut,
« cognent dur, veulent se faire une place aux lumières de la
« rampe..... C'est la censure qui combat pour eux. »

La question semble assez sérieusement examinée par les hommes éminents dont nous avons cité les appréciations. A peu d'exceptions, tous sont contre elle. Oui ! mais c'est là la difficulté : la censure existe toujours et elle existera longtemps encore, éternellement prête à tracasser les écrivains.

Voici donc les conseils que nous donnerions aux jeunes auteurs qui ne veulent pas avoir maille à partir avec une aussi méticuleuse personne.

C'est d'abord d'être eux-mêmes leur censeur le plus sévère, d'éviter les questions politiques et religieuses : on a fait des chefs-d'œuvre sans cela, et il y a dans le domaine de l'art des questions et des sujets autrement intéressants. Pour ce qui a trait à la morale, nous ne pouvons que leur souhaiter d'avoir assez souci de leur dignité, d'avoir assez le respect de leur talent pour ne pas s'exposer à voir retirer de leurs œuvres les passages immoraux ou pornographiques qui ne pourraient leur attirer, comme admirateurs, que des vieillards gâteux, des potaches gâtés ou des cocottes et des gommeux imbéciles.

La chose nous paraît assez évidente pour éviter sur ce sujet de plus grands développements qui, à la longue, deviendraient fastidieux.

CHAPITRE IX

LA PREMIÈRE REPRÉSENTATION.

Emploi de la matinée le jour d'une première. — Les promesses des amis. — Un excellent usage oublié. — Billets d'acteurs. — Le chef de claque. — Les conditions de succès : trucs à employer. — Les endroits où l'on doit applaudir. — L'art d'annoncer le nom de l'auteur. — Pendant la représentation : les devoirs de l'auteur. — Les émotions de la première. — Opinions diverses : de J. Claretie, de M. Fouquier. — Le public des premières : opinion de M. Mirbeau. — La question du sifflet. — Histoire du sifflet au théâtre. — Faut-il oui ou non siffler au théâtre ? — Les applaudissements, leurs inconvénients. — Après le dernier acte.

Il est rare qu'un jeune auteur dorme d'un sommeil paisible la nuit qui précède la première représentation de son ouvrage. Brutus et le grand Condé reposaient tranquillement la veille d'une bataille ; mais un auteur est bien autrement agité. Son amour-propre et... son tailleur sont puissamment intéressés au succès ou à la chute de l'ouvrage, et tout auteur qui me dira que son cœur n'a pas battu au cri terrible du régisseur : « *Place au théâtre ! au rideau !* » a peut-être encore plus d'amour-propre ou moins de bonne foi. N'avons-nous pas entendu dire que Turenne avait senti son cœur défaillir à la première bataille ?

Le grand jour est arrivé : la matinée a été consacrée à la signature des billets dits *de service*. Les amis de l'auteur assiègent sa porte : chacun lui promet l'appui de deux forts « battoirs ». L'un répond du balcon, l'autre de la galerie : tous font preuve de bonne volonté et de zèle.

Il existait autrefois un usage de courtoisie qui ne s'est pas suffisamment maintenu parmi nos auteurs dramatiques. Ceux dont on jouait les ouvrages avec la pièce nouvelle offraient leurs billets au jeune confrère. Cette attention délicate, il faut bien le dire, ne les privait pas cependant du droit de trouver la pièce mauvaise, et certains savaient très bien concilier cette douce fraternité et quelques petits ressentiments de confraternité.

Chaque acteur jouant dans la pièce nouvelle reçoit de l'auteur un billet. Ce billet, comme tous les autres, est remis au *chef de claque*, qui peut ainsi se croire un des collaborateurs de la pièce. L'acteur lui recommande de soigner son entrée, l'actrice lui indique les entrées *à la claque*. Le chef de claque doit apporter un soin extrême à la façon de disposer son peloton. C'est véritablement une tactique. Il y a ce qu'on appelle les feux croisés : claque du parterre ou de l'orchestre, claque du paradis, voire même claque des galeries. Il faut, pour un succès bien posé, que les bravos partent à la fois de tous les points de la salle; les loges et les baignoires seules sont abandonnées au public payant. Les locataires des loges, en effet, sifflent rarement : ils se contentent généralement de bâiller.

Dans les théâtres où la salle n'est pas entièrement occupée par les places données et qui ouvrent leurs bureaux de location — ils sont rares à présent — un directeur qui connaît son métier fait entrer son monde par le théâtre et fait fermer les guichets au sixième billet vendu. On laisse s'empiler dans les couloirs les porteurs de billets de loges : il n'est pas mauvais même de rendre l'argent aux personnes qui ne peuvent se caser. Que l'on parvienne à faire placer à la porte du théâtre deux gardes républicains à cheval pour repousser la foule des gens, qui souvent ne veulent pas entrer, et voilà un succès bien préparé.

Le chef de claque assistera à la représentation générale. Il indiquera à ses gens l'endroit *à coup* ou le moment décisif, il sera sobre d'applaudissements dans la première scène; il peut faire applaudir la décoration ou le *lever d'ouverture*, cela ne tire pas à conséquences et il avertit par là l'auteur qu'il a tout le monde sous la main. C'est à la fin d'une scène qu'il doit principalement lâcher sa bordée de bravos, ou pour étouffer habilement un sifflet téméraire qui pourrait bientôt trouver de l'écho dans la salle.

A ce propos, il ne faut pas toujours croire que le sifflet parte de lèvres ennemies. Un peu d'opposition est utile au théâtre, comme à la Chambre. Mais le fin du fin, le nec plus ultra de l'art, c'est de lâcher à propos un coup de sifflet précisément à l'endroit qui semble réunir tous les suffrages. Le public, généralement juste quand il est en masse, s'élève avec force contre cet acte de malveillance flagrante. Les cris : *A bas la claque, A la porte le sifflet,* vengent d'une manière éclatante l'auteur ou l'actrice, et cette injustice, promptement réparée, est toujours suivie d'un redoublement de bravos.

C'est avec le plus grand discernement que le chef de claque doit crier *bis* pour un couplet. Autrefois le métier était plus facile, les mots *gloire, victoire, guerriers, lauriers* ne manquaient jamais leur effet. Aujourd'hui il ne reste plus que quelques lardons lancés contre le capital ou contre le gouvernement... quand la censure veut bien le permettre; il faut donc se raccrocher aux couplets de sentiment, de vertu ou de bienfaisance.

L'art de réclamer le nom de l'auteur a aussi ses finesses; le régisseur intelligent ne doit point obéir tout de suite à cette invitation. Les mains ont fait leur devoir pendant la pièce, c'est à présent aux gosiers à faire le leur. Quelques cris : *Non! Non!* doivent ranimer par intervalles et avec plus de force le désir de connaître le nom de l'auteur acclamé. La toile doit se lever lentement pour donner à l'acteur le temps de prononcer distinctement le nom du lauréat. Les bravos doivent suivre immédiatement la première syllabe : il est quelquefois prudent que les spectateurs n'entendent pas la seconde.

L'annonce est presque toujours faite par le principal acteur de la pièce. Les applaudissements qui accompagnent les trois saluts sont les droits qu'il touche sur la recette. Si son rôle a été brillant et de longue haleine, l'acteur doit paraître haletant et en désordre : l'intérêt qu'il inspire rejaillit encore sur la pièce.

En principe, pendant la représentation, l'auteur ne doit pas quitter le théâtre qui est pour lui un véritable champ de bataille. Il doit parcourir les coulisses, rappeler à l'acteur ses entrées, aller chercher au foyer ou dans sa loge l'actrice qui oublie sa réplique, réclamer le silence et veiller à ce que le souffleur se souvienne bien des endroits où l'on a fait des coupures. Il félicitera les uns à leur sortie, encouragera les autres à leur entrée, et par un coup d'œil prompt et rapide, abrégera la scène qui est travaillée par une entrée subite d'un autre acteur. Cette présence d'esprit de l'auteur est un coup de maître et plus d'un succès a été ainsi enlevé à la pointe de l'épée.

« C'est pendant ces premières représentations, » dit Jules Claretie, « que les tempéraments divers des auteurs s'affirment
« de façons différentes. Il en est qui demeurent calmes au mi-
« lieu des artistes éperdus, comme un général parmi ses sol-
« dats. Il en est d'autres qui pâles, énervés, perdent complè-
« tement la tête.....

« La plupart des auteurs ne peuvent supporter cette in-
« croyable émotion d'une première. Ils sortent du théâtre dès
« que le rideau se lève et vont prendre l'air sur le boulevard.
« Mais machinalement leurs pas les ramènent vers le théâtre
« comme, dit-on, un secret instinct — je vous demande par-
« don de la comparaison — ramène les meurtriers vers le
« lieu de leur crime. Notez que si l'auteur a voulu fuir par
« la promenade une scène qu'il croit dangereuse et dont il re-
« doute l'effet, il aura beau faire, il arrivera toujours trop tôt,
« et avant que la malencontreuse scène soit jouée. L'idée du
« temps n'existe pas pour un auteur le soir d'une première.
« Il croira avoir marché une heure : il aura marché dix mi-
« nutes. Il aura beau regarder sa montre, il croira que les
« aiguilles se trompent. A neuf ou dix heures il arrivera au
« théâtre, croyant qu'il est minuit et demandera le résultat
« de la soirée alors qu'on achèvera le cinquième tableau d'une
« pièce qui en a dix ou douze. C'est que la promenade, en
« pareil cas, n'offre pas grand charme à l'infortuné auteur
« dramatique. Il s'éloigne du théâtre, il est vrai, mais il em-
« porte toutes les terreurs qu'il veut fuir. Il va, vient, marche,
« fait de grandes enjambées : peine perdue !

Le souci monte en croupe et galope avec lui.

« Il entend, sans le vouloir, tout ce que disent là-bas les acteurs,

« tout ce que répondent les spectateurs. La pièce ne se joue pas
« devant lui, mais en lui : son cœur bat, son sang bout. Partout
« il entend siffler, et il bondit avec effroi. On siffle, on a sifflé!
« c'est un gamin qui passe en sifflotant un air de vaudeville;
« c'est un conducteur d'omnibus qui siffle dans son sifflet d'ar-
« gent. Mais il semble au pauvre dramaturge que c'est son
« œuvre que l'on siffle, et que ce coup strident va frapper au
« cœur son jeune premier. Il y a des condamnés qui souffrent
« moins que certains littérateurs les soirs de premières re-
« présentations. »

M. Henri Fouquier, dans un article auquel nous avons déjà fait allusion, nous dépeint ainsi les impressions qu'il a éprouvées le soir de la première représentation d'une pièce qu'il avait écrite pour l'Ambigu :

« Je m'étais cependant imaginé, dit-il, que si les acteurs
« et la foule, devant une pièce nouvelle sont nerveux, rien
« n'est plus facile à un auteur que de rester sans émoi et
« comme désintéressé de la chose. Un drame qui réussit, ce
« n'est, après tout, ni la fortune ni la gloire; un drame qui
« échoue, on n'en meurt pas ; ce n'est ni la ruine ni le déshon-
« neur.

« Dans la partie jouée devant la foule on peut croire et on
« croit souvent légitimement qu'il y a une part de hasard :
« c'est un coup de cartes, et combien de choses dans la vie sont
« des coups de cartes plus terribles et plus chers! Je m'étais
« donc promis d'être pour mon affaire un simple spectateur
« sans émotion, et même un spectateur de *première*...

« Je ne crois plus maintenant — et c'est là qu'éclate cette
« force irrésistible des choses du théâtre — que ce soit possi-
« ble. On dîne mal. On arrive une heure trop tôt, devant que
« les chandelles soient allumées. Oh! je ne mets plus en
« doute ce que me disaient, me trouvant un peu trop incré-
« dule à leur parole, mes amis chevronnés par vingt succès,
« les maîtres du Théâtre.

« J'imaginais qu'ils y mettaient une sorte d'affectation,
« quand ils m'assuraient qu'en entendant frapper les trois
« coups, ils n'étaient plus sûrs de rien ni de personne, pas
« même d'eux. Et notez qu'être glorieux ou inconnu, qu'être

« joué à la Comédie Française ou à Beaumarchais, donner
« un vaudeville ou une grande comédie, risquer son avenir
« ou ne pas être même exposé à compromettre son passé,
« c'est sensiblement tout un. Ce qui vous prend, ce n'est pas
« le résultat possible d'une tentative qui peut n'être qu'une
« fantaisie ou un délassement dans le cabinet de l'écrivain :
« c'est l'œuvre même, c'est le théâtre avec son invincible en-
« traînement, c'est l'angoisse du contact direct de la pensée et
« de la foule, c'est l'expression devenue vivante d'une con-
« ception abstraite, qui vous saisissent, vous hypnotisent,
« vous font rester immobile, avec un nombre d'idées dans la
« cervelle, dont on ne saurait formuler une seule pendant
« quatre heures, qui, pour nous au moins, passent comme dix
« minutes. C'est très amusant d'ailleurs, quand c'est fini. »

Quelques mots maintenant sur le public des premières.
M. O. Mirbeau va nous en parler d'une façon un peu amère
peut-être, mais dans la description qu'il fait de ce public
dont il a horreur, il y a des choses exactes malheureusement.

« On y voit, dit le chroniqueur du *Gaulois*, des critiques en
« liberté, des soiristes ébahis et encombrants, quelques
« banquiers, tout ce que le journalisme possède de journalis-
« tes, de reporters, d'anecdotiers, et cinq ou six clubmen qui
« ont la prétention de faire le succès ou de déterminer la
« chute des pièces, comme ils font la mode des pantalons et
« des chapeaux. Les vieilles actrices et les jeunes aussi abon-
« dent en ces réunions, ainsi que leurs mères, leurs sœurs,
« leurs bonnes, et tout ce qui grouille, autour d'une comé-
« dienne, de personnages louches et de métiers anonymes.
« Ce sont d'ailleurs toujours les mêmes visages aperçus aux
« mêmes places. Un joli monde, allez, et qui a de l'art et de
« la littérature une idée bien parisienne.

« Je ne connais pas de plus mauvais public que celui-là, de
« public plus réfractaire aux belles choses et plus inintelligent,
« disons le mot, plus sot. Il ne se complaît qu'aux banalités
« sentimentales ou bien à la franche ordure. Ah! les roman-
« ces qui font pleurer les concierges, ou bien les couplets
« obscènes qui ragaillardissent les bonnetiers grisonnants! A
« la bonne heure! Mais dès qu'il se trouve en présence d'une

« situation forte, d'une œuvre puissante, dès qu'il entend un
« langage noble et sévère que ne disloquent aucune nouvelle
« à la main de brasserie, aucun mot de boulevard, aucun
« vocable de club élégant, le voilà tout dérouté et effaré et
« ennuyé; il bâille, il crie. Quelquefois il s'indigne et il siffle.
« Les critiques, qui badinaient avec une petite figurante des
« Bouffes ou des Variétés, s'assombrissent tout à coup et plis-
« sent le front; les soiristes en train de demander des notes
« à une couturière influente se font sarcastiques; les banquiers
« haussent les épaules; les coiffeurs prennent des airs de dé-
« dain, et les demoiselles, en s'éventant d'une main scandalisée,
« gloussent comme de vieilles poules déplumées et disent bien
« haut qu'on leur manque de respect. »

M. Mirbeau a oublié qu'il s'y trouve aussi des esprits véritablement distingués qui savent comprendre une belle œuvre,
ainsi que des gens de goût qui ne passent pas le temps des
entr'actes à crier leur appréciation dans les couloirs. Malgré
tout, pour un certain monde interlope qui se faufile, on ne
sait comment, dans la salle, sa boutade ne manque pas d'exactitude.

Nous allons revenir, en quelques mots, pour terminer ce
chapitre de la première représentation, à la question du sifflet, cet instrument de supplice inventé par un public tyrannique pour terroriser aussi bien les interprètes que les auteurs.

L'histoire du sifflet au théâtre me semble avoir été bien
résumée dans le *Progrès Artistique* (n° du 1er mars 1894), par
M. F. de Ménil sous le pseudonyme de Kundry :

« L'usage du sifflet au Théâtre ne date pas d'hier. Les Athé-
« niens, écrit A. Bouchard dans son *Dictionnaire de la lan-
« gue théâtrale*, se servaient de sifflets pour signaler les mau-
« vais passages d'une pièce ou le mauvais jeu d'un acteur : ils
« avaient même, pour cet usage, une espèce de flûte de Pan
« dont chaque son de chaque tuyau indiquait le degré de cri-
« tique qu'ils prétendaient faire.

« On voit, par cette citation, que le sifflet, appelé jadis par
« un critique spirituel *un instrument de mauvaise compagnie que
« le bon goût appelle quelquefois à son aide*, est déjà d'un âge
« assez respectable, et que ses arrêts, autrefois modulés sur

« les sept tuyaux de la syringe, avaient une certaine autorité...

« Cherchons maintenant quand on a commencé à siffler au
« théâtre en France.

« Si c'est à la première mauvaise pièce, il doit y avoir
« longtemps de cela.

« En effet, on s'accorde à dire que le sifflet fit son apparition
« pour la première fois en 1686, à la Comédie Française où
« l'on jouait *Le Baron des Fondrières*, une comédie de Thomas
« Corneille, le frère de celui qui avait du talent, à moins que
« ce ne soit en 1680 à l'*Aspar* de Fontenelle, ou bien encore
« à l'*Électre* de Pradon. On va même jusqu'à affirmer que ce
« fut en 1668, lors de la première représentation des *Plaideurs*
« de Racine. Quoi qu'il en soit, l'usage du sifflet se répandit
« tellement que l'on fut forcé de l'interdire : une première or-
« donnance en défendit l'usage à l'Opéra et à la Comédie
« Française.

« Le sifflet a depuis passé les frontières ; je trouve dans un
« *Almanach musical* de 1776, que Jean Cornaro, gouverneur
« de Rome, fit publier, dans une ordonnance concernant le
« spectacle, qu'il était défendu d'y siffler ou même d'y ap-
« plaudir sous peine de trois tours d'estrapade. »

Il y a deux camps au sujet du sifflet au Théâtre : ceux qui
le trouvent brutal, injurieux, et ceux qui l'admettent au même
titre que l'applaudissement, et comme moyen d'exprimer son
mécontentement. Il y a au théâtre une nuance : le sifflet peut
s'adresser à l'acteur, il peut s'adresser à la pièce. Le cas s'est
souvent présenté. Si c'est l'acteur qu'on *égaie*, cela ne nuit pas
à la pièce ; si c'est l'œuvre, cela n'atteint pas l'interprète. Et,
chose terrible, le public ignorant a parfois sifflé de bonnes pièces, avec autant de fracas que de mauvaises. « Ah ! tout n'est
« pas rose pour les hommes de théâtre, écrit M. Albert Lau-
« rent. S'ils ont des triomphes inoubliables, des succès subits
« qui leur créent en un jour une célébrité, il font aussi des
« chutes rudes à se casser les reins.

« Quand on aborde la scène, il faut se couvrir la poitrine
« d'un triple airain et se répéter tout bas le proverbe arabe :
« On ne jette des pierres qu'aux arbres chargés de fruits d'or. »
« Si l'on est sifflé, c'est une consolation !... »

Bien que nous ayons déjà donné une longue étendue à ce sujet, qu'on nous permette de citer quelques lignes d'un très intéressant article de M. A. Hallays sur les *sifflets et les applaudissements* et qui nous semble résumer assez bien la question :

« Supprimons le sifflet; mais alors supprimons aussi l'applaudissement. Le second est aussi inepte que le premier.
« Il n'est rien de plus sot que cette rage de bruit qui s'empare des hommes assemblés. A-t-on jamais vu, dans un musée, quelqu'un qui se mît à battre des mains pour exprimer son admiration devant un chef-d'œuvre? Un lecteur, au coin de son feu, a-t-il jamais éprouvé le besoin de laisser là son livre pour se frapper les paumes l'une contre l'autre? Ce sont des manifestations de sauvages. D'ailleurs, si le sifflet a souvent outragé le génie, non moins souvent l'applaudissement a encouragé la médiocrité, perverti les comédiens, suggéré aux auteurs des platitudes ignominieuses et empêché les spectateurs de bien goûter une œuvre d'art.

« On peut compter les comédiens ou comédiennes dont l'unique souci n'est pas, comme l'on dit, de *forcer les applaudissements*. Lorsqu'un acteur méconnaît la pensée d'un poète ou dénature la musique d'un compositeur, c'est presque toujours pour produire un *effet* et soulever un tumulte d'admiration. Le tragédien qui déblaye quarante-neuf vers pour hurler le cinquantième, le ténor qui prolonge son *ut* jusqu'à nous en couper la respiration, le comique qui pousse tout son rôle à la caricature n'agissent ainsi que pour déchaîner les bravos. Du jour où serait abolie la stupide coutume, on verrait moins souvent des comédiens *éminents* mettre leur personnage au premier plan sans souci de la vérité scénique, et des chanteurs suppléer par des tours de force à l'émotion et à l'intelligence qui leur font défaut.
« C'est l'applaudissement qui crée l'engeance odieuse des virtuoses.....

« S'il est un droit qu'à la porte on achète en entrant, ce n'est ni celui de siffler ni d'applaudir, *c'est celui d'entendre*.
« L'applaudissement assourdit le spectateur, suspend le drame, arrête la marche de l'action, enlève toute force aux repar-

« ties, détruit l'illusion scénique. A chaque moment, ces aboie-
« ments, et ces trépignements, ces *braaavo* et ces *braaava* in-
« terrompent le mouvement des scènes et font perdre des
« fragments de dialogue aux oreilles les plus fines.... S'il
« s'agit d'un opéra ou d'un drame lyrique, l'usage devient
« tout à fait barbare. Les harmonies de l'orchestre sont sou-
« dain étouffées par le plus antimusical des bruits. On est sous
« le charme de la mélodie, et voilà l'enchantement bêtement
« rompu. C'est un grand attrait du théâtre de Bayreuth
« qu'on y puisse écouter sans être exaspéré par les explosions
« incessantes de l'enthousiasme public. Du reste, le silence,
« l'absolu silence n'est pas seulement indispensable pour bien
« comprendre et bien goûter une œuvre de Richard Wagner;
« il est tout aussi nécessaire à une représentation de Gluck et
« de Mozart. Il est vraiment par trop cruel d'être, à chaque
« instant, tiré de son rêve par la voix et les battoirs de ses
« voisins ».

Cet avis sera-t-il partagé par les auteurs? Car n'est-ce pas pour l'applaudissement que travaille l'auteur?

« Quand il écrit son drame, sa comédie ou son opéra »,
dit M. A. Hallays, « n'entrevoit-il pas, lui aussi, dans son rêve
« une salle en délire, des messieurs qui tambourinent avec
« leurs cannes sur le plancher, des dames qui d'enthousiasme
« brisent leurs éventails dans leurs mains gantées, et, plus
« haut, le paradis qui vocifère d'admiration? Or, c'est pour
« provoquer ce grand brouhaha qu'il y a tant de *calembredaines*
« dans le vaudeville, tant de *mots* dans les comédies, tant de
« *tirades* dans le drame, tant de jolies *cadences* dans les opé-
« ras... ce qu'on appelle au théâtre la *convention* n'est en
« général que la loi de l'applaudissement. »

La fin de l'article de M. Hallays tend à provoquer l'abolition de la claque. Nous transcrivons donc ces lignes qui peuvent présenter quelque intérêt aux auteurs :

« On allègue qu'applaudir est un besoin irrésistible de la
« foule. Irrésistible? je n'en suis pas convaincu, et les entre-
« preneurs de spectacles, qui doivent connaître la question,
« partagent mes doutes puisqu'ils mettent dans les salles de
« théâtre des applaudisseurs de profession qui, eux, du

« moins, ont, pour faire tant de bruit, l'excuse d'être payés.
« A quoi bon la claque, si, d'instinct, la foule est portée à
« applaudir? Que l'on tente seulement de supprimer les *Ro-*
« *mains* et l'on verra si, peu à peu, la majorité du public ne
« finit pas par imposer silence aux natures trop expansives
« qui troublent le spectacle par leurs manifestations. »

Mais la routine est là, qui veut que l'on applaudisse. Une pièce qu'on n'applaudirait pas n'aurait aucun avenir. On pourrait peut-être se borner à ces expansions d'admiration à la fin de chaque acte, et alors rappeler les acteurs, ce que l'on fait déjà.

Encore une fois, ce que l'on cherche, c'est l'applaudissement et l'applaudissement seul, puisque l'on interdit le sifflet.

Il n'y a pas à aller contre la tradition, contre la convention. On applaudira toujours, et, malgré les défenses, on sifflera aussi quelquefois. Car, en résumé, l'un comme l'autre ne sont que des formes d'appréciations. Et en réalité on pourrait les supprimer tous les deux, ou les admettre ensemble. Être applaudi ou sifflé, voilà donc ce qui attend l'auteur qui aborde la scène. Telles sont toutes les émotions par lesquelles on passe le soir de la première.

Dieu soit loué, le rideau tombe, le nom de l'auteur est proclamé, les acteurs regagnent leurs loges, les journalistes courent à leur journal, et le régisseur corrige déjà l'affiche du lendemain.

L'auteur respire, il reçoit avec modestie les compliments qu'on lui prodigue, il court de loge en loge remercier les acteurs qui lui promettent d'être encore plus chauds les jours suivants. La duègne s'excuse d'avoir eu peur, la jeune première d'être enrhumée, la petite ingénue d'avoir la migraine. Le Père noble hasarde quelques conseils que l'auteur ne manque pas d'approuver, — tout en se promettant de ne pas les suivre.

Ainsi se termine pour l'auteur heureux cette soirée orageuse : peine, travail, dégoût, tout est oublié jusqu'à ce qu'une lourde chute rejette vers la terre celui qu'un succès avait un moment élevé au-dessus des espaces infinis.

CHAPITRE X

APRÈS LA PREMIÈRE.

Au café du Théâtre. — Conseils pratiques. — Les solliciteurs de billets. — Ceux auxquels on ne peut refuser. — Les compliments des amis : ce qu'il faut en penser. — Les complimenteurs intéressés. — L'examen de l'œuvre. — L'imitation ou *plagiat*. — Opinion de M. G. Larroumet sur le plagiat. — De l'avantage d'être journaliste. — De la critique. — La conspiration du silence. — Il faut être bien avec les journalistes. — Les qualités de la vraie critique d'après Diderot, M. de Lapommeraye, et A. Vacquerie.

Le café d'un théâtre est le rendez-vous de tous les oisifs et de tous les abonnés ou habitués de ce théâtre. C'est là que dès le matin on vient attendre l'auteur de la pièce nouvelle pour lui demander des billets, soit comme curieux et à titre gracieux, soit comme claqueur honoraire. Un auteur intelligent s'abstiendra de paraître au café de toute la journée. Il lui serait impossible, en effet, de se refuser aux nombreuses demandes qui l'y attendent. Il y a, à Paris, une partie de la population qui ne manque jamais d'assister à une pièce nouvelle et qui a pour principe de ne jamais prendre un seul billet au bureau. Ces solliciteurs sont loin d'être les moins exigeants, et il en est plus d'un qui, muni d'un billet d'auteur, croit que sa réputation d'homme d'esprit est intéressée à trouver la pièce mauvaise.

Il est certaines demandes de billets auxquelles l'auteur ne peut se refuser. Un créancier, un fournisseur, un propriétaire, une maîtresse, ont des droits trop sacrés pour ne pas obtenir ce qu'ils demandent. Dans ce cas le billet s'envoie à domicile ou bien est déposé chez le concierge de la personne à qui il est destiné.

Si l'auteur doit s'abstenir de paraître au café avant la représentation de son œuvre, il peut s'y montrer après et jouir tout à loisir de son triomphe. Dès son entrée, il est entouré d'un groupe d'amis qui tout en vantant le mérite de l'ouvrage, ne manquent jamais de faire sonner bien haut les incroyables efforts qu'ils ont faits pour entraîner leurs voisins un peu paresseux. Le bock, les petits verres, le punch lui sont offerts à la ronde. Ces compliments plus ou moins sincères ont tous leur petit intérêt. Un ami qui a bien voulu se faire étouffer pour vous au parterre se croit des droits bien acquis à deux fauteuils d'orchestre ou de première galerie pour le lendemain. Au milieu de ce concours d'éloges, il n'y a rien de plus comique à la fois, et de plus digne de l'attention d'un observateur du cœur humain que les félicitations et les éloges que les auteurs ne manquent jamais d'adresser au cher confrère pour éviter jusqu'au moindre reproche, au plus léger soupçon d'une basse jalousie. Toutes ces félicitations et tous ces éloges ont le même fond de sincérité : la forme seule varie.

C'est autour d'une table chargée de flacons et de petits verres, — les consommations sont aux frais de l'auteur acclamé, — que s'établit l'examen de l'ouvrage.

C'est une œuvre fort gentille, jugera l'un; ce qui veut dire : la pièce n'est pas forte.

Il y a de jolis couplets, reprend un autre; cela signifie : le dialogue ne vaut rien.

Demandez à celui-ci ce qu'il pense de la pièce, il vous répondra aussitôt qu'il est arrivé au dernier acte. Il est l'ennemi-né de tout succès qui n'est pas le sien. Vous risqueriez plutôt d'attraper une ruade du cheval d'Henri IV en traversant le Pont-Neuf que d'entendre un seul mot d'éloge sortir de la bouche de cet envieux confrère.

Celui-là proteste qu'il a ri comme un fou, mais il regrette que la pièce finisse un peu brusquement, que l'auteur n'ait pas assez développé une scène charmante, qui n'est hélas! qu'indiquée seulement. Il se fait expliquer plusieurs choses qu'il n'a pu comprendre. Il aurait désiré que le père eût une autre profession que celle des armes : les militaires commencent un peu à s'user au théâtre, etc., etc...

Cet autre entre brusquement et félicite son très cher ami de l'adresse avec laquelle il a rajeuni un sujet traité par Dancourt ou Favart; ou bien, tout gonflé d'une érudition, fruit de sa compilation de la veille, il apprend aux auditeurs, qui ne s'en doutaient pas, que la pièce du cher ami n'est qu'une imitation assez servile d'un vieux canevas de *Brazier* ou de *Carmouche*.

Oh! cette accusation de plagiat, combien de fois ne l'entend-on pas retentir à propos de tout et même de rien. Avouons cependant qu'on n'a pas toujours tort de l'appliquer. Nous avons une telle confiance dans le talent de nos confrères, que dès que nous voyons quelque chose de bien dans leur œuvre, notre première idée est qu'ils n'en sont pas les auteurs, qu'ils l'ont puisé autre part. Ah! par exemple, si la chose est mauvaise, elle ne peut être que leur ouvrage.

M. Gustave Larroumet a assez bien décrit cet état d'âme dans un intéressant article sur le *Plagiat littéraire*.

« Notre pays, dit-il, est peut-être celui où l'éducation sco-
« laire marque les habitudes intellectuelles de la façon la
« plus durable. Il y a, chez la plupart des Français, un collé-
« gien qui survit au collège. Écrivain ou lecteur, il se con-
« duit comme dans une classe; il semble que l'œil du maître
« pèse toujours sur lui. Sa mémoire retient les préceptes aux-
« quels l'art plie les grammairiens et les rhéteurs; son esprit
« continue à les appliquer.

« C'est tantôt un bien tantôt un mal. Non seulement notre
« amour de la littérature et de la gloire littéraire, mais nos
« qualités de justesse et de mesure, notre art de la composi-
« tion et notre respect de l'orthographe en tout genre nous
« viennent en grande partie du collège. D'autre part, nous
« continuons trop à faire de la littérature comme des écoliers.
« Nous sommes dociles aux formes consacrées et aux hiérar-
« chies littéraires. Nos révoltes mêmes sont des révoltes d'é-
« coliers : s'insurger violemment contre le maître, c'est encore
« une manière de reconnaître son autorité. Nos critiques ont
« volontiers l'esprit *pion*; ils corrigent les œuvres comme des

« copies. Ils rangent leurs justiciables par *premiers* et *seconds;*
« ils sont encore plus occupés de classer que de juger. Et, ce
« faisant, ils répondent au goût public.

« Entre autres survivances de l'esprit scolaire, une des plus
« impérieuses consiste, dès que nous constatons une imita-
« tion, à crier comme font les écoliers : « Tu as copié ! » A
« moins que, par respect des modèles, nous ne lui sachions
« gré de faire ainsi preuve de bonnes lettres. Car tantôt l'imi-
« tation nous paraît un cas pendable, et tantôt un titre d'hon-
« neur. Jadis, suivre et rappeler les maîtres passait pour un
« juste hommage et une marque de goût. Ainsi Regnard et
« Voltaire pouvaient reprendre les scènes et jusqu'aux pro-
« pres vers de Corneille et de Racine. Cela faisait l'effet d'une
« citation heureuse, à l'époque où l'on citait encore.

« Nous sommes tous mortels, comme dit Cicéron.

« Ce que nous ne pardonnons pas, c'est l'imitation non
« avouée. Ceux de nos écrivains qui imitent de la sorte sont
« penauds et furieux lorsqu'ils se laissent prendre la main
« dans le sac. Rappelez-vous les colères de Voltaire accusé
« d'avoir démarqué Shakespeare, et voyez à cette heure
« M. Émile Zola se justifiant d'avoir mis son comte Muffat à
« l'École de sénateur d'Ottway.

« Et M. Sardou ! et tous les auteurs dramatiques, pour
« peu qu'ils soient féconds et heureux ! Il n'y en a pas un à
« qui le reproche de plagiat n'ait été adressé avec la joie
« triomphante de celui qui sait ce que les autres ignorent,
« la fierté légitime du justicier qui dénonce le crime, ou
« l'envie rageuse qui s'efforce de diminuer le succès. »

Et puisque nous sommes sur cette question de plagiat, ajoutons un mot à ce que vient de dire M. Larroumet. Depuis que
le monde est monde, depuis que l'on pense et que l'on écrit,
le champ des idées humaines n'est pas assez vaste pour qu'il
ne reste encore des coins inexplorés. Tout a été dit, tout a été
fait en littérature. Et si quelques écrivains paraissent originaux, c'est qu'à leur esprit des choses plus rares se présentent, qui sont inconnues des contemporains et qu'elles se développent en eux à la façon dont Pascal enfant retrouvait les
trente-deux propositions d'Euclide. Ce qui est le propre du

génie, c'est sa manière à lui de traiter le sujet qui ne lui est qu'à moitié personnel, ce sont les conclusions qu'il en tire, les déductions qu'il en extrait.

Songe-t-on à reprocher à Lafontaine ses fables dont le sujet ne lui appartenait pas en propre?

Ce qu'on attaque en un écrivain, ce qu'on reproche à un auteur, c'est de prendre un sujet déjà traité avant lui, et d'en extraire des conclusions déjà tirées, quand ce n'est pas le démarquage pur et simple.

Nous avons traité précédemment, dans la partie technique de cette étude sur le théâtre (1), des faits divers de l'existence qui pouvaient parfois inspirer utilement un auteur.

M. Larroumet l'exprime fort bien dans les lignes suivantes :

« Il suffit à un romancier de lire un fait divers, platement
« raconté par un reporter, qui souvent aura copié le récit
« d'un commissaire de police, pour en tirer une œuvre de vé-
« rité humaine et d'émotion éternelle. Il suffit à un Flaubert
« d'apprendre par hasard l'histoire d'un médecin de cam-
« pagne et de sa femme pour écrire *Madame Bovary*. De
« même au théâtre l'idée première n'est rien : ce qui importe,
« c'est la mise en œuvre. Depuis qu'il y a des hommes qui
« écrivent, ils s'empruntent les uns aux autres la matière
« de leurs fictions. Une grande part de la littérature fran-
« çaise n'est qu'une imitation de la littérature latine, qui
« imitait elle-même la littérature grecque, et nous commen-
« çons à découvrir que les Grecs, initiateurs du monde mo-
« derne, ont eux-mêmes beaucoup imité l'Orient. Comme dit
« l'autre, nous n'avons que sept pauvres petits péchés capi-
« taux pour passer le temps. Nous n'avons aussi qu'un petit
« nombre de passions et d'actes toujours les mêmes et tou-
« jours nouveaux. Chaque génération les pratique et les dé-
« crit; elle s'en console et les purge par l'art. Et à mesure
« que les œuvres littéraires s'accumulent, elles deviennent un
« fonds commun d'écriture où puisent tous les écrivains.

« Au théâtre surtout, genre d'autant plus borné dans ses
« moyens d'expression qu'il exige plus de concentration et de

---

(1) *Des qualités indispensables*, etc. (chap. Ier).

« logique, le champ de l'invention est étroitement limité.
« Plusieurs fois les critiques se sont évertués à dresser le
« compte des situations dramatiques. Ils n'en ont trouvé
« qu'une quarantaine. Tout récemment, avec beaucoup d'éru-
« dition, de sens critique et d'ironie, un jeune écrivain,
« M. Georges Polts, en réduisait le nombre à trente-six. »

Que nos écrivains dramatiques se consolent du reproche que peut leur faire un confrère envieux. Tous les grands inventeurs au théâtre ont été de grands imitateurs, depuis Shakespeare, depuis Molière, Beaumarchais jusqu'à M. X, Y ou Z.

Revenons aux réflexions des amis de l'auteur : la conclusion de tout cela est que l'aréopage forcé de conclure, attendu l'heure avancée, déclare à l'unanimité que la pièce est charmante, mais qu'elle ne fera pas d'argent.

Ainsi s'écoule, pour l'auteur, la soirée qui suit son triomphe, et il remonte chez lui impatient de lire les journaux du lendemain où les amis vont rendre compte de sa pièce, souvent avec autant de bonne foi et de charité qu'ils en faisaient l'éloge la veille.

Heureux, mille fois heureux, l'auteur qui est en même temps journaliste. Il n'y a pas d'ouvrage mieux fait, dit un proverbe que celui que l'on fait soi-même.

Il arrive parfois qu'un auteur journaliste donne à ses confrères l'analyse de la pièce terminée par un petit chant d'éloges qu'il rédige le plus modestement qu'il peut.

Mais il se débarrasse de toute contrainte lorsqu'il écrit dans son journal. A l'aide de l'incognito, il peut traiter son cher enfant avec toute la tendresse d'un père; il n'est pas rare dans les fastes de la littérature de voir l'auteur de son propre ouvrage annoncer aux abonnés qu'il est un homme d'esprit, connu sur les boulevards par de nombreux succès (1). Chaque jour enfante un nouvel article. Fait-il chaud? la pièce brave l'influence de la canicule, et le public vient chaque soir s'étouffer dans une salle trop étroite. Le froid est-il de dix-huit degrés, c'est encore une plus grande affluence. La pièce a-

---

(1) L'article est, bien entendu, signé *Intérim*.

t-elle été un peu cahotée, il faut dire que les acteurs ne savaient pas leur rôle, et qu'aujourd'hui des coupures adroites et la mémoire plus fidèle des interprètes ont assuré pour longtemps à l'ouvrage de nombreuses représentations et une très honorable place au **répertoire**.

Mais toutes les critiques ne sont pas aussi bénignes. Bien qu'elles aient un fond de douceur et d'aménité, elles sont quelquefois sévères, le plus souvent quand il s'agit d'un débutant qui n'a pas encore de nombreux amis dans la presse, pour un jeune talent qui menace de prendre la place des vieux routiers. Mais alors il se passe ce que nous pouvons considérer comme la chose la plus dangereuse : la conspiration du silence qui fait le vide autour de l'œuvre, empêche la réclame qui lui donne la vie, la met sous l'éteignoir, sous le boisseau, en un mot l'étouffe cruellement. Plus terrible mille fois que la sévérité qui montre également les défauts et les qualités, plus terrible encore que celle qui exhibe les imperfections, et cache les qualités, ce silence de mort tue une œuvre dans l'œuf. Et le proverbe qui dit : « Les gens heureux n'ont pas d'histoire », est faux en matière théâtrale. Les pièces qui n'ont pas d'histoire sont celles qui sont tombées platement. Que de fois de jeunes auteurs se sont retirés avec dégoût du théâtre où ils pouvaient espérer une carrière brillante, parce qu'étranglée, à son apparition, leur œuvre qu'ils avaient essayé vainement de faire connaître est, de par le mauvais vouloir des critiques, restée irrévocablement inconnue.

Nous n'avons pas à revenir sur la critique, dont nous avons parlé dans la première partie de ce Manuel, *Le Journal*. Nous aurions trop à dire sur ce sujet.

Le seul conseil que nous ayions à donner à un auteur, c'est d'être journaliste lui-même et d'avoir beaucoup d'amis dans le journalisme. Être journaliste, vaut peut-être encore mieux. En voici la raison : Comme la plupart du temps la critique des journaux est faite par des auteurs dramatiques, s'ils vous bêchent, vous pourrez leur rendre la pareille, et rien n'est plus désagréable qu'un accord dissonant au milieu d'un concert de louanges. Tenant à être ménagés par vous, vos confrères vous ménageront à leur tour. Voilà pourquoi, dans vos débuts, vous serez surpris de voir les critiques, après avoir démoli tout bas, dans les couloirs, la pièce que l'on représente, en faire, le lendemain, dans leurs journaux respectifs, le plus grand éloge. Cela s'explique facilement quand on a le fin mot de la chose. Ce n'est pas l'intérêt que l'on vous porte, c'est la crainte que vous inspirez à votre tour qui est le mobile de la plupart des critiques élogieuses.

Que le jeune auteur tâche aussi de se mettre bien avec les critiques qui ne font pas de théâtre; du reste, ils sont fort peu nombreux. Leur appréciation peut être plus juste parce qu'elle est plus désintéressée. Il ne faudrait pas pourtant insister trop sur le désintéressement des critiques qui ne font pas de théâtre. Il est bon aussi de ne pas trop se formaliser de leur jugement : un auteur qui débute peut quelquefois trouver dans leurs critiques de sages conseils et d'instructives leçons.

Il y a deux sortes de critiques, dit Henri de Lapommeraye : « la critique vive et acerbe, la critique sévère » qui « s'attache « aux défauts : c'est un égoïste qui semble dire : « Voyez « comme je suis fort, judicieux, savant; j'ai trouvé les côtés « faibles de ce drame. Rien ne m'échappe, admirez-moi. »

Il ne faut pas toujours faire fi de leurs avis : ils peuvent devenir profitables.

« Il y a aussi, » continue M. de Lapommeraye, « la critique « indulgente, enthousiaste », qui « s'attache aux beautés et « dit avec Diderot : « C'est pour moi et pour mes amis que « je lis, que je réfléchis, que j'écris, que je médite, que j'en- « tends, que je regarde, que je sens. Dans leur absence, ma « dévotion rapporte tout à eux, je songe sans cesse à leur « bonheur. Une belle ligne me frappe-t-elle, ils la sauront. « Ai-je rencontré un beau trait, je me promets de leur en faire « part. Ai-je sous les yeux quelque spectacle enchanteur, « sans m'en apercevoir, j'en médite le récit pour eux, je leur « ai consacré l'usage de tous mes sens et de toutes mes fa- « cultés; c'est peut-être la raison pour laquelle tout s'exagère, « tout s'enrichit un peu dans mon imagination et dans mon « discours; ils m'en font un reproche, les ingrats. »

« Oh oui! ingrats, bien ingrats, » ajoute M. de Lapommeraye,

« ceux qui ne rendent pas justice aux bons serviteurs du ta-
« lent, à ces braves critiques qui, suivant l'heureuse expression
« de Vacquerie, « *remontent le poète dans ses moments de dé-*
« *faillance, ramassant sa plume à terre et la lui remettant dans*
« *les doigts; collaborateurs de chefs-d'œuvre, faiseurs de ta-*
« *lent…* »

«… C'est bien là la mission du critique. Le parti le plus pro-
« fitable à l'art, ce n'est pas de courir après la sottise pour le
« divulguer et se faire honneur et profit de cette opération :
« non! c'est de découvrir le talent, de l'encourager, de l'aider;
« de donner les chefs-d'œuvre à la foule, et la foule aux chefs-
« d'œuvre. »

Ajoutons, pour rassurer les débutants, qu'il existe encore des critiques de cette rare sorte; mais complétons ce renseignement en leur disant qu'il n'est pas mauvais pourtant d'avoir un ami qui soit au mieux avec le critique en question, pour attirer son attention sur les beautés ou simplement les qualités que peut renfermer l'œuvre nouvelle.

Résumons donc tout ceci en une seule phrase : Devenez l'ami des journalistes et des critiques, ou, ce qui vaut mieux, faites-vous critique ou journaliste vous-même : vous serez alors bien plus sûr de vos succès.

CHAPITRE XI

DU DERNIER MOYEN DE PARVENIR.

A quoi équivaut auprès d'un directeur de théâtre la demande de jouer une pièce. — De la différence qui existe entre un auteur riche et un auteur pauvre. — L'auteur riche peut devenir son propre impresario. — Le peu d'avantages qu'il en retire, au point de vue de la critique et de la réclame. — Le public d'été. — Danger de pareilles mœurs pour l'avenir théâtral. — Une opinion d'E. Bergerat. — De l'utilité de rendre la production théâtrale aussi libre que la consommation. — Il n'y a pas encore assez de théâtres.

Ce chapitre n'a rien de commun avec le livre prodigieux du bon chanoine Béroalde de Versille. Il s'adresse aux auteurs inconnus que des échecs successifs aux différentes scènes près desquelles ils ont tenté la chance ne découragent pas encore, que le démon du théâtre hante d'une façon extraordinaire, qui veulent à toute force connaître les émotions d'une première. Il nous est suggéré par un intéressant article de M. René Vincy :

« Aujourd'hui, avec les préoccupations mercantiles qui, par
« suite de l'ordre social actuel et du courant dans lequel se
« trouve entraînée l'exploitation de nos principales scènes,
« éloignent de tout souci d'art les directeurs de théâtre, il est
« certain que dire à l'un d'eux : « Monsieur, voulez-vous jouer
« telle pièce? » équivaut à lui demander : « Monsieur, voulez-
« vous dépenser, pour me faire connaître, telle grosse
« somme? Le directeur, aussitôt, réfléchit que vous êtes in-
« connu, que vous n'avez pas, comme ils disent, de clientèle ;
« que votre pièce, à tout prendre, lui coûtera aussi cher qu'une
« pièce d'auteur connu, à clientèle, qu'avec les charges qui

« pèsent sur lui, il est obligé, sous peine de faire faillite, de
« faire le maximum tous les soirs. Obtenir ce résultat avec
« votre pièce lui semble encore plus chanceux qu'avec celle
« des dramatiques arrivés, et dès lors il vous répond : Non,
« Monsieur, je ne me sens pas le courage, dans pareilles con-
« ditions, de jouer l'œuvre que vous me proposez, quoique
« d'ailleurs, je la trouve bonne. Non ! je ne dépenserai pas
« pour vous la grosse somme. »

« Que répondre à cela ? Rien, hélas ! et silencieux, résignés,
« nombre de jeunes auteurs attendent, espérant contre toute
« espérance, mais accumulant dans leurs tiroirs ces bonnes
« pièces qu'on leur refuse. Ceux-là, ce sont les auteurs pau-
« vres, qui ont cru, les niais, qu'il suffisait d'avoir du talent
« et d'écrire une bonne pièce pour arriver à la produire. Mais
« il en est d'autres, de moins longue patience, et de bourse
« mieux garnie, qui n'hésitent pas devant les sacrifices pécu-
« niaires. L'été venu, ils louent à beaux deniers comptants,
« une quelconque de nos scènes parisiennes ; à beaux deniers
« comptants, ils raccolent une troupe, et se font eux-mêmes,
« en désespoir de cause, leurs propres impresari.

« Qui est enchanté ? les artistes, qui, sans se mettre en peine,
« ont leur temps de vacances utilisé, et payé, et les directeurs
« dont l'immeuble ne reste plus trois mois improductif. Sans
« compter que tout est profit pour eux au cas où la pièce
« d'été réussit ; car, alors, ils bénéficient, l'hiver suivant, d'une
« entreprise dans laquelle ils n'ont rien risqué. »

Le voilà, ce dernier moyen de parvenir. Il peut être bon, mais il a ses dangers.

Une pièce montée aux frais de l'auteur n'inspire pas, quand on le sait, une grande confiance, car cela prouve qu'elle a été refusée par les directeurs. Ensuite la critique, qui, elle aussi, désire prendre ses vacances, n'aime pas beaucoup être obligée de rester à Paris, pendant la belle saison, après huit longs mois de fatigue et de travail. De deux choses l'une : ou elle refuse de venir assister à la première, et alors quel est l'avantage de l'auteur, qui n'a pour se faire de la réclame que les annonces payées au courrier des spectacles, ou les affiches qu'il faut apposer sur les murs de la capitale, ou le long des palissades des maisons en construction, des édifices en réparation ; ou, agacée d'être dérangée pendant les beaux jours, la critique se montre dure. Dans n'importe quel cas, nous ne voyons pas très bien l'avantage de l'auteur.

Et quel sera ce public d'été? La population parisienne? elle a tout l'hiver pour aller au théâtre, et pendant quatre mois préfère le café chantant en plein air. La Province? elle ne vient à Paris que pour voir les succès de la saison que certains théâtres continuent à jouer pendant les chaleurs. Les étrangers alors? Eh bien, et l'Opéra, et le Français et surtout le Moulin Rouge, le Jardin ou le Casino de Paris qui ont pour eux des charmes bien doux?

Il faudrait un été pluvieux peut-être ? Pas même. Ceux qui sont en villégiature, demeurent confinés dans leur campagne. Ceux qui sont restés à Paris ne sortent pas. Les étrangers, les provinciaux remettent à des temps meilleurs leur voyage...

Nous avons voulu proposer ce dernier moyen, mais nous tenons surtout à en signaler les inconvénients. En voici le principal pour l'auteur. Il n'est pas à la portée de toutes les bourses, et, si l'on est riche, il n'est guère pratique. On n'aime pas le monsieur qui se fait jouer au moyen de sa fortune. Si l'on n'est pas riche, il faut avoir une fameuse envie d'essuyer le feu de la rampe pour tenir ses derniers écus sur un pareil coup de cartes.

Mais le plus grand inconvénient, à notre avis, c'est que pareilles mœurs deviendraient mortelles pour l'avenir du théâtre.

« Et d'ailleurs, ajoute M. R. Vincy, alors même que ceux-
« là qui ont la fortune posséderaient tous également le talent,
« le préjudice resterait le même, dès que ces mœurs entre-
« raient dans la pratique, car ceux qui ont le malheur d'être
« pauvres, malgré toutes leurs qualités, devraient renoncer à
« tout espoir; car, lorsque le jour viendra où, faute d'auteurs
« connus, les directeurs seront forcés d'accueillir les inconnus,
« on ne voit pas pourquoi ils ne diraient pas à ceux-ci : At-
« tendez l'été. Je vous louerai un théâtre et ma troupe, vous
« tenterez l'épreuve à vos frais, et si elle est concluante, je
« la prendrai ensuite à mon compte. »

C'était notre devoir d'indiquer ce suprême moyen. Nous en avons montré les inconvénients, nous n'avons donc rien à nous reprocher.

Il y aurait bien encore la *décentralisation*. Mais nous n'en voyons pas bien le côté pratique. Et il n'y a que peu de cas où elle ait réussi pour la comédie, le vaudeville ou le drame.

Jusqu'à présent la décentralisation n'a été favorable qu'aux œuvres lyriques.

Il était donc utile de faire connaître tous les moyens que l'on peut avoir à sa disposition, en attendant que l'on augmente le nombre de nos théâtres.

M. E. Bergerat est un de ceux qui réclament une surabondance de scènes subventionnées pour jouer les œuvres des jeunes.

« Ce serait, dit-il, une erreur doublée d'une calomnie de
« croire que le don (du théâtre) s'est éteint dans la race. Ne
« soyons pas plus gallophobes que nos ennemis mêmes qui se
« forcent à l'être. Nous avons le théâtre dans le sang, comme
« écrivait M. Francisque Sarcey... La nature satisfait toujours
« à la loi de l'offre et de la demande, et il n'est douteux pour
« personne que jamais en aucun temps et nulle part, on ne
« vit public plus avide que le nôtre de représentations scéni-
« ques, et plus nombreux dans nos trop rares salles de spec-
« tacles. *Si la production était ici aussi libre que la consomma-*
« *tion, on ne tarderait pas à s'apercevoir que non seulement il n'y*
« *a pas faillite, mais qu'il y a pléthore de génie dramatique.*
« Je me chargerai, pour ma part, de prouver rigoureusement
« et à quelques exceptions près, que tout écrivain contempo-
« rain, un peu doué, de notre patrie française contient son
« dramaturge, latent, inconscient dévoyé ou avorté, mais
« qu'il le contient. Notre style est à base de dialogue. Aussi
« n'ai-je rien compris et ne me suis-je pas rendu davantage
« à certaine boutade de mon cher maître et ami M. Alexan-
« dre Dumas fils, qui, dans une interview célèbre, déclarait
« notre art dramatique bouclé avec les maîtres du second
« Empire, et enterrait ainsi, témérairement peut-être, nos
« espérances. Tant que ce peuple désirera des auteurs, il en
« aura et si la République s'y était, je ne dis pas, mieux prise,

« mais intéressée seulement, elle les remuerait à la pelle.
« Le Théâtre influe sur nos mœurs à l'égal de l'Église, et à
« Paris notamment, les jeunes mères les plus chrétiennes ont
« toutes eu un regard pour Molière. »

M. E. Bergerat a raison. Il n'y a pas assez de théâtres à Paris. Aussi peut-on excuser les auteurs qui cherchent, par tous les moyens possibles, à faire représenter celles de leurs œuvres que les Directeurs ne veulent pas monter ainsi que les débutants infortunés que le démon du Théâtre possède et travaille.

CHAPITRE XII

DES ENTRÉES AU THÉATRE.

Utilité de l'entrée de faveur donnée à l'auteur. — Les entrées sont personnelles. — Réglementations anciennes. — L'entrée des coulisses. — Règlements de police. — L'auteur n'est pas soumis à l'interdiction de pénétrer sur la scène.

L'auteur dont l'œuvre a été représentée, jouit, au théâtre, de certaines faveurs, en somme très légitimes, et qui sont, en réalité, inhérentes à la carrière qu'il a embrassée. Il a besoin, pour les pièces futures qu'il écrira, et qu'il destinera au même théâtre, comme pour sa pièce en cours de représentation, d'entrer souvent dans la salle, afin de se rendre compte du mouvement théâtral, et d'étudier à loisir les interprètes qui lui seront nécessaires plus tard. Il lui est utile aussi de connaître les artistes qui puissent doubler les principaux personnages de la pièce que l'on joue. Aussi, est-il d'usage, dès qu'une œuvre est représentée sur une scène, de donner à l'auteur son entrée permanente au théâtre.

« On appelle *entrée de faveur* ou simplement *entrée*, dit
« Arthur Pougin (*Dictionnaire du Théâtre*) la faculté accor-
« dée, à certaines personnes, par l'administration de tel ou
« tel théâtre, d'entrer à ce théâtre quand il leur plaît et d'as-
« sister au spectacle sans payer. Un registre contenant le
« nom de toutes les personnes qui ont leurs entrées est dé-
« posé au contrôle de chaque théâtre pour éviter toute erreur,
« et ces personnes n'ont qu'à donner leur nom pour qu'on
« les laisse pénétrer dans la salle. Il va sans dire que les
« théâtres ne garantissent aucune place à cette catégorie de

« spectateurs, qui, s'il n'en est pas de libre, doivent se con-
« tenter de se tenir debout dans un endroit quelconque de la
« salle, où ils puissent le faire sans gêne pour le public. » Les
journalistes, les auteurs, les représentants de l'autorité, les
propriétaires ou actionnaires des salles et quelques privilégiés ont leurs entrées. Elles sont personnelles et ne peuvent
être transmises qu'avec l'autorisation de la direction.

Cela finissait par devenir un réel abus; aussi l'article 2 de
la loi de Finances concernant les entrées de faveur (21 mars
1872) dit : « Toutes les loges de faveur concédées aux mi-
« nistres, ministères, secrétaires généraux, beaux-arts, ar-
« chitectes, domaines, préfecture de la Seine, préfecture de
« police, Académie Française, sont supprimées. »

Si les entrées dites de faveur sont quelquefois trop facilement distribuées, au point que l'on en soit arrivé à l'obligation
de les réduire, on peut dire que pour les auteurs particulièrement, la faveur est moindre, et que cette entrée personnelle
qui leur est accordée est presque un droit. De tout temps ce
droit donne aux auteurs l'entrée au théâtre qui a joué une de
leurs pièces. Au siècle dernier, ces entrées étaient sévèrement
réglementées par l'autorité royale de qui dépendaient les
théâtres existants.

« Pour remédier aux abus qui se sont introduits au sujet
« des entrées gratuites, en conséquence des ordres du Roi,
« nous avons arrêté l'état de celles qui doivent subsister. Dé-
« fendons aux comédiens de laisser entrer à la comédie, sans
« payer, aucunes personnes, sous quelque prétexte que ce
« soit, excepté celles comprises audit état, joint au présent
« règlement.

« L'auteur de deux pièces en cinq actes, celui de trois
« pièces en trois actes ou de quatre pièces en un acte aura
« son entrée sa vie durant. L'auteur d'une pièce en cinq actes
« jouira de son entrée pendant trois ans, l'auteur d'une pièce
« en trois actes pendant deux ans, et celui d'une en un acte
« pendant un an seulement. Un auteur jouira de son entrée
« aussitôt que la pièce aura été reçue par les comédiens.

« Ordonnons aux comédiens de laisser jouir les auteurs des
« entrées dans toute la salle, excepté à l'orchestre, secondes

« loges et parterre, ainsi qu'il est énoncé ci-dessus, à peine de
« vingt louis d'amende applicables aux pauvres de la pa-
« roisse, contre celui qui contreviendrait au présent règle-
« ment, auquel il ne sera dérogé que dans le cas où un auteur
« serait convaincu d'avoir troublé le spectacle par des cabales
« ou des critiques injurieuses, auquel cas déclarons qu'il sera
« privé de ses entrées après la preuve des faits produits par
« devant nous. »

(*Extrait du règlement de la Comédie Française établi par les gentilshommes de la Chambre royale.*)

De nos jours, tout auteur qui a eu une de ses pièces jouées sur un théâtre a droit à une entrée permanente dans ce théâtre.

Il ne faut pas confondre l'entrée du théâtre avec l'entrée des coulisses, ainsi que l'a montré un récent procès au sujet d'une entrée vendue légalement par un des auteurs représentés le plus à l'Opéra. L'auteur a son entrée dans les coulisses du théâtre où on le joue : c'est assez logique. Mais c'est aussi une exception, car, par ordonnance de police, l'entrée des coulisses est interdite au public, et dans les théâtres bien ordonnés, l'entrée des coulisses est interdite de la façon la plus sévère non seulement aux étrangers, mais encore à tous ceux des artistes ou employés qui n'y ont point immédiatement affaire ou qui ne sont pas de l'acte ou de la pièce en cours de représentation.

Cette loi ne frappe pas l'auteur quand on représente sa pièce, et c'est de toute justice. Un auteur a toujours affaire avec ses interprètes pour le bien de son œuvre.

Au théâtre où l'on représente ses œuvres, l'auteur est chez lui. Il a toujours un conseil à donner, une observation à faire à ses interprètes. L'interdiction des coulisses a été établie, par mesure de prudence pour ne pas gêner le service, déranger la marche de la représentation, ou en troubler l'ordre. Un auteur a trop d'intérêt à la chose pour causer quelque préjudice au spectacle par sa curiosité ou son inadvertance. Du reste, on est vite blasé sur ce genre de distraction, et les auteurs ne vont dans les coulisses ou ne montent sur la scène que quand ils y sont véritablement obligés.

CHAPITRE XIII

DU DROIT D'AUTEUR ET DE LA SOCIÉTÉ DES AUTEURS.

Légitimité du droit d'auteur. — Des origines de ce droit. — Un précurseur : Philippe Quinault. — Les exigences des comédiens. — Beaumarchais et la première société des auteurs. — Les premiers membres de la Société des auteurs. — Différentes lois. — La société actuelle. — De la façon dont se règlent les droits d'auteurs. — Des fonctions de l'agent général.

Il n'est pas de gain plus honnête que celui qui a pour origine les efforts de l'industrie ou les productions de l'esprit. La profession d'auteur dramatique, qui ressemble assez à un métier, est de nos jours un état honorable et lucratif, et il n'est pas rare de trouver des auteurs qui se fassent par an avec leur plume de cinquante à soixante mille francs de rentes et quelquefois davantage.

Quelle différence entre notre temps et l'époque du grand Roi dont la période artistique fut une des plus glorieuses de l'histoire des arts et des belles-lettres !

Corneille, malgré tout son génie, malgré toute sa gloire, n'a pas connu les droits d'auteur, et il est mort pauvre, vendant pour quelques milliers de livres, une fois payés, les chefs-d'œuvre qui feront l'admiration de toutes les générations.

Ce fut l'histoire de Molière et de Racine.

« Cependant, écrit M. G. Labbé (1), ce fut un de leurs con-
« temporains et confrères, Philippe Quinault, l'auteur de
« tant et tant de pièces et le librettiste ordinaire de Lulli, qui,

---

(1) *L'Origine du droit d'auteur.*

« lorsqu'il fit jouer son premier ouvrage, les *Rivales*, eut l'idée
« de se faire allouer un droit proportionnel sur les recettes
« des comédiens. Cela se passait en 1653.

« Mais cet impôt n'avait qu'un caractère exceptionnel et
« personnel à Quinault. Ce n'est qu'une trentaine d'années plus
« tard, en 1685, que l'usage du droit proportionnel des auteurs
« devint sinon obligatoire encore, du moins admis en principe
« par les comédiens, qui commençaient sans doute à sentir
« que, s'ils devaient jouir des profits d'une pièce au succès
« de laquelle ils contribuaient par leurs efforts artistiques,
« voire leur talent, une petite part des bénéfices était bien due
« au créateur de l'œuvre. D'après la règle qui s'établit par la
« suite, l'auteur d'une pièce en cinq actes, touchait un neu-
« vième, — en trois actes, un douzième, — en un acte, un dix-
« huitième, — de la recette, tous frais ayant été auparavant
« prélevés, opération qui en enlevait un gros morceau. »

C'était déjà quelque chose, mais fort peu en somme, car les
comédiens se réservaient d'autres avantages.

« Ainsi, ils faisaient reconnaître par les auteurs qu'une
« pièce devenait leur propriété à eux seuls, quand, *deux fois
« de suite*, ou *trois fois séparément*, la recette descendait au-
« dessous de cinq cents livres en hiver et trois cents livres en
« été.

« Quelque temps après, les comédiens se remontrèrent
« plus exigeants, et obtinrent que chacun des chiffres *mini-
« ma* ci-dessus fût porté à douze cents livres pour l'hiver
« et à huit cents pour l'été. Enfin, quelque temps après en-
« core ils exigèrent que la pièce leur appartînt exclusivement
« quand la recette aurait baissé, dans les conditions que nous
« venons d'indiquer, à deux reprises différentes, sans qu'il
« fallût que ce fût « deux fois de suite ». Il est nécessaire d'a-
« jouter, en outre, que ces premiers droits d'auteur n'étaient
« comptés que sur les recettes faites à la porte du théâtre, et
« que les comédiens avaient soin de laisser en dehors ce
« qu'ils encaissaient comme location ainsi que — plus tard —
« les gros profits qu'ils tiraient des petites loges dont on prit
« le goût vers 1760.

« Les auteurs en passaient par toutes ces fantaisistes roue-

« ries, sans récriminer, parce que sans accord, sans union,
« sans force, à cette époque, et peut-être aussi plus épris d'art
« pur que désireux de gain, ils étaient incapables d'imposer
« leurs droits. »

On le voit, ce n'était pas énorme, cette espèce d'aumône, — disons le mot, — jetée par les comédiens riches aux auteurs dans la misère, et si les grands seigneurs et souvent même le roi n'avaient agi en Mécènes à l'égard des écrivains dramatiques, ce n'est pas avec leurs droits qu'ils auraient pu faire quelque figure à la ville comme à la cour. Cet état de choses dura jusqu'en 1777.

« Mais voici venir Beaumarchais, » continue M. Georges Labbé, « qui, lui, ne voulut pas entendre de cette oreille-là. »

« Lorsqu'après les trente-deux représentations du *Barbier de*
« *Séville*, on se mit en mesure de lui compter quatre mille cinq
« cent six livres pour ses droits, il refusa dédaigneusement
« la somme et déclara qu'il entendait avoir connaissance de
« *tous* les comptes du théâtre.

« Tout d'abord, ses réclamations furent vaines ; mais il ne
« se rebuta pas et, à force de persévérance, il finit par mettre
« de son côté l'opinion publique et le pouvoir. »

Un premier arrêté du Conseil, en date du 9 décembre 1780, fixait les droits des auteurs sur le produit des pièces, mais cet arrêté fut à peu près illusoire, grâce au mauvais vouloir ou à la mauvaise foi des comédiens.

« Après avoir lutté quelques mois, Beaumarchais, se con-
« formant à un avis du maréchal de Duras, convoqua chez lui
« tous les auteurs du Théâtre-Français, — ceux-là seuls, —
« dans le but d'élaborer un projet de règlement de leurs
« droits. Les auteurs qui se réunirent ainsi étaient : Rochon
« de Chabannes, Lemierre, La Place, Champfort, Bret de
« Sauvigny, Blin de Sainmore, Gudin de la Brunellerie, Du
« Doyer, Lefebvre, Ducis, Favart, Dorat, Lemonnier, Cailhava,
« Leblanc, Barthe, Rousseau.

« Et c'est dans un repas que le père de *Figaro* donna à
« cette occasion, le 3 juillet 1777, que furent jetées, on peut
« le dire, les toutes premières bases de cette société des auteurs
« dramatiques qui devait être fondée en 1829, légalement

« constituée en 1837, pour prendre l'essor qu'elle a aujour-
« d'hui.

« En effet, à la suite des réunions qui eurent lieu chez Beau-
« marchais, celui-ci fut chargé, comme commissaire et re-
« présentant perpétuel, de représenter les auteurs du Théâtre-
« Français tant auprès de MM. les premiers Gentilshommes
« de la Chambre que de toutes autres personnes qui pour-
« raient influer sur leurs intérêts. Trois autres membres de
« cette petite commission d'initiative de gens de lettres, Sau-
« rin, de Marmontel et Sedaine furent adjoints à Beaumar-
« chais avec les mêmes qualités et mandats. »

Les prétentions exagérées des comédiens commencèrent à se réduire lorsque cette campagne fut couronnée de succès et surtout quand la loi protectrice du 19 janvier 1791 fut votée par l'Assemblée Nationale, qui ne pouvait refuser de faire droit aux légitimes revendications des auteurs. L'esprit général de cette loi réside dans l'ARTICLE 3 dont voici le texte :

« Les ouvrages des auteurs vivants ne pourront être repré-
« sentés sur aucun théâtre public dans toute l'étendue de la
« France, *sans le consentement formel* et par écrit des auteurs,
« sous peine de confiscation du produit total des représenta-
« tions au profit des auteurs. »

Cette loi n'avait pas, on le voit, d'effet rétroactif sur les œuvres des auteurs morts depuis plus de cinq ans. Bientôt les termes furent encore élargis en faveur des auteurs et de leurs héritiers par plusieurs textes publiés dans la suite.

« Aujourd'hui, la Société des auteurs dramatiques — comme celle des Auteurs et Compositeurs de musique, — fonctionne admirablement, personne ne l'ignore, et touche depuis longtemps pour ses membres dans la plupart des théâtres de Paris 10 et 12 % sur la recette brute. »

Les droits des auteurs ne se règlent donc pas dans chaque théâtre de la même manière.

Dans les théâtres subventionnés, dont la situation est réglée par décret, voici ce qu'on doit verser aux auteurs.

L'Opéra, aux termes du décret du 10 décembre 1860, est tenu de payer un droit fixe de 500 francs par représentation.

S'il joue un seul ouvrage, les 500 francs en entier sont acquis à celui-ci.

Si plusieurs pièces sont représentées en même temps, le droit d'auteur se répartit suivant le programme de la manière suivante :

Opéra 5, 4 et 3 actes.................... Fr.	375	500
Ballet 1 acte.............................	125	
Opéra 4 ou 3 actes......................	300	500
Ballet 2 ou 3 actes......................	200	
Opéra 2 actes...........................	250	500
Ballet 2 ou 3 actes......................	250	
Opéra 1 acte............................	200	500
Ballet 2 ou 3 actes......................	300	

A la Comédie Française, voici comment on procédait après le décret du 15 octobre 1812 :

1° Sur la recette diminuée des droits des hospices, on prélevait le tiers pour les frais.

2° Sur ce qui restait après ce double prélèvement, la part de l'auteur était réglée ainsi qu'il suit :

Le huitième pour une pièce en 4 ou 5 actes,

Le douzième pour une pièce en 3 actes,

Le seizième pour une pièce en 1 ou 2 actes,

ce qui représentait à peu près pour 4 ou 5 actes un peu plus de 7 1/2 %, pour 3 actes un peu plus de 5 %, pour un ou deux actes un peu plus de 7 3/4 %.

« Aussi, lorsque, vers 1859, les auteurs trouvant ce taux
« insuffisant, réclamèrent auprès du gouvernement de Na-
« poléon III, arguant des 12 % que payaient le Gymnase et
« le Vaudeville, M. Thierry, chargé de dresser un rapport, dé-
« clara-t-il que leurs récriminations étaient légèrement in-
« justifiées, qu'il était inexact de dire qu'au Gymnase et au
« Vaudeville, les auteurs touchaient 12 % ; qu'en effet la plu-
« part du temps la pièce principale étant accompagnée d'une
« ou deux petites comédies, les 12 % susdits étaient toujours
« l'objet d'une répartition qui, en définitive ne donnait pas
« plus à chacun des auteurs joués au Gymnase ou au Vaude-
« ville, qu'à ceux qui avaient les honneurs de la Comédie
« Française.

« Pourtant l'Empereur se montra soucieux des intérêts des
« auteurs, et signa à la date du 19 novembre 1859 un décret
« fixant à 15 % le droit proportionnel que le Théâtre Fran-
« çais leur devait payer chaque soir sur la recette brute en
« établissant le partage suivant :

Une pièce seule................	15 %...............	15 %
Deux pièces égales............	7 % chacune.	
4 ou 5 actes.................	11 % ⎫	—
1 ou 2 actes.................	4 % ⎭	
4 ou 5 actes.................	9 ⎫	—
3 actes.....................	6 ⎭	
3 actes.....................	10 ⎫	—
1 ou 2 actes.................	5 ⎭	
3 pièces égales.............	5 chacune......	—
4 ou 5 actes.................	8 ⎫	
1 ou 2 actes.................	3 1/2 ⎬	—
1 ou 2 actes.................	3 1/2 ⎭	
3 actes.....................	7 ⎫	
1 ou 2 actes.................	4 ⎬	—
1 ou 2 actes.................	4 ⎭	
3 actes.....................	5 1/2 ⎫	
3 actes.....................	5 1/2 ⎬	—
1 ou 2 actes.................	4 ⎭	

L'article 1 du décret du 5 décembre 1859 ajoute : Cependant les auteurs et les comédiens pourront faire toute autre convention de gré à gré, à la condition de ne pas réduire les droits d'auteur fixés dans le tableau précédent.

Dans la plupart des autres théâtres, le tarif des droits d'auteur est de 12 % sur la recette brute à répartir proportionnellement entre les auteurs, tant anciens que modernes, dont les ouvrages composent le spectacle.

Les droits d'auteur ne se règlent donc pas de la même manière dans chaque théâtre. La règle générale peut se formuler ainsi : Dans les théâtres de premier ordre, les droits d'auteur sont d'une portion de la recette, et cette portion peut varier suivant le nombre des représentations. Dans les théâtres secondaires, ce droit se prélève sur la recette, mais dans une proportion déterminée et invariable. Enfin dans les théâtres de la dernière catégorie, les droits d'auteur se paient par abonnement et suivant le nombre d'actes.

Ces droits d'auteur sont touchés à Paris, par les soins d'un agent, fondé de pouvoir des hommes de lettres qui travaillent pour le théâtre, et dont il est représentant. On ne peut apporter plus de probité et de désintéressement que cet agent, car il est le défenseur officieux des intérêts de ses commettants, fort peu versés pour la plupart dans les questions de droit.

Tout auteur joué sur un théâtre de Paris peut faire partie de la Société des auteurs dramatiques.

Chaque membre de la Société des auteurs fait percevoir le montant de ses droits d'auteur par l'agent, fondé de pouvoir de la Société. Cet agent prélève sur les sommes qu'il reçoit un droit de 2 % dont les deux tiers constituent ses honoraires; quant au dernier tiers, il est versé dans la caisse de la Société et forme un fonds de réserve avec lequel l'agent poursuit les procès qui peuvent intéresser la Société.

Il est perçu aussi un droit proportionnel sur les œuvres tombées dans le domaine public.

Les sommes ainsi perçues passent dans la Caisse des retraites. Et cela est très juste, car un auteur ayant eu plusieurs succès peut se trouver réduit à la misère lorsque l'âge avancé ne lui permet plus de travailler. N'est-il pas équitable que les œuvres du domaine servent à assurer les vieux jours des vétérans du Théâtre ?

Serait-il juste de voir l'auteur d'un lever de rideau joué au Théâtre-Français, avec une comédie en cinq actes de Molière toucher tous les droits ? Serait-il juste que le théâtre ne paie pas de droits pour une tragédie de Corneille; car, en ces conditions, ils n'auraient aucun sujet de jouer les modernes ?

Cette sage détermination ne peut être qu'approuvée en principe, et cela montre à quel point la Société s'occupe des intérêts de ses membres.

CHAPITRE XIV

DES BILLETS D'AUTEUR.

Les billets d'auteur sont obligatoires à partir de la troisième représentation. — Le marchand de billets. — Divergences d'opinion sur la nature et l'étendue du droit de billets d'auteur. — Une curieuse branche de l'industrie parisienne. — Pourquoi il y a tant de billets vendus. — Les billets sont une partie des droits d'auteur. — La question des billets de faveur. — Abus. — Le droit des pauvres. — Ce n'est pas le directeur qui le paie, c'est le spectateur.

Outre le droit sur la recette, les auteurs sont autorisés à donner un nombre fixé de billets le jour où un théâtre joue un ou plusieurs de leurs ouvrages.

Pour les trois premières représentations, l'administration du théâtre donne aux auteurs un nombre suffisant de billets pour parvenir à bien asseoir le succès de la pièce autant que possible. Mais ce don est fait à titre purement gracieux, et un auteur ne serait pas rigoureusement en droit de l'exiger. A partir cependant de la quatrième représentation, c'est un service qui devient obligatoire pour le théâtre.

Ainsi, supposons qu'un théâtre donne à un auteur pour cent francs de billets par soirée, celui-ci va trouver le célèbre M. X... qui lui remet une somme de..... et c'est lui qui signe des billets d'entrée pour toute espèce de places jusqu'à concurrence de cent francs.

La signature dudit M. X... est reçue au contrôle de tous les théâtres aussi bien que celle du directeur.

Les administrateurs et les auteurs — il faut bien le dire — ne sont pas toujours d'accord sur la nature et l'étendue de ce droit. Les premiers prétendent que ces billets signés par un auteur sont des *billets de faveur* que l'administration lui accorde et comme tels ne peuvent pas être vendus.

Les seconds soutiennent, au contraire, que cette faculté de signer un certain nombre de billets n'est point une faveur administrative, mais bien un complément de leur droit, qu'ainsi ils peuvent vendre ces billets, comme ils peuvent désigner les sommes qu'ils ont à prélever sur la recette. En attendant que les jurisconsultes aient décidé sur le cas, la vente des billets se continue sans patente, et cette branche d'industrie n'est pas la moins curieuse de toutes celles que l'on exploite à Paris.

Ces billets se vendent ordinairement moitié du prix des places au bureau.

On ne conçoit pas au premier abord d'où peut venir cette masse effrayante de billets dont la vente publique, sinon autorisée, porte un dommage réel aux recettes des théâtres.

Voici donc la source d'où sortent les liasses de billets que l'on trouve chaque jour en vente sur le boulevard.

1° *Billets d'auteur,*
2° *Billets d'administrateur,*
3° *Billets de service,*
4° *Billets de faveur.*

Chaque auteur a un certain nombre de billets par pièce, l'administrateur a également le droit de donner des billets; le chef de claque en reçoit par raison de service, les amies des administrateurs en reçoivent d'eux assez souvent. Ajoutez ceux que le directeur donne aux acteurs les jours où ils jouent, aux figurants et aux comparses à titre de traitement : vous aurez l'explication de cette quantité de billets en circulation.

Que les auteurs vendent leurs billets, cela n'a rien de surprenant, car ces billets ne leur sont point donnés à titre gratuit : c'est une partie de leurs droits. Mais que les administrateurs, le chef de claque, ou les amies trafiquent d'une entrée gratuite ou de faveur, voilà un abus que l'on devrait faire cesser et qui blesse les intérêts du théâtre, des auteurs, et des pauvres auxquels la loi accorde une somme calculée chaque fois sur la recette faite au bureau public.

Ne serait-on point tenté de croire que nous exagérons en

disant qu'il s'est vendu en une seule année pour près de cinq cent mille (500.000) francs de billets à Paris, et cependant le fait a été signalé par la presse. Les auteurs et les pauvres ont donc bien évidemment perdu le droit qu'ils avaient à percevoir sur cet accroissement de recette, dont il ne reste aucune trace sur le livre de caisse des Théâtres. En réalité, par esprit de justice bien entendu, les directeurs ont le plus grand soin de faire payer aux auteurs, et au prix du bureau, les billets qu'ils ont donnés au delà du nombre qui leur est prescrit, mais nous n'avons pas encore entendu dire que les directeurs se soient soumis à la même règle.

Disons, pour terminer, quelques mots du *droit des pauvres* dont nous avons parlé tout à l'heure.

En dehors de tous les impôts dont l'État ou la municipalité frappent les théâtres, il existe encore pour eux une taxe spéciale qu'ils doivent verser sur la recette brute à l'Assistance publique. Cette taxe atteint la proportion énorme de 11 %. Son origine remonte à celle du théâtre. Les confrères de la Passion devaient, de par un arrêté du Parlement de Paris en date de l'année 1541, payer aux hospices une somme de 800 livres parisis. Pourtant ni les comédiens de l'Hôtel de Bourgogne, ni ceux du théâtre du Marais n'étaient frappés de cette même taxe. La troupe de Molière n'y fut pas soumise elle non plus, et lorsqu'elle fut organisée, en 1680, elle ne versait aux pauvres que ce qu'elle voulait bien. Et ce ne fut qu'en 1689, lorsque la Comédie Française quitta le théâtre de la rue Guénégaud pour s'installer dans la nouvelle salle qu'elle venait de faire construire rue Neuve Saint-Germain des Prés, qu'il fut décidé que chaque mois on prélèverait sur les recettes une certaine somme qui serait distribuée aux communautés religieuses les plus pauvres. En 1699, dix ans après, une ordonnance royale établit, comme droit des pauvres, un impôt d'un sixième sur les spectacles. Il est bon d'ajouter que le prix des places en fut augmenté d'autant. La Comédie et l'Opéra transigèrent pour un abonnement qui fut fixé à 25.000 livres pour la première et 4.000 livres pour le second. En 1701 une nouvelle ordonnance royale décida que les pauvres devaient toucher le sixième de la recette sans aucune diminution ni retranchement sous prétexte de frais ou autrement. Les petits théâtres, qui s'installèrent alors à la Foire Saint-Germain et à la Foire Saint-Laurent, furent aussi frappés de cet impôt d'un sixième. En 1716 on trouva que ce n'était point assez et tous les théâtres durent payer aux pauvres un quart de leurs recettes. Malgré les justes réclamations des directeurs, ce formidable impôt fut maintenu par les arrêtés de 1718, 1719 et 1720, et subsista jusqu'à la Révolution. Le droit fut aboli avec la proclamation de la liberté des Théâtres. Cependant, par une loi nouvelle du 7 frimaire an V (27 nov. 1797), un impôt d'un décime par franc fut établi sur les théâtres, qui déjà, l'année précédente, 11 nivôse an IV (1er janvier 1796) étaient *invités* à donner chaque mois au bénéfice des pauvres une représentation. Mais, ce qui est assez juste ou qui semble tel, c'est que les frais journaliers et la part d'auteur étaient déduits. La loi du 26 juillet 1798 confirme la précédente et fixe au quart de la recette le droit que les petits établissements de plaisirs publics, concerts, bals, spectacles, doivent payer.

La dernière loi date de 1809. Depuis cette époque l'impôt fut porté de 10 à 11 %, et n'a pas varié.

Ce qui peut paraître injuste dans cette taxe s'explique de la façon suivante : ce n'est pas le directeur qui paie le droit des pauvres : c'est le spectateur. Car le prix des billets est majoré d'autant; le directeur n'est que l'intermédiaire entre les pauvres et le public, et s'il n'y a qu'un seul bureau, c'est pour simplifier la chose. Régulièrement le spectateur devra prendre son billet à un guichet puis verser le droit des pauvres, proportionnel au montant de sa place, à un autre guichet. On a réuni les deux guichets en un seul. Ce qu'on ne sait pas assez, c'est que le directeur perçoit les deux droits, et que de même qu'il garde le premier qui lui est dû, il est obligé de remettre le second à l'Assistance publique dont il n'est que le dépositaire.

Nous n'avons pas cru inutile de donner à cette place ces détails qui sont généralement peu connus du public et même des auteurs, car notre *Manuel* doit en effet traiter ici de toutes les questions qui concernent le théâtre.

CHAPITRE XV

DE LA COPIE DU MANUSCRIT ET DES RÔLES. — DE LA VENTE DU MANUSCRIT AU LIBRAIRE.

Nombre de copies à remettre au théâtre. — Copie des rôles à distribuer aux interprètes. — Les conditions de vente. — Le nombre d'exemplaires à déposer au théâtre et aux acteurs. — Utilité de la publication de l'œuvre. — Ses inconvénients.

Les quelques renseignements que l'on va lire et que nous avons réservés, pour ce dernier chapitre, ont aussi leur importance. Car le succès de l'auteur ne s'arrête pas à la représentation; il se continue aussi par la lecture : voilà pourquoi nous croyons utile de parler ici de la vente du manuscrit au libraire.

Complétons cependant ce que nous avons dit déjà au sujet du copiste.

L'auteur prêt à être mis en répétition doit fournir au théâtre deux copies de son manuscrit, l'une destinée à rester dans les archives de la police, et l'autre à servir de *répétiteur* au souffleur du théâtre. Il doit également fournir aux acteurs, individuellement, une copie de leur rôle, c'est-à-dire un manuscrit contenant le rôle avec une réplique seulement de celui auquel il doit répondre.

Ajoutons à ce propos que les rôles se comptent à la ligne. On dit un rôle de 500, 300 et 200 lignes. Les rôles de 50 lignes et au-dessous rentrent dans les *pannes*.

La vente des manuscrits au libraire ou à l'éditeur se fait à prix convenu ou à prix débattu. Tantôt le libraire, peu confiant dans le succès de la vente de l'ouvrage, en partage les bénéfices en dehors du prélèvement des frais. Tantôt il paie une somme comptant, en se réservant un tiers dans les droits d'auteur pour la province. Quelquefois aussi il imprime l'ouvrage aux frais de l'auteur, et le cas n'est pas aussi rare qu'on voudrait le supposer.

Il est d'usage de déposer trois exemplaires aux archives du théâtre et d'en donner un à chacun des acteurs qui ont joué dans la pièce. C'est une aimable galanterie que de faire lithographier le portrait de l'actrice principale ou de l'acteur aimé du public.

Cette attention délicate offre encore un avantage : celui d'indiquer aux directeurs de province le costume dans toute sa fidélité.

Quant aux frais de copie de la musique, c'est généralement le théâtre qui s'en charge, les partitions alors restent la propriété de l'administration.

Faut-il insister sur l'utilité de la publication de l'œuvre? Rappelez-vous ce que nous disions au commencement de la troisième partie de ce *Manuel*, avec Alexandre Dumas : *Une œuvre dramatique doit toujours être écrite comme si elle ne devait être que lue. La pièce qu'on n'a pas envie de lire sans l'avoir vue, ni de relire après l'avoir lue, est morte, eût-elle deux mille représentations.*

C'est la consécration de la typographie qui conserve la renommée de l'auteur. Sans elle le fracas des mots débités par l'acteur est semblable au bruissement du vent dans les feuilles, est éphémère comme la brise qui s'enfuit rapidement.

L'épreuve de l'impression peut avoir aussi ses inconvénients. Ce qui passe à l'audition n'échappe pas toujours à la lecture. Voilà pourquoi les succès du théâtre sont quelquefois détruits par la publication en librairie.

C'est le grand *criterium* des œuvres théâtrales, c'est la pierre de touche des qualités de la pièce, c'est le creuset dans lequel se volatilisent de grands effets produits souvent par le seul jeu de l'interprète.

C'est pour cette raison que certaines pièces n'ont jamais été imprimées. C'est aussi pour cette raison que bien des pièces sont immortelles.

CHAPITRE XVI

REVUES ET REVUISTES

Des principales qualités du revuïste. — La Revue, genre éminemment français et parisien. — Histoire de la Revue. — De la manière de faire une Revue. — Du scénario de la Revue. — Du couplet. — La *Clef du Caveau*. — Du compère et de la commère. — Les rôles d'actualité. — Le titre de la Revue. — Des collaborateurs. — La part du chef d'orchestre. — Le courtier en revue : les réclames. — Des différents genres de revues : Revue de salon, de cercle, de café-concert, de théâtre. — L'auteur tire son chapeau.

Revuïste? le mot est-il bien français? En tout cas, il a son parfum de parisianisme, et cela suffit pour lui promettre quelque jour l'admission dans le Dictionnaire de l'Académie.

Qu'est-ce exactement qu'un revuïste! Est-ce un littérateur? pas toujours; un chansonnier? pas souvent; un écrivain dramatique? presque jamais. Alors quoi?

Le revuïste doit être avant tout un homme spirituel, légèrement tourné vers la blague, prompt à railler, mais sans acrimonie aucune, il doit surtout savoir résumer un événement d'un trait badin ou mordant; en un mot, il est le Gavroche théâtral, dont les réflexions à l'emporte-pièce commentent les faits divers de la vie du boulevard, après les avoir transportés sur la scène, comme son homonyme du faubourg agrémente de ses boutades sarcastiques les mille incidents de la rue. Le revuïste doit donc naître spirituel. « C'est le « caprice de la nature qui vous a construit l'œil d'une cer- « taine façon, pour que vous puissiez voir d'une certaine ma- « nière qui n'est pas absolument la vraie, et qui cependant « doit être la seule, momentanément, pour ceux à qui vous

« voulez faire voir ce que vous avez vu... Donc on ne s'im-
« provise pas, on naît revuïste (1). »

Il faut, nous l'avons dit plus haut, être avant tout spirituel. Si l'on est littérateur, c'est mieux; si l'on est chansonnier, c'est préférable; si l'on est écrivain dramatique, c'est la perfection... relative.

Au point de vue de la facture en elle-même, rien n'est plus simple que de faire une revue. « Une revue, quel cadre ! il
« n'en existe pas qui permette plus de fantaisie avec plus de
« réalité. Résumer dans une action, aussi chimérique qu'on
« voudra, la somme des inventions et des événements d'une
« année ; formuler, en la rectifiant au besoin, l'irritation ou
« la reconnaissance nationales, flétrir sans crainte le mal, et,
« courage plus rare, louer sans peur le bien, placer ce juge-
« ment dans cette région idéale et supérieure où les individus
« s'effacent pour laisser voir les types, tel est le but glorieux
« vers lequel devraient tendre tous les faiseurs de revues.
« Puisqu'il reste un genre de pièces auquel le public permet
« tout ce qu'il défend aux autres : la hardiesse, la témérité,
« l'extravagance, le pêle-mêle, le chant, la danse, l'acclama-
« tion enthousiaste, la féerie et la critique, le coup d'aile et le
« coup de pied, pourquoi les poètes laisseraient-ils exclusive-
« ment cette forme charmante aux vaudevillistes (2) ?

Faisons observer en passant que deux poètes, et non des moindres, Théodore de Banville et Charles Monselet, ont écrit des revues, l'un pour l'Odéon, l'autre pour les Variétés.

La revue est un genre éminemment parisien et français. Un de nos critiques de la presse théâtrale faisait tout récemment cette juste observation : « Les revues de fin d'année sont une de nos spécialités, une de nos gloires nationales. Elles prouvent que nous avons, dans le monde entier, la réputation méritée de tourner un quatrain, de limer un couplet de facture, de trousser un rondeau comme personne ne saurait le faire ailleurs. Autrement dit, il est indiscutable que les revues de fin d'année sont un article absolument français. Allez

---

(1) *Profils et Grimaces.*
(2) *Ibid.*

donc demander une revue, comme les fabriquent même les plus infimes de nos revuïstes parisiens, à un Anglais, à un Allemand, à un Viennois. Ces gens-là, à moins d'avoir autant de boulevard qu'en avait Albert Wolf, mettraient leurs lunettes et voudraient tour à tour quelque chose de gros, de lourd, d'incompréhensible, sentant le rébus, mais jamais l'esprit.

« Force est bien d'accorder à nos faiseurs ce que n'ont pas ces barbares : l'esprit, le diable au corps, l'élégance de cet autre article de Paris qu'on nomme une revue. »

Ceci bien compris, nous allons, pour plus de clarté, examiner ensemble ce qu'a été la revue dès son origine, ce qu'elle est actuellement, et en quoi consistent ses principales qualités.

Nous rappellerons en quelques lignes son *histoire*, puis nous donnerons la manière de faire une revue, en étudiant les principales parties qui la composent : d'abord le *scénario;* ensuite, le *couplet :* nous indiquerons à ce propos les services que peut rendre la *Clef du Caveau*, le véritable *Vade-mecum* du revuïste; puis le rôle du compère, celui de la commère, leur utilité, la nécessité des autres personnages; puis la part que prennent dans une revue les collaborateurs indispensables, tels que le dessinateur, le costumier, le peintre de décors, le chef d'orchestre, enfin la fonction indiscutable de la réclame, habilement présentée, et dont l'importance est loin d'être soupçonnée du gros public.

Nous traiterons ensuite :

de la *Revue de salon* ou *Revue intime*,
de la *Revue de cercle*,
de la *Revue de café-concert*,
de la *Revue de théâtre*,

avec leurs principaux caractères, ainsi que le genre spécial à chacune d'elles.

La revue n'est pas aussi nouvelle qu'on pourrait le croire, et, chose digne d'être remarquée, c'est au théâtre lui-même que tout d'abord la revue s'est attaquée. La première revue que nous connaissons date de 1728. Elle avait pour titre *L'Amour censeur des Théâtres* et pour auteurs Romagnesi et Laffichard; elle s'occupait particulièrement des pièces représentées l'année précédente.

Citons encore *La Barrière du Parnasse*, de Favart, jouée en 1740, dont le scénario ne manque pas d'originalité. A la barrière du Parnasse se tient la Muse, et, devant elle, défilent toutes les œuvres dramatiques, chacune vantant, pour entrer au séjour bienheureux, ses propres qualités. Mais la Muse, assez vertement, relève leurs défauts, et ne donne libre passage qu'à celles qui en sont vraiment dignes. Puis la revue disparaît tout à coup, probablement dans l'effondrement du Théâtre de la Foire, après ses luttes contre le privilège des comédiens du roi. Vers 1815, elle fait une modeste apparition et se contente généralement d'un seul acte. En 1841, la revue retrouve sa vogue ancienne, grace aux frères Coignard qui obtiennent un énorme succès.

Voici les noms de quelques-uns parmi les spécialistes les plus célèbres de cette époque: Bayard, Dumanoir, de Leuven, Brunswick, les frères Coignard déjà cités, Thiboust, Flan, Henri Thierri, Clairville, Delacour, etc., et à côté d'eux, Rochefort, Pierre Véron, Labiche, Ch. Monselet, E. Gondinet, C. Doucet. Citons encore, pour mémoire, la Revue les *Moutons de Panurge*, à laquelle collaborèrent A. Dumas père, Jules Adenis, Barrière, Plouvier, etc. Arrivons à deux noms qu'on sera peut-être assez surpris de trouver dans ce chapitre : Edmond et Jules de Goncourt écrivirent une revue-proverbe intitulée : La *Nuit de la Saint-Silvestre*, et qui avait ceci d'original, c'est que deux personnages, un homme du monde et une jolie femme, en tisonnant au coin du feu, devisaient des événements de l'année disparue. On ne s'attendait peut-être pas à trouver dans les frères de Goncourt les créateurs de la *Revue intime*.

Citons parmi les plus connus de nos revuïstes modernes. MM. Blondeau, Montréal, Milher, Numès, Blum, Toché, Lemonnier, Xanrof Flers, P. Gavault, etc., qui voient aux sons de leurs flonflons, à l'aspect de leurs calembours, accourir le succès que n'ont pas rencontré tous les gens de talent et d'esprit : ce qui semblerait indiquer que le sel de la revue est du sel de cuisine, le gros sel qu'on manie avec les doigts, et non le sel fin, servi à table en des récipients de cristal taillé, et que nos charmantes mondaines prennent d'un geste gracieux, à l'aide d'une petite pelle de métal brillant.

C'est depuis 1848 que les revues ont le plus abondé, grâce à la liberté que leur laissait la forme du gouvernement républicain.

« Après s'être moquée des progrès de l'industrie et spécialement des chemins de fer considérés comme l'invention la plus bouffonne qu'on pût rêver (1) », la revue bafoue tous les hommes politiques d'alors. « Lamartine était représenté en bouffon, Proudhon en serpent, et Ledru-Rollin en homme inquiet de faire disparaître son dossier judiciaire. *Suffrage Ier*, déguisé en aveugle du Pont-des-Arts, se cognait à tous les coins, et disait qu'il se faisait des bleus et des rouges (2). Sous le second Empire, la revue eut aussi beaucoup de vogue, mais il va sans dire que, grâce aux ciseaux de la Censure, tout ce qui avait trait à la politique était sévèrement coupé.

Citons maintenant quelques titres des anciennes revues les plus célèbres : *1841-1941; Les Iles Marquises; L'Ile de Tohu Bohu; La Foire aux Idées, Suffrage Ier, Les lampions de la veille, les lanternes du lendemain; La propriété c'est le vol; Les grenouilles qui demandent un Roi; Les pavés sur le pavé; la Revue sans titre; la Foire aux grotesques*, etc. Nous aurons, du reste, l'occasion d'en reparler, quand nous aborderons la question du titre.

M. Francisque Sarcey, dans un ouvrage cité précédemment, a donné d'excellents conseils aux revuïstes, aussi le lecteur ne sera pas étonné de nous y voir faire de larges emprunts.

« Quoi qu'on en dise, la revue est souvent une œuvre *instinctive* sous une apparence légère, frivole et même débraillée, comme la fille de Béranger. Je pourrais citer par centaines les rondeaux de revue qui sont restés de petits cours d'histoire, de géographie, d'archéologie, d'esthétique, et les rondeaux biographiques sur les statues des grands hommes qui deviendront aussi nombreuses que les bornes kilométriques. N'oubliez pas les rondes et les stances patriotiques qui galvanisent le public en lui réchauffant la fibre chauvine. Nombre de revues ont recours aux tableaux militaires, les unes font défiler et manœuvrer en scène les bataillons scolaires;

---

(1) Opinion de M. Sarcey sur la revue en général et les revuïstes en particulier.
(2) *Ibid.*

les autres font passer un régiment (pour de vrai) avec musique en tête (1). A ce propos, qu'on n'oublie pas les tableaux militaires inspirés par nos guerres coloniales, Tunisie, Tonkin, Madagascar. Rien ne réussit auprès du public comme une scène représentant nos soldats acclamés et victorieux.

« La revue est instinctive, car elle exhibe souvent un tableau historique, scientifique, mécanique ou industriel ayant trait à une invention utile de l'année. C'est ainsi que la découverte de l'illustre M. Pasteur, contre la rage, a suggéré maintes scènes et maints couplets dans les revues récentes; et soyez sûrs que ces éloges ou ces critiques scéniques ont eu autant de portée sur le public que tout ce qu'il y a eu sur le même sujet dans tous les journaux (1). »

C'est ainsi que tous les siphons de la Seine, les rayons X, la photographie de l'invisible, ont trouvé leur place dans les dernières revues, comme elles la trouveront encore dans les prochaines, à moins qu'une invention nouvelle les fasse oublier.

On s'imagine le plus souvent qu'établir le scénario d'une revue est chose très simple. C'est une erreur excessivement grave. Aussi subtil que puisse être un scénario de revue, — et la plupart reposent sur une pointe d'aiguille, — il nécessite pourtant un certain nombre de conditions que M. Francisque Sarcey explique avec beaucoup de clarté, comme on va pouvoir en juger.

« Il faut, surtout pour une revue de longue haleine, que les nombreuses scènes se relient, et se tiennent par un intérêt toujours croissant.

« Or, faire succéder à un défilé de personnages, un second défilé, puis un troisième, ce serait monotone en diable, si ce kaléidoscope vivant n'offrait un autre intérêt que d'exhiber au public une suite de représentants de l'année arrivant en chantant invariablement :

Je suis un tel!
Je suis telle chose!

« Il faut de l'esprit, il en faut beaucoup même pour assai-

(1) Ouvrage cité.

sonner au goût du public la sauce apéritive, enlevante et pimentée qui fait avaler la banalité du thème rebattu de toutes les revues ; mais l'esprit ne suffit pas encore si la pièce est représentée sur une scène convenable ou, autrement dit, *d'ordre.* » Avant d'aborder cette question du décor, de la figuration, des compères et commères, etc., disons un dernier mot de cet esprit que nous comparions plus haut à du sel un peu gros.

M. L. Descaves, dans un article sur les *Gens de Revue* nous définit avec beaucoup de sévérité cet esprit spécial, qui pour lui n'en est pas un.

« On s'étonne généralement, dit-il, que des auteurs dramatiques, comme Labiche et Gondinet, des gens d'esprit comme Rochefort, Véron et Monselet, aient échoué dans un genre réputé facile. Ils ont appris à leurs dépens, que de tous les condiments, l'esprit est celui qu'on doit, le premier, bannir d'une revue. » M. Descaves aurait peut-être raison, s'il voulait parler de cet atticisme fin et délicat, véritable régal des lettrés. Mais il semble oublier que la revue s'adresse au bon public parisien, aimant avant tout la blague, et ne détestant pas la blague assaisonnée d'un certain esprit. Aussi ne partagerons-nous pas entièrement son avis, tout en convenant avec lui qu'un esprit trop fin s'étiole inévitablement entre un rondeau et une paire de jolies jambes, peut-être par comparaison, car une paire de jolies jambes a aussi son esprit. M. Descaves ajoute : « C'est une fleur de serre transportée dans un potager. Elle passe des lèvres de l'acteur dans son costume, dans ses bras, dans son torse, ses pieds... et vous pensez bien qu'elle ne s'affine pas en descendant, en tombant dans le maillot. » Admirons un instant l'intéressant travail de cette fleur de serre qui, transportée dans un potager, passe des lèvres de l'acteur, dans ses bras et dans son maillot, et continuons : « Je le répète, conclut l'auteur de l'article sur les *Gens de Revue*, ce qu'il faut au public, c'est un bon pot-au-feu chantonnant sur le feu doux d'une petite musique. »

D'accord, mais cependant est-il nécessaire que ce pot-au-feu soit assaisonné, et le seul assaisonnement de la cuisine théâtrale est encore l'esprit parisien et boulevardier, voire même l'esprit faubourien, c'est ce que nous voulions démontrer.

Ceci admis, voyons ce que devra faire le faiseur de revue. Le revuïste notera chaque jour l'événement qui lui suggérera une scène ou un couplet pouvant prendre place dans la pièce ; quand il en aura un certain nombre, il cherchera à les grouper sur l'intrigue sommaire qu'il aura choisie, en ayant soin de se ménager les transitions, ce qui est le grand art de la revue, et qui l'empêchera de tomber dans le défaut des défilés que nous signalions plus haut.

« La science du couplet est assez difficile, non pas que le couplet soit chose peu aisée à faire, — nous démontrerons le contraire tout à l'heure. L'important est de savoir l'employer à propos. Dans une scène vive et bien menée, un couplet assomme le spectateur : il le récrée dans une scène languissante. Quand un acteur a un long monologue, il n'est pas mauvais d'y intercaler un couplet. En résumé, il doit être consacré aux faits importants de l'année, et, pour éviter les redites inutiles, il ne faut le faire entendre que dans les circonstances un peu développées. Ne pas oublier que c'est dans les derniers vers du couplet que doit se trouver le trait *à l'emporte-pièce*. En France, tout finit par des chansons, à condition pourtant que la chanson soit bonne.

Il y a peut-être des gens assez naïfs pour croire que, si l'on veut établir un couplet, il faille absolument savoir faire des vers. C'est une erreur profonde. C'en est une autre de vouloir lui donner une mesure quelconque : six, huit, ou dix pieds. Grâce à cette merveilleuse invention qui s'appelle l'apostrophe, et qui, à elle seule, remplace les syllabes de trop, on peut faire un vers de couplet avec n'importe quelle phrase de prose. Exemple : mis avec cette réplique de prose : *cette fille casse toute notre vaisselle,* à mettre sur un air connu, vous l'écrivez ainsi :

Cett' fill' cass' tout' not' vaisselle.
Tant pis pour elle !

La rime, c'est du luxe ; une simple assonnance suffit. Quant à la consonne d'appui, le vers de couplet n'en a pas besoin pour marcher. C'est donc excessivement commode. On peut, il est vrai, soigner son couplet et l'écrire dans toutes les règles de la prosodie. Mais retenez bien ceci : c'est parfaitement inutile, d'autant plus que le public n'en sait aucun gré à l'auteur. Sur quel air, demanderez-vous peut-être, faut-il écrire son couplet?

C'est ce que nous allons examiner dans le paragraphe suivant.

« La *Clef du Caveau*, — dit assez justement M. L. Descaves, — n'est-ce pas la Belle-Jardinière des couplets? » Ce vieux et précieux recueil, fut, en effet, à toute époque, une mine d'or pour le revuïste. Il contient presque tous les timbres des chansons et des couplets épars dans le monde chantant, et connus depuis un temps immémorial, depuis ceux que Pomard, Piron, Collé et leurs amis fredonnaient au Caveau de 1733, jusqu'aux airs composés expressément pour le Caveau moderne et comprenant une grande quantité d'airs élégiaques, héroïques, bachiques, bouffons et burlesques. L'auteur de ce recueil, M. Capelle, y a joint les motifs en vogue, empruntés au répertoire de l'Opéra-Comique et du Vaudeville.

Tous ces timbres sont groupés dans la *Clef du Caveau* par division de genre et de caractère, avec une table spéciale qui donne les noms des compositeurs, en indiquant les ouvrages d'où ils ont été tirés.

Sarcey a dit : « Jeunes revuïstes, n'oubliez pas que, en matière de revue, la *Clef du Caveau* ouvre la porte du succès ». Ajoutons que ce n'est pas la seule. Ce qui charme dans le couplet de revue, c'est l'air connu. Or, les rythmes de bonne et saine humeur sont peu à peu oubliés des générations successives, qui leur préfèrent les épileptiques grimaces du café-concert et la verve enfiévrée de certaines opérettes. Contenter le public étant le but du revuïste, il leur faudra avoir soin de puiser dans le répertoire du café-concert; quant aux airs d'opérettes, nous ne saurions trop en recommander l'emploi, principalement de ceux d'Offenbach, d'Hervé et de quelques contemporains, dont les noms sont sur toutes les lèvres.

Il faut autant que possible éviter de mettre un couplet sur un air peu connu, ou entièrement nouveau. Quelquefois, dans le but de faire une politesse au chef d'orchestre, on lui demande une musique nouvelle pour un ou deux couplets. Nous en avons vu rarement réussir, non que la musique en fût mauvaise, mais parce que le public qui entend un air pour la première fois est forcément distrait des paroles du couplet.

Un dernier conseil sur la distribution des couplets : prendre deux ou trois timbres du Caveau les plus connus, en choisir quelques autres dans le répertoire de l'Opéra-Comique, emprunter la plus grande partie du reste dans le répertoire de l'opérette et du café-concert, en ayant surtout bien soin d'utiliser les scies de l'année.

Une des conditions les plus importantes pour la réussite d'une revue est le choix des principaux interprètes, de ceux qui mènent la revue à travers les événements, qui lancent la transition habile pour coudre les unes aux autres les différentes scènes, accrochent à leur réplique les quelques calembours indispensables, enfin le Compère et la Commère.

Le compère, c'est le bon sens du public personnifié. Il lui faut de la rondeur, de la bonhomie. La commère, sa compagne, est la bonne fée qui guide le spectateur à travers le dédale des événements, les fait apparaître ou disparaître d'un coup de sa magique baguette. Comme elle doit presque tout le temps occuper la scène, il faut la choisir jolie ; comme elle porte un costume à maillot, il lui faut pouvoir exhiber une plastique impeccable : on peut aussi lui demander d'avoir une jolie voix : mais cela n'est pas indispensable. Quand le charme physique se joint à la beauté de l'organe vocal, on a la commère idéale.

Le compère et la commère sont indispensables. On a essayé de s'en passer... l'expérience n'a pas réussi. Dans sa revue *Ohé ! les petits agneaux*, Clairville mit un compère différent à chaque tableau, dans le but de rajeunir le genre. L'innovation ne fut pas goûtée ; d'autres tentèrent d'accoupler la comédie à la revue et de terminer le tout par un mariage s'ébauchant et se concluant à travers le défilé des actualités : on trouva que cela alourdissait la pièce. Force donc fut de revenir au compère et à la commère. Du reste, Montréal et Blondeau, dans leur revue *Au clair de la lune,* ont fort bien défini le compère :

(Air : *Contentons-nous*.)

> Une Revue a besoin de compère ;
> Il en est l'âme, il en est le soutien :
> Ce personnage est plus que nécessaire,
> Car la Revue sans compère n'est rien,
> C'est un corset qui n'a pas de baleine
> C'est un perchoir veuf de son perroquet,
> Un bâtiment marchant sans capitaine
> Un enterr'ment sans les Frèr's Lyonnet.

En effet, le compère est l'interprète des sentiments du public, c'est le miroir dans lequel il se réfléchit, il se retrouve.

La seule difficulté, au dire de tous les gens de métier, c'est la manière de présenter le compère et la commère, de les faire intervenir en scène pour la première fois. Disons le mot, c'est l'écueil du genre, le cap le plus difficile à doubler. Mais c'est aussi la pierre de touche qui fait reconnaître les véritables revuïstes.

Les rôles d'actualités, voilà le régiment le plus difficile à conduire. C'est la garde (qui deviendra tôt ou tard un jour la vieille garde), mais qui mène souvent au succès.

Quelques-uns de ces rôles sont confiés à des hommes : les inévitables sergents de ville, les cochers de fiacre, les somnambules grotesques ou les concierges invraisemblables, car cela est toujours d'un effet certain.

Revenons aux rôles d'actualités tenus par le personnel féminin de la troupe.

« Une scène égaie toujours les vieux parisiens et la critique :
« celle où des petites femmes viennent en rang d'oignon
« échanger quelques dires puérils, et moudre un chœur dans
« leur moulin à paroles. Sait-on que l'auteur n'obtient précisément la figuration de ces femmes, pendant trois heures,
« qu'en leur accordant ce papotage de deux minutes ?

« Les malins placent au commencement de la revue cette
« scène dite des gru...geuses. Les roués poussent l'astuce jus-
« qu'à leur distribuer des rôles de dix mots. Mais ils en cou-

« pent un à chaque répétition. Quand la pièce est prête à
« passer, — les costumes livrés, le nom sur l'affiche, l'annonce
« de la création ébruitée répondent de la résignation de la
« victime.

« Autre chose encore les met à ma merci, disait féroce-
« ment Dejazet. Les revues, c'est un article d'hiver... et il fait
« plus chaud chez moi que sur le trottoir. » (L. Descaves, art.
cit.). Cette dernière considération ne regarde pas les auteurs.
C'est l'affaire particulière de MM. les Directeurs de Théâtre
ou de Café-concerts.

Ces rôles d'actualités ne sont pas difficiles en eux-mêmes.
Une petite femme court vêtue vient dire : « Je suis ceci, ou
cela », montre ses jambes très haut et sa poitrine très bas,
et son rôle est terminé; c'est au compère ou à la commère
qu'il appartient d'en tirer des conclusions satiriques ou élogieuses à l'aide du couplet ou du calembour.

Une des choses les plus difficiles à trouver, c'est un bon
titre, d'autant plus qu'il n'est pas nécessaire qu'il se rapporte
à l'action. C'est l'étiquette sonore qui ne veut rien dire, mais
qui alléche le public justement parce qu'elle n'a aucune signification. Anciennement on choisissait des titres ineptes et
d'une longueur démesurée. « *Vive la joie et les pommes de
terre, Les pommes de terre malades* etc. (1) ». Actuellement on
prend des étiquettes qui par elles-mêmes sont incohérentes :
Au clair de la lune!, qui appartiennent à une scie de l'année :
Tant mieux ou *Tant pis pour elle. Ah! la Pau-, la Pau*, etc.

Plus c'est inepte, plus on a de chance de réussir.

Ce qui a le plus de vogue en ce moment et qui semble en
effet le plus logique, c'est de prendre comme titre *Paris.....*
suivi d'un qualificatif qui se rapporte au principal événement de la saison.

C'est du reste ce que l'on fait en province : « D'aucuns
« se sont imaginé à tort que le revuïste parisien fait des
« revues en province et même à l'étranger avec les revues
« ou matériaux de revues qu'il a servis aux spectateurs de la
« capitale. C'est encore une grave erreur. »

---

(1) Voir ceux que nous avons cités au § *Histoire.*

« La revue d'une ville de province ou de l'étranger ne peut
« être bonne qu'à la condition expresse d'*être* ou de *paraître*
« absolument locale ». Cela ne veut pas dire que le revuïste
parisien n'essaiera pas quelquefois — et même avec succès —
d'introduire dans sa revue provinciale quelques clichés qu'il
aura déjà employés à Paris.

« Les titres des revues de province sont presque inva-
« riables. Ils s'inspirent tous, à l'aide d'un calembour ou
« d'un à peu près plus ou moins fins, du nom de la ville qu'on
« veut revuistiquer.

« MM. Laporte, Rigaudon, Lemonnier, Lepailleur, de
« Ménil et d'autres ont suivi cette règle avec *Rouen-tan-*
« *plan*, *tambour battant*; *Aux Niçois qui mal y pensent*;
« *Havrais! c'est vrai*; *Avignon sur le pont*; *Les maladies*
« *de Pau*; *Tours, autour et alentour*, *Dijon dans la mou-*
« *tarde*, etc. », et ils s'en sont toujours trouvés très bien.

Le revuïste serait bien jeune s'il croyait pouvoir faire sa
revue tout seul. Il y a des *collaborateurs obligés*, qui sont : les
décorateurs, le dessinateur de costumes, le costumier et le
chef d'orchestre; car tous concourent à la bonne réussite de
l'œuvre. La question des décors est très importante. Ils doivent être, sinon luxueux et coûteux comme ceux d'une
féerie, du moins *à effet* et neufs autant que possible.

On n'a pas oublié le succès des magnifiques tableaux d'*Une
Semaine à Paris* aux Variétés. Les décorateurs étaient bien
pour quelque chose dans la vogue de cette féerique revue.

« C'est aussi de l'art du costumier que dépend le succès
« de la Reine. Des demoiselles mal habillées — déshabillées
« serait plus exact — et mal maillotées excluent tout sen-
« timent d'indulgence », tandis qu'on leur pardonnera de chanter faux, de dire à côté, de remuer les bras comme des crabes
si leur costume met leurs charmes physiques en évidence.

Le chef d'orchestre est aussi un collaborateur qu'il ne faut
pas mépriser. C'est lui qui écrit le pot-pourri d'ouverture, chargé
de rappeler les timbres principaux de la revue, qui transpose
pour les voix, orchestre pour ses instrumentistes les airs pris
à droite à gauche. Pour le récompenser, on lui laisse composer la musique d'un couplet ou de plusieurs, et comme on

s'attend généralement à les voir sacrifiés, on ne choisit pas les meilleurs. C'est le mal nécessaire. Du reste, on a besoin de lui, car l'on ne s'imagine pas quelle ingrate besogne il doit accomplir.

D'autres collaborateurs plus infimes et plus modestes, mais qui apportent leur contingent au succès, sont les enfants. « Dans les revues de fin d'année, les enfants servent notam- « ment au tableau des théâtres pour personnifier les grands « et les petits succès. Du temps des bataillons scolaires, pas « de revue qui n'avait ses troupes enfantines pour repré- « senter l'espoir naissant de la patrie. »

Enfin il y a les imitateurs dans l'acte des théâtres, qui est aussi un des écueils de la revue et la partie généralement la moins réussie. M. L. Descaves en explique fort bien la cause :

« Il paraît que l'acte des théâtres n'est tombé dans le ma- « rasme que par la faute des acteurs. Sa vogue fut naguère « l'œuvre de cinq ou six imitateurs de premier ordre, lesquels « ne croyaient pas ravaler leur talent en l'appliquant à la « reproduction-charge du jeu d'un camarade applaudi. Ce « genre a vécu. L'artiste aujourd'hui peut être soi et non « pas *tel autre;* il CRÉE, il *n'imite* pas. Toujours original, il « ne saurait s'abaisser à de serviles copies, et le zèle d'obscurs « comparses s'essayant dans les Théo, les Saint-Germain et les « Baron, ne ranime pas un acte languissant et traditionnel « de par la ténacité du public. »

L'auteur, en effet, n'a pas à se mettre beaucoup en peine. Il écrit à la scène des Théâtres : « Imitation de telle pièce, imi- tation de tel auteur ». C'est à l'interprète de travailler : voilà pourquoi nous classons l'imitateur parmi les collabora- teurs.

Le revuïste pratique ne doit pas oublier que, comme les journaux quotidiens, la revue doit avoir sa quatrième page : celle des annonces payantes. A lui d'être assez adroit pour que le public ne s'en aperçoive pas trop. On n'a peut-être pas oublié certaine revue, jouée dans un café-concert, qui, sous le fallacieux prétexte de rendre hommage au talent d'un dessi- nateur d'affiches, mettait en scène ses esquisses consacrées à la gloire de tel quinquina, de telles pastilles, etc. Souvent, à son insu, le revuïste est la dupe d'un de ces habiles industriels, d'un de ces subtils courtiers en revue dont nous allons essayer d'esquisser la silhouette.

Un nouveau métier s'est créé depuis quelques années :
« c'est la plume habile de M. Mermeix qui a révélé cette nou-
« velle profession. Le courtier en revue n'est pas un homme
« qui vend des revues. Il ne va pas chez les directeurs des
« théâtres et des concerts avec un ballot de manuscrits dans
« lequel on peut choisir. Il ne trafique pas des auteurs : il
« n'offre ni Busnach, ni Valabrègue, ni Toché : ce qu'il propose,
« c'est des réclames dans les revues, assaisonnées de l'esprit
« des auteurs dramatiques.

« Vous vendez du papier à cigarettes, Monsieur! Nous di-
« rons dans la revue des Plaisirs Parisiens que notre papier à
« cigarette est le seul qui ne rende pas les fumeurs poitri-
« naires. Par contre, nous ferons figurer au quatrième plan
« un asthmatique horrible à voir, toussant, crachant. Et qui
« l'aura mis dans cet état-là? Le papier à cigarettes de votre
« concurrent. »

Bien entendu, un discours analogue peut s'adresser à toutes sortes d'industries et de commerces.

« Le plus souvent les auteurs ignorent le manège du cour-
« tier. Les auteurs cherchent les scies de l'année. Pour avoir
« une bonne revue, il faut qu'il y ait eu des scies dans l'année,
« de bonnes scies. On ne trouve pas les scies que dans la po-
« litique et au café-concert. La publicité en offre beaucoup
« qui ne sont pas les moins sciantes. »

Bref, l'auteur tombe dans le panneau, la réclame est faite; le fabricant peut s'en rendre compte par lui-même : il assiste à la première dans un bon fauteuil que lui a donné le courtier.

MORALE : « Le lendemain, le courtier touche; et, vieille habi-
« tude de tripot, il étouffe. Il n'avait rien dit à l'auteur, *son*
« *cher maître*, de sa négociation. Il ne lui donne rien de ce
« qu'elle rapporte. Tableau! »

Les jeunes revuïstes comprendront pourquoi le *Manuel des Gens de lettres* insiste tant sur ce point afin de les mettre en garde contre les guets-apens qui peuvent être machinés contre leur bonne foi.

Il ne nous reste plus, pour terminer ce chapitre déjà bien long, qu'à dire un mot des quatre espèces de revue.

« La revue de salon est une innovation qui se propage. Elle n'est pas sans inquiéter les auteurs dramatiques de profession,... et quelque peu aussi les maris : ne faut-il pas pour la circonstance *subir* des costumes allégoriques dont le décolletage s'impose ?

« On ne peut, *décemment*, représenter l'*Exposition Universelle* sans *exposer* une partie de ses charmes. Le maillot est de rigueur : et le maillot est un trouble-ménage. Mais, ce que femme veut..... Monsieur est bien obligé de le vouloir aussi.

« La revue de salon a du moins cet avantage de ne pas exiger des capacités dramatiques au-dessus de la moyenne.

« Elles peuvent même être au-dessous sans grand inconvénient. On sera toujours assez artiste pour dire et chanter d'une façon cruellement gauche la prose ou la poésie du maître ou des amis de la maison improvisés auteurs dramatiques.

« Par exemple, avec la revue de salon, vous n'avez pas l'inconvénient le plus grave, le plus horripilant des autres revues : la réclame. »

La revue de salon est peut-être une invitation au flirt : avouez que cela ne change pas beaucoup nos mondains et nos ravissantes mondaines.

« Alors, sacrifiez-vous, Messieurs les maris, sacrifiez-vous pour la revue de salon... même si l'on demande à votre gracieuse épouse de reproduire les suaves contorsions de la belle Fatma. »

Consolez-vous en pensant que si l'on voit un peu trop les épaules de votre femme, vous pourrez contempler à votre aise les jolies jambes de la belle madame de X.....

« Il y a, dit M. Meilhac dans la préface du XVe volume des *Annales du Théâtre et de la Musique* (année 1889), entre la comédie telle qu'on la joue au cercle et la comédie telle qu'on la joue dans le monde une différence essentielle. Dans le monde, les rôles d'hommes sont joués par des amateurs et les rôles de femmes par des femmes du monde ; au cercle, les rôles d'hommes sont bien joués par des amateurs, mais les rôles de femmes sont joués par des comédiennes choisies dans les divers théâtres de Paris. »

Inutile, n'est-ce pas, d'insister sur l'extension que prend chaque jour cette mode fort agréable... pour MM. les Membres du cercle.

Mais arrivons aux conseils pratiques et demandons-les à M. Meilhac, qui va nous les donner avec sa bonne humeur spirituelle et charmante :

« Une revue faite pour un cercle ne ressemble pas du tout à une revue faite pour un théâtre. L'auteur qui travaille pour un théâtre doit naturellement éviter les personnalités, celui qui travaille pour un cercle doit au contraire les chercher et ne pas rechercher autre chose. Il doit parler non de ce qui s'est passé par la ville, mais de ce qui s'est passé, de ce qui se passe dans le monde restreint qui sera là le jour où l'on jouera sa pièce. Après chaque phrase, après chaque couplet, les spectateurs regarderont celui ou celle dont il aura été parlé dans cette phrase et dans ce couplet. La louange n'est pas défendue, l'épigramme est permise, le succès de l'auteur dépendra de la délicatesse avec laquelle il aura su tourner la louange, de la finesse avec laquelle il aura su aiguiser — et émousser — l'épigramme. Cette façon de faire du théâtre n'est pas aussi commode qu'on le pourrait le croire. Pour plaire aux gens, il ne suffit pas de leur parler d'eux-mêmes, encore faut-il leur en parler d'une façon divertissante. »

Il est difficile de résumer avec plus de talent et de concision la revue de Cercle, et nous ne saurions trop engager le revuiste mondain à se conformer en tout point aux conseils donnés par M. Meilhac.

La revue de café-concert diffère de la revue de théâtre en ce que, vu les nécessités du programme, elle doit avoir moins d'étendue, prendre les timbres de ses couplets dans son propre répertoire, être encore moins affinée que celles des scènes du boulevard, étant donné le public spécial pour lequel elle est écrite. Une revue de café-concert n'a jamais plus de deux actes, avec deux, rarement trois tableaux par acte.

Tout ce que nous avons dit dans ce chapitre se rapporte à la revue de théâtre plus particulièrement. Nous n'en parlons donc à cette place que pour mémoire et conseillerions aux jeunes auteurs de lire avec soin les documents que nous avons rapportés. Mieux que nous ne pourrions le faire, ils les guideront sûrement dans la carrière.

Dans cette partie qui traite du théâtre à côté, nous avons voulu réunir tout ce qui se rapportait à un genre spécial, où souvent l'art n'a que faire. Qu'on nous pardonne donc ce long chapitre sur ce sujet.

Et voilà.

Notre *Manuel* est terminé, et pourtant, il y aurait tant, tant à dire! — nous sommes loin de nous flatter d'avoir rempli notre tâche, car, si nous avons essayé de guider les premiers pas des jeunes auteurs, par des conseils, nous savons qu'il est bien des choses qu'ils n'apprendront que par expérience. Hélas! cette expérience, ou ce qui peut rester à apprendre à ce sujet, ils ne l'acquerront le plus souvent qu'à leurs dépens. S'est-on jamais contenté, du reste, de l'expérience des autres? Notre but a été de préparer aux jeunes gens que leur étoile destine au théâtre, au journal ou au livre, le chemin pénible, hérissé de tant d'obstacles et semé d'un si grand nombre de difficultés, qui conduit au succès.

A l'aide de notre *Manuel*, le jeune auteur connaîtra à l'avance les dégoûts qui l'attendent dans une carrière où les premières places sont difficiles à prendre, parce que ceux qui les détiennent — et il semble qu'il ne saurait être question de confraternité ici — ne veulent pas les abandonner. Ils sauront les rancœurs qui leur blesseront l'âme lorsque ayant du talent, il leur arrivera de voir que le talent, seul, n'est pas toujours le plus sûr moyen de réussir.

Et quand ils auront vaincu tous les obstacles, après avoir patienté dans les antichambres, vu, sans mot dire, des confrères plus heureux prendre sur l'affiche la place qui leur était due à eux, quand enfin leur nom s'étalera glorieux aux annonces de spectacles, aux vitrines des éditeurs, à la première page de nos journaux, peut-être n'oublieront-ils pas les conseils que leur a prodigués notre *Manuel*, et, d'autant plus généreux qu'ils auront souffert davantage, voudront-ils se souvenir que ce *vade-mecum* les aura guidés comme un fil d'Ariane dans le dédale obscur et tortueux des coulisses et des couloirs qu'il aura fallu traverser pour arriver dans le journalisme et dans la littérature. C'est dans ce but que le livre que nous avons offert au public a été composé.

Espérons qu'il n'aura pas failli à sa tâche, et qu'il restera pour ces jeunes gens, en même temps qu'un conseiller sûr, un ami fidèle et désintéressé qui leur montrera le chemin et le but et les soutiendra dans ces moments de rancœurs, au cours de ces heures de défaillance dont la carrière du journaliste, du romancier et de l'auteur dramatique, en apparence brillantes, sont journellement remplies, et perfidement semées.

FIN.

TABLE DES MATIÈRES

PREMIÈRE PARTIE

LE JOURNAL

AVANT-PROPOS

Pages.

But de l'ouvrage. — La littérature, l'instrument de notre suprématie intellectuelle, le métier par excellence, est sans manuel technique. — Place aux jeunes. — La génération montante. — Ses travers et imperfections. — Sa formule. — Nécessité de la technique.. 3

CHAPITRE I

Le Jupiter moderne. — Action et puissance du journalisme. — N'est pas journaliste qui veut. — La tribune de la presse et celle du Parlement. — Katkoff. — Les chefs de parti et la presse. — Nécessité pour les chefs d'entrer dans l'arène du journal....... 15

CHAPITRE II

Le temple et ses desservants. — La rue du Croissant, boulevard du journalisme français. — La Rédaction à vol d'oiseau. — Visiteurs-fléaux. — Fonctions. — Besognes différentes. — Le vrai journaliste. — Le directeur. — L'administrateur. — L'articlier politique. — Le chroniqueur. — Le reporter.................. 21

CHAPITRE III

La vocation de journaliste. — La femme journaliste et la femme de lettres. — Les Pourquoi, les Parce que et les Comment du journalisme. — Le mal d'écrire. — Sociétés d'exploitation littéraire : *l'Apollon Rimaquois*. — Le journalisme du boulevard. — L'art de percer. — Autres moyens de parvenir. — Rémunération.. 28

CHAPITRE IV

Le poteau d'affichage. — Les frais du culte. — Le bulletin financier. — Vénalité d'une certaine presse. — Les fonds secrets. — Conseil de discipline et tribunaux d'honneur. — Choix à faire.. 51

CHAPITRE V

La littérature lubrique, sa vulgarisation par le journal et les illustrations. — Défense d'afficher. — Les suppléments illustrés. — La statistique du crime et de la jeunesse. — La réalité et la vérité. — L'étude voulue du sale et de l'obscène. — Le moyen d'éviter l'action du journal. — La liberté de la pudeur. — La censure. — Un nouveau blocus à établir. — Le pot-bouille en littérature et en journalisme. — Voies et moyens pour tromper la faim. — Le pot-bouille et les jeunes du théâtre................ 61

CHAPITRE VI

La fondation d'un journal. — Un journal, une revue à soi. — Le titre. — Expériences de l'auteur. — Concurrence difficile. — Les ressources de la province. — Edison, directeur de journal à douze ans. — Le *Times*. — *Lancinements* du lancement d'un nouveau journal.. 78

CHAPITRE VII

Le présent et l'avenir de la presse. — L'art de faire un journal se transforme tous les dix ans. — Achat et vente de produits littéraires, gros et détail. — A l'Agence Havas. — Pénurie d'idées neuves. — Ce que l'on peut obtenir rien qu'en changeant la forme des journaux. — Le journal breveté. — 87 éditions par jour. — 160.000 exemplaires à l'heure. — Les nouvelles locales de la ville de Paris. — Utilité de la démocratisation de l'annonce. — Une douzaine de principes généraux. — Le journal idéal. — Le salon directorial. — Pour l'expansion coloniale. — Le publiciste, porte-parole des silencieux. — Parallèle entre le livre et le journal... 95

CHAPITRE VIII

Technique générale du journalisme. — Définition du journalisme. — Un art nouveau. — Importance de la technique pratique. — La technique du journalisme inculquée à l'aide du livre. — Les arts ne s'enseignent pas!!! — L'entrefilet, base de tout travail en journalisme. — Le détail technique. — Utilité des encyclopédies. — Conseils généraux à un débutant. — Ce que l'on ne doit jamais répondre à un directeur de journal. — Un mot à rayer du vocabulaire du journalisme. — Qualités indispensables au journaliste. — Avoir le cœur bien placé. — La meilleure épreuve de la capacité du publiciste... 122

CHAPITRE IX

Le directeur. — L'administrateur. — Types différents. — Le secret du succès pour un journal. — Importance de la publicité. — Le Rédacteur en chef. — Qualités et aptitudes nécessaires. — L'astre veut des satellites. — Impersonnalité du journal. — Le rôle du rédacteur en chef. — Directeurs et rédacteurs en chef modèles. — Le rédacteur du Premier-Paris. — Son procédé. — N'est pas tartinier qui veut. — Ce que l'on aurait le droit de demander. — Composition d'un article de tête. — Premiers-Paris. — Le secrétaire de la rédaction et ses fonctions. — Règles de de conduite pour ses aides. — Qualités d'une bonne mise en pages. — Un desideratum.. 137

CHAPITRE X

Le reportage. — Talents, qualités et aptitudes nécessaires aux différents reporters. — Insuffisance du reportage actuel. — Causes de cet état de choses, modèles à étudier. — Le reportage de l'avenir. — Ce qu'il devra être. — Le *ceci tuera cela* du reportage. — Le reportage criminel. — Ses avantages et ses inconvénients. — Le devoir du rédacteur des tribunaux. — Redites au sujet de l'influence de la presse sur la criminalité. — Institution d'un Conseil de la presse. — Deux portraits............. 155

CHAPITRE XI

Le rédacteur parlementaire. — Les potins de couloir. — Le compte rendu des débats parlementaires. — Travail des rédacteurs. — N'est pas secrétaire-rédacteur qui veut. — L'étoile de la corporation. — Les satellites. — Impressions d'Adrien Marx. — Dure besogne. — Épreuves du début. — Parallèle entre la sténographie et la photographie. — Opérations de l'esprit et de l'intelligence nécessaires au secrétaire-rédacteur. — L'ignorance encyclopédique. — Quelque chose de pire que l'épée de Damoclès. — Mode de recrutement des secrétaires-rédacteurs. — Édouard

Durranc. — Le bulletinier. — Opérations sans absorption ni écrasement. — L'échotier. — Ses relations étendues. — Chances d'emploi pour les débutants. — La nouvelle à la main. — Ce qu'elle doit être pour être acceptée au journal. — Mesures de précaution à prendre. — Le chroniqueur. — Tribulations du métier. — Modèles à étudier. — Napoléon Lespès. — Un échantillon de ses chroniques. — Un article par jour!!!!! — Les asservissements d'une sinécure. — Jules Vallès. — Le courrier du chroniqueur. — Le soiriste. — Ses fonctions. — Arnold Mortier. — Sa méthode de travail.. 172

CHAPITRE XII

Critique littéraire, critique dramatique, critique musicale et critique d'art. — Le roman seul vaut la peine d'être discuté, critiqué. — Joies refusées au critique. — Compensations. — Taches sur le soleil de la critique. — L'âge de fer. — Connaissances, qualités et aptitudes exigées pour les critiques. — Une leçon de feuilleton. — Recommandations supplémentaires. — Jouissances artistiques futures d'un célèbre critique. — La critique et la sévérité, ses droits, sa liberté. — Son indifférence sur les esprits. — Ne dépend pas de la répression des tribunaux. — La leçon de Geoffroy. — A. Loyau de Sacy et *Le Siècle*. — Sujets sur lesquels la sévérité de la critique peut s'exercer sans crainte. — Signes auxquels on reconnaît une littérature malsaine................. 196

CHAPITRE XIII

La critique et l'indulgence. — La critique ne doit pas être trop rigoureuse. — Des concessions ne sont point des abdications. — Éviter l'indulgence excessive. — Corneille et l'indulgence. — Inconvénients et dangers de l'indulgence excessive. — Le cas de Victor Hugo. — Victor Hugo critique d'art. — Cela nous coûte cher pour nous relire. — Parallèle entre la critique politique et les autres critiques. — Personnalités offensantes de Boileau, Corneille, Molière, Voltaire, Joseph Scaliger, Collé, Sainte-Beuve, etc. — Modèles à suivre. — Le rédacteur bibliographe et le critique littéraire. — Fumisteries de notre bibliographie actuelle. — L'*Inseratur*. — Expérience de l'auteur. — Un remède facile. — Ce que devrait être la bibliographie. — Talents, qualités et aptitudes indispensables au critique littéraire et au rédacteur bibliographe. — Caractères essentiels du critique littéraire. — Importance de la littérature russe. — Confusion facile entre Tolstoï et Flaubert. — Un souhait. — La meilleure critique. — Difficultés éprouvées par les débutants. — Se méfier des préfaces... 209

CHAPITRE XIV

Le correspondant militaire. — Qualités physiques et morales. — Équipement de campagne. — Le correspondant étranger. — Le correspondant pour la province. — Talents, qualités et aptitudes. — Situations inamovibles. — Chances d'emploi pour les débutants. — Règles de métier. — Le roman-feuilleton. — Une formule infaillible. — La mode présente en fait de roman-feuilleton. — De l'utilité d'avoir vingt mille lignes de larmes en portefeuille. — Moyens de parvenir et de faire de l'argent à l'aide du roman-feuilleton. — Trucs dévoilés. — Ce que gagne un romancier populaire écouté. — Un cas de fécondité curieux. — Un défilé de types étranges. — Fournisseur d'idées et de titres pour romans populaires. — Le *Petit Journal* et ses concours. — Une édifiante statistique. — Influence morale exercée par le roman-feuilleton. — Un sombre tableau...................... 225

CHAPITRE XV

Les journaux illustrés, satiriques ou amusants. — Le crayon dans l'avenir battra-t-il la plume ? — Opinion de Hogarth sur la caricature. — Un talent nouveau que l'on exigera sans doute du journaliste de l'avenir. — On n'apprend pas plus à être comique qu'à être poète. — Talents, aptitudes et qualités du rédacteur satirique. — Ouvrages à étudier. — La collaboration aux Revues. — Le rédacteur financier. — Ses fonctions définies. — Aptitudes et connaissances qu'il devra posséder. — Le rédacteur commercial. — Ses aptitudes. — Le chroniqueur du Sport. — La Presse, la Morale et les Courses de chevaux. — L'argot mondain et boulevardier. — L'anglomanie. — Un nouveau métier. — Huitreries et coquilles célèbres. — Réponses à certaines attaques contre le journalisme. — Le journal et la langue. — L'âge exact d'une jeune dame déjà deux fois centenaire. — Y a-t-il un code de savoir-vivre à l'usage de la presse ? — Nefftzer. — La fortune et le journaliste. — Ce qu'est l'idée pour les habiles. — Le journalisme mène à tout, à condition d'en sortir. — Opinion de l'auteur sur ceux qui n'en sortent pas. — Association de secours aux journalistes. — Un dernier desideratum. — Pour les invalides de la pensée.. 239

DEUXIÈME PARTIE

LE LIVRE

CHAPITRE I

Importance des notions techniques. — Manuscrit. Son format. Son papier. — Copie d'un manuscrit et ses frais. — Soins à donner par l'auteur à l'écriture, à l'arrangement, à la physionomie générale du manuscrit. — Le liseur des maisons d'édition.......... 283

CHAPITRE II

Choix d'un titre. — Son but. — Influence d'un bon titre. — De quelques titres fameux en Angleterre et en France. — Balzac, ses titres et les noms de ses personnages. — Originalité et caractéristique du titre. — Se conformer aux usages typographiques et s'en remettre à l'expérience de l'éditeur....................... 288

CHAPITRE III

Arrangements et divisions naturelles et matérielles du Livre. — La préface, la dédicace, le sommaire. — La table des matières. — Son importance trop souvent négligée. — L'art de faire un index.... 293

CHAPITRE IV

Les formats du Livre. — Leur cause. — Moyens de les reconnaître. 296

CHAPITRE V

Le papier. — Choix du papier. — Sa couleur. — Sa vente et ses prix. — Les formats. — Tirage et frais de tirage. — Clichage. — Qualités et manipulations industrielles du papier. — Devis des frais d'un volume de format courant........................ 298

CHAPITRE VI

Des épreuves et de leur correction. — Épreuves et corrections d'auteur. — Balzac et ses épreuves. — Frais de correction. — Cherté des corrections d'auteur. — « Bon à mettre en pages ». — « Bon à tirer »... 302

CHAPITRE VII

Procédés de typographie. — *Casses.* — *Caractères.* — Composition. — Opérations diverses de la composition. — *Galée.* — *Épreu-*

ves. — *Imposition*. — *Marbre*. — *Forme*. — Mise en train. — Machines. — Presse à main. — Cylindrage...................... 305

CHAPITRE VIII

L'illustration. — La gravure et ses différents systèmes. — Gravure sur métal au burin ou en taille-douce. — Eau-forte, gravure sur bois en relief ou en taille d'épargne. — Impression ou tirage des gravures hors texte. — Lithographie. — Chromolithographie. — Héliogravure ou photogravure et ses divers procédés. — Phototypie. — Photolithographie. — Procédé anastatique............ 308

CHAPITRE IX

Nombre de pages du manuscrit et du livre. — Devis des frais d'un roman. — Traités et leurs différentes clauses. — Comptes de vente. — Verdict des critiques et son influence. — Distribution des livres aux critiques ou *Service de presse*. — Contrôle du tirage. — Divers moyens proposés. — Sociétés mutuelles d'édition. 323

CHAPITRE X

Publicité des livres nouveaux. — Annonces. — Choix des journaux. — Importance secondaire du tirage. — Agents de publicité peu scrupuleux. — Expérience de l'éditeur sur ces questions. — Propriété littéraire et artistique. — Certains droits d'auteur. — Lois sur la propriété littéraire. — La Convention de l'*Union de Berne* (1887). — Pays où la propriété littéraire n'est pas protégée..... 333

CHAPITRE XI

Bibliographie européenne. — Recueils de Bibliographie générale. — Pseudonymat et Anonymat................................ 345

CHAPITRE XII

« Années où l'on n'est pas en train ». — Nécessité d'une discipline de travail. — L'inspiration. — Pour et contre. — Exemples. — Méthode de travail de quelques grands écrivains. — La mise en train. — Le travail quotidien sans effort. — Bonne habitude à prendre... 355

CHAPITRE XIII

La poésie comme préparation à la prose. — Modèles de bonne versification. — Gains de quelques poètes. — Pourquoi la poésie est si dédaignée en France, alors qu'elle est si appréciée en Angleterre. — Le Pot-bouille en poésie................................ 363

CHAPITRE XIV

La lecture. — Sa méthode. — Ce qu'on doit lire. — Ses avantages. — Ses inconvénients. — Culture cérébrale des grands écrivains. — L'étude des langues étrangères........................... 373

CHAPITRE XV

L'art de la composition littéraire peut-il s'enseigner? — Arguments pour et contre. — Le don du style. — Qualités d'un bon style. — Le plan. — Les notes. — Leur utilité. — Ouvrages de littérature proprement dite. — Genres : Athée. — Pessimiste. — Horrible. — Surnaturel. — Fantastique. — Macabre. — Folie. — Hyperbole. — Fantaisie. — Descriptions. — Dialogue. — Roman d'aventures. — Roman historique. — Mémoires. — Thèse morale. — Roman par lettres. — Nouvelle. — Conte. — Voyage. — Pensées. — Naturalisme................................. 380

CHAPITRE XVI

« Tout est dit ». — Le nombre des idées humaines. — Fort restreint, mais les différentes formes des idées sont indéfinies et variables, comme les générations qui les expriment. — De la modernité et de l'originalité... 393

CHAPITRE XVII

Difficultés comparatives de la carrière des Lettres et de celle des Arts. — La protection de l'État, de l'Académie, des Sociétés littéraires. — Son insuffisance. — Projet de protection efficace...... 397

CHAPITRE XVIII

Le plagiat. — Ses causes. — Volontaire et involontaire. — Un cours de plagiat ou *plagiarisme* au XVIIe siècle. — Plagiats fameux. — Exemples moins connus. — Différence entre le plagiat et l'imitation. — L'analogie de sujets, la similitude d'idées. — Condamnation du plagiat. — Coïncidences ou imitations?.............. 404

CHAPITRE XIX

Un nouveau public de lecteurs. — Ce qu'on lit à Paris. — Une formule de roman. — Ce que le roman n'a pas décrit encore. — Sujets de roman. — Un romancier qui pourrait servir de modèle. — Sa méthode de travail. — Celle de Zola. — La confection du roman en partie double. — La collaboration dans le roman. — Nécessité pour l'écrivain de fréquenter le monde. — Importance de l'observation. — Imagination et fantaisie............ 414

TABLE DES MATIÈRES.

CHAPITRE XX

Livres pour la jeunesse. — Leviers et catapultes de lancement littéraire. — Demi-succès. — Pour arriver en littérature. — Pour entrer... plus tard....... à l'Académie. — Conseils du berger Labiche à la bergère Daudet.. 424

CHAPITRE XXI

Les 23 prix de l'Académie Française : 17 prix littéraires et 6 prix de vertu. — Prix de l'Académie des Inscriptions et Belles-Lettres, de l'Académie des Sciences, de l'Académie des Sciences morales et politiques, de l'Académie des Beaux-Arts.................... 430

CHAPITRE XXII

La Société des Gens de Lettres. — Objet de la Société. — Conditions d'admission. — Sociétaires français et étrangers. — Adhérents et membres correspondants. — Limites du rôle de la Société. — Débuts difficiles. — Historique de la fondation...... 433

CHAPITRE XXIII

La folie chez les gens de lettres et les artistes. — Y sont-ils plus prédisposés que d'autre ? — Neurasthénie. — Génie et folie. — Thèse de Lombroso. — Réfutation. — Opinions de Charles Richet et Maudsley. — Conclusion................................... 440

CHAPITRE XXIV

Quelques principes d'hygiène. — Alimentation. — Du Végétarisme. — De la boisson. — Du coucher et du lever. — Du Sommeil. — Des excitants cérébraux : tabac, haschich. — Excitants de l'esprit. — Le son des cloches, l'émulation.................... 444

TROISIÈME PARTIE

LE THÉATRE

CHAPITRE I

Le don de la scène. — Étude des maîtres du théâtre que faisait Sardou avant ses débuts. — Opinion d'Alexandre Dumas sur le style. — Le fond et la forme. — De l'existence enfiévrée de l'homme de lettres. — De ses qualités physiques. — De la nécessité d'appartenir à un journal.................................. 480

CHAPITRE II

Une conférence de M. Dreyfus. — Comment A. Dumas, E. Labiche, Legouvé, Cadol, E. Gondinet, d'Ennery, C. Doucet, Th. de Banville, É. Zola, É. Pailleron, comprenaient la manière de faire une pièce et de quelle façon ils s'y prenaient.................. 485

CHAPITRE III

Drame. — Tragédie. — Mystères. — Les drames célèbres. — Drame de cape et d'épée. — Drame fantastique. — Drame populaire. — Comédie. — Vaudeville. — Bouffonnerie. — Parodie. — Pièce. — Pièces à femmes, — à spectacles, — à tiroirs. — La Féerie. — L'A-propos. — Le Fait historique. — Lever de rideau. — Du nombre d'actes. — Tableaux. — Apothéoses. — Les Pièces avec musique. — Opéra. — Opéra comique. — Monstres. — Drames lyriques. — Comédie lyrique. — Opérette. — Opéra bouffe. — Saynette. — Pantomime. — Ballet... 494

CHAPITRE IV

Importance du choix du sujet à traiter. — Comment chercher un sujet de pièce. — Le côté psychologique du sujet. — Les pièces à thèse. — Le procédé dramatique de V. Hugo. — Une opinion d'Aurélien Scholl. — De l'utilité d'avoir une bibliothèque. — De l'indiscrétion : avantage pour les uns, inconvénient pour les autres. — Un proverbe utile. — L'Art nouveau. — Opinions diverses.. 504

CHAPITRE V

Les différentes sortes de collaborateurs. — De la véritable collaboration. — De l'apport des collaborateurs. — De l'utilité de la collaboration dans les débuts.................................... 513

CHAPITRE VI

Des demandes de lecture. — De l'indemnité donnée à l'auteur d'une pièce reçue, répétée et qui n'est pas jouée. — Quelques mots sur la copie de la pièce et sur le copiste. — Du moment de la lecture.

— Bonne et mauvaise saison. — Jurys et verdicts. — De l'avantage d'un comité de lecture. — La Comédie-Française n'est pas aussi inabordable pour les jeunes qu'on veut bien le prétendre.. 517

CHAPITRE VII

De la distribution des rôles. — Beaucoup de tact, beaucoup de trucs. — Moments difficiles à passer. — Concessions perpétuelles. — La part du feu. — Des *coupures, suppressions, raccords*. — Des mutilations imposées à l'œuvre. — Des souffrances de l'artiste. — Des répétitions. — L'auteur martyr. — De la mise en scène. — L'opinion de Sardou sur la mise en scène. — Les trois règles importantes, tracées par N.-V. Maurel. — Les accessoires. — De la répétition générale. — Elles sont aujourd'hui les véritables premières... 520

CHAPITRE VIII

Une définition de la censure. — Les origines. — Quelques dates importantes. — Les bévues de la censure. — Ce que les auteurs pensent de la censure. — Deux enquêtes. — Opinions de Lamartine, J. Janin, Th. Gautier, A. Dumas père, Bayard, Bocage, Lockroy, Dormeuil, V. Hugo. — Opinions des modernes : Zola, E. de Goncourt, É. Bergerat, A. Dumas fils, H. Becque. — Résultat de ces deux enquêtes............................. 531

CHAPITRE IX

Emploi de la matinée le jour d'une première. — Les promesses des amis. — Un excellent usage oublié. — Billets d'acteurs. — Le chef de claque. — Les conditions de succès : trucs à employer. — Les endroits où l'on doit applaudir. — L'art d'annoncer le nom de l'auteur. — Pendant la représentation : les devoirs de l'auteur. — Les émotions d'une première. — Opinions diverses : de J. Claretie, de M. Fouquier. — Le public des premières : opinion de M. Mirbeau. — La question du sifflet. — Histoire du sifflet au théâtre. — Faut-il oui ou non siffler au théâtre? — Les applaudissements, leurs inconvénients. — Après le dernier acte. 537

CHAPITRE X

Au café du théâtre. — Conseils pratiques. — Les solliciteurs de billets. — Ceux auxquels on ne peut refuser. — Les compliments des amis : ce qu'il faut en penser. — Les complimenteurs intéressés. — L'examen de l'œuvre. — L'imitation ou *plagiat*. —

Opinion de M. G. Larroumet sur le plagiat. — De l'avantage d'être journaliste. — De la critique. — La conspiration du silence. — Il faut être bien avec les journalistes. — Les qualités de la vraie critique d'après Diderot, M. de Lapommeraye, et A. Vacquerie.. 548

CHAPITRE XI

A quoi équivaut auprès d'un directeur de théâtre la demande de jouer une pièce. — De la différence qui existe entre un auteur riche et un auteur pauvre. — L'auteur riche peut devenir son propre impresario. — Le peu d'avantages qu'il en retire, au point de vue de la critique et de la réclame. — Le public d'été. — Danger de pareilles mœurs pour l'avenir théâtral. — Une opinion d'É. Bergerat. — De l'utilité de rendre la production théâtrale aussi libre que la consommation. — Il n'y a pas encore assez de théâtres.. 557

CHAPITRE XII

Utilité de l'entrée de faveur donnée à l'auteur. — Les entrées sont personnelles. — Réglementations anciennes. — L'entrée des coulisses. — Règlements de police. — L'auteur n'est pas soumis à l'interdiction de pénétrer sur la scène....................... 562

CHAPITRE XIII

Légitimité du droit d'auteur. — Des origines de ce droit. — Un précurseur : Philippe Quinault. — Les exigences des comédiens. — Beaumarchais et la première Société des auteurs. — Les premiers membres de la Société des auteurs. — Différentes lois. — La Société actuelle. — De la façon dont se règlent les droits d'auteurs. — Des fonctions de l'agent général........................ 565

CHAPITRE XIV

Les billets d'auteur sont obligatoires à partir de la troisième représentation. — Le marchand de billets. — Divergences d'opinion sur la nature et l'étendue du droit de billets d'auteur. — Une curieuse branche de l'industrie parisienne. — Pourquoi il y a tant de billets vendus. — Les billets sont une partie des droits d'auteur. — La question des billets de faveur. — Abus. — Le droit des pauvres. — Ce n'est pas le directeur qui le paie, c'est le spectateur.. 572

CHAPITRE XV

Pages.

Nombre de copies à remettre au théâtre. — Copie des rôles à distribuer aux interprètes. — Les conditions de vente. — Le nombre d'exemplaires à déposer au théâtre et aux acteurs. — Utilité de la publication de l'œuvre. — Ses inconvénients................ 576

CHAPITRE XVI

Des principales qualités du revuïste. — La revue, genre éminemment français et parisien. — Histoire de la revue. — De la manière de faire une revue. — Du scénario de la revue. — Du couplet. — La *Clef du Caveau*. — Du compère et de la commère. — Les rôles d'actualité. — Le titre de la revue. — Des collaborateurs. — La part du chef d'orchestre. — Le courtier en revue : les réclames. — Des différents genres de revues : Revue de salon, de cercle, de café-concert, de théâtre. — L'auteur tire son chapeau.. 578

FIN DE LA TABLE.

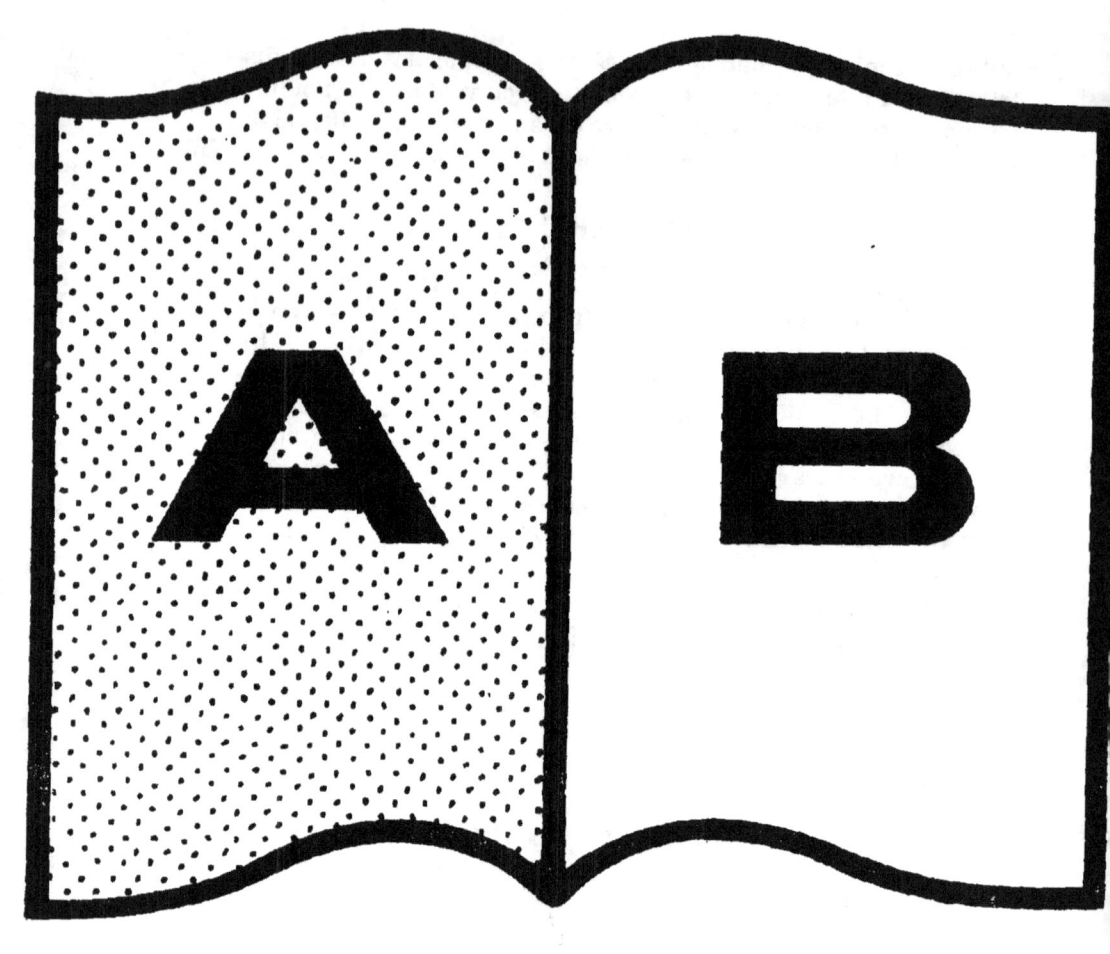

Contraste insuffisant

NF Z 43-120-14

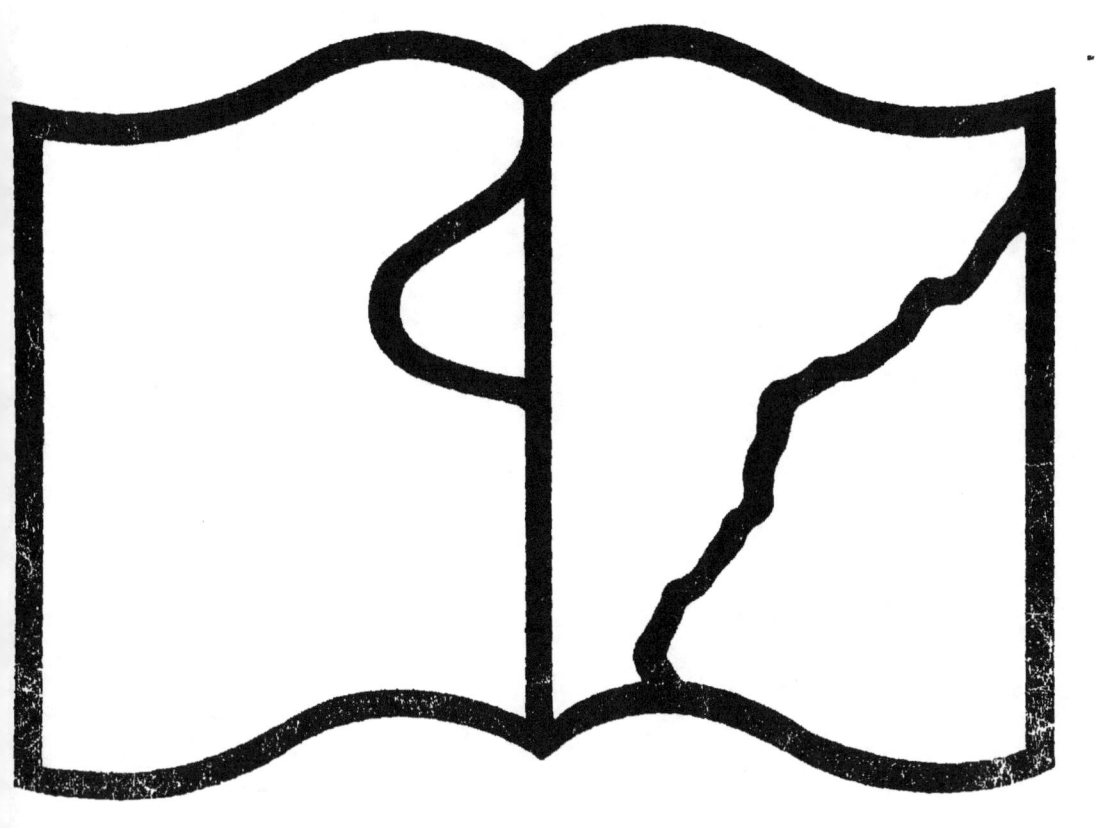

Texte détérioré — reliure défectueuse

NF Z 43-120-11

www.ingramcontent.com/pod-product-compliance
Lightning Source LLC
Chambersburg PA
CBHW060407230426

43663CB00008B/1410